Der Deutsche Bundestag

CW00926375

Wolfgang Ismayr

Der Deutsche Bundestag

3., völlig überarbeitete und aktualisierte Auflage

Unter Mitarbeit von André Fleck

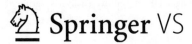 Springer VS

Wolfgang Ismayr
Dresden, Deutschland

ISBN 978-3-531-16267-6

Die Deutsche Nationalbibliothek verzeichnet diese Publikation in der Deutschen National-
bibliografie; detaillierte bibliografische Daten sind im Internet über http://dnb.d-nb.de
abrufbar.

Springer VS

Einbandabbildung: Sonja Ismayr, München
Satz: text plus form, Dresden

Gedruckt auf säurefreiem und chlorfrei gebleichtem Papier

Springer VS ist eine Marke von Springer DE. Springer DE ist Teil der Fachverlagsgruppe
Springer Science+Business Media.
www.springer-vs.de

Vorwort

Dieses Buch ist auf der Basis des umfangreichen Werkes »Der Deutsche Bundestag. Funktionen, Willensbildung, Reformansätze« entstanden, das der Verfasser 1992 vorgelegt hat (Verlag Leske + Budrich 1992). Die erste und zweite Auflage (2000, 2001) sind unter dem Titel »Der Deutsche Bundestag im politischen System der Bundesrepublik Deutschland« im selben Verlag als UTB-Band und seit 2006 im VS-Verlag erschienen. Für die vorliegende dritte Auflage wurde das Buch vollständig überarbeitet und aktualisiert. Zudem wurde der Band um einige Abschnitte erweitert, so insbesondere im 6. Kapitel. Der wachsenden Bedeutung der neuen Informations- und Kommunikationsmittel (Internet) für die Außendarstellung wie auch die internen Arbeitsprozesse des Bundestages wurde Rechnung getragen (vgl. Einleitung). Die vergleichende Perspektive wurde stärker berücksichtigt, wobei auf Arbeiten des Verfassers im Rahmen der von ihm herausgegebenen Bände »Gesetzgebung in Westeuropa. EU-Staaten und Europäische Union« (2008), »Die politischen Systeme Westeuropas« (^{4}2009) und »Die politischen Systeme Osteuropas« (^{3}2010) zurückgegriffen werden konnte.

Im Bemühen um genauere Einsichten in die komplexe Struktur parlamentarischer Willensbildung hat der Verfasser vielfältige Informationswege beschritten. So stützt sich die Arbeit auf veröffentlichte, (halb-)öffentlich zugängliche und organisationsinterne Abhandlungen, Materialien und Daten. Unter den publizierten und online-zugänglichen Dokumenten kommt den Plenarprotokollen und Parlamentsdrucksachen besondere Bedeutung zu, denen sich auch Informationen über außerhalb des Bundestages liegende Handlungsfelder entnehmen lassen. Für eingehende Untersuchungen zum Deutschen Bundestag unverzichtbar ist das von Peter Schindler begründete und von Michael F. Feldkamp fortgeführte »Datenhandbuch zur Geschichte des Deutschen Bundestages«, das in mehreren Bänden vorliegt. Hilfreich war auch die Erschließung von Zeitungsartikeln durch die Pressedokumentation des Bundestages.

Neben den veröffentlichten Quellen konnten u. a. genutzt werden: Protokolle und Sitzungsunterlagen von Bundestagsausschüssen und Fraktionsgremien, Organisationspläne, Rundbriefe und weitere Strukturdaten der Fraktionen sowie Unterlagen verschiedener Abteilungen der Bundestagsverwaltung.

Darüber hinaus stützt sich die Arbeit auf zahlreiche meist längere Interviews und Hintergrundgespräche mit Abgeordneten und Mitarbeitern der Fraktionen und der Bundestagsverwaltung, in denen es besonders auch um die Erkundung spezifischer Erfahrungen in der jeweiligen Rolle ging (z. B. als Obmann einer großen Fraktion im Rechtsausschuss). Über die 60 Interviews hinaus, die der ersten und zweiten Auflage zugrunde lagen, wurden für die dritte Auflage etwa 20 weitere Interviews und Informationsgespräche geführt.

Besonderes Gewicht kommt den eigenen Beobachtungen des Verfassers insbesondere in den 1980er Jahren sowie seit Anfang 2009 in (nicht-öffentlichen) Sitzungen von Fraktionsgremien (Versammlung, Arbeitsgruppen und -kreise) sowohl der Koalitions- als auch der Oppositionsparteien zu. Der Vergleich dieser Beobachtungen mit Auskünften und Stellungnahmen der Beteiligten sowie mit öffentlichen und internen Materialien sollte eine angemessene Fundierung der Darstellung ermöglichen.

Ohne die Bereitschaft der Fraktionen, dem Verfasser ohne Auflagen Zugang zu internen Sitzungen zu gewähren, wäre diese Arbeit in der vorliegenden Form nicht möglich gewesen. Ich danke den Abgeordneten, den Mitarbeitern der Bundestagsverwaltung, der Fraktionen und Parteien für ihre Informationsbereitschaft und Unterstützung und allen, die mich bei meiner Arbeit ermutigt haben.

Mein besonderer Dank gilt Klemens Schrenk und André Fleck für vielfältige Unterstützung. André Fleck hat sich eingehend mit der parlamentarischen Nutzung des Internets befasst. Er hat Abschnitt 7.2.5 verfasst und wesentlich an einschlägigen Passagen in den Abschnitten 1.4, 2.3.4, 3.2.5 und 7.1.3 mitgewirkt. Herzlich danken möchte ich auch Katharina Krug, Martin Mitzka und Michael Oehring, die zuverlässig bei der Zusammenstellung von Materialien und Tabellen und beim Korrekturlesen geholfen haben.

Nicht zuletzt gilt mein Dank der Fritz Thyssen Stiftung, die die Erarbeitung der dritten Auflage dieses Werkes gefördert hat.

Dresden, im September 2012
Wolfgang Ismayr

Inhalt

Abbildungs- und Tabellenverzeichnis

Einleitung 1

Dem Deutschen Bundestag kommt im Verfassungssystem der »alten« Bundesrepublik wie auch seit dem 3. Oktober 1990 im vereinigten Deutschland eine zentrale Rolle zu. Auch in der politischen Praxis hat der Bundestag in hohem Maße dazu beigetragen, dass sich die Bundesrepublik zu einer stabilen Demokratie entwickelt hat. Allerdings haben sich Stellung und Funktionen des Bundestages im Laufe der Zeit deutlich verändert. Dies gilt für die Organisation und die »internen« Arbeits- und Interaktionsprozesse des Bundestages und der Fraktionen wie auch für die Kommunikationsbeziehungen »nach außen«. Neben der Fülle höchst anspruchsvoller Aufgaben, die mit der deutschen Vereinigung verbunden waren, sah sich der Bundestag vielfältigen Wandlungsprozessen und Herausforderungen gegenüber, die zwar schon früher einsetzten, in den letzten Jahrzehnten jedoch weiter (erheblich) an Bedeutung gewonnen haben. Hierzu gehören insbesondere die Expansion und der Wandel der Staatstätigkeit und die damit einhergehende Bürokratisierung sowie die Ausdifferenzierung lobbyistischer Aktivitäten, aber auch das wachsende Partizipationsinteresse der Bürger. Hinzu kommen die Vervielfältigung und weitgehende Kommerzialisierung des Angebots der elektronischen Massenmedien und als jüngste Entwicklung die Verbreitung der Internetnutzung in der Gesellschaft und den staatlich-politischen Institutionen. Einerseits hat sich die politische Aktions- und Resonanzfähigkeit einer nun vielfältiger organisierten Bürgerschaft qualitativ gewandelt. Andererseits sind mit zunehmendem Bewusstsein der weit reichenden ökologischen, ökonomischen und sozialen Folgen und Wechselwirkungen neuer technischer Entwicklungen auch die Anforderungen an die Gestaltungsfähigkeit und das Verantwortungsbewusstsein der politischen Entscheidungsträger gewachsen. Dies gilt grundsätzlich auch unter den Bedingungen der Globalisierung, die eine Sicherung des Primats der Politik erschweren. Zudem schränkt die zunehmende Übertragung von Rechtsetzungskompetenzen auf die Europäische Union die Handlungsmöglichkeiten der nationalen Parlamente ein.

Wie hat der Deutsche Bundestag auf diese Wandlungsprozesse und Herausforderungen als Institution reagiert? Wie hat sich die Stellung des Bundestages im politischen System verändert? Ziel dieser Arbeit ist es zudem, ein möglichst angemessenes Verständnis der vielfältigen und komplexen Strukturen der Willensbildung zu gewinnen, wobei die seit der deutschen Vereinigung eingetretenen Veränderungen entsprechend zu berücksichtigen sind. Dargestellt werden sowohl die öffentlichen und formellen Gesetzgebungs- und Kontrollaktivitäten als auch die internen (und auch informellen) Prozesse in und zwischen Parlaments-, Fraktions- und Koalitionsgremien. Der Einblick in dieses Beziehungsgefüge dient auch dem besseren Verständnis der an die Öffentlichkeit gerichteten und über die Medien vermittelten Aktivitäten. Differenzierend soll dabei auf Machtkonstellationen, auf Kooperations- und Konkurrenzbeziehungen innerhalb des »Regierungslagers«, zwischen Koalition und Opposition und den Oppositionsfraktionen untereinander sowie auf Stellung und Wirkungsmöglichkeiten der einzelnen Abgeordneten in und außerhalb des Parlaments eingegangen werden. (Verfassungs)rechtliche und geschäftsordnungsmäßige Bestimmungen, fraktionsinterne Regelungen und die parlamentarische Praxis werden systematisch aufeinander bezogen und in ihrem Entstehungs- und Wirkungszusammenhang erörtert.

1.1 Verfassungspolitische Rahmenbedingungen

Nach der deutschen Vereinigung gelten die wichtigsten 1949 beschlossenen Regelungen hinsichtlich des Verhältnisses von Bundestag, Bundesregierung und Bundespräsident weiter. Nach wie vor ist der Bundestag als einziges zentralstaatliches Organ direkt vom Volk gewählt und damit in bevorzugter Weise demokratisch legitimiert und verantwortlich. Eine Direktwahl des Staatsoberhauptes oder einer zweiten Kammer wie in einigen anderen (west)europäischen Ländern kennt das Grundgesetz nicht (Ismayr 2009b: 16 ff.; Ismayr 2010b: 26 ff.). Im Unterschied zu den meisten anderen parlamentarischen Demokratien wird der Regierungschef formell vom Parlament gewählt (Art. 63 GG). Die Wahl kann auch am Vorschlag des Staatsoberhauptes vorbei erfolgen, das nur für den ersten Wahlgang ein Vorschlagsrecht hat. Ferner wurde im Vergleich zur Weimarer Reichsverfassung die Stellung des Regierungschefs gegenüber dem Staatsoberhaupt deutlich gestärkt, das nur indirekt gewählt wird und weitgehend auf repräsentative Aufgaben beschränkt ist (Art. 54 GG). Ein rechtsverbindliches Misstrauensvotum ist im Unterschied zur Weimarer Republik und zu zahlreichen westlichen Demokratien nur gegenüber dem Regierungschef – nicht gegenüber einzelnen Ministern – und nur als »konstruktives Misstrauensvotum« möglich (Art. 67 GG), wodurch wiederum die Stellung des Bundeskanzlers gestärkt werden sollte (zum europäischen Vergleich Ismayr 2009b: 24 ff.; Ismayr 2010b: 31 ff.). Eine Parlamentsauflösung ist im Verlauf einer Wahlperiode nur durch ein Zusammenwirken von Regierungschef, Parlamentsmehrheit und Staatsoberhaupt möglich

(Art. 68 GG). Immerhin wurden dreimal Neuwahlen auf dem Wege der Vertrauensfrage herbeigeführt, wobei die Vorgänge 1982 und 2005 heftig umstritten waren. Ein
wiederholt vorgelegter und 1991 von der »Gemeinsamen Verfassungskommission von
Bundestag und Bundesrat« aufgegriffener Vorschlag, das Recht des Bundestages auf
Selbstauflösung mit Zweidrittelmehrheit im Grundgesetz zu verankern, ist wider Erwarten gescheitert (Batt 2003: 242 ff.).

Nach wie vor verzichtet das Grundgesetz auf direktdemokratische Sachentscheidungsverfahren mit Ausnahme der Neugliederung des Bundesgebiets nach Art. 29
GG. Wurden direktdemokratische Verfahren im Zuge eines »Demokratisierungsschubs« in den 1990er Jahren mittlerweile in allen Bundesländern und Kommunalverfassungen eingeführt, sind Vorstöße zur Verankerung von Volksbegehren und
Volksentscheid im Grundgesetz bisher an der fehlenden Zweidrittelmehrheit gescheitert. Die Stellung des Parlaments prägende Elemente der Verfassungsordnung sind
zudem die verfassungsrechtliche Anerkennung der Parteien (Art. 21 GG) und die
in einem Parteiengesetz näher festgelegten Grundsätze innerparteilicher Demokratie. Hinzu kommt die seit dem Regierungswechsel 1969 zunehmend genutzte Möglichkeit der parlamentarischen Opposition, die Verfassungskonformität von Gesetzen durch das Bundesverfassungsgericht überprüfen zu lassen.

Mit den genannten Bestimmungen zur Wahl und Abwahl des Regierungschefs
durch den unmittelbar vom Volk gewählten Bundestag wurden die verfassungsmä
ßigen Grundlagen eines parlamentarisch-demokratischen Regierungssystems geschaffen. Demnach ist die Regierung nicht nur in ihrer Aktionsfähigkeit, sondern
auch in ihrem Bestand vom Vertrauen der Parlamentsmehrheit abhängig (Steffani
1979a: 52 f.; Hübner 2000: 14 ff.). Als verfassungspolitische Konsequenz dieser Grundentscheidung gilt unter parteienstaatlich-pluralistischen Bedingungen eine enge Verbindung der Regierung und der sie tragenden Parlamentsmehrheit. Aufgabe der
Opposition(sfraktionen) ist es dann, die Regierung und die mit ihr verbundenen und
sie unterstützenden Mehrheitsfraktionen öffentlich zu kontrollieren, sie zu kritisieren
und zur Politik der Regierungsmehrheit Alternativen zu formulieren. Entgegen dem
traditionellen, für konstitutionelle Monarchien und präsidentielle Regierungssysteme
charakteristischen »klassischen« Dualismus von Parlament und Regierung setzte sich
auch in der Parlamentspraxis der Bundesrepublik bis zu einem gewissen Grad dieser
»neue Dualismus« von Regierungsmehrheit und Opposition(sfraktionen) durch. Er
wurde auch von den Parlamentariern als Faktum zunehmend anerkannt, wenngleich
es – normativ gesehen – nach wie vor deutliche Unterschiede im Parlamentarismus-
Verständnis gibt (Herzog u. a. 1990: 103 ff.; Patzelt 1996: 496 ff.). Begünstigt wurde
diese Entwicklung einmal dadurch, dass Regierungsmitglieder in der Regel dem Bundestag angehören und an fraktionsinternen Sitzungen teilnehmen. Vor allem aber
wurde sie dadurch gefördert, dass sich – auch mit Hilfe der Fünfprozentklausel bei
Wahlen – ein bipolares System von drei bis fünf Bundestagsparteien herausbilden
konnte. Bei den Bundestagswahlen konnten die Wähler zumeist auch eine Entschei-

dung für oder gegen eine bestimmte Koalition und einen Kanzler(kandidaten) treffen, nachdem sich die Parteien vor der Wahl festgelegt hatten. Die Bundestagsmehrheit vollzog dann mit der formellen Kanzlerwahl nur mehr die Wahlentscheidung, zu
der sie »plebiszitär« autorisiert war. Wie schon die Erfahrungen seit den 1980er Jahren zeigen, könnten allerdings angesichts der jüngsten Entwicklung zu einem Fünf-
oder Sechsparteiensystem mit der möglichen Alternative von Dreierkoalitionen oder
Großen Koalitionen künftig Festlegungen auf eine Koalition erst nach der Wahl die
Regel werden.

Schon bisher war es weder analytisch noch normativ angemessen, die Modellvor-
stellungen des britischen »Westminster-Systems« auf das politische System der Bundesrepublik schematisch zu übertragen. Dies gilt auch für fast alle anderen Staaten
der Europäischen Union, angesichts der verfassungspolitischen Rahmenbedingungen mit mehreren institutionellen (und parteipolitischen) Vetoakteur für die Bundesrepublik aber in spezifischer Weise (Ismayr 2009b: 54 ff.; Ismayr 2010b; Lijphart
1984). Die auf Bundesebene übliche Existenz von Koalitionsregierungen, die stark
hervorgehobene Stellung des Bundesverfassungsgerichts, das föderative System und
zunehmend auch die Verlagerung von Kompetenzen zur Europäischen Union bedingen vielfältige Aushandlungsprozesse, die das Parteienkonkurrenzsystem zum Teil
relativieren.

1.2 Abstimmungsprozesse im Koalitionssystem

Die Bundesrepublik wurde fast durchweg von Koalitionen aus zwei oder drei Parteien
regiert, die (jedenfalls auf manchen Politikfeldern) markante politische Unterschiede
aufweisen, teilweise verschiedene Stammwählerschaften ansprechen und – wie zahlreiche Koalitionskonflikte belegen – auch bemüht sind, sich als eigenständige politische Kräfte zu profilieren. Zu den für Volksparteien üblichen internen Prozessen des
Interessenausgleichs kommen laufend zahlreiche Gespräche und Verhandlungen auf
Koalitionsebene hinzu. Die Komplexität der Kommunikations-, Interaktions- und
Aushandlungsprozesse zwischen ohnehin stark arbeitsteiligen Parlamenten, Ministerialverwaltungen, Parteigremien und Verbänden nimmt zu. Die Auswirkungen sind
ambivalent. Auf der einen Seite kann interne und teilweise auch öffentliche Kontrolle
begünstigt werden; andererseits führt das Aushandeln von Kompromissen in politischen Führungs- und Expertengremien der Koalition dazu, dass Diskussion und Entscheidungsfindung (insbesondere bei brisanten Problemen) den zuständigen Frak-
tions-, Regierungs- und Parlamentsgremien faktisch entzogen werden.

Zudem gestaltet sich die parlamentarische Oppositionspolitik komplexer, nachdem seit dem Einzug der neuen Partei Die Grünen in den 10. Deutschen Bundestag im Jahre 1983 erstmals seit den 1950er Jahren wieder zwei eigenständige Oppositionsfraktionen der Koalition gegenüberstanden und – teilweise auch in Konkurrenz

zueinander – Aktivitäten entwickelten. Mit der deutschen Einheit erfolgte eine weitere Ausdifferenzierung des Parteiensystems, die künftig wachsende Schwierigkeiten bei der Koalitionsbildung bringen kann – wie die Erfahrungen auf Länderebene zeigen. Wie die Erfolge neuer Parteien wie der »Piraten« seit 2011 bei Landtagswahlen zeigen, kann der Prozess der Ausdifferenzierung des Parteiensystems nicht als abgeschlossen gelten. Besonders problematisch ist eine naive Übertragung von Leitbildern, Maßstäben und Verfahrensweisen des »Westminster-Systems« wegen der föderativen Struktur der Bundesrepublik, die auch die Arbeits- und Wirkungsweise von Koalitionsregierungen prägt. Ein weiteres Charakteristikum von Koalitionssystemen ist, dass ein Machtwechsel nicht regelmäßig dadurch erfolgt, dass die bisherige Oppositionspartei nach gewonnener Wahl die Regierung stellt, sondern dass eine der bisherigen Koalitionsparteien mit der oder den Oppositionspartei(en) nach dem Auseinanderbrechen eines Regierungsbündnisses (während der Wahlperiode oder aufgrund von Neuwahlen) die Regierung bildet. Solche Bündniskonstellationen wirken sich auf das Kooperations- und Kontrollverhalten aus, auch gegenüber Verwaltung und Verbänden.

Nur aus der Sicht eines (selbst in Großbritannien nur phasenweise bestehenden) Zweiparteiensystems können Koalitionssysteme allerdings als Abweichung vom »Modell« eines »echten Parlamentarismus« angesehen werden. Faktisch sind Mehrparteien- und Koalitionssysteme in parlamentarischen Demokratien die Regel (Ismayr 2009b; Ismayr 2010b; Saalfeld 2010; Grotz/Weber 2010).

1.3 Föderative Struktur und Rolle des Bundesrates

Stark geprägt wird der Willensbildungs- und Entscheidungsprozess in der Bundesrepublik durch die föderative Struktur und die spezifische Rolle des Bundesrates, durch den die Länder an der Gesetzgebung, aber auch an der Verwaltung des Bundes mitentscheidend beteiligt sind und auch in Angelegenheiten der Europäischen Union mitwirken (Art. 50 GG). Dadurch kommen zu den Abstimmungsprozessen auf Koalitionsebene in der Bundesrepublik weitere, das Parteienkonkurrenzprinzip relativierende Aushandlungsprozesse zwischen Politikern und Spitzenbeamten von Bund, Ländern und Kommunen hinzu. An der Politik der Bundesländer sind die Landesparlamente mit eigenständigen, wenngleich stark eingeschränkten Gesetzgebungskompetenzen, vor allem aber mit vielfältigen Kommunikations- und »Ombudsmann«-Funktionen ihrer Mitglieder beteiligt (vgl. Reutter 2008; Mielke/Reutter 2012). Das parlamentarische Element, aber auch die Mitwirkung der Wahlbürger, wird dadurch gestärkt. Als »dritte Ebene« kommen die Kommunen (Gemeinden, Landkreise, Bezirke) hinzu, deren gewählte Vertreter – auch über die kommunalen Spitzenverbände – um die Wahrung und produktive Entwicklung ihrer Selbstverwaltungskompetenz ringen (Art. 28 GG; vgl. Walter-Rogg/Kunz/Gabriel 2005). Höchst bedeutsam für Gesetzgebung und politische Steuerung ist schließlich, dass der Vollzug (auch) der Bundesgesetze überwiegend bei den Behörden der Länder liegt. Nicht nur ist der Erfolg zentralstaatlicher Politik von der qualitativ angemessenen Umsetzung (Implementation) durch die Vollzugsverwaltungen der Länder und Kommunen abhängig – der Bundesgesetzgeber ist auch auf deren Rückmeldungen angewiesen.

Grundsätzlich kommt der föderative Aufbau partizipationsorientierten Bestrebungen nach verstärkter Dezentralisierung entgegen. Als Vorzüge des föderativen Systems gelten vertikale Gewaltenteilung (als Komplement der horizontalen), »Minderheitenschutz und parteipolitischer Spannungsausgleich« und »die Verbesserung der Realisierungschance demokratischer Werte i. S. vermehrter Partizipationsmöglichkeiten der Bevölkerung und verbesserter Durchsetzungschancen ihrer (regional) differenzierten Interessen« durch erhöhte Responsivität der regional unterteilten Staatsverwaltung (Abromeit 1982: 463; vgl. Laufer/Münch 2010: 26 ff.).

Ob und inwieweit insbesondere die verfassungsrechtliche Konstruktion und reale Entwicklung des föderativen Bundesorgans Bundesrat der Realisierung solcher Zielvorstellungen dienlich war, ist allerdings umstritten. Aus weisungsgebundenen Mitgliedern der Landesregierungen zusammengesetzt, die die Stimme ihres Landes einheitlich abgeben, ist er ein parlamentarisches Gremium der Funktion, nicht aber der Struktur nach (Steffani 1985: 226); überdies verfügt er über bedeutsame administrative Kompetenzen. Der Bundesrat war vom Parlamentarischen Rat nicht als gleichwertige »zweite Kammer« eines einheitlichen Gesetzgebungsorgans angelegt worden und ist dies – verfassungsrechtlich gesehen – auch heute nicht (BVerfGE 37, 363, 380). Faktisch hat aber die fortschreitende Unitarisierung des Bundesstaates, insbesondere die Verlagerung zahlreicher Gesetzgebungskompetenzen auf den Bund einerseits die Landesparlamente geschwächt, andererseits aber dazu geführt, dass die im Bundesrat vertretenen Mitglieder der Länderregierungen und deren Spitzenbeamte verstärkt an der Gesetzgebung des Bundes mitwirken. Zudem ist der Bundesrat bei Zustimmungsgesetzen – und dies sind bereits seit der dritten Wahlperiode mehr als die Hälfte und zudem ein Großteil der gewichtigeren Bundesgesetze – faktisch fast gleichberechtigt als Gesetzgebungsorgan beteiligt (Kilper/Lhotta 1996; vgl. Abschn. 6.1.2). Wenngleich der Anteil zustimmungsbedürftiger Gesetze nach der Föderalismusreform I (2006) etwas zurückgegangen ist, bleibt der Bundesrat ein zentraler Akteur im deutschen Regierungssystem (vgl. Jun 2010; Zohlnhöfer 2011).

Der Bundesrat war vom Verfassungsgesetzgeber als Medium zur Vermittlung der Länderinteressen und als Hort gouvernementaler und bürokratischer »Sachlichkeit« verstanden worden, von vielen Mitgliedern des Parlamentarischen Rates offenbar auch als »Widerlager zur Parteipolitik« (Lehmbruch 2000: 77 ff.). Bürokratische Detailarbeit, Kontrolle und Erfahrungsvermittlung (einschließlich damit verbundener Probleme verwaltungsspezifischer Segmentierung) spielen bei der Arbeit seiner Ausschüsse wie auch bei den zahlreichen direkten Kontakten zwischen Länder- und Bundesministerien sowie Vollzugsbehörden im Rahmen der Entwicklung von Gesetzen und Verordnungen eine bedeutsame Rolle. Doch hat seit 1969 mit wachsendem politischem Gewicht des Bundesrates die parteipolitische Orientierung und Blockbildung stark zugenommen. Diese Tendenz verstärkte sich in Phasen unterschiedlicher Mehrheitsverhältnisse in Bundestag und Bundesrat und wirkte sich erheblich auf den Willensbildungs- und Entscheidungsprozess aus. So sind seit der Zeit der sozialliberalen Koalition (1969–1982) vor den Bundesratssitzungen Absprachen innerhalb der Ländergruppen der von den Unionsparteien sowie der SPD geführten Regierungen üblich (Leonardy 2002). Mit dem Verlust der Mehrheit für die christlich-liberale Koalition seit 1990/91 im Bundesrat (und seit 1994 auch im Vermittlungsausschuss) entstand mit anderen Vorzeichen eine ähnliche Situation wie zur Zeit der SPD-FDP-Koalition. Allerdings war die parteipolitische Konstellation im Bundesrat aufgrund verschiedenartiger Regierungskoalitionen in den Ländern vielfältiger und unübersichtlicher geworden, was Absprachen erschwerte (Jun 2011). Dies gilt auch für die Zeit der rot-grünen Koalition (1998–2005), die sich nur wenige Monate einem Bundesrat gegenüber sah, in dem die Vertreter unionsgeführter Landesregierungen in der Minderheit waren. Ist der Regierung(smehrheit) an der Realisierung eines Vorhabens (unbedingt) gelegen, kann sie sich schon bei der Entwicklung von Gesetzentwürfen veranlasst sehen, die bereits öffentlich artikulierten, angekündigten oder zu erwartenden Einwände zu berücksichtigen. Andererseits kann die Opposition im Hinblick auf ihre Mehrheit im Bundesrat natürlich auch in die Verantwortung eingebunden werden. Die am Parteienwettbewerb orientierten Auseinandersetzungen auf parlamentarischer Ebene können durch (vorgelagerte) Verhandlungen einer »informellen« Großen Koalition geschwächt werden oder büßen an Glaubwürdigkeit ein (Lehmbruch 2000: 158 ff.). Die Zurechenbarkeit von Verantwortlichkeit wird dadurch schwieriger, verhandlungsdemokratische Tendenzen werden deutlich verstärkt. Allerdings kann bei Vorhaben, für die ein breiter Konsens wünschenswert ist, ein Einigungsverfahren unter Beteiligung der Opposition jedenfalls dann ein Gewinn sein, wenn es hinreichend transparent und diskursiv abläuft.

Ein wirklicher »Machtwechsel« erfordert nicht nur eine Mehrheit für die eigene Partei oder ein Parteienbündnis im Bundestag, sondern auch im Bundesrat – mit der Folge, dass bei Landtagswahlen die Bundespolitik zunehmend dominiert und diese tendenziell den Charakter von Bundesratswahlen annahmen (Jun 1994: 85 ff.). Dies hat sich auch nach der Föderalismusreform I nicht geändert.

Folge der Parteipolitisierung des Bundesrates ist, dass der Bundestag phasenweise zum Forum des Bundesrates denaturierte, besonders spektakulär vor den Bundestagswahlen 1976 und 1980, als die Ministerpräsidenten und Kanzlerkandidaten Helmut Kohl und Franz-Josef Strauß ihr Redeprivileg als Bundesratsmitglieder nutzten und als programmatische Hauptredner ihrer Parteien dem amtierenden Kanzler gegenübertraten. Die Einbeziehung der Reden von Bundesratsmitgliedern in die Redezeitkontingente der Regierungsmehrheit einerseits und der Oppositionsfraktionen andererseits ist die realistische Konsequenz dieser Entwicklung (vgl. Abschn. 7.2.2).

Über die parteipolitischen Fronten hinweg werden im Bundesrat gleichwohl spezifische landespolitische Interessen vertreten – so vor allem, wenn es um Steuerge-
setze und Finanzzuweisungen oder um Kompetenzfragen geht (Jun 2011; Rentzsch
1994). Zudem haben die neuen Bundesländer starke gemeinsame Interessen. Somit
werden bürokratische Problembearbeitung, politische »Sacharbeit« und parteipolitische Positionsfixierung je nach Thematik, politischer Aufmerksamkeit und Mehr-
heitskonstellation mit unterschiedlicher Gewichtung wirksam. Der Wechsel zwischen
stärker konkurrenz- und konkordanzdemokratischen Phasen im bundesdeutschen
System – je nach parteipolitischer Zusammensetzung des Bundesrates – ist im europäischen Vergleich eine Besonderheit (Ismayr 2009b: 52 ff.; Ismayr 2010b: 43 ff.).

Eine weitere, das parlamentarische System prägende strukturelle Besonderheit ist
die starke Stellung des Bundesverfassungsgerichts als weiterem obersten Bundesor-
gan, dessen Entscheidungen auch für das Parlament bindend sind. Die Neigung der
jeweiligen oppositionellen Parteien, Entscheidungen der parlamentarischen Mehrheit daraufhin überprüfen zu lassen, ob sie verfassungswidrig sind und die zeitweilige Neigung des Verfassungsgerichts zu detaillierten Vorgaben gegenüber dem
Gesetzgeber haben zu einer »Juridifizierung« der Politik und zur Einengung des politischen Gestaltungsspielraumes beigetragen. Einerseits steht damit der Opposition
ein weiteres Mittel zur Verfügung, auf das Handeln der Regierung(smehrheit) Einfluss zu nehmen, andererseits kann auf diesem Wege eine konzeptionelle, auf grundlegende Wandlungsprozesse reagierende Politik erschwert werden (vgl. Abschn. 6.3).

Zu den skizzierten strukturellen Bedingungen des politischen Systems der Bundesrepublik kommt hinzu, dass bei zunehmender Verlagerung von Rechtssetzungs-
kompetenzen auf die Europäische Union bis zur Entscheidung des Rates der EU
vielfältige Aushandlungsprozesse unter einflussreicher Mitwirkung von Ministerialbeamten der Mitgliedstaaten und EU-Beamten stattfinden, auf die das Europäische Parlament wie auch der Bundestag – trotz einiger Kompetenzzuwächse seit den
1990er Jahren – nur vergleichsweise bescheidene Einwirkungsmöglichkeiten haben
(vgl. Abschn. 6.9).

1.4 Auswirkungen technologischer und kultureller Wandlungsprozesse

Will man Einsichten über die tatsächlichen und wünschbaren Funktionen des Bundestages im politischen System gewinnen, sind über die verfassungsrechtlichen und
-politischen Strukturbedingungen hinaus die jüngsten technologischen und kulturellen Wandlungsprozesse zu berücksichtigen, die sich auf die Leistungs- und Kommunikationsfähigkeit der staatlich-politischen und intermediären Institutionen sowie
auf die Partizipations-, Transparenz- und Leistungserwartungen der Bürger auswirken. Sie können hier allerdings nur angedeutet werden.

Die Entwicklung der Industriegesellschaft und des modernen Sozial- und Interventionsstaates hat (insbesondere in der Phase des Wirtschaftswachstums seit den 1950er Jahren) zu einer enormen Ausweitung und Verdichtung der Staatstätigkeit geführt, die so gut wie alle Lebensbereiche erfasst oder zumindest berührt. Im Zuge dieser Entwicklung expandierten die Ministerial- und Vollzugsverwaltungen erheblich, während sich die Zahl der durch Wahl legitimierten und mit der politischen Führung beauftragten Politiker nicht wesentlich erhöhte. Die etwa vier Dutzend Regierungsmitglieder und Parlamentarischen Staatssekretäre und die (weiteren) etwa 600 Parlamentarier sehen sich allein im Bereich der Bundesministerien und des Kanzleramtes einem organisatorisch stark ausdifferenzierten und fachlich spezialisierten Verwaltungsapparat von etwa 19 000 Mitarbeitern gegenüber. Ein großer Teil der Ministerialbeamten ist an der Gesetzes- und Programmentwicklung und durch beratende Mitwirkung in Ausschüssen, Arbeitsgruppen sowie Koalitionsgremien auch am parlamentarischen Willensbildungsprozess einflussreich beteiligt. Sie können sich (zudem) auf die Zuarbeit von zahlreichen nachgeordneten Bundesbehörden und kontinuierliche Informationskontakte zu Verbandexperten, Ministerialbürokratien der Länder und Vollzugsbürokratien und eine umfangreiche wissenschaftliche Beratungskapazität stützen. Erhebliche Auswirkungen auf den politischen Willensbildungsprozess hat auch die Expansion und zunehmende Ausdifferenzierung der Lobbytätigkeit (vgl. Abschn. 6.2, 6.8).

Bestrebungen auf Regierungsebene (vor allem in den Anfangsjahren der sozialliberalen Koalition), der zunehmenden Segmentierung des Arbeitsprozesses durch verbesserte Koordination, längerfristig angelegte integrierte Aufgabenplanung und übergreifende Beratungsgremien entgegenzuwirken, brachten insgesamt gesehen nicht den gewünschten Erfolg (Scharpf 1973).

Bundestag und Fraktionen versuchen, den vielfältigen Gesetzgebungs- und Kontrollaufgaben durch eine der Ressortgliederung der Bundesregierung weithin entsprechende Arbeitsteilung und Spezialisierung gerecht zu werden. Dabei stehen sie allerdings vor der schwer zu bewältigenden Daueraufgabe, die nebeneinander her laufenden Tätigkeiten über formelle und informelle Gremien zu koordinieren und – über kurzatmige und tagespolitisch reaktive Aktivitäten hinaus – konzeptionell aufeinander abzustimmen. Zudem stellt sich die Frage, ob die den Abgeordneten und Fraktionen zur Verfügung stehenden Hilfsdienste und Beratungskapazitäten ausreichen und ob sie gegebenenfalls so weiterentwickelt werden können, dass sie über eine Stärkung der Gestaltungs- und Kontrollfähigkeit hinaus der Verbesserung zukunftsorientierter konzeptioneller Arbeit dienen. Dabei leistet die technische Fortentwicklung online-basierter Koordinations- und Kommunikationsmittel einen wichtigen Beitrag zur internen und externen Informationsvermittlung. Andererseits stellt diese Entwicklung ständig neue Anforderungen an die Abgeordneten und deren Mitarbeiter, sich die Funktionsweise der neuen Technologien anzueignen und sie in ihren Arbeitsprozess zu integrieren. Der erhöhten Geschwindigkeit beim Abruf von Informationen und bei Interaktionen zwischen Arbeitsgruppen, Abgeordneten und ihren Mitarbeitern stehen die dauernde Erreichbarkeit sowie die Erwartung kurzer Reaktionsintervalle gegenüber. Innerfraktionelle Meinungsabstimmungen finden inzwischen verstärkt in den Intranets der Fraktionen statt. Sie sind vor allem Instrumente der Informationsvermittlung nach innen und erfüllen wichtige Synchronisierungsaufgaben in der innerfraktionellen Kommunikation. Die Angebote der Intranets sollen die Arbeit der Fraktionen effizienter machen und den Abgeordneten einen Überblick über die Arbeit in den Arbeitsgruppen ermöglichen, in denen sie selbst nicht tätig sind.

Durch die Verbreitung der Internetnutzung auf nunmehr alle Altersgruppen und Schichten der Bevölkerung wird auch in der Außendarstellung eine Erweiterung der nachvollziehbaren Abbildung politischer Willensbildungsprozesse erwartet. Ob die ständige Präsenz von Abgeordneten im Internet zu einem Mehrwert an transparenter Darstellung der politischen Prozesse für die Öffentlichkeit führt, bleibt abzuwarten.

Unter den Bedingungen des demokratischen Rechtsstaates führte die zunehmende Staatstätigkeit dazu, dass nicht nur die Zahl der Gesetze (und mehr noch der Verordnungen), sondern auch deren Detaillierung, Spezialisierung und Vernetzung erheblich zunahm. Ein großer Teil der Gesetze dient als Führungs- und Steuerungsmittel. An der Gesetzgebung und Programmentwicklung beteiligte Politiker sehen sich häufiger denn je vor der Aufgabe, Entscheidungen angesichts schwer voraussehbarer Entwicklungen der Wirtschaft und Technik und auch der Verhaltensweisen der Normadressaten (Bürger, Verwaltungen, Wirtschaft, Wissenschaft) treffen zu müssen. Dies gilt in verstärktem Maße unter den in den 1990er Jahren verschärften Bedingungen der Globalisierung (Beck 1998), die durch die Informationstechnik begünstigt wurde, sowie angesichts des erheblichen Kompetenzzuwachses der Europäischen Gemeinschaft seit Mitte der 1980er Jahre und der zunehmenden Befassung auch der nationalen Parlamente mit EU-Angelegenheiten (Hassel 2012: 229 ff.). Je dichter das Netz rechtlicher Normen geknüpft wird, umso schwieriger wird es, widersprüchliche Regelungen aufzudecken und unbeabsichtigte Folgen und Nebenfolgen zu vermeiden (vgl. Kap. 6).

Ausmaß und kumulative Wirkungen der Umweltbelastungen wurden seit den 1970er Jahren stärker bewusst. Darüber hinaus stellen jüngste Technikentwicklungen mit weitreichenden und in ihrer komplexen Wirkungsvielfalt schwer abschätzbaren ökologischen, soziokulturellen und humanen Folgen die Gesellschaft insgesamt und besonders die politischen Institutionen vor neuartige Herausforderungen (vgl. Abschn. 7.19, 7.20). Weltweit drohende Gefährdungen durch zunehmende Belastung von Luft, Wasser, Boden und Erdatmosphäre mit chemisch, kerntechnisch und gentechnisch erzeugten Gift- und Schadstoffen, deren Wechselwirkungen weithin unbekannt sind, die Fähigkeit, in einem Atomkrieg menschliches Leben auszulöschen und die Möglichkeiten, durch Genmanipulation »Leben neu zu konstruieren« ließen den lange Zeit bestimmenden Fortschrittskonsens brüchig werden (Beck 1986). Mit zunehmender Vernetzung können Folgen und Wechselwirkungen oft nur schwer abgeschätzt werden. Neuartig an einigen dieser Technikfolgen ist, dass sich Gefährdungen nicht eingrenzen lassen, ja teilweise weltweit auswirken (Erwärmung der Erdatmosphäre), sie oft irreversibel sind und in hohem Maße zu Lasten späterer Generationen gehen.

Grundsätzlich wächst die Einsicht, dass nicht mehr einfach davon ausgegangen werden kann, unerwünschte Nebenfolgen ließen sich im Zuge weiterer technischer Entwicklungen schon wieder eindämmen oder beseitigen (Jonas 1986; BT-Drs. 10/5844). Schon die Enquete-Kommission Technikfolgenabschätzung des Bundestages war sich darin grundsätzlich einig, dass die Steuerungsfunktion des Marktes »allein« nicht geeignet ist, »die soziale und ökologische Verträglichkeit der Technik im erforderlichen Umfang zu gewährleisten«, und es Aufgabe der Politik und insbesondere des Parlaments sei, vorausschauend über Gestaltungsalternativen zu diskutieren und die (technologie)politischen Grundentscheidungen zu treffen. Das Parlament müsse die Rahmenbedingungen gestalten und dürfe sich »nicht darauf beschränken, gesetzliche Regelungen erst dann zu treffen, wenn unerwartete und unkorrigierbare Technikfolgen bereits eingetreten sind« (BT-Drs. 11/4606, S. 5 f.). Tatsächlich wurden zentrale technologiepolitische Entscheidungen nach primär betriebswirtschaftlichem Nutzenkalkül und im Interesse der Sicherung der Wettbewerbsfähigkeit der nationalen Wirtschaft auf dem Weltmarkt durchgesetzt – gegebenenfalls mit gouvernementaler Unterstützung, aber »häufig ohne rechtzeitige Einbeziehung des Parlaments« (BT-Drs. 11/4606). Werden zukunftsprägende Richtungsentscheidungen an Parlament und Öffentlichkeit vorbei getroffen, und geben sich demokratisch legitimierte Institutionen mit der »Nebenrolle« zufrieden, für die Akzeptanz der Entscheidungen zu sorgen, Finanzmittel und die benötigte Infrastruktur bereitzustellen und »reaktiv« für die (unerwünschten) Folgen einzustehen, büßt die parlamentarische Demokratie an Glaubwürdigkeit ein. Grundlegende technologiepolitische Entscheidungen sind Sache des Parlaments oder (bei Einführung direktdemokratischer Verfahren) der Bürger selbst – und sollten erst aufgrund öffentlicher politischer Diskurse und nach kritischer Abwägung alternativer Entwicklungswege getroffen werden. Verantwortliche Politik in der »Risikogesellschaft« kann sich nicht mit dem »Kurieren« unerwünschter Nebenfolgen begnügen (Beck 1988; Beck 1991).

Das Dilemma: Konzeptionelle, längerfristige und zukunftsorientierte Politik wird umso dringlicher in einer Zeit, in der gesellschaftliche, ökologische und politische Wirkungs- und Problemzusammenhänge immer vielfältiger, weitreichender und komplexer werden. Mit Hinweisen auf den Primat der Politik (BT-Drs. 11/4606) und die besondere Gestaltungsaufgabe des Parlaments ist es freilich nicht getan. Darüber hinaus ist zu fragen, wie solidarisches, verantwortliches politisches Handeln gegenüber der Mitwelt, Umwelt und Nachwelt ermutigt und strukturell begünstigt werden kann.

Politisches Denken und Handeln, das den Herausforderungen der Gegenwart bei

Beachtung der Lebensinteressen nachkommender Generationen gerecht werden will, muss in einem gegenwärtige und regionale Begrenztheiten übersteigenden Sinne gemeinwohlorientiert und nachhaltig sein (Fetscher 1989; Altner 1997; Abschn. 6.7.3). Dies erfordert moralische Selbstbindung wie die Bereitschaft und Fähigkeit zum Diskurs – nicht nur bei Eliten und Experten, sondern eines beachtlichen Teils der Bürgerschaft. Verantwortungsethik bedeutet unter diesen Voraussetzungen, »sich für eine Selbsterhaltung jenseits egoistischer und individualistischer Selbstbehauptung zu engagieren« (Fetscher 1989: 689; vgl. Münkler 1996). Wo partikulares Nutzenkalkül nicht nur die Interaktionen der Wirtschaft und staatsbezogen agierender Verbände bestimmt, sondern wo auch Parteienwettbewerb und politische Aushandlungsprozesse überwiegend strategisch-taktisch orientiert sind, ist ein am »Prinzip Verantwortung« (H. Jonas) orientiertes Handeln kaum zu erwarten. Auch eine Politik des Ausgleichs von Partikularinteressen reicht nicht (mehr) aus. »Längerfristige Perspektiven als die der jetzt lebenden Generation stellen eine neue Herausforderung an die Demokratie dar. Sie ruft nach weitergehender Verantwortung, über den Interessenausgleich hier und heute hinaus« (Evangelische Kirche und freiheitliche Demokratie 1986; vgl. Eppler 1998). Ein auf ökonomische Rationalitätskriterien oder Machtsicherung reduziertes Politikverständnis erfasst die Realität nur unzulänglich und taugt erst recht nicht als Maßstab.

1.5   Partizipationsinteresse und Demokratieverständnis im Wandel

Neben dem Wandel der Staatsaufgaben kann als zweiter großer Entwicklungsstrang das veränderte Demokratieverständnis und Beteiligungsverhalten angesprochen werden, dessen sichtbarster Ausdruck Bürgerinitiativen und neue soziale Bewegungen sind.

Seit Mitte der 1960er Jahren haben sich Anspruch und Bereitschaft der Bürger, über den Wahlakt hinaus an politischen Willensbildungs- und Entscheidungsprozessen teilzunehmen, beträchtlich erhöht. Im Zuge einer »partizipatorischen Revolution« in mehreren westlichen Demokratien, hat sich das Beteiligungsniveau in der Bundesrepublik dem vergleichbarer parlamentarischer Demokratien (auf höherem Level) etwa angeglichen (Kaase 1982: 181 f.). Dabei fallen besonders »nicht-konventionelle« Aktionsformen ins Auge, zu denen auch Unterschriftenaktionen und Demonstrationen gerechnet wurden, die jedoch längst stärker genutzt werden als die traditionellen Formen politischer Einflussnahme (Gabriel/Neller 2010: 92 f.). Der Anteil jener Bürger, die ein »Interesse an Politik« bekunden, stieg deutlich an und liegt seit einigen Jahren bei rund 50 % der Bevölkerung (1960: 30 %), wobei sich Ost- und Westdeutsche in ungefähr gleichem Maße für Politik interessieren (Gabriel/Neller 2010: 79 ff.).

Die Optionen eines wachsenden Teils der Bevölkerung für eine partizipations-offenere Demokratie hatte die sozialliberale Koalition in ihrer Aufbruchsphase mit dem Versprechen ermutigt, »mehr Demokratie« zu wagen (Greiffenhagen 1973). Zwar stieg in den 1970er Jahren auch die Zahl der Parteimitglieder erheblich an (Gabriel/Niedermayer 2002). Jedoch ging dieser Zuwachs nicht mit einer nachhalti-gen Dynamisierung und Stärkung innerparteilicher Mitwirkungs- und Einflusschan-cen der Parteibasis einher, was (neben anderen Faktoren) bei anhaltendem Interesse an politischer Beteiligung den nicht unerheblichen Rückgang der Mitgliederzahlen seit Mitte der 1980er Jahre mitbedingt haben dürfte, der sich auch in den letzten Jah-ren kontinuierlich fortsetzte (mit Ausnahme von Bündnis 90/Die Grünen seit 2008). Nur noch etwa 2 % der Bundesbürger sind in Parteien organisiert, die Gefahr lau-fen, sich zu »Berufspolitikerparteien« zu entwickeln (Beyme 2002; Wiesendahl 2012: 128 ff.; Niedermeyer 2012). Zudem ist die große Mehrheit der Parteimitglieder wenig oder überhaupt nicht aktiv (Umfrage 2009: 42 % bzw. 31 %). Nur etwa ein Viertel der Parteimitglieder bezeichnen sich als sehr (6 %) oder ziemlich aktiv (21 %). Aus diesem Kreis rekrutieren sich auch die Funktionsträger und die Kandidaten für öffentliche Ämter, wobei davon auszugehen ist, dass wiederum nur ein Teil dieser Mitglieder ent-scheidend Einfluss auf die Rekrutierung des Führungspersonals und die Politikfor-mulierung nimmt bzw. nehmen kann (Spier 2011: 98 f.).

Bestrebungen, die innerparteilichen Partizipationschancen zu verbessern, wur-den durch gegenläufige Entwicklungen einer »übermäßigen institutionellen Ver-festigung« und zunehmender Staatsnähe der Parteien neutralisiert oder zumindest abgeschwächt (Raschke 1982: 14 f.; vgl. Beyme 2002). Die in der Parteienforschung häufig angesprochene Entfremdung zwischen Bürgern und (traditionellen) Parteien, die sich in einer stetig negativen Bewertung bei Meinungsumfragen zu bestätigen scheint (Immerfall 1998: 11 f.; Gabriel 2005: 509 ff.), kann u. a. erklärt werden durch »den Ausbau des innerparteilichen und staatlichen Filtersystems, das querliegende Initiativen von unten entweder rasch aussortiert oder auf höherer Ebene wirkungs-los macht« (Raschke 1982: 15). Hinzu kommt mangelndes Vertrauen in die Problem-lösungsfähigkeit der parteienstaatlich-geprägten Institutionen, das vor allem im Kontext der Debatte über »Parteienverdrossenheit« der 1990er Jahre evident wurde. Nach einem Anstieg zu Beginn der rot-grünen Koalition (1998) ist das Vertrauen in Regierung und Parlament seit 2002 nahezu kontinuierlich gesunken (Gabriel/Neller 2010: 104 ff.; vgl. Alemann/Heinze/Schmid 1998: 31). Nach einer jüngsten Umfrage vertrauen 42 % der Befragten dem Bundestag und 48 % der Bundesregierung »eher weniger« oder »überhaupt nicht; nur 14 % haben zu diesen Institutionen »eher gro-ßes« oder »sehr großes Vertrauen« (Die Zeit-Online 7/2012). Zu den konstanten Merkmalen der politischen Kultur in Deutschland gehört zudem die negative Be-urteilung der Bürgernähe der Politiker (Gabriel/Neller 2010: 108). Als Ursache der »Vertrauenskrise« gilt insbesondere eine als unzulänglich wahrgenommene Pro-blemlösungsfähigkeit »der Politik« unter komplexeren Bedingungen, sie kann aber auch als Ausdruck einer selbstbewusst auf stärkere Mitentscheidung drängenden Bürgergesellschaft gewertet werden. Erhöhte Bereitschaft und Fähigkeit zur Partizipation fanden ihren Ausdruck in den Aktivitäten einer (seit der Ölkrise 1973 stark angewachsenen) Vielzahl von Bürgerinitiativen, die sich nach Zielsetzung, Aktionsformen, Organisationsgrad und Teilnehmerkreis unterscheiden – wobei eine wachsende Tendenz zur Institutionalisierung festgestellt wird (Roth/Rucht 1991; Rucht/Blattert/Rink 1997). Das Engagement im Lager neuer sozialer Bewegungen wird der Mitwirkung innerhalb »etablierter« Parteien, aktionsorientierte Beteiligungsformen werden (insbesondere bei der jüngeren Generation) den konventionellen vorgezogen (Wiesendahl 1989: 100; Wiesendahl 2012). Verschiedene Umfragen belegen die breite Akzeptanz neuer politischer und sozialer Bewegungen in der deutschen Öffentlichkeit, insbesondere der Umwelt- und Ökologiebewegung (Hofrichter/Schmitt 1991). Zudem ergaben mehrere Umfragen seit 1980, dass etwa 10 bis 20 Prozent der Bürger bereits an einer Bürgerinitiative mitgearbeitet haben und etwa zwei Drittel dazu bereit sind (vgl. Gabriel/Völkl 2005: 557 f.). Im übrigen verzeichnen auch Umweltverbände und (andere) postmaterialistische Nichtregierungsorganisationen (NGOs) wie Amnesty International und *Attac* einen deutlichen Mitgliederzuwachs, während neben Parteien auch andere große Organisationen wie Gewerkschaften und Kirchen zahlreiche Mitglieder verloren haben (Merkel/Petring 2012: 111 f.). »Sie ziehen die kreativsten politischen Potentiale an, also gerade jene jungen Menschen, an denen es den politischen Parteien, den Volksparteien zumal, mangelt« (Merkel/Petring 2012: 112).

Das Anwachsen neuer sozialer Bewegungen mit vielfältigen Initiativ-, Aktions- und Lebensformen ist nicht nur durch veränderte Partizipationsbedürfnisse bedingt. Es ist vielmehr darauf zurückzuführen, dass die politischen Parteien, die von ihnen getragenen politischen Institutionen und auch die Großverbände den seit Anfang der 1970er Jahre (1973) einsetzenden Bewusstseins- und Wertwandel und vor allem die zugrundeliegenden Strukturprobleme nicht ernst genug genommen haben (Vogel 1996). Gegenüber dem Konzept der »alten Politik«, die stetes (quantitatives) Wirtschaftswachstum als Grundlage von Prosperität, sozialstaatlicher Entwicklung und Lebensqualität sieht, wird eine »neue Politik« gefordert, die ökologische und humane Verträglichkeit zum Maßstab technisch-ökonomischer Entwicklungen erhebt und Rücksicht auf vernetzte Wirkungs- und Problemzusammenhänge nimmt (Wasmuth 1989). Insbesondere nach der deutschen Vereinigung angesichts neuer Herausforderungen phasenweise zurückgedrängt, haben diese neuen Perspektiven ihre Attraktivität längerfristig bewahrt, wie die 2011 getroffenen Beschlüsse zur Beendigung der Kernenergienutzung und zur »Energiewende« zeigen.

Die zeitweilige Abschottung der großen Parteien gegenüber neuen politischen Themen und Fragestellungen hatte, ungeahnt, auch eine positive Kehrseite. Mit dem zahlreichen Auftreten von Bürgerinitiativen und einem breiten bürgerschaftlichem Engagement in vielfältigen Projekt- und Selbsthilfegruppen hat sich der intermediäre Bereich politischer Kommunikation und Willensbildung zwischen Bürgern und staatlich-politischen Institutionen nicht nur ausgeweitet, sondern auch qualitativ verändert. Inzwischen gelten Bürgerinitiativen als eine fast selbstverständliche Form bürgerschaftlicher Beteiligung. Sich außerhalb der Parteien gemeinsam mit anderen Bürgern in oft schwierige Themen und Praxisprobleme einzuarbeiten und das Repertoire der Artikulations-, Kommunikations- und Aktionsformen zu nutzen, ist mittlerweile ein fast selbstverständlich akzeptierter Weg, um am politischen Leben teilzunehmen. Vielfach sind Lernprozesse in Gang gekommen, die zur Vitalisierung der Demokratie in der Bundesrepublik beigetragen haben (vgl. auch: Enquete-Kommission »Zukunft des bürgerschaftlichen Engagements« 2002; Olk/Klein/Hartnuß 2010).

Anders als nach der so einflussreichen Parteienstaatslehre von Gerhard Leibholz zu erwarten, können sich die Bürger nicht nur über als »Sprachrohr« des mündig gewordenen Volkes verstandene Parteien »artikuliert« äußern – so dominierend die Parteien auch nach wie vor bis hinein in die Verwaltungen sind. Die Parteien »sind« eben nicht (wie Leibholz suggeriert) in einem identitären Verständnis »das Volk« (Leibholz 1968: 245; vgl. Stöss 2002).

Allerdings können Bürgerinitiativen und Nichtregierungsorganisationen (NGOs) nur im Vorfeld politischer Entscheidungen wirken, wobei sie sich auf alternative Medien stützen können, aber auch auf die Massenmedien angewiesen sind. Die Entscheidungen selbst fallen in den von Parteien beherrschten Institutionen unter intensiver Mitwirkung der Verwaltungen, die insbesondere auf der zentralstaatlichen Ebene nach wie vor sehr viel intensiver mit den Großverbänden und den Fachverbänden der Wirtschaft als mit Dachorganisationen der Bürgerinitiativen und Umweltschutzorganisationen kooperieren.

Die gestiegenen Beteiligungsansprüche reichen über die informelle Wirkungsebene von Bürgerinitiativen und Nichtregierungsorganisationen hinaus. Zum einen richten sie sich an die Parteien, die in kleineren Reformschüben auf der Basis weitergehender Vorschläge von Parteikommissionen durch Änderungen der Statuten Möglichkeiten von Mitgliederentscheiden in Sachfragen und Urwahlen von Kandidaten geschaffen, allerdings erst ansatzweise erprobt haben (Zeschmann 1997; Wiesendahl 2012: 144 ff.; Jun 2009). Durch den Ausbau innerparteilicher Demokratie soll auch dem Niedergang der Parteien als Mitgliederparteien entgegengewirkt werden. Denn nur als breit in der Gesellschaft verwurzelte Mitgliederparteien »verfügen sie über die Kapazität, bürgerschaftliche Partizipation und repräsentativdemokratische Elitenherrschaft miteinander zu versöhnen« (Wiesendahl 2012: 126). Zum anderen werden weitergehende Beteiligungsrechte im staatlich-institutionellen Bereich gefordert, von zusätzlichen Informations-, Konsultations-, und Antragsrechten bis hin zu direktdemokratischen Sachentscheidungskompetenzen. Blieben Erfolge auf Bundesebene bisher weitgehend aus, wurden die Beteiligungsverfahren in den Bundesländern und Kommunen insbesondere seit 1990 erheblich ausgebaut. So besteht seit den

1990er Jahren in allen 16 Bundesländern die Möglichkeit der – auch verfassungsändernden – Volksgesetzgebung (Volksbegehren und Volksentscheid), mit allerdings hohen Zustimmungsquoren, die eine häufigere Nutzung auch künftig ausschließen dürften. Auch in allen Kommunalverfassungen wurden mit der Einführung von Bürgerbegehren und Bürgerentscheid direktdemokratische Sachentscheidungsverfahren eingeführt und auch genutzt (Heußner/Jung 2011; Jung 1999).

Schließlich ist auch die Partei Die Grünen aus den neuen sozialen und politischen Bewegungen hervorgegangen, deren Sprachrohr sie sein wollte. Gründung und Entwicklung dieser Partei haben mit Schwierigkeiten der sozialen Bewegungen zu tun, für neue gesellschaftliche und politische Zielvorstellungen bei den traditionellen Parteien und insbesondere in Parlament und Regierung entsprechende Resonanz zu finden. Im Jahre 1980 als »Bewegungspartei« neuen Typs gegründet, waren die GRÜNEN bald in den meisten Landtagen und Kommunalparlamenten und seit 1983 auch im Bundestag vertreten und gehör(t)en – seit 1998 auch im Bund – mehreren Koalitionsregierungen an (Raschke 1993). Mit der Vertretung der Anliegen der Ökologie-, Friedens- und Frauenbewegung (sowie verschiedener Minderheitengruppen) und ihrer vorwiegend jüngeren Anhänger war eine wichtige Integrationsleistung gelungen, zu der die bisherigen Bundestagsparteien (allein) offenbar nicht mehr in der Lage waren. Die Palette der Themen, Inhalte und politischen Strömungen ist seit Beginn der 10. Wahlperiode breiter und vielfältiger geworden. Wahlerfolge und parlamentarische Präsenz der GRÜNEN haben die anderen im Bundestag vertretenen Parteien stärker zur Auseinandersetzung mit neuen Themen und Inhalten herausgefordert, als dies die nur außerparlamentarische Opposition neuer sozialer Bewegungen vermochte, zumal deren Aktivitäten eher Schwankungen unterworfen sind (Ismayr 1985b).

Die Konfliktlinie zwischen traditioneller und postindustrieller Orientierung, zwischen »alter« und »neuer« Politik verläuft allerdings nicht einfach zwischen neuen sozialen Bewegungen und Bündnis 90/Die Grünen einerseits und den anderen Bundestagsparteien andererseits, sondern geht durch das Volksparteiensystem hindurch (Raschke 1985; Pappi 1989). Dies zeigte sich rasch infolge des Rollenwechsels der SPD 1982/1983 von der Regierungs- zur Oppositionspartei. »Damit ist die ›Übersetzung‹ der postindustriellen Konfliktlinie in die politische Arena keineswegs organisatorisch und institutionell Sache der neuen sozialen Bewegungen und GRÜNEN allein.« Zahlreiche Anhänger, Mitglieder und Funktionäre auch der traditionellen Parteien wirken in neuen sozialen Bewegungen mit oder identifizieren sich mit deren Zielsetzungen und Aktionen; zwischen »Bewegungssektor« und Parteien bestehen vielfältige Austauschbeziehungen (Wiesendahl 1989: 101).

Insgesamt zeigt sich, dass die Partizipationsneigungen und -formen breiter und vielfältiger geworden sind und sich Engagement in sozialen Bewegungen (Bürgerinitiativen, alternative Projekten, NGOs) und Parteien, konventionelle und unkonventionelle politische Beteiligung keineswegs ausschließt sondern ergänzt (Uehlinger

1988; Inglehart 1989). Allerdings ist die »zivilgesellschaftlich-staatliche Brücken- und Vermittlungsfunktion der Mitgliederparteien« erheblich geschwächt (Wiesendahl 2012: 142).

Den Parteien kommen in der modernen parlamentarisch-pluralistischen Demokratie unverzichtbare Funktionen bei der Programmentwicklung (»Zielfindungsfunktion«), der Rekrutierung politischen Personals und Regierungsbildung, der Aggregation und Artikulation von Meinungen und Interessen sowie der Politikvermittlung zu (Beyme 2002). Gerade weil dies so ist, hängen demokratische Legitimation und Funktionsfähigkeit des politischen Systems davon ab, dass sie sich sowohl im intermediären wie auch im parlamentarisch-gouvernementalen Bereich weitergehenden Partizipationsansprüchen öffnen und (verstärkt) in Diskurse und Austauschprozesse mit jenen Gruppierungen eintreten, denen es nicht oder jedenfalls nicht in erster Linie um die Durchsetzung partikularer Interessen, sondern um Interessen »universalistischer« Art geht (Raschke 1985: 28). Angesichts der Notwendigkeit konzeptioneller, vorausschauender Politik unter den Bedingungen einer hochkomplexen Gesellschaft und der erhöhten Partizipationsneigung einer breiteren Schicht von Aktivbürgern ist der politische Willensbildungs- und Entscheidungsprozess vielfältiger und anspruchsvoller geworden. Doch steckt darin auch die Chance eines demokratietheoretischen Orientierungswandels. Um gegenläufige Tendenzen handelt es sich nur aus der Sicht eines demokratischen Elitismus, der Einsichten in komplexe Zusammenhänge und angemessene Problemlösungen nur Berufspolitikern zutraut, die in Distanz zu den Bürgern »für das Volk« handeln (Schumpeter 1950) – aber auch eines radikaldemokratischen Maximalismus, dem es auf eine (möglichst) »unverfälschte« Umsetzung vielfältiger Interessen und Meinungen der Bürger in politische Entscheidungen ankommt. Vielfalt und Komplexität der Problemstellungen erfordern arbeitsteilige Strukturen. Auch hochmotivierte Aktivbürger und Berufspolitiker können sich nur auf bestimmten Politikfeldern einarbeiten und nicht umfassend und auf allen Ebenen des politischen Lebens partizipieren (Scharpf 1970).

Die problemlösungsorientierte Koordination von Politikbereichen und die Entwicklung (alternativer) konzeptioneller Politikentwürfe erfordern Interessen- und Ressortpartikularismen übergreifende Diskurse zwischen Politikern, Wissenschaftlern, Vertretern von Interessengruppen und Bürgern – unter verstärkter Einbeziehung jener Bürger(gruppen) und Foren, die sich für Gemeinwohlinteressen einsetzen (Alemann 1985; Münkler 1996). Ein wichtiges Stimulans sind sie vor allem dann, wenn sie die Aufmerksamkeit und gegebenenfalls Unterstützung von Massenmedien finden. Sie stärken die Wirkungschancen jener Politiker, für die inhaltliche Problemlösungen Priorität vor strategisch-taktischem Handeln (Machtkalkül) haben. Dass seit den 1980er Jahren Ziele des Umweltschutzes bei den Bürgern breite Unterstützung finden (Gabriel 2005) und programmatische Diskussionen über Jahre hinweg unter der Leitidee eines »ökologischen Umbaus der Industriegesellschaft« geführt und auch eine »Energiewende« eingeleitet wurden, signalisiert, dass Bemühungen nicht chancenlos sind, den »Überlebensinteressen« im politischen Diskurs Vorrang einzuräumen. Ob der Partizipationswille der Bürger weiter wachsen, stagnieren oder zurückgehen wird, lässt sich schwer prognostizieren. Zu Skepsis gibt die Entwicklung der Massenmedien Anlass. Als gegenläufig wirksam erweist sich die Vervielfältigung und Kommerzialisierung des Angebots elektronischer Medien, ein damit verbundener Trend zur Entpolitisierung und Verflachung der Programme sowie die Absorption der für kreative Entfaltung und solidarische Aktivitäten verfügbaren Zeit (Meyer 2001; Sarcinelli 2005; vgl. Abschn. 7.2). Andererseits bietet das inzwischen breit genutzte Internet eine Fülle an Möglichkeiten der Information und Kommunikation, die auch die Partizipationschancen erweitern können. Sie erlauben eine rasche Vernetzung und haben Kommunikationsformen und Kampagnefähigkeit von Bürgerinitiativen und Nichtregierungsorganisationen erweitert. Auch in Parteien könnten sie verstärkt der innerparteilichen Mitgliederpartizipation durch Sach- und Personalentscheide sowie der regelmäßigen Präsentation von Alternativen und der Begründung von Entscheidungen dienen (vgl. Wiesendahl 2012: 152). Wie an anderer Stelle ausgeführt, bieten auch Parlamente und Regierungen sowie Fraktionen und Abgeordnete über ihre Internetseiten vielfältige Informationen über Strukturen, Ziele und Arbeitsergebnisse (vgl. Abschn. 2.3.4, 3.2.5). Einer Vitalisierung der parlamentarischen Demokratie könnte neben den inzwischen möglichen »öffentlichen Petitionen« darüber hinaus eine stärkere Nutzung des Internets für Diskussionen mit Abgeordneten dienen (vgl. Abschn. 7.14).

1.6   Parlamentsfunktionen im Überblick

Die verfassungspolitischen Rahmenbedingungen, die Europäisierung der Politik, der Wandel der Partizipationsansprüche des intermediären Bereichs, der Institutionen der Politikvermittlung und der Staatsaufgaben sind angesichts neuartiger Herausforderungen in der »Risikogesellschaft« zu bedenken, wenn nach der Rolle des Bundestages im politischen System gefragt wird. Welche Funktionen hat der Bundestag zu erfüllen, um angesichts veränderter Ansprüche an das Verantwortungsbewusstsein von Politikern, Beamten und Bürgern demokratische Legitimation staatlich-politischer Entscheidungen zu gewährleisten?

Die meisten Autoren knüpfen an den Funktionenkatalog Walter Bagehots (Bagehot 1867) und auch John Stuart Mills an und ergänzen ihn um die Kontrollfunktion. Dabei kommt es darauf an, die Position des Parlaments im demokratischen Legitimationsprozess hinreichend sichtbar zu machen (Oberreuter 1982; Thaysen 1976; Loewenberg 1971; Marshall 2005: 133 ff.). Ein neuartiger Funktionenkatalog ist nicht erforderlich, um die tatsächlichen und erwünschten Aufgaben zu erfassen, wohl aber

eine neuen Bedingungen und Entwicklungstendenzen angemessene Gewichtung und
Interpretation.
Folgende Parlamentsfunktionen lassen sich unterscheiden:

1. Wahl- und Abwahlfunktion
    (Bestellung und Abberufung der Regierung, Zuständigkeiten bei der Wahl anderer Verfassungsorgane, Auslese politischen Führungspersonals)
2. Gesetzgebungsfunktion (einschließlich Haushaltsbestimmung)
3. Kontrollfunktion
    (Kontrolle von Regierung und Verwaltung, Präsentation alternativer Konzepte, Folgenabschätzung und Wirkungskontrolle),
4. Repräsentations- und Kommunikationsfunktion
    (Artikulation öffentlicher Meinungen und Interessen der Bevölkerung, Publizität staatlich-politischer Informationen, Programme und Willensbildungsprozesse, Mitwirkung am öffentlichen Diskurs).

Je nachdem, wie diese Teilfunktionen gewichtet, zugeordnet und aufeinander bezogen werden, gelangen Praktiker und Wissenschaftler zu einem unterschiedlichen Parlamentsverständnis (Hübner 1980: 328 ff.). Eine Unterscheidung solcher Teilfunktionen ist nur insoweit analytisch hilfreich, als der Blick auf die komplexen Funktionszusammenhänge nicht verstellt wird. In der Praxis lassen sich Kompetenzen und Aktivitäten zumeist nicht nur einer Teilfunktion zuordnen.

Zum andern stellt sich die (auch für jede Parlamentsreformdiskussion wichtige) Frage, inwieweit überhaupt von Parlamentsfunktionen gesprochen werden kann, wenn diese offenbar von Parlamentsmehrheit (Regierungsfraktionen) und Opposition(sfraktionen) sehr unterschiedlich wahrgenommen werden. Auch ist nicht nur zwischen »Regierungsmehrheit« und »Opposition« zu differenzieren. Zu fragen ist darüber hinaus nach dem Verhältnis von politischer Führung (Kabinett, Koalitionsspitze, Regierungsfraktionen) und Ministerialbürokratie, der Koalitionsfraktionen wie auch der Oppositionsfraktionen zueinander und schließlich der Stellung der einzelnen Abgeordneten. Bei der Analyse des parlamentarischen Willensbildungsprozesses und nicht minder bei Überlegungen zur Parlamentsreform wird man zu unterschiedlichen Einschätzungen kommen, je nachdem, ob vor allem das Parlament als Ganzes, die Fraktionen, Regierungsmehrheit oder Opposition, einzelne Abgeordnete und (abweichende) Minderheiten gemeint sind.

Nach der Verfassung liegt die politische Führung (Staatsleitung) bei Parlament und Regierung gemeinsam, primär allerdings beim Bundestag, der die Regierung ins Amt bringt und über die (Letzt-)Entscheidungskompetenz bei der Gesetzgebung und Haushaltsbestimmung verfügt (BVerfGE 33, 125, 158; Schäfer 1982). Über die ihm im Grundgesetz ausdrücklich zugewiesenen Einzelkompetenzen hinaus kommt ihm die »Gesamtaufgabe demokratischer Gesamtleitung, Willensbildung und Kontrolle« zu

(Hesse 1995: 245). »Die politische Prärogative steht nicht mehr der Regierung sondern dem Parlament zu« (Mössle 1986: 136). Die Führungskompetenz der Regierung als Verfassungsorgan beschränkt sich demnach auf die Entscheidungsvorbereitung (Programmentwicklung) sowie die Verwaltungsführung beim Vollzug. In der Konsequenz des parlamentarischen Systems liegt es allerdings, dass die politische Führung von Kabinett und Mehrheitsfraktionen gemeinsam ausgeübt wird (Herzog 1989), doch ist mit der Formel von der »Handlungseinheit« noch nichts über die tatsächliche und normativ erwünschte Machtverteilung innerhalb dieses Verbundes und besonders über den Einfluss der Ministerialverwaltung bei der Politikformulierung gesagt, der über die Regierungsebene tief in den parlamentarischen Raum hineinreicht.

1.6.1 Regierungsbildung

Bei den Bundestagswahlen konnten die Wähler vor allem bis in die 1980er Jahre zumeist auch eine Entscheidung für (oder gegen) eine bestimmte Koalition und einen Kanzler(kandidaten) treffen, nachdem sich die Parteien vor der Wahl festgelegt hatten. Die Bundestagsmehrheit vollzog dann mit der formellen Kanzlerwahl nur mehr die Wählerentscheidung, zu der sie »plebiszitär« autorisiert war. Mehrheitsbildungen erst nach der Parlamentswahl könnten angesichts der jüngsten Entwicklung des Parteiensystems allerdings häufiger auftreten. Über die Zusammensetzung der Regierung und das Regierungsprogramm wird erst in (oft langwierigen) Koalitionsverhandlungen entschieden. Dies geschieht in Verhandlungsrunden führender Regierungs-, Fraktions- und Parteivertreter der angestrebten Koalition und in kleinen Gesprächszirkeln – wobei Gesamtfraktion und Parteigremien nicht immer im erwünschten Umfang und rechtzeitig einbezogen wurden. Allerdings liegt seit 1998 die Letztentscheidung über die Koalitionsvereinbarung bei Parteitagen.

Die Ablösung des bisherigen Bundeskanzlers erfolgte nur dreimal infolge von Bundestagswahlen (1969, 1998, 2005), ansonsten im Verlauf einer Wahlperiode nach der Aufkündigung des Regierungsbündnisses durch einen Koalitionspartner mit der Folge eines konstruktiven Misstrauensvotums (1982) und/oder aufgrund des Drucks aus der eigenen Partei. Haben sich Parteien auf eine Koalition und einen Kanzler(kandidaten) klar festgelegt (wie 1980), wird diese Richtungsentscheidung von Seiten der Wähler weithin als bindend angesehen. Wie die Auseinandersetzungen um den Koalitionswechsel 1982 zeigen, wird die demokratische Legitimität einer – verfassungsrechtlich jederzeit möglichen – Aufkündigung der Koalition und eines Kanzlersturzes unter solchen Voraussetzungen weithin angezweifelt. Die Legitimationsprobleme wachsen, wenn solche Richtungsentscheidungen durch kleine Führungszirkel und nicht durch vorausgehenden Parteitagsbeschluss getroffen werden.

1.6.2 Gesetzgebung

Gesetze sind das wichtigste Steuerungs- und Gestaltungsmittel des modernen demokratischen Rechts- und Sozialstaates. Der Bundestag ist das zentrale Gesetzgebungsorgan des Bundes, doch sind nach der Verfassung und mehr noch in der Praxis auch andere Staatsorgane initiierend und mitentscheidend (Bundesrat, Art. 78 GG) an der Gesetzgebung beteiligt. Andererseits reichen die staatsleitende Kontrolle und die kommunikativ-legitimierende Aufgabe des Bundestages auch über die Gesetzgebung hinaus. Die Verpflichtung des Gesetzgebers, alle wesentlichen Entscheidungen selbst zu treffen und zu verantworten, begründet das Bundesverfassungsgericht allerdings zu Recht mit einem demokratisch legitimierenden Vorzug des Parlaments: der im Vergleich zu »exekutiver« Entscheidungsfindung vielfältigeren Interessenartikulation und einem höheren Maß an Öffentlichkeit der Willensbildung.

Tatsächlich gehen die Gesetze ganz überwiegend auf Regierungsvorlagen zurück, die von der über einen beachtlichen Selektions- und Gestaltungsspielraum verfügenden Ministerialverwaltung entwickelt werden. Durch zunehmende Arbeitsteilung und Spezialisierung versuchen Bundestag und Fraktionen die große Zahl oft detaillierter Gesetzesvorhaben zu bewältigen. Andererseits wird es angesichts einer zunehmenden Vernetzung rechtlicher Normen und oft weitreichender Nebenfolgen dringlicher und schwieriger zugleich, die vielfältigen Einzelaktivitäten zu koordinieren, auf Wechselwirkungen hin zu überprüfen und konzeptionell abzustimmen. Die zunehmend als notwendig erkannte Verbesserung der Gesetzesfolgenabschätzung führt einerseits zum verstärkten Ausbau des »Arbeitsparlaments« (z. B. Auswertung von Regierungsberichten), erhöht damit aber auch den Koordinierungsbedarf. Einerseits ist es erforderlich, dass der Bundestag Prioritäten setzt und sich bevorzugt mit grundlegenden, zukunftsbestimmenden Problemen befasst. Andererseits kann er sich nicht darauf beschränken, da die Abgeordneten ohne die in Detailarbeit erworbenen fachlichen Einblicke wohl weniger als bisher in der Lage wären, die Folgen der von ihnen zu verantwortenden Gesetze abzuschätzen.

Die Oppositionsparteien können unmittelbar auf Gesetzentwürfe der Regierungsmehrheit in der Regel nur dann substantiell Einfluss nehmen, wenn sie durch »ihre« Landesregierungen die Mehrheit im Bundesrat stellen oder wenn es sich um verfassungsändernde Gesetze oder die Übertragung von Hoheitsrechten auf die Europäische Union handelt, die eine Zweidrittelmehrheit erfordern (vgl. Abschn. 6.4). Die Entscheidungen über Gesetzesvorhaben werden (formell) von den Regierungsfraktionen (bei möglicher Zustimmung auch der Opposition) getroffen – einschließlich jener Abgeordneter, die als Regierungsmitglieder und Parlamentarische Staatssekretäre für die Entwicklung der entsprechenden Gesetzentwürfe verantwortlich sind – und sich somit selbst kontrollieren.

Will man die tatsächliche Machtverteilung innerhalb des »Regierungslagers« ermitteln, genügt es nicht, die Mitwirkungs- und Gestaltungschancen der Mehrheitsfraktion(en) und der Regierung zu vergleichen – um gegebenenfalls schließlich die Dominanz »der Exekutive« festzustellen. Besondere Beachtung verdient die starke Stellung der Ministerialbürokratie. Wie intensiv Gesetzentwürfe von der Verwaltung geprägt werden, hängt u. a. davon ab, wie viel Aufmerksamkeit Politiker und Öffentlichkeit einem Vorhaben schenken, ob sie über (verwaltungs)unabhängige Informationen verfügen und zu welchem Zeitpunkt sie Einfluss geltend machen. Die Einflusschancen der Fachkreise, Fraktions- und Parteigruppierungen (und darüber hinaus der Öffentlichkeit) sind in der Regel umso größer, je frühzeitiger diese ihre Vorstellungen artikulieren.

Besondere Beachtung verdient auch, dass die politischen Weichen häufig weder im Kabinett noch in der Fraktionsversammlung, sondern im Koalitionsausschuss gestellt werden, an denen nicht nur die führenden Regierungsmitglieder, sondern regelmäßig auch die Spitzen der Fraktion und der Partei teilnehmen. Nicht selten sehen sich dann Regierungsfraktionen durch kurzfristig gefasste neue Vereinbarungen des Koalitionsausschusses vor vollendete Tatsachen gestellt. Die politische Verklammerung von Fraktions- und Regierungsebene reicht zwar bis zu den Arbeitsgruppen, ist aber doch stark hierarchisch geprägt. Inwieweit zum einen diese hierarchische politische Führungsstruktur und zum anderen die Wirkungsmöglichkeiten der Ministerialverwaltung bis hinein in die Ausschüsse und Fraktionsgremien die Gestaltungschancen der (meisten) Abgeordneten und Fachgremien der Regierungsfraktionen bei der Gesetzgebung faktisch einschränken, ist eine der zentralen Fragen der Parlamentarismusforschung, der in dieser Arbeit näher nachgegangen wird. Darüber hinaus stellt sich die Frage nach dem Grad der Abhängigkeit (auch) der Regierungspolitiker von Informationen und Entwurfsarbeiten der Ministerialverwaltung – somit dem faktischen Gestaltungsspielraum der durch Wahl legitimierten Politiker (Regierungs- und Parlamentsmitglieder) gegenüber der Administration.

Seit einem Urteil des Bundesverfassungsgerichts (1994) entscheidet der Bundestag auch über den Einsatz bewaffneter Streitkräfte, wobei es sich um einen nicht-gesetzesförmigen »echten Parlamentsbeschluss« handelt (vgl. Abschn. 6.5). Im Zuge der fortschreitenden Europäisierung der nationalen Institutionen und Entscheidungsprozesse kommt der Einflussnahme des Bundestages auf die Gesetzgebung der Europäischen Union wachsende Bedeutung zu (vgl. Abschn. 6.9; Sturm/Pehle 2012; Demuth 2009: 229 ff.; Beichelt 2009).

1.6.3 Kontrolle

Mit den dargestellten Wandlungsprozessen haben sich auch Praxis und Verständnis der parlamentarischen Kontrolle verändert. Neben nachträglich überprüfenden Kontrollhandlungen ist der Willensbildungsprozess durch vielfältige und ineinandergreifende Vorgänge begleitender und vorheriger Kontrolle geprägt. Angesichts der umfangreichen und tief in den parlamentarischen Raum hineinreichenden Beteiligung der Ministerialverwaltung an der Politikformulierung kann parlamentarische Kontrolle nur als laufender, möglichst frühzeitig einsetzender Prozess des Überprüfens, Kritisierens und Einwirkens (optimal) wirksam werden.

Oppositions- und Regierungsfraktionen kontrollieren auf unterschiedliche Weise. Die formellen, öffentlich wirksamen Kontroll- und Informationskompetenzen werden überwiegend von den Oppositionsfraktionen genutzt, die, sofern sie sich nicht auf »ihre« Mehrheit im Bundesrat stützen können, vornehmlich darauf beschränkt werden, durch Auskunftsverlangen Intentionen und Defizite der Regierungspolitik offenzulegen, diese im Detail wie konzeptionell zu überprüfen und der Kritik auszusetzen. Zudem können sie durch alternative Positionen anregend wirken und durch Mobilisierung der Öffentlichkeit Druck ausüben. Entscheidendes Kriterium ihrer Wirksamkeit ist die öffentliche Resonanz.

Kontrolliert werden durch die Oppositionsfraktionen nicht nur Regierung und Verwaltung, sondern die Regierungsmehrheit insgesamt. Und schließlich kontrollieren auch Regierung und Mehrheitsfraktionen die Oppositionsfraktionen: Die Nutzung förmlicher Kontroll- und Kommunikationsinstrumente durch die Regierungsfraktionen dient mehr dazu, Schwachstellen der Opposition oder ihr nahestehender Landesregierungen und Verbände aufzudecken und Regierungserfolge herauszustellen, statt der Kritik und Überprüfung des Regierungs- und Verwaltungshandelns.

Anders sehen die Kontrollaktivitäten der Regierungsfraktionen aus, die letztlich über die Entscheidungskompetenz verfügen und (formell) die Möglichkeit haben, ein Vorhaben scheitern zu lassen. Diese vielfältigen, vornehmlich internen und informellen Wege wechselseitiger Einwirkung, Überprüfung und Mitentscheidung auf den Ebenen von Fraktions-, Koalitions- und Parteigremien und der Ministerien sichtbar zu machen und auf diese Weise faktische Kontrollrestriktionen von Regierung, Koalitionsspitze und Ministerialverwaltung aufzudecken, versucht diese Arbeit in mehreren Abschnitten.

Verfassungsrechtlich lassen sich die Vorgänge unterscheiden, praktisch gehen sie ineinander über: Befassen sich Abgeordnete der Mehrheitsfraktionen in den Ausschüssen und Fraktionsgremien mit einem Regierungsentwurf, machen sie von ihrem Gestaltungsrecht als Gesetzgeber Gebrauch; versuchen sie auf Programmentwicklungen oder den Vollzug von Gesetzen in den Ministerien Einfluss zu nehmen, üben sie Kontrolle aus. Faktisch können Gruppierungen einer Regierungsfraktion, die Fraktionsspitze oder die Gesamtfraktion, gestützt auf ihr letztliches Sanktionsrecht, durch frühzeitiges Einwirken eher Änderungen erreichen als nach Einbringung einer Regierungsvorlage, riskieren sie doch, die »eigene« Regierung zu desavouieren – mit möglichen Folgen für den Machterhalt.

Hauptfragen der Parlamentsreformdiskussion sind in diesem Zusammenhang: Sind die bestehenden Kontrollinstrumente geeignet und ausreichend, Regierung und Verwaltung im erforderlichen Umfang zur Offenlegung von Sachinformationen,

Konzepten und Vorhaben zu veranlassen. Ist es möglich, die eigene Analysekapazität des Bundestages so auszubauen, dass sich die Chancen der Abgeordneten zu inhaltlicher und konzeptioneller Arbeit verbessern?

In der Praxis sind Gesetzgebungs- und Kontrolltätigkeiten häufig eng miteinander verknüpft. Vielfältige formelle und informelle Kontrollaktivitäten dienen dazu, Gesetzgebungsvorhaben und zugrundeliegende Planungen anzuregen, informierend und kritisierend zu begleiten und (insbesondere im Fall der Opposition, ggf. aber auch abweichender Minderheiten) die öffentliche Diskussion darüber in Gang zu halten. Andererseits dienen Gesetzentwürfe der Opposition(sfraktionen) in erster Linie öffentlichkeitswirksamer Kontrolle. Evident sind Zuordnungsprobleme beim Bundeshaushalt: Je nachdem, ob man die beim Parlament liegende formale Zuständigkeit der Beschlussfassung über den Bundeshaushalt, die spezifischen Kompetenzen der Bundesregierung (Verwaltung) und die vielfältigen Vorgänge vorausgehender, begleitender und nachfolgender Überprüfung im Blick hat, wird man die Gesetzgebungs- oder Kontrollkomponente betonen.

Nahezu alle parlamentarischen Vorgänge lassen sich (auch) als Kontrolle fassen, wenn dieser Begriff nicht nur prüfende und anregende, sondern auch sanktionsfähige Einflussnahme meint. So ist das verfassungsmäßige Recht des Bundestages, eine Regierung durch konstruktives Misstrauensvotum abzulösen, wesentlicher Bestandteil der Regierungsbildungsfunktion, kann aber auch als das entschiedenste Mittel sanktionierender Kontrolle angesehen werden (Stadler 1984: 140 ff.).

1.6.4 Repräsentation und Kommunikation

Besonders eng miteinander und auch mit den anderen Parlamentsfunktionen verknüpft sind die (oft alternativ genannten) Funktionen der Repräsentation und Legitimation sowie der Artikulation und Willensbildung, die wiederum unter den Begriffen Kommunikations- oder Öffentlichkeitsfunktion zusammengefasst werden (Hübner/Oberreuter 1977: 29).

Allgemeine Richtungsentscheidungen und die förmliche Bestellung parteigebundener Repräsentanten in periodischen Wahlen genügen nicht, um dem Anspruch demokratischer Legitimation staatlichen Handelns gerecht zu werden. Detaillierte inhaltliche Festlegungen durch Wahlentscheidungen sind die Ausnahme.

Demokratische Repräsentation und Legitimation sind als Prozess zu verstehen. Sie vollziehen sich, indem die vielfältigen politischen Positionen und Interessen von Bürgern und Gruppen in laufenden Kommunikationsprozessen vermittelt, in parlamentarischen Diskussionen und Anträgen artikuliert und bei der Entscheidungsfindung angemessen berücksichtigt werden.

Bedingung demokratischer Legitimation ist (in Fortentwicklung der liberaldemokratischen Konzeption des »government by discussion«) der laufende kommu-

nikative Austausch zwischen Regierenden und Regierten, die kommunikative Rückbindung des institutionalisierten Entscheidungsprozesses an die ganz überwiegend
durch intermediäre Organisationen und Gruppierungen vermittelte und artikulierte
Meinungs- und Willensbildung der Bürger. Werden außerparlamentarisch diskutierte Themen, Problemlagen und Lösungsalternativen von Bedeutung auf parlamentarischer Ebene nicht rechtzeitig wahrgenommen, kann ein Legitimitätsverlust staatlicher Entscheidungen die Folge sein. Wo das Optimum an Offenheit für die Belange
der Bürger liegt, hängt ab vom Umfang informierter Beteiligung, der politikorientier-
ten Entwicklung der intermediären Organisationen und ihrer Bereitschaft zur Aufnahme, Verarbeitung und Rückmeldung von Informationen und auch von der jeweiligen Thematik (Uppendahl 1981: 123 ff.; Pitkin 1967; Herzog 1989: 326; Patzelt 1993).
Eine umfangreiche empirische Untersuchung kommt zu dem Ergebnis, dass die Responsivität des Bundestages zwischen 1949 und 1990 weder kontinuierlich zu- noch
abgenommen hat. Stattdessen wechselten sich Phasen stärkerer und schwächerer Responsivität ab, wobei immerhin etwa zwei Drittel (68,7 %) der klassifizierbaren parlamentarischen Handlungen den Präferenzen der Bevölkerungsmehrheit entsprachen.
»Wenn sich die öffentliche Meinung zu einer politischen Sachfrage ändert, dann entsprechen 58,3 % der klassifizierbaren parlamentarischen Handlungen diesem Mei-
nungswandel« – bei deutlichen Unterschieden zwischen den Fraktionen und Regierungen (Brettschneider 1996: 114; vgl. Brettschneider 1995).

Demokratische Repräsentation und Legitimation schließen ein elitedemokra-
tisch verengtes Verständnis des Abgeordneten als »Treuhänder« (trustee) aus, der
in Distanz zur Basis »für das Volk« handelt. Unangemessen ist angesichts vielfältiger
Gestaltungs- und Kontrollaufgaben aber auch das Konzept des (laufend) an Aufträge
einer Partei- oder Wählerbasis gebundenen Delegierten (Pitkin 1967: 166). Längerfristige, konzeptionelle Arbeit würde erschwert, weitere Steuerungs- und Kontroll-
verluste wären wohl die Folge. Zudem ist es schwierig, mit guten Gründen zu entscheiden, ob eine Partei- oder Wählerbasis weisungsbefugt sein und bei welcher
Gliederungsebene diese Kompetenz liegen sollte. Der realen Entwicklung nicht gerecht wird auch Gerhard Leibholz, der den modernen Parteienstaat als »rationali-
sierte Erscheinungsform der plebiszitären Demokratie« begreift, und als Konsequenz die Bindung der Abgeordneten an die Aufträge der Partei sieht (Leibholz
1968: 241 f.).

Welche Bedeutung der personellen Repräsentation von Sozialgruppen zukommt,
ist umstritten. Eine sozialstrukturell auch nur annähernd spiegelbildliche Zusammensetzung des Parlaments zu fordern, ist weder realistisch noch geboten (Sarcinelli
1989; vgl. Abschn. 2.2.5). Doch sollte die stark überproportionale Präsenz bestimmter
Berufsgruppen auch nicht unterschätzt werden.

Intensität und Breite kommunikativer Politikvermittlung und Basisrückkoppelung hängen von verschiedenen Faktoren ab, die abschließend hier nur angedeutet
werden sollen:

- Erstens geht es darum, wie und in welchem Umfang die Öffentlichkeit nicht nur über die Ergebnisse, sondern auch über die Entscheidungsgrundlagen informiert ist und der parlamentarisch-gouvernementale Willensbildungsprozess selbst offengelegt wird. Mehr Transparenz wird seit langem gefordert. Die Bürger sollen laufend Einblick nehmen können in das als »Werkstatt der Demokratie« (Süssmuth 1989) verstandene Parlament;
- Zweitens kommt es auf die Fähigkeit der Abgeordneten und Fraktionen an, die durch intermediäre Organisationen und Medien vermittelten Meinungen, Interessen und politischen Positionen wahrzunehmen, zu aggregieren und zu artikulieren;
- Drittens sollen auf dieser Grundlage problemorientiert entwickelte konzeptionelle Alternativen in öffentlicher Debatte so begründet und vermittelt werden, dass kritisches Mitdenken, Kontrolle und Mitwirkung der Bürger ermöglicht und angeregt wird;
- Viertens gilt es, institutionalisierte Formen und Foren (vornehmlich) problemlösungsorientierter Diskurse zu schaffen und weiterzuentwickeln und besonders für jene Bürger(gruppen) zu öffnen, die »Überlebensinteressen« vertreten (Enquete-Kommissionen, Technikfolgenabschätzung, Anhörungen, öffentliche Petitionen etc.).

Für die Beurteilung demokratischer Legitimation höchst relevant ist der Wandel massenmedialer und interpersonaler Politikvermittlung in der »Mediengesellschaft«. Bei der Wahrnehmung seiner Kommunikations- und Legitimationsfunktion ist der Bundestag in hohem Maße auf die Massenmedien angewiesen. Nur was die Medien vermitteln, findet in relevantem Umfang Eingang in die öffentliche Diskussion. Dem Anspruch nach »zentraler Austragungsort des politischen Diskurses« (Süssmuth, PlPr 11/119), konkurriert das Parlament mit anderen politisch agierenden Institutionen um die Aufmerksamkeit der Medien (vgl. Abschn. 7.2). Eine stetig wachsende Bedeutung für die politische Kommunikation kommt inzwischen allerdings auch dem Internet zu, das über die Vermittlung parlamentarischer Vorgänge hinaus zunehmend auch »interaktiv« genutzt wird (vgl. Abschn. 1.5, 3.2.5, 7.2).

In Abwägung der Parlamentsfunktionen war nach der deutschen Vereinigung auch die Frage zu entscheiden, ob der seit Oktober 1990 aus regulär 656 Abgeordneten bestehende Bundestag (zuvor: 518) im Interesse verbesserter Arbeitsfähigkeit wieder deutlich verkleinert werden oder ob seine neue Größe aus Gründen einer möglichst intensiven Basisrückbindung beibehalten werden sollte. Beschlossen wurde schließlich eine moderate Reduzierung der regulären Zahl der Bundestagsabgeordneten auf 598 ab der 15. Wahlperiode. Wie bisher konnten Überhangmandate hinzukommen (2009: 24), doch wird nach dem Urteil des Bundesverfassungsgerichts vom 25. Juli 2012 (2 BvF 3/11) im neuen Bundeswahlgesetz eine Neuregelung angestrebt. Demnach soll es keine ausgleichslosen Überhangmandate mehr geben.

Die Rolle der Abgeordneten   2

2.1   Abgeordnete im Fraktionenparlament

Die einleitend aufgezeigten Entwicklungen bestimmen auch Stellung und Wirkungsmöglichkeiten der Abgeordneten im Parlament und gegenüber der »Basis«. Im stark
ausdifferenzierten Arbeitsprozess des Bundestages überwiegend als »Spezialisten«
gefragt und eingebunden in ihre Fraktion, werden sie im Wahlkreis und in der Region auf so gut wie alle Themen angesprochen und sehen sich mit vielfältigen Erwartungen konfrontiert.

Vielfalt und Komplexität der Gestaltungs- und Kontrollaufgaben bedingen strikt
arbeitsteilige Strukturen des Bundestages und besonders auch der Fraktionen. In
zahlreichen formellen und informellen Koordinationsgremien wird dann versucht,
die meist spezialisiert erarbeiteten Entwürfe und Stellungnahmen innerhalb der
Fraktion, im Lager der Koalition und auch interfraktionell wieder zusammenzufüh-
ren. Arbeitsfülle und Hektik bestimmen insbesondere die Sitzungswochen; dies gilt
für »einfache« Abgeordnete und erst recht für Parlamentarier mit herausgehobener
Stellung. Die durchschnittliche Wochenarbeitszeit der Abgeordneten liegt nach deren eigener Einschätzung in Sitzungswochen bei 66 Stunden und in sitzungsfreien
bei 55 Stunden (Edinger 2009: 189; Daten nach: Deutsche Abgeordnetenstudie, 2007);
je nach Ämterfülle und gewähltem Arbeitsgebiet zeigen sich für den Beobachter der
Praxis allerdings deutliche Unterschiede. Seit Jahren wird beklagt, dass zu wenig Zeit
für »innovative« Tätigkeiten wie fachliche und politische Vorbereitung, Einarbeitung
und Weiterbildung bleibt (Herzog u. a. 1990: 83 ff.; vgl. Patzelt 1996b: 480 f.).

2.1.1 Kompetenzen der einzelnen Abgeordneten und parlamentarischer Minderheiten

Seit der Parlamentsreform 1969/70 zunehmend eingestellt auf die Funktionsbedingungen des parlamentarischen Regierungssystems, in dem die Aufgabe der öffentlichen Kritik, Kontrolle und Alternativenbildung vornehmlich den Oppositionsfraktionen zufällt, wurden die Minderheitsrechte schrittweise ausgebaut. Die Stärkung der Opposition vollzog sich dabei im Wesentlichen über einen Ausbau von Fraktionsrechten, womit den Bedingungen eines Mehrparteienparlaments Rechnung getragen wird. Als bedeutsam erwies sich vor allem das Recht einer Fraktion (bzw. einer Minderheit in Fraktionsstärke), Aktuelle Stunden zu selbstgewählten Themen durchzusetzen (1965, 1980), für größere Fraktionen auch die Möglichkeit, die Durchführung öffentlicher Anhörungen und die Einrichtung von Enquete-Kommissionen zu veranlassen (1969).

Die Wahrnehmung von Minderheitsrechten ist nun ganz überwiegend Sache der Fraktionen (Kretschmer 1992). Im Rahmen der Geschäftsordnungsreform 1969 wurde mit der Anhebung der Mindestmitgliederzahl einer Fraktion auf »fünf vom Hundert der Mitglieder des Bundestages« ein entsprechendes Quorum auch für die meisten Antragsbefugnisse und sonstigen Minderheitsrechte festgelegt (17. Wahlperiode: 31 MdBs). Die Geschäftsordnungsreform 1980 trug der faktischen Entwicklung des Fraktionenparlaments auch dadurch Rechnung, dass viele Rechte auch nach der Geschäftsordnung nicht mehr nur von einer Anzahl von Abgeordneten in Fraktionsstärke, sondern auch von der Fraktion selbst geltend gemacht werden können (Ismayr 1982a: 4 f.). In der Praxis wurde schon zuvor entsprechend verfahren (Jekewitz 1989: 1041). In diesen Fällen genügt es, wenn eine Vorlage oder ein Antrag vom Vorsitzenden oder einem anderen vertretungsberechtigten Fraktionsmitglied (Parl. Geschäftsführer) unterstützt wird.

Entsprechend wurde die dominante Funktion der Fraktionen auch bei der Ausschussarbeit dadurch unterstrichen, dass manche Kompetenzen ausdrücklich der »Fraktion im Ausschuss« eingeräumt werden, womit faktisch der Obmann oder ein anderer Sprecher der Fraktion im Ausschuss gemeint ist. Zudem können manche (wenn auch weniger bedeutsame) Rechte, die einzelnen oder einer Minderheit von fünf oder zehn Abgeordneten zustanden, nur mehr von einer Fraktion oder einer entsprechenden Zahl von Abgeordneten ausgeübt werden.

Dem einzelnen Abgeordneten sind nach der Geschäftsordnung des Bundestages (GOBT) nur wenige Rechte geblieben. Er/sie kann:

- Änderungsanträge in zweiter Beratung zu Gesetzentwürfen einbringen, bei anderen Vorlagen auch in einer abschließenden ersten Beratung (§§ 78 Abs. 4, 82 Abs. 1 GOBT);
- Einzelfragen zur mündlichen und schriftlichen Beantwortung stellen (§ 105 GOBT);

- sich an Aussprachen und an Abstimmungen beteiligen (§ 27);
- Erklärungen zur Aussprache, zur Abstimmung und außerhalb der Tagesordnung abgeben und zur Geschäftsordnung sprechen (§§ 29 bis 32);
- alle Akten einsehen, die sich in der Verwahrung des Bundestages oder eines Ausschusses befinden (§ 16);
- nach der Eröffnung aber vor Eintritt in die jeweilige Tagesordnung eine Änderung der TO beantragen (§ 20 Abs. 2);
- vor Abstimmungen eine Teilung der Frage beantragen (§ 47).

Durch die Fraktionsgeschäftsordnungen und in der parlamentarischen Praxis werden auch diese Befugnisse eingeschränkt. Dies gilt insbesondere für die Teilnahme an Debatten, die in hohem Maße dem Reglement der Fraktionen bzw. ihrer Geschäftsführer unterliegen, bis zu einem gewissen Grad aber auch für die – teilweise verplanten – Fragestunden. Änderungsanträge durch einzelne Abgeordnete spielen kaum eine Rolle. Mit der Fraktion »nicht abgesprochene« Anträge gelten generell als Verstoß gegen den Anspruch der Fraktionssolidarität; selbst über die Absicht, im Plenum eine Erklärung abzugeben, ist die Fraktion rechtzeitig zu informieren (Erklärung zum Selbstverständnis der SPD-Fraktion, seit 1981 Anhang zur Fraktionsgeschäftsordnung). Immerhin konnten Vorstöße von Fraktionsführungen abgewehrt werden, wonach der amtierende Präsident schon in der Geschäftsordnung des Bundestages verpflichtet werden sollte, von der Fraktion nicht als Rednern eingeteilten Abgeordneten nur »im Benehmen« mit der Fraktion und in der Regel nur für drei Minuten das Wort zu erteilen (Das Parlament vom 2. 4. 2012).

Ein Initiativrecht können die Abgeordneten als Einzelne ohnehin nicht ausüben. Von Änderungsanträgen abgesehen, bedürfen alle Vorlagen der Unterstützung durch eine Fraktion oder einer entsprechenden Anzahl von Abgeordneten (§§ 75, 76 GOBT). Angesichts der besonderen Bedingungen nach der deutschen Vereinigung wurden in den 1990er Initiativrechte auch den gem. § 10 Abs. 4 GOBT anerkannten »Gruppen« zugestanden (vgl. Abschn. 3.1).

In den Ausschüssen des Bundestages kann sich jedes Mitglied an der Diskussion beteiligen und auch Anträge stellen, ein Nicht-Mitglied nur, wenn eine von ihm unterzeichnete Vorlage oder – so eine 1995 eingeführte Neuregelung – ein von ihm an den federführenden Ausschuss gestellter Änderungsantrag zu einer überwiesenen Vorlage behandelt wird (§§ 69 Abs. 3, 71 Abs. 2 GOBT). Tatsächlich sind die Ausschussmitglieder aber auch in besonderem Maße ihrer Fraktion verantwortlich, die sie entsandt hat. Dem vom Bundesverfassungsgericht ausdrücklich bestätigten Benennungsrecht der Fraktionen und deren Recht auf Abberufung von Abgeordneten, die aus der Fraktion ausgeschieden sind, kommt erhebliches Gewicht zu. Damit werde der Bedeutung der Fraktionen als »maßgeblichen Faktoren der politischen Willensbildung« Rechnung getragen (BVerfGE 80, 188, 219). Angesichts der Bedeutung der Ausschussarbeit für die parlamentarische Willensbildung sprach das Bundesverfassungsgericht 1989 entgegen der bisherigen Regelung jedem Abgeordneten das Recht zu, als beratendes Mitglied mit Rede- und Antragsrecht in einem Ausschuss mitzuwirken. Ende 1989 wurde die Geschäftsordnung des Bundestages entsprechend geändert (vgl. Abschn. 4.4.1).

Will ein Abgeordneter initiativ werden, muss er sich zunächst um Unterstützung in der eigenen Fraktion bemühen. Dabei muss er sich seinerseits auf die komplexen Willensbildungsstrukturen und die mehrstufigen (und oft verschlungenen) Arbeits- und Informationsabläufe einstellen und die Kompetenzen im hierarchisch gegliederten Fraktionsaufbau wie auch die »Empfindlichkeiten« von Funktionsträgern beachten. Seine Mitwirkungs- und Einflussmöglichkeiten hängen u.a. vom Status innerhalb der Fraktionshierarchie, seinem Rückhalt in Fraktions-, Partei- und Interessengruppierungen und nicht zuletzt davon ab, ob er für ein bestimmtes Thema »zuständig« ist.

Wie in den nachfolgenden Kapiteln näher ausgeführt, fungieren die meisten Abgeordneten in ihrer Arbeitsgruppe und für ihre Fraktion im Ausschuss als Spezialisten für ein oder mehrere Sachgebiete. Ihre Anerkennung als »Experten« hängt von Kompetenz, kontinuierlichem Einsatz und der Aufmerksamkeit inner- und außerhalb des Bundestages für das jeweilige Aufgabengebiet ab.

Die Einarbeitungsprobleme der Parlamentsneulinge sind oft beträchtlich. Es dauert in der Regel einige Zeit, bis sie sich mit den informellen Interaktions- und Informationswegen vertraut gemacht haben. Wer ernst genommen werden und in der Fraktionshierarchie aufsteigen will, tut gut daran, die eingespielten Rituale zu beachten. Dazu gehört (insbesondere in den großen Fraktionen), dass sich Parlamentsneulinge zunächst in einem speziellen Arbeitsgebiet bewähren, in der Fraktionsversammlung zurückhalten und sich dort allenfalls zu ihrem Arbeitsgebiet äußern (Ismayr 1992: 137 ff.).

2.1.2 Arbeitsfülle und Parteienkonkurrenz als Motive fraktioneller Geschlossenheit

Gerechtfertigt werden die dominante Stellung der Fraktionen und der Anspruch eines möglichst geschlossenen Auftretens »nach außen« mit den Funktionsbedingungen des Arbeitsparlaments und des demokratischen Parteienstaates.

Ohne arbeitsteilig organisierte und zu solidarischem Handeln fähige Fraktionen wäre es für die Parlamentarier kaum möglich, die »Exekutive« angemessen zu kontrollieren, Initiativen sachkundig vorzubereiten und aufeinander abzustimmen. Die Abgeordneten sind zumeist gar nicht in der Lage, sich in mehrere Politikbereiche gleichermaßen intensiv einzuarbeiten. Es bleibt ihnen somit nichts anderes übrig, als sich bei vielen Einzelthemen und Detailfragen bis zu einem gewissen Grad auf die fachlich »zuständigen« Abgeordneten zu verlassen, welche die Entscheidungen inhaltlich vorbereitet haben. Dies geschieht in vielen Fällen sicherlich im Vertrauen auf deren »fachliche und persönliche (politische) Kompetenz« (Arndt 1989: 645), nicht selten aber auch nur notgedrungen. Häufig zeigt sich dies bei Abstimmungen über Gesetzentwürfe nach Fachdebatten, bei denen es angesichts einer Vielzahl von Änderungs- und Entschließungsanträgen zu ohnehin schwer durchschaubaren Gesetzeswerken dem fachlich nicht eingearbeiteten Abgeordneten oft schwerfällt, inhaltlich zu folgen. Ohne mitunter auch nur »durchzublicken«, worüber gerade abgestimmt wird, richten sie sich oft nach dem »Stimmführer« – eine Situation, die von nicht wenigen Abgeordneten durchaus als problematisch empfunden wird (vgl. Interfraktionelle Initiative Parlamentsreform, BT-Drs. 11/2206; Hamm-Brücher 1990). Auch können die Abgeordneten nur einen kleinen Teil der zahlreichen Drucksachen und sonstigen Materialien zur Kenntnis nehmen oder gar durcharbeiten.

Zum anderen liegt der Ausbau der Fraktionen und bis zu einem gewissen Grad auch ihr Anspruch auf ein möglichst geschlossenes Auftreten nach »außen« in der Konsequenz des Parteienkonkurrenzsystems und wird zudem durch die 5 %-Hürde des Wahlgesetzes begünstigt, die das faktische Monopol der Parteien bei der Rekrutierung der Parlamentarier gewährleistet. Alle Bundestagsabgeordneten seit der 2. Wahlperiode kamen als Wahlkreis- oder Listenkandidaten einer Partei in den Bundestag; fast alle waren auch Mitglieder einer Partei (Schindler 1999: 284 ff.).

Von den Abgeordneten wird erwartet, dass sie die von ihrer Partei proklamierten grundlegenden Zielvorstellungen auch in der parlamentarischen Praxis grundsätzlich mittragen und deren personelle Optionen unterstützen. Der Wähler, »der vielfach den einzelnen Abgeordneten gar nicht kennt und einschätzen kann«, so Claus Arndt durchaus konsequent, habe »einen Anspruch darauf, dass sich die Abgeordneten nach ihrer Wahl berechenbar verhalten, indem sie jedenfalls prinzipiell der Linie derjenigen Partei folgen, die sie als Wahlbewerber aufgestellt hat« (Arndt 1989: 646). Dies gilt jedenfalls insoweit, als sie vor der Wahl nicht (etwa mit Unterstützung einer regionalen Parteigliederung oder Interessengruppierung) ausdrücklich in bestimmten Fragen andere Positionen bezogen haben. Grundlegende Positionswechsel im Verlauf der Wahlperiode bedürfen eines intensiven Diskurses mit der Partei- und Wählerbasis; dies gilt für einzelne Abgeordnete und Parteigliederungen und erst recht für die Linie der Gesamtpartei. Die heftige öffentliche Kritik am Wechsel der FDP in eine Koalition mit der CDU/CSU im Herbst 1982, verbunden mit der Forderung nach alsbaldigen Neuwahlen, ist ein markantes Beispiel für diese demokratietheoretisch begründete Erwartungshaltung (vgl. Abschn. 5.4).

2.1.3 Die Schutzfunktion des Artikel 38 GG
in der Parteiendemokratie

Mit Art. 21 GG wird die besondere Rolle der Parteien bei der politischen Willensbildung des Volkes ausdrücklich hervorgehoben, im Parteiengesetz (§ 2) zudem die Aufgabe der Rekrutierung politischer Eliten (Tsatsos 2002; Grimm 1994b). Demgegenüber wird auch in der aktuellen Diskussion die Geltung des Art. 38 Abs. 1 GG unterstrichen, wonach die Abgeordneten »Vertreter des ganzen Volkes sind, an Aufträge und Weisungen nicht gebunden und nur ihrem Gewissen verantwortlich«. Von Leibholz' Thesen in den Anfangsjahren der Bundesrepublik bis in die Gegenwart werden heftige Diskussionen darüber geführt, ob das Institut des »freien Mandats« als demokratiefremdes Relikt eines überlebten klassisch-altliberalen Parlamentarismus oder vielmehr als notwendiges Strukturelement der parlamentarisch-parteienstaatlichen Demokratie anzusehen ist und wie die realen Entwicklungen einzuschätzen sind (vgl. Demmler 1994; Dittberner 2003).

Beim Versuch einer Gewichtung dieser Verfassungsbestimmungen gilt es, a) von den realen Entwicklungen im Verhältnis von Abgeordnetem, Fraktion, Partei und »Basis« und b) vom Demokratiegebot des Art. 20 GG als Maßstab auszugehen und es mit dem Anspruch verantwortlichen Handelns sinnvoll zu verknüpfen.

Dies hat auch das Bundesverfassungsgericht 1989 in seinem Urteil zu diesem Problemkreis versucht, wenn es einmal die Bedeutung der Fraktionen in der »Parteiendemokratie (als) notwendige Einrichtungen des Verfassungslebens und maßgebliche Faktoren der politischen Willensbildung« unterstreicht, andererseits aber betont, dass die dem einzelnen Abgeordneten aus Art. 38 GG zukommenden Rechte »zwar im einzelnen ausgestaltet und insofern auch eingeschränkt, ihm jedoch grundsätzlich nicht entzogen werden« dürfen (BVerfGE 80, 118, 219).

Faktisch ist es gewiss nicht so, dass die Willensbildung von der Partei- und Wählerbasis über die höherstufigen Parteigliederungen bis hin zum Bundestag primär von unten nach oben verläuft. Auch setzen die Abgeordneten nicht in erster Linie Vorstellungen eines »Parteiapparates« um. Vielmehr kommt bei einer insgesamt starken personellen Verflechtung mit Parteifunktionen den Fraktionen (vor allem bei der Opposition) und der Regierung eine starke, jedenfalls phasenweise auch dominierende Rolle bei der Politikformulierung und -durchsetzung zu. Nicht nur werden hier auf der Basis oft relativ allgemein gehaltener Parteitagsbeschlüsse vielfältige gesetzgeberische Entscheidungen getroffen und Optionen formuliert. Auch die programmatische und konzeptionelle Entwurfsarbeit wird inzwischen primär in den Fraktionen (bzw. auf Regierungsebene) geleistet, die hierfür mit Mitarbeitern erheblich besser ausgestattet sind als die Parteizentralen; im Falle der Regierungsfraktionen werden verstärkt die Ressourcen der Exekutive genutzt.

Angesichts der dominierenden Stellung von Fraktionen und Regierung sind sie es vor allem, denen gegenüber nach den Vorstellungen vieler Abgeordneter die Schutzfunktion des Art. 38 Abs. 1 GG zur Geltung gebracht werden soll. Demokratietheoretisch einleuchtend ist dies insoweit, als es nicht in erster Linie um die Einlösung individueller Selbstverwirklichungsansprüche von Abgeordneten geht, sondern darum, die kommunikative Rückbindung und demokratische Verantwortlichkeit politischen Handelns zu stärken (vgl. auch Oertzen 2006).

Die Verfassungsnorm des »ungebundenen Mandats« bewährt sich in dem Maße, wie sie dazu beiträgt, den Kommunikationsprozess soweit von unziemlichem Anpassungsdruck frei zu halten, als dies im Interesse demokratischer Legitimation geboten ist. Es kann in der Tat »nicht Sinn des demokratischen freien Mandats sein«, die Unabhängigkeit des Abgeordneten »um ihrer selbst Willen« zu garantieren, sondern dem »parteigebundenen« Abgeordneten gegenüber verbands- und regionalpartikulären Interessen, aber auch gegenüber der eigenen Partei und Fraktion verfassungsrechtlichen Schutz zu gewähren (Bonner Kommentar zum Grundgesetz, zu Art. 38, Rdn. 69 f.). Dem Artikel 38 Abs. 1 GG kommt eine »latente Verfassungswirkung« zu, die erst nach ihrer verfassungsrechtlichen Auflösung sichtbar würde (Trautmann 1976: 146). Dieser verfassungsrechtliche Schutz sei im Hinblick auf die demokratische Legitimation des parteienstaatlichen Parlamentarismus unverzichtbar, so die Enquetekommission Verfassungsreform, weil sie wesentliche Bedeutung habe für die Funktionsfähigkeit der innerparteilichen Demokratie. Das freie Mandat »schirmt die politischen Parteien gegen oligarchisierende Tendenzen immer wieder ab und begünstigt und fördert die Offenheit der Willensbildung in Partei und Fraktion« (EK Verfassungsreform 1976: 78). Gerade dadurch sei es auch dazu bestimmt und geeignet, die Parteien als Konsensgemeinschaften zu erhalten.

Will man den Grundsatz, dass »alle Staatsgewalt vom Volk ausgeht« auch und gerade unter Bedingungen des parteienstaatlichen und durch Verbandseinfluss geprägten Parlamentarismus ernst nehmen, und sieht man in der Volksrepräsentation ein unverzichtbares Verfahren zur annäherungsweisen Einlösung dieses demokratischen Partizipationsanspruchs, so ergibt sich für die Einschätzung des Art. 38 Abs. 1 im Kontext mit Art. 21 Abs. 1 GG und der grundgesetzlich garantierten Kommunikationsfreiheit folgendes: Der Sinn dieser Schutzbestimmung in der parlamentarischen Demokratie kann es nicht sein, Verbindungen zur Partei- und Wählerbasis zu reduzieren. Sie soll vielmehr oligarchischen Tendenzen in Parteien und Fraktionen entgegenwirken, die verbesserte kommunikative Rückkoppelung und damit die Aufnahme neuer Themen und Ideen in die parlamentarische und fraktionsinterne Diskussion erleichtern. Dies soll auch der Problemlösungsfähigkeit dienen. Artikel 38 GG gewinnt in diesem Sinne eine funktionale Bedeutung für demokratisch legitimierende Kommunikation und die Entwicklung von Innovationsfähigkeit – und zwar nicht nur im Hinblick auf die parlamentarische Ebene. Die in einer Umfrage aus den 1980er Jahren ermittelte Selbsteinschätzung der Abgeordneten lässt sich durchaus in diesem Sinne interpretieren. Demnach verstehen sich weniger als ein Fünftel als »freie Abgeordnete« in dem Sinne, dass sie »in erster Linie nach ihrem persönlichen Ermessen«

Tabelle 2.1 Rollenverständnis der Abgeordneten

Abgeordnete verstehen sich als:	Abgeordnete insgesamt	nach Parteizugehörigkeit				
		CDU	CSU	SPD	FDP	GRÜNE
	%	%	%	%	%	%
Vertreter ihrer Wähler	47	52	35	47	52	26
Repräsentanten ihrer Partei	15	9	9	19	19	26
Freie Abgeordnete	17	21	35	11	22	–
Sprecher gesellschaftlicher Gruppen	9	5	4	11	–	32
Mehreres/keine Antwort	13	13	17	13	7	16
Anzahl der Befragten	316	120	23	127	27	19

Vorgaben:

a »Als Abgeordnete/r verstehe ich mich in erster Linie als Vertreter meiner Wähler«

b »Als Abgeordnete/r verstehe ich mich in erster Linie als Repräsentant der Ziele meiner Partei«

c »Als Abgeordnete/r fühle ich mich niemandem besonders verpflichtet, sondern handle in erster Linie nach meinem persönlichen Ermessen«

d »Als Abgeordnete/r verstehe ich mich in erster Linie als Sprecher für die Belange bestimmter gesellschaftlicher Gruppen«

Quelle: Herzog u. a. 1990: 61.

handeln, während sich fast die Hälfte der Befragten als »Vertreter ihrer Wähler« sehen (vgl. Tabelle 2.1). Mehr von ihrer Idealvorstellung als von der verhaltensprägenden Realität gehen die Abgeordneten allerdings aus, wenn sich nur 15 Prozent als Vertreter ihrer Partei verstehen.

An Aufträge und Weisungen nicht gebunden zu sein bedeutet nicht, dass Versuche untersagt wären, die Abgeordneten zu beeinflussen, in die »Pflicht« zu nehmen, sofern damit kein Zwang ausgeübt wird und keine seinen Handlungsspielraum einengenden finanziellen Abhängigkeiten geschaffen werden. Diese Verfassungsbestimmung »stellt den Abgeordneten nicht frei von Wünschen, Erwartungen, Forderungen seiner Wähler, seiner Partei, des Verbandes, als dessen Vertrauensmann er von der Partei nominiert worden ist, sondern bürdet ihm die Entscheidung auf, ob er ihnen folgen soll, oder nicht«. Das bedeutet zugleich, »dass der Abgeordnete gegenüber Fraktion und Partei jeweils als deren Mitglied in einen Begründungszwang geraten kann« (Meyer 1975: 94 f.).

Weder bei abweichendem Stimmverhalten noch beim Ausschluss oder Austritt aus der Fraktion bzw. Partei kann dem Abgeordneten sein Mandat entzogen werden. Wohl aber hat die Partei die Möglichkeit, einen Abgeordneten, der sich nicht an die »Fraktionslinie« hält, bei der nächsten Wahl nicht wieder zu nominieren; es droht das Ende der politischen Karriere. Das »letzte« Mittel eines Parteiordnungsverfahrens oder Fraktionsausschlusses wird nur selten eingesetzt, kann aber präventiv wirksam werden. Die Antizipation dieser Folgen wirkt insbesondere für Berufsparlamentarier disziplinierend. Weniger unter Druck gesetzt werden können im Allgemeinen Abgeordnete in »sicheren« Wahlkreisen, die für abweichende Voten die Unterstützung der regionalen Parteigliederung(en) haben. Die Partei- und Fraktionsspitze kann sich in solchen Fällen mit dem Versuch, eine erneute Kandidatur des Abweichlers zu verhindern, kaum durchsetzen. Als Disziplinierungsmittel bleibt hier, ein Aufrücken in höhere Fraktions- und Parlamentsämter und/oder in Regierungspositionen zu verhindern und »psychisch« Anpassungsdruck auszuüben (vgl. jetzt auch Schöne 2010a: 204 f.).

Zwischen einer rechtlich unbedenklichen »Fraktionsdisziplin« und einem unerlaubten »Fraktionszwang« zu unterscheiden, ist angesichts einer reichhaltigen Palette sublimer Druckmittel in der Praxis kaum möglich (Sendler 1985: 1427).

2.1.4 Solidaritätserwartungen und faktische Mitwirkungs- und Aufstiegschancen

Der Anspruch eines möglichst »geschlossenen« Auftretens der Fraktion nach außen wird mit der politischen Durchsetzungsfähigkeit, den (scheinbaren) Erwartungen der Öffentlichkeit und der nachweisbaren Neigung der Medien und des politischen Gegners gerechtfertigt, fraktions- oder koalitionsinterne Konflikte »auszuschlachten« (Schütt-Wetschky 1987: 6, 42; Arndt 1989).

Ein möglichst geschlossenes Auftreten entspricht bis zu einem gewissen Grad den wechselseitigen Solidaritätserwartungen der Fraktionsmitglieder, wie es beispielsweise in dem 1981 nach heftigen Kontroversen entstandenen und der Fraktionsgeschäftsordnung beigefügten Kompromisspapier zum »Selbstverständnis« der SPD formuliert wird. Von Fall zu Fall gilt es für den Abgeordneten, eigene inhaltliche Zielvorstellungen und Optionen der »Basis«, persönliche Profilierungschancen und Auswirkungen auf Erscheinungsbild und Wahlchancen der Partei gegeneinander abzuwägen; zudem ist in Koalitionsvereinbarungen regelmäßig festgelegt, nicht mit wechselnden Mehrheiten zu stimmen.

Fraktionsdisziplin bei Abstimmungen, so das Ergebnis einer von Renate Mayntz und Friedhelm Neidhardt durchgeführten Befragung von 30 Bundestagsabgeordneten, ist »kein unbedingtes informelles Gebot. Erwartet wird jedoch, dass der Abgeordnete, der vom Fraktionskurs abweicht, dies nicht leichtfertig (z. B. nicht aus Publizitätssucht, sondern nur aus Gewissensgründen) tut, seine Absicht, abweichend zu votieren, der Fraktionsführung vorher mitteilt – und all dies nicht oft passiert.« Vor allem wird im Falle des »Regierungslagers« erwartet, so wäre zu ergänzen, dass abweichende Stimmabgaben jeweils so »dosiert« werden, dass die Annahme der eigenen Vorlage nicht gefährdet wird. Auch solle der Abgeordnete »Meinungsäußerungen unterlassen, die sich auf die Glaubwürdigkeit seiner Fraktion (oder Partei) negativ auswirken; er soll öffentliche Stellungnahmen, zu denen es noch keine offizielle Fraktionsmeinung gibt, vermeiden, um die Fraktion nicht unnötig festzulegen« (Mayntz/Neidhardt 1989: 379). Diese Beschreibung trifft tendenziell die Erwartungshaltung vieler Abgeordneter, vor allem aber der Fraktionsführungen (zu informalen Regeln in den Fraktionen vgl. auch Schöne 2010a: 200 ff.).

In einem gewissen Widerspruch oder zumindest »Spannungsverhältnis« zu den geäußerten Solidaritätserwartungen steht aber die von vielen Abgeordneten artikulierte Kritik an einem zu großen Konsensdruck und (mitunter) problematischen Methoden des Fraktionsmanagements zur Sicherung einer fraktionsinternen Geschlossenheit. Kritik daran wird nicht nur in Interviews und im kleinen Kreis geäußert, sondern bricht sich hin und wieder auch in Fraktionssitzungen Bahn, wenn die »Grenzen des Zumutbaren« einmal wieder überschritten wurden. Einige Wirkung kann von solchen Vorstößen dann ausgehen, wenn sie von internen Gruppierungen nach Absprache in Gang gesetzt wurden (vgl. Abschn. 3.3). Zudem kommen diese Verhaltenserwartungen in einer durch den jeweiligen Status mitbestimmten Ausprägung vor: »Geschlossenheit« zu praktizieren fällt führenden Mitgliedern, die an der Meinungsbildung (etwa eines Koalitionsgremiums) beteiligt waren oder internen Mehrheitsgruppierungen leichter als anderen. Es spielt selbstverständlich eine Rolle, ob die Frage der Geschlossenheit aus der Perspektive von führenden oder »einfachen« Abgeordneten, von internen Minderheits- oder Mehrheitsgruppierungen gesehen wird; auch stellt sich das Problem (etwas) anders dar, je nachdem, ob Abgeordnete einer (kleinen oder großen) Regierungs- oder Oppositionsfraktion angehören.

Ausdruck dieser Vorbehalte war die Unterzeichnung der von der »Interfraktionellen Initiative Parlamentsreform« initiierten Reformvorschläge (BT-Drs. 11/2206, 11/2208) durch etwa 180 Abgeordnete aus allen Fraktionen (Werner 1990) wie auch die Tatsache, dass nach einer in den 1980er Jahren durchgeführten Befragung 72 Prozent der Abgeordneten eine Stärkung der Stellung des einzelnen Abgeordneten für »vordringlich« oder »dringlich« halten (39 bzw. 33 %), unabhängig davon, ob sie der parlamentarischen Mehrheit oder (einer) Minderheit angehören (Herzog u. a. 1990: 126). Auch von Mitgliedern der Fraktionsführungen ist gelegentlich (Selbst-) Kritik zu hören (z. B. PlPr 85, S. 6213).

Legitimatorisch begründet werden Praxis und Anspruch der Geschlossenheit damit, dass die Abgeordneten gleichberechtigt an der innerfraktionellen Willensbildung beteiligt seien (und sich ja innerfraktionell bemühen könnten, ihre Vorstellungen durchzusetzen).

Tatsächlich sind die Mitwirkungschancen im Willensbildungsprozess in den hierarchisch gegliederten Fraktionen bis hin zur Fraktionsversammlung (!) jedoch nach wie vor (sehr) unterschiedlich. Hans Apel hat diese Situation bereits in den 1960er Jahren mit dem provokanten Begriff der parlamentarischen »Klassengesellschaft« charakterisiert (Apel 1968: 86).

Ob ein Abgeordneter für eigene Initiativen in der Fraktion Unterstützung findet, hängt u. a. von seinem Status, seiner Anerkennung als »Experte« und davon ab, wieweit er sich auf die internen Willensbildungsverfahren eingestellt hat. Nur wer sich auf diesem Wege und durch solidarisches Handeln in der Arbeitsgruppe bzw. im Arbeitskreis Anerkennung erworben hat und bereit ist, deren Vorhaben mitzutragen, kann seinerseits mit Unterstützung rechnen.

Die Erwartungshaltung der Kollegen in der »Kleingruppe« hat ihre eigene Qualität und kann sich vom »Gruppendruck zur Anpassung« in der Gesamtfraktion unterscheiden (vgl. Lattmann 1981: 16 f.).

Den nötigen Rückhalt suchen und finden Abgeordnete allerdings nicht nur in der Arbeitsgruppe oder im Arbeitskreis, sondern gegebenenfalls auch in der Landesgruppe und/oder einer der Interessengruppierungen der Fraktion und Partei, in denen, auch im Widerspruch zu den Zielen der Arbeitsgruppe (Arbeitskreis), der ein Abgeordneter angehört, Positionen formuliert und bis in den Vorstand und die Fraktionsversammlung hinein vertreten werden. Vor allem neue und (zunächst) »abweichende« Positionen haben in aller Regel nur dann eine Chance, Gehör zu finden, wenn sie von einer Abgeordneten-Gruppierung in der Fraktion vertreten werden (vgl. Abschn. 3.3). Wer ohne Rückhalt in einer Fraktionsgruppierung als »einfacher«, nicht der Fraktionsführung angehörender Abgeordneter in der Fraktionssitzung das Wort zu Fragen ergreift, für die er nicht »zuständig« ist, wird kaum Gehör finden und gerät leicht in Gefahr, sich zu isolieren. Mit dem für die meisten Abgeordneten begehrten Aufstieg in höhere Fraktionsämter erweitern sich mit dem Arbeitsbereich auch die Möglichkeiten, Stellung zu nehmen, mit der offiziellen »Sprecherrolle« allerdings auch die Verantwortlichkeit für öffentliche Äußerungen gegenüber den entsprechenden Fraktionsgremien. Neue Themen aufzugreifen und in den parlamentarischen Willensbildungsprozess einzubringen ist (äußerst) schwierig, wenn sich die zuständigen Funktionsträger und Kreise nicht interessiert zeigen oder gar »abblocken« (Mayntz/Neidhardt 1989: 385; vgl. auch Oertzen 2006: 109 ff.; Schöne 2010: 274 ff.).

Entgegen dem Anspruch gleicher Mitwirkungschancen in der Fraktion wird aber insbesondere in Regierungsfraktionen »Geschlossenheit« des Öfteren durch einen zwischen Regierungsmitgliedern und Fraktionsführung (und ggf. auch der Parteispitze) abgestimmten appellativen Druck hergestellt. In und zwischen den Regierungsfraktionen werden zudem die regulären Arbeits- und Koordinationsmechanismen durch Weichenstellungen der Koalitionsrunden nicht selten außer Kraft gesetzt. Der eindringliche Appell, nicht nur in Ausschüssen und Plenum, sondern auch in Stellungnahmen und Voten der Fraktionsversammlung Kompromisslösungen des Koalitionsausschusses nicht mehr in Frage zu stellen und die eigene Führungsspitze nicht zu desavouieren, findet in den meisten Fällen Gehör. Unmut wird allerdings immer wieder darüber zum Ausdruck gebracht, dass die Fraktionsführung die Abgeordneten zur Geschlossenheit und zum Verzicht auf die öffentliche Austragung von Kontroversen mahnt, während sich Spitzenpolitiker der Koalition mit kontroversen Stellungnahmen profilieren.

Dies gilt besonders für die Regierungsfraktionen. Deren Vorsitzende ermahnen stets aufs Neue, nicht nur im Plenum, sondern bereits in der Fraktionssitzung geschlossen zu votieren, da die Abstimmungsergebnisse ja in der Öffentlichkeit ohne-

hin bekannt würden. Aus diesem Grund sollten auch brisante Themen, die gegebenenfalls in den Arbeitsgruppen und -kreisen kontroverse Diskussionen ausgelöst
haben, in einer entscheidungsreifen Phase am besten gar nicht mehr diskutiert werden. Da aber nur die Fraktionssitzungen allen Abgeordneten die Gelegenheit bieten
können, sich über ihre Spezialaufgaben hinaus über Richtung und Kontext der Re-
gierungs- und Fraktionspolitik aus erster Hand zu informieren und auf diese im Diskurs einzuwirken, entstehen durch diesen Druck zur internen Geschlossenheit auch
im Argumentationsverhalten erhebliche Kommunikations- und Beteiligungsdefizite.

2.1.5 Argumentationsfreiheit, Kreativität und Basisrückkoppelung

Vor dem Hintergrund dieser Erfahrungen bleibt die Frage auf der Tagesordnung, wie
weit der Spielraum für den einzelnen Abgeordneten auch unter Bedingungen des
parlamentarischen Regierungssystems erweitert werden müsste, um die kommunikativen Voraussetzungen für eine möglichst optimale demokratische Legitimation zu
schaffen. Da Ansprüche einer »geschlossenen« Vertretung von Beschlüssen und Positionen (Argumentationslinien) der Fraktion »nach außen« nur insoweit als legitim gelten können, als die Abgeordneten (grundsätzlich) gleiche Chancen haben, am
Willensbildungsprozess der Fraktion teilzunehmen und ohne größeren Druck von
Führungspersonen zu entscheiden, gilt es einmal, fraktionsintern (wie auch bei Verfahren der Parlamentsgremien) Hierarchien und bürokratisch geprägte Verfahren
soweit abzubauen, dass sich die Abgeordneten so gut wie möglich motiviert fühlen
und die Vielfalt ihrer Fähigkeiten zur bestmöglichen Entfaltung kommt. Zum anderen stellt sich im Hinblick auf die parlamentarischen wie innerfraktionellen Verfahren die Frage, inwieweit rigide Geschlossenheits-Ansprüche, wie sie sich auch in
der Praxis nicht-öffentlicher Ausschusssitzungen manifestieren, veränderten Erwartungen an Transparenz und verstärkte kommunikative Rückbindung staatlich-politischer Willensbildungsprozesse an Parteibasis, Wählerbasis und Öffentlichkeit gerecht werden.
    Offensichtlich besteht ein, allerdings auch in Reformdiskussionen nicht immer
hinreichend erhellter Zusammenhang zwischen der geschäftsordnungsmäßigen
Minimierung der Kompetenzen einzelner Abgeordneter und kleinerer Minderheitengruppen und einem das notwendige Maß an Fraktions- und Koalitionsdisziplin
überschreitenden innerfraktionellen Anpassungsdruck. Ein Parlament von »Einzel-
kämpfern« kann es unter heutigen Voraussetzungen gewiss nicht geben; eine derartige Vorstellung wird aber – von manchen, in kämpferischer Absicht missverständlich formulierten Äußerungen abgesehen – auch kaum vertreten. So würde eine
Stärkung der Rechte einzelner Abgeordneter das parlamentarische Regierungssystem in seiner Funktionsfähigkeit bestimmt nicht schwächen (vgl. BT-Drs. 11/2206;
Abschn. 7.1.2). Sie könnten sich als Korrektiv auswirken, Verfestigungen von Frak-

tionshierarchien entgegenwirken und insgesamt zur Vitalisierung der parlamentarischen Demokratie beitragen.

Bei Anerkennung der Funktionsbedingungen des parlamentarischen Regierungssystems kann sowohl bei den Regelungen der Geschäftsordnung wie auch in der Praxis durchaus zwischen dem Abstimmungsverhalten und der argumentativen Vertretung auch abweichender Positionen unterschieden werden. Die Funktionsfähigkeit des Parlamentes würde durch eine Stärkung der Informations- und Inspektionsrechte einzelner Abgeordneter nicht geschwächt.

Mindestens ebenso bedeutsam wie die Frage nach den Wirkungsmöglichkeiten einzelner Abgeordneter ist die nach rechtlichen und faktischen Kompetenzen der parlamentarischen Minderheiten, konkret: der einzelnen Fraktion und gegebenenfalls Gruppe (§ 10 Abs. 4 GOBT) und von Minderheiten in Fraktionsstärke. Diese insbesondere den Oppositionsfraktionen dienenden Minderheitsrechte werden im Rahmen der einzelnen Kapitel zu den Parlamentsfunktionen behandelt und im Schlusskapitel im Hinblick auf Reformmöglichkeiten angesprochen.

2.2 Professionalisierung und Interessenstruktur

2.2.1 Professionalisierung, parteipolitische Verankerung und Parlamentskarriere

Die Abgeordneten des Bundestages verfügen größtenteils über eine akademische Ausbildung und eine überdurchschnittliche berufliche Qualifikation, und zwar in einem politiknahen Beruf. Die von der Sozialstruktur der Bevölkerung erheblich abweichende Zusammensetzung des Bundestages ist Ausdruck einer Professionalisierung, die durch hohe Anforderungen der Parlamentstätigkeit und vor allem auch dadurch bedingt ist, dass der erfolgversprechenden Kandidatur für den Bundestag zumeist eine (längere) Karriere in der Partei vorausgeht, die typischerweise in Vorstandspositionen auf Orts- und Kreisebene beginnt, »dann mehr oder weniger rasch, aber in jedem Falle immer kontinuierlich über weitere Parteiämter erfolgt« (Herzog 1979: 70). Lokale und regionale Parteiämter sind wichtige, ja fast unverzichtbare Voraussetzungen einer Politikerkarriere bis hin zum Bundestagsmandat. So waren nach der Deutschen Abgeordnetenbefragung fast drei Fünftel der Bundestagsabgeordneten vor dem ersten Mandatsantritt Mitglieder im Orts- oder Kreisvorstand, davon 13 % zudem im Landes- oder Bundesvorstand und weitere 10 % »nur« im Landes- oder Bundesvorstand ihrer Partei (Tabelle 2.2; Best/Jahr/Vogel 2011: 173). Auch die Mandatsträger aus den neuen Bundesländern verfügen über ähnlich hohe Vorerfahrungen in Parteiämtern (Edinger 2009: 194 ff.). Nach der Umfrage 1988/89 von Dietrich Herzog u. a. hatten 85 % der Bundestagsabgeordneten im Verlauf ihrer Karriere lokale Parteivorstandsämter inne, zumeist über längere Zeit (Herzog 1990: 12).

Tabelle 2.2   Parteivorstandsämter von Bundestagsabgeordneten (in %)

	Keine	Orts- oder Kreisvorstand	Landes- oder Bundesvorstand	Orts- oder Kreisvorstand und Landes- oder Bundesvorstand
vor dem ersten Mandats-antritt[a]	33,6	43,0	10,3	13,0
während der Mandats-ausübung[b]	32,5	41,4	12,4	13,8

a n = 890

b n = 850

Quelle: Best/Jahr/Vogel 2011: 173, 179; Ergebnisse der Deutschen Abgeordnetenbefragung 2003/2004/2007; eigene Zusammenstellung.

Wer für längere Zeit die Parteiarbeit unterbricht, büßt in der Regel seine Karrierechancen ein. Zu den üblichen Aufstiegsbedingungen gehören auch die Übernahme kommunalpolitischer Funktionen (in Gemeinderat, Stadtrat, Kreisrat, als Bürgermeister etc.) und – auch als Bedingung kommunalpolitischer Einflussnahme – die Mitgliedschaft und auch Mitwirkung in Vereinen und Verbänden auf lokaler und (über-) regionaler Ebene. Etwa die Hälfte der Abgeordneten haben vor ihrer Abgeordnetentätigkeit kommunale Wahlämter inne. Bei den westdeutschen Abgeordneten liegt der Anteil darüber (58 %), bei den ostdeutschen Abgeordneten mit 43 % in der 15. Wahlperiode noch deutlich darunter, doch ist »eine weitere Annäherung an westdeutsche Muster« zu erwarten (Edinger 2009: 192 f.; Beste/Jahr/Vogel 2011: 173 f.; vgl. Herzog 1990: 12).

Ohne diese bekannte »Ochsentour« über die Basisorganisationen schaffen nur wenige Prominente, führende Lobbyisten und Fachleute den Weg ins Parlament, auch sie meist erst nach Aktivitäten in Sonderorganisationen und Fachgremien der Partei. Die zunehmende Praxis der (faktisch über ein Rekrutierungsmonopol verfügenden) Parteien, sichere Plätze auf Landeslisten nur an Parteimitglieder zu vergeben, die auch eine Wahlkreiskandidatur übernehmen, hat diese Tendenz gefördert. Der Einfluss der Parteieinrichtungen wurde geschwächt, die Eliten der Basisorganisationen der Parteien wurden gestärkt. Mehr als 80 % der Bundestagsabgeordneten hatten 2005 sowohl als Direktkandidat als auch auf der Landesliste kandidiert, wobei Doppelkandidaturen nur in den großen Parteien sowie bei der Linken in Ostdeutschland auch die Funktion eines »Sicherheitsnetzes« haben können (Edinger 2009: 201).

Auch nach erfolgreicher Bewerbung behalten mehr als die Hälfte der Abgeordneten lokale oder regionale Parteiämter und etwa ein Viertel kommunale Wahlämter, meist über längere Zeit (vgl. Tabelle 2.3). Nach eigenen Angaben waren im Jahr 2010 26 % der Abgeordneten Mitglied einer kommunalen Vertretungskörperschaft und/ oder sogar (Ober-)Bürgermeister oder Landrat (Tabelle 2.3).

Diese (vertikale) Ämterkumulation dient dazu, den Einfluss auf jene Parteimitglieder bzw. lokalen Wähler abzusichern, die über Fortdauer oder Verlust des parlamentarischen Mandats entscheiden. Lokale Ämter und Mandate gelten als »un-

Tabelle 2.3 Mitgliedschaft von Bundestagsabgeordneten in der kommunalen Selbstverwaltung (11., 13., 15. und 17. Wahlperiode)

	Stadträte, Kreisräte				(Ober-)Bürgermeister, Landräte			
	11. WP	13. WP	15. WP	17. WP	11.WP	13. WP	15. WP	17. WP
CDU/CSU	54	54	74	76	9	7	1	4
SPD	39	43	39	37	5	4	1	1
FDP	6	2	11	21	1	–	–	2
B'90/GRÜNE[a]	2	5	2	7	–	–	–	–
DIE LINKE[b]		2	–	11		–	–	–
Insgesamt	101	106	126	152	15	11	2	7
	Kommunale Funktionen insgesamt				**Anteil Fraktionen in %**			
	11.WP	13. WP	15. WP	17. WP	11.WP	13. WP	15. WP	17. WP
CDU/CSU	63	61	75	80	26,9	20,7	30,2	33,5
SPD	44	47	40	38	22,8	18,7	15,9	26,0
FDP	7	2	11	23	14,6	4,3	23,4	24,7
B'90/GRÜNE[a]	2	5	2	7	4,5	10,2	3,6	10,3
DIE LINKE[b]		2	–	11		6,7	–	14,5
Insgesamt	116	117	128	159	22,4	17,4	21,2	25,6

a   bis 11. WP: DIE GRÜNEN

b   bis einschließlich 15. WP: PDS; 12. WP: PDS/LL; in der 15. WP nicht in Fraktionsstärke

Quelle: Amtliches Handbuch des Deutschen Bundestages, 11., 13. und 15. WP (1988, 1995, 2005) und www.bundestag.de (17. WP, Stand: Juni 2010); eigene Auszählung und Zusammenstellung.

abdingbare Voraussetzung für das Verbleiben im politischen Beruf«, solange man es nicht zu nationaler Bekanntheit gebracht hat (Herzog 1990: 12). Partei- und verbandspolitische Positionen in Vorständen und Fachkommissionen auf Bezirks-, Landes- und Bundesebene kommen hinzu; solche überregionalen Funktionen bekleidet ein Großteil der Abgeordneten (vgl. Tabelle 2.3). Der Tätigkeit vor allem in Fachgremien der Partei messen die Abgeordneten höchste Priorität zu (Ermittlungen der PARLAKOM-Studiengruppe, 1985). Diese Ämterkumulation sichert den Parlamentariern einerseits erheblichen Einfluss auf die Parteiarbeit und hält Kommunikationswege zur »Basis« offen, trägt andererseits aber »wahrscheinlich zur innerparteilichen Verkrustung bei« (Herzog 1990: 12) und bringt erhebliche Arbeitsbelastungen mit sich (vgl. auch Edinger 2009: 212).

Das Problem der Vereinbarkeit von beruflicher und (partei-)politischer Tätigkeit stellt sich bei Übernahme von Parteipositionen und öffentlichen Funktionen oft schon auf kommunaler und regionaler Ebene nach relativ kurzer Zeit. Eine parteipolitische Karriere bis zur Übernahme eines Mandats durchzuhalten, ist bevorzugt jenen Akteuren möglich, die in ihrem Beruf politik- bzw. verbandsbezogen agieren, berufliche Kenntnisse, Ressourcen und Einrichtungen für ihre politische Arbeit nutzen können, zeitlich disponibel die Möglichkeit haben, die berufliche Tätigkeit der politischen unterzuordnen, ohne – im Falle des Scheiterns der Politikerkarriere – die berufliche Absicherung einzubüßen (Kaack 1988: 131). Die Vorbereitung der politischen Karriere erfolgt oft schon parallel zur Ausbildung und beruflichen Qualifikation, besonders über die Jugendorganisationen (Problem der Frühprofessionalisierung) (vgl. auch Gruber 2008).

Die Professionalisierung des Bundestages kommt auch in der Alters- und Anciennitätsstruktur zum Ausdruck (Kaack 1988: 177 f.). Das Durchschnittsalter aller Abgeordneten zu Beginn der Wahlperiode liegt bei 49,3 Jahren (1.–17. WP; 17. WP: 49,3 Jahre). Gut die Hälfte der Abgeordneten waren (seit der 6. Wahlperiode) beim erstmaligen Eintritt in den Bundestag zwischen 35 und 45 Jahre alt; nur etwa 2 % aller Abgeordneten waren in der 17. Wahlperiode nicht älter als 30 Jahre, circa 19 % 40 Jahre oder jünger (Feldkamp 2011: 253; Schindler 1999: 556 ff.). Dies lässt auf eine längere (politische) Vorkarriere vieler Mandatsträger schließen. Bei einer Abgeordnetenkarriere von in der Regel mehreren Wahlperioden ergibt sich bei der Altersschichtung eine Konzentration auf die mittleren Jahrgänge der 40- bis 60jährigen. Ein wichtiges Merkmal der Professionalisierung der Parlamentarier ist der kontinuierliche Anstieg der Wiederwahlquoten. Die Mitgliedschaft für nur eine Wahlperiode ist die Ausnahme. So wurden von den 203 Parlamentsneulingen der 13. Wahlperiode (1994) 31 % mindestens einmal, 15,3 % mindestens zweimal, 15,8 % mindestens dreimal und 19,2 % mindestens viermal wiedergewählt (Stand: 17. WP; Feldkamp 2011: 267).

2.2.2 Mandat und Beruf

Die Bundestagsabgeordneten üben – mit wenigen Ausnahmen – ihr Mandat hauptberuflich aus. Sie sind in diesem Sinne »Berufspolitiker«, jedenfalls »auf Zeit«. Nur etwa ein Drittel der Abgeordneten ist während der Mitgliedschaft im Bundestag noch in einem Beruf tätig, bei dem aber in aller Regel nicht der Schwerpunkt liegt (17. WP: 29,6 %; 13. WP 29 %; vgl. Tabelle 2.4 und Ismayr 2001: 64).

Möglich ist eine weitere Berufstätigkeit insbesondere dann, wenn sie in engem Zusammenhang zum Mandat steht. Dies gilt etwa für Verbands- und Parteifunktionäre und auch für einige leitende Angestellte und Teilhaber großer Unternehmen. Etwa jeder zehnte Abgeordnete gibt an, während der Mandatszeit als Rechtsanwalt tätig zu sein (Tabelle 2.4); darunter sind einige beurlaubte Beamte, deren Rechte und Pflichten während der Mandatszeit ruhen. Die Vorteile sind evident: Als Rechtsanwälte können die Abgeordneten Beratungstätigkeiten übernehmen, ohne sie dem Bundestagspräsidenten anzeigen zu müssen. Auf ihre Verschwiegenheitspflicht können sie sich nur dann nicht berufen, wenn sie für oder gegen die Bundesrepublik Deutschland auftreten (§ 2 Anlage 1, Verhaltensregeln für Mitglieder des Deutschen Bundestages). Die Mitgliedschaft eines über zahlreiche Kontakte verfügenden Parlamentariers in einer Anwaltssozietät wird auch dann umsatz- und prestigefördernd sein, wenn sein zeitlicher Einsatz nur bescheiden ist.

Tabelle 2.4 Während der Mitgliedschaft im 17. Deutschen Bundestag ausgeübter Beruf (ohne Regierungsämter)[a]

	Angestellte Parteien	Angestellte Organisationen[b]	Angestellte in der Wirtschaft[c]	Selbständige[d]	Freiberufler[e]	Professoren/Dozenten	Sonstige	Insgesamt	Anteil in Prozent
CDU/CSU	4	–	9	26	46	4	–	89	37,2
	–	–	9	33					
SPD	5	3	1	–	10	2	1	22	15,1
	3	–	–	7					
FDP	1	–	3	9	21	3	1	47	50,5
	–	–	1	12					
B'90/ GRÜNE	–	–	1	1	6	1	1	10	14,7
	–	–	–	5					
DIE LINKE	1	5	–	3	4	1	1	16	21,1
	5	–	–	4					
Bundestag insges.	11	8	20	39	87	11	4	184	29,6
	8	–	10	61	–	–			

a Die Tabelle enthält nur die erstgenannten Berufsangaben
b Zweite Zeile: davon Angestellte von Gewerkschaften
c Zweite Zeile: davon freigestellte Betriebsräte
d Zweite Zeile: davon Landwirte
e Zweite Zeile: davon Rechtsanwälte
Quelle: www.bundestag.de (17. WP, Stand: Juni 2010); eigene Auszählung und Zusammenstellung.

Viele Abgeordnete lebten freilich bereits vor ihrem erstmaligen Einzug in den Bundestag nicht nur »für die Politik«, sondern (materiell) auch »von der Politik« (Weber 1918; vgl. auch Borchert/Golsch 1999: 114 ff.; Golsch 1998; Edinger 2009). Als »Berufspolitiker« können nach Heino Kaack (in einem engeren Sinne) all jene Parlamentarier bezeichnet werden, die »bereits vor der erstmaligen Übernahme eines Bundestagsmandats hauptsächlich ein Amt ausgeübt haben, für das Parteiaktivitäten eine unerlässliche Voraussetzung sind«. Dies sind neben Partei- und Fraktionsangestellten sowie Mitarbeitern von Abgeordneten auch politische Beamte, Wahlbeamte, Mitarbeiter in Stabspositionen staatlicher Institutionen, ehemalige Landtagsabgeordnete und Regierungsmitglieder, die im Bundestag eine zweite Karriere starten (Kaack 1988: 131). Der Anteil dieser parteibezogenen Berufe ist seit der 7. Wahlperiode auf etwa ein Viertel gestiegen. Mit inzwischen ca. 10 % deutlich zugenommen hat in jüngster Zeit die Zahl jener Abgeordneten, die zuvor als Angestellte für ihre Partei oder Fraktion tätig waren (vgl. Tabelle 2.7). Deutlich zurückgegangen ist die Zahl der Funktionäre von Gewerkschaften, Wirtschaftsorganisationen und sonstigen Verbänden. Der Grund ist wohl, dass es auch für Verbandslobbyisten kaum mehr möglich ist, ohne (kontinuierliche) Parteiaktivitäten an der Basis und Übernahme einer Direktkandidatur ein Bundestagsmandat über die Landesliste zu erhalten, sie den erforderlichen Einsatz an der Parteibasis aber nicht leisten können oder wollen. Um ihren Einfluss geltend zu machen, sind insbesondere Wirtschaftsverbände angesichts permanenter Einfluss- und Kooperationsbeziehungen und »interner« Interessenwahrnehmung durch entsprechende Berufsgruppen auf eine Mitgliedschaft ihrer Funktionäre im Bundestag offenbar kaum angewiesen.

2.2.3 Akademisierung

Mit wachsender Komplexität der Staatsaufgaben und damit einhergehender Professionalisierung der Abgeordnetentätigkeit ist eine zunehmende Akademisierung des Parlaments verbunden. Sie vollzog sich – mit einigen Schwankungen – in allen Fraktionen. Der Anteil der Abgeordneten mit Hochschulbildung stieg fast kontinuierlich von 44 % in der zweiten auf 90,5 % in der 17. Wahlperiode (Tabelle 2.5).

Sowohl hinsichtlich der allgemeinbildenden Abschlüsse wie der berufsbildenden Abschlüsse und der Hochschulabschlüsse weicht die Bildungsstruktur des Bundestages von jener der Gesamtbevölkerung ganz erheblich ab. Eine akademische Ausbildung gilt bei der Kandidatenauswahl offenbar als erwünschter Kompetenznachweis. Gesichtspunkte soziostruktureller Repräsentation spielen eine untergeordnete Rolle. Ein traditionell hoher Anteil der Abgeordneten gibt als Hochschulstudium Rechts- und Wirtschaftswissenschaften an, seit Mitte der 1970er Jahre etwa ein Drittel der Abgeordneten, in der 17. Wahlperiode sogar knapp die Hälfte (vgl. Tabelle 2.6). Eine wachsende Zahl studierte Geistes- und Sozialwissenschaften (einschließlich Pädagogik), wobei der Anteil inzwischen bei über einem Drittel liegt. Als bedenkliches Defizit erschien vor der deutschen Vereinigung angesichts der Bedeutung der Technikentwicklung und der Technikfolgenproblematik die geringe Zahl von Naturwissenschaftlern und Technikern. Sie hatte sich seit 1990 beträchtlich erhöht – bedingt durch die spezifischen Voraussetzungen der Abgeordnetenrekrutierung in den neuen Bundesländern –, ist seit der 15. Wahlperiode jedoch wieder deutlich zurückgegangen (1987: 7 %; 1990: 15 %; 2009: 10 %; vgl. Tabelle 2.6; Hess 1995: 582 ff.).

2.2.4 Öffentlicher Dienst

Häufig kritisiert wurde und wird die »Verbeamtung« der Parlamente, die allerdings in Landtagen noch ausgeprägter ist als im Bundestag (Schneider 1989). Etwa ein Drittel der Bundestagsabgeordneten rekrutiert sich derzeit aus dem öffentlichen Dienst (ehemalige und amtierende Regierungsmitglieder nicht eingerechnet), in den Wahlperioden zuvor waren es noch etwa zwei Fünftel (vgl. Tabelle 2.7; Schindler 1999: 688 ff.). Da bei den jüngeren Abgeordneten (bis 40 Jahre) der Anteil der Beamten und Angestellten des öffentlichen Dienstes in der 17. Wahlperiode bei nur mehr 17 % liegt,

Tabelle 2.5 Bundestagsabgeordnete mit Hochschulbildung (in %)

	1. WP	2. WP	3. WP	4. WP	5. WP	6. WP	7. WP	8. WP	9. WP
CDU/CSU	53,6	48,0	61,9	67,3	67,7	73,6	75,2	78,3	77,6
SPD	29,0	22,8	35,4	41,9	38,7	53,2	58,7	58,9	59,6
FDP	66,0	71,2	55,8	68,7	70,0	67,7	76,2	82,5	83,3
B'90/GRÜNE[a]									
DIE LINKE[b]									
Sonstige	40,5	66,7	52,9						
Bundestag insgesamt	45,3	44,0	51,8	57,6	56,0	63,9	67,6	70,3	70,3

	10. WP	11. WP	12. WP	13. WP	14. WP	15. WP	16. WP	17. WP
CDU/CSU	78,4	79,9	80,3	76,5	79,6	87,1	86,7	89,5
SPD	89,6	62,2	72,8	76,2	78,9	86,1	84,7	89,0
FDP	74,3	77,1	79,7	83,0	88,4	91,5	85,2	95,7
B'90/GRÜNE[a]	78,6	61,4	87,5	83,7	83,0	83,6	88,2	92,6
DIE LINKE[b]			94,1	66,7	80,6		57,4	88,2
Sonstige						100,0		
Bundestag insgesamt	82,5	71,5	77,9	76,9	80,1	86,7	83,4	90,5

a 10. und 11. WP: DIE GRÜNEN

b bis einschließlich 15. WP: PDS; 12. WP: PDS/LL

Anm.: Enthalten sind Hochschulabschlüsse an Universitäten, Pädagogischen Hochschulen und Fachhochschulen sowie »Universitätsstudium ohne Abschluss«.

Quelle: Schindler 1999: 669; Feldkamp 2011: 301 (nach Kürschners Volkshandbuch Deutscher Bundestag, erste Ausgabe der jeweiligen Wahlperiode).

Tabelle 2.6 Studienfächer der Bundestagsabgeordneten mit Hochschulstudium (absolut)[a]

	7. WP	8. WP	9. WP	10. WP	11. WP	12. WP	13. WP	14. WP	15. WP	16. WP	17. WP
Rechts- und Staatswissenschaften	139	146	141	139	134	151	135	137	151	160	155
Wirtschafts- und Sozialwissenschaften, Volkswirtschaft	49	56	52	61	59	62	63	65	84	83	135
Philologie, Philosophie, Politologie, Soziologie, Geschichte	57	58	57	61	53	49	60	54	102	109	154
Ingenieurwesen	10	9	29	30	24	69	68	60	41	35	37
Naturwissenschaften, Pharmazie, Geographie	2	1	2	7	12	29	31	30	37	26	28
Land- und Forstwirtschaft	11	10	17	14	11	14	9	9	12	10	10
Pädagogik	–	4	29	29	47	80	79	101	95	81	65
Medizin, Psychologie, Sozialarbeit	6	5	3	3	9	23	16	13	21	21	18
Theologie	6	5	–	3	2	11	14	13	11	9	9

a in den Zahlen sind Abgeordnete mehrfach enthalten, falls sie mehrere Studien abgeschlossen haben.

Quelle: Schindler 1999: 674; Feldkamp 2011: 303 (nach Kürschners Volkshandbuch Deutscher Bundestag, erste Ausgabe der jeweiligen Wahlperiode).

Tabelle 2.7 Berufsstruktur des Bundestages nach Fraktionen (17. Wahlperiode)

	CDU/CSU		SPD		FDP		DIE LINKE		B'90/GRÜNE		insgesamt	
	Anzahl	%	Anzahl	%	Anzahl	%	Anzahl	%	Anzahl	%	Anzahl	%
Beamte	77	12,4	63	10,1	18	2,9	14	2,3	12	1,9	184	29,6
davon												
• sog. politische Beamte	3	0,5	5	0,8	0	–	0	–	1	0,2	9	1,5
• andere Beamte des höh. Dienstes (Verwaltung)	19	3,1	13	2,1	3	0,5	3	0,5	1	0,2	39	6,3
• Beamte des gehob. u. mittl. Dienstes (Verw.)	6	1,0	5	0,8	3	0,5	0	–	0	–	14	2,3
• Richter und Staatsanwälte	2	0,3	2	0,3	5	0,8	3	0,5	0	–	12	2,0
• Berufssoldaten	2	0,3	0	–	0	–	0	–	0	–	2	0,3
• Kommunale Wahlbeamte	20	3,2	6	1,0	1	0,2	3	0,5	0	–	28	4,5
• Professoren an Universitäten u. Hochschulen	4	0,6	1	0,2	2	0,3	1	0,2	1	0,2	9	1,5
• andere Wissenschaftler an Uni. u. Hochschulen	11	1,8	9	1,4	2	0,3	4	0,6	5	0,8	31	5,0
• Lehrer an Gymnasien (u. ä.)	5	0,8	11	1,8	2	0,3	0	–	3	0,5	21	3,4
• Lehrer an Grund-, Haupt- u. Realschulen (u. ä.)	5	0,8	11	1,8	0	–	0	–	1	0,2	17	2,8
Angestellte des öffentlichen Dienstes	10	1,4	11	1,8	2	0,3	4	0,6	4	0,6	31	5,0
Bedienstete der EU	1	0,2	0	–	0	–	0	–	0	–	1	0,2
(Ev.) Pfarrer und Diakone	1	0,2	0	–	1	–	0	–	1	–	3	0,5
Angestellte v. polit. u. gesell. Organisationen	21	3,4	29	4,7	5	0,8	30		16	2,6	103	16,6
Davon												
• Parteien, Fraktionen (u. ä.)	14	2,3	13	2,1	3	0,5	15	2,4	13	2,1	58	9,4
• Gewerkschaften (u. ä.)	0	–	10	1,6	0	–	10	1,6	0	–	20	3,2
• sonstige polit., kult., gesell. u. karitative Organ.	7	1,1	6	1,0	2	0,3	5	0,8	3	0,5	25	4,0
Angestellte in der Wirtschaft	43	6,9	15	2,4	17	2,7	4	0,6	5	0,8	83	13,4
Selbständige	37	6,0	1	0,2	18	2,9	2	0,3	2	0,3	60	9,7
Davon												
• in Industrie, Handel, Handwerk u. Gewerbe	27	4,4	1	0,2	17	2,7	2	0,3	1	0,2	48	7,7
• in Land- und Forstwirtschaft	10	1,6	0	–	1	0,2	0	–	1	0,2	12	2,0
Freie Berufe	38	6,1	17	2,7	24	3,9	6	1,0	16	2,6	101	16,3
Davon												
• Rechtsanwälte und Notare	31	5,0	11	1,8	16	2,6	3	0,5	8	1,3	69	11,1
• sonstige Angehörige freier Berufe	7	1,1	6	1,0	8	1,3	3	0,5	8	1,3	32	5,2
Hausfrauen	1	0,2	2	0,3	0	–	0	–	0	–	3	0,5
Arbeiter	0	–	1	0,2	0	–	1	0,2	0	–	2	0,3
Sonstige	7	1,1	3	0,5	4	0,6	8	1,3	5	0,8	27	4,4
Nicht verwendbare Angaben	4	0,6	4	0,6	4	0,6	7	1,1	7	1,1	24	3,9
Abgeordnete insgesamt	239	38,4	146	23,5	93	15,0	76	12,2	68	10,9	622	100

Anm.: Tabellen zur Berufsstruktur der 14. bis 15. Wahlperiode in: Deutsch/Schüttemeyer 2003 und Kintz 2006.

Quelle: Kintz 2010: 495 f. (zusammengestellt nach einem von Adalbert Hess erarbeiteten Kategorienschema).

ist damit zu rechnen, dass diese Berufsgruppe weiter an Bedeutung verliert (Kintz 2010: 501 ff.).

Der öffentliche Dienst kann insgesamt als relativ politiknah angesehen werden, angesichts seiner zunehmend heterogenen Struktur allerdings mit deutlichen Abstufungen (Wachstum der Leistungsverwaltung, der planenden Verwaltung und des Bildungssektors gegenüber der »klassischen« Administration). Vertreten ist vornehmlich der höhere Dienst. Insgesamt ist der Anteil der Verwaltungsbeamten gesunken, während mittlerweile etwa zwei Fünftel – phasenweise fast die Hälfte – aller aus dem öffentlichen Dienst kommenden Abgeordneten einen Lehrberuf (Lehrer, Professor, Dozent/wiss. Mitarbeiter) ausüben (11. WP: 50 %; 13. WP: 40 %, 17. WP: 42 %; vgl. Tabelle 2.7). Hoch ist der Anteil der Lehrberufe bei der SPD-Fraktion (17. WP: 22 % aller Fraktionsmitglieder) und bei Bündnis 90/Die Grünen (15 %). Von Vorteil beim Aufbau der Karriere ist die gegenüber anderen Beamtengruppen größere zeitliche Flexibilität.

Erfahrungsnähe kann den Willen zur Kontrolle bzw. die Kontrollfähigkeit mindern, doch können andererseits einschlägige Kenntnisse der Verwaltungsstrukturen Kontrolle auch begünstigen.

Da nur mehr etwa zehn Prozent der Abgeordneten aus dem Bereich der Administration im eigentlichen Sinne kommen, wird man Kontrolldefizite als Folge verminderter Distanz gegenüber der Bürokratie insgesamt nicht überschätzen dürfen. Allerdings bleibt das Problem, dass (ehemalige und amtierende Regierungsmitglieder eingeschlossen) annähernd die Hälfte aller Bundestagsabgeordneten bei Entscheidungen des Hauses über den öffentlichen Dienst selbst direkt oder indirekt betroffen sind. Zudem sind Beamte (überwiegend aus der Verwaltung) aufgrund einschlägiger Sachkenntnisse insbesondere in jenen Ausschüssen stark überproportional vertreten, die an derartigen Entscheidungen maßgeblich beteiligt sind (Innen-, Rechts- und Haushaltsausschuss). Einerseits können sich infolge der »Produktionsferne« und dem Privileg der (frühzeitigen und lebenslangen) Absicherung Perzeptionsverengungen ergeben, andererseits erleichtert es der Beamtenstatus den Akteuren bereits beim Aufbau der Karriere, sich dem Druck von Partikularinteressen zu entziehen und »Gemeinwohlinteressen« zu verfolgen.

2.2.5 Berufs- und Interessenstruktur

Als relativ politiknah kann auch ein Großteil der (im politischen Prozess besonders begünstigten) Unternehmer, des selbständigen Mittelstandes, der (leitenden) Angestellten in der Wirtschaft sowie der Rechtsanwälte und Journalisten gelten, insgesamt etwa ein Drittel der Bundestagsabgeordneten. Zusammengefasst kommen in der 17. Wahlperiode aus diesen Berufsgruppen 49 % der Unions- und 63 % der FDP-Abgeordneten, aber nur 23 % der SPD-Abgeordneten (B'90/Grüne 34 %, Die Linke 16 %).

Tabelle 2.8   Berufliche Gliederung der Bevölkerung, der Mitglieder der Parteien und des Bundestages (in %)

| | Bevölkerung | Parteimitglieder | | | MdBs in der 13. Wahlperiode[a] | | |
		SPD[b]	CDU[b]	CSU[b]	SPD	CDU/CSU	insgesamt
Arbeiter	15,9	23,4	9,7	14,1	2,4	0,3	1,5
Angestellte	24,2	27,9	28,7	25,1	39,3	30,6	34,5
Beamte	3,0	11,5	11,4	12,5	39,3	34,4	34,1
Selbständige[c]	4,2	4,5	21,7	27,2	9,9	25,8	18,4
Rentner	26,9	10,4	6,4	2,9	–	–	–
Hausfrauen	–[d]	11,3	10,0	5,4	2,4	3,1	2,7
Sonstige[e]	25,9[d]	11,0	12,1	12,8	6,7	5,8	8,8

a   Stand 1.1.1995
b   Stand 31.12.1996
c   incl. Freiberufler und Landwirte
d   Hausfrauen nicht gesondert aufgeführt (unter »Sonstige«)
e   auch ohne Angaben
Anm.: Die Daten der Parteien werden jeweils bei Parteieintritt erhoben.
Quelle: Hess 1995: 579 f.; Anfragen des Verfassers bei den Parteien und beim Statistischen Bundesamt.

Innerhalb dieser Berufsgruppen sind wiederum die dem politischen Prozess besonders nahestehenden und abkömmlichen Positionen (stark) überproportional vertreten: Rechtsanwälte, Unternehmer und Angestellte in leitenden Positionen, aber nur vergleichsweise wenige selbständige Handwerker, »sonstige« Freiberufler und Angestellte ohne Leitungsfunktion.

Stark unterrepräsentiert sind Arbeiter und Hausfrauen (sowie Rentner), die einen erheblichen Teil der Wahlbevölkerung ausmachen und auch unter den Parteimitgliedern mit deutlich höheren Anteilen vertreten sind (vgl. Tabelle 2.8). Von einer auch nur annähernd proportionalen Präsenz der Sozialgruppen ist der Bundestag – ähnlich wie andere Parlamente – also weit entfernt (Rebenstorf/Weßels 1989; vgl. Abschn. 6.8).

Politiknahe Berufe dominieren in allen Fraktionen – bei allerdings unterschiedlicher Zusammensetzung. Im Vergleich zu anderen Fraktionen stark überrepräsentiert sind bei CDU/CSU und FDP die Selbständigen, leitende Angestellte in der Wirtschaft und Rechtsanwälte; bei der SPD sind dies Gewerkschaftsfunktionäre und Lehrberufe und bei Bündnis 90/Die Grünen ebenfalls Lehrberufe sowie in jüngster Zeit verstärkt Angestellte politischer Organisationen (Parteien, Fraktionen) und auch freie Berufe (Rechtsanwälte). Bei der Fraktion Die Linke dominieren inzwischen mit einem Drittel der Abgeordneten Gewerkschaftsfunktionäre und Angestellte politischer Organisationen (vgl. Tabelle 2.7 und Kintz 2010).

Markante Unterschiede gegenüber dem Plenum weisen manche Ausschüsse und vor allem die korrespondierenden Arbeitsgruppen der Fraktionen auf. So ist etwa die

Tabelle 2.9 Verbandsfärbung des 17. Bundestages (in Prozent der Mitglieder des Bundestages bzw. der Fraktionen)

	Bundestag	CDU/CSU	SPD	FDP	B'90/GRÜNE	Linke
DGB-Gewerkschaften[a]	5,3	0,8	10,3	–	–	21,1
Bauernverband	1,9	3,8	–	1,1	2,9	–
Mittelstandsorganisationen	1,3	1,7	–	2,2	–	1,3
Unternehmerorganisationen	2,4	3,8	0,7	5,4	–	–
Soziale Hilfe u. Interessen[b]	6,6	6,7	7,5	8,6	7,4	2,6
Evangelische Organisationen	4,0	3,8	4,1	4,3	7,4	1,3
Katholische Organisationen	3,1	6,3	1,4	1,1	1,5	–
Vertriebenenverbände	0,5	1,3	–	–	–	–
Umwelt und Naturschutz	1,9	0,8	2,7	1,1	5,9	1,3
Sport und Freizeit	5,3	6,7	4,1	7,5	1,5	3,9

a Einschließlich freigestellter Betriebsräte
b Wohlfahrts-, Rentner- und Beschädigtenverbände, Mieterbund u. a.
Quelle: Rudzio 2011: 85.

Hälfte der Mitglieder des Landwirtschaftsausschusses in der Landwirtschaft tätig, fast alle Mitglieder des Rechtsausschusses sind Juristen. Selbständige und (leitende) Angestellte in der Wirtschaft sind überproportional im Finanzausschuss sowie im Haushaltsauschuss und im Ausschuss für Wirtschaft und Technologie vertreten (größtenteils Mitglieder der Union). Ein auch nur einigermaßen getreues »Spiegelbild« der Sozialstruktur der Bevölkerung ist der Bundestag also gewiss nicht, und er kann es aufgrund der üblichen Karrieremuster und Professionalisierungsbedingungen auch kaum sein (Rebenstorf/Weßels 1989). Ob und inwieweit diese Tatsache zu einer Begünstigung überrepräsentierter (und einer Benachteiligung nur schwach vertretener) Interessen führt, ist umstritten und kausal auch schwer nachweisbar.

Immerhin verweisen die Daten insbesondere zur Berufsschichtung und Verbandsfärbung, im Zusammenhang gesehen, auf deutliche Unterschiede des Interessenprofils der Fraktionen und Ausschüsse, die verbandsbedingte Differenzen bei der Problemwahrnehmung und privilegierte Wirkungschancen vermuten lassen.

Arbeitnehmerinteressen werden im Bundestag nicht nur durch die wenigen Abgeordneten aus diesen Berufsgruppen, sondern besonders von Gewerkschaftlern artikuliert. Knapp ein Drittel aller Bundestagsabgeordneten sind derzeit in Gewerkschaften organisiert, in der in dieser Wahlperiode zahlenmäßig schwächer vertretenen SPD-Fraktion 77 %, fast alle in DGB-Gewerkschaften (17. WP). In den vier Wahlperioden zuvor gehörten zwischen 40 % und 52 % einer Gewerkschaft an (Feldkamp 2011: 390 ff.). Die bloße Mitgliedschaft sagt allerdings über die tatsächliche Interessenwahrnehmung wenig aus, da sie (wie bei den Unionsparteien die Zugehörigkeit zu

Tabelle 2.10 Tätigkeit als Mitglied des Vorstandes, Aufsichtsrates oder sonstigen Gremiums während der Mitgliedschaft im Bundestag (14. und 17. Wahlperiode)

	14. WP Unternehmen				Körperschaften			
	ein	zwei	mehrere	insgesamt	ein	zwei	mehrere	Insgesamt
CDU/CSU	41	18	18	77	69	24	13	106
SPD	45	26	10	81	70	29	19	118
FDP	5	1	–	6	5	3	4	12
B'90/GRÜNE	3	2	1	6	11	1	3	15
DIE LINKE[a]	3	–	–	3	6	–	–	6
Bundestag insgesamt	97	47	29	173	161	57	39	257
	17. WP Unternehmen				Körperschaften			
	ein	zwei	mehrere	insgesamt	ein	zwei	mehrere	insgesamt
CDU/CSU	47	26	17	90	61	47	36	144
SPD	26	5	2	33	40	20	13	73
FDP	13	4	5	22	20	18	8	46
B'90/GRÜNE	9	5	1	15	18	5	2	25
DIE LINKE[a]	9	3	1	13	12	5	1	18
Bundestag insgesamt	104	43	26	173	151	95	60	306

a   bis einschließlich 15. WP: PDS

Quelle: www.bundestag.de (17. WP, Stand: Juni 2010); eigene Auszählung.

einer christlichen Konfession) bei der SPD zum Karrieremuster gehört (Müller 1988; Weber 1981: 306). Haupt- und ehrenamtliche Funktionen in Gewerkschaften üben im 17. Bundestag etwa 5 % der Abgeordneten aus, ganz überwiegend Mitglieder der SPD-Fraktion und der Fraktion Die Linke (10,5 bzw. 21,1 % aller Fraktionsmitglieder). Interessenvertreter der Unternehmer, des selbständigen Mittelstandes und der freien Berufe finden sich fast ausschließlich bei der Union sowie der FDP (17. WP: CDU/CSU 9,3 %, FDP 8,7 % aller Fraktionsmitglieder; SPD 0,7 %; vgl. Tabelle 2.9). Funktionen in Vorständen, Aufsichtsräten und sonstigen Gremien von Unternehmen üben während der Wahlperiode etwa ein Viertel aller Abgeordneten aus (vgl. Tabelle 2.10).

Abgeordnete mit Funktionen in Arbeitnehmerorganisationen sind vor allem im Ausschuss für Arbeit und Soziales (sowie im Gesundheitsausschuss) vertreten. Funktionsträger in Industrie- und Arbeitgeberverbänden gehören vergleichsweise zahlreich dem Finanzausschuss und dem Ausschuss für Wirtschaft und Technologie an und dominieren zusammen mit den mittelständischen Verbandsvertretern der Wirtschaft gegenüber der »Arbeitnehmerseite« auch im Haushaltsausschuss und in den meisten übrigen Ausschüssen. Funktionsträger des Bauernverbandes sind erwartungsgemäß im Ausschuss für Ernährung, Landwirtschaft und Verbraucherschutz,

Mitwirkende in Sozialverbänden vergleichsweise stark in den Ausschüssen Arbeit und Soziales, Gesundheit und Familie, Senioren, Frauen und Jugend vertreten. Mehrere Untersuchungen zeigen, »dass einzelne Verbände und Vereinigungen ihre Interessen offenbar gezielt durch Parlamentarier ganz bestimmter Fraktionen vertreten lassen oder umgekehrt: dass einzelne Fraktionen gezielt bestimmte Verbandsinteressen verfolgen« (Müller-Rommel 1988: 318; vgl. Hirner 1993; Weber 1981). Allerdings ist der in seine Fraktion und Partei eingebundene Abgeordnete zumeist daran gehindert, als registrierter Verbandsfunktionär die Interessen »seines« Verbandes allzu offen und offensiv zu vertreten (Sebaldt/Straßner 2004: 166 f.).

Arbeitnehmerinteressen werden ganz überwiegend durch Abgeordnete der SPD und der Linken repräsentiert, die Interessen der Industrie und Arbeitgeber, des selbständigen Mittelstandes und der Landwirtschaft vorwiegend durch die Unionsparteien und die FDP. Bei Bündnis 90/Die Grünen sind Vertreter von Umwelt- und Naturschutzorganisationen sowie der Landwirtschaft stark vertreten. In der SPD-Fraktion sind also vor allem Lehrer (davon viele Mitglieder der GEW) und haupt- und ehrenamtliche Funktionsträger der Gewerkschaften (DGB) überproportional vertreten, in den Fraktionen der CDU/CSU und der FDP Unternehmer, Kaufleute, leitende Angestellte, Landwirte und Rechtsanwälte, von denen viele auch während ihrer Mandatszeit für Organisationen und Verbände ihres Bereichs tätig sind, sowie Funktionsträger der entsprechenden Verbände und der Interessengruppierungen der Partei.

Berufsschichtung und Verbandsfärbung der Fraktionen (vgl. Tabelle 2.9) stehen in auffallendem Gegensatz zu dem Anspruch, insbesondere der großen Parteien, als »Volksparteien« die unterschiedlichen Interessen zu artikulieren und zu aggregieren (Mintzel 1984: 261 ff.). Dass sich die Fraktionen auch in ihren Kontakten »nach außen« unterschiedlich orientieren, kann kaum überraschen. So pflegen die Abgeordneten von CDU/CSU und FDP deutlich stärkeren Kontakt zu Unternehmer- und Arbeitgeberverbänden, die der SPD und der Linken zu Gewerkschaften, während bei Bündnis 90/Die Grünen Kontakte zu Bürgerinitiativen und Umweltorganisationen sowie zur Wissenschaft stark entwickelt sind (vgl. Herzog u. a. 1990: 26 ff.).

Die soziale Zusammensetzung der jeweils entscheidenden Koalition ist für die Bevölkerung noch weniger repräsentativ als die des gesamten Bundestages. Besonders gilt dies für die Koalition zwischen CDU/CSU und FDP, die ihrer sozialen Struktur nach deutlich homogener war und ist als die ehemalige SPD/FDP-Koalition. Dies dürfte sich vor allem dann in der Gesetzgebungsarbeit auswirken, wenn es die Mehrheitsverhältnisse im Bundesrat der Opposition nicht erlauben, bis zu einem gewissen Grad »mitzuregieren«.

Gewiss sind die einzelnen Abgeordneten nicht nur »Exponenten ihrer Sozialdaten« (Thaysen 1976: 28 f.). Bei Spitzenfunktionären und (weiterbezahlten) Verbandsangestellten stehen wohl die Interessen des Verbandes ziemlich ungebrochen im Vordergrund, was allerdings (auch) fraktionsinterne Vorbehalte auslösen kann

(Sebaldt 1996: 686 f.). Hingegen kann beim Gros der Abgeordneten davon ausgegangen werden, dass die vielfältigen Kommunikations- und Rechtfertigungsansprüche von Partei, Fraktion, Regierung und Öffentlichkeit die durch Berufs- und Verbandstätigkeit bedingten Motivationen mehr oder weniger abschwächen. Die durch die Parteikarriere induzierte »Entfremdung« (Distanzierung) von den spezifischen Interessen einer Berufsgruppe und eines Verbandes sei, so Dietrich Herzog, »nicht Gegensatz, sondern Voraussetzung umfassenderer Interessenberücksichtigung und allgemeinerer ›Responsivität‹ gegenüber den Wünschen und Erwartungen aus der Gesellschaft« (Herzog 1989: 317). Die Verbandsfunktionäre selbst halten Einflüsse durch gute Kontakte zu den jeweils führenden Fraktionsexperten für wesentlich wichtiger als die »innere Lobby« von verbandsnahen Abgeordneten (Sebaldt 1996: 688). Insgesamt kann allerdings von einer wechselseitigen Verstärkung »interner« und »externer« Lobby ausgegangen werden (vgl. Abschn. 6.8).

Für den größten Teil der Bürger spielt bei ihrer Wahlentscheidung die Proportionalität der Zusammensetzung des Parlaments keine wesentliche Rolle, doch ist der Wunsch nach sozialer Repräsentation bei Bevölkerungsgruppen entlang der alten und neuen Konfliktlinien besonders ausgeprägt. Insofern wird soziale Proportionalität »als ein wichtiger Faktor für das Gefühl, vertreten zu werden«, angesehen. »Der Grad der Präsenz von bestimmten Sozialgruppen unter den Abgeordneten«, sei jedenfalls »für das subjektive Empfinden der Bevölkerung, ihr Vertretenheitsgefühl, durchaus von Bedeutung« (Rebenstorf/Weßels 1989: 416, 423).

2.2.6 Frauen im Bundestag

Die Frauen waren im Bundestag und in den Führungspositionen von Bundestag und Bundesregierung lange Zeit unterrepräsentiert, doch hat sich ihre Position in jüngster Zeit kontinuierlich verbessert. Die Frauen stellen die Mehrheit aller Wahlberechtigten und – nach einem starken Anstieg in den 1970er Jahren – inzwischen etwa ein Viertel der Parteimitglieder; zudem wirken sie in beachtlichem Umfang in Bürgerinitiativen und Nichtregierungsorganisationen mit (Rupart 1988). Ihr Anteil an der Gesamtzahl der Abgeordneten lag bis zur 10. Wahlperiode unter 10 % (bei einem Minimum von 5,8 % 1972) (vgl. Tabelle 2.11).

Einen deutlichen Anstieg auf 80 Abgeordnete (15,4 %) brachte die Bundestagswahl 1987. Er wurde vor allem von den GRÜNEN bewirkt, die mit 25 Frauen (56,4 % ihrer MdBs) auch absolut stärker vertreten waren als CDU/CSU (18) und FDP (6) zusammen. Grundlage war der Beschluss der Bundesversammlung der GRÜNEN 1986 in Hannover, ungerade Plätze von Wahllisten zwingend mit weiblichen Kandidaten zu besetzen. Schon zuvor hatten die GRÜNEN durch inhaltliche Vorstöße und innerparteiliche Praxis (z. B. »Frauenvorstand«, 1984) auch in anderen Parteien Diskussionen angeregt und Bestrebungen gestärkt, den Anteil der Frauen an allen Funk-

Tabelle 2.11   Weibliche Abgeordnete zu Beginn der Wahlperiode (Anzahl und Anteil in Prozent aller Abgeordneten)

WP	Insgesamt		CDU/CSU		SPD		FDP		B'90/GRÜNE[a]		DIE LINKE[b]	
	Anzahl	%	Anzahl	%	Anzahl	%	Anzahl	%	Anzahl	%	Anzahl	%
8.	38	7,3	19	7,5	15	6,7	4	10,0				
9.	44	8,5	18	7,6	19	8,3	7	13,0				
10.	51	9,8	17	6,7	21	10,4	3	8,6	10	35,7		
11.	80	15,4	18	7,7	31	16,1	6	12,5	25	56,8		
12.	136	20,5	44	13,8	65	27,2	16	20,3	3	37,5	8	47,1
13.	176	26,2	41	13,9	85	33,7	8	17,0	29	59,2	13	43,3
14.	207	30,9	45	18,4	105	35,2	9	20,9	27	57,4	21	58,3
15.	196	32,5	57	23,0	95	37,9	10	21,3	32	58,2	2	100,0
16.	195	31,8	45	19,9	80	36,0	15	24,6	29	56,9	26	48,1
17.	204	32,8	48	20,1	56	38,4	23	24,7	37	54,4	40	52,6

a   10. und 11. WP: DIE GRÜNEN

b   bis einschließlich 15. WP: PDS; 12. WP: PDS/LL; in der 15. WP nicht in Fraktionsstärke

Quelle: Schindler 1999: 636 f.; Feldkamp 2011: 275 f. (nach Kürschners Volkshandbuch Deutscher Bundestag, erste Ausgabe der jeweiligen Wahlperiode).

tionen und Mandaten zu erhöhen. Sprunghaft erhöht hat sich der Anteil der Frauen im Bundestag in der 12. Wahlperiode (20,5 %), nachdem auf dem SPD-Parteitag 1988 in Münster eine weitergehende Quotenregelung beschlossen worden war. Personalvorschläge der Vorstände müssen Frauen und Männer mindestens zu je 40 % berücksichtigen. Die Aufstellung der Landeslisten für die Bundestagswahl erfolgt alternierend: »eine Frau, ein Mann, beginnend mit dem Spitzenkandidaten oder der Spitzenkandidatin« (§ 4 der Wahlordnung der SPD). Schließlich hatte die CDU 1996 in ihrem Bundesstatut festgelegt, dass bei der Aufstellung von Wahllisten (Landeslisten) unter drei aufeinander folgenden Listenplätzen jeweils mindestens eine Frau vorgeschlagen werden solle (§ 15), was schon bei der Bundestagswahl 1998 überwiegend eingehalten wurde (Frauenbericht zum 11. Parteitag der CDU, 1998). Auch den Fraktionen von CDU/CSU und FDP gehören nun deutlich mehr Frauen an als bisher, doch liegt der Frauenanteil in der SPD-Fraktion noch immer fast doppelt so hoch wie in der CDU/CSU-Fraktion (vgl. Tabelle 2.11; hierzu Edinger 2009: 181 ff.). Bei der Fraktion Die Linke hat (wie zuvor schon bei der PDS) eine strikte Quotenregelung bewirkt, dass ähnlich wie bei Bündnis 90/Die Grünen etwa die Hälfte der Fraktionsmitglieder Frauen sind (vgl. Tabelle 2.11).

Die mit zunehmender Professionalisierung der Abgeordnetentätigkeit entstandenen und nach wie vor dominanten Karrieremuster erschweren Frauen den politischen Aufstieg allerdings auch jetzt noch. Die kontinuierliche Verfolgung einer beruflichen und politischen Karriere mit hohem zeitlichem Aufwand als übliche Voraussetzung einer erfolgreichen Kandidatur für den Bundestag und erst recht eines weiteren Aufstiegs in Führungspositionen von Parlament und Regierung erweist sich für Frauen häufig als Aufstiegsrestriktion.

Angesichts der genannten Karrierebedingungen verwundert es nicht, dass etwa die Hälfte der weiblichen Abgeordneten alleinstehend (ledig, verwitwet, geschieden) ist. Der Bildungsstand der Frauen entspricht seit den 1970er Jahren etwa dem der Männer (Feldkamp 2011: 297, 301 f.). Insgesamt dürfte das Urteil zutreffend sein, dass die »Karrieremuster der Politikerinnen, die den Sprung in die politische Elite geschafft haben, sich von denen der Männer nur noch graduell unterscheiden« (Hoecker 1987: 83 f.; vgl. Hoecker 1998: 69 ff.).

Angeglichen hat sich der Anteil an parlamentarischen Führungspositionen, der etwas über dem Anteil der Frauen im Bundestag liegt, bei deutlichen Unterschieden zwischen den Gremien und Fraktionen. Stark vertreten sind die Frauen im Präsidium (50 %), im Ältestenrat (39 %) und in den Fraktionsführungen von SPD (50 %), Bündnis 90/Die Grünen (58 %) und Die Linke (54 %). Nach Annemarie Renger (1972–76) wurde mit Rita Süssmuth (1988–98) zum zweiten Mal in der Geschichte der Bundesrepublik das Amt des Bundestagspräsidenten mit einer Frau besetzt.

2.2.7 Entschädigung, Altersversorgung und Amtsausstattung

Den Abgeordneten steht eine »angemessene, ihre Unabhängigkeit sichernde Entschädigung« (Art. 48 Abs. 3 GG) zu. Inzwischen ist aus dem einst ehrenamtlichen Mandat (auch) nach Auffassung des Bundesverfassungsgerichts im »Diäten-Urteil« vom 5. 11. 1975 ein Hauptberuf geworden und aus der Entschädigung für einen besonderen, mit dem Mandat verbundenen Aufwand eine »Bezahlung für die im Parlament geleistete Arbeit«. Das Einkommen müsse so gut bemessen sein, dass es auch für den, der kein Einkommen aus dem Beruf habe, sowie für den, der infolge des Mandats Berufseinkommen ganz oder teilweise verliere, eine der »Verantwortung und Belastung des Amtes gemäße Lebensführung« erlaubte und geeignet sei, die Unabhängigkeit des Abgeordneten zu sichern. Angemessen im Sinne des Art. 48 Abs. 3 GG sei heute eine »Vollalimentation aus der Staatskasse«, jedenfalls für die Dauer der Parlamentszugehörigkeit (BVerfGE 40, 296, 315 f.).

Infolge des Urteils wurde das – nun zu versteuernde – Einkommen 1977 im Abgeordnetengesetz auf 7 500,- DM festgelegt und bis 1992 auf 10 366,- DM erhöht (§ 11 AbgG).

Nachdem die Abgeordneten mit Rücksicht auf die wirtschaftliche Lage in Deutschland bis 1995 auf weitere Einkommenserhöhungen verzichtet hatten, erarbeitete die Rechtsstellungskommission des Bundestages eine neue Verfahrensweise, die die Diätenerhöhung nach objektiven Maßstäben vornehmen sollte. Zuvor war auch von unabhängiger Seite eine unangemessene und zu niedrige Entlohnung der Abgeordneten bestätigt worden.

Versucht wurde, die Diäten an die Besoldung von Richtern an obersten Bundes-
gerichten (R 6) anzukoppeln, um so das öffentliche Bild einer Selbstbedienung durch
die Parlamentarier zu entschärfen. Dazu sollte die Entschädigung in sechs Stufen bis
zum Jahr 2000 auf das Niveau des Richtergehalts angehoben werden – eine im westeuropäischen Vergleich durchaus übliche Regelung. (Die meisten westeuropäischen
Länder sehen eine Koppelung an die Gehälter bzw. die Gehaltsentwicklung des öffentlichen Dienstes vor; BT-Drs. 12/5020.) Die hierfür nötige Zweidrittelmehrheit
im Bundestag zur Änderung der Verfassung wurde in der Sitzung vom 21. September 1995 mit 507 Stimmen klar erreicht. Nach einer zum Teil polemisch geführten öffentlichen Auseinandersetzung um diese Verfassungsänderung, in der vor allem wieder die Selbstbedienungsmentalität der Abgeordneten angeprangert wurde, verfehlte die
Grundgesetzänderung nur wenige Wochen später die auch im Bundesrat nötige Zweidrittelmehrheit deutlich.

Auf der nun folgenden Suche nach einer einvernehmlichen Lösung erarbeitete
die Rechtsstellungskommission des Ältestenrates einen Vorschlag, der keine Verfassungsänderung nötig machte. Die neue Regelung sieht vor, dass sich die Abgeordnetenentschädigung weiterhin an den Monatsbezügen der Besoldungsgruppe der Bun-
desrichter (R 6) oder eines (Ober-)Bürgermeisters kleinerer Städte und Gemeinden
(B 6) orientieren, allerdings ohne Automatismus, und in mehreren Stufen entsprechend angehoben werden sollte (§ 11 AbgG). Mit der dauerhaften Orientierung an
den Vergütungen dieser Berufsgruppen verbindet sich die Hoffnung, dass »die für
die parlamentarische Demokratie notwendige Akzeptanz für die konkrete Höhe der
Entschädigung der Abgeordneten allmählich wächst« (BT-Drs. 16/6924, S. 3). Seit der
14. Wahlperiode werden die Diäten jeweils zu Beginn für die laufende Wahlperiode
festgelegt. Damit will man die jährlichen Debatten um die Abgeordnetenentschädigung vermeiden (§ 30 AbgG). Nachdem der Bundestag aufgrund der angespannten
wirtschaftlichen Lage seit 2003 erneut von einer Erhöhung abgesehen hatte, beschloss
er 2007 eine Anhebung der Abgeordnetenentschädigung in zwei Stufen, durch welche die angestrebte Anpassung an die genannten Besoldungsgruppen erreicht wurde
(BT-Drs. 16/6924). Nach einer weiteren Anpassung erhalten die Abgeordneten seit
dem 1.1.2012 monatlich 7 960 € und ab dem 1.1.2013 8 252 € (§ 11 AbgG). Durch traditionell übliche, wenn auch nicht unumstrittene Sonderzahlungen an die Parteigliederungen reduziert sich das verfügbare Einkommen der Abgeordneten allerdings erheblich (vgl. Becker 1996; Ebbighausen u. a. 1996: 195 ff.).

Zusätzlich erhält jeder Abgeordnete eine steuerfreie Kostenpauschale von derzeit
4 029 € (2012) für die Einrichtung und Unterhaltung von Wahlkreisbüros, Mehrauf-
wendungen am Sitz des Bundestages (Zweitwohnung) und bei Reisen, Fahrtkosten in
Ausübung des Mandats (Pkw) und sonstige mandatsbedingte Kosten. Zur Amtsaus-
stattung gehören außerdem die Bereitstellung eines eingerichteten Büros in Berlin,
die Bereitstellung und Nutzung des gemeinsamen Informations- und Kommunika-
tionssystems des Bundestages, die freie Benutzung staatlicher Verkehrsmitteln (Art. 48

Abs. 3 GG) und weitere Sachleistungen (§§ 12, 16 AbgG). Die Kostenpauschale wird jährlich zum 1. Januar an die allgemeinen Lebenshaltungskosten angepasst.

Abgeordnete, die innerhalb der Fraktion eine besondere Stellung einnehmen, erhalten eine zusätzliche Entschädigung aus den jeweiligen Fraktionskassen. Bei den Ersten Parlamentarischen Geschäftsführern der CDU, CSU und der SPD sind dies beispielsweise zusätzlich 75 % ihrer Abgeordnetenentschädigung (Petersen 2000: 93 ff.).

Fraglich ist, ob infolge des Gleichheitssatzes die gleiche Entschädigung für alle Abgeordneten, ungeachtet ihrer sonstigen Einkünfte sowie ihrer Aufwendungen, auch gleiche Wirkungschancen eröffnet. So wäre zu prüfen,»ob nicht ab einer bestimmten Höchstgrenze die Bezüge aus den Nebentätigkeiten der Abgeordneten (…) auf die Diäten angerechnet werden sollten« (Troltsch 1985: 16). Auch wären gestaffelte Aufwandsentschädigungen wohl gerechter als die bisherige Lösung: Bei Abgeordneten aus der Berliner Region dürften die Aufwendungen (erheblich) geringer sein als bei deren Kollegen aus einem ländlichen Wahlkreis fernab der Bundeshauptstadt.

Neben ihrem Einkommen erhalten die Bundestagsabgeordneten eine großzügige Alters- und Hinterbliebenenversorgung. Sie wurde erstmals 1968 auf Versicherungsbasis eingeführt, mit dem Abgeordnetengesetz 1976/77 ausgebaut und in eine pensionsähnliche Regelung umgewandelt. Die Altersentschädigung beträgt seit der ab 2008 geltenden Regelung nach dem ersten Jahr 2,5 % der monatlichen Diäten und steigt mit jedem weiteren Jahr der Mitgliedschaft im Bundestag um weitere 2,5 % an. Der Höchstbetrag liegt bei 67,5 % der Abgeordnetenentschädigung (§§ 19, 20 AbgG; BT-Drs. 16/6924). Anspruch besteht ab dem 67. Lebensjahr, für die Jahrgänge bis 1963 gilt eine abgestufte Sonderregelung (§ 19 AbgG). Die Altersversorgung liegt in der Konsequenz der Professionalisierung, verstärkt aber auch ihrerseits das Interesse an einer langjährigen Parlamentskarriere. Besteht schließlich die Möglichkeit, in den Ruhestand zu treten verringert sich die Wiederwahlabsicht der Parlamentarier »dramatisch«, so ein Ergebnis der Deutschen Abgeordnetenbefragung (Best/Jahr/Vogel 2011: 186 f.).

Ohne die seit der Parlamentsreform 1969 eingetretenen Verbesserungen der Arbeitsbedingungen wären die Abgeordneten kaum in der Lage, ihren Gestaltungs- und Kontrollaufgaben gerecht zu werden. Noch weitergehende Kompetenzverlagerungen hin zur Regierung und vor allem zur Ministerialbürokratie wären die Folge gewesen. Seit 1969 stehen jedem Abgeordneten Finanzmittel für persönliche Mitarbeiter zur Verfügung, die von 1 500,– (1969) auf derzeit 15 053 Euro monatlich (zuzüglich besonderer Leistungen) angestiegen sind (Stand: 2012; bundestag.de und § 12 AbgG). Von den insgesamt 6 784 Mitarbeitern, die 2009 bei Bundestagsabgeordneten beschäftigt waren, war etwa je die Hälfte in Berlin (45 %) und im Wahlkreis(büro) tätig (55 %), etwa zwei Drittel von ihnen aufgrund eines Teilzeitvertrages (Feldkamp 2011: 1483). Zudem können die einzelnen Abgeordneten und deren Mitarbeiter die Hilfe des 1970/71 gegründeten »neutralen« wissenschaftlichen Fachdienstes der (insgesamt auf etwa 2 600 Personen angewachsenen) Bundestagsverwaltung nutzen, der

u. a. Gutachten und Dokumentationen erstellt und Kurzinformationen gibt. Dessen Kapazität ist seither allerdings kaum ausgeweitet worden (ca. 100 Mitarbeiter, davon zwei Drittel im höheren Dienst), während er inzwischen von etwa 80 % aller Abgeordnetenbüros genutzt wird (Stand: 2010; Hölscheidt 2010; Schöler/von Winter 2008: 115 f.; Bomhoff 2006: 7 f.).

Erheblich angewachsen sind hingegen auch die durch Zuschüsse aus dem Bundeshaushalt finanzierten Fraktionshilfsdienste (von 115 Personen im Jahr 1966 auf heute ca. 900, davon knapp die Hälfte im höheren Dienst), deren Mitarbeiter allerdings vor allem den Fraktionsführungen sowie den Arbeitsgruppen- bzw. Arbeitskreisvorsitzenden zuarbeiten. Oppositionsfraktionen sind mehr auf sie angewiesen als Koalitionsfraktionen, die sich wesentlich stärker auf die Ministerialbürokratie des Bundes stützen können (Schindler 1999: 1006 ff.; Feldkamp 2011: 496 f.; Schöne 2010b: 32 f.; Schüttemeyer 1998: 44 ff.).

2.2.8 Inkompatibilitäten und Offenlegung von Interessenverknüpfungen

Auch Beamte genießen das passive Wahlrecht, doch ruhen ihre Rechte und Pflichten vom Tage der Feststellung des Bundeswahlausschusses (§ 42 Bundeswahlgesetz) oder der Annahme des Mandats für die Dauer der Mitgliedschaft; dies gilt auch für Richter, Soldaten und sinngemäß für die Angestellten des öffentlichen Dienstes. Hochschullehrer können hingegen weiterhin eine Lehr- und Forschungstätigkeit ausüben (§§ 5, 8, 9 AbgG).

Rechtlich nicht ausdrücklich ausgeschlossen aber weniger denn je angemessen ist die gleichzeitige Mitgliedschaft im Bundestag und dem Parlament oder der Regierung eines Bundeslandes, da schon angesichts zeitlicher Überschneidungen eine dem Wähler- und Amtsauftrag angemessene Aufgabenerfüllung kaum erwartet werden kann. Zudem werden Vorteile föderativer (vertikaler) Gewaltenteilung in Frage gestellt. Nach der seit dem 1. 7. 1966 geltenden Bestimmung der Geschäftsordnung des Bundesrates (§ 2) dürfen dessen Mitglieder nicht gleichzeitig dem Bundestag angehören. Da nach der Bestellungspraxis des Bundesrates jedes Mitglied einer Landesregierung stellvertretendes Mitglied des Bundesrates ist, wird die Kumulation eines Landesregierungsamtes mit einem Abgeordnetenmandat im Bundestag inzwischen generell für unvereinbar gehalten (Jekewitz 2001: Art. 51 GG). Entsprechend sind in der Praxis seit der 6. Wahlperiode alle derartigen Doppelmitgliedschaften in kürzerer Zeit aufgelöst worden (Schindler 1999: Feldkamp 2011: 240 ff.).

Kaum durchsetzbar, trotz mitunter problematischer Abhängigkeiten, ist die Unvereinbarkeit privater Berufe mit dem Mandat. Die Bürger können allerdings erwarten, dass durch berufliche, wirtschaftliche und verbandliche Tätigkeiten bedingte Interessenverknüpfungen der Abgeordneten offengelegt werden. Mit der freien Mandatsausübung im Interesse gemeinwohlorientierten Handelns kaum vereinbar sind um finanzieller oder sonstiger persönlicher Vorteile Willen eingegangene Verpflichtungen, (dauerhaft) bestimmte Sonderinteressen zu vertreten.

Regelungen zur Offenlegung bestimmter Tätigkeiten wurden erstmals 1972 beschlossen und 1980 in erweiterter Form in die neue Geschäftsordnung aufgenommen. Im Jahre 1986 wurden die » Verhaltensregeln« nach heftigen Diskussionen über die das Ansehen des Bundestages beschädigenden Flick- und Parteispendenaffären neu gefasst (Anlage 1 GOBT). Gemessen an den zunächst geweckten Erwartungen blieben die Publizitätsanforderungen auch der » neuen« Verhaltensregeln bescheiden. Gegen Ende der 15. Wahlperiode erfolgte durch Änderungen des Abgeordnetengesetzes (§§ 44a, 44b) und der Verhaltensregeln eine Verschärfung der Offenlegungspflichten (PlPr 15/184/30. 6. 2005, S. 17406). Klagen von Abgeordneten insbesondere von CDU/CSU und FDP, deren Fraktionen nicht zugestimmt oder sich enthalten hatten, wurden vom Bundesverfassungsgericht mit Stimmengleichheit (!) als unbegründet zurückgewiesen (BVerfGE 118, 227, 352 ff.).

Nach der geltenden Regelung werden auf den Internetseiten des Bundestages und im Amtlichen Handbuch (Teil II) folgende während der Mitgliedschaft im Bundestag ausgeübte oder aufgenommene Tätigkeiten und Verträge veröffentlicht: Entgeltliche Tätigkeiten neben dem Mandat, Funktionen in Unternehmen, Körperschaften und Anstalten des öffentlichen Rechts sowie in Vereinen, Verbänden und Stiftungen, Vereinbarungen über künftige Tätigkeiten oder Vermögensvorteile und schließlich Beteiligungen an Kapital- oder Vermögensgesellschaften. Die bisherige Unterscheidung zwischen mandatsbegleitender Berufstätigkeit und Nebentätigkeit wurde damit aufgehoben. Aus der Zeit vor der Mitgliedschaft im Bundestag ist nur die zuletzt ausgeübte Berufstätigkeit anzugeben, während Tätigkeiten als Mitglied eines Vorstands, Aufsichtsrats etc. nur gegenüber dem Präsidenten anzeigepflichtig sind (§ 1 Anlage 1 GOBT; vgl. Tabelle 2.10). Die Einkünfte müssen für jede einzelne Tätigkeit angezeigt werden, sofern sie mehr als 1 000 € im Monat oder 10 000 € im Jahr betragen. Die Angaben werden in Form von Stufenangaben veröffentlicht (Stufe 1: 1 000–3 500: Stufe 2: bis 7 000; Stufe 3: über 7 000), ein nicht unumstrittener Kompromiss. Bei gesetzlichen Zeugnisverweigerungsrechten oder vertraglichen Verschwiegenheitspflichten kann für die Veröffentlichung statt der Angabe von Namen und Sitz des Mandanten, Vertragspartners, Kunden etc. eine anonymisierte Form gewählt werden. Dies betrifft insbesondere die zahlreichen (neu) als Rechtsanwälte eingetragenen Abgeordneten. Das Bundesverfassungsgericht hat in seiner Begründung ausdrücklich darauf verwiesen, dass der Abgeordnete verpflichtet ist, » konkrete Interessenkonflikte, die sich für ihn aus entgeltlichen Tätigkeiten außerhalb des Mandats ergeben, durch Nichtübernahme der konfliktbegründenden Tätigkeit statt durch Nichtausübung des Mandats zu vermeiden« (BVerfGE 118, 228).

Unzulässig ist » insbesondere die Annahme von Geld oder geldwerten Leistungen, die nur deshalb gewährt werden, weil dafür eine Vertretung oder Durchsetzung der Interessen des Leistenden im Bundestag erwartet wird. Unzulässig ist ferner die Annahme von Geld oder von geldwerten Zuwendungen, wenn diese Leistung ohne angemessene Gegenleistung des Mitglieds des Bundestages gewährt wird. Die Entgegennahme von Spenden bleibt unberührt« (§ 44a Abs. 1 AbgG). Nachweise lassen sich allerdings nur schwer erbringen, wenngleich bekannt ist, dass Funktionäre von Unternehmen, Wirtschaftsverbänden und Gewerkschaften nicht selten ihre bisherigen Bezüge weiter erhalten, obwohl ihr Hauptarbeitsfeld (nun) das Parlament ist und auch sein sollte. Erst recht stellt sich das Problem der »angemessenen Gegenleistung« bei Beraterverträgen.

Auch nach Einschränkungen im Zuge der Geschäftsordnungsreform 1995 noch immer großzügig bemessen ist zudem die Regelung für Spenden. Anzeigepflichtig ist eine Spende unter Angabe des Spenders, wenn sie im Kalenderjahr 5 000 Euro übersteigt. Zudem sind nun Spenden, »soweit sie in einem Kalenderjahr einzeln oder bei mehreren Spenden desselben Spenders zusammen den Wert von 10 000 Euro übersteigen, vom Präsidenten unter Angabe ihrer Höhe und Herkunft zu veröffentlichen«. Geldwerte Zuwendungen, die ein Abgeordneter als Gastgeschenk in Bezug auf sein Mandat erhält, müssen nunmehr dem Präsidenten angezeigt und ausgehändigt werden (§ 4 Verhaltensregeln).

Verstöße gegen die Anzeigenpflicht können nun durch ein Ordnungsgeld geahndet werden, das je nach der Schwere des Einzelfalles und nach dem Grad des Verschuldens bis zur Hälfte der jährlichen Abgeordnetenentschädigung betragen kann (§ 44a Abs. 4 AbgG). Das Ordnungsgeld wird durch das Präsidium des Bundestages festgesetzt. Die Feststellung, dass ein Mitglied des Bundestages seine Pflichten nach dem Abgeordnetengesetz verletzt hat, wird als Drucksache veröffentlicht (zum Verfahren § 8 der Verhaltensregeln).

2.3 Abgeordneter und Wahlkreis

2.3.1 Kommunikationsbeziehungen der Abgeordneten »nach außen«

Die Informations- und Kommunikationsbeziehungen der Abgeordneten »nach außen« sind sehr vielfältig und nehmen die Abgeordneten stark in Anspruch. Ins Auge fallen dabei die (aufgabenbedingten) Unterschiede des Berliner Beziehungsgeflechts, auf die in anderen Zusammenhängen eingegangen wird, und der Kommunikation im Wahlkreis sowie in der weiteren Region. Fast allen Abgeordneten ist es »sehr wichtig« (73 %) oder »wichtig« (25 %), im Wahlkreis aktiv zu sein (Tabelle 2.12; vgl. auch Patzelt 1993: 139 ff. und Patzelt 2001: 509 ff.).

Bei den »Listenabgeordneten« vor allem der großen Parteien ist die Wahlkreisorientierung kaum weniger ausgeprägt als bei den direkt gewählten Mandatsträgern. Sie verstehen sich in aller Regel ebenso als Vertreter »ihres« Wahlkreises und ent-

Tabelle 2.12   Wichtigkeit der Wahlkreisarbeit (in %)

	Total	MdB	MdL	Direkt-kandidat	Listen-kandidat	CDU/CSU	SPD	FDP	GRÜNE
						Parteien			
sehr wichtig	79	73	82	87	72	82	85	53	48
Wichtig	19	25	17	12	26	16	14	42	52
weniger wichtig	1	2	1	–	3	2	1	5	–

Frage: »Wie wichtig ist es Ihnen, im Wahlkreis aktiv zu sein?«
Quelle: Puhe/Würzburg 1989: 22.

wickeln ganz ähnliche Aktivitäten (PARLAKOM-Teilbericht 1985). Allerdings sind auch Abgeordnete der großen Parteien häufig noch für einen weiteren »Betreuungs-Wahlkreis« zuständig, aus dem kein Abgeordneter dieser Partei kommt. Inwieweit auch Listenabgeordnete als »gleichberechtigte« Repräsentanten und Ansprechpartner akzeptiert und angesprochen werden, hängt u. a. davon ab, welche Partei im Bund und im Land an der Regierung beteiligt ist und welche politische Richtung in der Kommunalpolitik dominiert. Stellt die Partei des »Listenabgeordneten« die Bundesregierung, wird er im Wahlkreis mit gleichem oder ähnlichem Interesse (insbesondere seitens der lokalen Behörden) rechnen können wie der direkt gewählte Abgeordnete, erwartet man doch von ihm, dass er sich bei den Berliner Institutionen mit größeren Erfolgschancen für regionale Belange einsetzen kann.

Ohnehin wurde es zur Regel, dass über die Landesliste nur eine Chance erhält, wer durch die Parteibasis auch als Direktkandidat nominiert wurde und bereit ist, »Kärrnerarbeit« im Wahlkreis zu leisten. Dies verschafft den unteren Parteigliederungen (und im günstigeren Fall auch der Parteibasis) größeren Einfluss auf die Zusammensetzung der Landeslisten und des Bundestages, erschwert allerdings »Quereinsteigern« die Kandidatur. Insgesamt etwas anders sieht die Situation für die Bundestagsabgeordneten der kleineren Parteien FDP, Bündnis 90/Die Grünen und Die Linke aus, die in den größeren Bundesländern vier bis acht Wahlkreise zu »betreuen« haben; für kleinere Länder sind sogar nur ein oder zwei Abgeordnete dieser Parteien zuständig.

Unter den gegebenen Voraussetzungen ist neben der Beibehaltung (auch) regionaler Führungspositionen eine intensive und kontinuierliche »Wahlkreispflege« für die Abgeordneten zur längerfristigen Absicherung der parlamentarischen Karriere von größter Bedeutung. Vor allem heißt dies: Regelmäßige Kontakte und informationelle Rückbindung zur Parteibasis und insbesondere zu jenen Interessenorganisationen der Region, denen er seine politische Karriere (mit)verdankt. Sie stützen das regionale Ansehen eines Abgeordneten oft mehr als noch so engagierte Arbeit in seinem Fachgebiet in Berlin, es sei denn, er kann sich in einem für die Region bedeutsamen Problembereich öffentlich profilieren. Die regionalen Anforderungen der Par-

Tabelle 2.13 Abgeordnetenkontakte mit verschiedenen Personengruppen

Parteifreunde auf Bundes-/Landesebene	87 %
Ministerialbeamte	75 %
Verbandsvertreter	69 %
Bundes- und Landespolitiker anderer Parteien	67 %
Parteifreunde aus dem Wahlkreis	65 %
Bürger	63 %
Journalisten	62 %
Wissenschaftler	50 %
Gewerkschafter	46 %
Unternehmensvertreter	36 %
Bürgerinitiativen	30 %

Anm.: Kontakte in den letzten vier Wochen vor dieser Befragung. Befragt wurden 100 Bundestags- und 240 Landtagsabgeordnete (1988, Emnid).

Quelle: Puhe/Würzburg 1989: 33.

tei an den Abgeordneten sind »oft sehr groß«: »Sehr viele« Wünsche nach Teilnahme an Veranstaltungen werden an ihn herangetragen, zahlreiche Einzelgespräche sind zu führen; in mehr oder weniger regelmäßigen Berichten aus Berlin wird die Fraktionslinie vermittelt und Rechenschaft gegeben (Herzog u. a. 1990: 20 ff.). Danach gefragt, mit wem sie in den letzten vier Wochen gesprochen hatten, nannten fast 90 Prozent der Abgeordneten Parteifreunde auf Landes- und Bundesebene und immerhin zwei Drittel Parteifreunde aus dem Wahlkreis (vgl. Tabelle 2.13).

Mandatsbezogene und parteipolitische Aktivitäten des Abgeordneten »vor Ort« sind in vielen Fällen miteinander verquickt. Dies gilt selbstverständlich auch für die Abgeordnetenmitarbeiter, die »in diesem Punkt sehr selbständig von der Sekretariatsunterstützung bis hin zur politisch-fachlichen Zuarbeit (in Einzelfällen sogar bis hin zur vollen politischen Vertretung) sehr zur Entlastung des Abgeordneten« beitragen; entsprechend gilt dies für Angestellte der Parteigeschäftsstellen. Die Nähe zur Partei wird im Wahlkreis auch organisatorisch hergestellt: In den meisten Fällen ist das Wahlkreisbüro des Abgeordneten unmittelbar der Parteigeschäftsstelle angegliedert oder gar in diese integriert (PARLAKOM-Teilbericht I, 1985; vgl. Barth 1998). Damit kann auch die Infrastruktur der Geschäftsstelle genutzt werden. Deren unterschiedliche Ausstattung mit Personal- und Sachmitteln wirkt sich im Übrigen nicht unerheblich auf die Wirkungsmöglichkeiten der Abgeordneten in der Region aus. Etwa die Hälfte der Abgeordnetenmitarbeiter sind in den Wahlkreisbüros tätig. Zudem sind auch die Büros der Abgeordneten im Bundestag mit Angelegenheiten aus dem Wahlkreis befasst (vgl. auch Schöne 2010a: 223 ff.).

2.3.2 Vertreter regionaler Anliegen

Im Wahlkreis wird der Abgeordnete mehr noch als im Parlament mit unterschiedlichen Rollenerwartungen konfrontiert (Sarcinelli 1989: 401). Von ihm wird erwartet,
dass er die regionalen Interessen und die Belange einzelner Bürger in Berlin vertritt
und über sein Spezialgebiet hinaus zu allen Themen der überregionalen Politik wie
auch zu speziellen Kommunalproblemen Stellung nehmen kann.

Politische Institutionen und Behörden, Wirtschaftsunternehmen, Vereine und
freie Träger von Sozialeinrichtungen erwarten, dass sich »unser Mann« oder »un-
sere Frau in Berlin« in besonderer Weise für Interessen des Wahlkreises und der Region einsetzt. Vor allem geht es um Maßnahmen und Förderungsprogramme im
Infrastrukturbereich (Straßenbau, öffentliche Verkehrsmittel etc.) und die Einbeziehung in Programme der Wirtschaftsförderung, aber auch um Spezialfragen, wie z. B.
die Beseitigung von Munitions- und Giftgaslagern. Die zahlreichen Kleinen Anfragen und die mündlichen und schriftlichen Einzelfragen vermitteln einen Eindruck
der Themenvielfalt und Schwerpunktsetzungen. Häufig geht es um solche regional-
spezifischen Fragen, oft aber auch um Problem- und Interessenlagen, die weit darüber hinausreichen.

In vielen Fragen ziehen die Bundestagsabgeordneten des Wahlkreises »an einem
Strang«, besonders wenn es (in Konkurrenz mit anderen Regionen) um die Ausstattung mit Ressourcen geht. In dem Maße, wie Fragen der Umweltbelastung themati-
siert und ökologische gegen ökonomische Interessen abgewogen werden, vermitteln
Abgeordnete von Regierungs- und Oppositionsparteien aber auch unterschiedliche
Wünsche nach Berlin. Ein für die Problemlage und »Stimmung« der Bürger vor Ort
sensibler Abgeordneter kann bei manchen Optionen in einen Zwiespalt geraten: zwi-
schen programmatischen Aussagen und Aktivitäten von Regierung, Fraktion und
Partei auf Bundesebene und konträren Erfahrungen aus regionaler Perspektive. Von
der Bereitschaft und Fähigkeit, solche Erfahrungen über die Fraktions- und Partei-
gremien auf die Berliner Szene zu transportieren und dort zu artikulieren, hängt die
Responsivität der Politik in hohem Maße ab. So wurde beispielsweise in den 1980er
Jahren die Kritik an Tiefflugübungen der Luftwaffe zunächst von den oppositionellen
Fraktionen der GRÜNEN und der SPD, mit wachsendem Bürgerprotest aber auch in
den damaligen Koalitionsfraktionen CDU/CSU und FDP geäußert.

Bei einem Teil dieser Probleme, für die sich der Parlamentarier in den politischen Institutionen und gegenüber der Verwaltung einsetzen soll, ist der Abgeordnete vornehmlich mit Vertretern der politischen und sozialen Institutionen und mit
Partei- und Wirtschaftsvertretern im Gespräch, bei nur bescheidener öffentlicher Resonanz. Anders sieht dies bei Fragen aus, die von Bürgern und Bürgergruppen, an der
Parteibasis und in der Lokalpresse mehr oder weniger heftig diskutiert werden und
bei denen der Abgeordnete in Veranstaltungen und im direkten Gespräch mit Bürgern in Kontakt ist, die in Initiativen, Freizeitvereinen oder als »einfache« Mitglie-

der der Partei und deren Vereinigungen themenorientiert aktiv werden (Herzog u. a. 1990: 20 ff.).

Allerdings werden Probleme, die die Bürger und Initiativen beschäftigen, auch über Vertreter der eigenen Partei und über die kommunalpolitische Erfahrungs- und Gesprächsebene dem Abgeordneten nahegebracht. Darüber, wie offen oder (aus der Partei- und Fachperspektive) selektiv dies geschieht und wie wahrnehmungsfähig der durch laufende Arbeitskontakte mit professionellen Politikern, Beamten und Interessenvertretern geprägte Berufs-Parlamentarier ist, sind verallgemeinernde Aussagen nur schwer möglich. Aufgrund eingehender Untersuchungen zur gesellschaftlichen Vernetzung von Bundestags- und Landtagsabgeordneten in vier ausgewählten Wahlkreisen kommen Werner J. Patzelt und Karin Algasinger jedenfalls zu dem Ergebnis, dass »man die meisten Abgeordneten als in der Kommunalpolitik, in ihren Parteien und im vorpolitischen Raum recht tief, insgesamt auch als recht ausgedehnt verwurzelt bezeichnen« darf (Patzelt/Algasinger 2001: 527).

2.3.3 Aufgaben als »Ombudsmann« der Region

Der Abgeordnete wird von einem Teil der Wähler, aber teilweise auch von anderen Bürgern als Bürgeranwalt betrachtet, der sich ihrer besonderen Sorgen und Probleme annimmt und sich »höherenorts« bei Behörden für sie einsetzt.

Diese Aufgaben als »Ombudsmann/frau der Region« sind offenbar kontinuierlich gewachsen und nehmen viele Abgeordnete nicht nur in sitzungsfreien Wochen, sondern auch in Berlin stark in Anspruch. Sie werden von den Parlamentariern allerdings unterschiedlich intensiv wahrgenommen, wobei die persönliche »Zugänglichkeit« des einzelnen Abgeordneten sowie Durchsetzungschancen und Erfolgsmeldungen in der Lokalpresse eine Rolle spielen.

Üblich ist die Durchführung von Wähler- und Bürgersprechstunden, für die in sitzungsfreien Wochen mehrere Stunden veranschlagt werden. Hinzu kommen zahlreiche telefonische Anfragen und Briefe und in ständig zunehmendem Umfang Zuschriften per E-Mail sowie Kontakte über soziale Netzwerke wie Facebook und Google Plus. Nach einer Untersuchung aus den 1980er Jahren erhielten mindestens drei Viertel der Parlamentarier aller Parteien pro Woche bis zu 50 Briefe aus ihrem Wahlkreis. Etwa zwei Fünftel aller Abgeordneten hielten die Bürgerzuschriften für »wichtig« (54 %) oder »sehr wichtig« (19 %) – eine Einschätzung, die tendenziell auch für heutige Kontakte gelten dürfte (Herzog u. a. 1990: 80 f.). Wenn demgegenüber nur etwa die Hälfte der Bürger glaubt, ihr Brief werde von ihrem Abgeordneten auch gelesen, unterschätzten sie, so Heinrich Oberreuter, die Bereitschaft, Wählerinteressen zur Kenntnis zu nehmen, erheblich (Oberreuter 1989b: 35; vgl. auch Patzelt/Algasinger 2001: 526 f.).

Die Rolle als »sozialer Ombudsmann« wird von den Abgeordneten meist eher

positiv gesehen und gilt als unverzichtbar. Das Vertrauen in die Demokratie werde
gestärkt, wenn die Mitbürger(innen) »den Abgeordneten nicht nur als abstrakten
Zeitungsgegenstand, sondern als konkreten Träger von menschlicher Solidarität erfahren« (Abg. Schreiner, PlPr 10/85, S. 6258). Nicht nur die Mitglieder des Petitionsausschusses, sondern auch die meisten übrigen Abgeordneten kommen auf diesem
Wege mit den »normalen« Bürgern in Kontakt und werden mit konkreten Sorgen wie
Arbeitslosigkeit, Rentenproblemen u. ä. konfrontiert. Dabei werden auch (unbeabsichtigte) Folgen und Durchführungsprobleme rechtlicher Regelungen sichtbar und
mitunter »hautnah« vermittelt. Vom Abgeordneten wird erwartet, dass er sich bei Behörden in Berlin und auf politischem Wege um diese Probleme kümmert.

Der hohe Zeitaufwand für diese Aktivitäten auch in Sitzungswochen wird von
Abgeordneten allerdings auch als problematisch empfunden. Die vielfältigen Anforderungen in Berlin eingeschlossen fehlt nach Einschätzung vieler Abgeordneter die
notwendige Zeit zum Nachdenken und zu konzeptioneller Arbeit. Auch für die Mitarbeiter der Abgeordneten gilt dies, die nicht nur im Wahlkreis, sondern auch in Berlin »stark in die Abwicklung solcher Vorgänge eingeschaltet« sind (PARLAKOM I,
1985). Dies lässt sich auch aus den Angaben der Abgeordneten über die Häufigkeit des
Kontakts zu Bürgern, Institutionen und Organisationen des Wahlkreises schließen,
der auch in Sitzungswochen ausgeprägt ist (Herzog u. a. 1990: 20 ff.).

Die Intensität und Qualität der an den Abgeordneten herangetragenen Basisim-
pulse hängt von der Aufnahmefähigkeit und »Übersetzungsleistung« jener gewählten
Repräsentanten, Partei- und Interessenvertreter »vor Ort« ab und von der Berichterstattung in der Lokalpresse.

2.3.4 Abgeordnete als Kommunikatoren im Wahlkreis

Die Abgeordneten berichten über die parlamentarische Arbeit in einem mehr oder
weniger regelmäßigen »Bericht aus Berlin« an die Parteimitglieder und nehmen an
zahlreichen Sitzungen und öffentlichen Veranstaltungen der Partei teil (Informations-
und Wahlveranstaltungen, Stammtische etc.). Hinzu kommt die Wahrnehmung zahlreicher Repräsentationspflichten bei Veranstaltungen öffentlicher Einrichtungen, von
Vereinen, Verbänden und Kirchen sowie Betriebsbesichtigungen, Glückwünsche zu
Jubiläen und Geburtstagen. Diese Informationsbestände werden meist von den Mitarbeitern im Wahlkreisbüro gepflegt und fortlaufend erweitert. Über das große In-
formationsreservoir des Intranets der Fraktion im Bundestag kann der Wahlkreismitarbeiter darüber hinaus schnell und umfassend auf Anfragen aus der Bürgerschaft
bzw. von lokalen Interessengruppen reagieren. Dazu stehen ihm vielfältige Vorlagen,
Musterbriefe und Stellungnahmen zu diversen Themen online zur Verfügung. Diese
Synchronisierungsfunktion ist bei der Zusammenarbeit der Abgeordneten und ihren
Wahlkreisbüros von großer Bedeutung. Die Mitarbeiter der Wahlkreisbüros pflegen

außerdem die Internetpräsenz des Abgeordneten und streuen seine Verlautbarungen möglichst öffentlichkeitswirksam in sozialen Netzwerken wie Facebook und Google Plus. Auch bei der Organisation von Veranstaltungen im Wahlkreis kann das Intranet dem Wahlkreismitarbeiter nützen. So können Leitfäden zur Durchführung der Veranstaltung, Musterkampagnen, Druckvorlagen für Werbematerialien und Anzeigenmuster im Corporate Design der Partei abgerufen werden. Zusätzlich gewähren die Referate für Öffentlichkeitsarbeit der Fraktionen Mittel zur Veranstaltungsdurchführung sowie organisatorische Hilfe.

Ein hoher Stellenwert kommt den lokalen Medien zu. Sie werden von den Mitarbeitern ausgewertet und häufig dem Abgeordneten in Berlin zugeleitet. Für die Abgeordneten selbst sind die Lokalpresse und auch der lokale Rundfunk nicht nur ein unverzichtbares Informationsmedium über Vorgänge und politische »Stimmungen« im Wahlkreis und in der Region, deren Berichte auch in Sitzungswochen (ziemlich) genau registriert werden (Herzog u. a. 1990: 74). Sie sind auch höchst wichtige Foren zur Vermittlung ihrer Arbeit und zur Selbstdarstellung. Regelmäßige Kontakte zwischen Journalisten der Lokalpresse und (Wahlkreis-)Abgeordneten sind üblich (vgl. Puhe/Würzberg 1989: 84 ff.).

Die Chancen der Politikvermittlung in der Lokalpresse sind nach Region und parteipolitischer Färbung jedoch recht unterschiedlich. In vielen Regionen gibt es nur eine, politisch oft mehr oder weniger einseitig orientierte Lokalzeitung, die häufig auch noch am lokalen Rundfunk beteiligt ist. Viele Abgeordnete werden in den überregionalen Medien kaum erwähnt und finden Resonanz für Berliner Aktivitäten nur in der regionalen Presse. In den Medien der meisten Wahlkreise sind sie aber präsent, mit allerdings unterschiedlichen Zugangschancen. Überwiegend können die Abgeordneten über Berliner Aktivitäten auch in der Lokalzeitung und im lokalen Rundfunk berichten; Parteiveranstaltungen mit oft nur wenigen Anwesenden oder Besuche prominenter Bundespolitiker werden als Anlass genutzt und auch »inszeniert«, um Presseberichte unterbringen zu können (vgl. Abschn. 7.2.1). In Großstädten werden Abgeordnete im Lokalteil der Tageszeitung(en) hingegen in der Regel nur mit Aktivitäten erwähnt, die einen unmittelbaren lokalen Bezug haben. Ihre sonstige Arbeit im Bundestag wird hingegen über die regionale Medienberichterstattung kaum vermittelt.

Beim Bericht über ein Vereinsfest nicht oder gegenüber dem Konkurrenten nur nachrangig erwähnt worden zu sein, verletzt so manchen Abgeordneten mehr als das Scheitern einer parlamentarischen Initiative oder harte Angriffe in einer Plenardebatte.

In öffentlichen Veranstaltungen werden die Abgeordneten als »Generalisten« in Anspruch genommen und antworten auf Fragen zu so gut wie allen regionalen, nationalen und auch internationalen Themen. Während die meisten Abgeordneten in Berlin vornehmlich als Spezialisten gefragt sind, müssen und können sie im Wahlkreis zu Problemen der »großen« Politik ebenso Stellung nehmen wie zu Spezialfragen aus anderen Politikbereichen, über die sie selbst häufig genug vornehmlich durch die Tageszeitung und »Argumentationshilfen« der Fraktion oder Partei informiert sind.

2.4   Kommunikationsbeziehungen, Interessenstruktur und demokratische Legitimation

Die dargestellte »interne« Interessenstruktur des Bundestages und die »Außenbeziehungen« der Abgeordneten zum Wahlkreis und auf überregionaler Ebene sind im Zusammenhang zu sehen, wenn man Aussagen zur Repräsentativität und demokratischen Legitimation machen will.

Zu den Wahlkreiskontakten hinzu kommen auf »horizontaler« Ebene eine beträchtliche Zahl von Informations- und Kommunikationskontakten zu Parteifreunden, Vertretern der Interessengruppen und der Wirtschaft, zu Ministerialbeamten von Bund und Ländern und nicht zuletzt zu Journalisten (vgl. Tabelle 2.13). Nach der vom Bundestag offiziell geführten Lobbyliste agieren in Berlin etwa 2 100 Interessengruppen (Stand: 2/2012, vgl. Abschn. 6.8). Schon Ende der 1980er Jahre hatte nach der zitierten Abgeordneten-Befragung jeder einzelne Abgeordnete »etwa zwischen 270 und 430 Kontakte pro Jahr mit den großen Interessenverbänden, den Unternehmen sowie mit den Organisationen des sozialen, religiösen und kulturellen Lebens« (Herzog u. a. 1990: 29 f.; Hirner 1993: 151 f.). Klaus von Beyme ermittelte bei 100 Schlüsselentscheidungen zur Gesetzgebung ca. 3 000 Einflussversuche (Beyme 1997: 212; vgl. auch Sebaldt 1997: 342 ff.).

Für eine angemessene Responsivität spricht nach der Untersuchung Dietrich Herzogs zum einen, dass der Bundestag insgesamt, »also in der Summe der Abgeordneten aller Fraktionen, zu einem sehr breit gefächerten gesellschaftlichen Interessenspektrum Kontakte unterhält« und zum anderen, dass sich aus der Summe der Kontakte aller Abgeordneten zur »Basis« des Wahlkreises eine »durchaus in die Breite der Gesellschaft reichende Kommunikation zwischen ›Repräsentanten‹ und ›Repräsentierten‹ ergibt« (Herzog u. a. 1990: 29 f.). Diese Gesamtsicht entspricht auch dem Verständnis des Bundesverfassungsgerichts, wonach die Repräsentativität des Volkes »nicht von einzelnen oder einer Gruppe von Abgeordneten, auch nicht von der parlamentarischen Mehrheit, sondern vom Parlament als Ganzem, d. h. in der Gesamtheit seiner Mitglieder als Repräsentanten, bewirkt wird« (BVerfGE 80, 188, 218). Für diese Einschätzung spricht auch die (mit der Präsenz der GRÜNEN schon in den 1980er Jahren erweiterte) thematische Vielfalt der parlamentarischen Initiativen.

Die Wahlkreiskontakte können den Blick für andere Politikfelder auch auf anderen Ebenen des politischen Systems öffnen und Erfahrungen über Folgewirkungen politisch-administrativer Entscheidungen vermitteln. Andererseits ist die von Herzog als »insgesamt sehr groß« beurteilte Ansprechbarkeit der Abgeordneten im Wahlkreis hinsichtlich der politischen Wirkung auch nicht zu überschätzen. Es bleibt der

Widerspruch, dass die Parlamentarier ein »deutliches zeitliches Schwergewicht auf die unmittelbaren Kontakte mit den Bürgern« legen (Herzog u. a. 1990: 25), die Bürger aber mehrheitlich von deren Engagement für ihre Interessen nicht überzeugt sind (so auch Patzelt/Algasinger 2001: 523 ff.). Die Erklärung könne nur sein, so Heinrich Oberreuter, »dass der einzelne Mandatsträger auch bei großem Engagement und Zeitaufwand an der Basis immer nur Minderheiten erreicht – und dass es auch stets nur Minderheiten sind, die sich erreichen lassen bzw. selbst Kontakt zum Volksvertreter aufnehmen wollen« (Oberreuter 1989b: 34 f.).

Die Responsivität hängt davon ab, wie prägend die regelmäßigen Kommunikationsbeziehungen zu bestimmten lokalen Partei- und Verbandseliten gegenüber Einzelkontakten von Bürgern sind und wie offen oder selektiv regionale Probleme über diesen Personenkreis vermittelt werden. Zudem prägt die Spezialistenrolle der meisten Abgeordneten in Berlin die Wahrnehmungsfähigkeit vieler Abgeordneter mehr oder weniger stark. Die internen und externen Kontakte auf Bundesebene haben primär mit diesen fachlichen Aktivitäten zu tun, auf die sich die zielgerichtet agierende Lobby in Berlin eingestellt hat. Die Berufs- und Interessenstruktur der Fraktionen und vor allem der Ausschüsse und Fraktions-Arbeitsgruppen prägt zudem die Kommunikationsbeziehungen zu Partei und Verbänden. Informationsgespräche mit Vertretern »nahestehender« Gruppierungen dominieren und werden im direkten Kontakt, in informellen Kreisen und auch in fachlich korrespondierenden Kommissionen der Parteien und ihrer Vereinigungen sowie von Verbänden geführt. Am prägendsten dürften Gespräche mit Parteifreunden sein, die in gleichen und ähnlichen Sachgebieten in der Arbeitsgruppe und im Arbeitskreis wirken und gleichermaßen in einer interessenorientiert agierenden Vereinigung der Partei oder/und Verbandsorganisation aktiv sind.

Struktur und Willensbildung der Fraktionen 3

Die Abgeordneten einer Partei schließen sich bei der Konstituierung des Bundestages zu Fraktionen zusammen. Wie schon bisher ersichtlich wurde, können sie ihre Rechte ganz überwiegend nur als Mitglieder einer Fraktion (wirksam) ausüben. Den Bedingungen der Bildung von Fraktionen kommt daher große Bedeutung zu. Aufgabe dieses Kapitels ist es zunächst, den rechtlichen und politischen Status der Fraktionen sowie ihre Aufgaben und ihre Entwicklung zu skizzieren. Sodann werden ausgehend von den Arbeitsgruppen und Arbeitskreisen über den Vorstand bis hin zur Fraktionsversammlung Aufbau, Funktionen, Arbeitsweise und Interaktionsbeziehungen der Fraktionsgremien dargestellt. Dabei wird zwischen großen und kleinen Fraktionen differenziert und auf die unterschiedliche Rolle von Regierungs- und Oppositionsfraktionen eingegangen. Eigene Abschnitte sind den Fraktionsgruppierungen gewidmet. Abschließend werden Struktur und Wirkungsweise der informellen Koordinationsgremien der Fraktionen und der Koalitionsgremien systematisch erörtert, wobei der Koalitionsausschuss im Mittelpunkt der Betrachtung steht. Leitend ist einmal die Frage, inwieweit die strukturellen Voraussetzungen gegeben sind, um die spezialisiert erarbeiteten Vorlagen angemessen zu koordinieren. Zum anderen wird der Frage nachgegangen, wie sich der Anspruch der »Geschlossenheit« auf die Willensbildung der Fraktionen auswirkt.

3.1 Status und Aufgaben der Fraktionen

Das Grundgesetz erwähnt Fraktionen nur an einer, den »Gemeinsamen Ausschuss« betreffenden Stelle, die 1968 eingefügt wurde (Art. 53a). Auf die Erwähnung der Opposition(sfunktionen) wird nach wie vor verzichtet. Aussagen über den Rechtsstatus der Fraktionen fehlen im Grundgesetz und auch in der Geschäftsordnung des Bundestages (vgl. Demmler 1994: 195 ff.). Das Bundesverfassungsgericht hat die reale Bedeutung der Fraktionen in der Parteiendemokratie als »notwendige Einrichtungen des Verfassungslebens« und als »maßgebliche Faktoren der politischen Willensbildung« unterstrichen, eine Festschreibung des Rechtsstatus aber nicht für erforderlich gehalten. Als »ständige Gliederungen des Bundestages« seien sie der »organisierten Staatlichkeit eingefügt« (BVerfGE 80, 188, 219). Auch das 1995 in Kraft getretene neue Fraktionsgesetz, integraler Bestandteil des Abgeordnetengesetzes (§§ 45–54), enthält »keine Festlegungen zu der rechtstheoretischen Einordnung des Status der Fraktionen« (BT-Drs. 12/4756). Es knüpft an diese Umschreibungen an und begnügt sich damit, wesentliche Rechte und Aufgaben festzulegen. Fraktionen sind demnach »rechtsfähige Vereinigungen« von Bundestagsabgeordneten, die klagen und verklagt werden können (§ 46 Abgeordnetengesetz). Obwohl Gliederungen des Parlaments sind sie diesem gegenüber jedoch rechtlich selbständig. Neben der spezialisierten Problembearbeitung und der Informationsvermittlung sieht das Bundesverfassungsgericht ihre Leistung vor allem darin, dass sie »unterschiedliche politische Positionen zu handlungs- und verständigungsorientierten Einheiten« zusammenfassen (BVerfGE 80, 188, 231). Das Fraktionsgesetz knüpft an diese Aufgabenbeschreibung des Bundesverfassungsgerichts an.

Bis zur Neufassung des § 10 der GOBT im März 1969 setzte jeder Bundestag die Mindestmitgliederzahl einer Fraktion durch besonderen Mehrheitsbeschluss fest. Eine solche Regelung erlaubt eine flexible Handhabung, hat aber den Nachteil, dass die Anerkennung vom »guten Willen« der Regierungsmehrheit abhängt. Die seither in der Geschäftsordnung festgelegte Mindeststärke von 5% der Mitglieder des Bundestages (derzeit: 31) ist allerdings bedenklich hoch angesetzt (vgl. Feldkamp 2011: 432). Diese Regelung garantiert zwar, dass jede Partei, die die Hürde der 5%-Klausel des Wahlgesetzes überspringt, im Bundestag auch eine Fraktion bilden kann. Problematisch ist aber vor allem, dass eine Fraktion, der dies nur knapp gelungen ist, leicht in Schwierigkeiten geraten kann und möglicherweise erpressbar wird. Unberücksichtigt bleibt dabei zudem die seit den 1950er Jahren kaum mehr beachtete Möglichkeit einer kleineren Partei, aufgrund von drei direkt erworbenen Mandaten mit mehreren Abgeordneten in den Bundestag einzuziehen (§ 6 BWahlG). Mit dem Einzug der »ostdeutschen Regionalpartei« PDS in den 13. Deutschen Bundestag (1994) aufgrund von vier Direktmandaten bei einem Gesamtstimmenanteil von 4,4% (30 Mandate) hatte diese Möglichkeit wieder aktuelle Bedeutung erlangt.

Der Bundestag hatte sich bereits mit § 10 seiner Geschäftsordnung von 1951 auf die Praxis in der Parteiendemokratie der Bundesrepublik eingestellt, wonach die Abgeordneten ihr Mandat durchweg als Kandidaten einer Partei erringen (vgl. Schindler 1984: 232 f.; Görlitz 2009). Fraktionen sind demnach Vereinigungen von Mitgliedern des Bundestages, die derselben Partei angehören, oder – wie es seit 1969 im Interesse der Unionsparteien ergänzend heißt – solchen Parteien, »die auf Grund gleichgerichteter Ziele in keinem Land miteinander im Wettbewerb stehen« (§ 10 Abs. 1 GOBT).

Der seit 1949 stets erfolgte Zusammenschluss von CDU und CSU zu einer gemeinsamen Fraktion kann seither ohne Zustimmung des Plenums erfolgen und braucht dem Präsidenten nur noch mitgeteilt zu werden. Seit dem Trennungsbeschluss der CSU-Landesgruppe in Kreuth (1976), der nach heftigem Widerstand an der Parteibasis wieder zurückgenommen wurde (Mintzel 1977: 406 f.), gehen der Bildung der Fraktionsgemeinschaft jeweils Verhandlungen und »Vereinbarungen über die Fortführung der Fraktionsgemeinschaft zwischen CDU und CSU« voraus, die der CSU-Landesgruppe eine starke und relativ eigenständige Stellung in der Fraktion sichern. Freilich meldete die SPD-Fraktion gegen den Zusammenschluss von CDU und CSU zur Fraktionsgemeinschaft wiederholt Vorbehalte an, weil sie die Bedingungen nicht erfüllt sah (Ismayr 1992: 85). Als eigenständige Parteien hätten sie »regelrechte Koalitionsverhandlungen« geführt.

Wie an anderer Stelle ausgeführt, ist die Besetzung parlamentarischer Gremien weitgehend Sache der Fraktionen (vgl. Abschn. 4.4.1). Dass auch jede Oppositionsfraktion gleichberechtigt teilhaben sollte, ist die selbstverständliche Folge der verfassungsmäßigen Gleichheit (Art. 38 Abs. 1 GG) der Abgeordneten und des im demokratischen Prinzip wurzelnden Rechts parlamentarischer Minderheiten, »ihren Standpunkt in den Willensbildungsprozess des Parlaments einzubringen« (BVerfGE 70, 324, 363 ff.). Entsprechend werden gemäß den Bestimmungen der Geschäftsordnung die Ausschüsse und die meisten sonstigen parlamentarischen Gremien nach dem Stärkeverhältnis der Fraktionen besetzt, wobei jede Fraktion zumindest mit einem Grundmandat berücksichtigt wird; ausdrücklich verlangt wird dies auch für Unterausschüsse (§ 55 Abs. 3 GOBT). Allerdings wurde die Fraktion DIE GRÜNEN in den 1980er Jahren regelmäßig aus dem Präsidium des Bundestages sowie den Gremien zur Kontrolle der Nachrichtendienste durch Beschluss der parlamentarischen Mehrheit ferngehalten. Ähnlich erging es nach der Bundestagswahl 1998 der neuen Fraktion PDS, die aus diesen Kontrollgremien ausgeschlossen blieb (PlPr 14/19/28.1.1999). Seit 2005 ist die Fraktion Die Linke allerdings in allen Kontrollgremien vertreten (vgl. Abschn. 7.11 und 7.14).

Im Bundestag gab es seit der 4. Wahlperiode nur noch drei Fraktionen, von denen jeweils zwei eine Regierungskoalition bildeten. Seit dem Einzug der GRÜNEN in den Bundestag (1983) bildeten zwei Fraktionen die Opposition, die auch untereinander konkurrierten. Ablauf und Intensität der Willensbildung innerhalb der Fraktionen und ihrer Arbeits- und Kommunikationskontakte untereinander und »nach außen« werden durch diese Konstellation mitgeprägt.

In dem am 2. Dezember 1990 gewählten gesamtdeutschen Bundestag der 12. Wahlperiode waren die im bisherigen Bundesgebiet kandidierenden GRÜNEN (West) nicht mehr vertreten (vgl. § 53 BWahlG). Allerdings gehörten ihm acht Abgeordnete der nur im Wahlgebiet »Ost« kandidierenden Listenverbindung aus den Grünen (Ost) und politischen Vereinigungen der Bürgerbewegung (Bündnis 90/ Die Grünen) sowie 17 Abgeordnete der PDS/Linke Liste an, die gemäß § 10 Abs. 4 GOBT jeweils als »Gruppe« anerkannt wurden (vgl. Kassing 1988). Zwar müssen damit keine besonderen Rechte verbunden sein. »Angesichts der besonderen Umstände

und Bedingungen« (BT-Drs. 12/149, 1991) hat der Bundestag diesen Gruppen allerdings ein Grundmandat in allen Ausschüssen, Initiativrechte ähnlich denen der Fraktionen und angemessene Finanzmittel für die personelle und technische Ausstattung
zugestanden. Entsprechende Rechte wurden in der 13. Wahlperiode wiederum der
PDS-Gruppe eingeräumt.

Mit Beginn der 14. Wahlperiode hatte zudem die oppositionelle PDS Fraktions-
status erlangt. Erstmals seit den 1950er Jahren sah sich nach dem »Machtwechsel«
im Oktober 1998 eine Regierungskoalition (SPD, Bündnis 90/Die Grünen) Oppositionsparteien auf der rechten wie auf der linken Seite des Bundestages gegenüber
(CDU/CSU, FDP; PDS). Bei der Bundestagswahl im Jahr 2002 scheiterte die PDS an
der 5 %-Sperrklausel. Der Regierungskoalition von SPD und Bündnis 90/Die Grünen
standen seither nur mehr die beiden »bürgerlichen« Oppositionsfraktionen CDU/
CSU und FDP gegenüber. Hinzu kamen noch zwei fraktionslose PDS-Abgeordnete,
die ein Direktmandat erringen konnten. Im 2005 gewählten 16. Bundestag trugen die
großen Fraktionen CDU/CSU und SPD eine Koalitionsregierung, während die eher
»links« und »rechts« von den Parteien der Großen Koalition angesiedelten kleineren Fraktionen FDP, Bündnis 90/Die Grünen und Die Linke (früher: PDS) die Opposition bildeten. Nach der Bundestagswahl 2009 bildete sich wiederum eine »bür-
gerliche« Koalition aus CDU/CSU und FDP, während die Opposition aus den drei
Fraktionen SPD, Bündnis 90/Die Grünen und Die Linke besteht. Die veränderte Par-
teienkonstellation hat zur Folge, dass sich parlamentarische Abstimmungsprozesse
schwieriger gestalten.

3.2   Arbeitsgruppen und Arbeitskreise

Um der Vielfalt und Komplexität der Gesetzgebungs- und Kontrollaufgaben unter
Bedingungen des demokratischen Rechts- und Sozialstaates gerecht zu werden, haben Bundestag und Fraktionen strikt arbeitsteilige Strukturen ausgebildet. Die Kompetenzverteilung der Fachausschüsse und der korrespondierenden Arbeitsgruppen
der Fraktionen entspricht dabei weitgehend der Ressortgliederung der Bundesregierung. An der fraktionsinternen Willensbildung sind neben dem Vorsitzenden und
dem (geschäftsführenden) Vorstand insbesondere die Arbeitsgruppen und Arbeitskreise sowie eine Vielzahl informeller Koordinations- und Beratungsgremien beteiligt, ehe in der Fraktionsversammlung eine abschließende Entscheidung getroffen
werden kann.

Strukturen und Willensbildung der Fraktionen weisen wesentliche Gemeinsamkeiten, aber auch bemerkenswerte Unterschiede auf – wobei vor allem zwischen den
großen und kleinen Fraktionen zu differenzieren ist. Aber selbstverständlich prägt
auch die Rolle als Regierungs- oder Oppositionsfraktion die Arbeitsweise. Die regulären Sitzungen der Fraktionsgremien finden in Sitzungswochen am Montag und

Dienstag statt und gehen somit den Sitzungen der Ausschüsse (mittwochs) und des Plenums (Mittwoch bis Freitag) voraus.

3.2.1 Die Arbeitsgruppen der großen Fraktionen

Bei den großen Fraktionen CDU/CSU und SPD bilden jene Arbeitsgruppen, die jeweils die der Fraktion angehörenden Mitglieder eines Bundestagsausschusses umfassen, die arbeitsintensiven Basisorganisationen. Die mehrere Arbeitsgruppen umfassenden Arbeitskreise wurden bei der CDU/CSU-Fraktion 1980 abgeschafft, während man in der SPD-Fraktion seit Ende 1991 darauf verzichtet (zur Entwicklung vgl. Schöne 2010a: 242 ff.; Ismayr 1992: 87 ff.). Das Schwergewicht der Fraktionsarbeit lag schon bisher bei jenen Arbeitsgruppen, die jeweils aus den der Fraktion angehörigen Mitgliedern eines ständigen Bundestagsausschusses gebildet werden. Bei der CDU/CSU-Fraktion kommen die sechs »Soziologischen Gruppen« (§ 2 AO-CDU/CSU) hinzu, deren Vorsitzende ebenso wie die der Ausschuss-Arbeitsgruppen der Fraktion im Vorstand vertreten sind. Bei der Willensbildung der Fraktion kommt insbesondere den organisierten Interessengruppierungen »Parlamentskreis Mittelstand« (PKM) und »Arbeitnehmergruppe« erhebliche Bedeutung zu (vgl. Abschn. 3.3).

Auch zu Enquete-Kommissionen und Untersuchungsausschüssen werden regelmäßig Arbeitsgruppen eingerichtet, von denen manche erhebliche Bedeutung erlangt haben. Bei der SPD-Fraktion kommen zahlreiche weitere Arbeitsgruppen zu Unterausschüssen und zur Behandlung spezieller Fragen und auch übergreifender Themen hinzu, die zu Beginn oder im Verlauf der Wahlperiode gebildet werden. Bei der CDU/CSU-Fraktion ist dies nur vereinzelt der Fall, doch werden ebenso wie bei der SPD Beauftragte für bestimmte Aufgabengebiete wie Verbraucherschutz, Kirchen oder Integration bestellt. Hinzu kommen bei allen Fraktionen befristete Projektgruppen für bestimmte Vorhaben. Insgesamt ist die Zahl der hervorgehobenen Positionen im Laufe der Zeit erheblich gestiegen, mag der tatsächliche Einfluss solcher Funktionsträger auch in vielen Fällen recht bescheiden sein.

Hinsichtlich der Leitung und Einbindung der Arbeitsgruppen in die Arbeit der Gesamtfraktion gibt es bemerkenswerte Unterschiede. Die Vorsitzenden der Arbeitsgruppen sind deren »Sprecher« nach außen und gegenüber anderen Fraktionsgremien. Während sie in der SPD-Fraktion aber zugleich als Obmann/frau des entsprechenden Bundestagsausschusses fungieren, sind diese Aufgaben bei der CDU/CSU geteilt. Obleute sind hier die stellvertretenden Arbeitsgruppenvorsitzenden, deren Aufgabe es ist, die Arbeit der Fraktion im Ausschuss zu koordinieren. Ebenfalls im entsprechenden Ausschuss präsent, spielen die Arbeitsgruppenvorsitzenden auch hier eine gewichtige Rolle. Die Dominanz des Arbeitsgruppenvorsitzenden ist institutionell derart gesichert, dass er sich unschwer gegen den Obmann behaupten kann, solange er keine ausgesprochene Außenseiterposition vertritt. Die Fraktionsmitarbeiter (Referenten) arbeiten vorwiegend dem Arbeitsgruppenvorsitzenden zu. Alle Arbeitsgruppenvorsitzenden der Union gehören ex-officio dem Fraktionsvorstand an (§§ 6, 8 Arbeitsordnung) und nehmen an dem wichtigen Koordinationstreffen vor der Fraktionssitzung am Dienstagmittag teil.

Durch ihre Doppelfunktion einerseits gestärkt, gehören die Arbeitsgruppenvorsitzenden der SPD allerdings im Unterschied zu den Sprechern der Unionsfraktion nicht ex-officio dem Fraktionsvorstand an – was die Koordination und konzeptionelle Abstimmung der Fraktionsarbeit erschwert. Begründet wird dies damit, dass eine Konzentration auf wenige Führungsämter vermieden werden soll. Allerdings tagt seit 2005 ein entsprechendes Koordinationsgremium nach den Arbeitsgruppensitzungen, dem alle Obleute der SPD angehören (vgl. Abschn. 3.7.1).

3.2.2 Spezialisierung und Kooperation: Berichterstatter und Ad-hoc-Arbeitsgruppen

Während die kleineren Fraktionen FDP, Bündnis 90/Die Grünen und Die Linke in den Ausschüssen in der Regel jeweils nur mit ein bis sechs Abgeordneten vertreten sind, können die großen Fraktionen diese Arbeit unter derzeit 3 bis 16 Abgeordneten aufteilen (Stand: 17. Wahlperiode; vgl. Tab. 4.3). In den vorausgegangenen Wahlperioden war der Unterschied zwischen kleinen und großen Fraktionen noch ausgeprägter. Bei den großen hat sich ein spezialisiertes Berichterstattersystem ausgebildet. In den Arbeitsgruppen betreuen die einzelnen Abgeordneten bestimmte Sachgebiete meist über einen längeren Zeitraum und wirken dann im Ausschuss üblicherweise als Berichterstatter ihrer Fraktion. Diese Spezialisierung auch innerhalb der Arbeitsgruppen ist zum »prägenden Element der Willensbildung« geworden, wie schon aufgrund der Erfahrungen der 1960er Jahre festgestellt wurde (Schatz 1970: 65).

Die Aufteilung der Arbeit nach Sachgebieten meist für die gesamte Wahlperiode oder jedenfalls einen längeren Zeitraum hat sich in den großen Fraktionen weitgehend durchgesetzt. Faktisch handelt es sich um einen komplizierten, nur teilweise formalisierten Prozess des Aushandelns, des Interessenausgleichs wie auch der Durchsetzung von Machtpositionen, der sich oft über mehrere Wochen hinzieht. Die Abgeordneten können sich meist für mehrere Arbeitsschwerpunkte melden; je nach Gewicht und Spezialisierungsgrad des Themas werden ein oder mehrere Abgeordnete benannt. Natürlich spielen bei der Aufteilung der Arbeitsgebiete konkurrierende persönliche Interessen wie auch die fraktionsinterne Vertretung von Gruppeninteressen oder Parteiströmungen eine Rolle. Priorität bei der Zuteilung der Arbeitsgebiete und der Benennung als Berichterstatter durch die Arbeitsgruppen haben erwartungsgemäß jene Abgeordneten, die dem Ausschuss oder jedenfalls dem Bundestag schon längere Zeit angehören (vgl. auch Abschn. 4.4).

Von einem neuen Abgeordneten wird in der Fraktion erwartet, dass er sich zunächst einmal in ein Spezialgebiet einarbeitet und als Berichterstatter bewährt. Vieles kann für die künftige Karriere davon abhängen, welche Arbeitsgebiete ihm übertragen wurden. Dies wirkt sich auf die Artikulationschancen in der Gesamtfraktion, die Redechancen im Plenum und die wählerwirksame Vertretung regionaler Interessen aus. Die Arbeitsgruppenvorsitzenden beanspruchen eine Sonderstellung, was auch die Übernahme von Berichterstattungen zur Folge haben kann. Selbstverständlich treten im Verlaufe der Legislaturperiode auch neue Themen auf oder es findet eine Verlagerung der Arbeitsschwerpunkte statt. Die meisten Abgeordneten der großen Fraktionen bleiben im Bundestag auch weitgehend auf ihre Rolle als »Spezialisten« beschränkt.

Je nach politischem Gewicht der Vorhaben setzen sich auch die zahlreichen informellen Arbeits- und Gesprächskreise zusammen. Da selten nur ein Ausschuss mit einer Vorlage befasst ist, werden regelmäßig Gespräche der beteiligten Berichterstatter der Fraktion und auch der Koalition geführt, bei wichtigeren Themen auch der Obleute bzw. Arbeitsgruppenvorsitzenden oder auch der stellvertretenden Fraktionsvorsitzenden. Bei komplexeren Aufgaben – besonders zur Erarbeitung von Gesetzentwürfen und umfangreichen Anträgen – werden oft Ad-hoc-Arbeitsgruppen (Projektgruppen) gebildet, häufig auch unter Beteiligung anderer Arbeitsgruppen und -kreise der Fraktion. Diesen kommt eine Konsenserzeugungsfunktion zu; sie kann durch Einbeziehung von Abgeordneten der an fraktionsinternen Konflikten beteiligten Gruppierungen auch der Disziplinierung dienen.

An Sitzungen anderer Arbeitsgruppen und Arbeitskreise nehmen Abgeordnete selten teil, obwohl sie dazu natürlich berechtigt sind (vgl. § 24 FGO-SPD). In den Sitzungswochen ist dies so gut wie unmöglich, soll nicht die Vorbereitungsarbeit für den eigenen Ausschuss leiden, da diese Gremien üblicherweise am Dienstagvormittag parallel tagen. Dies gilt in noch verstärktem Maße für die kleineren Fraktionen Bündnis 90/Die Grünen, FDP und Die Linke. Ungeachtet der Schwierigkeiten wird diese Möglichkeit von Berichterstattern in wichtigen Fällen genutzt, um die ebenfalls mit der Materie befassten »mitberatenden« Arbeitsgruppen (bzw. Arbeitskreise) über Diskussionsstand und Beschlusslage der eigenen Arbeitsgruppe zu informieren und um Unterstützung nachzusuchen. Auch nehmen von Fall zu Fall die betreffenden Abgeordneten des (kleineren) Koalitionspartners an einer Arbeitsgruppensitzung der Fraktion bei bestimmten Tagesordnungspunkten teil.

Gemeinsame Sitzungen von zwei oder mehreren Arbeitsgruppen finden nur höchst selten statt, obwohl sie die wirksamste und partizipationsfreundlichste Form der Kooperation darstellen. Nur die »Haushälter« der Koalitionsfraktionen tagen ziemlich regelmäßig gemeinsam.

3.2.3 Arbeitsteilung und Kooperation in den kleineren Fraktionen

Auch die Struktur und Arbeitsweise der kleineren Fraktionen ist durch die Arbeit
in den Fachausschüssen geprägt. Dies zeigte sich auch alsbald bei der Fraktion DIE
GRÜNEN, deren Abgeordnete sich nach ihrem erstmaligen Einzug in den Bundestag 1983 (entgegen den Erwartungen mancher Beobachter) rasch und intensiv auf
die parlamentarische Arbeit eingelassen haben – und dies ziemlich unabhängig davon, welcher parteiinternen Strömung sie jeweils zuneigten (Ismayr 1985b: 299 ff.;
vgl. Kranenpohl 1999). Die Anforderungen in den Ausschüssen und die spezialisierte
Vorarbeit in den großen Fraktionen schaffen Zwänge, denen sich auch die kleinen
Fraktionen nicht entziehen können, wollen sie sich nicht den Vorwurf mangelnder
Kompetenz oder eindimensionaler Orientierung gefallen lassen.

Allerdings gibt es auch bemerkenswerte Unterschiede: Ein ähnlich ausdifferenziertes Berichterstattersystem kann sich in kleinen Fraktionen nicht ausbilden. Die
von den einzelnen Abgeordneten zu betreuenden Aufgabengebiete sind sehr viel
umfangreicher; entsprechend hoch ist die Arbeitsbelastung. Andererseits bieten
sich für die einzelnen Abgeordneten bessere (öffentliche) Profilierungsmöglichkei-
ten. So fungieren die meisten Abgeordneten von Bündnis 90/Die Grünen und Die
Linke und ein Großteil der FDP-Abgeordneten auch als Sprecher für ihr Aufgabengebiet nach außen (www.fdp-fraktion.de; www.gruene-bundestag.de; www.linksfrak-
tion.de).

Im Unterschied zu den großen Fraktionen haben die Fraktionen FDP, Bündnis 90/Die Grünen und Die Linke an der Konzeption der Arbeitskreise festgehalten, was schon die geringere Anzahl der Abgeordneten nahelegt. Die Arbeitskreise
der Fraktionen FDP (derzeit 6), Bündnis 90/Die Grünen (5) und Die Linke (5) sind
jeweils für die Aufgabengebiete mehrerer Bundestagsausschüsse zuständig, gegebenenfalls auch für Untersuchungsausschüsse und Enquete-Kommissionen (Stand:
17. Wahlperiode; bundestag.de). Die jeweiligen Ausschussmitglieder bilden allerdings
auch bei diesen Fraktionen (inzwischen) Arbeitsgruppen, die vor der Arbeitskreis-
sitzung am Dienstagvormittag unter Teilnahme von Fraktionsmitarbeitern tagen; sie
sind in den Fraktionsgeschäftsordnungen allerdings nicht ausdrücklich vorgesehen.
Außerdem werden einige Arbeitsgruppen für besondere Aufgaben und auch zu Fragen eingerichtet, die mehrere Arbeitsgruppen und -kreise betreffen und der Schwerpunktbildung dienen (so z.B. zu Aufbau Ost, Energiepolitik, Drogenpolitik, Behindertenpolitik, Integrationspolitik und Kommunalpolitik).

Die Arbeitskreisvorsitzenden der FDP-Fraktion gehören in dieser Eigenschaft
nicht dem Vorstand an, nehmen aber als beratende Mitglieder an dessen Sitzungen
teil. Hingegen sind die Arbeitskreiskoordinatoren bei Bündnis 90/Die Grünen zugleich stellvertretende Fraktionsvorsitzende und somit Mitglieder des (erweiterten)
Fraktionsvorstands; sie sind in Fachfragen an dessen Votum gebunden. Mit dieser
seit der 13. Wahlperiode bestehenden Regelung soll der zuvor beklagten starken Frag-

mentierung der Fraktion begegnet werden (§§ 6, 8 FGO-Grüne; Ismayr 1992: 97 f.).
Bei der Fraktion Die Linke gehören die Leiter der Arbeitskreise ebenfalls dem Vorstand an.

3.2.4 Sitzungen

In eingehenden Untersuchungen konnte gezeigt werden, dass sich die Arbeitsgruppen und -kreise der Mehrheitsfraktionen wie auch der Oppositionsfraktionen deutlich »hinsichtlich ihrer Arbeitsschwerpunkte, ihrer Diskussions- und Arbeitsstile, der Entscheidungsverfahren und der am Arbeitskreis beteiligten Akteure« unterscheiden (Schöne 2010a: 274 ff. hier: 334; Oertzen 2006: 106 ff.). Neben institutionellen Prägefaktoren wie der Fraktionsgröße und dem Politikfeld haben individuelle Prägefaktoren besonderes Gewicht. Viele Unterschiede werden durch die Rolle des jeweiligen Vorsitzenden erklärt, wobei Jürgen von Oertzen zwischen moderierenden (Moderator, Vertreter) und straff führenden Vorsitzenden (Regierungsmanager, Verhandler) unterscheidet. Die Idealtypen des »Vertreters« und »Verhandlers« verhandeln mit der Fraktionsführung um die Positionen ihrer Arbeitskreise und stehen insoweit zwischen dem »Moderator« und dem der Fraktionsführung angehörenden »Regierungsmanager«, die Beschlüsse des Fraktionsvorstands an den Arbeitskreis weitergeben (Oertzen 2006: 130 ff.; Oertzen 2010; zur Rolle der Arbeitsgruppenvorsitzenden der großen Fraktionen vgl. auch Petersen/Kaina 2007).

Der Arbeits- und Diskussionsstil der Arbeitsgruppen und -kreise ist im Allgemeinen kollegial und konstruktiv (so auch Schöne 2010a: 350). Auffallend ist, dass sich die Arbeitsgruppen- und Arbeitskreisvorsitzenden insbesondere der Regierungsfraktionen zumeist nicht nur als Moderatoren verstehen, sondern die Diskussionen mehr oder weniger entschieden steuern und interpretierend eingreifen. Das auch von Oertzen beobachtete »faktisch vorhandene Recht der Vorsitzenden, jederzeit Beiträge unterbrechen und kommentieren zu dürfen« schränkt die gleichberechtigten Beteiligungsmöglichkeiten der einfachen Abgeordneten über Gebühr ein (Oertzen 2006: 184), wird aber offenbar weniger als zu erwarten wäre, bestritten. Die Dominanz der Arbeitsgruppenvorsitzenden ist umso augenfälliger, je stärker sich die übrigen Mitglieder auf ihren speziellen Aufgabenbereich und ihre Rolle als Berichterstatter beschränken. Der Zeitdruck in den Sitzungswochen begünstigt eine »entscheidungszentrierte« Sitzungsleitung.

Aufgabe der Arbeitsgruppen- und Arbeitskreisvorsitzenden ist es, bereits vor der Fraktionssitzung über die wichtigsten Themen und den Diskussionsstand der (letzten) Vorstandssitzung zu informieren. Diese Informationen fallen allerdings – nicht nur aus Zeitgründen – oft sehr knapp und auch selektiv aus, was nicht selten beklagt wird. Außerdem berichten die Vorsitzenden dieser Gremien in allen Fraktionen über (neue) politische Initiativen, die das eigene Sachgebiet betreffen: Zu erwartende Vorlagen der Regierung, Vorschläge des Vorstands, Initiativen und Stellungnahmen anderer Arbeitsgruppen.

Auf die Erstellung der Tagesordnung haben die Vorsitzenden weitreichenden Einfluss, zudem die Referenten der Arbeitsgruppen und -kreise, die für die inhaltliche und organisatorische Vorbereitung der Sitzungen zuständig sind. Obwohl formal für eine Arbeitsgruppe oder einen Arbeitskreis zuständige Fraktionsangestellte, arbeiten sie in der Praxis zuerst den Vorsitzenden dieser Gremien zu. Dies trägt zum Ressourcen- und Wissensvorsprung der Vorsitzenden bei und stärkt deren Position gegenüber den einfachen Abgeordneten (Petersen/Kaina 2007: 251 f.; Schöne 2010a: 346; Schöne 2010b: 329).

Schwerpunkte der Arbeit sind die Vorbereitung der (nächsten) Ausschusssitzung und der Plenardebatte der laufenden Sitzungswoche; außerdem die Beratung eigener Initiativen, Stellungnahmen zu Vorlagen der Regierung, konkurrierender Fraktionen und anderer Gremien der eigenen Fraktion, gelegentlich auch einzelner Abgeordneter. Schließlich werden in Arbeitsgruppen der Mehrheitsfraktionen geplante Vorhaben der Regierung besprochen, von denen der Vorsitzende durch Kontakte mit der politischen Spitze und Beamten des zuständigen Ministeriums Kenntnis erhalten oder über die der Parlamentarische Staatssekretär die Arbeitsgruppe unmittelbar informiert hat.

In Arbeitsgruppen der Mehrheitsfraktionen geht es primär um die interne Mitwirkung an Vorlagen und Vorhaben der Regierung, wobei die Einflusschancen von Fall zu Fall variieren, während sich jene der Oppositionsfraktionen vornehmlich mit öffentlichwirksamen Kontrollinitiativen und eigenen Gesetzentwürfen befassen. Die oppositionellen Abgeordneten gehen diesen Aufgaben trotz geringer Durchsetzungschancen »zeitaufwändig, sorgfältig und detailorientiert« nach. Dabei können neben der Wirkung in der (Fach)Öffentlichkeit auch Karriereambitionen eine Rolle spielen (Schöne 2010a: 329; 333 ff.). Entscheidungen werden meist ohne formelle Abstimmung getroffen, wobei der Vorsitzende breite Zustimmung konstatiert (vgl. Oertzen 2006: 267).

Steht im Plenum ein Thema zur Debatte, das in den Kompetenzbereich der Arbeitsgruppe fällt, werden Redner bestimmt, die für die Fraktion sprechen sollen. Als Redner kommen für Fachdebatten zunächst die Berichterstatter in Frage. Für wichtige und »attraktive« Debatten vor allem schlagen sich die Vorsitzenden, Obleute und Ausschussvorsitzenden häufig selbst als Redner vor, was andere Abgeordnete nicht selten ärgert, aber doch meist unwidersprochen hingenommen wird. Anlässe zu inhaltlichen Diskussionen über Tagesordnungspunkte der laufenden Woche ergeben sich (primär in der Opposition), wenn eine Arbeitsgruppe zu einem neu eingebrachten Gesetzentwurf der Regierung oder anderer Fraktionen Stellung nehmen oder – ohne längere Vorplanung – ihre Position in einer Aktuellen Stunde klären muss.

3.2.5 Informationsbeschaffung und Willensbildung

Informationsbeschaffung und Willensbildung der Regierungs- und Oppositionsfraktionen laufen unterschiedlich ab. Dies gilt auch für die Arbeitsgruppen und Arbeitskreise sowie deren Kooperation untereinander und mit anderen Fraktionsgremien. In den Arbeitsgruppensitzungen der Regierungsfraktionen ist gelegentlich der Minister anwesend, regelmäßig aber ein Parlamentarischer Staatssekretär, der die Aufgabe wahrnimmt, die Abgeordneten über Vorhaben und Entwürfe seines Ministeriums zu informieren und diese zu erläutern, aber auch das Ministerium über die »Stimmung« und über eventuell vorhandene Widerstände in der Arbeitsgruppe auf dem laufenden zu halten. Auch die Minister tun gut daran, ihre politischen Ziele und Vorhaben in der Arbeitsgruppe persönlich zu erläutern, um sich deren Unterstützung rechtzeitig zu sichern, wozu besonders Klausursitzungen geeignet sind.

Die Parlamentarischen Staatssekretäre wirken in den Ausschüssen und vor allem in den Arbeitsgruppen in gewisser Weise als »Bindeglied« zwischen der Bundesregierung und den sie tragenden Fraktionen (Schäfer 1982: 145). Allerdings verstehen sie sich vor allem als Regierungsvertreter mit der Aufgabe, die politischen Vorstellungen ihres Ministeriums darzulegen und die Unterstützung der Regierungsfraktionen zu erlangen (Groß/Bohnefeld 2010: 244, 249; vgl. Oertzen 2006: 164). Dies wird dem Parlamentarischen Staatssekretär in der Sitzung leichter fallen, wenn die politische Führung des Ministeriums in den laufenden Kontaktgesprächen zuvor die Unterstützung des Arbeitsgruppenvorsitzenden und gegebenenfalls auch des Obmanns und des zuständigen Berichterstatters gewinnen konnte. Die Haltung des Parlamentarischen Staatssekretärs wie auch des zuständigen Ministers hängt wesentlich davon ab, in welcher Phase des Entscheidungsprozesses Kritik geübt wird und wie die Haltung der beteiligten Ministerien, der anderen Fraktionsgremien und vor allem der Verhandlungsspielraum gegenüber dem Koalitionspartner eingeschätzt wird. Der Hinweis auf fehlende Kompromissbereitschaft des Koalitionspartners wird auch taktisch eingesetzt, um eine Vorlage in der Arbeitsgruppe und in der Fraktion »durchzudrücken«.

Dem Anliegen der Arbeitsgruppen, rechtzeitig und detailliert genug über Initiativen der Regierung unterrichtet zu werden, wird in unterschiedlicher Weise Rechnung getragen. Dies hängt zum Teil auch davon ab, wie gut die Kontakte des Vorsitzenden zum Ministerium sind, wie stark seine Neigung ausgeprägt ist, »Herrschaftswissen« zu monopolisieren, wie beharrlich er in der Arbeitsgruppensitzung nachfragt und kritische Frager ermuntert. Wird das korrespondierende Ministerium vom Koalitionspartner geführt, intensiviert sich häufig die interne Kontrolle.

An den Arbeitsgruppensitzungen der (großen) Regierungsfraktionen nehmen meist mehrere Ministerialbeamte sowie Referenten der Landesvertretungen teil. Häufig argumentieren die Ministerialreferenten auch hier aus der Sicht ihres begrenzten Aufgabengebietes. Auch gegenüber den Arbeitsgruppen der Regierungsfraktion(en) neigen die oft durch Sachwissen und Detailkenntnis beeindruckenden Ministerialbeamten dazu, Alternativen auszublenden oder diese zumindest in einem wenig(er) günstigen Licht erscheinen zu lassen – es sei denn, sie werden von der politischen Führung ihres Ministeriums ausdrücklich mit der Ausarbeitung von Alternativen beauftragt. Gleichwohl werden die Arbeitsgruppen der Regierungsfraktionen in der Regel mit genaueren (Hintergrund-)Informationen versorgt als die Fachausschüsse. Da in vielen Fällen nur die Berichterstatter, bei wichtigeren Vorhaben auch die Arbeitsgruppenvorsitzenden und deren Stellvertreter detailliert genug eingearbeitet sind, um sachkundig nachfragen zu können, hängt es wesentlich von der Kritik- und Informationsbereitschaft dieser Personen ab, wie gut die Arbeitsgruppe – auch über mögliche Alternativen – informiert ist.

Vor allem ist entscheidend, ob sich die Berichterstatter ihrerseits im Wesentlichen auf Informationen der Ministerialbürokratie verlassen, ob sie Unterlagen »ihrer« Partei-Vereinigung und nahestehender Verbände heranziehen oder sich auch mit den Vorschlägen und Materialien anderer Verbände sowie unabhängiger Wissenschaftler befassen.

Die von den Arbeitsgruppen erwartete frühzeitige Information und konzeptionelle Beteiligung erweist sich als notwendige Voraussetzung mitschreitender interner Kontrolle. Nur bei frühzeitiger Beteiligung bereits an den Vorarbeiten zu geplanten Gesetzentwürfen von politischer Bedeutung kann die Arbeitsgruppe wirksam Einfluss auf die Regierungspolitik nehmen. Hat sich die Regierung in Koalitionsgesprächen bereits festgelegt oder liegt gar ein formeller Kabinettsbeschluss vor, sind größere Korrekturen seitens der Arbeitsgruppe nur mehr schwer möglich.

In den (großen) Oppositionsfraktionen sind regelmäßig Ministerialbeamte der von der eigenen Partei regierten Bundesländer dabei – meist Referenten der Landesvertretungen – gelegentlich auch Länderminister und Fachleute der Parteizentrale. Gelegentlich stehen auch »privat« anwesende Ministerialbeamte des Bundes als »Berater« zur Verfügung, zu denen ein Vertrauensverhältnis besteht.

Für die rasche Informationsvermittlung der Arbeitsgruppen und -kreise wie auch der Gesamtfraktion kommt neben dem Intranet des Bundestages (Abschn. 7.1.3) vor allem dem Intranet der Fraktion erhebliche Bedeutung zu. Jede der im Bundestag vertretenen Parteien nutzt diese ständig online verfügbaren Plattformen, um Wissensstände innerhalb der Fraktion und der Wahlkreise zu synchronisieren. Die Intranets der Fraktionen werden von deren Referaten für Öffentlichkeitsarbeit gepflegt und sind ausschließlich für die Abgeordneten und Mitarbeiter der eigenen Fraktion zugänglich. Alle Intranets bieten einen Überblick über die Arbeitsgruppen, die zugehörigen Abgeordneten und die aktuellen Themen im Plenum. Auch Pressemitteilungen und Positionspapiere zu aktuellen Debatten werden direkt verlinkt und können so schnell und unkompliziert bezogen werden. So werden alle Abgeordneten der Fraktion bis zu einem gewissen Grad über den Stand der Arbeitsgruppenaktivitäten auf dem Laufenden gehalten und können z. B. bei Bürgeranfragen in den Wahlkreis büros sofort sachkundig reagieren. Die Mitglieder der Arbeitsgruppen können Positionspapiere, Stellungnahmen und Antragsentwürfe einsehen, bevor diese in den Bundestag gelangen. Die angebotenen Materialien werden zumeist nach Sachgebieten strukturiert angeboten, was wiederum dem Aufbau der Ausschüsse entspricht. Angebote des Bundestages, wie etwa das Informationssystem für Parlamentarische Vorgänge DIP, werden darüber hinaus durch erweiterte Vorgangsverfolgungssysteme ersetzt, die es dem Abgeordneten ermöglichen, den momentanen Stand eines Gesetzgebungsverfahrens detailliert zu verfolgen. In den Intranets der Fraktionen wird außerdem aus Sicht der Fraktion über die Plenardebatten der kommenden Sitzungswochen informiert. Dabei werden die Redner genannt und auf die erforderliche Anwesenheit bei Plenardebatten und (namentlichen) Abstimmungen hingewiesen.

In personell gut ausgestatteten Fraktionen gehen Initiativen für neue Inhalte, die im Intranet allen Fraktionsmitgliedern zugänglich gemacht werden sollen, oft von den Arbeitsgruppen aus. Bei den kleineren Fraktionen ist dagegen eher die Redaktion für die Präsentation neuer Inhalte zuständig. Einzelne Abgeordnete können keine Inhalte direkt ins Intranet stellen. Sie müssen zunächst ihre Kollegen von der eigenen Vorlage überzeugen, damit diese von der Arbeitsgruppe weitergegeben wird. Daraufhin durchlaufen die Inhalte oft noch einmal das Büro des Ersten Parlamentarischen Geschäftsführers, der die Inhalte freigibt und an das Redaktionsteam zur Einstellung ins Intranet überweist.

Der stärkste Anstoß für neue Inhalte in den Intranets der Fraktionen resultiert meist aus den Sitzungen der Fraktionsgremien und den Berichten der Vorsitzenden zur Fraktionsversammlung (vgl. Abschn. 3.6.1). Themen, die den Fraktionsvorsitzenden am wichtigsten sind, werden vom Redaktionsteam zu »Sprachregelungen« für die Fraktionen formuliert und ins Intranet gestellt. Dies erfolgt über einen kurzen Dienstweg, da die leitenden Redakteure meist in den Fraktionsvorständen sowie in den Fraktionssitzungen anwesend sind. Daraus ergibt sich bereits eine Gewichtung der Themen und Inhalte.

Innerhalb der Intranets gibt es bisher kaum Möglichkeiten zur direkten Interaktion zwischen den Abgeordneten, beispielsweise über Live-Chats und Kommentarfunktionen, da dies mehrheitlich von den Fraktionsmitgliedern abgelehnt wird. Die Intranets der Fraktionen im Bundestag werden vor allem als Materialreservoirs genutzt und dienen der Informationsvermittlung innerhalb der Fraktion. Sowohl für die Internetpräsenzen der Fraktionen als auch für ihre Intranets gilt, dass der Fokus für zukünftige Modifikationen nicht so sehr auf der Einbindung neuer multimedialer Formate und Inhalte liegt, sondern eher auf Zugangs- und Handhabungserleichterungen für die Nutzer.

In den Arbeitsgruppen und -kreisen der Fraktionen nimmt die Bearbeitung politischer Probleme ihren Ausgangspunkt. Sie sind zudem »ein Filter, mit dem ausgewählt wird, welche Themen zur Weiterbearbeitung ins Parlament gelangen«. Weiterhin sind sie in vielen Fällen auch Endpunkt der politischen Willensbildung in der

Fraktion. »Ein Großteil aller Entscheidungen wird in den Arbeitskreisen faktisch endgültig festgelegt und von den Fraktionen nicht mehr in Frage gestellt, sondern unbesehen übernommen.« Sie verfügen damit in der Tat über eine »beträchtliche Autonomie und Entscheidungsmacht« (Schöne 2010: 338; vgl. Oertzen 2010: 318). Umso wichtiger erscheint es, dass sich die »einfachen« Abgeordneten weniger als angesichts der verbreiteten Norm der Nicht-Einmischung in fremde Sachgebiete üblich auf ihre Spezialistenrolle als Berichterstatter beschränken und innerhalb wie auch zwischen den Arbeitsgruppen und -kreisen ein produktiver und möglichst offener Diskurs geführt wird. Dies könnte auch die Aufnahme von Impulsen aus den Wahlkreisen erleichtern, wo die Abgeordneten als Generalisten gefragt sind und damit die Responsivität verbessern (Schöne 2010a: 309 f., 341; Oertzen 2006: 289 ff.).

3.3   Interessengruppierungen und Fraktionsflügel

3.3.1   Organisierte Interessengruppierungen der CDU/CSU-Fraktion

Von nicht zu unterschätzender Bedeutung für die Willensbildung der CDU/CSU sind die organisierten Interessengruppen der Fraktion. Auch hierin unterscheidet sie sich in bemerkenswerter Weise von den anderen Fraktionen. Diese »sonstigen Gruppen«, wie sie in der Arbeitsordnung der Fraktion genannt werden (§ 2), sind: Die Arbeitnehmergruppe, der Parlamentskreis Mittelstand (PKM, bis 1991: Diskussionskreis Mittelstand), die Gruppe der Vertriebenen, Aussiedler und deutschen Minderheiten, die Gruppe der Frauen, die Junge Gruppe sowie die Arbeitsgemeinschaft Kommunalpolitik. In der Fraktion wurde die Bezeichnung »soziologische Gruppen« üblich (vgl. www.cdu/csu.de).

Der Einfluss dieser Gruppen ist institutionell gesichert: Sie wählen eigene Führungsgremien und verfügen über Mitarbeiter sowie über Finanzmittel aus dem Etat der Fraktion. Die Vorsitzenden der »soziologischen Gruppen« gehören ebenso wie die Arbeitsgruppenvorsitzenden kraft Amtes dem Fraktionsvorstand an (§ 6 AO-CDU/CSU).

Die Vorstände der Arbeitnehmergruppe und des PKM werden jeweils von der Mitgliederversammlung gewählt, wobei die Wahl beim PKM auf zwei Jahre erfolgt, bei der Arbeitnehmergruppe für die gesamte Wahlperiode. Der aus Vorsitzendem, Stellvertretern (4 bzw. 9) und Beisitzern bestehende Vorstand umfasst 30 Personen beim PKM und 17 bei der Arbeitnehmergruppe (Stand: 2011). Der 1. Stellvertretende Vorsitzende ist jeweils ein CSU-Abgeordneter. Beim PKM bilden der Vorsitzende und seine vier Stellvertreter den Geschäftsführenden Vorstand.

Das Gewicht dieser Gruppen ist sehr unterschiedlich und entspricht etwa dem der »Vereinigungen« in der Partei, mit denen sie personell und organisatorisch eng verzahnt sind. Eine herausragende Rolle im Willensbildungsprozess spielen die Arbeitnehmergruppe, der derzeit 78 Abgeordnete angehören und vor allem der Parlamentskreis Mittelstand, der mit 146 eingeschriebenen Mitgliedern etwa drei Fünftel der Fraktionsmitglieder stellt (Stand: 5/2011; vgl. 1986: 52 % der Fraktionsmitglieder). Der PKM hat seit Jahrzehnten etwa doppelt so viele Mitglieder wie die Arbeitnehmergruppe und übt in fast allen Fraktionsgremien eine dominierende Rolle aus (vgl. Ismayr 1992: 104 f.).

Die Stärkung der Wirtschaftsinteressen gegenüber den Arbeitnehmerinteressen ist zwar in der Fraktion besonders ausgeprägt, doch entspricht ihr ein vergleichbarer Trend bei den »Vereinigungen« der Partei: der Mittelstands- und Wirtschaftsvereinigung (MIT) mit derzeit ca. 28 000 Mitgliedern und den Sozialausschüssen der Christlich-Demokratischen Arbeitnehmerschaft (CDA) sowie der Christlich-Sozialen Arbeitnehmerschaft (CSA) mit ca. 14 000 Mitgliedern. Hinsichtlich der innerparteilichen Legitimation parlamentarischer Aktivitäten ist dies von großer Bedeutung (Schönbohm 1985; MIT-Geschäftsbericht 2009). Allerdings ist bei beiden Vereinigungen die Mitgliederzahl seit den 1980er Jahren deutlich zurückgegangen.

Eine enge personelle und organisatorische Verzahnung und Abstimmung der inhaltlichen Arbeit sichert den Parlamentarier-Gruppen den partei- und auch verbandspolitischen Rückhalt und stärkt den Einfluss der organisierten Interessen im politischen Entscheidungsprozess. Die heterogene Struktur des PKM bedingt allerdings, dass es nicht immer einfach ist, die große Zahl seiner Mitglieder zu einem geschlossenen Verhalten zu motivieren (MIT-Geschäftsberichte). Schon vor ihrer Fusion mit der Wirtschaftsvereinigung der CDU im Jahre 1995 hatte die Mittelstandsvereinigung den Begriff »Mittelstand« immer umfassender ausgelegt, mit der Konsequenz, dass MIT-Beiräte für »Freie Berufe«, »Leitende Angestellte« und schließlich »Industrieller Mittelstand« (1983) eingerichtet wurden (vgl. Höfling 1980). Derzeit bestehen neben den nun zahlreichen, allerdings vornehmlich politikfeldbezogenen Kommissionen und Arbeitsgruppen der MIT auch entsprechende Arbeitsgruppen des PKM: Die Arbeitsgruppe »Handwerk«, der Gesprächskreis »Freie Berufe«, die AG Bürokratieabbau und die Kommission »Modernes Arbeits- und Sozialrecht« (Stand: 2011).

Die enge Zusammenarbeit von Parlamentarier-Gruppen und Vereinigungen beschränkt sich keineswegs auf die Vorstände. So werden die Kommissionen und Arbeitsgruppen der MIT in engem Zusammenwirken mit dem PKM zusammengestellt. Sie setzen sich aus Bundestagsabgeordneten (PKM), Mandats- und Funktionsträgern der Vereinigung (MIT) und Experten aus dem »vorparlamentarischen« Raum zusammen. Die Leitung liegt jeweils bei einem MIT-Mitglied und einem Bundestagsabgeordneten (MIT-Geschäftsberichte).

Von den Parlamentariern und – gegebenenfalls – den Regierungsmitgliedern des PKM wird erwartet, dass sie sich für die politische Umsetzung der zahlreichen Beschlüsse der Bundesdelegiertenversammlungen engagieren. So wurden 2009 zwan-

zig Beschlüsse »zur Berücksichtigung bei der politischen Arbeit« an den PKM sowie an die CDU/CSU-Bundestagsfraktion, an Parteigremien und an ausgewählte
Regierungsmitglieder und Parlamentarische Staatssekretäre »übermittelt« (MIT-Geschäftsbericht 2009: 30 ff.). Der PKM wiederum informiert regelmäßig über die eigenen mittelstandspolitisch relevanten Initiativen und jene der Bundesregierung und
nimmt dezidiert Stellung. Die dem PKM angehörenden Berichterstatter der Fraktionsarbeitsgruppen sind Ansprechpartner und wirken auf verschiedenen Ebenen
und mit unterschiedlicher Intensität im Sinne der MIT-Positionen.

Der PKM bereitet seine parlamentarische Arbeit erwartungsgemäß in engem
Kontakt seiner Mitglieder mit den Wirtschaftsverbänden vor; er versteht sich ausdrücklich als »Scharnier zur Wirtschaft«. Diese intensive Kooperation findet in den
Kommissionen und Arbeitsgruppen der Vereinigung und des PKM, auf Fachkongressen und in zahlreichen Kontaktgesprächen des PKM statt.

Die Arbeitnehmergruppe führt ein- oder zweimal jährlich eine Klausurtagung
zu einem Schwerpunktthema durch unter Beteiligung von Fachleuten der CDA und
CSA, aus den Gewerkschaften und von Wissenschaftlern. Hinzu kommen jährlich
zwei bis drei Fachtagungen, an denen externe Sachverständige als Referenten teilnehmen sowie eine Zielgruppenveranstaltung, die sich an bestimmte Interessengruppen
wendet. Fachtagungen werden zudem von der CDA (und CSA) unter Beteiligung von
Abgeordneten durchgeführt und anschließend von der Arbeitnehmergruppe ausgewertet. Gelegentlich lässt sich die Arbeitnehmergruppe auch direkt durch Fachleute
informieren und selbstverständlich finden auch hier laufend Treffen und Kontakt-
gespräche in unterschiedlicher Zusammensetzung mit Verbandsvertretern insbesondere aus Gewerkschaften und kirchlichen Sozialverbänden statt. Eigene Kommissionen hat die Arbeitnehmergruppe bisher nicht eingerichtet, doch wirkt die Mitarbeit
zahlreicher Abgeordneter in Arbeitsgemeinschaften und Arbeitskreisen der CDA
und CSA auf die parlamentarische Arbeit der Arbeitnehmergruppe zurück. Arbeitskreise können vom Bundesvorstand der CDA »für politische und gewerkschaftliche
Fachfragen« berufen werden. Die derzeit sieben Arbeitsgemeinschaften wollen Mitglieder zusammenführen, »um in ihren besonderen Wirkungskreisen die Ziele der
CDA zu vertreten und zu verbreiten« (§§ 25 und 26 Satzung der CDA). Sie wurden
u. a. jeweils für die CDA-Mitglieder des DGB und des Christlichen Gewerkschafts-
bunds, für Betriebsarbeit sowie für Frauen und junge CDA-Mitglieder eingerichtet
(www.cda.de).

Die Arbeitnehmergruppe und der PKM tagen in Sitzungswochen regelmäßig am
Dienstagnachmittag (ca. 14–15 Uhr), somit nach den Arbeitsgruppensitzungen und
anschließenden Koordinationstreffen und vor der Fraktionssitzung, wobei üblicherweise etwa 20 bis 30 Abgeordnete (darunter zahlreiche Vorstandsmitglieder) anwesend sind. In beiden Gruppierungen werden mitunter Regierungsmitglieder sowie
Parlamentarische Staatssekretäre oder sonstige Referenten (Verbandsvertreter, Fachleute) zur Erläuterung von Projekten eingeladen. Neben längerfristig wichtigen The-

men wird aus den Arbeitsgruppen und – in Zeiten der Regierungsbeteiligung – über kurzfristig vorliegende Koalitionsgespräche berichtet und diskutiert und insbesondere das Vorgehen in der anschließenden Fraktionssitzung abgesprochen. Es geht dabei sowohl um die inhaltlichen Positionen wie auch um das taktische Vorgehen und so wird auch gelegentlich abgesprochen, wer in der Fraktionssitzung die Haltung des PKM bzw. der Arbeitnehmergruppe als Redner vertreten soll. Mehr als der PKM ist der Arbeitnehmerflügel der Fraktion darauf angewiesen, durch rechtzeitige Befassung mit (Regierungs-)Initiativen Weichenstellungen zum Nachteil seiner Klientel zu verhindern (indem er sich zum Beispiel engagiert und geschlossen gegen eine frühzeitige Festlegung der Fraktionsmeinung ausspricht).

Neben der PKM-»Vorbesprechung« am Dienstag tagt in Sitzungswochen am Mittwochmittag regelmäßig der PKM-Vorstand, wobei etwa 20 der 30 Vorstandsmitglieder anwesend sind. Dabei geht es um aktuelle und längerfristige Schwerpunktthemen, aber auch um taktisches Vorgehen und die Umsetzung politischer Vorhaben in der laufenden Woche. Zu diesen Sitzungen wird häufig auch ein (führender) Politiker, Unternehmer oder Verbandsvertreter eingeladen. Der insbesondere mit formalen und taktischen Fragen befasste Geschäftsführende Vorstand des PKM trifft sich nur bei Bedarf. Sitzungen des Vorstands der Arbeitnehmergruppe finden nur bei Bedarf etwa alle ein- bis zwei Monate statt. Man hält regelmäßige Sitzungen nicht für erforderlich, da die aktiven Mitglieder bei verschiedenen Gelegenheiten zusammenkommen, so bei regelmäßigen Treffen mit den Spitzen der für Arbeitnehmerinteressen wichtigen Ressorts oder mit Spitzenvertretern der Gewerkschaften.

Die Funktion und Bedeutung der anderen, weniger einflussreichen »soziologischen Gruppen« der Fraktion kann hier nur angedeutet werden: Die »Gruppe der Vertriebenen, Aussiedler und deutschen Minderheiten« (früher: Gruppe der Vertriebenen und Flüchtlingsabgeordneten) übte vor der deutschen Vereinigung einen erheblichen Einfluss auf die Deutschland- und Ostpolitik von Regierung und Fraktion aus. Sie ist der »parlamentarische Arm« der »Ost- und Mitteldeutschen Vereinigung der CDU/CSU« (Union der Vertriebenen und Flüchtlinge der CDU/CSU) und personell und politisch eng mit den Vertriebenenverbänden verflochten.

Die in der CDU/CSU-Fraktion deutlich unterrepräsentierten Frauen sind »automatisch« in der »Gruppe der Frauen« organisiert, die mit der »Frauen Union« der CDU eng kooperiert. Aufgrund ihres zwar gewachsenen, aber noch immer relativ geringen Gewichts in der Fraktion versucht die Gruppe der Frauen vor allem durch Presseerklärungen öffentlich Druck auszuüben, um »frauenpolitische Interessen« zur Geltung zu bringen. Die Abgeordneten von CDU und CSU unter 35 schließen sich zur »Jungen Gruppe« zusammen, der in der 17. Wahlperiode 18 junge Parlamentarier angehören (Stand: 2011).

Eine Sonderstellung unter den »sonstigen Gruppen« nimmt die »Arbeitsgemeinschaft Kommunalpolitik« ein, die mit der »Kommunalpolitischen Vereinigung der CDU und CSU Deutschlands« (KPV) eng zusammenarbeitet und sich der Beachtung kommunalpolitischer Interessen bei bundespolitischen Entscheidungen widmet, also primär politikfeldbezogen arbeitet.

3.3.2 Fraktionsflügel der SPD

In der SPD-Fraktion haben sich im Unterschied zur CDU/CSU-Fraktion keine organisierten Interessengruppen, wohl aber drei profilierte politische Flügel ausgebildet: Die Parlamentarische Linke (PL), der Seeheimer Kreis (SK) und das Netzwerk Berlin. Die meisten Fraktionsmitglieder gehören einer Gruppe an.

Besonders seit der Regierungsbeteiligung der SPD und vor allem während der Regierungszeit Helmut Schmidts (1974–82) übte die in den 1950er Jahren entstandene Fraktionsgruppierung der »Kanalarbeiter«, wie sie scherzhaft genannt wurde, einen starken Einfluss insbesondere bei Personalentscheidungen aus. Regelmäßig traf sich die »Kanalarbeitergewerkschaft« im Kessenicher Hof zur Pflege der »Geselligkeit« und um Absprachen zu treffen. Sie war die Stütze der Regierung Schmidt. Die »große Stunde« der »Kanaler« schlug meist bei Personalentscheidungen. Neben den Kanalarbeitern wirkte in den 1970er Jahren innerhalb der Fraktion und Partei der ebenfalls mitte-rechts stehende »Seeheimer Kreis«, der 1974 aus Vorgängergruppierungen (»Metzger-Kreis«, »Vogel-Kreis«, »Linke-Mitte«) hervorgegangen war und ab 1978 im hessischen Luftkurort Seeheim (daher sein Name) regelmäßige Treffen abhielt. Mit dem Ziel, insbesondere neomarxistische Einflüsse der Parteilinken zurückzudrängen und eine pragmatische, am Godesberger Programm ausgerichtete Politik zu unterstützen, war dieser auf Fraktions- und Parteiebene wirkenden Gruppierung stärker als den Kanalern an inhaltlich-politischer Diskussion und Sacharbeit gelegen. »Kanalarbeiter« und »Seeheimer«, zu denen etwa 90 bis 100 Abgeordnete gerechnet wurden, arbeiteten zur Unterstützung der Regierung Helmut Schmidt zusammen und setzten sich im Bundestag regelmäßig gegenüber den 40 bis 50 Abgeordneten der Parlamentarischen Linken durch. Bis zu acht »Seeheimer« sowie der Kanaler Egon Franke gehörten dem Kabinett Schmidt/Genscher an (vgl. Trefs 2007: 237 ff.; Müller-Rommel 1982: 163 ff.; aus Sicht des Seeheimer Kreises: Gebauer 2005: 125 ff.; Kahrs/Viehbeck 2005). Mit dem Ende der SPD/FDP-Koalition 1982 löste sich die Fraktionsgruppierung der Kanalarbeiter auf. Viele ihrer Mitglieder wechselten zum Seeheimer Kreis, dem seit der 10. Wahlperiode (1983–1987) etwa ein Drittel der SPD-Bundestagsabgeordneten zuzurechnen sind (zumeist 80 bis 100 Abgeordnete, in der stark reduzierten Fraktion der 17. Wahlperiode knapp 50).

Im Vorstand und in der Fraktionssitzung treten die innerhalb der Fraktion mitte-rechts stehenden »Seeheimer« bei wichtigeren Themen häufig relativ »geschlossen« auf. Bereits am Freitag der vorausgegangenen Sitzungswoche treffen sich die drei Sprecher und danach der Sprecherkreis aus acht weiteren Mitgliedern (früher: Leitungskreis), um die kommende Sitzungswoche vorzubereiten und auch längerfristige Aktivitäten zu besprechen. Hierzu gehört auch die Vorbereitung von Absprachen über die Haltung der »Seeheimer« in den Fraktionsgremien. Die Wahl des Sprecherkreises durch die Abgeordneten des Seeheimer Kreises erfolgt alle zwei Jahre.

Am Dienstag findet in Sitzungswochen traditionell um 13.30 bis kurz vor Beginn der Fraktionssitzung der »Seeheim Mittagstisch« statt, an dem neben einigen Mitarbeitern etwa 20 bis 30 Abgeordnete teilnehmen – wer Zeit hat und sich für bestimmte Themen interessiert. Bei diesem regelmäßigen Treffen werden die »Strategie« für die anschließende Fraktionssitzung abgesprochen, aber auch anstehende Sachthemen diskutiert und Personalentscheidungen vorbereitet. So werden bei wichtigeren Themen geplante Diskussionsbeiträge in der Fraktionssitzung inhaltlich und taktisch aufeinander abgestimmt. Auch Abgeordnete, die nicht am Treffen teilgenommen haben, können so unschwer die Haltung des Seeheimer Kreises erkennen und sich entsprechend orientieren. Das Verhalten bei Wahlen wird weitgehend abgesprochen. Bei Vorstandswahlen wird möglichst »durchgewählt«, während bei der Besetzung einzelner Positionen mit »ungebundenen« Abgeordneten und gegebenenfalls auch dem »Netzwerk Berlin« und der »Parlamentarischen Linken« »austariert« wird (so ein langjähriges Mitglied des Sprecherkreises). Zum Seeheim Mittagstisch werden oft Gäste aus Politik, Wirtschaft, Wissenschaft und Medien zum Meinungsaustausch über aktuelle Themen eingeladen. Ein weiteres Treffen des Seeheimer Kreises in Sitzungswochen ist das Arbeitsfrühstück am Donnerstag vor den Plenarsitzungen, an dem nur Abgeordnete teilnehmen. Neben aktuellen Absprachen zum Plenum können alle anstehenden Fragen besprochen werden, somit auch längerfristige inhaltliche Positionierungen und strategische Vorgehensweisen.

Über die Fraktionsarbeit hinaus werden halbjährlich Tagungen (»Dialogveranstaltungen«) des bundesweiten »Seeheimer Kreises« mit prominenten SPD-Politikern, Wissenschaftlern und Journalisten als Referenten und Teilnehmer von Podiumsdiskussionen zu zentralen Themen veranstaltet, an denen etwa 200 bis 300 Personen teilnehmen (vgl. Kahrs/Viehbeck 2005: 61 f.). Angeschrieben werden etwa 1200 Personen, neben den Mitgliedern der Bundestagsfraktion u. a. auch Landes- und Kommunalpolitiker. Als »intensiv und ertragreich« gilt zudem die einmal im Jahr stattfindende mehrtägige Strategieklausur des Seeheimer Kreises. Der Öffentlichkeit präsentiert sich der Seeheimer Kreis insbesondere über seine Homepage (seeheimer-kreis.de). Die Möglichkeit, durch Veranstaltungen »nach außen« zu wirken, wird dadurch erleichtert, dass es seit 1994 die Seeheimer auch als Verein gibt (»Die Seeheimer e. V.«). Diesem Beispiel sind 2009 auch die »Netzwerker« mit ihrem »Trägerverein Netzwerk Berlin« gefolgt, während die Parlamentarische Linke weiterhin auf eine derartige Organisationsform verzichtet.

Die ebenfalls seit Mitte der 1970er Jahre bestehende »Parlamentarische Linke in der SPD-Bundestagsfraktion« (PL) orientierte sich in den 1980er Jahren deutlich »ökologischer« und beruft sich in ihrer aktuellen Informationsbroschüre dezidiert auf Kernaussagen des Hamburger Programms der SPD von 2007 (PL 2011: 4; www.

parlamentarische-linke.de). Die PL arbeitet eng mit dem auf Parteiebene wirkenden »Forum Demokratische Linke 21« (DL 21) zusammen. Sie ist seit 1998 die stärkste Fraktionsgruppierung der SPD mit über einem Drittel der SPD-Abgeordneten, in der laufenden Wahlperiode sogar knapp der Hälfte der Fraktionsmitglieder. Ihrem Selbstverständnis nach will sie »nicht eine Fraktion in der Fraktion, sondern ein offener Kreis der Information, Diskussion, Meinungsbildung und Orientierung« sein (PL 2011: 3).

Auch die Parlamentarische Linke trifft sich in jeder Sitzungswoche vor der Fraktionssitzung von 13.30 bis gegen 15.00 Uhr zum »Mittagstisch« in der Parlamentarischen Gesellschaft, wobei neben einigen Mitarbeitern etwa 30 Abgeordnete anwesend sind (Stand. 2011). Dabei geht es darum, inhaltliche und taktische Absprachen für die Fraktionssitzung zu treffen und dabei etwa zu klären, wer dort bei wichtigen Tagesordnungspunkten die Position der PL erläutert. Das Verhalten bei Wahlen insbesondere für den Fraktionsvorstand wird auch bei der PL nach Möglichkeit abgesprochen. Die fachliche Kompetenz der Bewerber ist aber insbesondere bei Wahlen für Arbeitsgruppen und Ausschussvorsitze prägender als die Gruppenzugehörigkeit. Ähnlich wie beim Seeheimer Kreis wird auch bei der Mittagsrunde der PL ein zentrales Thema behandelt, wozu (führende) SPD-Politiker, Verbandsvertreter oder Wissenschaftler eingeladen werden (so zu Zeiten der Regierungsbeteiligung regelmäßig sozialdemokratische Kabinettsmitglieder und zweimal im Jahr der Parteivorsitzende). Wie auch bei den beiden anderen Fraktionsgruppierungen sind dies vor allem Personen, von denen man inhaltlich, argumentativ und taktisch eine Stärkung der eigenen Vorhaben erwartet. Bei bestimmten Themen von strategischer Bedeutung finden im Übrigen Diskussionen ausschließlich im Kreis der Abgeordneten statt.

Die institutionellen Strukturen der »Parlamentarischen Linken« sind noch immer schwächer ausgeprägt als beim Seeheimer Kreis, wenngleich die Formalisierung in manchen organisatorischen Abläufen und die Transparenz bei der Festlegung von Themenschwerpunkten sowie der Einladung zu Veranstaltungen in den letzten Jahren stärker geworden ist (so ein Vorstandsmitglied). Sitzungen des vornehmlich mit längerfristigen Themen befassten erweiterten Vorstands finden einmal im Monat in der ersten Sitzungswoche statt, somit viel seltener als bei den beiden anderen Gruppen. Der erweiterte Vorstand besteht aus dem Sprecher, drei Stellvertretern und dem Schatzmeister, die den Geschäftsführenden Vorstand bilden, sowie zehn weiteren gewählten Mitgliedern und dem Vorsitzenden des Forums Demokratische Linke 21 als kooptiertem Mitglied. Der vorwiegend mit organisatorischen Fragen befasste Geschäftsführende Vorstand trifft sich bei Bedarf. Sprecher und Vorstand werden jährlich gewählt.

Zur Vertiefung bestimmter Themen und zur Diskussion der im Auftrag der PL erstellten Materialien finden jährlich etwa fünf Abendveranstaltungen (mit etwa 60 bis 200 Teilnehmern) statt, die teilweise auch gemeinsam mit anderen Gruppen der Fraktion oder den Forum Demokratische Linke 21 durchgeführt werden. Darüber hinaus präsentiert sich die Parlamentarische Linke über ihre Homepage der Partei und der Öffentlichkeit mit Konzept-Papieren und Readern und bietet einen Newsletter an (parlamentarische-linke.de).

Nach der für die SPD erfolgreichen Bundestagswahl 1998 kam eine neue Fraktionsgruppierung hinzu, die sich als zentristisch versteht. Mit derzeit knapp 40 Mitgliedern ist sie nach wie vor die kleinste Gruppierung (Stand: 2011). Das »Netzwerk Berlin« wurde Anfang 1999 von einer Gruppe jüngerer Bundestagsabgeordneter gegründet, vor allem ehemaligen Jusos des undogmatischen Flügels, die sich keiner der beiden »etablierten« Gruppen anschließen wollten, in denen sie offenbar zu geringe Einflusschancen sahen. Die ähnlich wie die »Seeheimer« pragmatisch orientierten Neuparlamentarier »schufen sich mit der Gründung des ›Netzwerks‹ einen innerfraktionellen Flügel, in dem möglichst flache Hierarchien herrschten und in dem eine offene, auf größtmögliche Beteiligung ausgerichtete Diskussionskultur in einer vertrauensvollen Atmosphäre praktiziert werden sollte« (Forkmann 2011: 82). Die neue Gruppe war zunächst nicht viel mehr als ein »Einladungsverteiler für formlose Treffen«, erinnert sich einer der Gründer dieser Gruppe (Bartels 2011: 32). Das änderte sich mit dem Anwachsen der Gruppe auf 40 Abgeordnete (darunter nun auch mehrere ältere) nach der Bundestagswahl 2002 und mit dem zunehmenden Interesse des Netzwerker, durch gemeinsame Initiativen Einfluss auf die Fraktionsarbeit zu nehmen (vgl. Forkmann 2011: 101). Inzwischen hat sich die Organisationsstruktur der »Netzwerker« jener der Parlamentarischen Linken und des Seeheimer Kreises angenähert, während andererseits vom Netzwerk Berlin ausgehende Impulse für eine offenere Diskussionsstruktur von den traditionellen Gruppierungen aufgenommen wurden.

Nach der Bundestagswahl 2002 wurde ein Sprecherkreis bestimmt, der seit 2006 Vorstand genannt wird. Der derzeit aus zwei Sprechern und fünf weiteren Mitgliedern bestehende Vorstand wird alle zwei Jahre aus den Reihen der Netzwerk-Abgeordneten gewählt. Wie beim Seeheimer Kreis und im Unterschied zur PL trifft er sich in jeder Sitzungswoche, zumeist am Donnerstagmittag, um politische Themen aufzugreifen und vor allem organisatorische Fragen zu besprechen. Auch die Netzwerk-Abgeordneten kommen am Dienstagmittag parallel zu den beiden anderen Gruppierungen zum Mittagstisch zusammen (sog. Mittagskoordinierung), wobei etwa 10 bis 15 Abgeordnete sowie einige Mitarbeiter teilnehmen. Sie tauschen sich über aktuelle Fragen und anstehende Entscheidungen aus, bereiten insbesondere die Fraktionssitzung vor und verständigen sich auf Positionen innerhalb der Gruppe (Netzwerk Berlin 2011: 50 f.). Oft werden auch Parlamentarier oder Experten aus dem Umfeld der Gruppe als Referenten hinzugezogen. Das Netzwerk Berlin ist mit dem Anspruch angetreten, durch offene Diskussions- und Kulturveranstaltungen und Tagungen die gruppeninternen Debatten an eine breite Öffentlichkeit zu vermitteln und den Dialog innerhalb der Sozialdemokratie und in ihrem Umfeld zu führen, vielfältigen Expertenrat einzubeziehen und ihre Ideen und Konzepte an eine breitere Öffentlichkeit zu vermitteln (vgl. Forkmann 2011: 324 f.; Netzwerk Berlin 2011). So trifft sich das Netzwerk Berlin etwa zwölf Mal im Jahr am Donnerstagabend im Reichtagsgebäude mit führenden Persönlichkeiten aus Politik, Wirtschaft, Wissenschaft und Kultur, um mit ihnen nach einem Impulsreferat über ein konkretes Thema zu diskutieren. An diesen nach Anmeldung öffentlich zugänglichen Veranstaltungen im Reichstagsgebäude nehmen etwa 50 bis 100 Personen teil. Auch bei den gemeinsam mit der Deutschen Hochschule für Verwaltungswissenschaften sowie der Landesvertretung Rheinland-Pfalz durchgeführten jährlichen Fachtagungen und nicht zuletzt den etwa vier mal jährlich veranstalteten »InnovationsDialogen« der Zeitschrift »Berliner Republik« mit Spitzenpolitikern und Experten aus verschiedenen Bereichen wird ein offener Diskurs angestrebt. Mit der seit 1999 bestehenden Zeitschrift »Berliner Republik« hat sich das Netzwerk Berlin als einzige Fraktionsgruppierung ein – inhaltlich anspruchsvolles – publizistisches Forum geschaffen, das beispielsweise die Diskussion über den »vorsorgenden Sozialstaat« geführt hat (Forkmann 2011: 117 ff.); die meisten »Netzwerker« sind Herausgeber dieser Zeitschrift. Über ihre Homepage und einen Newsletter pflegt das Netzwerk Berlin den Kontakt zur Öffentlichkeit (netzwerkberlin.de).

Erst nach der Bundestagswahl 2005 und mit der Bildung der Großen Koalition gelangte eine größere Anzahl von »Netzwerkern« in führende politische Positionen (Forkmann 2011: 152; Bartels 2011: 33). Inhaltlich steht das Netzwerk Berlin dem Seeheimer Kreis näher als der Parlamentarischen Linken und hat mit diesem bisher auch stärker bei Sach- und Personalentscheidungen kooperiert – wenngleich es Fusionsangebote bislang abgelehnt hat. Ihrem öffentlich bekundeten Selbstverständnis nach will das Netzwerk Berlin trotz angepasster Organisationsstrukturen weniger »Faktion« sein als die beiden anderen Gruppierungen, die nicht nur als Konkurrenz gesehen werden, sondern mit denen man »engagiert und konstruktiv« zusammenarbeiten will (Netzwerk Berlin 2011: 7). Nicht zu Unrecht nimmt es für sich in Anspruch, die Konfrontation der beiden »klassischen Flügel« gemildert zu haben (Bartels 2011: 33). Diese grundsätzliche Offenheit kommt auch darin zum Ausdruck, dass mehrere Mitglieder des Netzwerk Berlin zugleich dem Seeheimer Kreis oder der Parlamentarischen Linken angehören, während es bislang keine Doppelmitgliedschaften zwischen PL und SK gibt. Zudem bekundet das Netzwerk diese Offenheit dadurch, dass Einladungen zur Mittagsrunde vor der Fraktionssitzung ebenso wie bei der Parlamentarischen Linken seit den 1990er Jahren an alle SPD-Bundestagsabgeordneten gehen, während der Seeheimer Kreis diese phasenweise ebenso geübte Praxis seit einigen Jahren wieder aufgegeben hat (vgl. Ismayr 2001: 111).

Die Organisationsstrukturen und Aktionsformen der drei Fraktionsgruppierungen weisen neben bemerkenswerten Unterschieden doch deutliche Gemeinsamkeiten auf: Alle drei Gruppen kennen eine formelle Mitgliedschaft mit Mitgliedsbeiträgen, über die eine Geschäftsstelle finanziert wird. Sie haben einen von den Mitgliedern

gewählten Vorstand gebildet und treffen sich vor der Fraktionssitzung, um inhaltliche und personelle Absprachen zu treffen und gegebenenfalls mit Referenten über
ein Schwerpunktthema zu diskutieren. Sie führen zudem Diskussionsveranstaltun-
gen und Tagungen mit Referenten/Experten aus verschiedenen Bereichen durch,
die (partei)öffentlich sind und präsentieren sich der Öffentlichkeit jeweils über eine
eigene Homepage. Schließlich wird die Verbundenheit durch gesellige Veranstaltungen wie die traditionelle Spargelfahrt und das Gänseessen beim Seeheimer Kreis, die
Sommerwanderung der Parlamentarischen Linken, das Sommerfest und die Kurz-
filmnacht des Netzwerk Berlin und die Kneipenabende der Gruppen nach den Dialogveranstaltungen gefördert. Dabei wird oft über die Gruppengrenzen hinaus die gesamte Fraktion eingeladen.

Die meisten SPD-Abgeordneten gehören zwar (mindestens) einer der drei Fraktionsgruppierungen an, doch fühlen sich viele nur locker verbunden – wie schon in
den 1980er Jahren und somit weit vor der Gründung des Netzwerk Berlin festgestellt
werden konnte (Ismayr 2001: 112 f.). So führen personelle Absprachen durchaus nicht
immer zum Erfolg, auch wenn aufgrund der Mitgliederzahl einer oder zweier koope-
rierender Gruppen eine Mehrheit gegeben zu sein scheint. Bei inhaltlichen Fragen ist
ohnehin die fachlich-politische Orientierung oft prägender als die Gruppenzugehörigkeit. Somit lohnt es sich, inhaltlich Überzeugungsarbeit zu leisten und in der Fraktion um die Gewinnung von Mehrheiten zu ringen.

3.4 Landesgruppen und Sonderstellung der CSU-Landesgruppe

Die Abgeordneten der einzelnen Bundesländer von Union und SPD bilden Landesgruppen. Besonderes Gewicht kommt der CSU-Landesgruppe zu, doch ist auch der
Einfluss der Landesgruppen der CDU nicht zu unterschätzen.

Die seit 1976 jeweils zu Beginn der Wahlperiode beschlossenen »Vereinbarungen«
über die Fortführung der Fraktionsgemeinschaft zwischen CDU und CSU« garantieren der CSU-Landesgruppe, teils abweichend von der »Arbeitsordnung der CDU/
CSU-Fraktion« (AO), ein beachtliches Maß an organisatorischer Selbständigkeit. Gemeinsam wählen beide Gruppen nur den Fraktionsvorsitzenden. Dieser hat einen
»Ersten Stellvertreter«, den von den CSU-Abgeordneten gewählten Landesgruppenvorsitzenden. Entsprechend dieser Vereinbarung wurde auch ausgehandelt, dass von
den »weiteren« Stellvertretern im Fraktionsvorsitz die CSU-Gruppe einen, die CDU-
Gruppe die anderen wählt, wobei allerdings die Interessengruppierungen der Fraktion zu berücksichtigen sind.

Der von der CDU gestellte Erste Parlamentarische Geschäftsführer kann seine
Aufgaben nur in ständiger Koordination mit seinem »Stellvertreter« von der CSU erfüllen, der zugleich Parlamentarischer Geschäftsführer (PGF) der CSU-Landesgruppe

ist. Beide nehmen in Zeiten der Regierungsbeteiligung am Koalitionsausschuss und an der Kleinen Koalitionsrunde der Bundestagsfraktion (»Koalitionsfrühstück«) sowie an der Kabinettsvorbesprechung teil und wirken bei der Vorbereitung der Sitzungen des Ältestenrates mit.

Die übrigen Funktionsträger der Fraktion werden entsprechend dem Stärkeverhältnis der Parteigruppen gewählt. Dabei gilt, dass die Gruppen der CDU- und der CSU-Abgeordneten die auf sie entfallenden Vorstandsmitglieder (abweichend von der AO der Fraktion) selbst wählen. Bei der Wahl der Arbeitsgruppenvorsitzenden, der Obleute sowie der Ausschussvorsitzenden und Stellvertreter haben CDU und CSU für die auf sie entfallenden Positionen das Benennungsrecht. In der Praxis bedeutet dies, dass zunächst zwischen der Führung der CSU-Landesgruppe und dem CDU-Teil des Geschäftsführenden Vorstandes der Gesamtfraktion (unter maßgeblicher Beteiligung der Geschäftsführer) ausgehandelt wird, welche Positionen die beiden Parteigruppierungen zu besetzen haben. Auch die interne Organisation und Entscheidungsstruktur der CSU-Landesgruppe, die (auch) in ihrer eigenen Geschäftsordnung geregelt ist, macht deren Sonderstellung deutlich; sie wirkt in der Tat als eine Art »Fraktion in der Fraktion«, auch wenn das Maß an eigenständiger Profilierung variierte.

Am Montagabend nach der Vorstandssitzung der Gesamtfraktion tritt in jeder Sitzungswoche die Landesgruppenversammlung (ggf. einschließlich der Bundesminister der eigenen Partei) in der bayerischen Landesvertretung zusammen. Sie ist »das zur Beschlussfassung in politischen Angelegenheiten berufene Organ«. Die Vollversammlung wählt die Organe »und entscheidet durch Wahl, welche Landesgruppenmitglieder für Bundestags- oder Fraktionsämter der Gesamtfraktion benannt werden« (§ 4 GO-CSU/LG).

Sie wählt entsprechend: Den Vorsitzenden und zwei stellvertretende Vorsitzende der Landesgruppe, einen (weiteren) Stellvertretenden Vorsitzenden der Gesamtfraktion, den Parlamentarischen Geschäftsführer, den Justitiar sowie die der CSU-Landesgruppe »zustehenden« Arbeitsgruppenvorsitzenden. Sie bilden, gegebenenfalls zusammen mit dem (von der Landesgruppe vorgeschlagenen) Mitglied des Bundestagspräsidiums und drei Vertretern der Bundesregierung (CSU), den Vorstand der Landesgruppe. Gewählt werden außerdem die von der CSU zu benennenden Obleute, Ausschussvorsitzenden und stellvertretenden Ausschussvorsitzenden sowie die Vorsitzenden der sechs Arbeitskreise der CSU-Landesgruppe, die für die Arbeit in den Bundestagsausschüssen zuständig sind.

Die CSU-Landesgruppe erhält einen bestimmten Anteil an den Finanzmitteln der Fraktion zur eigenen Verfügung. Sie besitzt einen eigenen Stab von Referenten und sonstigen Mitarbeitern, die dem Vorsitzenden, dem Geschäftsführer und den Arbeitskreisvorsitzenden der Landesgruppe zuarbeiten, sowie eine eigene Pressestelle. Hinzu kommt der »privilegierte« Zugang zu den von CSU-Ministern geführten Ressorts und ihrer Verwaltung im Bund und in Bayern.

Die Sitzungen der Landesgruppe beginnen mit dem Bericht ihres Vorsitzenden, an den sich eine allgemeine Aussprache anschließt. Es folgen der Bericht des Parlamentarischen Geschäftsführers der Landesgruppe und die Besprechung wesentlicher Themen der parlamentarischen Woche unter Beteiligung der zuständigen Berichterstatter. Hinzu kommt die Behandlung von Schwerpunktthemen, insbesondere solcher, bei denen sich die CSU-Landesgruppe besonders positionieren und profilieren will. Der etwa ein Drittel der Mitglieder der Landesgruppe umfassende Vorstand der CSU-Landesgruppe tagt nur etwa alle zwei Monate und befasst sich – in vertraulicher Runde – eher mit längerfristigen Themen.

Als hervorstechendes Charakteristikum der CSU-Landesgruppe galt deren »Außensteuerung« durch die CSU-Landesleitung, insbesondere den seinerzeitigen CSU-Vorsitzenden Franz Josef Strauß, dessen Führungsanspruch nahezu unumstritten war.

Solange der CSU-Vorsitzende Abgeordneter in Bonn war, fungierte die Landesgruppe als »Leibgarde ihres Vorsitzenden«. Als bayerischer Ministerpräsident gelang es ihm, sich auf anderem Wege einen (zeitweise) maßgeblichen Einfluss auf die Regierungspolitik in Bonn zu sichern, so als privilegierter Redner bei wichtigen Plenardebatten des Bundestages, durch Beteiligung an den »Dreiergesprächen« der Parteivorsitzenden und besonders durch Einführung eines »Jour fixe«, zu dem sich (regulär) einmal im Monat die Bonner CSU-Spitzenpolitiker aus Regierung und Fraktion in der bayerischen Staatskanzlei einfanden, um dem Parteivorsitzenden zu berichten und ihre Politik mit ihm abzustimmen (Ismayr 1992: 114). Auch die konservative Presse vermutete in diesem informellen Gremium eine Art Nebenregierung (Münchner Merkur vom 31. 3. 1983). Der »Jour fixe« wurde auch nach Strauß' Tod im Jahre 1988 weitergeführt, trat aber (auf Einladung des Parteivorsitzenden) in den folgenden Jahren nur mehr selten zusammen und spielte nur noch eine bescheidene Rolle. Mit der Führung der Partei durch eine »doppelte Spitze« von bayerischem Ministerpräsident und CSU-Parteivorsitzendem und besonders seit dem Eintritt des CSU-Vorsitzenden Theo Waigel als Finanzminister ins Bonner Kabinett (April 1989) hatte sich die Willensbildungsstruktur deutlich verändert. Die Mitwirkung an der Bonner Regierungspolitik hatte sich stärker in die Große Koalitionsrunde und ins Kabinett verlagert. Zudem konnte die Doppelrolle als »oppositionelle« Regierungspartei in Bonn mit einem ins Kabinett »eingebundenen« CSU-Vorsitzenden nur in verändertem Stil weitergespielt werden – wobei sich der seit 1993 amtierende bayerische Ministerpräsident Edmund Stoiber mit eigenständigen politischen Vorstellungen gegenüber dem Parteivorsitzenden und der CSU-Landesgruppe profilierte und abgrenzte. Nach der Übernahme des Parteivorsitzes durch den bayerischen Ministerpräsidenten Stoiber (1999) erhielt der »Jour fixe« wieder eine stärkere Funktion, zunächst mit der Aufgabe der Koordination der bayerischen Landespolitik mit der Berliner Oppositionspolitik (auch im Bundesrat) und seit 2005 wiederum der Regierungspolitik der CSU in Berlin. Regelmäßige Teilnehmer sind derzeit neben dem Parteivorsitzenden und seinen Stellvertretern der Vorsitzende und der Geschäftsführer der CSU-Landesgruppe, die Vorsitzenden der CSU-Landtagsfraktion und der

Gruppe der Europaabgeordneten der CSU sowie die beiden der Bayerischen Staatskanzlei zugeordneten Staatsminister (Stand 2011).

Richtungweisend sind nach wie vor die ein- bis zweimal im Jahr stattfindenden
Klausurtagungen der CSU-Landesgruppe und führender Parteivertreter.

Die Doppelrolle der CSU-Landesgruppe wird von deren Vorsitzenden bei allen
sich bietenden Gelegenheiten nachdrücklich und in fast gleichlautenden Formulierungen unterstrichen: »Die CSU ist und bleibt eine selbständige Partei mit bundespolitischen Ansprüchen. Dass sich die CSU darüber hinaus als Hüter bayerischer Interessen in Bonn versteht, ist für uns eine Selbstverständlichkeit« (Bayern-Kurier vom
13. 7. 1985). Die Erfolge bei der Durchsetzung bayerischer Interessen in der Gesamtfraktion und der Koalition werden stolz bilanziert.

Ihre starke Stellung in der Fraktion und Regierung, die ihre wirkungsvolle Wahrnehmung dieser »Doppelrolle« ermöglicht(e), verdankt(e) die CSU nicht zuletzt dem
nachwirkenden Schock des Trennungsbeschlusses von Kreuth (1976). In ihrem bundesweiten politischen Anspruch bestärkt und auch von der CDU anerkannt, konnte
sie nun als eigenständige Partei in der christlich-liberalen Regierungskoalition
(1982–1998) Politik entscheidend mitgestalten. Gegen den von den CSU-Spitzenpoli-
tikern in Bonn mit dem Parteivorsitzenden abgesprochenen und in aller Regel dann
auch von der Landesgruppe und den CSU-Ministern (jedenfalls nach außen) mitge-
tragenen Widerstand waren wichtige politische Entscheidungen der Koalition kaum
durchsetzbar (Mintzel 1977: 407). Dabei kommt der Landesgruppe noch zugute, dass
sie auch intern die organisatorischen Voraussetzungen zur detaillierten Vorbereitung
und Koordination politischer Vorstöße in der Gesamtfraktion geschaffen hat.

Ihre Durchsetzungsfähigkeit in der Fraktion (wie auch in Koalitionsgesprächen)
verdankt sie nicht zuletzt ihrer »Gruppendisziplin«. Nicht ohne Argwohn wird im
CDU-Teil der Fraktion und besonders in deren Landesgruppen registriert, dass die
CSU-Landesgruppe ihr »Drohpotential« auch recht erfolgreich zur Durchsetzung re-
gionalpolitischer Interessen einsetzt. Auch die deutsche Vereinigung hat zu keiner
wesentlichen strukturellen Änderung im Verhältnis des CDU-Teils und des CSU-Teil
der Fraktion geführt. Um einer befürchteten bundespolitischen Einflussminderung
entgegenzuwirken, wurde die »Vereinbarung über die Fortführung der Fraktionsgemeinschaft« seit 1990 um die Regelung ergänzt, dass die CSU-Gruppe in allen Gremien mit (mindestens) einem Mitglied vertreten ist und auch bei der Redezeitvertei-
lung angemessen berücksichtigt werden muss.

Auch die CDU-Abgeordneten der einzelnen Bundesländer bilden jeweils Landesgruppen. Sie wählen einen Vorsitzenden und einen oder mehrere Stellvertreter. Weniger gewichtig als die CSU-Landesgruppe ist deren Einfluss auf die Willensbildung
der Fraktion doch keinesfalls zu unterschätzen. Auch die CDU-Landesgruppen tagen
in Sitzungswochen regelmäßig am Montagabend nach der Vorstandssitzung, somit in
Kenntnis aktueller Konfliktpunkte aus diesem Führungsgremium. Neben der Beratung einzelner – vor allem regionalpolitisch bedeutsamer – Themen ist vor allem das

informelle Gespräch wichtig. Die »Stimmung« in den Landesgruppen gilt der Fraktionsführung als »Seismograph« und wird in Zeiten der Regierungsbeteiligung auch
vom Bundeskanzler aufmerksam beobachtet. Die den östlichen Landesgruppen angehörigen CDU-Abgeordneten treffen sich unter dem Vorsitz des für den »Aufbau
Ost« zuständigen stellvertretenden Fraktionsvorsitzenden dienstags vor den Arbeitsgruppensitzungen als »Kommission Aufbau Ost«, um bei einschlägigen Themen ihre
Position und ihr Vorgehen – auch in der Mittagsrunde und der Fraktionssitzung –
abzusprechen. Der »Beauftragte der Bundesregierung für die Neuen Bundesländer«
nimmt in Zeiten der Regierungsbeteiligung an dieser Sitzung regelmäßig teil.

Auch die SPD-Abgeordneten der jeweiligen Herkunftsländer bilden Landesgruppen, doch spielen diese insgesamt gesehen für die Willensbildung in der Fraktion
eine geringere Rolle. Dies zeigt sich schon daran, dass deren Treffen in den Ablauf
der Sitzungswochen nicht fest »eingebaut« sind. Beachtliches Gewicht haben sie allerdings bei der Besetzung von Gremien und auch bei manchen regionalpolitischen
Fragen. Im gesamtdeutschen Bundestag wurde die Position der ostdeutschen Landesgruppen zunächst dadurch gestärkt, dass ihre Vorstellungen über die Querschnitts-
gruppe »Einheit Deutschland« formell in den Willensbildungsprozess der Fraktion
eingebracht werden konnten – wofür seit Oktober 1998 die Arbeitsgruppe für »Angelegenheiten der neuen Länder« zuständig war. Im Jahr 2002 schlossen sich die SPD-
Bundestagsabgeordneten der Länder Brandenburg, Mecklenburg-Vorpommern,
Sachsen, Sachsen-Anhalt, Thüringen und Berlin zur »Landesgruppe Ost« zusammen,
um die ostdeutschen Interessen »besser bündeln und gemeinsam im parlamentarischen Prozess umsetzen« zu können (Themen z. B. »Sozialer (dritter) Arbeitsmarkt«,
»Ost-Renten«, »Härtefallfonds«). Die Landesgruppe Ost tagt gemeinsam mit Vertretern der ostdeutschen Landesvertretungen montags in jeder Sitzungswoche. Wie
sich inzwischen offenbar vielfach gezeigt hat, wurden durch den Zusammenschluss
ostdeutsche Positionen bei Verhandlungen und Initiativen gestärkt (so jedenfalls die
Einschätzung beteiligter Akteure; www.iris-gleicke.de).

Auch die Abgeordneten der kleineren Fraktionen FDP, Bündnis 90/Die Grünen
und Die Linke bilden Landesgruppen, die aber oft nur aus wenigen Abgeordneten bestehen und insgesamt weniger formalisiert sind. Zudem werden in allen Parteien die
landespolitischen Interessen unter Beteiligung von Abgeordneten auch in den Parteigremien dieser Länder formuliert.

3.5   Fraktionsführung und Fraktionsvorstand

Formell sind die Fraktionsversammlungen die zentralen Wahl- und Beschlussorgane.
Die Komplexität der politischen Themen, Zeitdruck und die Größe der Fraktionen
bringen es allerdings mit sich, dass die Entscheidungen der Fraktionsversammlung
auf den verschiedenen Stufen des hierarchisch strukturierten Willensbildungsprozes-

ses präformiert werden. Der Behandlung in der Fraktionssitzung gehen daher (zumeist) mehrstufige Koordinationsverfahren voraus, die eine optimale Abstimmung und konzeptionelle Arbeit ermöglichen sollen – was gleichwohl nur teilweise gelingt. Hierbei spielen der am Montagnachmittag tagende (erweiterte) Vorstand sowie der zuvor tagende Geschäftsführende Vorstand eine wichtige Rolle. Bei diesen Gremien liegt die politische Führung und Geschäftsführung der Fraktion (vgl. § 6 Abs. 3 AOCDU/CSU).

3.5.1 Zusammensetzung und Wahl

Den Geschäftsführenden Vorständen von SPD und CDU/CSU gehören jeweils der Fraktionsvorsitzende und dessen Stellvertreter (9 bzw. 10 Personen) sowie die Parlamentarischen Geschäftsführer (4 bzw. 5) an, bei der Unionsfraktion zudem die beiden Justitiare und der Sprecher der CDU-Landesgruppen (§ 5 Arbeitsordnung der CDU/CSU-Bundestagsfraktion). Als weitere Mitglieder des Vorstandes kommen bei der CDU/CSU-Fraktion die (derzeit) 21 Arbeitsgruppenvorsitzenden und die Vorsitzenden der sechs »Soziologischen Gruppen« ex-officio hinzu, zudem 15 gewählte Beisitzer. Bei der SPD-Fraktion bilden die Mitglieder des Geschäftsführenden Vorstandes mit (derzeit) 25 weiteren gewählten Mitgliedern den Vorstand. Nur ein Teil der Sprecher – derzeit knapp die Hälfte – gehört dem Vorstand an, da eine ex-officio-Mitgliedschaft in der Fraktion nicht durchsetzbar war (Abbildungen 3.1 und 3.2). Dies erschwert selbstverständlich die Koordination der Fraktionsarbeit – auch wenn die nicht dem Vorstand angehörigen Arbeitsgruppenvorsitzenden (wie auch die zuständigen Berichterstatter) selbstverständlich zu den sie unmittelbar betreffenden Tagesordnungspunkten eingeladen werden. Ob der mögliche Vorzug einer breiteren Repräsentation in der SPD-Fraktion die so erschwerte Koordination aufwiegt, ist fraglich.

Den Vorstand der FDP-Fraktion bilden der Vorsitzende, seine (derzeit) sechs Stellvertreter, die vier Parlamentarischen Geschäftsführer sowie der von der FDP gestellte Bundestagsvizepräsident. Wegen der Vielzahl der zu besetzenden Positionen üben die Vorstandsmitglieder der FDP weitere Führungsfunktionen in der Fraktion und Partei aus (vgl. Ismayr 1992: 121). Auf einen »erweiterten« Vorstand wurde verzichtet, umfasste doch die Fraktionsversammlung in der Regel etwa ebenso viele Mitglieder wie die Vorstände der großen Fraktionen. Entsprechende Diskussionen können also in der Fraktionssitzung geführt werden. Hingegen wurde bei Bündnis 90/Die Grünen im Interesse einer verbesserten Koordination das Gewicht nach ihrem Neueinzug in den Bundestag als Fraktion 1994 auf den (erweiterten) Fraktionsvorstand (§ 8 FGO Bündnis 90/Die Grünen) verlagert. Ihm gehören neben den zwei Fraktionsvorsitzenden und den (derzeit) vier Parlamentarischen Geschäftsführern, die den Geschäftsführenden Fraktionsvorstand bilden, die zudem als Arbeits-

Abbildung 3.1 Organisationsstruktur der CDU/CSU-Bundestagsfraktion (17. Wahlperiode)

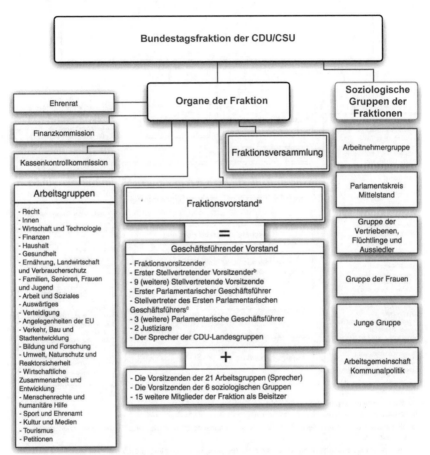

a Mitberatungsberechtigt (nach § 6 AO-CDU/CSU) sind u. a.: Mitglieder des Bundestagspräsidiums, des Präsidiums des Europäischen Parlaments, der Bundesregierung – soweit sie der CDU/CSU angehören – sowie die Vorsitzenden und Generalsekretäre dieser Parteien

b Der Vorsitzende der CSU-Landesgruppe

c Parlamentarischer Geschäftsführer der CSU-Landesgruppe

Anm.: Die CSU-Landesgruppe verfügt zudem über einen eigenen Vorstand sowie sechs Arbeitskreise.

Quelle: Darstellung nach Arbeitsordnung und Unterlagen der CDU/CSU-Bundestagsfraktion (Michael Oehring; Stand: Juni 2010).

Abbildung 3.2   Organisationsstruktur der SPD-Bundestagsfraktion (17. Wahlperiode)

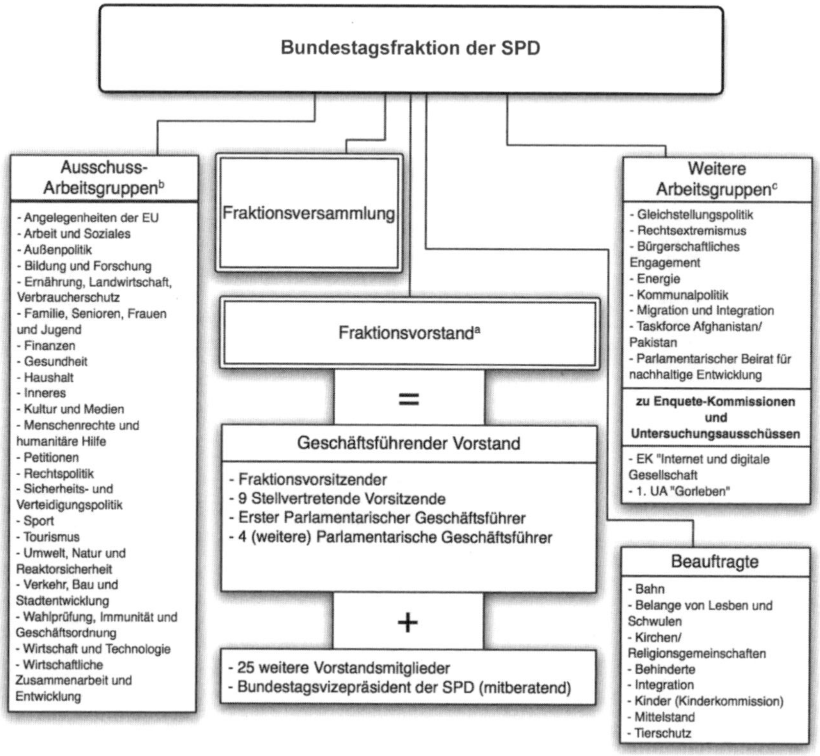

Bundestagsfraktion der SPD

Ausschuss-Arbeitsgruppen[b]
- Angelegenheiten der EU
- Arbeit und Soziales
- Außenpolitik
- Bildung und Forschung
- Ernährung, Landwirtschaft, Verbraucherschutz
- Familie, Senioren, Frauen und Jugend
- Finanzen
- Gesundheit
- Haushalt
- Inneres
- Kultur und Medien
- Menschenrechte und humanitäre Hilfe
- Petitionen
- Rechtspolitik
- Sicherheits- und Verteidigungspolitik
- Sport
- Tourismus
- Umwelt, Natur und Reaktorsicherheit
- Verkehr, Bau und Stadtentwicklung
- Wahlprüfung, Immunität und Geschäftsordnung
- Wirtschaft und Technologie
- Wirtschaftliche Zusammenarbeit und Entwicklung

Fraktionsversammlung

Fraktionsvorstand[a]

=

Geschäftsführender Vorstand
- Fraktionsvorsitzender
- 9 Stellvertretende Vorsitzende
- Erster Parlamentarischer Geschäftsführer
- 4 (weitere) Parlamentarische Geschäftsführer

+

- 25 weitere Vorstandsmitglieder
- Bundestagsvizepräsident der SPD (mitberatend)

Weitere Arbeitsgruppen[c]
- Gleichstellungspolitik
- Rechtsextremismus
- Bürgerschaftliches Engagement
- Energie
- Kommunalpolitik
- Migration und Integration
- Taskforce Afghanistan/Pakistan
- Parlamentarischer Beirat für nachhaltige Entwicklung

zu Enquete-Kommissionen und Untersuchungsausschüssen
- EK "Internet und digitale Gesellschaft
- 1. UA "Gorleben"

Beauftragte
- Bahn
- Belange von Lesben und Schwulen
- Kirchen/Religionsgemeinschaften
- Behinderte
- Integration
- Kinder (Kinderkommission)
- Mittelstand
- Tierschutz

a   Mitberatungsberechtigt (nach § 10 FGO-SPD) u. a.: Sozialdemokratische Mitglieder der Bundesregierung und Parl. Staatssekretäre; Präsident/Vizepräsident des Europ. Parlaments, wenn sie deutsches Mitglied der sozialistischen Fraktion sind.

b   Je ein Sprecher/Vorsitzender, der auch als Ausschuss-Obmann fungiert; davon gehören derzeit 7 dem erweiterten Fraktionsvorstand an.

c   Mit je einem Vorsitzenden/Sprecher; die Zahl dieser Arbeitsgruppen variiert im Laufe der Wahlperiode.

Anm.: Abbildungen zur Organisationsstruktur in früheren Wahlperioden: Ismayr 1992: 89; Ismayr 1997: 392; Ismayr 2001: 120 und Schüttemeyer 1998: 67 ff.

Quelle: Darstellung nach Organisations- und Geschäftsverteilungsplan der SPD-Bundestagsfraktion (Michael Oehring; Stand: Juni 2010).

kreiskoordinatoren fungierenden stellvertretenden Vorsitzenden sowie die der Fraktion angehörende Bundestagsvizepräsidentin an. Der von der Fraktionsversammlung gewählte Geschäftsführende Vorstand führt die laufenden Geschäfte und »koordiniert die politische und parlamentarische Arbeit der Fraktion« (§ 7 FGO Bündnis 90/ Die Grünen).

Bei der Fraktion Die Linke besteht der Vorstand aus dem Vorsitzenden, den (derzeit vier) stellvertretenden Vorsitzenden (darunter zwei »ersten« Stellvertretern), dem Ersten Parlamentarischen Geschäftsführer, den (derzeit fünf) Leitern der Arbeitskreise, dem Justitiar, der frauenpolitischen Sprecherin und der von der Fraktion gestellten Vizepräsidentin des Bundestages (§§ 7, 9 FGO Die Linke). Die beiden Parteivorsitzenden können an den Vorstandssitzungen teilnehmen, sofern sie Fraktionsmitglieder sind ebenfalls mit Stimmrecht. Wie bis zum Beginn der 17. Wahlperiode (Oktober 2009) wollte die Fraktion Die Linke bei der turnusmäßigen Neuwahl des Fraktionsvorstands im Herbst 2011 wieder eine Doppelspitze aus zwei Fraktionsvorsitzenden bilden (Das Parlament, Nr. 21-22, 25.5.2010). Stattdessen wurden dem Vorsitzenden zwei erste stellvertretende Vorsitzende zur Seite gestellt. Der Vorstand bildet einen Geschäftsführenden Vorstand, der wöchentlich tagt sowie seit einer Änderung der Fraktionsgeschäftsordnung 2011 einen den Fraktionssitzungen vorgeschalteten Parlamentarischen Vorstand, dem auch die Leiter der Arbeitskreise angehören. Der Geschäftsführende Fraktionsvorstand besteht aus dem Fraktionsvorsitzenden, den Stellvertretern, dem Ersten Parlamentarischen Geschäftsführer und der frauenpolitischen Sprecherin.

An den Sitzungen der Fraktionsvorstände nehmen u.a. auch Regierungsmitglieder, Parlamentarische Staatssekretäre, Mitglieder des Bundestagspräsidiums sowie Vorsitzende und Generalsekretäre der Partei mitberatend teil.

In keiner Fraktion wird die Führungsspitze für die gesamte Wahlperiode gewählt, doch bestehen nur geringe Chancen, zwischenzeitlich in die Führungsriege aufzusteigen. Die Wahl erfolgt in allen Fraktionen geheim. Die SPD-Fraktion wählt die Vorstandsmitglieder seit der 14. Wahlperiode (1998) für die Dauer von zwei Jahren, nach der bisherigen Regelung zunächst für ein Jahr, danach jeweils für 18 Monate (§ 14 FGO-SPD). Die Amtsdauer des Vorstands von FDP, Bündnis 90/Die Grünen und Die Linke beträgt ebenfalls zwei Jahre. Die Wahl für Ämter in der CDU/CSU-Fraktion erfolgt zu Beginn der Wahlperiode des Bundestages zunächst für ein Jahr, danach für den Rest der Legislaturperiode. Ausnahmen bilden der von der CSU-Landesgruppe gewählte Erste Stellvertreter des Fraktionsvorsitzenden (Landesgruppenvorsitzender) und deren Parlamentarischer Geschäftsführer, die für die Dauer der Wahlperiode gewählt werden (Vereinbarung über die Fortführung der Fraktionsgemeinschaft zwischen CDU und CSU für die 17. Wahlperiode des Deutschen Bundestages, 2010; zu früheren Regelungen Ismayr 2001: 121 und Ismayr 1992: 120).

Für die Neuwahl der Fraktionsführung und der übrigen Vorstandsmitglieder der SPD unterbreitet der bisherige Vorstand spätestens drei Tage vor der Wahl einen Wahlvorschlag (§§ 14 und 15 FGO-SPD). In der Praxis werden (jedenfalls in einer laufenden Wahlperiode) die bisherigen Vorstandsmitglieder, die wieder kandidieren wollen, auf die Vorschlagsliste gesetzt, so dass nur für die (freiwillig) ausscheidenden Mitglieder neue Kandidaten benannt werden. Allerdings können aus der Mitte der Fraktion zusätzliche Vorschläge gemacht werden (§ 14 Abs. 1 FGO). Bewerber, die vom Vorstand nicht berücksichtigt werden, machen von dieser Möglichkeit auch Gebrauch und haben auch Chancen, gewählt zu werden. Die meisten Wahlen haben Veränderungen gegenüber der Vorschlagsliste des Vorstands gebracht (vgl. schon Schäfer 1982); sie haben aber üblicherweise keinen Richtungswechsel signalisiert. Auch über die Wahlperioden hinweg gibt es ein relativ hohes Maß an personeller Kontinuität (was auch dadurch bedingt ist, dass die Vorschlagsliste vom bisherigen Vorstand erstellt wird). Größere Chancen, in der Fraktionshierarchie aufzusteigen, ergeben sich allerdings, wenn nach einem Regierungswechsel eine Reihe bisheriger Vorstandsmitglieder und weitere Funktionsträger Regierungsämter übernehmen (Schindler 1999: 1060 ff.; Feldkamp 2011: 515 ff.). Andererseits entsteht ein starker Konkurrenzdruck, wenn die Partei aus der Regierung ausscheidet und sich auch ehemalige Minister und Parlamentarische Staatssekretäre um herausragende Fraktionsposten bewerben, so im Oktober 2009 (vgl. FAZ vom 17. 10. 2009). In den internen Aushandlungsprozessen spielt die angemessene Vertretung der Fraktionsflügel und auch der Landesgruppen eine wichtige Rolle, seit 1990/91 auch der neuen Bundesländer, aus denen gemäß der Fraktionsgeschäftsordnung der SPD (§§ 10, 14) mindestens sechs Vorstandsmitglieder und einer der Parlamentarischen Geschäftsführer kommen sollen.

Bei der CDU/CSU-Fraktion sind vor allem die bereits erwähnten, seit 1976 jeweils zu Beginn der Wahlperiode getroffenen »Vereinbarungen über die Fortführung der Fraktionsgemeinschaft zwischen CDU und CSU« maßgeblich: »Im Fraktionsvorstand sind CDU und CSU entsprechend ihrem Stärkeverhältnis vertreten. Die Gruppen der CDU- und der CSU-Abgeordneten wählen die auf sie entfallenden Vorstandsmitglieder selbst.« Entsprechend wird auch bei allen anderen Funktionsträgern verfahren. Nur der Fraktionsvorsitzende wird gemeinsam von den Mitgliedern der CDU/CSU-Bundestagsfraktion gewählt. Faktisch ist mit Korrekturen an den Vorentscheidungen des Geschäftsführenden Vorstands kaum zu rechnen; »Kampfabstimmungen« sind selten (Ismayr 1992: 121, 585). Bei den Vorschlägen zur Besetzung der genannten Positionen wird schon bei den Vorverhandlungen versucht, die in der Fraktion vertretenen Gruppierungen entsprechend ihrem Gewicht zu berücksichtigen. In diese Überlegungen wird gegebenenfalls auch die Vergabe der Posten der Bundesminister und der Parlamentarischen Staatssekretäre einbezogen.

Tabelle 3.1 Führungspositionen in Bundestag und Bundesregierung

	Führungspositionen	Positionen insgesamt	CDU/CSU	SPD	FDP	B'90/GRÜNE	DIE LINKE
16. WP 2005–09	Bundestagspräsidium	7	2	2	1	1	1
	(Geschäftsf.) Fraktionsvorstand, Arbeitsgruppen- oder Arbeitskreisvorsitzende[a]	116	38 (53)	38 (57)	17	10	13
	Ausschussvorsitzende	22	8	8	2	2	2
	Mitglieder der Bundesregierung	16	8	8	–	–	–
	Parlamentarische Staatssekretäre	30	15	15	–	–	–
	insgesamt	191	71	71	20	13	16
17. WP 2009–	Bundestagspräsidium	6	2	1	1	1	1
	(Geschäftsf.) Fraktionsvorstand, Arbeitsgruppen- oder Arbeitskreisvorsitzende[a]	130	39 (61)	41 (57)	17	11	22
	Ausschussvorsitzende	22	9	5	3	2	3
	Mitglieder der Bundesregierung	16	11	–	5	–	–
	Parlamentarische Staatssekretäre	30	22	–	8	–	–
	insgesamt	204	83	47	34	14	26

a in Klammern einschließlich der Mitglieder des »erweiterten« Vorstandes
Quelle: Feldkamp 2011: 400 ff.; Amtliches Handbuch des Deutschen Bundestages, 16. und 17. WP (2006, 2010); eigene Zusammenstellung.

3.5.2 Fraktionsführung und Geschäftsführender Vorstand

Die Größe der Vorstände von SPD und CDU/CSU (17. Wahlperiode: 40 bzw. 62 Mitglieder) und der Termin- und Entscheidungsdruck in den Sitzungswochen haben das Entstehen hierarchischer Strukturen auch innerhalb der Vorstände begünstigt – mit Auswirkungen auf das Kommunikationsklima. Grob unterscheiden lassen sich die drei Ebenen 1. des Vorsitzenden und Ersten Parlamentarischen Geschäftsführers, 2. des Geschäftsführenden Vorstandes und 3. des (erweiterten) Vorstandes, wobei im Gesamtvorstand zwischen Funktions- und Amtsträgern, Spitzenvertretern der Partei und wichtiger Verbände und sonstigen Abgeordneten unterschieden werden kann. Weitere Differenzierungen ergeben sich aus der spezifischen Struktur der Fraktionen. Die Strukturreformen der Fraktionen haben jeweils zu gewissen – nur teilweise intendierten – Machtverschiebungen bei der Fraktionsführung geführt. Das Ausmaß der Hierarchisierung aber auch die Fähigkeit zur Koordination und konzeptionellen Bündelung werden dadurch beeinflusst.

Den engsten Führungskreis der CDU/CSU-Fraktion bilden der Vorsitzende und sein erster Stellvertreter (der Vorsitzende der CSU-Landesgruppe), der Erste Parlamentarische Geschäftsführer und der Stellvertreter des Ersten Parlamentarischen Geschäftsführers (CSU). In der Koalition macht dieses Führungsquartett seinen Einfluss durch Teilnahme an (nahezu) allen zentralen Koordinations- und Entscheidungsgremien geltend. Auch bei den Fraktionen der SPD und FDP kooperiert der für die Arbeitsplanung zuständige Erste Parlamentarische Geschäftsführer höchst einflussreich mit dem Vorsitzenden (Petersen 2000; Petersen 2010; Schüttemeyer 1997; Ismayr 1992: 123 ff.). Verantwortlich ist er u. a. für den Ältestenrat, Plenarsitzungen einschließlich Fragestunde und Aktuelle Stunde, die Sitzungen der Fraktion und des Fraktionsvorstandes. Als Sprecher seiner Fraktion im Vermittlungsausschuss nach Art. 77 GG nimmt er bei entsprechenden Mehrheitsverhältnissen eine Schlüsselstellung ein.

Hektik und Zeitdruck in den Sitzungswochen sichern den (führenden) Geschäftsführern, die nicht an der spezialisierten Ausschussarbeit teilnehmen, erheblichen Einfluss, was von nicht wenigen Abgeordneten mit Argwohn beobachtet wird (vgl. Ismayr 1985a: 32 ff.; Hamm-Brücher 1990). Insgesamt gesehen sind sie recht erfolgreich bei ihren Bemühungen, »Reibungsverluste« bei fraktionsinternen Arbeits- und Entscheidungsabläufen wie auch bei der Planung und Strukturierung der Plenarsitzungen zu vermeiden und in Kooperation mit den Vorsitzenden »Effizienz« und »Geschlossenheit« im Innern und vor allem nach außen zu garantieren (Petersen 2000: 201 ff.). Allerdings treten in der täglichen Arbeit Kriterien der Transparenz und Partizipation in den Hintergrund. Kritisiert wird in aller Regel nicht die unverzichtbare Koordinations- und Vorbereitungsarbeit als solche, ohne die eine inhaltliche Bündelung und thematische Konzentration der Fraktionsarbeit erschwert würde, sondern die mitunter als unangemessen und kontraproduktiv empfundene »Reglementierung« durch die Geschäftsführer – gegebenenfalls in Abstimmung mit den Vorsitzenden. Die Handlungsspielräume der Abgeordneten würden in einer die Kreativität der Arbeit und die Lebendigkeit der Debatten beeinträchtigenden Weise eingeengt. Die Ersten Parlamentarischen Geschäftsführer der Fraktionen FDP, Bündnis 90/Die Grünen und Die Linke sowie deren weitere Geschäftsführer spielen in ihrer Fraktion eine ähnliche Rolle wie ihre Kollegen in den großen Fraktionen. Bei Bündnis 90/Die Grünen gilt dies für die Ersten Parlamentarischen Geschäftsführer allerdings erst seit der 13. Wahlperiode (1994), während die Geschäftsführer der GRÜNEN in den 1980er Jahren schon aufgrund ihrer (durch die Rotation bedingten) kurzen Amtszeit von ein bis zwei Jahren keine vergleichbare »Machtposition« ausbauen konnten (Ismayr 1985b).

Die stellvertretenden Vorsitzenden der großen Fraktionen (außer dem CSU-Landesgruppenvorsitzenden) sind für die Arbeitsgebiete meist mehrerer Arbeitsgruppen zuständig. Ein stellvertretender Vorsitzender der großen Fraktionen ist jeweils (auch) für die Querschnittsaufgabe »Aufbau Ost« verantwortlich. Er koordiniert die Interessen der Abgeordneten aus den neuen Bundesländern und bringt diese über die führenden Fraktionsgremien und in regelmäßigem Kontakt mit dem Kanzleramt durchaus einflussreich in den Willensbildungsprozess ein.

Je nach persönlicher Konstellation und Gruppenzugehörigkeit kann es in diesem System zu produktiver oder unfruchtbarer Konkurrenz zwischen Arbeitsgruppenvorsitzenden und stellvertretenden Vorsitzenden kommen. In der Amtszeit des Fraktionsvorsitzenden Wolfgang Schäuble (seit 1991) wurde bei der Unionsfraktion die Stellung der stellvertretenden Vorsitzenden bei der politischen Koordination und Umsetzung deutlich gestärkt, was in der seit Beginn der 13. Wahlperiode erheblich gestiegenen Bedeutung des Geschäftsführenden Vorstandes bei der politischen Koordination und Initiierung zum Ausdruck kommt. Freilich ist der Einfluss der einzelnen stellvertretenden Vorsitzenden unterschiedlich und hängt zum Beispiel vom Gewicht der Interessengruppierungen der Fraktion ab, die sie im Vorstand repräsentieren.

Bis 1991 nahmen in der SPD-Fraktion die stellvertretenden Vorsitzenden – 1983 bis 1991 zugleich die Vorsitzenden der Arbeitskreise – und damit auch der Geschäftsführende Vorstand eine starke Stellung in der Fraktion ein. Die Abschaffung der Arbeitskreise im Zuge der vom neuen Fraktionsvorsitzenden Hans-Ulrich Klose im November 1991 durchgesetzten Strukturreform sollte zu einem »weniger bürokratischen Arbeitsstil« und zu einer Stärkung des Vorstandes gegenüber dem Geschäftsführenden Vorstand führen. Zudem sollte es nur wenige stellvertretende Vorsitzende geben, die sich als politische Generalisten bewähren sollten (Ismayr 1992: 151 f.; Kamm 1993: 560; Lemke-Müller/Matthäi 1993: 569 f.). Eine Schwerpunktbildung erwies sich (auch bei zunächst vier Stellvertretern) jedoch rasch als notwendig – und in der 14. Wahlperiode (1998) war nach Anzahl der Mitglieder und fachlicher Differenzierung der Stand vor der Reform wieder etwa erreicht. Nach dem Wegfall der Arbeitskreise müssen die stellvertretenden Vorsitzenden die notwendige Koordination für die in ihren Aufgabenbereich fallenden Arbeitsgruppen nun in informellen Gesprächskontakten mit den Arbeitsgruppenvorsitzenden und Berichterstattern treffen – was wohl weniger transparent als in einem Arbeitskreis abläuft. Von deren Koordinationsleistung im Vorfeld und in den Sitzungen des Vorstands und des Geschäftsführenden Vorstands hängt die Fähigkeit zur konzeptionellen Abstimmung in hohem Maß ab. Zudem gab es in der SPD-Fraktion kein Gremium, in dem vor der Fraktionssitzung die wichtigen Funktionsträger zur Abstimmung der Arbeitsergebnisse und Positionen zusammenkamen. Eine solche Funktion erfüllt hingegen bei der CDU/CSU-Bundestagsfraktion die sog. Mittagsrunde. Um eine bessere Koordinierung zu erreichen, wurde zu Beginn der 16. Wahlperiode (2005) in der SPD-Fraktion die zuvor am Mittwoch tagende Obleutebesprechung auf Dienstagmittag vorverlegt. Ihr gehören allerdings neben den Obleuten (Sprechern) nur der Erste Parlamentarische Geschäftsführer und der Verwaltungschef an (vgl. Abschn. 3.7.1).

3.5.3 Vorstandssitzungen

Die Sitzungen des Geschäftsführenden Vorstands und später des Vorstands finden
üblicherweise montags statt, wobei der Geschäftsführende Vorstand auch in sitzungsfreien Wochen tagt (gelegentlich als Telekonferenz). Die Tagesordnungen werden
schon gegen Ende der Vorwoche und tagesaktuell am Montagvormittag in Arbeitstreffen der Spitzen der Fraktionsverwaltungen und in Besprechungen der Vorsitzenden mit den zuständigen Parlamentarischen Geschäftsführern vorbereitet, wobei vielfältige Impulse aufgenommen werden müssen und Rücksprachen mit verschiedenen
(führenden) Fraktionsmitgliedern wie stellvertretenden Vorsitzenden und Arbeitsgruppenvorsitzenden erforderlich sein können. Bei der Vorbereitung der Tagesordnung wie auch des politischen Berichts des Vorsitzenden spielen auch die Debatten-
schwerpunkte der am Montagvormittag stattfindenden Sitzungen von Präsidium und
Vorstand der Partei eine (oft wichtige) Rolle, denen Mitglieder der Fraktionsführung
häufig in Personalunion angehören.

In den Sitzungen des Geschäftsführenden Vorstandes von SPD und CDU/CSU
werden aktuelle Probleme besprochen, auch Grundsatzdiskussionen zu bedeutenderen Themenkomplexen (z. B. Finanzpolitik, Sozialpolitik, Klimapolitik) geführt.
Grundlage bietet hier wie danach auch im (erweiterten) Vorstand der politische Bericht des Vorsitzenden. Dabei werden wichtige Vorentscheidungen getroffen und
politische Weichen gestellt. Dies gilt allerdings in höherem Maße für die jeweilige
(große) Oppositionsfraktion, da die (Vor-)Entscheidungen der Führungsgremien der
Regierungsfraktionen durch Regierungs- bzw. Koalitionsbeschlüsse überlagert werden. Insgesamt spielen mittel- und längerfristige Fragen und strategische Aspekte wie
die Behandlung von Koalitionskonflikten eine größere Rolle als im Vorstand. Allerdings befasst sich auch schon der Geschäftsführende Vorstand mit der Vorbereitung
der Plenarsitzungen und der Fraktionssitzung sowie mit Vorlagen aus den Arbeitsgruppen. Insbesondere wenn große Plenardebatten anstehen (z. B. Haushaltsdebatte),
beschäftigt die Strukturierung und mitunter auch Rednereinteilung dieses Gremium
gegebenenfalls intensiv, besonders bei konkurrierenden Rednerwünschen führender
Fraktions- und Regierungsmitglieder.

Eine wichtige Rolle spielt die Abklärung konkurrierender Interessen zwischen
den Arbeitsgruppen. Sie beschäftigt in der CDU/CSU allerdings stärker den Vorstand, da dort alle Arbeitsgruppenvorsitzenden vertreten sind, den Geschäftsführenden Vorstand vor allem dann, wenn die Kompetenzbereiche von zwei oder mehreren stellvertretenden Fraktionsvorsitzenden betroffen sind, die unterschiedlichen
Interessengruppierungen der Fraktion angehören. So werden bereits im Geschäftsführenden Vorstand Absprachen über die Behandlung von Initiativen getroffen, etwa
über die Rücküberweisung einer Vorlage, über die zwischen beteiligten Arbeitsgruppen kein Konsens hergestellt wurde, sich aber noch Einigungsmöglichkeiten abzeich-
nen. Wird bei wichtigen Initiativen der Fraktion Einigkeit in diesem Gremium erzielt,

in dem ja die Repräsentanten der Fachinteressen wie der Parteiflügel vertreten sind, kann man Korrekturen durch den Gesamtvorstand nahezu ausschließen. In der Praxis gewann der Geschäftsführende Vorstand der SPD-Fraktion trotz formaler Schwächung durch die Strukturreform von 1991 bald wieder erhebliches Gewicht, während jener der CDU/CSU-Fraktion in der zweiten Hälfte der 1990er Jahren deutlich gestärkt wurde. Somit kommt ihm in beiden Fraktionen die Funktion eines zentralen Steuerungsorgans zu. Dies hat natürlich auch damit zu tun, dass intensive Besprechungen in diesem – auch in sitzungsfreien Wochen tagenden – Gremium leichter möglich sind als (unter Zeitdruck) in dem sehr viel größeren erweiterten Vorstand (so schon Lohmar 1975: 145 ff.).

Die Tagesordnungen der Vorstandssitzungen sind mehr auf das Plenargeschehen der laufenden Sitzungswoche bezogen und entsprechen meist in etwa denen der Fraktionssitzung des folgenden Tages, deren Vorbereitung die Hauptaufgabe dieses Gremiums ist. Zu einzelnen Tagesordnungspunkten der Plenarsitzung der laufenden Woche wie auch den Initiativen und Stellungnahmen aus den Arbeitsgruppen bzw. Arbeitskreisen tragen – je nach Gewicht des Themas, Fachkompetenz der Beteiligten und Zugehörigkeit zum Vorstand – die Vorsitzenden dieser Gremien oder auch zuständige stellvertretende Fraktionsvorsitzende sowie anwesende Mitglieder der Arbeitsgruppe als Berichterstatter vor. Sie schlagen die in ihrer Arbeitsgruppe bzw. ihrem Arbeitskreis benannten Redner in der Plenarsitzung vor und skizzieren gegebenenfalls auch den inhaltlichen Schwerpunkt. Diese Vorschläge werden in der Regel auch widerspruchslos akzeptiert, es sei denn, konkurrierende Arbeitsgruppen oder führende Fraktions- oder Regierungsmitglieder äußern ebenfalls Redewünsche für die Plenardebatte. Beraten wird auch über das taktische Vorgehen, bei dem auch zu erwartende Reaktionen und Stellungnahmen anderer Fraktionen zu berücksichtigen sind (z. B. Planung Aktueller Stunden, Änderungs- und Entschließungsanträge, Geschäftsordnungsdebatten).

Es wird über Vorlagen der eigenen Fraktion bzw. der Regierung diskutiert, aber auch über Stellungnahmen zu Initiativen des politischen Gegners. Formelle Abstimmungen sind relativ selten und vornehmlich dann zu erwarten, wenn konkurrierende Arbeitsgruppen (Arbeitskreise) die Entscheidung in der Fraktion suchen. Bei Ablehnung durch den Vorstand muss auf Wunsch des Antragstellers die Fraktion entscheiden (vgl. § 20 AO-CDU/CSU). Im Vorstand (wie ggf. zuvor schon im Geschäftsführenden Vorstand) haben Vorlagen meist nur dann eine Chance, akzeptiert zu werden, wenn sich die Arbeitsgruppen zuvor geeinigt haben.

Einzelne Abgeordnete, die bereits in ihrer Arbeitsgruppe unterlegen sind, können kaum damit rechnen, dass der Vorstand ihren Antrag der Fraktionsversammlung zur Annahme empfiehlt (vgl. § 6 FGO-SPD).

Regierungsmitglieder und Parlamentarische Staatssekretäre sind gemäß den Fraktionsgeschäftsordnungen berechtigt, an den Vorstandssitzungen der Regierungsfraktion(en) teilzunehmen. Während Parlamentarische Staatssekretäre häufig präsent sind, nehmen Bundesminister bei CDU/CSU und SPD in der Regel nur dann teil, wenn Sie (gelegentlich) gebeten werden, zu einem (kontrovers beurteilten) Projekt vorzutragen. Dies geschieht seit den 1990er Jahren nur gelegentlich, während in der langen Regierungszeit Helmut Kohls Regierungsmitglieder phasenweise in Vorstandssitzungen dominierten.

Der Fraktionsvorsitzende und – falls anwesend – der Bundeskanzler setzen sich in ihrem politischen Bericht meist dafür ein, dass Kontroversen, die zwischen Vertretern von Arbeitsgruppen (bzw. Arbeitskreisen), Parteiflügeln und auch zwischen Kabinettsmitgliedern ausgetragen werden, nicht in der Fraktionssitzung fortgeführt werden. Vor allem für die Regierungsfraktion(en) trifft Ulrich Lohmars Beobachtung tendenziell auch für die Gegenwart zu, dass die Fraktionsvorstände dabei meist die »Abschirmung vorbereiteter Entscheidungskonzepte in und gegenüber der Fraktion« übernehmen (Lohmar 1975: 154; vgl. Schäfer 1982: 143). Allerdings werden bei den Regierungsfraktionen Kompromisse nicht selten erst in einem Koalitions- oder Obleutegespräch am Tag der Fraktionssitzung erreicht. Bei »fertigen« Vorlagen geht es dann oft darum, mit welcher Strategie man das Konzept in der Fraktion und gegenüber der Öffentlichkeit vertreten will.

Auch im (erweiterten) Vorstand werden aktuelle Probleme und Grundsatzfragen diskutiert, Aufträge an einzelne Arbeitsgruppen bzw. Arbeitskreise erteilt und Ad-hoc-Arbeitsgruppen eingerichtet – unter Mitwirkung und auf Empfehlung der Betroffenen.

3.6   Die Fraktionsversammlung

Die Fraktionsversammlungen finden in Sitzungswochen an jedem Dienstagnachmittag statt, üblicherweise um 15.00 Uhr; darüber hinaus gibt es außerordentliche Sitzungen – auch auf Verlangen von Fraktionsminderheiten (z. B. Klausursitzungen zu Schwerpunktthemen). Formell einberufen werden sie vom Fraktionsvorsitzenden (so bei der CDU/CSU und der Linken) oder vom Vorstand (SPD, FDP) bzw. dem Geschäftsführenden Vorstand (Bündnis 90/Die Grünen).

Vorbereitet werden die Fraktionssitzungen – wie dargestellt – von den für die Arbeitsplanung zuständigen Parlamentarischen Geschäftsführern und dem Vorsitzenden, sodann dem Geschäftsführenden Vorstand und schließlich dem Vorstand. Einfluss auf Themen und Verlauf haben zudem die zwischen Vorstands- und Fraktionssitzung platzierten Sitzungen der Landesgruppen, der Arbeitsgruppen- und kreise, der Fraktionsgruppierungen sowie der Koordinations- und Koalitionsgespräche.

Die Sitzungen werden vom Vorsitzenden oder – falls dieser verhindert ist – von dessen Stellvertreter geleitet. Wird die Fraktion von zwei Vorsitzenden geführt, wie dies stets bei Bündnis 90/Die Grünen und zumeist bei Der Linken der Fall war, wechseln sich diese in der Sitzungsleitung ab. Die Fraktionssitzungen sind in der Regel nicht öffentlich. Dies gilt seit 1990 auch für Bündnis 90/Die Grünen und auch für Die Linke, während die PDS zunächst reguläre Öffentlichkeit praktiziert hatte. Jedoch lassen die Fraktionen auch andere parteizugehörige Personengruppen zu, die allerdings nicht stimmberechtigt sind. Hierzu gehören u. a. Mitglieder der Bundesregierung, die nicht Abgeordnete sind, Staatssekretäre, Bundesratsmitglieder, Bundesvorsitzende und Generalsekretäre der Partei und Abgeordnete des Europäischen Parlaments sowie – unterschiedlich großzügig geregelt und praktiziert – Mitarbeiter der Fraktion und Ministerialbeamte von Bund und Ländern. Laut Fraktionsgeschäftsordnung von Bündnis 90/Die Grünen tagt die Fraktionsversammlung »grundsätzlich parteiöffentlich« (§ 4; vgl. auch § 3 AO-CDU/CSU, § 3 FGO-FDP und § 5 FGO-Die Linke; zur früheren Praxis Ismayr 1992: 129 f.).

Die Fraktionssitzungen dauern in der Regel drei bis vier Stunden. Zu Beginn ist die Präsenz hoch, gegen Ende sind dann oft nur mehr ein Drittel der Fraktionsmitglieder anwesend. Der Grad der Aufmerksamkeit schwankt erheblich und veranlasst den Vorsitzenden immer wieder, um Ruhe zu bitten.

Die Fraktionsversammlungen sind die zentralen Wahl- und Beschlussorgane der Fraktionen. Ihre Entscheidungen werden allerdings – wie dargestellt – auf den verschiedenen Stufen des hierarchisch strukturierten Willensbildungs- und Entscheidungsprozesses präformiert. Da in Berlin nur die Sitzungen der Gesamtfraktion auch den »einfachen« Abgeordneten Gelegenheit bieten können, sich über ihre Spezialaufgaben hinaus über Richtung und Kontext der Regierungs- und Fraktionspolitik zu informieren und auf diese einzuwirken, hängt viel davon ab, ob diese Sitzungen Foren des offenen und produktiven Diskurses sind und ob sie in einem partizipations- und kommunikationsfreundlichen Stil ablaufen.

3.6.1 Politischer Bericht und Diskussion

Am Beginn der Sitzungen der großen Fraktionen steht als erster oder zweiter Tagesordnungspunkt der Politische Bericht des Vorsitzenden. Zudem gibt der häufig anwesende Bundeskanzler in der großen Regierungsfraktion – formell im Rahmen der Aussprache – nicht selten einen eigenen politischen Bericht, wobei er mit gesteigerter Aufmerksamkeit rechnen kann. Dies gilt auch für den Parteivorsitzenden, sofern dieses Amt nicht ohnehin in Doppelfunktion vom Bundeskanzler oder Fraktionsvorsitzenden ausgeübt wird. In ihren Berichten gehen sie auf wichtige politische Ereignisse und anstehende Vorhaben und Entscheidungen ein, gewichten und bewerten Konflikte innerhalb der eigenen Partei (Fraktion) und zwischen den Koalitionspartnern und nehmen zu Auseinandersetzungen mit dem politischen Gegner Stellung. Sie bringen die politischen Leitlinien in Erinnerung und versuchen verständlich zu machen, inwieweit die Ereignisse der letzten Wochen aus der Sicht der politischen

Führung Fortschritte oder Rückschläge bei der Erreichung der Regierungs- bzw. Oppositionsziele gebracht haben. Zur Fraktionssitzung liegt auch ein schriftlicher Bericht des Fraktionsvorsitzenden vor, der aber in der Regel parteipolitisch weniger pointiert ausfällt und sich vom mündlich vorgetragenen Bericht oft deutlich unterscheidet. Nach Erklärungen zur politischen Lage werden in einem zweiten Abschnitt wichtige Vorlagen und Entscheidungen der parlamentarischen Woche erläutert.

Inhalt und Stil dieser Berichte werden natürlich durch die Regierungs- oder Oppositionsrolle und auch den persönlichen Stil und das Selbstverständnis dieser Spitzenpolitiker geprägt (vgl. Ismayr 1992: 130 f.; Schwarz 2009). Obwohl in Temperament und persönlichem Auftreten unterschiedlich, sehen die Vorsitzenden der großen Regierungsfraktion(en) ihre Hauptaufgabe zumeist darin, dem Bundeskanzler »den Rücken freizuhalten«, die in Kabinettsbeschlüssen, Koalitionspapieren und -gesprächen vereinbarte Regierungspolitik auch in der Fraktion (möglichst geschlossen) durchzusetzen und kritische Minderheiten einzubinden und/oder zu disziplinieren. Die Abgeordneten erfahren die authentische Interpretation der Politik durch den Vorsitzenden und werden mit der offiziösen »Sprachregelung« vertraut gemacht. Neue Aspekte oder vertiefte Einblicke werden den Fraktionsmitgliedern durch diese Berichte des Vorsitzenden kaum vermittelt, der – ebenso wie der Bundeskanzler – üblicherweise auch die »Außenwirkung« dieser politischen Berichte bedenkt.

Zum Ritual dieser Reden gehört:

- Die politischen Erfolge der Regierungspolitik und den Anteil der eigenen Partei daran herauszustreichen, Ergebnisse von Koalitionsgesprächen in günstigem Licht erscheinen zu lassen (»Wir machen ausgezeichnete Politik«) und die Abgeordneten zu ermuntern, die Regierungs- und Fraktionsbeschlüsse »offensiv« zu vertreten.

- Durch gezielte (polemische) Angriffe auf den politischen Gegner die Fraktion aufzumuntern und von Schwierigkeiten der Koalition abzulenken.

- Durch entschiedene Formulierung der Ziele der eigenen Partei die eigene Verhandlungsposition in Koalitionsgesprächen zu stärken – aber auch die Fraktion nötigenfalls auf Kompromisse einzustimmen.

- »Geschlossenheit« der Fraktion nicht nur bei Abstimmungen im Plenum, sondern auch in der Fraktionssitzung zu sichern.

- Tiefgreifende Kontroversen vor allem in einer entscheidungsreifen Phase zu unterbinden.

Bereits im Bericht macht der Vorsitzende (und ggf. auch der Bundeskanzler) deutlich, wo er Diskussionen für schädlich hält, und dies sind oft gerade jene Themen, die in der Öffentlichkeit und vor allem in anderen Fraktionsgremien (Vorstand, Arbeitsgruppe) möglicherweise zu heftigen Auseinandersetzungen geführt haben.

An die politischen Berichte schließt sich meist eine – mitunter sehr ausführ-liche – Diskussion an, veranlasst durch tagespolitische Herausforderungen und aktu-elle Konflikte der letzten Wochen sowie Stellungnahmen in den politischen Berich-ten. Zumeist hat sich der Fraktionsvorsitzende (Bundeskanzler, Parteivorsitzende) in seinem politischen Bericht schon auf diese Konfliktstoffe eingestellt, die in der Re-gel ja schon den Geschäftsführenden Vorstand, den (erweiterten) Vorstand, die Lan-desgruppen und andere Fraktionsgremien beschäftigt haben. Reagiert wird in diesen Diskussionen zum einen auf Vereinbarungen von Koalitions- und Regierungsgre-mien, die ohne entsprechende Einbeziehung der Fraktion erfolgt sind, sowie öffent-liche Stellungnahmen von Regierungsmitgliedern und führenden Politikern von Par-tei und Fraktion, die von bisherigen Fraktions- und Parteibeschlüssen abweichen oder geeignet erscheinen, die Fraktion in einer noch offenen Frage (vorzeitig) festzu-legen. Diese Auseinandersetzungen werden zwischen Vertretern verschiedener Frak-tionsgruppierungen geführt, z. B. der Parlamentarischen Linken und dem Seehei-mer Kreis in der SPD, dem Wirtschaftsflügel und der Arbeitnehmergruppe bei der CDU/CSU.

Unmut wird (insbesondere in den Regierungsfraktionen) immer wieder darüber geäußert, dass die Fraktionsführung die Abgeordneten zur Geschlossenheit und zum Verzicht auf die öffentliche Austragung von Konflikten mahnt, während Spitzenpoli-tiker der Koalition sich mit kontroversen Stellungnahmen öffentlich hervortun und gegebenenfalls auch die Fraktion öffentlich festzulegen suchen.

Die Diskussion im Anschluss an die politischen Berichte schließt der Vorsit-zende (der großen Regierungsfraktion) gegebenenfalls mit einem Statement ab, in dem er die Ergebnisse der Diskussion (pointiert) zusammenfasst und von der Frak-tion bestätigen lässt, in kritischen Situationen auch darauf hinwirkt, den Schluss der Rednerliste durch Mehrheitsbeschluss herbeizuführen. Auch schon im Verlauf der Diskussion sieht sich mancher Vorsitzende zu kritischen und korrigierenden Kom-mentaren veranlasst.

Die Fraktionssitzungen von Bündnis 90/Die Grünen und der FDP beginnen mit einem Bericht des Parlamentarischen Geschäftsführers aus dem Ältestenrat zur Par-lamentarischen Woche. Auf einen Lagebericht des Vorsitzenden wird verzichtet. Die Sitzungen der Fraktion Die Linke beginnen mit einem Bericht aus dem »Parlamen-tarischen Vorstand«.

3.6.2 Vorbereitung der Plenarsitzungen

Selbstverständlich befassen sich die Fraktionen auf ihren Versammlungen mit der Vorbereitung der Plenarsitzungen der laufenden Woche. Den Abgeordneten liegt eine (vorläufige) Tagesordnung der Plenarsitzungen vor, in die bereits die Gesamt-dauer der einzelnen Tagesordnungspunkte sowie Hinweise auf Kernzeitdebatten und (mögliche) namentliche Abstimmungen eingetragen sind. Der für das Plenum zuständige Erste Parlamentarische Geschäftsführer weist auf aktuelle Änderungen hin, auf kurzfristig angesetzte oder noch zu erwartende Aktuelle Stunden und das taktische Vorgehen; bei größeren Debatten (z. B. Haushaltsdebatten) auch auf die zu erwartenden Redner des politischen Gegners, den voraussichtlichen Zeitpunkt ihres Auftritts und mögliche Alternativen bei der thematischen Schwerpunktbildung (und beim Rednereinsatz). Wichtige Merkposten sind u. a. angekündigte oder zu erwartende namentliche Abstimmungen (Zeitpunkt) sowie Geschäftsordnungs- und Entschließungsanträge. Appelle der Parlamentarischen Geschäftsführer zur Verbesserung der Plenarpräsenz gehören fast zum Ritual (vgl. Petersen 2000: 195 ff.; Petersen 2010: 296 f.).

Die SPD-Fraktionssitzungen beginnen in der Regel mit der »Vorbereitung der Plenarsitzungen«, während der entsprechende Tagesordnungspunkt »Plenum der Woche« der CDU/CSU-Fraktion erst gegen Ende der Sitzung (bei möglicherweise verminderter Präsenz) behandelt wird. Nach den Erläuterungen des Ersten Parlamentarischen Geschäftsführers der SPD-Fraktion wird die Tagesordnung der üblicherweise drei Plenartage der laufenden Sitzungswoche Punkt für Punkt durchgegangen. Berichterstatter sind je nach Gewicht des Themas die stellvertretenden Vorsitzenden, die Sprecher (Obleute) oder fachlich zuständigen Abgeordneten. Sie erläutern – meist knapp – den Inhalt der Vorlage und tragen das Ergebnis der Beratungen in der Arbeitsgruppe und im Fraktionsvorstand vor, mit den Empfehlungen für das Abstimmungsverhalten und das taktische Vorgehen im Plenum. Der für die Berichterstattung der jeweiligen Arbeitsgruppe zuständige Abgeordnete gibt auch bekannt, wer für die Fraktion sprechen soll. Bei wichtigeren Themen skizzieren sie (auch hier meist nur sehr knapp) die Argumentationslinie in den vorgesehenen Debattenbeiträgen. Bei der CDU/CSU-Fraktion geht der Erste Parlamentarische Geschäftsführer die Tagesordnung der Plenarsitzung durch und gibt bekannt, wer zu den einzelnen Punkten für die Fraktion sprechen wird und mit welchen Debattenbeiträgen von Regierungs- und Bundesratsmitgliedern zu rechnen ist. Gelegentlich fragt er auch bei Arbeitsgruppenvorsitzenden nach oder bittet diese, noch Redner zu benennen. Ergänzende Ausführungen von Arbeitsgruppenvorsitzenden (oder anderen Vorstandsmitgliedern) sind bei der CDU/CSU selten. Auch in den Fraktionssitzungen der SPD entzünden sich Diskussionen meist nicht bei der Vorbereitung der Plenardebatten der laufenden Woche.

Diskussionen über die Rednerliste (oder gar Kampfabstimmungen) kommen in den Fraktionsversammlungen selten vor. Mögliche Kontroversen der beteiligten Arbeitsgruppen, Arbeitskreise und Fraktionsgruppierungen untereinander und zwischen diesen und der Fraktionsführung werden in aller Regel in dem der Fraktionssitzung vorausgehenden Koordinationsgremium unter Beteiligung der Arbeitsgruppen- oder Arbeitskreisvorsitzenden geklärt (vgl. Abschn. 3.7.1). Wenig ratsam und zudem fast aussichtslos ist es für einzelne Abgeordnete, die in ihrer Arbeitsgruppe übergangen wurden oder für die Fraktion zu anderen Themen sprechen wollen, sich in der Fraktionssitzung selbst vorzuschlagen (vgl. Ismayr 1992: 134).

3.6.3   Entscheidungen über Vorlagen und Initiativen

Ausführlich und oft auch kontrovers diskutiert wird über wichtige Gesetzesvorhaben und andere Vorlagen sowie Positionspapiere, wobei bei den Regierungsfraktionen meist Gesetzesinitiativen und programmatische Erklärungen der Regierung im Mittelpunkt stehen, bei der Opposition Initiativen aus ihren Arbeitsgruppen oder -kreisen (Gesetzentwürfe, Große Anfragen, Anträge, Änderungsanträge). Die Berichterstattung über die Regierungsentwürfe übernehmen mitunter die zuständigen Bundesminister, gegebenenfalls gemeinsam mit einem Berichterstatter der Fraktion. Während der Regierungszeit Helmut Kohls (1982–1998) dominierten die Minister phasenweise. Anwesende Ministerialbeamte unterstützen die Minister fachlich, beteiligen sich aber nicht an der Diskussion.

Ausführlich begründet haben die beteiligten Bundesminister oder Parlamentarischen Staatssekretäre ihre Initiativen zuvor in Koalitionsgesprächen und oft auch im Vorstand, in wichtigen Fällen auch in zuständigen Arbeitsgruppen (Arbeitskreisen), in einer Landesgruppe oder einer Fraktionsgruppierung. In der Fraktionsversammlung geht es dann vornehmlich darum, einen in kleineren Zirkeln abgestimmten (Kompromiss-)Entwurf »abzusegnen«. Die Bundesregierungen können bei diesem Vorgehen im allgemeinen mit der Unterstützung der Fraktionsvorsitzenden rechnen, die es als ihre Hauptaufgabe sehen, der Regierung »den Rücken frei zu halten« und Kontroversen in der Fraktionsversammlung zu vermeiden, um nicht nur im Plenum, sondern auch in der Fraktion Geschlossenheit zu demonstrieren. Fraktionsinterne Kritiker haben es dabei schwer, sich Gehör zu verschaffen.

Dem Anliegen zumindest eines Teils der Fraktion, bei Planungen und Vorhaben der Regierung möglichst frühzeitig informiert und einbezogen zu werden, kommen die Kabinettsmitglieder – je nach Selbstverständnis und Interessenlage – in unterschiedlicher Weise entgegen. Manche Minister zeigen sich bei wichtigen Vorhaben selbst daran interessiert, sich rechtzeitig die Unterstützung der Gesamtfraktion zu sichern, mit der Konsequenz allerdings, dass die Fraktion dann verstärkt in die Verantwortung »eingebunden« ist. Diese Mitwirkung an der politischen Vorentscheidung sichert der Fraktion jedenfalls dann, wenn diese Entscheidung in Kontaktgesprächen der Regierungsvertreter in den Fachgremien der Fraktion gründlich vorbereitet wurde, eine wirksamere (interne) Mitgestaltung und Kontrolle als bei Befassung mit fertigen Kabinettsvorlagen. Allerdings tut die Fraktion gut daran, sich ihre »endgültige« Zustimmung im Detail ausdrücklich vorzubehalten, wenngleich die Wirkung solcher Vorbehalte natürlich nicht überschätzt werden darf.

Von der »Fraktionsregie« nicht vorgesehen und erwünscht ist allerdings, dass die

Gesamtfraktion vorab zum Schiedsrichter über im Kabinett umstrittene Regierungsvorhaben aufgerufen wird – wie dies gleichwohl gelegentlich geschieht (vgl. Ismayr
1992: 136 f.). Vorgesehen ist die frühzeitige Absicherung von Regierungsentscheidun-
gen, aber nicht eigentlich »Mitregierung« der Fraktionsversammlung, während hingegen die Fraktionsspitzen (Vorsitzender, Erster Parlamentarischer Geschäftsführer)
im Allgemeinen über Koalitionsausschuss und Kabinettsvorbesprechungen eng mit
der Bundesregierung kooperieren.

Das Verteilen von »Zensuren« durch den Fraktionsvorsitzenden und entschiedene Interventionen zur Beendigung von Debatten, die im Interesse eines »geschlossenen« Erscheinungsbildes der Fraktion als unerwünscht gelten, fielen in solchen
Fällen besonders heftig aus, sind jedoch bei manchen Fraktionsvorsitzenden auch in
ganz »normalen« Fraktionssitzungen üblich.

3.6.4   Diskussionen und Appelle zur »Geschlossenheit«

Wie die Diskussionen im Anschluss an die politischen Berichte und zu den Einzelthemen verlaufen, welche Erfolge insbesondere die Vorsitzenden der Regierungsfraktionen mit ihren ritualisierten Appellen zur Geschlossenheit haben, hängt von verschiedenen Faktoren ab. Der Konsensdruck ist dabei in Regierungsfraktionen im
Allgemeinen größer als in Oppositionsfraktionen (vgl. auch Saalfeld 1995).

Selbstverständlich gibt es zu den verschiedenen Tagesordnungspunkten gelegentlich Nachfragen, Anmerkungen und Akzentuierungen, wobei sich in erster Linie führende Vertreter der zuständigen Gremien zu Wort melden. So wird z. B. neben dem
Vorsitzenden der federführenden Arbeitsgruppe der CDU/CSU auch der damit befasste Obmann oder Berichterstatter (ggf. des Haushaltsausschusses) ergänzende und
vielleicht auch kritische Anmerkungen machen.

Kontroverse und vertiefte Diskussionen sowie Kampfabstimmungen entwickeln
sich (vor allem in den großen Fraktionen) selten spontan und unerwartet; sie kün-
digen sich meist in vorbereitenden Fraktionsgremien an und werden oft auch gezielt vorbereitet. Können sich zwei oder mehrere Arbeitsgruppen (bzw. Arbeitskreise)
nicht einigen und kann auch der Vorstand nicht erfolgreich vermitteln oder lehnt er
eine Vorlage ab, hat die Arbeitsgruppe bzw. deren Vorsitzender dennoch die Möglichkeit, eine Entscheidung der Fraktion herbeizuführen.

Angesichts der starken Dominanz des »Wirtschafts-Flügels« (PKM) der CDU/
CSU in der Regierung (1982–98; seit 2009) und nahezu in allen Fraktionsgremien
kann die Arbeitnehmergruppe ihre Interessen in den Koalitions- und Fraktionsgremien nur selten durchsetzen. Sie versucht dann relativ häufig – nach Absprache in
ihrem Treffen am Dienstagmittag – ihren Standpunkt in der Fraktionssitzung (und
auch öffentlich) zu artikulieren. Nur wenn dies rechtzeitig – gegebenenfalls noch vor
abschließenden Vereinbarungen in Koalitionsgesprächen – geschieht, hat sie eine ge-

wisse Chance, das Ergebnis zu beeinflussen. In einer vergleichbaren Situation befand sich in Zeiten der Regierungsbeteiligung phasenweise die Parlamentarische Linke der SPD-Fraktion.

Die Fraktionsvorsitzenden bedienten sich in Phasen der Regierungsbeteiligung nicht selten eines umstrittenen Verfahrens: Kritik an (wichtigen) Initiativen in der »Entwurfsphase« wird mit dem Einwand begegnet, zunächst einmal sollten die Ergebnisse der Koalitionsausschusses und der Kabinettsbeschluss abgewartet werden. Haben sich die Spitzenpolitiker der Koalition aber einmal geeinigt oder liegt gar ein Kabinettsbeschluss vor, wird davor gewarnt, an dem Ergebnis »wieder« zu rütteln, da sonst die in Koalitionsgesprächen mühsam zustande gekommenen Abmachungen hinfällig seien und mit ungewissem und wahrscheinlich ungünstigerem Ausgang neu verhandelt werden müsse. Der Konsensdruck zur Akzeptanz ausgehandelter Leitlinien und Entwürfe ist dann besonders stark, wenn in Koalitionsgesprächen in einem »Gegengeschäft« eine »Paketlösung« geschnürt wurde. Mit Nachdruck appellieren die Fraktionsvorsitzenden und auch der Bundeskanzler und beteiligte Bundesminister – meist erfolgreich – bereits in der Fraktionssitzung geschlossen zu votieren, da die Abstimmungsergebnisse ja in der Öffentlichkeit bekannt würden. Aus diesem Grunde soll in einer entscheidungsreifen Phase der positive Eindruck in der Öffentlichkeit auch nicht mehr durch kritische Diskussionen beeinträchtigt werden. Kontroversen solle man – so die nicht selten geäußerte Auffassung von Fraktionsvorsitzenden – in kleineren Koalitions- und Fraktionsgremien austragen, nicht aber in der Fraktionssitzung, die faktisch eine »öffentliche Sitzung« sei. In der Regel fallen die abschließenden Abstimmungen selbst nach heftiger Diskussion zumeist nahezu einstimmig aus. Das Interesse der Fraktionsführung an Geschlossenheit ist allerdings unter Bedingungen einer Kleinen Koalition mit knappen Mehrheiten (deutlich) ausgeprägter als in Zeiten einer Großen Koalition. Wie die Erfahrungen während der Großen Koalition der Jahre 2005 bis 2009 zeigen, kann es der Fraktionsführung durchaus gelegen kommen, wenn in der Fraktion Druck gegenüber einen im Koalitionsausschuss bzw. im Kabinett beschlossenen Kompromiss aufgebaut wird, der in der Partei unerwünscht ist.

Kontroverse Diskussionen werden auch des Öfteren durch die in der CDU/CSU-Fraktion meist geschlossen auftretende CSU-Landesgruppe ausgelöst. Gegen ihren entschiedenen Widerstand können Entscheidungen kaum durchgesetzt werden. Verweigert ihm sein Stellvertreter, der Vorsitzende der CSU-Landesgruppe, die Unterstützung, muss der Vorsitzende als Sitzungsleiter sehr viel zurückhaltender agieren als gegenüber anderen Minderheitsgruppen in der Fraktion. Ist das Regierungsprogramm von einer Entscheidung betroffen, kann sich die CSU-Landesgruppe sogar formell auf die zu Beginn der Wahlperiode geschlossene »Vereinbarung über die Fortführung der Fraktionsgemeinschaft zwischen CDU und CSU« berufen, in der festgelegt ist, dass Abweichungen davon nur im gegenseitigen Einvernehmen erfolgen können (Punkt 8 der Vereinbarung für die 17. Wahlperiode).

Fraktionsversammlungen der Regierungsparteien hatten – so Beobachtungen seit den 1970er Jahren – des Öfteren über Vorlagen zu entscheiden, deren endgültige Fassung erst wenige Stunden oder tags zuvor im Koalitionsausschuss (bis 1998: Großes Koalitionsgespräch) beschlossen worden waren. Wirksamer Protest und Widerstand der Fraktion gegen ein derartiges Vorgehen ist selten und bedarf der Vorbereitung. Viele Abgeordnete sind daran gewöhnt, sich nach Stimm- oder Meinungsführern zu richten. Fällt diese Orientierungshilfe in vorbereitenden Sitzungen aus, wagen es offenbar nur wenige, den Widerstand gegen eine »geschlossen« auftretende Führungsspitze zu artikulieren, da die Folgen schwer kalkulierbar sind.

Die Diskussionen in den Fraktionssitzungen werden beherrscht von den führenden, fachlich zuständigen Vertretern der Arbeitsgruppen und -kreise sowie der Fraktionsgruppierungen und natürlich den Regierungsmitgliedern und einigen Spitzenpolitikern der Fraktion und Partei. Nur bei wenigen führenden Politikern insbesondere der großen Parteien gilt es als selbstverständlich, dass sie in der Fraktion zu allen Themen das Wort ergreifen können. Grundsätzlich haben natürlich alle Abgeordneten das Recht, sich in der Fraktion zu allen Themen zu äußern. »Einfache« und vor allem neue Abgeordnete haben es jedoch schwer, Gehör zu finden, zumal wenn sie abweichende Meinungen zu Themen äußern, die nicht zu ihrem Arbeitsgebiet gehören, und vor allem dann, wenn sie dies nicht in Absprache mit einer Landesgruppe oder Fraktionsgruppierung tun. Wer sich als einzelner »querlegt«, hat nur dann eine Chance, wenigstens gehört und ernst genommen zu werden, wenn er dies gut vorbereitet und dosiert tut. Auch wer die nötige Portion Zivilcourage mitbringt, wird es sich wohl überlegen, ob der Anlass wichtig genug ist und ob seine fachlichen Kenntnisse ausreichen, um nicht von den führenden Experten »abgeschmettert« zu werden. Wer (in den großen Fraktionen) bei Diskussionsbeiträgen diese informellen Spielregeln missachtet, gerät in Gefahr, nicht ernst genommen zu werden und sich zu isolieren.

Nicht unbedenklich ist es sicherlich, wenn mit dem plausiblen Argument, man wolle die Regierung nicht in Schwierigkeiten bringen, bereits in Fraktionssitzungen der Regierungspartei(en) grundsätzliche Kritik und die Artikulation sachlicher Alternativen erschwert werden. Dies geschieht nicht einmal nur aufgrund befürchteter Missbilligung durch die Fraktionsführung oder restriktiver Taktik der Diskussionsführung, sondern ist bedingt durch den Gruppendruck zur Anpassung, der sich in dem sicher nicht immer unberechtigten Vorwurf ausdrückt, dieser oder jener Abgeordnete wolle sich mit Wortmeldungen in Fraktionssitzungen nur auf Kosten anderer profilieren (vgl. Schwencke 1985: 35; Lattmann 1981: 20 f.; Ismayr 1992: 141).

3.7 Koordinationsgremien

Die Formen und Ebenen der Koordination und Kooperation innerhalb und zwischen den Fraktionen sowie zwischen diesen und der Bundesregierung sind äußerst vielfältig und nicht nur für Außenstehende schwer überschaubar. Hinzu kommen zahlreiche Informationskontakte und Abstimmungen mit Regierungen und Fraktionen der Länder, mit Verbänden und Interessenorganisationen von Parteien und die vielschichtigen Formen der Presse- und Öffentlichkeitsarbeit.

3.7.1 Koordinationsgremien der Fraktionen

Neben gemeinsamen Sitzungen von Gremien (Arbeitsgruppen), Berichterstatter-Gesprächen und »übergreifenden« Ad-hoc-Gruppen kommt den regelmäßigen Koordinationsgesprächen der Obleute und anderer Führungskreise große Bedeutung zu. Der Begriff »Obleutebesprechung« oder »Obleute-Gespräch« wird für unterschiedliche Treffen gebraucht.

Regelmäßige Gespräche finden zwischen den Obleuten der einzelnen Ausschüsse statt. Auf Einladung des Ausschussvorsitzenden treffen sich die Obleute regelmäßig in Sitzungswochen zu einem in der Regel festen Termin, um die Tagesordnung der nächsten Sitzungswoche zu besprechen (vgl. Abschn. 4.4.5). Darüber hinaus treffen sie ad hoc zusammen, um Verfahren und Inhalte abzustimmen. Eine zweite Ebene waren bis zu ihrer Abschaffung 1991 Treffen der Funktionsträger der einzelnen Arbeitskreise der SPD-Fraktion (z. B. AK »Sozialpolitik«), in denen die Sitzungen der Arbeitsgruppen und des Arbeitskreises und deren Haltung in der Fraktionssitzung vorbesprochen wurden (Ismayr 1992: 144).

Die CDU/CSU-Fraktion hatte es nach der Abschaffung der Arbeitskreise 1980 für erforderlich gehalten, nach den Sitzungen der Arbeitsgruppen am Dienstagvormittag und vor der Fraktionssitzung (regulär um 15 Uhr) ein in der Arbeitsordnung nicht vorgesehenes, aber faktisch fest institutionalisiertes informelles Gremium einzuschalten, dem neben den Mitgliedern des Geschäftsführenden Vorstandes (außer den Justitiaren) alle Arbeitsgruppenvorsitzenden angehören. Diese »Mittagsrunde« wird im Fraktionsjargon auch nach dem Fraktionsvorsitzenden bezeichnet, derzeit somit »Kauder-Runde« (Stand: 2011). Über die wichtige Funktion hinaus, die noch für die Fraktionssitzung relevanten Ergebnisse der Arbeitsgruppensitzungen abzustimmen und eventuelle Divergenzen auszuräumen oder zu entschärfen, übt dieses Gremium eine gewisse Filterfunktion insbesondere gegenüber der Fraktionssitzung aus. Insgesamt gesehen wächst die Bedeutung dieser Besprechungen mit der Spezialisierung innerhalb der einzelnen Arbeitsgruppen, den entstehenden Kooperationsdefiziten und unter dem häufig entstehenden Druck, noch in der kurzen Zeit bis zur Fraktionssitzung fraktionsinterne Mehrheiten für Kompromissvorlagen zu sichern, die vielleicht erst in »abschließenden« Koalitionsgesprächen am Dienstagvormittag zustande gekommen sind.

Ein ähnliches Gremium – »Sprecher-Konferenz« genannt – hatte auch die SPD-Fraktion nach Abschaffung der Arbeitskreise (1991) eingeführt – doch wurde es seit 1994 nur noch selten einberufen (vermutlich, weil nach bisherigen Erfahrungen eine zu starke Rolle der Geschäftsführer befürchtet wurde). Es bestand somit in der SPD-Fraktion kein funktionsfähiges Gremium, in dem vor der Fraktionssitzung alle wichtigen Funktionsträger zur Abstimmung der Arbeitsergebnisse und Positionen zusammenkommen. Von der Koordinationsleistung der stellvertretenden Vorsitzenden im Vorfeld und in den Sitzungen des (Geschäftsführenden) Vorstands hing nun die Fähigkeit zur konzeptionellen Abstimmung der spezialisiert erarbeiteten Vorlagen und Stellungnahmen in hohem Maß ab. Generell bestand die Gefahr, dass die notwendige Koordination und damit auch konzeptionelle Arbeit eher erschwert, eine Stärkung der Fraktionsversammlung als Ort des offenen und produktiven Diskurses und der konzeptionellen Entscheidungsfindung aber nicht unbedingt erreicht wird (vgl. Lemke-Müller/Matthäi 1993: 583).

Aufgrund entsprechender Erfahrungen führte die SPD-Fraktion im Frühjahr 1996 die bis Herbst 1991 bestehende fraktionsoffene »Obleutebesprechung« am Mittwochabend (nach den Ausschussberatungen) wieder ein, die eine prospektive Funktion hatte und der inhaltlichen wie organisatorischen Abstimmung von Initiativen diente. Beteiligt waren neben den Sprechern der den Bundestagsausschüssen korrespondierenden Arbeitsgruppen der Erste Parlamentarische Geschäftsführer und gegebenenfalls weitere Mitglieder des Geschäftsführenden Vorstandes. In diesen Treffen erhielt man den wohl umfassendsten Überblick über alle in den Arbeitsgruppen der Fraktion laufenden Initiativen. In einem größeren Kreis von Funktionsträgern konnten hier bei Bedarf noch vor der Ältestenratssitzung und vor den Plenardebatten mögliche Reaktionen im Plenum und in den Massenmedien auf Kabinettsbeschlüsse (Mittwoch) und Beschlüsse der anderen Fraktionen besprochen und abgestimmt werden.

Seit Beginn der zweiten Großen Koalition (2005) findet die Obleutebesprechung der SPD-Bundestagsfraktion aus den genannten Gründen ebenfalls am Dienstagmittag nach den Arbeitsgruppensitzungen und vor der Fraktionssitzung mit ähnlichen Funktionen wie bei der CDU/CSU-Fraktion statt. Teilnehmer sind weiterhin der Erste Parlamentarische Geschäftsführer und die Sprecher der Arbeitsgruppen (Obleute) sowie der Leiter der Fraktionsverwaltung. Dort wird über die interfraktionelle Geschäftsführerrunde und in Zeiten der Regierungsbeteiligung über das Koalitionsfrühstück (s. u.) berichtet. Danach werden die Arbeitsergebnisse der Arbeitsgruppen koordiniert und im Hinblick auf die Fraktionssitzung und auch längerfristig Verfahrensabsprachen getroffen. So wird besprochen, was in der Fraktionssitzung behandelt wird oder was vertagt werden soll und auch taktische Fragen wie Bemühungen der Fraktionsführung um »Geschlossenheit« im Plenum und gegebenenfalls schon in der Fraktion werden hier erörtert. Ähnlich wie die Mittagsrunde bei der Unionsfraktion dient die Obleutebesprechung der SPD-Fraktion dazu, die Koordination zu verbessern und die Fraktionssitzung zu entlasten, kann aber der Fraktionsführung insbesondere in Zeiten der Regierungsbeteiligung auch als weiteres Instrument der politischen Steuerung dienen.

Die Relevanz der Besprechung der Funktionsträger der langjährigen Regierungsfraktion CDU/CSU und seit 2005 nun auch der SPD-Fraktion lässt sich vor allem dann angemessen einschätzen, wenn man sie vor dem Hintergrund und im Kontext der zahlreichen Koalitionsgespräche sieht, die auf verschiedenen Ebenen ablaufen. Sie sind im Willensbildungs- und Entscheidungsprozess von Fraktion(en) und Regierung unterschiedlich verortet und gewichtet – je nach Bedeutung des Themas, möglicher Konfliktdynamik zwischen den Koalitionspartnern und objektiv oder aus taktischen Gründen für notwendig gehaltener Eilbedürftigkeit.

In Zeiten der Regierungsbeteiligung tagt regelmäßig eine weitere, sehr bedeutsame Koordinationsrunde, die in der Öffentlichkeit wenig Beachtung findet. Minister und Fraktionsspitze eines Koalitionspartners treffen sich vor der in der Regel am Mittwochmorgen stattfindenden Kabinettsitzung, wobei CDU- und CSU-Vertreter gemeinsam beraten. Teilnehmer der Kabinettvorbesprechung von CDU und CSU sind derzeit sämtliche Bundesminister und Staatsminister sowie der Parlamentarische Staatssekretär in dem vom Koalitionspartner geführten Wirtschaftsministerium und seitens der CDU/CSU-Fraktion der Fraktionsvorsitzende und sein erster Stellvertreter (der Landesgruppenvorsitzende der CSU) sowie der Erste Parlamentarische Geschäftsführer und der Parlamentarische Geschäftsführer der CSU. Bei der »Ministerfrühstück« genannten Vorbesprechung der FDP sind alle FDP-Bundesminister, der Vorsitzende und der Erste Parlamentarische Geschäftsführer der Bundestagsfraktion sowie der Generalsekretär der FDP – somit auch die »Parteiebene« – beteiligt (Stand 2011; Auskunft von Teilnehmern im Interview). Zu Beginn wird über die aktuelle Tagesordnung der Kabinettsitzung informiert und beraten. Danach werden weitere aktuelle Themen und taktische Fragen besprochen. Es erfolgt auf diesem Wege eine enge Abstimmung von Regierung und Fraktionsspitze und gegebenenfalls auch der Partei. Diese Treffen sind neben den Koalitionsgremien ein weiterer Ausdruck der engen Kooperation von Regierungs- Fraktions- und Parteiebene im parlamentarischen System. In den Kabinettvorbesprechungen wird die Spitze der Regierungsfraktionen – bei der FDP auch der Partei – frühzeitig in die Kabinettsarbeit einbezogen und über wichtige Vorgänge und Vorhaben informiert. Inwieweit durch Vor- und Nachgespräche insbesondere mit Arbeitsgruppen- und Arbeitskreisvorsitzenden sowie stellvertretenden Fraktionsvorsitzenden eine angemessene Rückbindung an die Fraktionsgremien und (direkt oder indirekt) an die gesamte Bundestagsfraktion erfolgt, hängt von den beteiligten Akteuren ab und wird unterschiedlich praktiziert.

3.7.2 Koalitionsgremien

Laufend neue Anforderungen aber auch Lücken in den Koalitionsvereinbarungen
zu Beginn der Wahlperiode führten zur Bildung informeller Koalitionsgremien, in
denen wichtige (Vor-)Entscheidungen getroffen werden. Obwohl sie in keiner Geschäftsordnung erwähnt werden und ihre Beschlüsse formal nur Empfehlungscharakter haben, kommt diesen Koalitionsgesprächen – so die unverbindlich klingende
Bezeichnung – auf allen Ebenen eine wichtige, den Spitzengesprächen im Koalitionsausschuss eine oft entscheidende Rolle zu.

Neben und vor das Bundeskabinett tritt seit den 1970er Jahren – jedenfalls phasenweise – als faktisches Entscheidungszentrum der Koalitionsausschuss (vor 1998
Großes Koalitionsgespräch oder Große Koalitionsrunde), wenngleich deren Beschlüsse formal nur Empfehlungscharakter gegenüber Kabinett und Bundestag haben (Rudzio 2005; Rudzio 1991: 133, 136; vgl. Schreckenberger 1994: 329 ff.). Die Regie-
rungs-, Fraktions- und Parteiebene sind in diesem informellen Gremium mit ihren
führenden Vertretern beteiligt. Es ist ähnlich zusammengesetzt wie die große Runde
bei den Koalitionsverhandlungen zu Beginn der Wahlperiode. Gleichlautend wird die
Funktion des Koalitionsausschusses in den Koalitionsverträgen seit 1998 so beschrie-
ben, obwohl es um unterschiedliche Koalitionen ging: »Er berät Angelegenheiten von
grundsätzlicher Bedeutung, die zwischen den Koalitionspartnern abgestimmt werden müssen, und führt in Konfliktfällen Konsens herbei« (Koalitionsverträge 1998,
2002, 2005, 2009). In der großen Koalitionsrunde werden somit die »großen Linien
der Politik« festgelegt, die wichtigsten Richtungsentscheidungen getroffen. Insbesondere finden Diskussionen und Entscheidungen über all jene Themen statt, bei denen
auf einer »unteren« Ebene keine Klärung herbeigeführt werden konnte. Zum Teil
werden Entscheidungen schon auf Fachebene eingehend vorbereitet und der Koalitionsausschuss entscheidet gegebenenfalls nach Klärung der letzten strittigen Punkte
offiziell. Geht es um konkrete Vorlagen, ist natürlich die formelle Bestätigung des Kabinetts und/oder der Fraktion erforderlich. Im Rahmen der Grundentscheidung besteht etwa bei der Ausarbeitung eines Gesetzentwurfs ein mehr oder weniger großer
Spielraum und ob die Folgebereitschaft der Regierungsfraktionen gegeben ist, hängt
auch davon ab, ob eine frühzeitige Rückbindung zu den Fraktionsexperten erfolgt ist.

Zur Zeit der christlich-liberalen Koalition unter Führung Bundeskanzler Helmut
Kohls (1982–1998) tagte die Große Koalitionsrunde regulär in Sitzungswochen am
Dienstagmorgen vor der Fraktionssitzung und der mittwochs stattfindenden Kabinettsitzung (zum »Kressbronner Kreis« seit 1968 und den »Koalitionsgesprächen«
der sozialliberalen Koalition bis 1982: Ismayr 1992: 146 ff; Miller 2011: 133 ff.). Seit der
Koalitionsbildung 1998 wurde das nun »Koalitionsausschuss« genannte Gremium in
der jeweiligen Koalitionsvereinbarung festgelegt. Die rot-grüne Koalition hatte 1998
den achtköpfigen Koalitionsausschuss zunächst nicht als regelmäßig tagende Institution gedacht und ihn auch nur in größeren Abständen einberufen. Im Koali-

tionsvertrag von 2002 sowie im Vertrag der Großen Koalition vom November 2005 wurde vereinbart, sich regelmäßig mindestens einmal monatlich zu Koalitionsgesprächen im Koalitionsausschuss zu treffen, jederzeit aber auf Wunsch eines Koalitionspartners. In der Praxis kamen weniger Sitzungen zustande (Rudzio 2008). Der Koalitionsvertrag von CDU, CSU und FDP vom Oktober 2009 legt fest, dass sich die Koalitionspartner zu Beginn jeder Sitzungswoche zu Koalitionsgesprächen im Koalitionsausschuss treffen, womit offenbar an die Praxis vor dem Regierungswechsel 1998 angeknüpft werden sollte. Tatsächlich wurde nur in einer kurzen Anfangsphase so verfahren. Seither tagt der Koalitionsausschuss in unregelmäßigen Abständen, wobei man bei Bedarf einen längeren Zeitraum einplant. Die Termine der üblicherweise im Kanzleramt an einem Abend stattfindenden Treffen werden von den drei Parteivorsitzenden vereinbart. Hatte der Koalitionsausschuss während der rot-grünen Regierungszeit vorübergehend an Bedeutung verloren, spielt er seit Beginn der Großen Koalition (2005) mit ihren spezifischen Bedingungen und auch in der neuerlichen Koalition von CDU, CSU und FDP seit 2009 wieder eine große Rolle. Allerdings betrifft die in Medien vielfältig geäußerte Kritik an der mangelnden Konsensfähigkeit dieser Koalition auch die Sitzungen des Koalitionsausschusses.

Zum festen Teilnehmerkreis der Großen Koalitionsrunde gehörten zur Zeit der christlich-liberalen Koalition 1982–1998 (oft in Personalunion) neben dem Bundeskanzler und dem Chef des Bundeskanzleramtes die Vorsitzenden und Generalsekretäre der Parteien sowie die Fraktionsvorsitzenden und Ersten Parlamentarischen Geschäftsführer (einschl. des Vorsitzenden und Geschäftsführers der CSU-Landesgruppe). In vorausgegangenen Wahlperioden gehörten diesem Kreis noch mehrere führende Bundesminister an (üblicherweise in ihrer Doppelfunktion als führende Parteivertreter), in der 13. Wahlperiode (1994–98) nur der Außenminister und stellvertretende FDP-Vorsitzende. Andere Minister nahmen je nach Thematik teil. Diese stark reduzierte personelle Vertretung der Regierungsmitglieder in der Großen Koalitionsrunde hatte die Funktion des Bundeskabinetts als Beratungs- und Entscheidungsgremium weiter geschwächt. Ähnlich zusammengesetzt ist wiederum der Koalitionsausschuss der christlich-liberalen Koalition der 17. Wahlperiode (ab 2009), der 15 Mitglieder umfasst. Neben dem genannten Personenkreis gehören der Bundesfinanzminister sowie ein »weiteres« von der FDP benanntes Mitglied der Parteiführung dem Koalitionsausschuss an. In den Koalitionsverträgen der rot-grünen Koalition der 14. und 15. Wahlperiode (1998, 2002) hatte man jeweils einen Koalitionsausschuss mit acht Mitgliedern pro Koalitionspartner festgelegt (Koalitionsvereinbarung 1998: 63; Koalitionsvertrag 2002: 131; Feldkamp 2011: 556 ff.; Kropp 2003; zur Praxis in den Bundesländern Kropp/Sturm 1998: 112 ff.). Hingegen hatte man sich während der Großen Koalition von CDU, CSU und SPD der Jahre 2005–2009 in Erwartung größerer Effizienz auf ein deutlich kleineres Gremium von sieben Personen beschränkt. Bereits im Koalitionsvertrag wurde festgelegt, dass dem Koalitionsausschuss Bundeskanzler und Vizekanzler, die Fraktionsvorsitzenden von SPD und CDU sowie der Landesgruppenvorsitzende der CSU und die Parteivorsitzenden, soweit nicht schon durch ein Regierungs- oder Fraktionsamt vertreten, angehören. Nicht vertreten waren somit u. a. die Ersten Parlamentarischen Geschäftsführer der Fraktionen und die Generalsekretäre der Parteien.

Wie dargestellt sind im Koalitionsausschuss nicht nur die führenden Vertreter von Regierung und Fraktionen, sondern auch der Parteien vertreten, und zwar auch dann, wenn sie weder Mitglieder des Bundestages noch der Bundesregierung sind (so die CSU-Vorsitzenden Edmund Stoiber, Erwin Huber und Horst Seehofer; vgl. auch Ismayr 1992: 146 ff.). Der CSU-Vorsitzende und von 1978 bis 1988 amtierende bayerische Ministerpräsident Franz-Josef Strauß gehörte diesem Koalitionsgremium nicht an; er brachte seine Ansprüche auf andere Weise zur Geltung. Der Festlegung der CSU-Vertreter in der Koalitionsrunde und im Kabinett diente besonders der monatliche Jour fixe, an dem neben Strauß die CSU-Bundesminister, der Vorsitzende und der Geschäftsführer der CSU-Landesgruppe und führende Landespolitiker der CSU teilnahmen (hierzu Abschn. 3.4).

Neben dem Koalitionsausschuss werden wichtige Entscheidungen auch in der kleineren Runde der Parteivorsitzenden oder der Partei- und Fraktionsvorsitzenden (ggf. einschließlich dem Landesgruppenvorsitzenden der CSU) getroffen. Diese Besprechungen können auch der Sitzung des Koalitionsausschusses vorausgehen. Von der jeweiligen personellen Situation abhängig, wurden in der Regierungszeit Helmut Kohls (1982–1998) bei auch als »Elefantenrunde« bezeichneten Treffen der Partei- und Fraktionsvorsitzenden vor allem dann grundlegende Entscheidungen getroffen, wenn in der Koalitionsrunde keine Vereinbarung zustande kam. Die in den letzten Jahren relativ häufig erfolgten Absprachen der Parteivorsitzenden sind nicht zuletzt durch die erwünschte Einbindung des nicht im Kabinett vertretenen CSU-Vorsitzenden begründet. Die Fraktionsvorsitzenden dringen verstärkt darauf, bei diesen Treffen dabei zu sein und bei Absprachen unmittelbar mitzuwirken, für deren Umsetzung sie später in Anspruch genommen werden.

Für die Zusammenarbeit der Regierungsfraktionen wichtige Absprachen werden auch in sog. »Kleinen Koalitionsrunden« getroffen. So trafen sich zur Zeit der CDU/CSU-FDP-Koalition (1982–1998) am Freitagmorgen in Sitzungswochen die Fraktionsvorsitzenden und Ersten Parlamentarischen Geschäftsführer zu Absprachen – wenn Fragen auf einer »unteren« Ebene und zwischen den Fachleuten nicht gelöst werden konnten (Fraktionsrunde). Insgesamt gesehen hatte sich das Gewicht seit 1988 aber zur Großen Koalitionsrunde hin verlagert. Um die Abstimmung zwischen den Partnern der rot-grünen Koalition zu verbessern, wurde auf Wunsch von Bündnis 90/Die Grünen auch von den neuen Regierungsparteien eine »Kleine Koalitionsrunde« auf Fraktionsebene geschaffen, die in Sitzungswochen regelmäßig am Dienstagmorgen vor den Arbeitsgruppensitzungen zusammentrat und eine beachtliche Rolle bei der Koordination der Parlamentsarbeit spielte. Diese Praxis wurde auch hinsichtlich des Zeitpunkts von der zweiten Großen Koalition und der seit 2009 bestehenden Koalition von CDU, CSU und FDP fortgesetzt. Teilnehmer des weiterhin am Dienstagmorgen stattfindenden »Koalitionsfrühstücks« sind die Fraktionsvorsitzenden und Ersten Parlamentarischen Geschäftsführer, bei Beteiligung der CSU auch deren Landesgruppenvorsitzender und Parlamentarischer Geschäftsführer; hinzukommen die Leiter der Fraktionsverwaltungen. Wie beim Koalitionsausschuss gibt es kein gemeinsames Protokoll, aber jeder macht sich Notizen. Entscheidungen betreffen oft die Arbeitsgruppen oder Arbeitskreise der Fraktionen und müssen daher schnell weitergeleitet werden. Beim Koalitionsfrühstück wird alles besprochen, was in der aktuellen Woche noch klärungsbedürftig ist, so z. B. Aktuelle Stunden oder Änderungsanträge zu Regierungsvorlagen. Zudem wird versucht, bei längerfristig umstrittenen Vorhaben eine Einigung herbeizuführen. Zwar fallen die großen Richtungsentscheidungen im Koalitionsausschuss, doch kommt dem regelmäßig tagenden Koalitionsfrühstück für die laufende parlamentarische Arbeit und darüber hinaus erhebliche Bedeutung zu.

»Koalitionsgespräche« werden auch die zahlreichen Arbeitstreffen der Funktionsträger und Fachleute der einzelnen Politikbereiche genannt, die der Koordination und Entscheidungsvorbereitung (Ausschusssitzungen!) dienen. Grob unterscheiden lassen sich Treffen von Fachleuten »nur« der Regierungsfraktionen von solchen Koalitionsgesprächen, an denen auch Minister, Parlamentarische Staatssekretäre und/oder Ministerialbeamte beteiligt sind. Zumindest aber werden Informationskontakte zu den Ministerien auch dann hergestellt, wenn Regierungsvertreter nicht »offiziell« beteiligt werden.

Regierungs- und Fraktionsebene sind somit auf mehreren Ebenen und in verschiedener Form miteinander verklammert. Die privilegierte Position der Spitzenpolitiker in Regierung, Fraktion und Partei – häufig in Doppelfunktion – wird durch die Beteiligung am Koalitionsausschuss, den Treffen der Partei- und Fraktionsvorsitzenden und der Fraktionsrunde (»Koalitionsfrühstück«) gestärkt und abgesichert.

Organisation und Arbeitsweise des Bundestages

4

Wie schon in den vorausgegangenen Kapiteln ersichtlich, vollzieht sich ein wesentlicher Teil der Arbeit des Bundestages nicht in den öffentlichen Plenarsitzungen, sondern in ganz überwiegend nicht-öffentlichen Gremien, deren Bedeutung mit der wachsenden Arbeitsfülle und fachlichen Ausdifferenzierung des Bundestages als »Arbeitsparlament« mehr oder weniger kontinuierlich gewachsen ist. Neben den Fachausschüssen des Bundestages sind dies Institutionen, die vornehmlich Aufgaben als Koordinations- und Lenkungsorgane erfüllen – neben dem Präsidenten, dem Präsidium und vor allem dem Ältestenrat, denen hier eigene Abschnitte gewidmet sind, auch der im Kontext behandelte Geschäftsordnungsausschuss.

Einleitend werden die Konstituierung des Bundestages und die rechtliche und politische Bedeutung seiner Geschäftsordnung erörtert. Danach wird der Frage nachgegangen, inwieweit die Funktionsbedingungen des Fraktionsparlaments auch Zusammensetzung und Wirkungsweise der für die Arbeitsplanung und Sitzungsleitung zuständigen Gremien sowie der Ausschüsse des Bundestages bestimmen. Welches Gewicht kommt bei der Gestaltung der Tagesordnung und der Debatten der Regierungsmehrheit und den Oppositionsfraktionen zu, und welche Rolle spielen dabei die Parlamentarischen Geschäftsführer? Nach welchen formellen und informellen Regeln kommt die Besetzung der Ausschüsse zustande? Welches Gewicht kommt den Ausschüssen im parlamentarischen Willensbildungsprozess zu? Welche Rolle spielt die Mitwirkung von Ministerialbeamten in den Fachausschüssen? Unterscheiden sich die Ausschüsse hinsichtlich des Diskussions- und Arbeitsstiles und des Abstimmungsverhaltens vom Plenum?

4.1   Konstituierung des Bundestages und Geltung der Geschäftsordnung

Auf Vorschlag der Enquete-Kommission Verfassungsreform wurde 1976 die »parlamentslose Zeit« durch Neufassung des Art. 39 GG abgeschafft (BGBl I: 2381), um den Bundestag »als ein ständig präsentes und handlungsfähiges Verfassungsorgan auszugestalten« (Enquete-Kommission Verfassungsreform 1976: 21, 96 ff.). Die Wahlperiode endet seither nicht mehr mit dem Ablauf einer bestimmten Frist nach der konstituierenden Sitzung oder mit der Auflösung, sondern mit dem Zusammentritt eines neuen Bundestages. Das Ende der vierjährigen Wahlperiode wird variabel gestaltet. Die Neuwahl findet frühestens 46, spätestens 48 Monate nach Beginn der Wahlperiode statt. Spätestens am 30. Tag nach der Wahl muss der Bundestag zusammentreten, auch wenn die Wahlperiode noch nicht abgelaufen ist (Art. 39 Abs. 1, 2 GG; § 1 Abs. 1 GOBT).

Der neu gewählte Bundestag wird zu seiner ersten Sitzung vom bisherigen Bundestagspräsidenten oder einem seiner Stellvertreter einberufen. Der Bundestagspräsident bespricht zuvor mit den Beauftragten der Fraktionen – in der Regel sind das die Parlamentarischen Geschäftsführer – und dem voraussichtlichen Alterspräsidenten den Termin und versucht, eine Einigung über die Wahl des neuen Bundestagspräsidenten und der Vizepräsidenten zu erzielen und zu klären, ob die Geschäftsordnung der abgelaufenen Wahlperiode unverändert übernommen werden soll. Den Vorsitz in der ersten Sitzung des Bundestages führt nach allgemein beachtetem Parlamentsbrauch zunächst das an Jahren älteste Mitglied des Bundestages (§ 1 Abs. 2 GOBT). Mit dem Schriftsteller Stefan Heym amtierte 1994 erstmals ein Abgeordneter aus den neuen Bundesländern als Alterspräsident. Der »Alterspräsident« eröffnet die Sitzung mit einer Ansprache, die dazu beitragen soll, die »Wunden« des Wahlkampfes zu heilen, indem er an die gemeinsamen Verfassungsgrundsätze und demokratischen Spielregeln und, wie Willy Brandt, an die notwendige »Pflege der demokratischen politischen Kultur« erinnert, »die nicht institutionell zu sichern ist, sondern die täglich erfahrbar gemacht werden muss« (PlPr 10/1; PlPr 11/1). Er kann aber auch neue Herausforderungen und Perspektiven für die gemeinsame politische Arbeit ansprechen, wie Heinz Riesenhuber zu Beginn der 17. Wahlperiode (PlPr 17/1). Diese Ansprache ist praktisch seine einzige Amtshandlung. Eine Aussprache zur Rede des Alterspräsidenten ist unüblich. Alle bisherigen Alterspräsidenten haben den Vorsitz an den neuen Bundestagspräsidenten unmittelbar nach dessen Wahl abgegeben. Danach übt der Alterspräsident keine Funktion mehr aus, da angesichts mehrerer Vizepräsidenten eine Leitung von Plenarsitzungen – wie sie bei Verhinderung des Präsidiums nach § 8 Abs. 2 der GOBT möglich wäre – faktisch nicht erfolgt.

Da nach dem Grundsatz der Diskontinuität die GOBT nur für die jeweilige Legislaturperiode gilt, muss alsbald eine Geschäftsordnung beschlossen werden (Art. 40 Abs. 1 GG). Bei den beiden letzten konstituierenden Sitzungen gab es hierzu keine

Aussprache. In den sechs Wahlperioden (1983) zuvor erfolgte die Übernahme der GOBT in der ersten Sitzung hingegen erst nach einer Debatte zu Änderungsanträgen, die dann mit großer Mehrheit abgelehnt bzw. »vertagt« wurden. Wiederholt wurden größere Änderungen erst gegen Ende der Legislaturperiode getroffen und faktisch erst in der folgenden Wahlperiode wirksam.

Traditionell gilt die Geschäftsordnung des Bundestages als »autonome Satzung« (BVerfGE 1, 144, 148), doch ist ihr Rechtscharakter keineswegs unumstritten (Kretschmer 1989: 304 ff.). Nach herrschender Lehre kann der Bundestag durch die GOBT nur seine eigenen Angelegenheiten regeln, nicht aber Pflichten für Dritte verbindlich festlegen (Achterberg 1984: 59). Allerdings gelten verpflichtende Regelungen für Personen als zulässig, die »freiwillig in den Internbereich des Bundestages eingetreten sind« (Kretschmer 1986a: 341). Zur Stärkung parlamentarischer bzw. oppositioneller Kompetenzen gegenüber der »Exekutive« reichen Geschäftsordnungsregelungen jedenfalls nicht aus. Wichtige parlamentsrechtliche Regelungen finden sich auch in einer Reihe einfacher Gesetze, zum Teil aufgrund von Ermächtigungen in Vorschriften des Grundgesetzes (z. B. Abgeordnetengesetz). Insbesondere ist eine gesetzliche Regelung dann geboten, wenn Pflichten für Dritte festgelegt werden, so z. B. Informationspflichten der Bundesregierung (z. B. Petitionsausschussgesetz nach Art. 45 c GG; Bücker 1986: 326 ff.).

Auf die Festschreibung von Verfahrensregeln sind vor allem parlamentarische Minderheiten angewiesen. Ob hierzu eher die Geschäftsordnung oder ein Gesetz geeignet ist, hängt von der jeweiligen Materie und (partei)politischen Konstellation ab. Über Gesetze entscheidet der Bundestag nicht völlig allein, da auch der Bundesrat (jedenfalls formal) beteiligt ist. Durch ein Verfahrensgesetz kann parlamentarischen Minderheiten »Rechtssicherheit über Wahlperioden hinweg eingeräumt werden« (Kretschmer 1986a: 338), es können aber auch Benachteiligungen »festgeschrieben« werden. Die Geschäftsordnung wiederum steht insoweit mehr als einfaches Gesetzesrecht zur Disposition der (Regierungs-)Mehrheit, als diese in umstrittenen Fällen letztlich über die Auslegung entscheiden kann (§ 127, 128 GOBT). Vor allem aber kann nach der nicht unproblematischen Regelung des § 126 der GOBT im Einzelfall von der Geschäftsordnung abgewichen und das Interesse nicht nur einzelner Abgeordneter, sondern auch kleinerer (Oppositions-)Fraktionen übergangen werden (Bücker 1986: 331).

Bei Änderungen der Geschäftsordnung oder auch gesetzlicher Regelungen zum Parlamentsrecht gilt es gleichermaßen, einen Konsens oder zumindest eine breite parlamentarische Mehrheit anzustreben, besonders dann, wenn Kompetenzen parlamentarischer Minderheiten tangiert sind. Bis zu einem gewissen Grad entspricht dies auch dem Selbstverständnis der Parlamentarier, insbesondere der Mitglieder des Geschäftsordnungsausschusses.

4.2 Präsident und Präsidium

4.2.1 Wahl und Amtsdauer

Der Bundestagspräsident und seine (derzeit 5) Stellvertreter werden bereits in der konstituierenden Sitzung mit den Stimmen der Mehrheit der Mitglieder des Bundestages für die Dauer der Wahlperiode gewählt (§ 2 Abs. 1 GOBT). Diese für die parlamentarische Demokratie selbstverständliche Wahl des Präsidenten durch die Volksvertretung (Art. 40 Abs. 1 GG) ist schon im preußischen Abgeordnetenhaus und im Reichstag des Kaiserreichs durchgesetzt worden. Mit der allerdings erst 1922 eingeführten Wahl für die gesamte Wahlperiode wurde seine Stellung gestärkt.

Die Geschäftsordnung bestimmt, dass die Wahl geheim und in »besonderen Wahlhandlungen« erfolgt (§§ 2 Abs. 1, 49 GOBT). Nach der bisherigen Praxis werden die Vizepräsidenten dann unter dem Vorsitz des neu gewählten Präsidenten gewählt. Ergibt sich im ersten und auch in einem zweiten Wahlgang keine absolute Mehrheit für einen Kandidaten, so kommen die beiden Anwärter mit der höchsten Stimmenzahl in die engere Wahl (§ 2 Abs. 2 GOBT). Gewählt ist, wer die meisten Stimmen auf sich vereinigt. Gibt es nur einen Bewerber so ist dieser gemäß der am 26. September 2006 aus gegebenem Anlass neu gefassten Bestimmung der GOBT gewählt, wenn er die Mehrheit der abgegebenen Stimmen auf sich vereinigt (§ 2 Abs. 2 GOBT).

Bereits seit der Weimarer Republik hat sich der Parlamentsbrauch entwickelt, dass (nur) die jeweils stärkste Fraktion einen Kandidaten für das Amt des Präsidenten vorschlägt, der dann auch gewählt wird. Dies gilt auch, wenn die stärkste Fraktion die Opposition bildet (Kai-Uwe von Hassel 1969, Karl Carstens 1976, Richard Stücklen 1980). Schon seit dem Reichstag der Monarchie werden vor der Wahl des Präsidenten und seiner Stellvertreter in interfraktionellen Gesprächen Vereinbarungen getroffen, die »praktisch die Wahl vorwegnehmen« (Jekewitz 1977: 99 f.).

Bisher sind die von der stärksten Fraktion präsentierten Kandidaten stets gewählt worden, zumeist mit einer Mehrheit von über 75 % der Abgeordnetenstimmen; erhebliche Unterschiede bei der Stimmenzahl drückten den unterschiedlichen Grad der Akzeptanz aus, beeinträchtigten aber nicht die Entscheidung. Die Wahl Wolfgang Thierses mit nur knapp 60 % der abgegebenen Stimmen war insbesondere auf die von ihm nach dem Parteiengesetz wahrzunehmende Rolle bei der Aufklärung der Parteisspendenaffäre der CDU zurückzuführen und wurde von der SPD-Fraktion als Provokation empfunden (vgl. Tabelle 4.1 und Abschn. 4.2.5).

Widerstand, der eventuell laut zu werden drohte, wurde zumeist »schon im Vorfeld von den Fraktionsspitzen, die die Verhandlungen geführt hatten, ausgeräumt« (Jekewitz 1977: 99; vgl. Schindler 1999: 862 ff.; Feldkamp 2011: 408 ff.). Das Personalkalkül der größten Fraktion wird in der Regel auch dann hingenommen, wenn bei der Auswahl nicht die Eignung für das Amt, sondern Karriereinteressen sowie

Tabelle 4.1   Bundestagspräsidenten seit 1949: Wahlergebnisse und Amtszeit

WP	Präsident	Amtszeit	abgegeb. Stimmen	Ja-Stimmen	%[a]
1	Erich Köhler, CDU/CSU	07.09.1949–18.10.1950	402	346	86,1
	Hermann Ehlers, CDU/CSU	19.10.1950–06.10.1953	325	201	61,8
2	Hermann Ehlers, CDU/CSU	06.10.1953–29.10.1954	500	466	93,2
	Eugen Gerstenmaier, CDU/CSU	16.11.1954–15.10.1957	409[b]	204[b]	49,9[b]
3	Eugen Gerstenmaier, CDU/CSU	15.10.1957–17.10.1961	494	437	88,5
4	Eugen Gerstenmaier, CDU/CSU	17.10.1961–19.10.1965	504	463	91,9
	Eugen Gerstenmaier, CDU/CSU	19.10.1965–31.01.1969	508	385	75,8
5	Kai-Uwe von Hassel, CDU/CSU	05.02.1969–20.10.1969	457	262	57,3
6	Kai-Uwe von Hassel, CDU/CSU	20.10.1969–13.12.1972	517	411	79,5
7	Annemarie Renger, SPD	13.12.1972–14.12.1976	516	438	84,9
8	Karl Carstens, CDU/CSU	14.12.1976–31.05.1979	516	346	67,1
	Richard Stücklen, CDU/CSU	31.05.1979–04.11.1980	469	410	87,4
9	Richard Stücklen, CDU/CSU	04.11.1980–29.03.1983	515	463	89,9
10	Rainer Barzel, CDU/CSU	29.03.1983–25.10.1984	509	407	80,0
	Philipp Jenninger, CDU/CSU	05.11.1984–18.02.1987	471	340	72,2
11	Philipp Jenninger, CDU/CSU	18.02.1987–11.11.1988	514	393	76,5
	Rita Süssmuth, CDU/CSU	25.11.1988–20.12.1990	475	380	80,0
12	Rita Süssmuth, CDU/CSU	20.12.1990–10.11.1994	650	525	80,8
13	Rita Süssmuth, CDU/CSU	10.11.1994–26.10.1998	669	555	83,0
14	Wolfgang Thierse, SPD	26.10.1998–17.10.2002	666	512	76,9
15	Wolfgang Thierse, SPD	17.10.2002–18.10.2005	596	357	59,9
16	Norbert Lammert, CDU/CSU	18.10.2005–27.10.2009	607	564	92,9
17	Norbert Lammert, CDU/CSU	27.10.2009–	617	522	84,6

a   Stimmenanteil der Ja-Stimmen für den gewählten Präsidenten in Prozent der abgegebenen Stimmen
b   im dritten Wahlgang
Quelle: Schindler 1999: 862 ff.; Feldkamp 2011: 410 ff.

partei- und koalitionsinterner Personalproporz ausschlaggebend sind. Die Vertreter jener Fraktionen, die nicht den Präsidenten stellen, gehen allerdings nicht ohne » Trumpf « in die Vorgespräche, da ihren Fraktionen mit der Auswahl der Vizepräsidenten gewisse Gegengewichte zur Verfügung stehen. Im Interesse eines breiten Konsenses wäre es wohl funktional angemessen, für die Wahl auch formell eine Zweidrittelmehrheit vorzusehen.

Abweichend von der Geschäftsordnung wurde bei der Wahl der Vizepräsidenten bis 1980 jeweils zu Beginn der Legislaturperiode in offener Wahl über alle Vorschläge gemeinsam abgestimmt (gemäß § 126 GOBT). Seit der 10. Wahlperiode (1983) kam hingegen keine interfraktionelle Vereinbarung mehr zustande, da die Koalitionsfraktionen in den Vorgesprächen und im Plenum alle Vorstöße der GRÜNEN und auch der SPD abgelehnt hatten, einen Vizepräsidenten der Fraktion DIE GRÜNEN zu akzeptieren (Ismayr 1992: 158, 592). Auch beim (erneuten) Einzug von Bündnis 90/Die

Grünen 1994 als drittstärkster Fraktion widersetzten sie sich dem Antrag der SPD-Fraktion, die Zahl der Stellvertreter von vier auf fünf zu erhöhen, unterstützten nun aber nach einer spektakulären Absprache die Wahl einer von Bündnis 90/Die Grünen gestellten Vizepräsidentin (Antje Vollmer) auf Kosten der SPD-Fraktion, die erstmals seit 1961 nur mehr mit einem Mitglied im Präsidium vertreten war und sich somit gegenüber der Unionsfraktion benachteiligt sah (PlPr 13/1; Schindler 1999: 870 ff.). Nach der Bundestagswahl 1998 wurde an dieser Praxis festgehalten, nun zuungunsten der CDU/CSU-Fraktion, die nur noch einen Vizepräsidenten stellte (PlPr 14/1; PlPr 15/1). Nur in der 16. Wahlperiode wurde unter Bedingungen der Großen Koalition und gegen die Stimmen der drei kleineren Fraktionen der SPD-Fraktion, die fast ebenso viele Abgeordnete umfasste wie die CDU/CSU-Fraktion, unter Hinweis auf den Repräsentationsgedanken ein zweiter Vizepräsident zugestanden (PlPr 16/1, S. 6 ff.). Durch Änderung der GOBT ist seit 1994 der Anspruch jeder Fraktion abgesichert, durch mindestens einen Vizepräsidenten im Präsidium vertreten zu sein (§ 2 Abs. 1 Satz GOBT). Die von den Fraktionen als Vizepräsidenten vorgeschlagenen Abgeordneten wurden auch jeweils gewählt. Eine spektakuläre Ausnahme bildete die in vier Wahlgängen (PlPr 16/1; PlPr 16/2; Feldkamp 2011: 418 f.) erfolgte Ablehnung des von der Fraktion Die Linke vorgeschlagenen Abgeordneten Lothar Bisky, der zu diesem Zeitpunkt auch Parteivorsitzender war. Ein Rechtsanspruch auf die Wahl einer bestimmten Person besteht – zumal angesichts geheimer Wahl – nicht (Fuchs/Fuchs/Fuchs 2009: 236 f.). Erst mit einem neuen Personalvorschlag dieser Fraktion mehrere Monate danach konnte das Präsidium gemäß der Geschäftsordnung vollständig besetzt werden (PlP 16/33/7. 4. 2006; zur Zusammensetzung des Präsidiums Petersen 2011; Ismayr 2004a; Feldkamp 2007: 159 ff.).

Eine Abwahl des Präsidenten (oder der Vizepräsidenten) ist in der GOBT nicht vorgesehen und wird vom Geschäftsordnungsausschuss des Bundestages als »systemwidrig« abgelehnt (Härth 1985: 492). Allerdings ist eine Abwahl nach verbreiteter Auffassung in der juristischen Kommentarliteratur verfassungsrechtlich nicht ausgeschlossen, könnte der Bundestag doch § 2 GOBT jederzeit ändern oder gemäß § 126 GOBT im einzelnen Fall mit Zweidrittelmehrheit von dieser Vorschrift abweichen (Wilrich 2002: 153 m. w. N.). Die Akzeptanz oder Einführung einer Regelung, die eine Abwahl mit einfacher Mehrheit ermöglichte, würde Präsident und Vizepräsidenten in einer wichtigen Funktion schwächen. Sie könnten bei unbequemen Entscheidungen leichter dem Druck der Regierungsmehrheit ausgesetzt und in einer wichtigen Aufgabe beeinträchtigt sein, sich (auch im Interesse des »Gesamtparlaments«) für die Rechte parlamentarischer Minderheiten einzusetzen. Erwägenswert ist es, die Abwahl mit Zweidrittelmehrheit ausdrücklich zu regeln. Bisher vertraute man darauf, dass ein Präsident zurücktreten werde, wenn er nicht nur das Vertrauen anderer Fraktionen verloren hat, sondern aufgrund öffentlich bekannt gewordenen Fehlverhaltens zur Belastung für seine eigene Partei geworden ist (Sommer 1984). Ob sich unerfreuliche Rücktritts-Prozeduren wie im Falle des 1984 zurückgetretenen Präsi-

denten Rainer Barzel bei einer möglichen Abwahl mit Zweidrittelmehrheit abkür-
zen ließen, ist allerdings insofern schwer abschätzbar, als auch ein solches Verfahren
jedenfalls bei größeren Fraktionen den Entzug der Unterstützung durch die eigene
Fraktion voraussetzt. War die Beschädigung der Glaubwürdigkeit und Integrität in
anderen Lebensbereichen Anlass für den Rücktritt Barzels, musste Philipp Jenninger
1988 nach heftiger Kritik an einer Rede zurücktreten, die er als Repräsentant des Bundestages bei einer Gedenkveranstaltung des Parlaments gehalten hatte (Gedenkveranstaltung 10. 11. 1988: 7270 ff.).

4.2.2 Kompetenzen und Amtsverständnis

Die Kompetenzen des Präsidenten und seiner Stellvertreter haben sich in der parlamentarischen Tradition Deutschlands seit den 60er-Jahren des 19. Jahrhunderts ausgebildet und wurden in mehreren Reformschritten erheblich gestärkt (Wermser 1984:
13 ff.; Troßmann 1984: 128). Bei der Konzeption des Amtes eines Parlamentspräsidenten hatte man sich weniger am Modell des mit starken Kompetenzen ausgestatteten,
aber parteipolitisch neutralen »Speaker« des britischen Unterhauses denn am schwä-
cheren französischen Modell orientiert. Die vom Deutschen Reichstag übernom-
mene Geschäftsordnung des Reichstages des Norddeutschen Bundes (1867) nannte
bereits die wichtigsten, auch heute noch gültigen Aufgaben des Präsidenten sowie
der Vizepräsidenten.

   In mehreren Reformschritten erheblich erweitert wurde die Ordnungsbefugnis
der amtierenden Präsidenten, um einen geordneten Ablauf der Plenarsitzungen zu
ermöglichen. In der Weimarer Reichsverfassung (Art. 28) wurde den Präsidenten
zusätzlich zum Hausrecht auch die Polizeigewalt im Reichstagsgebäude übertragen.
Wie bereits erwähnt wurde die rechtliche Stellung des Präsidenten und der Vizepräsidenten auch dadurch gestärkt, dass sie für die Dauer der Wahlperiode gewählt sind.

   Geht man von den zahlreichen, den Präsidenten betreffenden Bestimmungen der
Geschäftsordnung aus, kommt ihm eine herausragende Stellung zu. Dies könnte darüber hinwegtäuschen, dass in der parlamentarischen Praxis der Ältestenrat als zentrales Lenkungsgremium fungiert, und auch dem Präsidium ein über seine wenigen
formalen Zuständigkeiten deutlich hinausgehender Einfluss zugewachsen ist. Die tatsächliche »Macht« des Bundestagspräsidenten hängt wesentlich von dem Einfluss ab,
den er als Vorsitzender dieser beiden Gremien geltend machen kann. Zu beachten ist
auch, dass ein großer Teil der in der GOBT aufgeführten Befugnisse den die Plenarsitzung leitenden amtierenden Präsidenten betreffen. Aus der gleichgewichtigen Verantwortung für die Plenarsitzungen folgt konsequent die erhebliche Aufwertung, die
das Präsidium seit den 1960er Jahren faktisch erfahren hat.

   In den übrigen Amtsgeschäften lässt sich der Präsident in der Regel nur dann vertreten, wenn er persönlich verhindert ist, doch gehen bei der Wahrnehmung auch

dieser Verpflichtungen häufig Besprechungen im Präsidium voraus. Von diesen Aufgaben soll zunächst die Rede sein.

4.2.3 »Repräsentant« der Volksvertretung

Der Präsident »vertritt den Bundestag und regelt seine Geschäfte. Er wahrt die Würde und die Rechte des Bundestages« (§ 7 Abs. 1 GOBT). Der Bundestagspräsident ist im staatsrechtlichen und politischen Sinne der Repräsentant der Volksvertretung; er repräsentiert den Bundestag als die »symbolische und offizielle Personifizierung des Parlaments« in seiner »Gesamtheit« (BVerfGE 1, 115 f.; 27, 152, 157). Das öffentliche Ansehen des Präsidenten hängt natürlich von der Persönlichkeit des Amtsinhabers ab, aber auch davon, welches Gewicht der Volksvertretung im Gefüge der politischen Institutionen beigemessen wird. Immerhin konnte schon während der Amtszeit Konrad Adenauers der Anspruch durchgesetzt werden, dass der Bundestagspräsident protokollarisch noch vor dem politisch mächtigen Bundeskanzler und dem Bundesratspräsidenten an zweiter Stelle im Staate rangiert. An Bemühungen, die Würde dieses Amtes durch Zeremoniell und »repräsentative« Ausstattung ins öffentliche Bewusstsein zu heben, hat es nicht gefehlt. Das derzeitige Zeremoniell bei den Plenarsitzungen wurde erst kurz nach dem Amtsantritt Eugen Gerstenmaiers 1954 eingeführt. Seither ist es parlamentarischer Brauch, dass sich beim Eintritt des Präsidenten nach einem Glockenschlag und Ankündigungsruf über Lausprecher die Anwesenden erheben und stehen bleiben, bis der Präsident Platz genommen hat – seit Beginn der 10. Wahlperiode (1983) allerdings nicht mehr nach der Unterbrechung einer Sitzung.

Der Präsident vereidigt im Namen des Bundestages den Bundespräsidenten, den Bundeskanzler und die Bundesminister (Art. 64 Abs. 2 GG). Als Vertreter des Bundestages ist er offizieller Adressat und Absender jeglichen Schriftverkehrs zwischen dem Bundestag einerseits und dem Bundesrat, der Bundesregierung oder den einzelnen Ressorts andererseits (Ritzel/Bücker/Schreiner: Erl. Id zu § 7 GOBT). Der gesamte den Bundestag betreffende Schriftverkehr ist an den Präsidenten zu richten. Selbstverständlich bedient er sich zur Entgegennahme der Bundestagsverwaltung (Parlamentssekretariat, Präsidialbüro, Ausschussdienst des Petitionsausschusses). Er ist verpflichtet, die Beschlüsse des Bundestages auszufertigen bzw. zu vollziehen und weiterzuleiten. Der Präsident vertritt den Bundestag in allen Rechtsstreitigkeiten, wobei er die Anliegen des Bundestages »als Gesamtheit«, nicht die Anliegen einer Mehrheit, wahrnimmt (BVerfGE 1, 115 f.). In der Praxis werden in aller Regel Anwälte oder Staatsrechtslehrer als Prozessbevollmächtigte benannt (vgl. Ritzel/Bücker/Schreiner, Erl. Ie zu § 7 GOBT).

Aus seiner Stellung als »Repräsentant« des Bundestages ergeben sich für den Präsidenten zahlreiche politische und gesellschaftliche Verpflichtungen. So leitet der

Präsident (und auch die Vizepräsidenten) gelegentlich parlamentarische Delegationen auf Auslandsreisen; er empfängt ausländische Parlamentariergruppen sowie in- und ausländische Delegationen und Besucher aus Politik, Kultur und Wirtschaft. In Reden und Stellungnahmen die dem Anlass angemessenen Worte zu finden, auf Parteinahme zu verzichten und das politisch Verbindende zu betonen, ohne ins »Unverbindliche« abzugleiten, ist sicher nicht einfach und erfordert erhebliches Fingerspitzengefühl. Dies gilt besonders dann, wenn er bei besonderen Anlässen wie Gedenktagen als Sprecher des ganzen Hauses fungiert. Leitendes Interesse sollte bei allen Anlässen sein, die Bedeutung des Bundestages als zentrale politische Institution bewusst zu machen und die Sensibilität für demokratische Entscheidungsprozesse und insbesondere den Schutz von parlamentarischen Minderheiten zu stärken. Diese Aufgabe haben Bundestagspräsidenten wie Rita Süssmuth, Wolfgang Thierse und Norbert Lammert auch engagiert wahrgenommen und dafür auch den Konflikt mit der Bundesregierung nicht gescheut.

4.2.4 Hausrecht und Polizeigewalt

Um die Unabhängigkeit des Bundestages zu gewährleisten, wurde bereits im Grundgesetz die Ausübung des Hausrechts und der Polizeigewalt in den Gebäuden des Bundestages dem Präsidenten übertragen (Art. 40 Abs. 2 GG).

Als »Hausherr« ist der Präsident berechtigt, Anordnungen zur Aufrechterhaltung von Ruhe und Ordnung oder zur »Sicherung der Würde des Hauses« zu treffen. Bei der Ausübung des Hausrechts ist der Präsident an die – allerdings nur im »Innenverhältnis« bindende – Hausordnung gebunden, die er im Einvernehmen mit dem Geschäftsordnungsausschuss erlassen hat (§ 7 Abs. 2 GOBT). Sie enthält Regelungen über das Zutrittsrecht und das Verhalten in den Räumen des Bundeshauses.

Aufgrund seines Hausrechts und äußerstenfalls seiner Polizeigewalt kann der amtierende Präsident in Plenarsitzungen Ordnungsmaßnahmen gegen Zuhörer sowie gegen Sitzungsteilnehmer durchsetzen, die nicht Mitglieder des Bundestages sind (§ 41 Abs. 1 GOBT) und gegen die förmliche Ordnungsmaßnahmen (§§ 36–39 GOBT) nicht verhängt werden können. Bei Regierungsmitgliedern verbieten sich aufgrund ihres verfassungsmäßig verankerten Rede- und Zutrittsrechts bei Sitzungen des Bundestages die Wortentziehung und der Verweis aus dem Sitzungssaal. Gelegentlich vorgegangen wird gegen einzelne Zuhörer auf den Tribünen, die die Sitzungen stören. Für Sicherheitsaufgaben steht dem Präsidenten ein Polizei- und Sicherungsdienst zur Verfügung.

Vom Hausrecht – juristisch, wenn auch nicht immer in der Praxis – streng zu unterscheiden ist die Polizeigewalt, die eine Ordnungsbefugnis hoheitsrechtlicher Natur beinhaltet. Sie umfasst alles, was sonst Sache der Polizeibehörden ist; dem Präsidenten wird sie im Bereich des Bundestages uneingeschränkt eingeräumt. Demnach dürfen Polizei- und Staatsanwaltschaft im Bundestag nur eingreifen, wenn der Präsident zuvor zugestimmt hat. Der Präsident kann sich im Rahmen der Polizeigewalt zur Durchsetzung seiner Anweisungen hauseigener Polizeikräfte bedienen sowie im Wege der Amtshilfe Polizeikräfte anfordern, die innerhalb des Machtbereichs des Präsidenten nur seinen Weisungen unterliegen (Ritzel/Bücker/Schreiner: Erl. zu § 7 Abs. 2 GOBT). Die Ausstattung des Parlaments mit eigenen polizeilichen Befugnissen hat auch heute noch den Zweck, die Volksvertretung vor Übergriffen und Einflüssen der Exekutive zu bewahren. Während entsprechende Maßnahmen des Präsidenten – sofern es die Zeit erlaubt – schon zuvor im Präsidium besprochen werden, kann der Ältestenrat im Allgemeinen erst im Nachhinein auf Entscheidungen des Präsidenten reagieren und ein Votum für künftige Entscheidungen abgeben.

4.2.5 Verwaltungsaufgaben und Personalentscheidungen

Dem Bundestagspräsidenten untersteht als oberste Bundesbehörde die Verwaltung des Deutschen Bundestages mit inzwischen etwa 2 600 Personen (Stand 2012). Geleitet wird die Verwaltung allerdings vom »Direktor beim Deutschen Bundestag«, dem eigentlichen Verwaltungschef (Voss 1983: 15). Er fungiert zudem als ständiger Berater des amtierenden Präsidenten in parlamentarischen Angelegenheiten und als »Sekretär« des Ältestenrates sowie des Präsidiums und nimmt somit eine anspruchsvolle Doppelfunktion wahr.

Die Verantwortung für die Tätigkeit der Verwaltung gegenüber dem Parlament als ganzem trägt der Präsident. Bei wichtigen Entscheidungen ist er nach der Geschäftsordnung und darüber hinaus in der parlamentarischen Praxis an die Mitwirkung des Präsidiums bzw. des Ältestenrates gebunden. Ausgaben im Rahmen des vom Ältestenrat aufgestellten Haushaltsplans weist nach der Geschäftsordnung der Präsident an (vgl. § 7 Abs. 3 GOBT), doch wird er dies – wo immer Konflikte zu erwarten sind – nicht ohne Beratung im Präsidium tun. Die zwischen Ausschuss und Präsidium oder den Fraktionen untereinander des Öfteren umstrittene Stärke von Abgeordnetengruppen bei Delegationsreisen wird ohnehin vom Präsidium entschieden, das im Konflikt mit Vertretern der Fraktionen im Ältestenrat die Begrenztheit der Haushaltsmittel in Rechnung stellen muss. Verträge, die für die Bundestagsverwaltung von erheblicher Bedeutung sind, schließt der Präsident im Benehmen mit seinen Stellvertretern (§ 7 Abs. 3 GOBT).

Als oberste Dienstbehörde ernennt der Bundestagspräsident die Bundestagsbeamten, stellt sie ein und versetzt sie in den Ruhestand. Diese Kompetenz ist allerdings seit 1969 erheblich eingeschränkt: Soweit Beamte des höheren Dienstes betroffen sind, entscheidet der Präsident im Benehmen mit seinen Stellvertretern (Präsidium) über Einstellung, Entlassung und Versetzung in den Ruhestand, bei leitenden Beamten ab Ministerialrat mit Zustimmung des Präsidiums. Die Zustimmung des Präsidiums ist auch bei Beförderung und Höhergruppierung leitender Beamter erforderlich (§ 7 Abs. 4 GOBT). In der Praxis ließ sich regelmäßiges Einvernehmen vor allem deshalb herstellen, weil bei der Besetzung insbesondere der leitenden Verwaltungsstellen neben der Fachkompetenz informell ein gewisser, allerdings nicht unproblematischer Fraktionsproporz als Maßstab gilt und tendenziell beachtet wird.

Durch das Parteiengesetz wurden dem Bundestagspräsidenten weitere Aufgaben übertragen, die über die eigentlichen parlamentarischen Funktionen hinausgehen. Nach § 19a dieses Gesetzes hat er im Rahmen der ihm vom Parteiengesetz übertragenen Aufgaben einer mittelverwaltenden Behörde jährlich die Höhe der staatlichen Mittel für jede anspruchsberechtigte Partei für das vorangegangene Jahr festzusetzen – entsprechend der jeweils bei der letzten Europa- und Bundestagswahl sowie der jeweils letzten Landtagswahl erzielten Stimmen und dem Umfang der Zuwendungen (Spenden, Mitgliedsbeiträge), die eine Partei im jeweiligen Vorjahr erhalten hat. Bei den hierbei zugrunde zu legenden Rechenschaftsberichten der politischen Parteien hat der Bundestagspräsident nach § 23a des Parteiengesetzes zu prüfen, ob diese den Vorschriften des Parteiengesetzes gemäß vorgelegt wurden. Wurden im Rechenschaftsbericht Zuwendungen zu Unrecht ausgewiesen, nimmt der Bundestagspräsident die erfolgte Festsetzung der staatlichen Mittel zurück und stellt die Verpflichtung der Partei zur Zahlung eines gem. § 31b oder § 31c des Parteiengesetzes fälligen Betrages fest. Präsident und Bundestagsverwaltung handeln bei der Wahrnehmung dieser Aufgaben als mittelverwaltende Behörde, weshalb weder der Ältestenrat noch das Präsidium als Beratungsorgane eingeschaltet werden können. Nach dem Gesetz hat der Präsident bei der Festsetzung staatlicher Mittel keinen Spielraum. Werden – wie im Falle des seit 1999 aufgedeckten Parteispendenskandals der CDU – umfangreiche Zahlungen einer Partei fällig, kann der Bundestagspräsident gleichwohl heftiger Kritik der Betroffenen und mit ihnen sympathisierender Medien ausgesetzt sein.

4.2.6 Entscheidungen in Geschäftsordnungsfragen

Die Verpflichtung des Präsidenten, »die Geschäfte zu regeln« (§ 7 Abs. 1 GOBT), betrifft einmal formale und technisch-organisatorische Aufgaben, die in der Bundesverwaltung erledigt werden. Darüber hinaus hat der Präsident nach der Geschäftsordnung weitere ausdrücklich genannte Zuständigkeiten. So macht er gelegentlich von seinem Recht Gebrauch, die Umformulierung einer Kleinen Anfrage zu veranlassen, wenn diese seiner Auffassung nach »unsachliche Feststellungen oder Wertungen« enthält (§ 104 GOBT). Zudem hat er über die – seit der Neuregelung allerdings weniger restriktiv gehandhabte – Zulässigkeit dringlicher Fragen für die Fragestunde zu entscheiden. Entscheidungen des Bundestagspräsidenten werden im Ältestenrat gelegentlich von den betroffenen Fraktionen direkt oder indirekt kritisiert; hin und wieder wird der Geschäftsordnungsausschuss eingeschaltet.

Bei der Wahrnehmung mancher Befugnisse hat der Präsident das »Benehmen«
mit dem Ältestenrat herzustellen, der den Präsidenten bei der Führung der Geschäfte
unterstützt (§ 6 Abs. 2 GOBT). Dies ist bei der Überweisung von Rechtsverordnungen der Bundesregierung und EU-Dokumenten der Fall (§§ 92, 93). Wenngleich ein
»Einvernehmen« in diesen Fällen eben nicht erforderlich ist, sind die Präsidenten
um einen breiten Konsens bemüht und werden eine Entscheidung in aller Regel jedenfalls nur bei Vorliegen einer breiten Mehrheit treffen. Der Einfluss der Fraktionen,
der im Ältestenrat, im Präsidium, aber auch in den verbindlichen Beschlüssen des
Geschäftsordnungsausschusses zur Geltung kommt, setzt den Präsidenten bei seinen
Entscheidungen der permanenten Kontrolle aus und begrenzt seinen Entscheidungsspielraum erheblich (Troßmann 1977: 51).

4.2.7 Sitzungsleitung und Ordnungsbefugnis

Nach § 7 Abs. 1 der Geschäftsordnung leitet der Präsident die Verhandlungen und
wahrt die Ordnung im Hause (Leitungs- und Ordnungsbefugnis). In der Praxis wechseln sich Präsident und Vizepräsidenten alle zwei Stunden in der Leitung der Plenarsitzungen ab, leiten diese also etwa gleich häufig. Der amtierende Präsident wird bei
seinen Leitungsaufgaben von zwei Schriftführern unterstützt, die insbesondere die
Rednerlisten führen (§ 9 GOBT) und bei der Auszählung bei Wahlen und Abstimmungen mitwirken. Zu Schriftführern werden für die Wahlperiode eine Reihe von
Abgeordneten nach dem Stärkeverhältnis der Fraktionen gewählt (§ 3 GOBT). Sie
wechseln sich in den Sitzungen ebenfalls ab. Hinter dem Präsidenten sitzen ein oder
zwei Beamte der Bundestagsverwaltung für den Fall, dass sich der amtierende Präsident bei auftretenden Zweifelsfragen insbesondere über die Auslegung der Geschäftsordnung beraten lassen möchte.
    Der Handlungsspielraum des Präsidenten wird nicht nur durch die Geschäfts-
ordnung des Bundestages bestimmt, sondern darüber hinaus durch die Bedingungen
des Arbeits- und Fraktionenparlaments eingeschränkt. Die Bestimmung des Arbeits-
rhythmus, der Sitzungstermine, der Tagesordnung und der Debattengestaltung liegt
bei den im Ältestenrat des Bundestages vertretenen Fraktionen.
    Um die Würde des Bundestages und die parlamentarische Ordnung zu wahren,
kann der amtierende Präsident in Plenarsitzungen Ordnungsmaßnahmen ergreifen
(hierzu auch Feldkamp 2007: 52 ff.). Freilich ist die Einschätzung dessen, was unter
»Würde des Hauses« zu verstehen ist, durchaus nicht einheitlich. Ebenso wenig ist
es die Handhabung des Instrumentariums der Ordnungsmaßnahmen. Kritik an der
Amtsführung des Präsidenten ist während der Sitzung zwar untersagt, kann aber im
Ältestenrat und im Präsidium zur Sprache gebracht werden, was auch des Öfteren geschieht. Aufgrund von Diskussionen im Ältestenrat sowie der laufenden Beschäftigung mit Fragen der Sitzungsleitung und mit Ordnungsmaßnahmen im Präsidium

werden Maßstäbe entwickelt und gemeinsame Grundsätze (Appelle) formuliert. Anlässlich umstrittener aktueller Vorfälle wird dann im Ältestenrat gelegentlich die Erwartung zum Ausdruck gebracht, das Präsidium möge sich noch einmal mit einer Angelegenheit befassen. Gelegentlich sieht sich der Präsident auch veranlasst, Mitglieder des Hauses gegen ehrenrührige Angriffe »von außen« in einer öffentlichen Erklärung in Schutz zu nehmen.

Über Ordnungsmaßnahmen entscheidet der die Sitzung leitende Präsident allein, wobei er sich gegebenenfalls an im Präsidium vereinbarten Richtlinien orientiert. Um die Ordnung zu wahren, kann der amtierende Präsident eine Äußerung als »unparlamentarisch« rügen und einen Redner, der vom Verhandlungsgegenstand abweicht, zur Sache verweisen (§ 36 GOBT), was häufig geschieht. Er kann einem Abgeordneten wegen ordnungswidrigen Verhaltens einen Ordnungsruf erteilen. Die meisten Ordnungsrufe werden bei Äußerungen in Reden oder Zwischenrufen erteilt, die als grob beleidigend angesehen werden (vgl. Feldkamp 2011: 893; Fallsammlungen zur GOBT). Wurde ein Redner dreimal zur Sache oder zur Ordnung gerufen, muss ihm der Sitzungspräsident »das Wort entziehen und darf es ihm in derselben Aussprache zum selben Verhandlungsgegenstand nicht wieder erteilen« (§ 37 GOBT), was auch hin und wieder geschieht. Schließlich kann der Sitzungspräsident einen Abgeordneten »wegen gröblicher Verletzung der Ordnung« bis zu 30 Sitzungstage ausschließen (§ 38 GOBT), eine Sitzung bei störender Unruhe unterbrechen oder aufheben (§ 40 GOBT). Zu diesen äußersten Maßnahmen greifen Sitzungspräsidenten allerdings höchst selten. Gegen einen Ordnungsruf oder den Ausschluss von Sitzungen kann der betroffene Abgeordnete Einspruch einlegen, über den das Plenum ohne Aussprache entscheidet (§ 39 GOBT).

Unbestrittene Pflicht des Präsidenten ist es, darauf zu achten und sich dafür einzusetzen, dass die Rechte des Hauses, vor allem gegenüber Bundesregierung und Bundesrat, gewahrt werden (beispielsweise Einhaltung von Fristen, Berichtstermine, Präsenz von Regierungsmitgliedern). Insbesondere durch die Forderungen der Oppositionsparteien wird er permanent an diese Aufgabe erinnert, bei der ihm der Direktor und die Parlamentsdienste zur Seite stehen. Unabhängigkeit und persönliches Standvermögen spielen bei der Erfüllung dieser Verpflichtung eine wichtige Rolle. Nahezu alle Amtspflichten des Präsidenten umfasst die Aufgabe, die Arbeit des Bundestages zu fördern (§ 7 Abs. 1 GOBT).

Der Präsident führt auch den Vorsitz im Ältestenrat und im Präsidium – wobei er sich nur gelegentlich vertreten lässt – sowie in der Bundesversammlung und im Gemeinsamen Ausschuss nach Art. 53a GG. Von seiner Fähigkeit, die Diskussion im Ältestenrat und im Präsidium zielorientiert zu führen und sachkundig zu strukturieren, unparteiisch und ausgleichend zu wirken und im rechten Augenblick Kompromissvorschläge zu unterbreiten, hängt sein Ansehen und sein interner Einfluss als Präsident ab. Als geschickter Sitzungsleiter hat er trotz aller Absprachen der Parlamentarischen Geschäftsführer durchaus einen gewissen Einfluss als »ehrlicher Makler«. Dies ist natürlich vor allem dann der Fall, wenn keine Einigung zwischen den Fraktionen zustande gekommen ist oder – etwa bei Geschäftsordnungs- und Repräsentationsfragen oder ausdrücklich nicht der Fraktionsdisziplin unterliegenden Themen – eine offene Gesprächssituation entsteht, was hin und wieder geschieht.

4.2.8 Das Präsidium

Erheblich aufgewertet wurde seit Beginn der 6. Wahlperiode im Jahre 1969 das Präsidium, dem der Präsident und die Vizepräsidenten angehören. Nach wie vor besitzt das Präsidium rechtlich nur wenige Befugnisse. Neben der oben dargestellten Mitwirkung bei Personalentscheidungen und beim Abschluss von Verträgen ist es seit 1972 daran beteiligt, über die Einhaltung der Verhaltensregeln durch die Abgeordneten zu wachen (Anlage 1 GOBT). Zudem wurden dem Präsidium mit der Neuregelung der Parteienfinanzierung 1984/1989/2002 durch Gesetz eine neue Aufgabe zugewiesen (§ 31c Abs. 2 Parteiengesetz). Demnach leitet der Präsident im Einvernehmen mit dem Präsidium rechtwidrig eingenommene Spenden an Einrichtungen weiter, die mildtätigen, kirchlichen, religiösen oder wissenschaftlichen Zwecken dienen.

In der Parlamentspraxis befasst sich das Präsidium mit allen wichtigen Aufgaben und Fragen, die dem Präsidenten selbst oder dem amtierenden Präsidenten übertragen sind, und entscheidet zwar nicht rechtlich, oft aber faktisch. Zu seinen Aufgaben gehören die Genehmigung von Delegationsreisen von Abgeordneten ins Ausland, die Konstituierung von Parlamentariergruppen, die Öffentlichkeitsarbeit und Außendarstellung des Bundestages, der Empfang ausländischer Delegationen und nicht zuletzt Geschäftsordnungsfragen und Ordnungsmaßnahmen. Die Aufwertung des Präsidiums als kollegiales Beratungsorgan, das in Sitzungswochen regelmäßig und etwa ebenso oft tagt wie der Ältestenrat (vgl. Tabelle 4.2), ergibt sich konsequent aus der abwechselnden Leitung der Plenarsitzungen, die eine gleichgewichtige kollegiale Beratung aller damit zusammenhängender Fragen nach sich zieht. Behandelt werden aber auch alle einigermaßen wichtigen Fragen, die in die Entscheidungskompetenz des Präsidenten selbst fallen (vgl. Pfitzer 1984: 80). Allerdings werden die meisten der im Präsidium angesprochenen Fragen noch einmal im Ältestenrat besprochen.

Faktisch handelt der Präsident im Präsidium seit 1969 zunehmend als Primus inter Pares. Vor allem aufgrund ihrer gemeinsamen Verantwortung für die Plenarsitzungen ist den Präsidiumsmitgliedern an einvernehmlichen Regelungen und Absprachen gelegen. Aber auch bei Entscheidungen, die in den Zuständigkeitsbereich des Bundestagspräsidenten selbst fallen, sind diese meist an einvernehmlichen Voten des Präsidiums interessiert. Trifft der Präsident eine Entscheidung in einer wichtigen Angelegenheit allein, muss er gegebenenfalls mit entschiedener Kritik in der nächsten Sitzung des Ältestenrates und möglicherweise mit Unmutsäußerungen aus den

Tabelle 4.2 Sitzungen des Präsidiums und des Ältestenrates des Bundestages

	6. WP	7. WP	8. WP	9. WP	10. WP	11. WP	12. WP	13. WP	14. WP	15. WP	16. WP
Präsidium	49	70	85	53	89	88	99	94	82	60	77
Ältestenrat	104	103	86	53	103	94	87	84	88	59	78
Kommissionen des Ältestenrates	49	65	83	45	150	105	214	202	154	74	88

Quelle: Schindler 1999: 893, 4352; Feldkamp 2011: 429.

Fraktionen rechnen. Dies ist zumal dann der Fall, wenn seine Entscheidungsbefugnis nicht unumstritten ist.

Die regelmäßigen Präsidiumssitzungen haben den Sinn, die Sitzungen des Ältestenrates zu entlasten. Bei entsprechender Vorberatung im Präsidium können manche Erörterungen im Ältestenrat abgekürzt und gelegentlich auch kontroverse Punkte vorab geklärt werden. Bemerkenswert ist, dass sich eben auch »kollektive« Interessen der Präsidiumsmitglieder bilden, die gelegentlich im Ältestenrat und gegenüber den Parlamentarischen Geschäftsführern gemeinsam vertreten werden.

4.2.9 Parteipolitisierung und »kollegiale« Leitung

Im Unterschied zum englischen »Speaker« bleiben die Parlamentspräsidenten und mehr noch deren Stellvertreter als Partei- und Fraktionsmitglieder aktiv, teilweise in herausragenden Ämtern. Die Präsidenten gehören als (beratende) Mitglieder des geschäftsführenden Fraktionsvorstands zur engeren Führungsspitze der Fraktion und nehmen auch in anderen Fraktionsgremien Stellung. Die Vizepräsidenten der kleineren Fraktionen sind zum Teil auch Mitglieder von Ausschüssen und den entsprechenden Fraktionsgremien. Präsident und Vizepräsidenten betreuen »politisch« ihren Wahlkreis, beteiligen sich an Wahlkämpfen und können an Abstimmungen des Bundestages teilnehmen. Nach dem Statut der CDU (§ 29) gehören der von ihr gestellte Präsident oder Vizepräsident des Bundestages dem Parteipräsidium, also dem engsten Führungskreis der Partei, an. Bundestagspräsidentin Rita Süssmuth, die das Amt von 1988 bis 1998 innehatte, war zudem Bundesvorsitzende der Frauenunion der CDU, ihr Amtsnachfolger Wolfgang Thierse stellvertretender Vorsitzender der SPD, während der seit 2005 amtierende Bundestagspräsident Norbert Lammert keine herausragenden Parteiämter innehat. Gleichwohl ist es im Hinblick auf die Frage der parteipolitischen Profilierung bedeutsamer, ob sich die Präsidenten in dieser Eigenschaft mit Bemerkungen zum Debattenverlauf äußern oder Erklärungen für das Haus abgeben oder ob sie sich als Abgeordnete oder Sprecher ihrer Fraktion zu Wort melden. Im Unterschied zu den Vizepräsidenten sprachen Bundestagspräsidenten seit den 1960er Jahren allerdings im Plenum nur noch selten zu Fragen, die keinen klaren

Bezug zu ihrem Amt hatten. Eine Ausnahme bildete Rita Süssmuth, die häufiger als Abgeordnete sprach (Schindler 1999: 1693 ff.; Feldkamp 2011: 776 ff.).

Alle bisherigen Amtsinhaber haben diese Doppelfunktion ausdrücklich akzeptiert und gerechtfertigt. Seine Stellung stärkt der Präsident nicht dadurch, dass er parteipolitisch ambitioniert auftritt, sondern indem er seine politische Energie darauf verwendet, Ansehen und Glaubwürdigkeit der Volksvertretung in der Öffentlichkeit zu fördern, die zentrale Stellung des Bundestages gegenüber anderen Verfassungsorganen zu behaupten, sich für die Rechte der Opposition und der einzelnen Abgeordneten einzusetzen sowie entsprechende Parlaments- und Verfassungsreformen zu fördern und zu initiieren. Engagiert wahrgenommen, beanspruchen diese Aufgaben die politische Kraft des Präsidenten in hohem Maße (Klink 1981: 436). So gesehen, hängt das Gewicht des Präsidenten bei der Erfüllung dieser Aufgaben wesentlich von dessen Bereitschaft ab, sich in »parteilichen« Äußerungen zurückzuhalten. Dies schließt nicht aus, dass er in politisch engagierten Reden Fehlentwicklungen aufzeigt und etwa auf Problemlagen ethnischer, sozialer und politischer Minderheiten (auch in der eigenen Partei) aufmerksam macht.

Gegenüber Reformkonzepten, die sich am Modell des englischen »Speaker« orientieren (Wermser 1984), hat die eher kollegiale Regelung des Bundestages den Vorzug, dass das Präsidium bei (nicht auszuschließenden) Fehlbesetzungen des Präsidentenamtes ausgleichend und korrigierend wirken kann. Die Praxis der gleichgewichtigen Beteiligung von Präsident und Vizepräsidenten an der Sitzungsleitung machte die Stärkung des Präsidiums als kollegiales Leitungsorgan erforderlich. Denn sie wird nicht nur deshalb so energisch verteidigt, weil die Vizepräsidenten selbst und deren Fraktionen nicht bereit sind, einen wesentlichen Verlust ihres Einflusses hinzunehmen. Aus Gründen der zeitlichen und physischen Überforderung haben die Präsidenten selbst eine Änderung dieses Verfahrens abgelehnt. Ebenso wenig werden die Fraktionen dafür zu gewinnen sein, dass künftig der Präsident allein über die Besetzung der Verwaltungsstellen entscheidet.

Ungeachtet dessen bleiben die Gründe für eine parteipolitische Zurückhaltung des Präsidenten angesichts seiner über die Sitzungsleitung hinausgehenden Aufgaben als Vertreter »des« Bundestages bestehen. Soweit an eine Ausweitung der rechtlichen und praktischen Kompetenzen der (amtierenden) Präsidenten gegenüber den Vertretern der Fraktionen (Fraktionsführungen, Geschäftsführer) gedacht ist, sollte sie sich primär als »Nebenprodukt« der Reformbemühungen um eine Stärkung der Rechte der einzelnen Abgeordneten und der parlamentarischen Minderheiten ergeben.

4.3 Ältestenrat und interfraktionelle Arbeitsplanung

Das formell maßgebliche Koordinations- und Lenkungsorgan des Bundestages ist nicht der Präsident oder das Präsidium, sondern der Ältestenrat. Er wird in Sitzungswochen regelmäßig am Donnerstagmittag vom Präsidenten einberufen. Der Ältestenrat besteht aus den Mitgliedern des Präsidiums und 23 weiteren von den Fraktionen (im Verhältnis ihrer Stärke) zu benennenden Abgeordneten (§§ 6, 12 GOBT). Die dominierende Rolle spielen die Parlamentarischen Geschäftsführer der Fraktionen, die in der Regel alle Mitglieder des Ältestenrats sind. Die Ersten Parlamentarischen Geschäftsführer jeder Fraktion sind Verhandlungs- und Wortführer bei allen die Arbeitsplanung betreffenden Fragen. Den Gruppen Bündnis 90/Die Grünen und PDS/LL wurde im ersten gesamtdeutschen Bundestag zugestanden, jeweils ein Mitglied (Parl. Geschäftsführer) in den Ältestenrat zu entsenden, mit dem Vorbehalt allerdings, »dass Einvernehmen durch Konsens der Fraktionen«, also auch ohne dessen Einverständnis, hergestellt werden konnte (BT-Drs. 12/149); eine entsprechende Regelung galt für den 13. Bundestag (1994–98). Fraktionslose Abgeordnete sind im Ältestenrat nicht vertreten (BVerfGE 80, 188).

Eine personelle Verklammerung besteht nicht nur zwischen Ältestenrat und Präsidium, sondern regelmäßig auch zwischen Ältestenrat und Geschäftsordnungsausschuss. Von den 13 ordentlichen Mitgliedern des Geschäftsordnungsausschusses gehören derzeit 7 dem Ältestenrat an (Stand: 2011; bundestag.de). Nach wie vor ist also die Handhabung der Geschäftsordnung bei einem nur kleinen Kreis von Abgeordneten konzentriert (so schon Loewenberg 1971: 259). An den Sitzungen des Ältestenrats nimmt ein offiziell benannter Vertreter der Bundesregierung teil, um die Abstimmung der Arbeitsplanung von Bundesregierung und Bundestag zu erleichtern. Seit dem 7. Bundestag waren dies Parlamentarische Staatssekretäre oder Staatsminister und manchmal auch Bundesminister oder beamtete Staatssekretäre im Bundeskanzleramt (Franke 1987: 81 f.; Schindler 1999: 883 f.; Feldkamp 2011: 424).

Der Ältestenrat wirkt als Beratungsorgan intensiv auf die Führung der Geschäfte des Präsidenten und des Präsidiums ein und ist durch Diskussionen und Empfehlungen an der Interpretation und Fortbildung der Geschäftsordnung beteiligt. Seit der 6. Wahlperiode fungiert er auch als Beschlussorgan zur Regelung der »inneren Angelegenheiten« des Bundestages, die zuvor vom 1969 abgeschafften »Vorstand des Bundestages« erfüllt worden sind (Schindler 1984: 226 f.).

Vor allem aber werden im Ältestenrat interfraktionelle Vereinbarungen über den Arbeitsplan getroffen oder jedenfalls »abgesegnet«. Darin liegt seine Hauptaufgabe. Der Arbeitsplan umfasst den Zeitplan und vor allem die Festlegung der Tagesordnung und die Gestaltung der Debatten. Bei der Wahrnehmung dieser Aufgaben wie auch bei der Besetzung der Ausschussvorsitze ist er »kein Beschlussorgan« (§ 6 Abs. 2 GOBT). Solche Vereinbarungen kommen nur dann zustande, wenn ein Konsens zwischen den Sprechern aller Fraktionen hergestellt werden kann. Andernfalls bleibt nur

die Möglichkeit, nach § 20 Abs. 2 GOBT eine Entscheidung des Plenums herbeizuführen bzw. das »Zugriffsverfahren« zu nutzen (vgl. Abschn. 4.4).

Die wichtigste Aufgabe des Ältestenrates wird darin gesehen, einen möglichst
reibungslosen Ablauf der Plenarsitzungen zu gewährleisten und zeitraubende Geschäftsordnungsdebatten nach Möglichkeit zu vermeiden. Eine oft kritisierte Konsequenz dieser Bemühungen ist allerdings die »Herrschaft« der Parlamentarischen Geschäftsführer, die allerdings nicht nur im Ältestenrat, sondern mehr noch aufgrund
regelmäßiger Vorabsprachen wirksam wird (vgl. Petersen 2000: 151 ff.; Petersen 2010:
292 ff.). Der Einzug der GRÜNEN in den Bundestag im Jahre 1983 hatte diese Absprachen zunächst komplizierter gestaltet, aber gleichwohl keine einschneidende Änderung der Praxis bewirkt (zur Entwicklung des Ältestenrats: Franke 1987; Ismayr
1992: 173).

4.3.1 Vereinbarungen über Zeitplan, Tagesordnung und Debattengestaltung

Der Ältestenrat legt jeweils in der Mitte eines Jahres für das kommende Jahr fest,
welche Wochen als Sitzungswochen vorgesehen sind. Bei der Festlegung von in der
Regel etwa 20 Tagungswochen im Jahr orientiert sich der Ältestenrat seit 1973 an
einem 4-Wochen-Turnus, allerdings bei einigen Abweichungen: Auf zwei Tagungswochen folgen zwei sitzungsfreie Wochen. Für die Sitzungswochen gilt folgende
Grundstruktur: Montag und Dienstag Fraktionsgremien; Mittwoch Ausschüsse, mittags Plenum (Fragestunde, ggf. Aktuelle Stunde, seit 1988 Regierungsbefragung);
Donnerstag ganztägig und Freitagvormittag Plenum (zur Entwicklung vgl. Schindler
1999: 2006 ff.).

Die wichtigste Aufgabe des Ältestenrates besteht darin, (interfraktionelle) Vereinbarungen über die Tagesordnung und Debattengestaltung der folgenden Plenarsitzungen herbeizuführen (vgl. § 20 Abs. 1, § 35 GOBT). Oft werden im Anschluss an
diesen Tagesordnungspunkt auch über wichtige Vorhaben (z. B. Regierungserklärungen, Debatten zu größeren Themenkomplexen) in den nachfolgenden Sitzungswochen Gespräche geführt. Die für die Tagesordnung zuständigen Parlamentarischen
Geschäftsführer geben in diesen Fällen für ihre Fraktion Absichtserklärungen ab, die
allerdings noch nicht verbindlich sind.

Die Ältestenratssitzung wird von den für die Arbeitsplanung zuständigen Ersten Parlamentarischen Geschäftsführern vorbereitet, die sich ihrerseits auf die detaillierte Vorarbeit der Verwaltungsleiter der Fraktionen und deren Absprachen in einer
»Vorrunde« stützen können. Die Vorbereitung erfolgt insbesondere in der Runde
der Parlamentarischen Geschäftsführer (»PGF-Runde«) am Mittwochnachmittag,
einem bedeutenden informellen Gremium, das sich seit den 1970er Jahren etabliert
hat (Petersen 2000: 160 f.). Dieser Runde geht eine (meist kurze) Besprechung der

für die Arbeitsplanung zuständigen Geschäftsführer und Fraktionsmitarbeiter der Koalitionsfraktionen voraus. Teilnehmer der interfraktionellen PGF-Runde sind neben den Ersten Parlamentarischen Geschäftsführern und dem Geschäftsführer der CSU-Landesgruppe auch die Verwaltungsleiter der Fraktionen sowie der Büroleiter des Vorsitzenden der CSU-Landesgruppe. Den Geschäftsführern liegt eine vom Parlamentssekretariat erstellte Liste aller Vorlagen (§ 75 GOBT) vor. In der PGF-Runde werden nach den Vorarbeiten auf Arbeitsebene insbesondere die noch strittigen Punkte der Vorlagenliste durchgesprochen und es wird geklärt, welche Vorlagen wann auf die Tagesordnung der Plenarsitzungen der nächsten Sitzungswoche gesetzt und welche Redezeiten eingeplant werden sollen. Hinzu kommen gegebenenfalls Absprachen über weitere Tagesordnungspunkte wie Regierungserklärungen, Aktuelle Stunden, vereinbarte Debatten sowie Abstimmungsmodalitäten. Üblicherweise wird für (fast) alle oder jedenfalls die meisten Vorlagen ein interfraktionelles Einvernehmen hergestellt. Das Ergebnis wird dem Parlamentssekretariat schriftlich vorgelegt, das nach formaler Prüfung für die Sitzung des Ältestenrats eine Tischvorlage erstellt. Im Ältestenrat wird häufig nur mehr »notifiziert«, was die Geschäftsführer vereinbart haben (Parlamentarische Geschäftsführer in Interviews mit dem Verfasser; vgl. Roll 1989: 816; Petersen 2000: 170 ff.).

Bei einem meist großen Teil der Vorlagen haben die Parlamentarischen Geschäftsführer in ihren Vorbesprechungen relativ rasch Einvernehmen über das weitere Verfahren hergestellt, wobei sie sich häufig auf die Absprachen auf Arbeitsebene stützen können. Solche Themen werden dann im Plenum entweder ganz »ohne Aussprache« beraten, oder es werden kurze Debatten angesetzt, in denen die jeweiligen Ausschuss-Experten den Fraktionsstandpunkt darlegen. Im Allgemeinen haben die Geschäftsführer ein gemeinsames Interesse an einer gedeihlichen Zusammenarbeit. Gleichwohl kommt es des Öfteren zu Interessenkonflikten und Auseinandersetzungen, wenn diese meist auch in einem eher moderaten Stil ausgetragen werden. Die Verhandlungspartner kennen die parlamentsrechtlichen Möglichkeiten auch der anderen Seite sehr gut (Petersen 2000: 159 ff.; Petersen 2010: 295 f.; Kabel 1982: 40 f.). So wird gelegentlich die Möglichkeit der Regierungsfraktionen ausgespielt, durch Mehrheitsbeschluss die Aufsetzung einer Vorlage auf die Tagesordnung erzwingen zu können (§ 20 Abs. 2 GOBT), obwohl die Nutzung dieses »Instruments« gutem parlamentarischem Stil widerspricht. Auch wenn es im Plenum nur selten zur Ergänzung der Tagesordnung durch Mehrheitsbeschluss kommt, dient dieses nicht unproblematische geschäftsordnungsmäßige Recht als wirkungsvolles Druckmittel beim Aushandeln der Tagesordnung. Außerdem können die Geschäftsführer der »Mehrheit« das Recht der Regierung taktisch nutzen, die ja jederzeit vor dem Plenum eine Regierungserklärung abgeben kann (Art. 43 GG). Die Vertreter der Opposition haben dann allenfalls die Möglichkeit, Zugeständnisse der Regierungsmehrheit über den Zeitpunkt und die Verbindung von Themen zu erreichen.

Die Oppositionsfraktionen und ihre Parlamentarischen Geschäftsführer befän-

den sich in einer schwachen Position, räumte ihnen die Geschäftsordnung nicht das
Recht ein, die Beratung eigener Vorlagen auch gegen den Willen der Mehrheit durchzusetzen; bis zur Geschäftsordnungsreform 1995 war dies spätestens nach Ablauf von
sechs Sitzungswochen möglich, seither bereits nach drei Zeitwochen (§ 20 Abs. 4
GOBT). Meldet ein Geschäftsführer der Opposition den Anspruch seiner Fraktion an
und kann er nicht davon abgebracht werden, wird diesem Anspruch stets schon bei
der Aufstellung der Tagesordnung Rechnung getragen. Außerdem kann eine Fraktion zehn Sitzungswochen nach Überweisung einer Vorlage an einen Ausschuss verlangen, dass über den Stand der Beratungen Bericht erstattet und auch eine Debatte
angesetzt wird (§ 62 Abs. 2 GOBT). Beachtliches Gewicht kommt schließlich dem
Recht der einzelnen Fraktionen zu, die Beratung und Debatte Großer Anfragen veranlassen zu können (§ 102 GOBT). Schließlich bieten die Regelungen für Aktuelle
Stunden Oppositionsfraktionen die Möglichkeit, eine Debatte zu einem für wichtig
erachteten Thema durchzusetzen. Auf eine starke Inanspruchnahme dieser Minderheitsrechte verzichtet die Opposition allerdings zumeist, um von den Regierungsfraktionen in anderen Fällen Entgegenkommen zu erreichen. So werden schon in
den Geschäftsführer-Besprechungen auch bei zunächst kontroversen Punkten im Bewusstsein der Durchsetzungsmöglichkeiten der anderen Seite zumeist Kompromissregelungen gefunden (so schon Kabel 1982: 40 f.).

Den Hintergrund der Vereinbarungen der Parlamentarischen Geschäftsführer
und des Ältestenrates bildet der fraktionsinterne Willensbildungsprozess (vgl. Kap. 3).
Die Parlamentarischen Geschäftsführer haben einen von Fall zu Fall unterschiedlichen, insgesamt gesehen aber beachtlichen Verhandlungsspielraum, was das Verfahren betrifft. Inhaltliche Aspekte sind zwar weitgehend ausgeklammert und werden in der Regel allenfalls indirekt berührt. Aber natürlich wirkt es sich auch auf den
Inhalt aus, wenn Fragen wie die folgenden geklärt und entschieden werden müssen:
Welcher Zeitpunkt für die Behandlung einer Vorlage ist für die eigene Fraktion am
günstigsten? Soll die parlamentarische Behandlung einer Vorlage durch die Nutzung
von Mehrheits- oder Minderheitsrechten erzwungen oder jedenfalls die Öffentlichkeit durch eine Geschäftsordnungsdebatte auf die Bedeutung der Vorlage aufmerksam gemacht werden? Ist es wünschenswert, mehrere thematisch verwandte Vorlagen in verbundener Debatte zu beraten? Über welche Vorlagen kann gemeinsam
debattiert werden, wo ergeben sich hier Vor- oder Nachteile? Soll eine namentliche
Abstimmung angesetzt werden? Eine Reihe weiterer Fragen betreffen die Gestaltung der Debatten. Wie viel Debattenzeit soll zur Verfügung gestellt werden? Soll auf
die Aufsetzung unter Zeitdruck verzichtet werden, um zu einem späteren Zeitpunkt
mehr Debattenzeit zu erhalten? Soll eine Debatte vormittags, in der Mittagszeit oder
erst in den späten Abendstunden angesetzt werden – mit den zu erwartenden Auswirkungen auf die Berichterstattung in den Massenmedien?

Die Parlamentarischen Geschäftsführer können die Interessenlage ihrer Fraktion
meist recht gut einschätzen, müssen aber natürlich auch mit Unmut aus ihrer Frak-

tion rechnen, weil sie die dort artikulierten Wünsche eben nur partiell durchsetzen können. Probleme treten fraktionsintern immer wieder auf, weil sich Minderheitengruppen oder spezifische Fachinteressen nicht optimal vertreten fühlen, etwa wenn ein Thema erst spät Abends platziert und eine vorbereitete Rede nur mehr zu Protokoll gegeben werden kann.

Die Ersten Parlamentarischen Geschäftsführer der Regierungsfraktionen halten laufenden Kontakt zum Bundeskanzleramt aber auch zu einzelnen Ministerien, sind überdies an den regelmäßigen Koalitionsgesprächen (Koalitionsausschuss, Koalitionsfrühstück) beteiligt und somit in aller Regel über die Interessen der Regierung und zu erwartende Regierungserklärungen, Gesetzentwürfe und andere Vorlagen entsprechend gut informiert. Sie bringen diese Informationen, soweit es ihnen geboten erscheint, meist bereits in die Geschäftsführer-Besprechungen ein. Gleichwohl bleiben natürlich auch Fragen offen. Die Sprecher der Oppositionsfraktionen nutzen nach Bedarf die Anwesenheit des Regierungsvertreters im Ältestenrat, um von diesem »offiziell« Auskunft zu erbitten. Er informiert auch von sich aus über Vorhaben der Bundesregierung, etwa eine zu erwartende Regierungserklärung. Dabei gehört es zum guten Stil, Termineinwände auch von Sprechern der Opposition an die Regierung weiterzugeben und möglichst zu berücksichtigen.

Im Ältestenrat werden die Vereinbarungen über die Tagesordnung und Debattengestaltung der nächsten Sitzungswoche zumeist vollständig übernommen und nur noch insgesamt bestätigt (vgl. auch Petersen 2000: 175). Gelegentliche Erläuterungen oder Ergänzungen zu einzelnen Tagesordnungspunkten betreffen etwa noch zu erwartende Entscheidungen des Vermittlungsausschusses oder einer EU-Institution oder abschließende Beratungen eines Ausschusses. Auseinandersetzungen zu offenen Fragen sind selten.

Trotz der Absprachen der Geschäftsführer in der PGF-Runde kommt es auch bei der »offiziellen« Aufstellung der Tagesordnung im Ältestenrat mitunter vor, dass für einzelne Punkte (noch) keine interfraktionelle Vereinbarung zustande kommt, indem einer der für die Tagesordnung zuständigen Parlamentarischen Geschäftsführer widerspricht oder seine Zustimmung vom Ergebnis einer Rücksprache mit seiner Fraktion abhängig macht. Nach Rücksprache mit dem Fraktionsvorsitzenden, dem geschäftsführenden Vorstand bzw. den zuständigen Arbeitskreis- oder Arbeitsgruppenvorsitzenden und Obleuten werden solche Vorbehalte meist zurückgenommen. Nur höchst selten kommt es vor, dass in der PGF-Runde und im Ältestenrat für die gesamte Tagesordnung keine Vereinbarung zustande kommt und die Strukturierung der gesamten Debatte erst danach durch die Geschäftsführer erfolgt.

In die vom Parlamentssekretariat schriftlich vorgelegte Tagesordnung werden auch jene Vereinbarungen aufgenommen, die in interfraktionellen Absprachen der Ersten Parlamentarischen Geschäftsführer erst nach der Ältestenratssitzung zustande gekommen sind. So werden z. B. zusätzliche Punkte auf die Tagesordnung gesetzt, andere heruntergenommen und ergänzende Regelungen zur Gestaltung der Aussprache getroffen. Auch im Verlauf der Sitzungswoche, für die die Tagesordnung aufgestellt wurde, werden in den Geschäftsführer-Besprechungen recht häufig noch Änderungen und Ergänzungen vereinbart. Dies geschieht insbesondere in der am Dienstagmittag tagenden PGF-Runde. Sie kommen insbesondere aufgrund von Voten aus den Arbeitsgruppen und -kreisen sowie dem (geschäftsführenden) Fraktionsvorstand und auch Koalitionsgremien zustande. Relativ oft kommen zusätzliche Punkte hinzu, gelegentlich werden auch Tagesordnungspunkte abgesetzt. Erst in der Sitzungswoche werden oft Entscheidungen über die Durchführung von Aktuellen Stunden und namentliche Abstimmungen getroffen. Neue Vereinbarungen über die Gestaltung der Debatte werden dem Präsidenten und beim Aufruf des entsprechenden Tagesordnungspunktes dem Plenum mitgeteilt, das diesen Regelungen – von ganz seltenen Ausnahmen abgesehen – ebenso wenig widerspricht wie den bereits im Ältestenrat getroffenen Vereinbarungen. Die Abgeordneten machen hier keinen Unterschied.

Der Ältestenrat befasst sich zwar unter Punkt 1 der Tagesordnung mit der laufenden Sitzungswoche, dabei können aber nur ausnahmsweise noch Regelungen für die laufenden Plenardebatten getroffen werden (Ältestenratssitzung: Donnerstagmittag). Diskutiert werden vor allem Vorfälle, die zu Konflikten geführt haben.

Wie schon die intensiven Vorgespräche, so stärken auch die nachträglichen interfraktionellen Absprachen die Stellung der daran beteiligten Parlamentarischen Geschäftsführer. Gewiss gibt es für dieses informelle Verfahren gewichtige praktische Gründe und kaum vermeidbare »Zwänge« im arbeitsteiligen Fraktionenparlament (vgl. Petersen 2000: 153 ff; Petersen 2010). Wenngleich die Geschäftsführer auch im Ältestenrat dominieren, macht es gleichwohl einen Unterschied, ob Regelungen zwischen den Ersten Parlamentarischen Geschäftsführern vereinbart oder von einem größeren Gremium gebilligt werden. Schließlich ist die bei fehlendem Einspruch unterstellte Zustimmung des Plenums zur Tagesordnung in aller Regel nun wirklich nur formaler Art.

Regelmäßig befasst sich der Ältestenrat mit der Überweisung von Berichten und Materialien zur Unterrichtung des Bundestages (gem. § 80 Abs. 3 GOBT), EU-Dokumenten (gem. § 93 GOBT) und Rechtsverordnungen (gem. § 92 GOBT), die allerdings im Allgemeinen unstrittig ist.

4.3.2 Beratungsfunktion in Geschäftsordnungsfragen

Neben der einvernehmlichen Arbeitsplanung hat der Ältestenrat auch die Aufgabe, den Präsidenten bei der Führung seiner Geschäfte zu unterstützen (§ 6 Abs. 2 GOBT). Fast immer geht es dabei um anstehende oder bereits getroffene Entscheidungen des Präsidenten. Im Ältestenrat werden die Auseinandersetzungen der Fraktionen über Verfahrensprobleme und aktuelle Fragen der Geschäftsordnung geführt – und beigelegt (Loewenberg 1971: 250 f.). Bei der Wahrnehmung seiner Rolle als »Beratungsgremium« des Präsidenten und des Präsidiums ist zu unterscheiden, ob Aufgaben 1. des Bundestagspräsidenten oder 2. Fragen der Verhandlungsführung und Auslegung der Geschäftsordnung durch die amtierenden Präsidenten in Plenarsitzungen angesprochen werden.

Bei manchen Entscheidungen ist der Präsident ausdrücklich verpflichtet, sich mit dem Ältestenrat »ins Benehmen« zu setzen, so bei der Überweisung von Rechtsverordnungen und EU-Dokumenten (§§ 92, 93 GOBT). Das »Benehmen« gilt auch dann als hergestellt, wenn eine Fraktion sich nicht einverstanden erklärt.

Relativ häufig befasst sich der Ältestenrat mit konkreten Vorfällen im Plenum der laufenden oder vorausgegangenen Sitzungswoche (TOP 1: »Ablauf der Plenarsitzungen«). Auch kann die Verhandlungsführung des amtierenden Präsidenten im Ältestenrat kritisiert werden, was relativ oft geschieht. Über umstrittene Entscheidungen der amtierenden Präsidenten wird regelmäßig im Präsidium, aber auch im Ältestenrat gesprochen, wobei allzu häufig (wenn auch nicht durchgehend) Fraktionsinteressen eine maßgebliche Rolle spielen (vgl. auch Petersen 2000: 173 f.). Der Ältestenrat kann Entscheidungen kritisieren, aufheben kann er sie nicht. Denn nach § 127 Abs. 1 GOBT entscheidet der amtierende Präsident über die Auslegung der Geschäftsordnung für den Einzelfall »im Stuhl«. Kommt der Ältestenrat insgesamt oder mit großer Mehrheit zu dem Ergebnis, dass das Verhalten des Präsidenten nicht im Einklang mit der Geschäftsordnung stand, wird dies zumindest auf künftige Entscheidungen »erheblichen Einfluss« haben (Roll 1989: 821 f.).

Angesprochen werden in der Praxis so gut wie alle Geschäftsordnungsfragen, die in Plenardebatten relevant sind. Mitunter informiert der Präsident auch von sich aus über Fragen der Verhandlungsführung, über die im Präsidium diskutiert und möglicherweise ein einvernehmlicher Verfahrensvorschlag erarbeitet wurde.

Kann im Ältestenrat kein Einvernehmen über die Auslegung der Geschäftsordnung erzielt werden, wird der »Ausschuss für Wahlprüfung, Immunität und Geschäftsordnung« eingeschaltet, der nicht über den Einzelfall befindet, sondern »grundsätzlich« über die Auslegung der Geschäftsordnung entscheidet (§ 127 Abs. 1 GOBT).

Entscheidungen, die der Bundestagspräsident außerhalb des Plenums nach der Geschäftsordnung treffen kann oder muss, werden selten »in Einsamkeit« getroffen und dies nicht nur deshalb, weil der Präsident in vielen Fällen den Rat des Direktors und anderer Spitzenbeamter der Bundestagsverwaltung einholt. Er berät sich regelmäßig auch mit seinen Stellvertretern im Präsidium oder informiert bzw. konsultiert den Ältestenrat.

Grundsätzlich kann der Präsident alle Entscheidungen, die er nach der Geschäftsordnung selbst zu treffen hat, auch im Ältestenrat zur Diskussion stellen, und dies geschieht auch in vielen Fällen. Andererseits machen auch die anderen Mitglieder des Ältestenrats von der Möglichkeit Gebrauch, solche Fragen anzusprechen, so beispielsweise die Nichtzulassung einer dringlichen Frage.

Der Geschäftsordnungsausschuss ist ausdrücklich zur Auslegung der Geschäftsordnung berufen (§ 127 Abs. 1 GOBT); ein Auslegungsmonopol begründet diese Neuregelung von 1980 allerdings nicht. Wie ausgeführt, werden (aktuelle) Geschäftsordnungsfragen regelmäßig auch im Ältestenrat sowie im Präsidium erörtert; dabei werden im Ältestenrat auch generelle Vereinbarungen zum parlamentarischen Verfahren getroffen. An der Rechtsfortbildung nehmen alle drei Gremien teil, bevorzugt freilich der Geschäftsordnungsausschuss.

4.3.3 Der Ältestenrat als Beschlussorgan

Bei der Wahrnehmung der Selbstverwaltungsaufgaben nach § 6 Abs. 3 GOBT ist der Ältestenrat ein Beschlussorgan, das mit Mehrheit entscheidet. So beschließt er über die Raumverteilung, notwendige Baumaßnahmen, Aufbau und Aufgabenverteilung der Bundestagsverwaltung, Zulassung von Besuchergruppen und Benutzung der Fahrbereitschaft, Abgeordneten-Patenschaftsprogramme und die Konstituierung von Parlamentariergruppen. Zu seinen Aufgaben als Beschlussorgan gehört auch die Aufstellung des Voranschlags für den Haushaltseinzelplan 02 des Bundestages – eine Aufgabe, die insbesondere im Hinblick auf die Reformfähigkeit des Bundestages von großer Bedeutung ist (vgl. BT-Drs. 10/3600).

Um die vielfältigen Selbstverwaltungsaufgaben bewältigen zu können, hat der Ältestenrat seit der 6. Wahlperiode jeweils mehrere Kommissionen (bis 1980: Unterkommissionen) eingerichtet, die – auch aufgrund eigener Initiative – Beschlussvorlagen für den Ältestenrat ausarbeiten. Seit der 15. Wahlperiode (2002–2005) wurden jeweils fünf Kommissionen eingesetzt, davor waren es je Wahlperiode sieben bis zwölf. Diesen Kommissionen gehören auch Abgeordnete an, die nicht Mitglieder des Ältestenrats sind. Neben den Kommissionen gibt es das »Gremium des Ältestenrates für den Haushalt (Einzelplan 02)«, das den Bundestagspräsidenten bei Haushaltsfragen berät, die den Bundestag und seine Verwaltung betreffen (Schindler 1999: 885 ff.; Feldkamp 2011: 425 ff.).

4.4   Ausschüsse

Der Schwerpunkt der parlamentarischen Arbeit in einem »Arbeitsparlament« wie dem Deutschen Bundestag liegt bei den Bundestagsausschüssen sowie den Arbeitsgruppen und Arbeitskreisen der Fraktionen. So stehen den insgesamt 233 Plenarsitzungen der 16. Wahlperiode (2005–2009) 2 234 Ausschusssitzungen gegenüber, die allerdings meist parallel durchgeführt wurden (Feldkamp 2011: 761, 902). Ohne eine fachlich ausdifferenzierte Ausschussstruktur wäre der Bundestag nicht in der Lage, die Vielzahl oft komplizierter Regierungsvorlagen zu fast allen Politik- und Lebens-

Tabelle 4.3a Ständige Ausschüsse des Deutschen Bundestages, 16. Wahlperiode

Nr.	Name des Ausschusses	Mitglie-der	Mitglieder der einzelnen Fraktionen					Vorsitzender
			CDU/CSU	SPD	FDP	DIE LINKE	B'90/GRÜNE	
1	Wahlprüfung, Immunität und GO	13	5	5	1	1	1	T. Strobl (CDU/CSU)
2	Petitionsausschuss	25	9	9	3	2	2	K. Naumann (Linke)
3	Auswärtiger Ausschuss	36	13	13	4	3	3	R. Polenz (CDU/CSU)
4	Innenausschuss	36	13	13	4	3	3	S. Edathy (SPD)
5	Sportausschuss	16	6	6	2	1	1	Dr. P. Danckert (SPD)
6	Rechtsausschuss	31	11	11	3	3	3	A. Schmidt (CDU/CSU)
7	Finanzausschuss	36	13	13	4	3	3	E. Oswald (CDU/CSU)
8	Haushaltsausschuss	41	15	15	4	4	3	O. Fricke (FDP)
	Rechnungsprüfungs-ausschuss	16	6	6	2	1	1	B. Brinkmann (SPD)
9	Wirtschaft und Technologie	36	13	13	4	3	3	E. Bulmahn (SPD)
10	Ernährung, Landwirtschaft und Verbraucherschutz	31	11	11	3	3	3	B. Höhn (B'90/GRÜNE)
11	Arbeit und Soziales	36	13	13	4	3	3	G. Weiß (CDU/CSU)
12	Verteidigungsausschuss	30	11	11	3	3	2	U. Merten (SPD)
13	Familie, Senioren, Frauen und Jugend	31	11	11	3	3	3	K. Griese (SPD)
14	Gesundheit	31	11	11	3	3	3	Dr. M. Bunge (Linke)
15	Verkehr, Bau- und Stadtentwicklung	36	13	13	4	3	3	Dr. K. Lippold (CDU/CSU)
16	Umwelt, Naturschutz, und Reaktorsicherheit	31	11	11	3	3	3	P. Bierwirth (SPD)
17	Menschenrechte und humanitäre Hilfe	16	6	6	2	1	1	Dr. H. Däubler-Gmelin (SPD)
18	Bildung, Forschung und Technikfolgen-abschätzung	31	11	11	3	3	3	U. Burchardt (SPD)
19	Wirtschaftliche Zusammenarbeit und Entwicklung	22	8	8	2	2	2	T. Hoppe (B'90/GRÜNE)
20	Tourismus	16	6	6	2	1	1	M. Mortler (CDU/CSU)
21	Angelegenheiten der Europäischen Union	33[a]	12	12	3	3	3	M. Wissmann (CDU/CSU)
22	Kultur und Medien	20	7	7	2	2	2	H.-J. Otto (FDP)

a dem Ausschuss gehören zudem 16 mitwirkungsberechtigte Mitglieder des Europäischen Parlaments an.
Quelle: Amtliches Handbuch des Deutschen Bundestages, 16. WP, Teil 1 (2006).

Tabelle 4.3b   Ständige Ausschüsse des Deutschen Bundestages, 17. Wahlperiode

Nr.	Name des Ausschusses	Mitglie-der	CDU/CSU	SPD	FDP	B'90/GRÜNE	DIE LINKE	Vorsitzender
1	Wahlprüfung, Immunität und GO	13	5	3	2	2	2	T. Strobl (CDU/CSU)
2	Petitionsausschuss	26	10	6	4	3	3	K. Steinke (Linke)
3	Auswärtiger Ausschuss	37	14	9	6	4	4	R. Polenz (CDU/CSU)
4	Innenausschuss	37	14	9	6	4	4	W. Bosbach (CDU/CSU)
5	Sportausschuss	18	7	4	3	2	2	D. Freitag (SPD)
6	Rechtsausschuss	37	14	9	6	4	4	S. Kauder (CDU/CSU)
7	Finanzausschuss	37	14	9	6	4	4	V. Wissing (FDP)
8	Haushaltsausschuss Rechnungsprüfungs-ausschuss	41	16	10	6	4	5	P. Merkel (SPD)
9	Wirtschaft und Technologie	37	14	9	6	4	4	E. Oswald (CDU/CSU)
10	Ernährung, Landwirtschaft und Verbraucherschutz	34	13	8	5	4	4	H.-M. Goldmann (FDP)
11	Arbeit und Soziales	37	14	9	6	4	4	K. Kipping (Linke)
12	Verteidigungsausschuss	34	13	8	5	4	4	S. Kastner (SPD)
13	Familie, Senioren, Frauen und Jugend	34	13	8	5	4	4	S. Laurischk (FDP)
14	Gesundheit	37	14	9	6	4	4	C. Reimann (SPD)
15	Verkehr, Bau- und Stadt-entwicklung	37	14	9	6	4	4	W. Hermann (B'90/GRÜNE)
16	Umwelt, Naturschutz, und Reaktorsicherheit	34	13	8	5	4	4	E. Bulling-Schröter (Linke)
17	Menschenrechte und Humanitäre Hilfe	18	7	4	3	2	2	T. Koenigs (B'90/GRÜNE)
18	Bildung, Forschung und Technikfolgenabschätzung	34	13	8	5	4	4	U. Buchardt (SPD)
19	Wirtschaftliche Zusam-menarbeit und Entwick-lung	24	9	5	4	3	3	D. Wöhrl (CDU/CSU)
20	Tourismus	18	7	4	3	2	2	K. Brähmig (CDU/CSU)
21	Angelegenheiten der Europäischen Union[a]	35	14	8	5	4	4	G. Krichbaum (CDU/CSU)
22	Kultur und Medien	24	9	5	4	3	3	M. Grütters (CDU/CSU)

a   dem Ausschuss gehören zudem 16 mitwirkungsberechtigte Mitglieder des Europäischen Parlaments an.

Quelle: www.bundestag.de (Stand: 4/2010).

bereichen auch nur einigermaßen angemessen zu verarbeiten. Dies gilt nicht nur für die Beteiligung bei der Gesetzgebung, sondern, damit zusammenhängend, auch für die öffentliche Kontrolle der Regierung und ihres großen Beamtenapparates.

Nach der GOBT sind die Ausschüsse »vorbereitende Beschlussorgane« des Bundestages (§ 62 Abs. 1 GOBT), jedoch haben ihre Beschlussempfehlungen faktisch zumeist Entscheidungscharakter. Die Ausschüsse, »arbeiten also stets auf die endgültige Beschlussfassung durch das Plenum hin und nehmen damit zugleich einen Teil des Entscheidungsprozesses entlastend vorweg«, so konstatierte auch das Bundesverfassungsgericht (BVerfGE 80, 188, 221).

Das Grundgesetz verlangt nur die Bestellung des Auswärtigen Ausschusses, des Verteidigungsausschusses, des Petitionsausschusses (Art. 45a,c GG) und seit 1992 des Ausschusses für die Angelegenheiten der Europäischen Union (Art 45 GG neu). Aufgrund einfacher Gesetze oder der GOBT werden außerdem der Haushaltsausschuss und der Ausschuss für Wahlprüfung, Immunität und Geschäftsordnung eingesetzt (Bundeshaushaltsordnung; §§ 94–96 GOBT; § 3 Wahlprüfungsgesetz), alle übrigen Ständigen Ausschüsse aufgrund interfraktioneller Vereinbarung.

Gab es in der 1. Wahlperiode noch 40 Ständige Ausschüsse, so waren es in der 6. Wahlperiode nur noch 17; im 17. Bundestag sind es 22 (Tabelle 4.3b).

Etwa seit Mitte der 1960er Jahre richtet sich die fachliche Gliederung der Ständigen Ausschüsse weitgehend nach der Organisationsstruktur der Bundesregierung: Jedem Bundesministerium steht ein entsprechender Fachausschuss gegenüber, der üblicherweise für die Dauer der Wahlperiode eingesetzt wird (Schindler 1999: 2034 ff.); im Falle des Innenministeriums und des Finanzministeriums sind es je zwei – wobei der Haushaltsausschuss eine Sonderstellung einnimmt (vgl. Abschn. 7.11). Wird ein Ministerium geteilt oder ein neues Ministerium eingerichtet, bildet der Bundestag alsbald einen entsprechenden Ausschuss, so 1986 für »Umwelt, Naturschutz und Reaktorsicherheit«. Dies ist selbstverständlich auch der Fall, wenn Bundesministerien zusammengelegt oder Kompetenzen neu verteilt werden. So wurden für die 15. Wahlperiode (2002–2005) Ausschüsse für »Wirtschaft und Arbeit« sowie für »Gesundheit und Soziale Sicherung« gebildet. Nach erneuten Änderungen des Zuschnitts der Bundesministerien in der 16. Wahlperiode wurden wie zuvor wieder Ausschüsse für »Wirtschaft und Technologie« und »Arbeit und Soziales« sowie »Gesundheit« eingerichtet.

Nicht in dieses Schema der Fachausschüsse passen der Ausschuss für Wahlprüfung, Immunität und Geschäftsordnung und der Petitionsausschuss, die ebenfalls für die Dauer der Wahlperiode eingesetzt werden. Dies gilt auch für den EU-Ausschuss, den 1991 (von interessierten Kreisen der Fraktionen) überraschend durchgesetzten »Querschnittsausschuss« für Tourismus und den seit Beginn der 14. Wahlperiode (1998) bestehenden »Ausschuss für Menschenrechte und humanitäre Hilfe«, der ebenfalls Querschnittsfunktionen wahrnimmt. Ein Novum stellt seit 1998 zudem der »Ausschuss für Kultur und Medien« dar, der infolge der Ernennung eines dem

Bundeskanzler unmittelbar unterstehenden Staatsministers (Beauftragten) für diesen Aufgabenbereich eingerichtet wurde (vgl. Tabelle 4.3).

Die zu Beginn der Wahlperiode jeweils neu festgelegte Mitgliederzahl der Ausschüsse richtet sich nach deren Arbeitsbelastung; es können aber auch taktische Erwägungen der Mehrheitsfraktionen eine Rolle spielen. Dem kleinsten Ausschuss gehören derzeit 13 ordentliche Mitglieder an, dem größten 41. Hinzu kommen ebenso viele Stellvertreter, die keinem bestimmten ordentlichen Mitglied zugeordnet sind. Sie sind stimmberechtigt, wenn sie ein nicht anwesendes Ausschussmitglied derselben Fraktion vertreten (§ 71 Abs. 1 GOBT). Seit 1995 besteht die Regelung, dass Bundestagsabgeordnete, die nicht Ausschussmitglieder sind, Änderungsanträge zu überwiesenen Vorlagen an den federführenden Ausschuss stellen können. Als Antragsteller können sie mit beratender Stimme an den Ausschusssitzungen teilnehmen (§ 71 Abs. 2 GOBT).

Von der Möglichkeit, nach § 54 GOBT Sonderausschüsse für »einzelne Angelegenheiten« (etwa ein größeres Gesetzgebungsvorhaben) einzusetzen, wurde stets sparsam Gebrauch gemacht (Schindler 1999: 2034 ff.; Feldkamp 2011: 902). Zuletzt wurde in der 14. Wahlperiode ein Sonderausschuss »Maßstäbegesetz/Finanzausgleichsgesetz« eingesetzt. Derartige Aufgaben werden sonst oft von Unterausschüssen übernommen.

An Plenums- und Fraktionstagen sollen keine Ausschusssitzungen stattfinden, doch veranlasst die Arbeitsüberlastung vor allem des Haushaltsausschusses aber auch die Zeitplanung großer »Gesetzgebungsausschüsse« den Präsidenten häufig, Ausnahmen zuzulassen (vgl. § 60 Abs. 3 GOBT).

4.4.1 Besetzung der Ausschüsse und Mitgliederstruktur

Die Zusammensetzung der Ausschüsse sowie die Regelung des Vorsitzes ist im Verhältnis der Stärke der einzelnen Fraktionen vorzunehmen (§§ 57 Abs. 1 und 12 GOBT). Durch ihre Aufgabenstellung »in die Repräsentation des Volkes durch das Parlament einbezogen«, müssten die Ausschüsse »ein verkleinertes Abbild des Plenums sein«, so das Bundesverfassungsgericht (BVerfGE 80, 188, 222). Die Fraktionen sind sich weitgehend darin einig, dass die Mehrheit der Regierungsfraktionen auch in den Ausschüssen gesichert sein muss, da andernfalls die Mehrheit im Plenum in allen strittigen Fragen ihre Auffassung durch Änderungsanträge durchsetzen müsste (Troßmann 1979: 113).

Die Benennung der Ausschussmitglieder ist nach § 57 Abs. 2 GOBT Sache der Fraktionen. Das Bundesverfassungsgericht hat in seinem »Wüppesahl-Urteil« (1989) diese Regelung ausdrücklich als verfassungsgemäß anerkannt. Das Benennungsrecht ergebe sich konsequent aus deren Anspruch, »entsprechend ihrem Stärkeverhältnis Abgeordnete in den Ausschuss zu entsenden« (vgl. § 12 GOBT). Auch sei es »nur folgerichtig, dass nach der im Bundestag geübten Praxis Abgeordnete, die aus ihrer Fraktion ausgetreten oder ausgeschlossen worden sind, regelmäßig von dieser aus den Ausschüssen abberufen werden, in die sie von ihrer bisherigen Fraktion entsandt worden waren« (BVerfGE 80, 188, 223 und 233). Angesichts des Gewichts der Ausschussarbeit im Prozess parlamentarischer Willensbildung fraglich dürfte allerdings ein Ausschussrückruf wegen eines gelegentlich von der Fraktionslinie abweichenden Stimmverhaltens sein (Kasten 1984: 183 f.).

Benennung und Rückruf aus der Fraktion ausscheidender Abgeordneter sind konsequent, wenn man den Funktionsbedingungen des parlamentarischen Regierungssystems entsprechend auch die Ausschüsse proportional zusammensetzen möchte.

Andererseits ist es angesichts der parlamentarischen Bedeutung der Ausschussarbeit nicht gerechtfertigt, fraktionslosen Abgeordneten oder gar Gruppen von Parlamentariern die Mitwirkung in Ausschüssen zu verwehren. Entgegen der bisherigen Regelung sprach das Bundesverfassungsgericht 1989 jedem Abgeordneten das Recht zu, zumindest in einem Ausschuss als beratendes Mitglied mit Rede- und Antragsrecht mitzuwirken. Hingegen sei es nicht geboten, auch dem fraktionslosen Abgeordneten ein »notwendigerweise überproportional wirkendes« Stimmrecht zu geben. Er spreche nur für sich selbst, »nicht auch für die Mitglieder seiner Fraktion« (BVerfGE 80, 188, 224). Entsprechend bestimmt die GOBT seit 1989, dass fraktionslose Abgeordnete vom Präsidenten als beratende Ausschussmitglieder benannt werden (§ 57 Abs. 2 GOBT).

Aus dem Grundsatz der Spiegelbildlichkeit der Zusammensetzung von Parlament und Ausschüssen ergibt sich nach Auffassung des Bundesverfassungsgerichts zudem (BVerfGE 84, 304), dass Gruppierungen fraktionsloser Abgeordneter, die sich wegen gleicher Parteizugehörigkeit oder aufgrund eines Wahlbündnisses zusammengeschlossen haben, berechtigt sind, in die Ausschüsse ihrer Stärke entsprechend Mitglieder zu entsenden – was freilich eine erhebliche Ausschuss- und Gruppengröße voraussetzt. Entsprechend war die PDS-Gruppe auch in der 13. Wahlperiode (1994–98) in den Ausschüssen vertreten, nachdem den Gruppen Bündnis 90/Die Grünen und PDS/LL bereits im ersten gesamtdeutschen Bundestag (1990) das Recht eingeräumt worden war, für jeden Fachausschuss ein vollberechtigtes und ein stellvertretendes Mitglied zu benennen (Ismayr 1997).

Die Sitzverteilung wird seit 1980 nach dem Proportionalverfahren Sainte-Laguë/Schepers berechnet, das einige Mängel der bisherigen Berechnungsmethoden (d'Hondt bis 1969, Hare/Niemeyer) vermeidet (Schindler 1999: 2081 ff.).

Über die Anzahl, Größe und Benennung der Ausschüsse sowie über die Abgrenzung der Sachgebiete werden zu Beginn einer Wahlperiode zwischen den Parlamentarischen Geschäftsführern aller Fraktionen Gespräche geführt, auch unter Beteiligung des Präsidiums und weiterer potentieller Mitglieder des Ältestenrats. Kommt in diesem »Vor-Ältestenrat« eine Einigung zustande, ist die Abstimmung im Plenum reine Formsache (Roll 1989: 819; Nachweise Ismayr 1992: 599). Andernfalls muss über kontroverse Anträge ein Mehrheitsbeschluss herbeigeführt werden, so 1983 und 1987 aufgrund von Änderungsanträgen der neuen Fraktion DIE GRÜNEN und 2009 aufgrund eines Antrags der Fraktion Die Linke auf Einsetzung eines Ausschusses für die Herstellung gleichwertiger Lebensverhältnisse in der Bundesrepublik Deutschland, der von den übrigen Fraktionen abgelehnt wurde (Ismayr 1992: 188 f.; PlPr 17/3).

Scheinbar formale Fragen wie die Größe von Ausschüssen können sich auf die Präsenz und damit die Arbeitsfähigkeit kleiner Fraktionen spürbar auswirken.

Die Besetzung der Ausschüsse (und damit auch der Fraktions-Arbeitsgruppen) zu Beginn der Wahlperiode ist ein schwieriger und oft konfliktreicher Vorgang. Persönliche Neigungen und Karriereinteressen spielen eine große Rolle, ebenso die Intentionen von Verbänden und Interessengruppierungen der Fraktionen, von Parteiflügeln und regionalen Gliederungen (Landesgruppen). Auch ist bei dem Bemühen, diese Interessen zum Ausgleich zu bringen, darauf zu achten, dass die fachliche und kommunikative Kompetenz der jeweiligen Ausschüsse gewährleistet ist. Dies ist die Aufgabe der zuständigen Parlamentarischen Geschäftsführer, die sich ihrerseits auf den Rat bisheriger Obleute und Ausschussvorsitzender stützen.

Die Chancen eines Parlamentsneulings, in der Fraktionshierarchie aufzusteigen, hängen nicht unerheblich davon ab, in welchem Ausschuss er seine Parlamentstätigkeit beginnt und welche Arbeitsgebiete er dort als Berichterstatter betreuen kann. Gibt ihm die Ausschusstätigkeit auch die Möglichkeit, sich öffentlich zu profilieren, so kann dies seine Chancen begünstigen, bei der nächsten Bundestagswahl erneut nominiert und wiedergewählt zu werden.

Die Abgeordneten der großen Fraktionen gehören aufgrund fraktionsinterner Richtlinien meist nur einem Ausschuss als ordentliches Mitglied und einem weiteren Ausschuss als Stellvertreter an (Ismayr 1992: 189 f., 599). Keinen Ausschusssitz nehmen die Regierungsmitglieder ein. Dies gilt mit der umstrittenen Ausnahme weniger stellvertretender Mitglieder auch für die Parlamentarischen Staatssekretäre, die der Regierung faktisch zugerechnet werden (Groß/Bohnefeld 2010: 245 f.). Bei den großen Fraktionen verzichten auch weitere führende Mitglieder darauf.

Die Auswahl der Ausschussmitglieder hat jede Fraktion für sich selbst zu besorgen. Letztlich liegt die Entscheidung selbstverständlich bei der Fraktionsversammlung (§ 5 GO-SPD), doch kommt es dort trotz häufiger Konflikte im Vorfeld nur selten zu »Kampfabstimmungen«. Eine Besonderheit weist auch hier die Unionsfraktion auf: Der Erste Parlamentarische Geschäftsführer der CDU/CSU-Fraktion und der Geschäftsführer der CSU-Landesgruppe klären zunächst die Sitzverteilung zwischen CDU-Teil und CSU-Teil der Fraktion. Für den Fall des Scheiterns ist ein internes Zugriffsverfahren vorgesehen, das eine präventive Wirkung entfaltet. Die auf sie entfallenden Sitze »besetzen CDU und CSU dann in eigener Zuständigkeit« (Vereinbarung zwischen CDU und CSU zu Beginn der Wahlperiode).

Für das komplizierte Verfahren der Verteilung der Ausschusssitze haben die Fraktionen unterschiedliche informelle Regelungen entwickelt. Die für die Koordinierung zuständigen Parlamentarischen Geschäftsführer verschaffen sich zunächst einen Überblick über die Wünsche der Fraktionsmitglieder. Bereits vor der Bundestagswahl oder unmittelbar danach erhalten die Kandidaten bzw. (neu)gewählten Abgeordneten Fragebogen mit der Bitte, ihre Präferenzen für einen Ausschusssitz (und ggf. für die Mitarbeit in weiteren Gremien) mitzuteilen. Die Büros der Geschäftsführer stellen dann Listen zusammen, die als Grundlage dienen, um Wünsche und Möglichkeiten der Ausschussbesetzung in Einklang zu bringen. Eine wichtige Rolle spielen die Klärungs- und Aushandlungsprozesse in den Landesgruppen; deren Vorsitzende bringen gebündelt die Wünsche und Interessen der Landesgruppen(mitglieder) dem Geschäftsführer nahe. Auch die bisherigen Vorsitzenden der Arbeitsgruppen und -kreise und der Interessengruppierungen der Fraktion, die diese Funktionen wieder übernehmen wollen, versuchen, ihre Vorstellungen zur Geltung zu bringen.

Bei der SPD, der FDP, der Linken und Bündnis 90/Die Grünen sowie dem CSU-Teil der Unionsfraktion liegt die Verantwortung für die Koordinierung der Ausschussbesetzung bei einem Parlamentarischen Geschäftsführer. Oft mühsame Vermittlungs- und Überzeugungsarbeit, »moralischer« Druck und der Einsatz taktischer Hilfsmittel sind in Konfliktfällen notwendig, um »Konsens« zu erzielen bzw. eine Seite zum Einlenken zu bewegen (Auskunft Parl. Geschäftsführer und Fraktionsreferenten; vgl. auch Dexheimer 1982: 273). Bei der SPD-Fraktion befasst sich auch die fraktionsinterne Runde der Parlamentarischen Geschäftsführer mit dem Vorschlag. Der CDU-Teil der Unionsfraktion überträgt die weitergehende Aufgabe der Koordinierung einem informellen »Gremium zur Besetzung der Ausschüsse«, im Fraktionsjargon »Teppichhändlerrunde« genannt, dem die Vorsitzenden der CDU-Landesgruppen, Parlamentarische Geschäftsführer der CDU und die Vorsitzenden der »Soziologischen Gruppen« (Parlamentskreis Mittelstand u. a.) angehören. Der Geschäftsführer der CSU-Landesgruppe nimmt nur als Beobachter teil. Ausgehend von der vorliegenden Wunschliste der Abgeordneten wird in zumeist langwierigen Verhandlungen versucht, die oft schwer zu vereinbarenden Interessen auszugleichen und nach Möglichkeit einen Konsens zu erreichen. Dass die Beratungsatmosphäre von Teilnehmern wiederholt als gespannt geschildert wurde und die Verhandlungen sogar mitunter an den Rand des Abbruchs zu geraten drohten, verwundert nicht (vgl. Dexheimer 1982: 270 ff.; Ismayr 1992: 193). Der CSU-Teil stimmt über den Vorschlag seines Parlamentarischen Geschäftsführers und gelegentliche Kampfkandidaturen auf einer Landesgruppensitzung ab. Diese Entscheidung wird von der Gesamtfraktion nur noch formell bestätigt. Auch der Beschluss der Gesamtfraktion über die Vorschlagsliste des Vorbereitungsgremiums des CDU-Teils ist meist nur eine Formsache. Auch bei den anderen Fraktionen kommt es in der Fraktionssitzung, bei der die letzte Entscheidung liegt, in dieser Frage nur selten zu »Kampfabstimmungen«. Bei den kleineren Fraktionen kommt der Entscheidung in jedem Einzelfall noch sehr viel größeres Gewicht zu, da es oft von ein bis drei Abgeordneten abhängt, wie sich die Fraktion in der Öffentlichkeit in einem ganzen Politikbereich darstellt.

4.4.2 Präferenzen der Abgeordneten und Interessenstruktur der Ausschüsse

Welche Kriterien und Motive sind für die Fraktionen und die einzelnen Abgeordneten bei der Ausschussbesetzung ausschlaggebend? Grundsätzlich gilt, dass jeder Abgeordnete in seinen bisherigen Ausschuss zurückkehren kann; daran zeigt sich auch die große Mehrzahl der Abgeordneten interessiert. Da etwa 20 bis 30 Prozent der Abgeordneten Parlamentsneulinge sind, ist somit etwa ein Drittel der Ausschusssitze neu zu besetzen. Wer in einen anderen Ausschuss wechseln möchte, in dem er etwa schon stellvertretendes Mitglied war, genießt Priorität gegenüber neuen Abgeordneten. Das Anciennitätsprinzip hat also großes Gewicht. Allerdings sind auch regionale Gesichtspunkte und die traditionelle Berücksichtigung von Fraktionsflügeln und Interessengruppierungen bedeutsam. Nachdrücklicher als früher beanspruchen zudem die stärker vertretenen Frauen eine angemessene Vertretung in den Ausschüssen. Bei den Verhandlungen seit 1990/91 kam die spezifische Berücksichtigung der Abgeordneten aus den neuen Bundesländern hinzu.

Bei den meisten Abgeordneten steht die Frage im Vordergrund, ob sie von der Mitarbeit in einem bestimmten Ausschuss eine der Wiederwahl förderliche Resonanz in der (Fach-)Öffentlichkeit und günstige Aufstiegschancen in der Fraktion erwarten. Eine Rolle kann auch die Struktur eines Wahlkreises spielen, den ein Abgeordneter vertritt. Vor allem gilt dies für Abgeordnete, die der »Pflege« des Wahlkreises und der Stärkung ihrer Partei- und Wählerbasis Priorität gegenüber dem Aufstieg in der Fraktionshierarchie einräumen.

Tradition und programmatische Prioritäten bedingen eine unterschiedliche Gewichtung der Ausschüsse in den einzelnen Fraktionen. Die Präferenzen für bestimmte Ausschüsse werden auch darin manifest, dass bei der CDU/CSU etwa drei Fünftel der Abgeordneten dem Parlamentskreis Mittelstand angehören. Ähnliches gilt für die besondere Verbundenheit der SPD mit den Gewerkschaften (vgl. Kap. 3).

Recht oft bestimmt die berufliche Herkunft die Präferenzen der Abgeordneten für bestimmte Ausschüsse. Das Interesse von Juristen am Rechtsausschuss, Verwaltungsfachleuten am Innenausschuss, Landwirten am Ausschuss für Ernährung, Landwirtschaft und Forsten ist bekannt. Die Zusammensetzung dieser Ausschüsse belegt deren tatsächliche Dominanz, die mit der Motivation dieser Abgeordneten selbst, dem Interesse der Fraktion(sführung) an fachlicher Kompetenz (ohne die im Haushalts- und Rechtsausschuss wenig auszurichten ist), aber auch mit der Verbandsnähe mancher Berufe zu tun hat (Weber 1981; Ismayr 1992: 215ff.; Müller-Rommel 1988). So verfügen derzeit 34 der 37 Abgeordneten des Rechtsausschusses über eine juristische Ausbildung (Stand: 2011).

4.4.3 Vorsitzende und Stellvertreter

Da sich auch die Verteilung der Ausschussvorsitze nach der Stärke der Fraktionen richtet (§ 12 GOBT), werden die Oppositionsfraktionen angemessen berücksichtigt – was nur in etwa der Hälfte der westeuropäischen Parlamente der Fall ist (Ismayr 2009b: 36). Die Parlamentarischen Geschäftsführer teilen dem Bundestagspräsidenten die Namen der von ihren Fraktionen benannten Ausschussmitglieder und deren Stellvertreter mit (§ 57 Abs. 2 GOBT). Aufgabe der konstituierenden Sitzung ist es primär, den Vorsitzenden und seinen Stellvertreter »nach der Vereinbarung im Ältestenrat« zu »bestimmen« (§§ 58 und 6 Abs. 2 GOBT) – was nur ein formales Zur-Kenntnis-Nehmen bedeutet. Denn die Entscheidung treffen die Fraktionen »intern«, nachdem in einer »interfraktionellen Besprechung« (wie in den letzten Wahlperioden) oder unter Umständen auch formell im Ältestenrat eine Vereinbarung über die den Fraktionen entsprechend ihrer Stärke zustehenden Ausschussvorsitze erzielt wurde. Dem Parlamentsbrauch entspricht es, dass die Stellvertreter jeweils einer anderen Fraktion angehören als der Vorsitzende.

Können sich die Fraktionen nicht einigen, treffen sie die Auswahl im »Zugriffsverfahren« in der Reihenfolge der auf sie entfallenden Rangmaßzahlen (vgl. auch Kese 1993). Wer den ersten Zugriff hat, sagt als Erster, in welchem Ausschuss er den Vorsitz stellen will. Da abwechselnd zugegriffen wird, birgt das Zugriffsverfahren für alle Fraktionen Überraschungen und erhebliche Risiken. War das Zugriffsverfahren bis Anfang der 1990er Jahre eine seltene Ausnahme (1962), wurde es nacheinander in der 13., 14. und 15. Wahlperiode praktiziert (1995, 1998, 2002). Bei der Besetzung der Ausschussvorsitze zu Beginn der 16. und 17. Wahlperiode konnten sich die Fraktionen wiederum auf die Verteilung der Ausschussvorsitze einigen, wobei auch hier das mögliche Zugriffsverfahren als Druckmittel wirksam wurde.

Zu den ungeschriebenen Spielregeln gehört es, dass der Opposition der Vorsitz im Haushaltsausschuss zusteht. Bei der Verteilung der Ausschussvorsitze auf die Fraktionen haben sich Gepflogenheiten ausgebildet, die den Verteilungskampf etwas entschärfen. So stellte die SPD regelmäßig den Vorsitz im Innenausschuss und im Ausschuss Arbeit und Soziales, während den Vorsitz im Wirtschaftsausschuss stets ein CDU/CSU- oder FDP-Abgeordneter innehatte (Schindler 1999: 2035 ff.; Feldkamp 2011: 910 ff.). Allerdings kommt dieser Praxis kein gewohnheitsrechtlicher Rang zu, wie die parteipolitisch veränderte Besetzung dieser Ausschussvorsitze seit der 15. Wahlperiode zeigt (vgl. Tabelle 4.3). So ist derzeit ein CDU-Abgeordneter Vorsitzender des Innenausschusses und eine Abgeordnete der Fraktion Die Linke Vorsitzende des Ausschusses »Arbeit und Soziales« (3/2012).

Während in manchen Ausschüssen der Vorsitz häufig wechselt, besteht in anderen Ausschüssen personelle Kontinuität, wobei sich manche Vorsitzende hohes Ansehen erwerben konnten (vgl. Ismayr 1992: 196, 601). Der Ausschussvorsitz prädestiniert als solcher wohl weniger als herausragende Fraktionsämter (z. B. AK/AG-Vorsitz; Parlamentarischer Geschäftsführer) für die Übernahme eines Regierungsamtes, doch markiert er keineswegs die Endstation einer Politikerkarriere.

4.4.4 Kompetenzen der Ausschüsse

Die Fachausschüsse haben die Aufgabe, das Plenum angesichts der Vielzahl von Vorlagen zu unterschiedlichen Sachgebieten zu entlasten und die Kompetenz des Bundestages bei der Gesetzgebung und Regierungskontrolle zu stärken. Davon hängt wiederum die Chance der Opposition ab, sich durch Sachkunde und aktuelle Präsenz im Plenum und in den Medien öffentlichkeitswirksam als Alternative zu präsentieren. Als »vorbereitende Beschlussorgane« sind die Ausschüsse zur baldigen Erledigung der ihnen überwiesenen Aufgaben verpflichtet (§ 62 Abs. 1 GOBT). Vom Plenum an die Ausschüsse überwiesene Vorlagen haben somit nach der GOBT – nicht immer in der Praxis – Vorrang vor anderen Fragen aus dem Geschäftsbereich des Ausschusses (Ritzel/Bücker/Schreiner, Erl. zu § 62).

Der Ausschuss kann sich nicht darauf beschränken, dem Plenum nur einen Bericht vorzulegen, sondern ist verpflichtet, dem Bundestag bestimmte Beschlüsse zu empfehlen, die so gefasst sein müssen, dass der Bundestag abstimmen kann. Nach der Überweisung an die Ausschüsse kann das Plenum erst dann einen Beschluss fassen, wenn Bericht und Beschlussempfehlung des federführenden Ausschusses vorliegen. Ungeachtet der Verpflichtung zur »baldigen Erledigung« kommt es etwa aufgrund überraschend auftretender Kontroversen zwischen den Koalitionspartnern oder mit Arbeitsüberlastung begründeten taktischen Kalküls der Fraktionsmehrheit nicht selten zu größeren Verzögerungen. Auch kann es dazu kommen, dass der Bundestag wegen Ablaufs der Wahlperiode die Vorlage nicht mehr beraten kann (Diskontinuität). Um Missbrauch vorzubeugen und zu verhindern, dass etwa über einen Gesetzentwurf der Opposition keine öffentliche Debatte geführt werden kann, steht der Minderheit allerdings ein wirksames Druckmittel zur Verfügung. Jede Fraktion (oder 5 % der Abgeordneten) kann zehn Sitzungswochen nach Überweisung einer Vorlage einen Bericht über den Stand der Ausschussberatungen verlangen und auch eine Plenardebatte durchsetzen; diese Bestimmung hat vor allem eine präventive Wirkung (§ 62 Abs. 2 GOBT).

Seit 1969 haben die Ausschüsse das Recht, sich auch mit nicht überwiesenen Fragen aus ihrem Geschäftsbereich zu befassen (§ 62 Abs. 1 GOBT). Sie sollten damit die »Möglichkeit zur Meinungsbildung durch Aussprache und Information« sowie der »laufenden Kontrolle des korrespondierenden Ressorts« erhalten (BT-Drs. 8/3460,

S. 94). Das Selbstbefassungsrecht stärkt die Kontrollkompetenz gegenüber Regierung und Ministerialbürokratie im Sinne einer vorhergehenden und begleitenden Kontrolle.

In welchem Umfange die Ausschüsse (und damit auch die Oppositionsfraktionen) berechtigt sind, bereits auf politische Planungen der Exekutive und die Vorbereitung von Regierungsentwürfen Einfluss zu nehmen und wo hier die Grenzen parlamentarischer Mitregierung liegen, ist umstritten (Mandelartz 1982: 7 ff.). Allzu hoch ist die Gefahr der »Verwischung der Verantwortlichkeit zwischen Regierung und Parlament« (Troßmann/Roll 1981: 129) allerdings in den meisten Ausschüssen nicht einzuschätzen. Zumal in den überwiegend mit Gesetzgebung befassten Ausschüssen ist die Tendenz zur Einbindung der Opposition (jedenfalls bei wichtigeren Vorhaben) weitaus geringer als das Interesse an der Durchsetzung der eigenen Position. Dass »bisweilen faktisch eine – im Grundgesetz nicht vorgesehene – Gemengelage der Entscheidungsbeteiligung von Regierungsressort und Parlamentsausschuss« entsteht, ist nicht von der Hand zu weisen (Busch 1983:˙57). In der Regel gilt diese Einbindung in die Verantwortung aber primär oder fast ausschließlich für die Mehrheitsfraktionen, die in solchen Fällen zumeist aufgrund intensiverer Kooperationskontakte in den Arbeitsgruppen oder Arbeitskreisen und anderen Fraktionsgremien der Regierung »grünes Licht« gegeben haben (vgl. Kap. 3). Der Schwerpunkt dieser »Entscheidungsbeteiligung« liegt also in den Fraktionen, da die Regierungsmehrheit in der Regel ein Interesse daran hat, sich einen Informationsvorsprung zu sichern (so auch Oertzen 2006: 176 ff.; Schöne 2010a: 351).

Jedenfalls stärkt das Selbstbefassungsrecht die Chancen der Ausschüsse, sich durch Anforderung von Informationen, Berichten etc. bereits im Vorfeld der Entscheidungen sachkundig zu machen. Vor allem aber bietet es ihnen die Möglichkeit, nicht nur auf Vorlagen zu reagieren, sondern ihrerseits initiativ zu werden und vor allem durch Erörterung größerer Themenkomplexe »konzeptionell« zu arbeiten. Eine zum Teil große Rolle spielt in vielen Ausschüssen die Diskussion über schriftliche oder mündliche Sachstandberichte der Bundesregierung. Die Berichte gehen meist auf Wünsche der Opposition zurück und werden eigens für die Sitzung angefertigt, häufig zu aktuellen Themen. Berichtswünsche der Opposition werden in der Regel von den Mehrheitsfraktionen unterstützt.

Um eine Verselbständigung der Ausschüsse gegenüber den Gesamtfraktionen und dem Plenum zu verhindern, wurde ihnen allerdings formell kein eigenes Initiativrecht eingeräumt. Auch sind sie nicht berechtigt, dem Bundestag bei nicht überwiesenen Fragen bestimmte Beschlüsse zu empfehlen. Trotz fehlenden Initiativrechts haben Ausschussmitglieder freilich die Möglichkeit, über ihre Fraktionen (Arbeitsgruppen) Vorlagen oder Anfragen zu initiieren.

Selbstverständlich spielt die Möglichkeit, sich eigenständig mit Einzelfragen oder einem größeren Themenkomplex ihres Geschäftsbereichs zu befassen vor allem bei solchen Ausschüssen eine große Rolle, die nur selten mit Gesetzesvorlagen befasst sind, wie zum Beispiel dem Ausschuss für Bildung, Forschung und Technikfolgenab-schätzung. Diese Kompetenzerweiterung ist aber auch bei der Gesetzgebungsarbeit bedeutsam, da sie für die Opposition die Möglichkeiten verbessert, Informationen über zugrundeliegende Konzepte, Wirkungsmöglichkeiten und Expertisen einzuho-len. Auch in Ausschüssen, die größtenteils mit dem Abarbeiten einer Vielzahl von Vorlagen beschäftigt sind, können sich Regierungsvertreter und Beamte bei Fragen, die über die Vorlagen hinausgehende politische Entwicklungen und Vorentscheidun-gen betreffen, jedenfalls nicht mit der Begründung entziehen, der Ausschuss über-schreite seine Kompetenzen.

Wie bereits ausgeführt, ist die Arbeitsbelastung der Ausschüsse recht unterschied-lich. Auch sogenannte »Gesetzgebungsausschüsse« wie der Innenausschuss oder der Ausschuss für »Arbeit und Soziales« haben nicht nur mit Gesetzentwürfen zu tun, sondern auch mit einer Fülle anderer Vorlagen. Um wenigstens in einem gewissen Umfang Themenkomplexe im Zusammenhang erörtern zu können, werden thema-tisch zusammengehörende Vorlagen – soweit dies aus Zeitgründen möglich ist – un-ter einem Tagesordnungspunkt zusammengefasst. Wachsende Bedeutung kommt in allen Fachausschüssen sowie im EU-Ausschuss der Befassung mit Gesetzgebungsak-ten und weiteren Vorhaben der Europäischen Union zu, wobei frühzeitige Einfluss-nahme angestrebt wird (vgl. hierzu Abschn. 6.9).

4.4.5   Vorbereitung der Ausschusssitzungen

Die Ausschüsse tagen regelmäßig am Mittwoch einer Sitzungswoche. Im Übrigen kann der Vorsitzende im Rahmen des vom Ältestenrat festgelegten Zeitplans Aus-schusssitzungen selbständig einberufen, »es sei denn, dass der Ausschuss im Ein-zelfall etwas anderes beschließt« (§ 60 Abs. 1 GOBT). Er ist zur Einberufung zum nächstmöglichen Termin innerhalb des Zeitplans verpflichtet, wenn es eine Fraktion im Ausschuss oder mindestens ein Drittel der Mitglieder des Ausschusses unter An-gabe der Tagesordnung verlangt (§ 60 Abs. 2 GOBT). Jede Fraktion im Ausschuss hat also die Möglichkeit, eine »Sondersitzung« durchzusetzen, ein spektakuläres Instru-ment der Opposition, von dem gelegentlich Gebrauch gemacht wird. Diese Regelun-gen haben ihre Bedeutung in Ausnahmesituationen und Konfliktfällen.

Nach der Geschäftsordnung legt der Vorsitzende die Tagesordnung fest, »es sei denn, dass der Ausschuss vorher darüber beschließt« (§ 61 Abs. 1). Die Praxis sieht anders aus: Die Tagesordnung wird in der Regel vom Ausschusssekretär auf der Grundlage der überwiesenen (und zu erwartenden) Vorlagen und von Anre-gungen aus den Arbeitsgruppen vorgeschlagen. Festgelegt wird sie dann in einem in Sitzungswochen regelmäßig stattfindenden Obleutegespräch des Ausschusses un-ter Leitung des Vorsitzenden, an dem auch der Ausschusssekretär teilnimmt. Weitere Teilnehmer können Ausschuss- und Fraktionsreferenten und auch ein Vertreter des

Ministeriums sein. Entscheidend ist das Votum der Obleute (vgl. Abschn. 3.2). Die Obleute ihrerseits orientieren sich an den Prioritäten und dem Beratungsstand der Arbeitsgruppen und Arbeitskreise ihrer Fraktionen. Die Planung der Tagesordnung wird im Übrigen wesentlich davon bestimmt, zu welchem Zeitpunkt die Stellungnahmen der mitberatenden Ausschüsse erwartet werden. Die Tagesordnung jeder Ausschusssitzung wird auch den beteiligten Bundesministerien und dem Bundesrat mitgeteilt (§ 61 Abs. 3 GOBT). Das Obleutegespräch dient nicht nur der Feststellung der Tagesordnung, sondern auch der organisatorischen und inhaltlichen Vorbereitung der Ausschusssitzung, darüber hinaus auch längerfristigen Planungen der Ausschussarbeit. Gesprochen wird insbesondere über längerfristige Terminplanungen zu einzelnen Vorhaben, über Delegationsreisen, die Befragung von Regierungsvertretern, die Vorbereitung von internen und öffentlichen Anhörungen. Zeitpunkt, Ablauf und Dauer der Obleutegespräche variieren erheblich. So liegen die Protokolle des Obleutegesprächs in manchen Ausschüssen bereits vor der Ausschusssitzung vor, in anderen erst zu einem späteren Zeitpunkt.

Die Breite und Intensität der Zuarbeit durch die Ausschusssekretariate ist (sehr) unterschiedlich; oft ist sie noch zu stark auf den Vorsitzenden zugeschnitten. Während die Ausschusssekretäre im Ausschuss zurückhaltend auftreten, sind sie im Obleutegespräch aktive Teilnehmer (zur Rolle der Ausschusssekretäre Oertzen 2006: 226 ff.). Um nicht in parteipolitische Konflikte zu geraten, aber auch aus zeitlichen Gründen, werden die Ausschusssekretariate nur hin und wieder auch inhaltlich tätig.

Oft müssen die mitberatenden Ausschüsse dazu gedrängt werden, ihre Stellungnahme rechtzeitig abzugeben. Fehlt auch nach wiederholter Aufforderung die Stellungnahme eines mitberatenden Ausschusses innerhalb der vereinbarten Frist oder kommt eine Vereinbarung über eine Frist nicht zustande, kann der federführende Ausschuss dem Bundestag Bericht erstatten, frühestens jedoch in der vierten auf die Überweisung folgenden Sitzungswoche (§ 63 Abs. 2 GOBT; vgl. Ritzel/Bücker/ Schreiner, Erl. zu § 63 GOBT).

4.4.6 Arbeitsstil der Ausschüsse und Rolle des Vorsitzenden

Zu Beginn der Ausschusssitzung werden vor Eintritt in die Tagesordnung die Ergebnisse des Obleutegesprächs festgestellt. Je nach Bedarf wird über die Terminplanung für einen eiligen Gesetzentwurf, den Stand der Vorbereitungen zu einer öffentlichen Anhörung, die Einladung von Sachverständigen und die Frage der Präsenz und Berichterstattung von Regierungsvertretern gesprochen. Auch über eine mitunter notwendige Änderung der Tagesordnung wird zu Beginn entschieden, gegebenenfalls auch erst im Verlauf der Sitzung. In der Regel geschieht dies im Konsens. Nach der Geschäftsordnung kann auch durch Mehrheitsentscheid ein Punkt von der Tagesordnung abgesetzt oder die Reihenfolge der Beratung geändert werden. Erweitert werden kann die Tagesordnung aber nur, wenn nicht eine Fraktion im Ausschuss oder ein Drittel der Ausschussmitglieder widerspricht (§ 61 Abs. 2 GOBT). Dadurch soll gesichert werden, dass sich auch die oppositionellen Fraktionen im Ausschuss inhaltlich auf Vorlagen und Themen einstellen können – eine unbedingt erforderliche Regelung im Interesse der Opposition.

Der Vorsitzende kann mit Hilfe des Ausschusssekretariats Unterlagen und Informationen der Regierung anfordern; er ist Ansprechpartner der einzelnen Institutionen und Interessengruppen. Die Rolle des Vorsitzenden bei der Vorbereitung und Leitung der Ausschusssitzung hängt davon ab, ob er der großen oder kleinen Koalitionsfraktion oder der Opposition angehört, aufgrund langjähriger Erfahrungen und Verbindungen Ansehen genießt und ob er sich überwiegend auf die Rolle eines »Moderators« beschränkt oder sich darüber hinaus im Ausschuss, in der Fraktion und Partei und in der Öffentlichkeit politisch profiliert. Die meisten Ausschussvorsitzenden sehen sich in dieser Rolle als Moderatoren, so auch die Untersuchung von Jürgen von Oertzen. Sie sind »ruhig, höflich, freundlich und eher zurückhaltend, aber souverän und durchsetzungsstark, wenn es um Regeln und Abläufe geht« (Oertzen 2006: 216). Auch in den Fraktionsgremien (Arbeitsgruppe) ist mit dieser Rolle nicht notwendigerweise herausragender politischer Einfluss verbunden (so auch Oertzen 2006: 212 ff.; vgl. Vetter 1986: 142).

Der persönliche Stil des Vorsitzenden kann das Diskussions- und Arbeitsklima des Ausschusses nicht unerheblich beeinflussen. Als Sitzungsleiter kann er auf den Gang der Verhandlungen einen gewissen Einfluss nehmen. Die gegenüber dem Plenum kleine Zahl zudem einigermaßen regelmäßig präsenter Sitzungsteilnehmer erlaubt auch einen von den Plenardebatten verschiedenen Diskussionsstil. Die Praxis entspricht etwa der Bestimmung der Geschäftsordnung des Bundestages: Der Vorsitzende erteilt das Wort in der Reihenfolge der Wortmeldungen, wobei er allerdings den Grundsatz von Rede und Gegenrede beachten soll (§§ 59, 28 GOBT). Er muss die Sitzungen »gerecht und unparteiisch« leiten (vgl. § 7 Abs. 1 GOBT), hat aber das Recht, sich an der Debatte wie jedes andere Ausschussmitglied mit inhaltlich-politischen Beiträgen zu beteiligen, ohne den Vorsitz abgeben zu müssen. Im Allgemeinen machen die Ausschussvorsitzenden von diesem Recht eher zurückhaltend Gebrauch, um ihre Akzeptanz als Sitzungsleiter nicht zu gefährden. Andernfalls müssen sie mit kontroversen Antworten auf ihren Sachbeitrag, aber auch mit offener Kritik an ihrer Verhandlungsführung rechnen, die nicht als parlamentarische Ordnungswidrigkeit gilt (Bernzen 1977: 37). Wollen sie sich inhaltlich äußern »wechseln sie symbolisch ihre Rolle, indem sie entweder explizit angeben, jetzt als Ausschussmitglied zu sprechen, oder in anderer Weise deutlich auf den Rollenwechsel aufmerksam machen« (Oertzen 2006: 206).

Die Vorsitzenden haben jederzeit das Recht, das Wort zu ergreifen und können so »steuernd« in den Ablauf der Beratungen eingreifen. Sie tun dies allerdings mit unterschiedlicher Intensität. Gerade auch der Opposition angehörende Vorsitzende können ihrer Fraktion am besten dadurch dienen, dass sie Kompromissvorschläge machen, für ausreichende Beratungszeit sorgen, Prüfaufträge an die Verwaltung unterstützen und sich insgesamt als Sprecher der Ausschuss- und Parlamentsinteressen gegenüber bisweilen machtbewusst und »überlegen« auftretenden Regierungsmitgliedern und Ministerialbeamten verstehen – ihre parteipolitischen Ambitionen also im Ausschuss nicht allzu deutlich zum Ausdruck bringen.

Das Interesse an einer Akzeptanz über die Fraktionsgrenzen hinweg ist so ausgeprägt, dass sich die Ausschussvorsitzenden im Allgemeinen auch im Plenum eine gewisse Zurückhaltung auferlegen, sowohl was die Häufigkeit als auch was den Stil ihrer Redebeiträge betrifft. Es ist allerdings durchaus üblich, dass sie – wie andere Abgeordnete auch – bestimmte Arbeitsbereiche als Berichterstatter übernehmen. Darüber hinaus haben sie ein gewisses Privileg, zu ausgewählten Themen Stellung zu nehmen.

Der Diskussions- und Arbeitsstil der Ausschüsse ist im Allgemeinen fair und kollegial. Die Abgeordneten arbeiten hier in einem überschaubaren Gremium oft seit mehreren Jahren regelmäßig zusammen und führen in kleinen Gruppen Delegationsreisen durch. Dies schließt gelegentliche heftige politische Kontroversen keineswegs aus. Nach dem konzentrierten Vortrag eines Berichterstatters oder Ministerialbeamten kann im Ausschuss eine offene Diskussion (ohne Rednerliste) mit üblicherweise knappen Beiträgen geführt werden. Allerdings beteiligen sich – vor allem bei spezielleren Themen – als »Wortführer der Fraktionen« überwiegend die Obleute (bzw. Sprecher) und die zuständigen Berichterstatter sowie die anwesenden Regierungsvertreter und Ministerialbeamten.

Übergreifend informiert sind vornehmlich die Obleute – bei der CDU/CSU allerdings auch die Arbeitsgruppenvorsitzenden (Sprecher), die mit ihren Stellvertretern kooperieren und intern auch konkurrieren, bei der SPD teilweise auch die stellvertretenden Obleute. Oft treten die Arbeitsgruppenvorsitzenden der CDU/CSU bei inhaltlichen Diskussionen auch als die eigentlichen Wortführer ihrer Fraktion im Ausschuss auf (vgl. auch Oertzen 2006: 217 ff.). Auch können anwesende stellvertretende Fraktionsvorsitzende mit der Kompetenz für mehrere Aufgabengebiete die Diskussionskonstellation verändern. Voraussetzung ist, dass sich diese Führungspersonen in den Sitzungen der Fraktionsgremien, in vorbereitenden Gesprächen mit den Berichterstattern, in Obleute- und Koalitionsgesprächen und gegebenenfalls im Kontakt mit dem Ministerium einen Überblick über Entwicklung und Sachstand der einzelnen Vorhaben verschafft haben.

4.4.7 Spezialisierung: Berichterstatter und Unterausschüsse

Angesichts der Komplexität und Vielfalt der zu bewältigenden Aufgaben wurde das System von Fachausschüssen und darüber hinaus eine arbeitsteilige Gliederung der Fraktionen in Arbeitskreise und Arbeitsgruppen erforderlich. Die Expansion und

Ausdifferenzierung der Ministerialbürokratie hat dazu geführt, dass auch in den korrespondierenden Fachausschüssen und Arbeitsgruppen die Spezialisierung vorangetrieben und ein Berichterstattersystem entwickelt wurde. Dadurch sollte eine detaillierte Mitarbeit bei der Gesetzgebung und eine sachkundige Kontrolle der Exekutive ermöglicht werden.

Seit der 5. Wahlperiode ist es üblich, nicht mehr wie bisher einen, sondern zwei oder mehrere Berichterstatter zu benennen. Zumindest bei wichtigeren Vorlagen stellt jede Fraktion einen Berichterstatter (vgl. § 65 GOBT).

Mit dem Ausbau eines arbeitsteiligen, fraktionsinternen »Berichterstattersystems« hatte sich die Parlamentspraxis geändert. In den Arbeitsgruppen der großen Fraktionen werden die Arbeitsgebiete unter den (derzeit) 3 bis 16 ordentlichen Mitgliedern des jeweiligen Ausschusses aufgeteilt. Die Abgeordneten betreuen diese Sachgebiete meist über einen längeren Zeitraum. Sie übernehmen dann in der Regel für entsprechende Vorlagen die Berichterstattung in der Arbeitsgruppe, gegebenenfalls in anderen Fraktionsgremien und dann auch im Ausschuss und im Plenum. Wird im Ausschuss nur ein Berichterstatter benannt oder erfolgt die »offizielle« Benennung erst zu einem späteren Zeitpunkt, ändert dies nichts daran, dass in der Fraktion und im Ausschuss die für das Arbeitsgebiet zuständigen Abgeordneten Vorbereitungen treffen, Informationsgespräche führen und wesentlichen Anteil an der Ausschussdebatte und der Formulierung von Arbeitspapieren und Beschlussvorlagen haben. In den kleineren Fraktionen wird ähnlich verfahren, doch sind dort die fachlich zuständigen Abgeordneten für (wesentlich) größere Arbeitsgebiete zuständig, für die sie häufig auch als Sprecher nach außen fungieren (vgl. Abschn. 3.2.3).

Nach der Geschäftsordnung benennt der Vorsitzende die Berichterstatter, es sei denn, dass der Ausschuss (im Konsens oder mit Mehrheit) darüber entscheidet (§ 65 GOBT). In der Praxis erfolgt die Benennung der Berichterstatter meist in Absprache mit den Obleuten der Fraktionen und den als Berichterstatter in Frage kommenden Abgeordneten, deren Einverständnis notwendig ist.

Vor allem in arbeitsintensiven »Gesetzgebungsausschüssen« sind die Fraktionen interessiert, Beschlüsse, Kompromissformeln und akute Verfahrensprobleme in Berichterstattergesprächen vorzuklären. An ihnen wirken gegebenenfalls auch Berichterstatter mitberatender Ausschüsse mit. Diese Praxis setzt voraus, dass grundsätzlich jede Fraktion mit einem Abgeordneten vertreten ist.

Bevor sich der Ausschuss in einer ersten Beratung (Grundsatzaussprache) mit einem Vorhaben befasst, haben die Berichterstatter oft zahlreiche Gespräche mit Kollegen aus anderen Arbeitsgruppen, Mitgliedern von Parteikommissionen, Regierungsvertretern und Beamten der beteiligten Ministerien, Verbandsvertretern, Fachleuten und Betroffenen geführt. Sie haben ihren Entwurf oder ihre Stellungnahme in der Arbeitsgruppe und gegebenenfalls im (geschäftsführenden) Fraktionsvorstand und anderen Fraktionsgremien begründet, zur Diskussion gestellt und »absegnen« lassen. Je nachdem, wie sehr sich die Arbeitsgruppe (Fraktion) bereits im Einzelnen festgelegt hat, werden diese fraktionsinternen Arbeitsgespräche während der Ausschussphase fortgesetzt. Wichtige Vorhaben werden oft in Ad-hoc-Arbeitsgruppen (Projektgruppen) vorbereitet, an denen die Berichterstatter der beteiligten Arbeitsgruppen und gegebenenfalls andere fachlich interessierte Abgeordnete (eventuell auch des Koalitionspartners), sowie Fraktionsreferenten und auch Ministerialbeamte mitarbeiten.

Bereits seit der ersten Legislaturperiode setzen einige Ausschüsse bei wichtigen Vorhaben Unterausschüsse oder Arbeitsgruppen ein, und zwar – je nach Aufgabengebiet – für die gesamte Wahlperiode oder bis zum Abschluss des (Gesetzgebungs-) Vorhabens.

Erst seit 1980 ist die Einsetzung von Unterausschüssen in der Geschäftsordnung geregelt. Demnach kann jeder Ausschuss aus seiner Mitte Unterausschüsse mit bestimmten Aufträgen einsetzen, »es sei denn, dass ein Drittel seiner Mitglieder widerspricht«. Die Mitwirkungsmöglichkeit kleiner Fraktionen ist durch ein Grundmandat für jede Fraktion formell gesichert (§ 55 GOBT).

Die Fraktionen nutzen die Möglichkeit, auch Abgeordnete zu benennen, die nicht dem Ausschuss angehören. Auch können mehrere Ausschüsse einen gemeinsamen Unterausschuss bilden, – eine wichtige, der Koordinierung und Kooperation dienliche Regelung, von der aber seither kaum Gebrauch gemacht wurde (Schindler 1999: 2034 ff.; Feldkamp 2011: 903 ff.).

Manche Ausschüsse bevorzugen Arbeitsgruppen anstelle der »förmlichen« Unterausschüsse, da sich deren Zusammensetzung flexibler handhaben lässt und auch die Bindung an den vom Ältestenrat festgelegten Arbeitsplan entfällt.

Diese verschiedenen Formen spezialisierter Vorbereitung und Vorentscheidung führen sicherlich zu einer Entlastung des »Gesamtausschusses« von Detailarbeit (Sträter 1977: 35). Im günstigsten Falle wird dadurch eine stärkere Konzentration auf die politisch wichtigeren Schwerpunkte ermöglicht. Oft ist freilich eine Vorlage (Thematik) ohne genauere Sachkenntnisse nur schwer zu beurteilen. Leicht können Hinweise von Berichterstattern und Ministerialbeamten auf nicht nachprüfbare juristische Barrieren oder Vollzugsprobleme Richtungsdiskussionen den Boden entziehen – vor allem, wenn sich diese einig sind. Insbesondere abstimmungsreife Entwürfe oder jedenfalls jene Punkte, auf die sich die Berichterstatter oder der Unterausschuss geeinigt haben, sind im Ausschuss in der Regel kein Thema mehr. Den Empfehlungen der Unterausschüsse und Gruppen wird regelmäßig gefolgt.

Übersehen wird oft, dass im Bundestag die »Spezialisten« keine spezifische Kaste innerhalb der Fraktionen sind, sondern die meisten Abgeordneten ein Arbeitsgebiet kontinuierlich betreuen und als Berichterstatter, somit als Spezialisten wirken. Wenn Abgeordnete in dieser Rolle oft längere Zeit hindurch mit Ministerialbeamten und Verbandsexperten im direkten Kontakt und in kleinen Arbeitsgruppen zusammenarbeiten, bleibt es oft nicht aus, dass die »Referatsperspektive« übernommen wird und eine Blickverengung die Folge ist, wenn nicht durch andere Aufgaben für Ausgleich gesorgt wird. Dies gilt insbesondere für die großen Fraktionen. Den Vertretern der kleineren Fraktionen im Ausschuss erschwert die Verlagerung wichtiger Vorarbeiten in Unterausschüsse, Berichterstatter- und Arbeitsgruppen den Überblick, da sie bestenfalls an einem Teil dieser oft auch gleichzeitig tagenden Sitzungen und Gesprächsrunden teilnehmen können.

Die teilweise Verlagerung der Willensbildung in Subgremien der meist nicht-öffentlichen Ausschüsse und korrespondierende Vorgänge in den Fraktionen beeinträchtigen zweifellos die Transparenz des parlamentarischen Entscheidungsprozesses. Die oft beschworene Gefahr einer »Atomisierung« des Parlaments findet hier ihren sichtbaren Ausdruck. Die Transparenz leidet nicht nur aus der Sicht der Öffentlichkeit und der Gesamtfraktion, sondern auch im Verhältnis der Ausschussmitglieder zueinander.

Informiertheit und Partizipationschancen der übrigen Abgeordneten hängen jeweils davon ab, welcher Stellenwert einem Thema bei den Vorbereitungen der Arbeitsgruppen und -kreise, in Parteigremien und in den öffentlichen (Fach-)Debatten zukommt, auf die sich der einzelne Abgeordnete, sei es als Ansprechpartner von Verbänden, sei es im Wahlkreis, einzustellen hat.

4.4.8 Informationsbeschaffung und wechselseitige Einflussnahme: Die Rolle der Ministerialbürokratie im Ausschuss

In den Ausschüssen sind regelmäßig Ministerialbeamte anwesend, oft sogar erheblich mehr als Abgeordnete. Ganz überwiegend sind es in einigen Ausschüssen Beamte der Länder, vornehmlich der Landesvertretungen, die sich allerdings an den Beratungen selten beteiligen. Zu den einzelnen Tagesordnungspunkten äußern sich die fachlich zuständigen Beamten des korrespondierenden Bundesministeriums sowie anderer mit der Sache befasster Ressorts und – je nach Bedeutung und politischer Brisanz des Themas – auch Parlamentarische Staatssekretäre und Minister. Nach Art. 43 Abs. 2 GG haben die Mitglieder der Bundesregierung und des Bundesrates zu allen Ausschusssitzungen Zutritt und müssen jederzeit gehört werden. Dies gilt auch für deren Beauftragte, und dies sind in den Ausschüssen ganz überwiegend Abteilungs- und Referatsleiter.

Der Opposition im Ausschuss steht gegenüber der durch die Ministerialbürokratie argumentativ unterstützten Regierungsmehrheit kein entsprechendes Druckmittel zur Verfügung. Seinerseits kann ein Ausschuss zwar von Regierungsmitgliedern verlangen, persönlich vor dem Ausschuss zu erscheinen und Rede und Antwort zu stehen (Art. 43 Abs. 1 GG). Da die Herbeirufung einen Mehrheitsbeschluss voraussetzt, zu der Regierungsfraktionen nur ausnahmsweise bereit sind, spielt diese verfassungsrechtliche Möglichkeit in der Ausschusspraxis eine untergeordnete, allenfalls präventive Rolle. Es sollte daher in der Tat das Zitierrecht den Funktionserfordernissen des parlamentarischen Regierungssystems angepasst und als Kontrollbefugnis auch »rollenkonform« in ein Minderheitsrecht umgewandelt werden (Schneider 1989: 127).

In der Regel wird zwischen dem Ausschuss(vorsitzenden) und dem Minister(büro) ausgehandelt, wann und zu welchen Themen der Bundesminister die Politik seines Hauses persönlich vertritt. Im Allgemeinen bemühen sich die Minister um ein gutes Verhältnis zu »ihrem« Ausschuss, vor allem natürlich zur Ausschussmehrheit bzw. »ihrer« Fraktionsarbeitsgruppe, um ein günstiges Klima für die Vorlagen ihres Hauses zu schaffen; andererseits nehmen die Ausschüsse üblicherweise auf die Terminkalender der Bundesminister Rücksicht. Auf gute Beziehungen zum Ausschuss besonders angewiesen sind Minister, die in der Regierung eine Minderheitenposition vertreten, sowie Minister, die sich als Mitglieder der kleineren Koalitionspartei der Unterstützung des zuständigen Bundestagsausschusses durch kooperatives Verhalten versichern müssen.

Üblicherweise ist nicht die Präsenz der Regierungsmitglieder das Problem und auch nicht ihre grundsätzliche Bereitschaft, dem Ausschuss die Position des Ministeriums zu vermitteln und zu informieren. Recht unterschiedlich sind aber die Qualität der Informationen und die Bereitschaft, Unterlagen zur Verfügung zu stellen. Dies gilt auch für die Parlamentarischen Staatssekretäre und Ministerialbeamten.

Die oft große Zahl von Ministerialbeamten in den Ausschüssen ist weniger Ausdruck der Kontrollfähigkeit der Abgeordneten, sondern vielmehr der Dominanz der Ministerialbürokratie gegenüber »der« Politik im Prozess der Politikformulierung und -durchführung sowie der Regierungsmehrheit gegenüber der Opposition. In erster Linie dient deren Mitwirkung der Regierungsmehrheit zur parlamentarischen Absicherung ihrer Politik. Vortrag und Auskünfte der zumeist genau eingearbeiteten und fachlich oft überlegenen Ministerialbeamten sind meist recht ausführlich und detailliert, aber nicht selten auch selektiv im Interesse ihres Ressorts und hängen auch davon ab, ob diese selbst ein Interesse daran haben, den Ausschuss von der Notwendigkeit einer gesetzlichen Regelung zu überzeugen. Die Ministerialbeamten sichern ihre Position vor allem dann geschickt ab, wenn es um die Rechtfertigung von Regierungsentwürfen aus »ihrer« Abteilung bzw. »ihrem« Referat geht.

Recht häufig wird die Regierung auch gebeten bzw. »aufgefordert«, über Erfahrungen (Gesetzeswirkungen) zu informieren, wobei besonders Oppositionsabgeordnete ziemlich regelmäßig ihre Erwartung zum Ausdruck bringen, dass auch die Erfahrungen der Länder (und Kommunen) eruiert werden sollten.

Außer den zahlreichen als Parlamentsdrucksachen vorliegenden Regierungsberichten erhalten die Ausschüsse häufig direkt schriftliche und/oder mündliche Sachstandsberichte des Bundesministeriums. Die Diskussion darüber nimmt in den Ausschusssitzungen oft breiten Raum ein. Es gehört zum guten Stil, dass der Ausschussvorsitzende Informationswünsche auch von Oppositionsabgeordneten aufnimmt, die Obleute der Mehrheitsfraktionen die Forderung auch dann unterstützen,

wenn sie wenig interessiert sind, und die anwesenden Regierungsmitglieder und Beauftragten ihre grundsätzliche Auskunftsbereitschaft bekunden. Restriktiver verhalten sich die Regierungsfraktionen oft, wenn die Opposition die Regierung auffordern
möchte, einen Gesetzentwurf vorzulegen oder die Notwendigkeit einer gesetzlichen
Regelung zu prüfen, die Regierungsseite aber eine Änderung ablehnt. Als Zugeständ-
nis an die Opposition bietet sich hier wiederum die Anforderung eines Sachstands-
berichts (»Prüfauftrag«) an.

   Für die Informationsbereitschaft der Ministerialbeamten im Ausschuss gilt generell, dass zwar auf konkrete Fragen von Oppositionsabgeordneten (mehr oder weniger brauchbare) Informationen und Antworten gegeben werden, darüber hinausgehende Informationen aber jedenfalls dann oft zurückgehalten werden, wenn sie
geeignet erscheinen, regierungskritische Positionen abzustützen und unerwünschte
Alternativen zu stärken. Abgeordnete der Regierungsfraktionen sind wiederum auf
detaillierte Auskünfte im Ausschuss weit weniger angewiesen als die der Opposition,
weil sie von Regierungsvertretern und Beamten in den Arbeitsgruppen der Fraktion,
in Koalitionsgremien und auch im direkten Kontakt mit Ministerialbeamten bevorzugt Informationen und Unterlagen erhalten. Dies heißt allerdings nicht, dass Abgeordnete der Regierungsmehrheit darauf verzichten würden, detailliert und auch kritisch nachzufragen – und dies umso weniger, wenn das entsprechende Ministerium
von einer anderen Koalitionspartei geführt wird. Je »politischer« oder kontroverser Probleme sind oder erachtet werden, umso mehr wird allerdings auch die Befragung von Beamten und Regierungsvertretern vom Gegensatz »Regierungsmehrheit«
und »Opposition« bestimmt. Intensive, bohrende Nachfragen kommen dann vorwiegend von Abgeordneten der Opposition. Vertreter der Mehrheitsfraktionen nutzen stattdessen eher die Möglichkeit, sich in der Arbeitsgruppe oder im Arbeitskreis
und im direkten Kontakt mit den zuständigen Referenten einen Informationsvorsprung zu sichern und sich mit Materialien versorgen zu lassen (vgl. auch Schöne
2010: 274 ff.). Dort versuchen sie auch, möglichst frühzeitig Einfluss auf die Regierungspolitik zu nehmen.

   Recht häufig nehmen die Ausschüsse und auch die einzelnen Fraktionen im Ausschuss die Hilfe von Ministerialbeamten bei der Formulierung von Änderungsanträgen, Entschließungen und Ähnlichem in Anspruch. Diese aufgrund gesetzestechnischer und sonstiger fachlicher Erfordernisse oft erbetene »Formulierungshilfe« wird
entweder bis zur folgenden Sitzung oder auch während einer Ausschusssitzung geleistet und kann auch von Oppositionsfraktionen in Anspruch genommen werden.
Bei dieser Tätigkeit sind die Beamten zwar nicht an Weisungen ihrer Minister gebunden, doch besteht sehr wohl die Gefahr, dass sich auf dem Wege dieser Mitwirkung unbemerkt Akzentverschiebungen im Sinne der »Referatsperspektive« ergeben
(Lohmar 1975: 75 ff.). Im übrigen verpflichtet die Gemeinsame Geschäftsordnung der
Bundesministerien die Beamten, über Formulierungshilfen, »die inhaltlich von Beschlüssen der Bundesregierung abweichen oder über sie hinausgehen«, die beteilig-

ten Bundesministerien und das Bundeskanzleramt unverzüglich, also möglichst vor Zuleitung an die Ausschüsse, zu unterrichten (§ 52 Abs. 2 GGO).

Besonders problematisch ist die Praxis mancher Ausschüsse, die Berichte an das Plenum (teilweise) von Fachreferenten der Ministerien erstellen zu lassen.

Erforderlich ist eine Beratungs- und Analysekapazität der Ausschüsse und (Oppositions-)Fraktionen, die es ihnen erlaubt, die Formulierungsarbeit bis zu einem gewissen Grad selbst zu übernehmen, sie auf jeden Fall aber besser in die Lage versetzt, die vorgeschlagenen Texte sachkundig zu überprüfen. Erst seit der 1989 durchgesetzten Neuregelung kann zur Unterstützung der Ausschussmitglieder die Teilnahme eines Fraktionsmitarbeiters jeder Fraktion zu den Ausschusssitzungen zugelassen werden (§ 57 Abs. 4 GOBT), wovon auch durchweg Gebrauch gemacht wird. Inzwischen ist es üblich, dass auch mehrere Mitarbeiter jeder Fraktion teilnehmen (können).

Selbstverständlich gehen von den Debatten der Ausschüsse auch Impulse aus. Die beteiligten Regierungsvertreter und Beamten werden hier mit Zielsetzungen, Ideen und Anregungen der Opposition und nicht nur der Regierungsfraktion konfrontiert, die sie ja aus fraktionsinternen Beratungen und Kontaktgesprächen kennen (vgl. auch Sebaldt 1992a). Impulse aus der laufenden Ausschussarbeit gehen selbst dann in die Planungs- und Gesetzgebungsarbeit der Ministerien ein, wenn dies von der politischen Führung der Ministerien nicht ausdrücklich verlangt wird. Dies gilt – in meist bescheidenem Ausmaß – auch für Forderungen und Vorschläge der Opposition, vor allem dann, wenn sie sich nicht grundsätzlich, sondern eher im Detail oder in der Entschiedenheit des Anspruchs von den Optionen der Regierungsmehrheit unterscheiden. In den Gesetzentwürfen der Regierung bleibt die Aufnahme von Anregungen aus dem »anderen« Lager aber meist unerwähnt, es sei denn, dass taktische Gründe dies erfordern.

4.4.9 Arbeitsweise und Einfluss: Regierungs- und Oppositionsfraktionen im Ausschuss

Für die Oppositionsfraktionen unbefriedigend bleibt, dass ihre in den Regierungsentwurf eingearbeiteten Anregungen meist der Regierungsmehrheit und nur selten der Opposition zugerechnet werden.

Ist ein Regierungsentwurf bereits an den Ausschuss überwiesen, bleiben substantielle Anregungen und Forderungen der Opposition in der Regel selbst dann unberücksichtigt, wenn sie in den Ausschussdebatten auch bei einer oder allen Mehrheitsfraktionen auf einiges Verständnis gestoßen sind. Möglicherweise werden sie allerdings – von der Öffentlichkeit unbemerkt – bei einer späteren Novellierung berücksichtigt.

Die Chancen der mitwirkenden Einflussnahme und Kontrolle durch die Oppo-

sitionsfraktionen in den Ausschüssen sind dann sehr begrenzt, während die begleitende Kontrolle und »Mitregierung« der Mehrheitsfraktionen sehr viel stärker in
Fraktions- und Koalitionsgremien wirksam wird. Der Begriff der parlamentarischen
Mitregierung ist insofern missverständlich, als eben in der Regel nur die Koalitionsfraktionen und hier wiederum vor allem die Fraktionsspitzen gestaltenden Einfluss
auf die Politikformulierung und die Entstehung von Gesetzentwürfen auf Regierungsebene nehmen können, – es sei denn, die von den Oppositionsparteien gestellten Landesregierungen verfügen über eine Mehrheit im Bundesrat.

Auch der Entscheidungsprozess der Ausschüsse ist vornehmlich vom Gegenüber
von Regierungsmehrheit und Opposition geprägt. Dies ist trotz der regulären Nicht-
Öffentlichkeit der Ausschusssitzungen der Fall. Nach einer im Allgemeinen kollegial
geführten Debatte stimmen die Mehrheitsfraktionen in aller Regel so ab, wie es zuvor
in der Fraktion bzw. den Arbeitsgruppen oder Arbeitskreisen abgesprochen und entschieden worden ist. Dies gilt nicht nur für Gesetzentwürfe von einigem politischen
Gewicht, sondern auch für (programmatische) Anträge und andere Vorlagen (zur
Entwicklung seit den 1960er Jahren vgl. Ismayr 1992: 212 ff. m. w. N.).

4.4.10 Diskussionsstil und Abstimmungsverhalten

Die Vorstellung, die Abgeordneten könnten sich im Ausschuss »unbefangen« an die
Erörterung einer Vorlage machen, entspricht seit langem nicht (mehr) der Wirklichkeit. Am ehesten kann dies noch gelten, wenn sich ein Ausschuss im Rahmen des
Selbstbefassungsrechts kontrollierend mit Verwaltungsaktivitäten befasst. Die Fraktionen haben sich bereits im Vorfeld in den Sitzungen der Fraktions- und Koalitionsgremien weitgehend festgelegt. Allerdings können die Fraktionspositionen von
früheren Ausschussdebatten mit beeinflusst worden sein. Denn selbstverständlich
prägt die oft langjährige spezialisierte Zusammenarbeit das Urteil der Spezialisten,
die ihrerseits den Fraktionsstandpunkt mehr oder weniger stark beeinflussen. Willensbildung und Entscheidungsfindung stellen in der Regel keinen isolierten Vorgang
dar, sondern vollziehen sich oft im Kontext eines mehr oder weniger kontinuierlichen Diskussionsprozesses.

Weitere Differenzierungen sind angebracht: In den Ausschüssen sind Abstimmungsverhalten und Diskussionsverlauf oft deutlicher unterschieden als im Plenum.
In den meist kollegial und relativ offen geführten Diskussionen ist verständnisvol-
les argumentatives Eingehen auf die Positionen der anderen Seite sehr viel selbstver-
ständlicher als in Plenardebatten. Dazu trägt die oft langjährige gemeinsame Zusammenarbeit in der »Kleingruppe« und eine lebendige Diskussionen ermöglichende
Worterteilung bei (§ 59 GOBT). Auf langatmige, gar persönliche »Generalabrechnun-
gen« und polemisches Rankenwerk wird jedenfalls in den Beratungen der »Gesetzgebungsausschüsse« üblicherweise verzichtet. Gleichwohl kommt es auch in den Aus-

schüssen zumal angesichts des breiten parteipolitischen Spektrums im gegenwärtigen Fünf-Fraktionen-Parlament mitunter zu heftigen politischen Auseinandersetzungen (vgl. auch Oertzen 2006: 239 ff.).

Auch gehen einzelne Abgeordnete oder Vertreter einer Koalitionspartei (in Einzelfragen) mitunter auf Distanz zur Regierung oder gegenüber einem Koalitionspartner, was unter Umständen in kritischen Nachfragen gegenüber den anwesenden Regierungsvertretern und Beamten zum Ausdruck kommt. Vorlagen der Regierungsmehrheit stehen im Ausschuss ohnehin meist erst dann zur Beratung an, wenn im Regierungslager ein Konsens oder Kompromiss zwischen den Koalitionspartnern erreicht wurde. Sind die Mehrheitsfraktionen im Ausschuss jedoch gezwungen, zu Vorlagen der Opposition Stellung zu nehmen und kann auch in Koalitionsgesprächen keine einheitliche Linie erzielt werden, kommen die Positionsunterschiede in den Ausschussdiskussionen deutlicher zum Ausdruck. Eine relativ offene Argumentationsweise wird auch durch die gemeinsame Verbandszugehörigkeit zahlreicher Abgeordneter von Regierungs- und Oppositionsfraktionen in manchen Ausschüssen begünstigt.

Ungeachtet dessen stimmen die Abgeordneten der Mehrheitsfraktionen in den Ausschüssen in aller Regel selbst dann geschlossen im Sinne der Beschlüsse und Abmachungen der Regierung und der sie tragenden Fraktionen ab, wenn einzelne Abgeordnete oder auch die Sprecher einer Fraktion zuvor in ihren Diskussionsbeiträgen Kritik geübt haben und erkennen ließen, dass sie grundsätzlich oder in Einzelfragen den Oppositionsentwürfen zuneigten. Diese Abstimmung im »Block« wird von den Mehrheitsfraktionen nicht nur bei wichtigen politischen Entscheidungen, sondern meist auch bei relativ unbedeutenden Details und schlichten Formulierungsalternativen praktiziert, sofern sich die Berichterstatter nicht interfraktionell einigen konnten.

Ein differenzierteres Abstimmungsverhalten ist bei den Oppositionsfraktionen zu beobachten. Dies wird sicherlich dadurch begünstigt, dass sich daraus kaum Konsequenzen ergeben. Mit einem geschlossenen Abstimmungsverhalten »der Opposition« im Ausschuss kann angesichts zweier oder dreier Oppositionsfraktionen seit 1983 ohnehin nicht selbstverständlich gerechnet werden. In vielen Fällen stimmen die Oppositionsfraktionen gemeinsam – vor allem, wenn es um die Ablehnung von Regierungsentwürfen geht. Oft aber votieren sie auch unterschiedlich, vor allem dann, wenn Oppositionsfraktionen »rechts« und »links« von der Regierungskoalition angesiedelt sind, wie dies in der 14. und 16. Wahlperiode (1998–2002 und 2005–2009) der Fall war (zum Thema »(Nicht-)Öffentlichkeit der Ausschüsse« siehe Abschn. 7.2.3).

Regierungsbildung

5

Regierungsbildungen sind komplexe, variationsreiche Vorgänge, die sich mit Blick auf die Verfassung nur unzulänglich erschließen. Nach dem Grundgesetz liegt die Regierungsbildung beim Parlament. In der Praxis vollzog der Bundestag aber mit der Wahl des Bundeskanzlers insbesondere bis in die 1980er Jahre zumeist eine Entscheidung der Wähler für eine bestimmte Koalition und deren bereits vor der Wahl herausgestellten Kanzlerkandidaten.

Nach der Konstituierung des Bundestages wird in einer der ersten Sitzungen der neuen Legislaturperiode der Bundeskanzler ohne Aussprache gewählt (Art. 63 GG; § 4 GOBT). Obgleich die als wesentliches Strukturmerkmal parlamentarischer Regierungssysteme geltende Abhängigkeit der Regierung vom Vertrauen der Parlamentsmehrheit eine ausdrückliche Wahl des Regierungschefs (oder der gesamten Regierung) durch das Parlament als konsequent erscheinen lässt, ist diese nur in wenigen europäischen Verfassungen verankert. In Westeuropa geht nur in Irland, Spanien und Finnland die Wahl des Regierungschefs durch die erste Kammer des Parlaments der Ernennung der Regierung durch das Staatsoberhaupt voraus und auch in Osteuropa wurde eine entsprechende Regelung nur in drei Ländern eingeführt (Ungarn, Bulgarien, Slowenien). Häufiger zu finden ist die der Ernennung durch das Staatsoberhaupt folgende Vertrauensabstimmung oder – so insbesondere in parlamentarischen Monarchien – die Legitimationsform des negativen Parlamentarismus (Ismayr 2009b: 20 ff.; Ismayr 2010b: 29 f.). Bei der Wahl oder Vertrauensabstimmung geht es allerdings im Unterschied zu Deutschland in den meisten Ländern auch um eine Vertrauensabstimmung für das zuvor präsentierte Regierungsprogramm.

Im Unterschied zur sonst üblichen Praxis findet die Wahl des deutschen Bundeskanzlers ohne parlamentarische Aussprache (Art. 63 Abs. 1 GG) und – nach § 4 der GOBT – geheim statt, was wiederholt Gegenstand politikwissenschaftlicher Kontroversen war, in der politischen Praxis hingegen kaum umstritten ist (vgl. Steffani 1991).

Dem Bundespräsidenten kommt im internationalen Vergleich nach der Verfassung und erst Recht in der politischen Praxis nur eine schwache Rolle bei der Regierungsbildung zu (zum europäischen Vergleich Ismayr 2009b: 20 ff.; Ismayr 2010b: 29 ff.). Er schlägt nur für den ersten Wahlgang einen Kandidaten vor, während die Wahl des Bundeskanzlers in einer zweiten und dritten Wahlphase am Bundespräsidenten vorbei erfolgen kann. Ausdruck der Stabilität des deutschen Regierungs- und Parteiensystems ist es, dass alle nach Art. 63 GG gewählten Bundeskanzler bereits im ersten Wahlgang die erforderliche absolute Mehrheit der Mitglieder des Bundestages erhielten (Schindler 1999: 1019 ff.; Feldkamp 2011: 502 ff.). Die Bundespräsidenten haben – wie dies erwartet werden darf – jeweils den Kandidaten vorgeschlagen, der sich aufgrund des Wahlergebnisses bzw. der Koalitionsvereinbarungen auf eine Mehrheit stützen konnte. Bei erkennbaren Mehrheitskonstellationen ist dies ein bloß formaler Akt (Schneider 2001a: Art. 63 Abs. 1 GG, Rz. 4). Dem mit einem »moralischen Auftrag des Wählers« begründeten Anspruch des Kandidaten der stärksten Fraktion (CDU/CSU 1969, 1976, 1980), auch ohne mehrheitssichernde Koalitionsabsprache zum Kanzler vorgeschlagen zu werden, haben sich die Bundespräsidenten im Interesse handlungsfähiger Regierungen mit Recht versagt.

Größere Bedeutung könnte das Vorschlagsrecht des Bundespräsidenten allerdings bei einer weiteren Ausdifferenzierung des Mehrparteiensystems erlangen. Allerdings ist der Bundestag nach Ablehnung des Präsidenten-Vorschlags frei, über Kandidaten abzustimmen, die von einer mindestens ein Viertel der Mitglieder des Bundestages umfassenden Fraktion oder einer entsprechenden Zahl von Abgeordneten vorgeschlagen wurden (§ 4 GOBT). Wird auch in einer zweiten Wahlphase von 14 Tagen kein Bundeskanzler gewählt, findet unverzüglich ein neuer Wahlgang statt, in dem gewählt ist, wer die meisten Stimmen erhält (Art. 63 Abs. 4 GG). Wie für alle anderen Wahlgänge gilt auch hier, dass der Bundespräsident einen mit absoluter Mehrheit gewählten Kandidaten ernennen muss (Art. 63 Abs. 1 GG). Erreicht der Gewählte nur die relative Mehrheit, hat der Bundespräsident ihn entweder binnen sieben Tagen zu ernennen oder den Bundestag aufzulösen (Art. 63 Abs. 4). Diese Situation ist bisher noch nicht eingetreten.

Regelmäßig wurden Koalitionsregierungen angestrebt, während in einigen anderen europäischen Ländern (insbesondere den skandinavischen) durchaus übliche Minderheitsregierungen in der Bundesrepublik Deutschland nur in kurzen Übergangsphasen auftraten (vgl. auch Strohmeier 2009; Ismayr 2009b: 32; Ismayr 2010b: 38). Zu Minderheitsregierungen kam es für kurze Zeit nach dem Ausscheiden der FDP aus der Koalition mit der CDU/CSU (1966) und der SPD (1982) sowie dem Abbröckeln der sozialliberalen Regierungsmehrheit 1972 durch den Fraktions- und Parteiwechsel mehrerer Abgeordneter (»Patt-Situation«; Lange/Richter 1973: 38 ff.). Nach Mehrparteienkoalitionen in den beiden ersten Wahlperioden war nach dem durch Wahlrechtsänderungen und den von Konrad Adenauer taktisch geschickt geförderten (Schwarz 1989: 20 f.) Zerfall kleinerer Parteien und der Entwicklung eines bipolaren Koalitionssystems von drei bzw. vier Parteien die Kleine Koalition der »Normalfall« (Mintzel 1989: 13). Da lange Zeit neben den beiden Großparteien SPD

Tabelle 5.1 Bundesregierungen seit 1949

Bundeskanzler	Partei	Amtszeit	Regierungskoalition[a]	parlamentarische Mehrheit		Zahl der Bundesminister	Zahl der Psts[b]
				Mandate	%		
Konrad Adenauer	CDU	1949–1953	Bundestagswahl	CDU/CSU; FDP; DP	212	51,7	13	
Konrad Adenauer	CDU	1953–1957	Bundestagswahl	CDU/CSU; FDP; DP; GB/BHE	345	67,8	18	
Konrad Adenauer	CDU	1957–1961	Bundestagswahl	CDU/CSU; DP	295	56,8	17	
Konrad Adenauer	CDU	1961–1963	Bundestagswahl	CDU/CSU; FDP	318	61,0	20	
Ludwig Erhard	CDU	1963–1965	Kanzlerwechsel					
Ludwig Erhard	CDU	1965–1966	Bundestagswahl	CDU/CSU; FDP	301	58,1	21	
Kurt Georg Kiesinger	CDU	1966–1969	Koalitionswechsel	CDU/CSU; SPD	468	90,3	20	7
Willy Brandt	SPD	1969–1972	Bundestagswahl	SPD; FDP	268	51,7	15	15
Willy Brandt	SPD	1972–1974	Bundestagswahl	SPD; FDP	284	54,8	17	19
Helmut Schmidt	SPD	1974–1976	Kanzlerwechsel				15	20
Helmut Schmidt	SPD	1976–1980	Bundestagswahl	SPD; FDP	264	51,0	15	20
Helmut Schmidt	SPD	1980–1982	Bundestagswahl	SPD; FDP	282	54,3	16	20
Helmut Kohl	CDU	1982–1983	konstruktives Misstrauensvotum	CDU/CSU; FDP	291	56,1	16	24
Helmut Kohl	CDU	1983–1987	Bundestagswahl	CDU/CSU; FDP	290	55,8	16	25
Helmut Kohl	CDU	1987–1990	Bundestagswahl	CDU/CSU; FDP	282	54,3	18	27
Helmut Kohl	CDU	1990–1994	Bundestagswahl	CDU/CSU; FDP	398	60,1	19	33
Helmut Kohl	CDU	1994–1998	Bundestagswahl	CDU/CSU; FDP	341	50,7	17	27
Gerhard Schröder	SPD	1998–2002	Bundestagswahl	SPD; B'90/GRÜNE	345	51,6	15	24
Gerhard Schröder	SPD	2002–2005	Bundestagswahl	SPD; B'90/GRÜNE	306	50,7	13	27
Angela Merkel	CDU	2005–2009	Bundestagswahl	CDU/CSU; SPD	448	72,9	15	30
Angela Merkel	CDU	2009–	Bundestagswahl	CDU/CSU; FDP	332	53,4	15	30

a   jeweils Beginn der Wahlperiode und nach Kanzlerwechsel
b   Parlamentarische Staatssekretäre (einschl. »Staatsminister«)

Quelle: Schindler 1999: 1019ff., 1112f.; Feldkamp 2011: 503f., 513f.; eigene Berechnung.

und CDU/CSU nur noch die FDP als weitere (kleine) Partei im Bundestag vertreten war und die seit 1983 im Parlament präsente Partei Die Grünen zunächst als nicht koalitionsfähig galt, hing die Koalitionsbildung primär vom Verhalten der »ewigen Regierungspartei« FDP ab. Die absolute Mehrheit einer Partei wurde nur einmal erreicht (CDU/CSU unter Adenauer, 1957) und ist auch in absehbarer Zukunft unwahrscheinlich. Gering ist die Neigung zur Bildung einer Großen Koalition, müssen die großen Parteien doch damit rechnen, dass Mitglieder und Wähler zu kleineren (ggf. extremen) Parteien abwandern oder außerparlamentarisch opponieren. So gab die nur unter heftigen internen Auseinandersetzungen zustande gekommene erste Große Koalition (1966–69) der rechtsradikalen NPD Auftrieb, die mit 4,3 % der Wählerstimmen 1969 vom Einzug in den Bundestag nicht weit entfernt war (Knorr 1975: 77 ff.). Bei der auf die zweite Große Koalition von CDU/CSU und SPD (2005–2009) folgenden Bundestagswahl verzeichneten die kleineren Bundestagsparteien FDP, Bündnis 90/Die Grünen und Die Linke einen erheblichen Stimmenzuwachs während insbesondere die SPD, die nicht den Kanzler stellen konnte, erhebliche Einbußen hinnehmen musste (vgl. Tabelle 5.1; zur Regierungsbilanz der Großen Koalition Egle/Zohlnhöfer 2010 und Bukow/Seemann 2010).

Zumeist standen die Regierungsbündnisse und künftigen Bundeskanzler aufgrund fester Koalitionsaussagen vor der Wahl und der herausragenden Rolle des Kanzlerkandidaten im Wahlkampf fest (vgl. Schüttemeyer 1998: 113 ff.; Niclauß 1988). Allerdings hatten sich seit 1983 nur CDU, CSU und FDP jeweils vor der Bundestagswahl auf eine Koalition festgelegt, während die SPD eine formelle Festlegung auf ein Regierungsbündnis mit den GRÜNEN vermied. Für die von 2005 bis 2009 regierende Große Koalition aus CDU/CSU und SPD hatte sich vor der Wahl keine Partei ausgesprochen.

Mehrheitsbildungen erst nach der Wahl aufgrund von Koalitionsverhandlungen waren lange Zeit die Ausnahme (1949, 1961, 1969), könnten jedoch – wie schon die Erfahrungen 1998 und 2005 zeigen – angesichts der jüngsten Entwicklung zu einem Fünfparteiensystem mit der möglichen Alternative von Dreierkoalitionen oder Großen Koalitionen in Zukunft häufiger auftreten oder gar die Regel werden. In den meisten EU-Staaten ist dies schon traditionelle Praxis (Ismayr 2009a; Ismayr 2010a). Die Koalitionsentscheidungen nach den Bundestagswahlen 1949, 1969 und 1998 brachten wichtige Weichenstellungen: die (knappe) Wahlentscheidung für Konrad Adenauer, den als Bewährungsprobe der parlamentarischen Demokratie eingeschätzten »Machtwechsel« 1969 (Schneider 1969) und den erneuten »Machtwechsel« 1998 (mit der erstmaligen Beteiligung von Bündnis 90/Die Grünen an der Bundesregierung). Nachdem die FDP 1969 den Wahlkampf ohne (klare) Koalitionsaussage geführt hatte, signalisierte der Vorsitzende Walter Scheel wenige Tage vor der Wahl auch öffentlich, dass er einer Koalition mit der SPD den Vorzug geben würde, ohne sich allerdings auf Voten der Fraktion und der zuständigen Parteigremien stützen zu können (Baring 1982: 148 ff.). Aufgrund des (überraschend) klaren Wahlergebnisses am 27. September 1998 stimmte der Parteivorstand der SPD bereits am Tag nach der Bundestagswahl für die Aufnahme von Koalitionsverhandlungen mit Bündnis 90/ Die Grünen, die bereits vor der Wahl ihr Interesse an einem Regierungsbündnis mit der SPD deutlich bekundet hatten (FAZ vom 29.9.1998; Bergmann 1999).

Zu einer Ablösung des bisherigen Bundeskanzlers kam es nur dreimal infolge von Bundestagswahlen (Kurt Georg Kiesinger 1969; Helmut Kohl 1998, Gerhard Schröder 2005). Ansonsten geschah dies im Verlauf einer Legislaturperiode nach der Aufkündigung des Regierungsbündnisses durch einen Koalitionspartner mit der Folge eines konstruktiven Misstrauensvotums (Helmut Schmidt 1982) und/oder aufgrund des Drucks aus der eigenen Partei (Konrad Adenauer 1963, Ludwig Erhard 1966, Willy Brandt 1974). Dabei spielten Verluste bei Landtags- und auch Kommunalwahlen und die Befürchtung weiterer (durch schlechte Ergebnisse bei Meinungsumfragen signalisierter) Einbrüche in der Wählergunst eine erhebliche Rolle. Zum ersten und bisher einzigen Mal führten die Wähler mit ihrer Wahlentscheidung im Oktober 1998 einen vollständigen Machtwechsel herbei (Feist/Hoffmann 1999) mit der Konsequenz, dass alle bisherigen Regierungsparteien in die Opposition wechselten. Dies hat auch Auswirkungen hinsichtlich des (unterschiedlichen) Kontrollverhaltens der Bundestagsfraktionen, soweit es um Regierungshandeln früherer Bundesregierungen geht.

5.1 Koalitionsverhandlungen über das Regierungsprogramm

Auch wenn aufgrund öffentlicher Festlegung der Parteien vor der Wahl die Koalitionspartner und der zukünftige Bundeskanzler feststehen, gehen der formellen Regierungsbildung regelmäßig mehr oder weniger eingehende Koalitionsverhandlungen voraus, die mit Koalitionsvereinbarungen abgeschlossen werden. Interne Koalitionsabsprachen waren bereits seit der ersten Regierungsbildung (1949) üblich. Erstmals 1961 kam es unter spektakulären Umständen zu einem förmlichen Koalitionsabkommen zwischen CDU/CSU und FDP, das (in einer nicht-autorisierten Fassung) in der Presse veröffentlicht wurde (Wengst 1985: 11 f.; Schindler 1999: 1167). Seit 1969 bilden förmliche Koalitionsvereinbarungen die Grundlage der Regierungspolitik für die gesamte Legislaturperiode (Kropp/Sturm 1998: 88 ff.).

Dauer, Intensität und Stil der Verhandlungen und der Detaillierungsgrad der Vereinbarungen sind je nach politischer Konstellation und gesellschaftlichen Rahmenbedingungen unterschiedlich; doch haben sich gleichwohl einige charakteristische Merkmale der Koalitionsverhandlungen herausgebildet. Die Koalitionsverhandlungen dauerten seit den 1970er Jahren in der Regel etwa drei bis vier Wochen. Lange zogen sich mit über zwei Monaten die Verhandlungen 1976 (SPD, FDP) und 2005 (Große Koalition) hin, wobei es im zweiten Fall in wochenlangen Sondierungen zunächst um die Koalitionskonstellation und die Person des Bundeskanzlers ging. Die gesamte Dauer der Regierungsbildung vom Tag der Bundestagswahl bis zur Vereidigung des Kabinetts umfasste seither 26 bis 47 Tage und lag nur in der 16. Wahlperiode mit 65 Tagen deutlich darüber (Schindler 1999: 1141 f.; Feldkamp 2011: 544).

Üblich ist, dass sich die Koalitionsparteien offiziell vornehmen, zunächst über das Sachprogramm und danach erst über Personalentscheidungen zu verhandeln. Sind die Unionsparteien an der Regierungsbildung beteiligt, gehen den eigentlichen Koalitionsgesprächen Verhandlungen der Delegationen von CDU und CSU voraus, die dazu dienen, eine gemeinsame Verhandlungslinie für die Gesprächsrunden mit dem weiteren potentiellen Koalitionspartner zu erarbeiten. Bei den Koalitionsverhandlungen 2009 konnten sich die Spitzen der Unionsparteien in allen wichtigen Fragen rasch einigen (Süddeutsche Zeitung vom 5. 10. 2009). In den 1980er und 1990er Jahren ergaben sich hingegen mehrtägige, konfliktreiche Verhandlungen von CDU und CSU, begleitet vom »Nachwahlritual« gegenseitiger Schuldzuweisungen. Nach den Wahlen 1983 und 1987 verliefen sie spannungsreicher als die nachfolgenden Koalitionsverhandlungen unter Beteiligung der FDP. Bei der Regierungsbildung 1987 gingen die Delegationen von CDU und CSU ohne gemeinsame Zielvorstellungen in wesentlichen Sachfragen in die Verhandlungen mit der FDP. Ungeachtet der Bildung einer Fraktionsgemeinschaft zeigen der Verlauf der Regierungsbildung wie auch der regelmäßigen Koalitionsgespräche, dass sich die CSU als eigenständiger Koalitionspartner versteht.

Der Großen Runde der Koalitionsverhandlungen gehören üblicherweise (öfter in Personalunion) die Spitzen der Partei, der Fraktion und der bisherigen oder künftigen Regierung an: Kanzler(kandidat), Parteivorsitzende, (stellvertretende) Fraktionsvorsitzende, Generalsekretäre der Parteien, führende Minister und/oder stellvertretende Parteivorsitzende, Erste Parlamentarische Geschäftsführer, gegebenenfalls der Landesgruppenchef der CSU und manchmal auch Ministerpräsidenten sowie Landesminister (vgl. z. B. Sandschneider 1987: 204 f.; Thaysen 2006a: 475; Saalfeld 2010: 188 f.). Sie sind somit ähnlich zusammengesetzt wie der im Verlauf der Wahlperiode regelmäßig tagende Koalitionsausschuss. Mehrere Kommissionsmitglieder vertreten Doppelfunktionen, z. B. (stellvertretende) Parteivorsitzender und Regierungsmitglied oder stellvertretender Fraktionsvorsitzender; auch die Interessengruppierungen oder Fraktionsflügel der Parteien werden durch Spitzenpolitiker mitvertreten. Die Koalitionsverhandlungen 1998 wurden auf Seiten der SPD – nicht unumstritten – vom Parteipräsidium (verstärkt durch den nordrhein-westfälischen Ministerpräsidenten Wolfgang Clement) geführt, während Bündnis 90/Die Grünen durch eine zwölfköpfige Verhandlungskommmission aus Repräsentanten von Partei und Fraktion vertreten wurde, die der Länderrat der Partei einstimmig bestätigt hatte (FAZ vom 5. 10. 1998; Bergmann 1999: 317). Der großen Verhandlungsrunde der zweiten rot-grünen Koalition (2002) gehörten 14 Spitzenpolitiker an, während die großen Verhandlungskommissionen der Großen Koalition (2005) 30 Mitglieder (15 SPD, 11 CDU, 4 CSU) und jene der Koalition von 2009 27 Mitglieder umfasste, wobei CDU,

CSU und FDP jeweils mit neun Mitgliedern vertreten waren (Süddeutsche Zeitung, 30. 9. 2002; Thaysen 2006a: 476; Saalfeld 2010: 188 ff.). Angesichts der Größe dieser Verhandlungsdelegation treffen sich besonders in konfliktreichen Phasen vorab die Parteivorsitzenden oder eine kleinere Runde von Spitzenpolitikern.

Zu den einzelnen Sachthemen werden als »Experten« weitere führende Politiker der Regierungsparteien herangezogen. Zur detaillierten Vorberatung in den einzelnen Politikfeldern werden üblicherweise kleinere Arbeitsgruppen gebildet, denen neben Mitgliedern der großen Verhandlungsrunde weitere Experten (Fachminister, stellvertretende Fraktionsvorsitzende, Vorsitzende von Arbeitsgruppen oder Arbeitskreisen der Bundestagsfraktion) angehören. Ausdifferenzierung und Intensität dieser Vorberatungen waren in den einzelnen Koalitionsverhandlungen unterschiedlich (vgl. Sandschneider 1987: 206 und Heinrich 1995: 195), doch gilt die Vorberatung in zahlreichen Facharbeitsgruppen inzwischen als unverzichtbar. So wurden 2005 16 Arbeitsgruppen mit je zwölf Mitgliedern und 2009 zehn Arbeitsgruppen mit je 11 bis 18 Mitgliedern eingerichtet. Sie wurden jeweils von zwei Ko-Vorsitzenden geleitet und waren paritätisch besetzt (Thaysen 2006a; Saalfeld 2010: 188 ff.). Koordiniert wurden sie jeweils von einer zentralen Steuerungsgruppe. Den Treffen der Facharbeitsgruppen gehen wiederum parteiinterne Vorberatungen und Absprachen voraus.

Generalisierende Aussagen über Rückkoppelungsprozesse zwischen den Koalitionsdelegationen und den Partei- und Fraktionsgremien sowie den Einfluss von Interessen- und Parteigruppierungen sind nur unter Vorbehalt möglich. Zu unterschiedlich sind jeweils der Verlauf der Koalitionsgespräche und der Informationsgehalt der Presseberichterstattung. Einige Anhaltspunkte gibt es immerhin. Üblich ist, dass nach ersten Kontakten und Verhaltensabsprachen der Parteivorsitzenden zunächst die Spitzengremien der Parteien (Präsidium, Vorstand) tagen, um nach einer Wahlanalyse die Richtlinien für die Koalitionsverhandlungen zu diskutieren und festzulegen. Auch im Verlauf der Koalitionsgespräche wird in den Spitzengremien der Partei und Fraktion über den Stand der Verhandlungen informiert und beraten, während ungeachtet der Beteiligung zahlreicher führender Politiker und Fraktionsexperten mit Bundestagsmandat die Rückbindung zur Fraktion bei mehreren Koalitionsverhandlungen als unzureichend kritisiert wurde (z. B. Sandschneider 1987; Bermbach 1981).

Nach Abschluss der Koalitionsberatungen beschließen Präsidien, Vorstände und Bundestagsfraktionen der beteiligten Parteien über die Koalitionsvereinbarung, die damit das Gewicht eines Vertrages gewinnt und seit 2002 auch als Koalitionsvertrag bezeichnet wird. Als Druckmittel wirkt die Terminplanung. Wiederholt erst kurz vor der Kanzlerwahl mit dem Koalitionspapier konfrontiert, sahen sich Fraktionen und Parteivorstände zur »Ratifikation« der Ergebnisse veranlasst. Dies geschah schon mit Rücksicht auf die öffentliche Wirkung auch dann meist nahezu einstimmig, wenn erhebliche Kritik geäußert wurde und Vorbehalte bestehen blieben. Seit Ende der 1990er Jahre zeichnet sich eine bessere Rückbindung zur Parteibasis ab. Denn im Unterschied zur früheren Praxis liegt seit 1998 die Letztentscheidung über die Koalitionsvereinbarung bei Parteitagen (Süddeutsche Zeitung vom 26. 10. 1998), wobei sich die CDU mit dem sog. Kleinen Parteitag (Bundesausschuss) begnügte (Süddeutsche Zeitung, 27. 10. 2009). Ungeachtet deutlicher Kritik auf manchen dieser Parteitage erfolgte die Zustimmung auch hier jeweils mit großer Mehrheit oder fast einstimmig.

Bereits vor Beginn der (eigentlichen) Koalitionsverhandlungen, aber auch begleitend dazu, versuchen (führende) Politiker durch öffentliche Äußerungen für ihre Partei oder die von ihnen unterstützte Parteigruppierung, Positionen zu fixieren und um Unterstützung für ihre Interessen zu werben. Parteiflügel und Vereinigungen wie auch Interessenverbände suchen teils über ihre Vertreter in der Verhandlungskommission und in den Parteigremien, teils durch öffentliche Resolutionen und Presseerklärungen Einfluss zu nehmen. Je geringer der interne Einfluss, umso mehr sehen sich Gruppierungen darauf verwiesen, durch Mobilisierungsaktionen um Verständnis zu werben und Druck auszuüben.

Unter den Beteiligten bestehen – je nach Interessenlage – recht unterschiedliche Vorstellungen darüber, wie umfassend eine Koalitionsvereinbarung formuliert werden soll. Üblich ist ein Nebeneinander von einigermaßen detailliert geplanten Maßnahmen und mehr oder weniger allgemein gehaltenen Absichtserklärungen und Prüfungsvorbehalten, wobei die meisten Politikfelder – in allerdings recht unterschiedlicher Gewichtung – angesprochen werden. Das »Mischungsverhältnis« variiert: Es hängt u. a. von prinzipiellen Positionsunterschieden (wie z. B. zwischen CSU und FDP in der Rechtspolitik, SPD und FDP in der Wirtschaftspolitik), Gewichtsverschiebungen aufgrund des Wahlergebnisses, öffentlichen Reaktionen, personellen Konstellationen und Profilierungsinteressen ab und auch davon, ob die Verhandlungen – gegebenenfalls aufgrund bevorstehender Landtagswahlen – unter Termindruck geraten. Angesichts vielfältiger Einflussfaktoren unterliegen die Verhandlungen einer gewissen »Eigendynamik«. So waren die Koalitionsvereinbarungen der letzten Regierung »Schmidt/Genscher« recht detailfreudig, entgegen der erklärten Absicht des Bundeskanzlers (Bermbach 1981: 79). Während der CSU-Vorsitzende und auch der FDP-Generalsekretär nach der Bundestagswahl 1987 verlangt hatten, die Politik der nächsten vier Jahre »genau festzuschreiben«, um »unterschiedliche Deutungen und Ansprüche vermeiden zu können« (F. J. Strauß), fielen die Koalitionsvereinbarungen – und entsprechend auch die Regierungserklärung – nur in wenigen Punkten konkret aus (Sandschneider 1987: 211 ff.). Ähnlich wie 1983 bestanden sie überwiegend aus einer Vielzahl meist vager »Absichtserklärungen, Auftragserteilungen, und Kommissionseinsetzungen (…), bei denen allenfalls gewisse Eckdaten vorgegeben sind« (Süddeutsche Zeitung vom 9. 3. 1987). Dies gilt tendenziell auch für die Koalitionsvereinbarungen seit der deutschen Vereinigung, wobei deren Umfang ständig zugenommen hat (Vorbeck 1991: 384; Heinrich 1995: 201 f.; Bergmann 1999: 318, 323; Thaysen 2006b: 598 ff.; Saalfeld 2010: 197 ff.). So ist der Koalitionsvertrag von 2009 mit 132 Seiten und 41 000 Wörtern mehr als dreimal so umfangreich wie jener der ersten rot-grünen Koalition (1998), während der Koalitionsvertrag von 2005 unter den besonderen Bedingungen der Großen Koalition mit Anhängen sogar etwa 60 000 Wörter umfasste (Saalfeld 2010: 197; Stüwe 2006: 549; Saalfeld 2000: 56). Dilatorische Formelkompromisse und Paketlösungen prägen auch diese umfangreichen Koalitionsverträge, die das Ergebnis harter Koalitionsverhandlungen waren (Thaysen 2006b: 598 ff.; Saalfeld 2010: 197 ff.). Schon unmittelbar nach Abschluss des Koalitionsvertrags brachen 2009 die Auseinandersetzungen darüber aus, wie der Text zu interpretieren sei.

Koalitionsvereinbarungen sind zwar formell nur eine Angelegenheit der beteiligten Parteien. Angesichts regelmäßiger Berichterstattung und auch Kommentierung in den Massenmedien sind die Koalitionsverhandlungen aber weniger denn je ein bloß interner Vorgang.

5.2 Erklärungen zum Regierungsprogramm

Offiziell stellt die neue Regierung der Öffentlichkeit ihr Gesamtprogramm freilich erst mit der Regierungserklärung des Bundeskanzlers vor – nach Neuwahlen in einer der ersten Sitzungen des Bundestages (Schindler 1999: 1174 ff.; Feldkamp 2011: 574 ff.). Ihrer Bedeutung gemäß werden diese Antrittsreden auch als »Große Regierungserklärungen« bezeichnet (Korte 2002a; Stüwe 2002; vgl. auch Abschn. 7.10). Sie gelten als öffentlichkeitswirksame und zugleich nach innen koordinierende Instrumentarien des Regierungshandelns und werden zutreffend als »Standortbestimmung, Entscheidungspaket, Führungsinstrument (und) Zeitgeist-Quelle« charakterisiert (Korte 2002b: 457).

Die Entstehung der großen Regierungserklärungen ist ein komplexer Vorgang. So liefern die Bundesministerien »bis zu einem vereinbarten Stichtag ihre zum Teil fertig ausformulierten Textbeiträge, manchmal Auflistungen von Vorhaben, zum Teil auch nur Informationssammlungen als Hintergrundbeilage« und zumeist war das Team der Redenschreiber im Kanzleramt durch externe Berater verstärkt (Korte 2002b: 460 f.). Vor allem aber gilt, dass die Erklärungen zum Regierungsprogramm sich wesentlich auf die Koalitionsvereinbarungen stützen und über die darin festgesetzten Ziele und Vorhaben kaum hinausgehen. Angesichts des stark angewachsenen Umfangs von Koalitionsvereinbarungen fallen die entsprechenden Passagen oft sogar weniger detailliert aus. Darüber hinaus enthalten Regierungserklärungen aber auch grundsätzliche Aussagen über Politikverständnis und Wertorientierungen, über Neuorientierung und Kontinuität der Politik oder auch eine Abrechnung mit der Politik früherer Bundesregierungen nach einem »Machtwechsel« (z. B. PlPr 15/4, S. 55, 61; PlPr 16/4, S. 78, 91). Über die bloße Ankündigung von Initiativen und Prüfvorhaben hinaus werden (meist in wenigen Sätzen) auch zugrundeliegende Problemlagen angesprochen. Schon fast zum Ritual gehört der Appell an den Leistungswillen und die

Ermutigung von Bürgerengagement und Eigeninitiative (z. B. PlPr 15/4, S. 55). Gegebenenfalls werden über das Koalitionspapier hinaus auch jene Politik- und Problem-
felder mit ein paar Sätzen bedacht, die in den Koalitionsverhandlungen keine Rolle
spielten. Dies gilt vor allem für die Zeit, als Koalitionsvereinbarungen noch weniger
umfangreich ausfielen. Folge der schon traditionellen Bemühungen, kein Ressort und
keine relevanten Interessen unbeachtet zu lassen, ist der wachsende Umfang von Regierungserklärungen und ein schon zur Zeit Konrad Adenauers beklagtes additives
Nebeneinander von Teilpolitiken (Böhret 1983b: 52 ff.).

Die große Regierungserklärung »entwickelte sich zwischen den Polen der Ge-
samtschau und der Behandlung einzelner materieller Politiken« (Beyme 1979: 21).
Wesentlich kommt es auf die Verknüpfung von Leitgedanken und einzelnen Gestal-
tungsfeldern sowie Problembereichen und die Benennung von Prioritäten an (Böhret
1983b: 49, 51). Diesen »idealen« Erwartungen können Regierungserklärungen aufgrund der Komplexität der Politik und ihrer Entstehungsbedingungen kaum entsprechen, mag die regelmäßig harsche Kritik der Oppositionsfraktionen mitunter auch
übertrieben sein. Von Opposition und Öffentlichkeit werden regelmäßig konzeptionelle Dürftigkeit und mangelnde Prioritätensetzung, das »unorganische Anein-
anderreihen« von Absichtserklärungen und Einzelaussagen, abstrakte Formulierungen und »Leerformeln« und der Mangel an konkreten Lösungsvorschlägen beklagt
(Beyme 1979: 21). So kritisierte der SPD-Fraktionsvorsitzende Hans-Jochen Vogel
an der Regierungserklärung Bundeskanzler Helmut Kohls von 1987, dass vieles ver-
schwommen bleibe, keine Orientierung sichtbar werde und nicht zu erkennen sei, auf
welchem »Gesamtprogramm« sie eigentlich beruhe (PlPr 11/4, S. 78 ff.). Der Vorsitzende der CDU/CSU-Bundestagsfraktion Wolfgang Schäuble bezeichnete wiederum
die große Regierungserklärung Bundeskanzler Gerhard Schröders von 1998 als »An-
sammlung von Überschriften und Absichtserklärungen« (PlPr 14/3, S. 68). Hingegen hielt sich der SPD-Fraktionsvorsitzende Frank-Walter Steinmeier 2009 gar nicht
mit der Regierungserklärung von Bundeskanzlerin Angela Merkel auf, sondern kritisierte ähnlich wie der Fraktionsvorsitzende von Bündnis 90/Die Grünen Jürgen
Trittin den zugrunde liegenden, umfangeichen Koalitionsvertrag mit seinen zahlreichen Prüfaufträgen als »einziges Dokument der Vertagung, der Verunsicherung«
(PlPr 17/3/10. 11. 2009, S. 40, 53). Dieser Koalitionsvertrag stand im Mittelpunkt der
parlamentarischen Auseinandersetzung.

5.3   Personalentscheidungen

Der Bundestag kann weder bei der Bestellung noch bei der Entlassung der (gleichwohl parlamentarisch verantwortlichen) Minister rechtsverbindlich mitwirken. Nach
Art. 64 Abs. 1 GG liegt die Auswahl der Bundesminister beim Bundeskanzler, der sie
dem Bundespräsidenten zur Ernennung und Entlassung vorschlägt. Der Bundesprä-

sident ist bei Erfüllung der gesetzlichen Voraussetzungen verpflichtet, entsprechend dem Vorschlag des Kanzlers zu handeln. Das schließt nicht aus, dass er gegen eine Ministerernennung und -entlassung – auch öffentlich – politische Bedenken äußert und den Bundeskanzler zur Überprüfung seiner Personalvorschläge zu veranlassen sucht. Wollte man indes dem Bundespräsidenten ein eigenes politisches Ermessen zugestehen, so wäre die »Entscheidung über die Zusammensetzung des Kabinetts zumindest partiell der parlamentarischen Kritik und Kontrolle entzogen« (Schneider 2001a: Art. 64 Abs. 1 GG, Rz. 4). Die Ernennung und auch Entlassung der Parlamentarischen Staatssekretäre schlägt der Kanzler dem Bundespräsidenten im Einvernehmen (!) mit den Bundesministern vor, für die sie tätig werden sollen (§§ 2, 4 ParlStG).

In der Praxis ist der Bundeskanzler in seinem Handlungsspielraum (zumal als Chef einer Koalitionsregierung) bei Personalentscheidungen deutlich eingeschränkt. Politisch ist er »an die Zustimmung der ihn tragenden Kräfte gebunden, die ihn einmal zum Bundeskanzler zu wählen, und zum zweiten im Amt zu halten haben, und die so seine Regierungsfähigkeit parlamentarisch absichern« (Brausewetter 1976: 15). In die Verhandlungen der Koalitionsparteien über Personalfragen werden auch die Stellen der Parlamentarischen Staatssekretäre einbezogen, mitunter sogar herausragende Parlamentsämter (Präsidium).

Schon fast zum Ritual verfestigt hat sich die Vereinbarung der Parteiführer, gleich nach der Wahl zunächst über das Sachprogramm und danach erst über Struktur und personelle Zusammensetzung des Kabinetts zu beraten. Vollständig durchzuhalten ist dies aber nach bisherigen Erfahrungen kaum, zumal Sachfragen oft mit Personal- und Strukturfragen verbunden sind. So begleitete 1972 der Anspruch Helmut Schmidts auf ein »Superministerium« für Wirtschaft und Finanzen die Sachverhandlungen (Lange/Richter 1973: 67), in den Jahren 1983 und 1987 die Frage, ob der CSU-Vorsitzende Franz-Josef Strauß ins Bundeskabinett eintreten werde (Sandschneider 1987: 207) und 1998 die Rolle Oskar Lafontaines und die Vertretung von Frauen im Kabinett (Bergmann 1999: 319 ff.). Bereits unmittelbar nach den Wahlen 1972 wie auch 1987 und 1990 hatte ein führender Politiker der FDP einen weiteren Ministerposten für seine Partei gefordert; das schließliche Ergebnis entsprach diesen Erwartungen. Die rot-grünen Koalitionsverhandlungen 2002 über das Sachprogramm waren alsbald von Auseinandersetzungen über den Zuschnitt der Ministerien und den Unmut der GRÜNEN über die frühzeitige Festlegung des amtierenden Bundeskanzlers Gerhard Schröder auf ein von Wolfgang Clement geführtes »Superministerium« für Wirtschaft und Arbeit begleitet (Süddeutsche Zeitung, 11.10.2002). Die in der Regel harten und schwierigen Verhandlungen über Kabinettsposten und Kompetenzverteilung wurden bei den meisten Regierungsbildungen – soweit bekannt – »offiziell« erst in den letzten Tagen vor der Kanzlerwahl (oder sogar danach) geführt. Dies liegt im Interesse des Kanzlers und der Koalitionsspitze, die verhindern wollen, dass die Kabinettsliste öffentlich »zerredet« wird und sich innerparteilicher Widerstand formieren kann. Bei der Regierungsbildung 1994 erfolgte nach Vorgesprächen

über die Struktur des Kabinetts die Bekanntgabe der Kabinettsliste sogar erst einen
Tag nach der Wahl des Bundeskanzlers. Angesichts der knappen Mehrheit von nur
zehn Stimmen sollte so verhindert werden, dass »einzelne Abgeordnete aus Unmut
über Ressortverteilungen oder persönliche Kränkungen Helmut Kohl ihre Stimme
verweigerten« (Heinrich 1995: 196). Hingegen wurde seit 1998 die Zusammensetzung
der Bundesregierung sogar auf Parteitagen der Koalitionsparteien bestätigt. Eine Besonderheit stellen die Verhandlungen zur Bildung der Großen Koalition 2005 dar.
Hier ging die Vereinbarung der Koalitionspartner über die Verteilung der Kabinettsposten sowie den Zuschnitt der Ministerien und die personelle Zusammensetzung
der Regierung dem formellen Beginn der Verhandlungen über das Sachprogramm
voraus, die erst einen Monat nach der konstituierenden Sitzung des neuen Bundestages abgeschlossen waren (Süddeutsche Zeitung, 18.10.2005). Die bisherige Bundesregierung blieb bis zur Neuwahl des Bundeskanzlers geschäftsführend im Amt.

Die Personalgespräche werden – zum Teil bilateral – zwischen Kanzler(kandidat),
Parteivorsitzenden und anderen Spitzenpolitikern (Fraktionsvorsitzenden) sowie in
der Großen Verhandlungsrunde geführt. Der entscheidende Verhandlungsschritt
zwischen den (künftigen) Koalitionspartnern ist die Festlegung der den Parteien zustehenden Regierungsämter und der Ressortkompetenzen. Die Entscheidung über
die Besetzung der Stellen wird (weitgehend) der jeweiligen Partei überlassen.

Da bei den Regierungsbildungen von 1982 bis 1994 sowie 2009 CSU und FDP zusammen je etwa die Hälfte der Minister stellten (1990: 9, 1994: 7, 2009: 8), konnte der
(designierte) Bundeskanzler und CDU-Vorsitzende nur bei der Besetzung von 7 bis
10 Ministerposten entscheidend mitwirken. Stärker war insoweit 1998 und 2002 die
Position Gerhard Schröders, da sich Bündnis 90/Die Grünen jeweils mit drei Ressorts begnügen mussten. Aber auch bei der Auswahl der Bundesminister und Parlamentarischen Staatssekretäre der eigenen Partei muss der Kanzler(kandidat) auf eine
angemessene Vertretung der Parteiflügel, Interessengruppierungen (Parteivereinigungen, Arbeitsgemeinschaften) und – insbesondere bei der CDU – der regionalen
Gliederungen (Landesgruppen) und Konfessionen achten. Mehr als bisher wurden
seit 1998 die Interessen der Frauen(vereinigungen) bei der Kabinettsbildung berücksichtigt. Der designierte Bundeskanzler sieht sich mit Ansprüchen führender und
verdienter Spitzenpolitiker seiner Partei und Fraktion (Partei- und Fraktionsvorsitzende und deren Stellvertreter, Ausschuss- und Arbeitsgruppenvorsitzende) auf ein
Regierungsamt konfrontiert, die er um so weniger ignorieren kann, je stärker deren
Hausmacht und Ansehen in der Partei und Fraktion ist. Er wird seinerseits interessiert sein, potentielle Konkurrenten in die Kabinettsdisziplin einzubinden.

Dass die Persönlichkeit des Kanzlers gleichwohl prägenden Einfluss auf die Zusammensetzung des Kabinetts haben kann, zeigt der Vergleich des sozialdemokratischen Teils der Kabinette Brandts und Schmidts: Willy Brandt band die verschiedenen Strömungen innerhalb der Fraktion in die Regierungsarbeit ein und holte
profilierte und auch eigenwillige Persönlichkeiten in sein Kabinett (Jäger 1988: 23, 26).

Hingegen war Helmut Schmidt, gestützt vornehmlich auf »Kanalarbeiter« und Ge-
werkschafter in seiner Fraktion, darauf bedacht, ein homogenes Kabinett pragmatisch orientierter, effizienter und anpassungsfähiger Zuarbeiter zu schaffen (Jäger/
Link 1985: 10 f.). Insgesamt war der Spielraum der sozialdemokratischen Kanzler
bei der Zusammensetzung des Kabinetts etwas größer als bei christdemokratischen
Kanzlern (von Adenauer vielleicht abgesehen), da sie es nur mit einem Koalitionspartner zu tun hatten und weniger auf die proportionale Vertretung der Regionen
und Interessengruppierungen Rücksicht nehmen mussten als CDU-Kanzler.

Bedeutsam kann für die Regierungsarbeit sein, ob der Kanzler gleichzeitig Parteivorsitzender ist und ob die Vorsitzenden der (anderen) Koalitionsparteien dem
Kabinett angehören oder über den Koalitionsausschuss und »von außen« Einfluss
nehmen. Alle Bundeskanzler außer Helmut Schmidt waren auch Parteivorsitzende.
Ludwig Erhard übernahm den Vorsitz allerdings erst wenige Monate vor dem Ende
seiner Kanzlerschaft (Haungs 1989: 29 f.). Willy Brandt blieb nach seinem Rücktritt
als Bundeskanzler Parteivorsitzender und hielt seinem Nachfolger »den Rücken frei«.
Für Schmidt war dies insofern von Vorteil, als parteiinterne Kontroversen »nicht un-
mittelbar – wie in der Regierungszeit Brandts – der mangelnden Führungskraft des
Kanzlers angelastet wurden« (Jäger/Linck 1985: 14); doch erleichterte es dem Bundeskanzler auch, zunehmend auf Distanz zur eigenen Partei zu gehen – mit der Folge der
Entfremdung von Teilen seiner Partei. Helmut Kohl sah sich seinerseits immer wieder
dem Vorwurf ausgesetzt, in seiner Doppelfunktion die spezifischen Interessen seiner
Partei gegenüber den Koalitionsparteien nicht angemessen zur Geltung zu bringen.
In diesem Zusammenhang wurde ihm vor 1990 auch der Verzicht auf den Parteivorsitz nahegelegt (vgl. Süddeutsche Zeitung vom 23./24.3. 1989). Ähnlichen Vorwürfen parteiinterner Kritiker sieht sich auch Bundeskanzlerin Angela Merkel ausgesetzt.
Mit Oskar Lafontaine war bis zu dessen Rücktritt von allen Ämtern schon fünf Monate nach der Regierungsbildung erstmals der Vorsitzende einer großen Partei als
Bundesminister in die Regierung eingebunden. Bundeskanzler Gerhard Schröder
übernahm nun mit einer gewissen Zwangsläufigkeit auch den Parteivorsitz, den er
unter innerparteilichem Druck noch vor dem Ende seiner Amtszeit als Regierungschef an Franz Müntefering abgab (vgl. Feldkamp 2011: 538 ff.).

Die Vorsitzenden der Koalitionspartei FDP waren zumeist im Kabinett vertreten, die der CSU nur in 15 der insgesamt 43 Regierungsjahre (Stand: 2011; Schindler
1999: 1160 f.; Feldkamp 2011: 555 f.). Die Anforderungen an die Koordinations- und
Durchsetzungsfähigkeit des Bundeskanzlers steigen, wenn (wie vom Oktober 1988
bis April 1989) die Vorsitzenden der beiden kleineren Koalitionsparteien dem Kabinett nicht angehören und so bessere Möglichkeiten haben, ihre Eigenständigkeit zu
demonstrieren.

Zu Bundesministern werden meist Berufspolitiker (mit langjähriger Erfahrung)
bestellt, die zudem in der Regel dem Bundestag angehören. Von den insgesamt
45 Bundesministern, die zur Zeit ihrer Berufung nicht dem Bundestag angehörten,

waren einige bereits zuvor Bundestagsabgeordnete (11) oder/und in anderen führenden politischen Positionen (Landespolitik) tätig. 24 Bundesminister bewarben sich später erstmals erfolgreich um ein Mandat – fast eine Selbstverständlichkeit (Stand: 2011; Schindler 1999: 1147 ff.; Feldkamp 2011: 548 ff.). Die Berufung parteiloser (!) Fachleute ist seltene Ausnahme (zuletzt: Werner Müller in der 14. WP). Eine wachsende Bevorzugung von politikbereichsspezifisch ausgebildeten Fachleuten ist nicht erkennbar. Der Anteil der Volljuristen im Kabinett war in den meisten Wahlperioden hoch. Er betrug in sechs der zehn Wahlperioden seit 1980 47 % bzw. 50 % und lag nur in der ersten rot-grünen Bundesregierung mit 19 % deutlich darunter (12. und 16. WP ca. ein Drittel; 15. WP: 43 %) (Schindler 1999: 1154; Feldkamp 2011: 553).

Auch die Stellen der Parlamentarischen Staatssekretäre und der »Staatsminister« (so die Bezeichnung im Außenministerium und zumeist auch im Kanzleramt) werden in die Koalitionsverhandlungen einbezogen. Durch das britische Beispiel angeregt, wurden 1967 die gesetzlichen Voraussetzungen geschaffen, um den Bundesministern Parlamentarische Staatssekretäre an die Seite zu stellen. Sie müssen Mitglieder des Bundestages sein, wobei Ende 1998 – zugunsten des als Staatsminister für Angelegenheiten der Kultur und der Medien ernannten Michael Naumann – für Parlamentarische Staatssekretäre im Bundeskanzleramt eine nicht unumstrittene Ausnahmeregelung geschaffen wurde (§ 1 Abs. 1 ParlStG).

Faktisch gehören die Parlamentarischen Staatssekretäre der Regierung an, verfassungsrechtlich gesehen allerdings nicht (vgl. Art. 62 GG). An die Einführung Parlamentarischer Staatssekretäre wurde vor allem die Erwartung geknüpft, sie sollten die Mitglieder der Bundesregierung in deren politischer Leitungsfunktion unterstützen, laufend Verbindungen zu den parlamentarischen Gremien pflegen und die Minister bei repräsentativen Aufgaben entlasten. Zudem sollte das Amt eine Art »Ministerschule« darstellen (Laufer 1969; Hefty 2005: 34 ff.). Nach einer 1999 durchgeführten Befragung sehen sich die Parlamentarischen Staatssekretäre »mehrheitlich als Regierungsvertreter (und nicht als Parlamentarier) und tendenziell als Ministergehilfen (teilweise aber auch als eigenständige Exekutivvertreter)« (Groß/Bohnefeld 2010: 249; vgl. Tabelle 5.2). Ihre Wirkungsmöglichkeiten innerhalb der Ministerien sind unterschiedlich und hängen u. a. vom Vertrauensverhältnis zum Ressortchef und davon ab, welche Aufgabenbereiche ihnen übertragen werden (§ 14a GOBReg). Nur in wenigen Ministerien haben sie innerministerielle Zuständigkeiten gewinnen können (Rudzio 2011: 266). Auch ist die Vertretung des Ministers als Leiter einer obersten Bundesbehörde Sache des beamteten Staatssekretärs. Der Schwerpunkt ihrer Arbeit liegt im parlamentarischen Bereich: Sie vertreten ihre Minister regelmäßig in den Fragestunden und häufig in den Bundestagsausschüssen sowie in den Arbeitsgruppen und -kreisen der Koalitionsfraktionen, verstehen sich dabei aber vornehmlich als Regierungsvertreter. Allerdings üben sie insbesondere in den genannten Gremien auch eine wichtige Vermittlungsfunktion aus (vgl. Groß/Bohnefeld 2010: 242 ff.; Bohnefeld 2007).

Tabelle 5.2   Selbstwahrnehmung von Parlamentarischen Staatssekretären 1999

Rolle	Tendenz zu	neutral	Tendenz zu	Rolle
Regierungsvertreter	66,7 %	25,0 %	8,3 %	Parlamentarier
Gehilfe des Ministers	58,3 %	16,7 %	25,0 %	Eigenständiger Exekutivpolitiker
Spezialist	33,3 %	33,3 %	33,3 %	Generalist
Parteipolitiker	25,0 %	41,7 %	33,3 %	Ressortvertreter

Anm.: Selbstverortung auf dem Polaritätenprofil (fünfstufige Skala); N= 12
Quelle: Hermann Groß nach: Groß/Bohnefeld 2010: 249.

Bei der Regierungsbildung 1969 (Brandt/Scheel) wurde erstmals jedem Bundesminister ein Parlamentarischer Staatssekretär beigegeben, am Ende der SPD/FDP-Koalition waren es 20. Seit den 1980er Jahren übersteigt ihre Zahl die der Bundesminister erheblich (vgl. Tabelle 5.1). Die Stellenvermehrungen wurden von der jeweiligen Opposition kritisch kommentiert. Aufgrund des engen Spielraums bei der Auswahl der Minister (zumal bei Fortsetzung eines Regierungsbündnisses) besteht unter dem Druck der Konkurrenten um ein Regierungsamt bei Kanzler und Koalitionsspitze die Neigung, die Zahl der Parlamentarischen Staatssekretäre zu erhöhen. Dies stärkt die Patronagemacht des Bundeskanzlers – auch wenn bei der Ernennung und Entlassung rechtlich das »Einvernehmen« mit dem Bundesminister erforderlich ist. So hatte Helmut Kohl für den CDU-Teil des Kabinetts phasenweise das letzte Wort bei der Personalentscheidung. Da sich die Parlamentarischen Staatssekretäre vornehmlich als Regierungsvertreter verstehen, ist ein beachtlicher Anteil der Regierungsfraktionen in die Regierungsdisziplin eingebunden (2009: 13,8 %; vgl. Tabelle 5.1). Die Führungsfähigkeit gegenüber den eigenen Fraktionen wird dadurch erhöht, auch wenn »britische Verhältnisse« fern liegen (Sturm 2009: 274 f.). Durch die parteipolitisch oft inhomogene Besetzung der politischen Spitze der Ministerien entstehen bemerkenswerte wechselseitige Kontrollmöglichkeiten zwischen den Koalitionsparteien, aber auch eine verstärkte Einbindung in die Verantwortung der Ressortpolitik: Nur in 5 der 17 Ressorts sowie im Bundeskanzleramt gehörten 1994 die Parlamentarischen Staatssekretäre und Staatsminister alle der Partei des jeweiligen Bundesministers an. In der ersten rot-grünen Bundesregierung (1998–2002) sowie der Großen Koalition (2005–2009) wurde diese Praxis gezielt eingeschränkt, spielt(e) aber in der 15. und 17. wieder eine gewisse Rolle. Derzeit gehört in 6 der 15 Bundesministerien zumindest ein Parlamentarischer Staatssekretär einer anderen Partei an als der Minister, wobei CDU und CSU als eigenständige Koalitionspartner gelten (Stand: 2010; Schindler 1999: 1063 ff.; Feldkamp 2011: 515).

Die Funktion als »Minister-Schule« hat die Institution des Parlamentarischen Staatssekretärs zunächst in beachtlichem Maße erfüllt. Von 20 Bundesministern in den Jahren 1972 bis 1980 waren 13 (65 %) zuvor Parlamentarische Staatssekretäre.

Nach dem Regierungswechsel 1982 blieb der Aufstieg Parlamentarischer Staatssekretäre in das Amt eines Bundesministers hingegen die Ausnahme. Nur fünf Parlamentarische Staatssekretäre wurden seither zu Bundesministern befördert (Schindler
1999: 1115 f.; Feldkamp 2011: 536).

Die Gesamtfraktionen der großen Regierungsparteien werden über die Personalentscheidungen (meist unter Termindruck) informiert, aber nicht wirklich beteiligt.
Des Öfteren wurde Kritik in Fraktionssitzungen über mangelnde Transparenz des
Auswahlprozesses und zu geringe Möglichkeiten geübt, durch Personaldebatten korrigierend Einfluss nehmen zu können.

5.4   Konstruktives Misstrauensvotum, Vertrauensfrage und Bundestagsauflösung

Der Bundestag kann im Verlauf der Wahlperiode einen Kanzler- und Regierungswechsel nur dadurch herbeizuführen, dass er mit absoluter Mehrheit einen neuen
Bundeskanzler wählt (»Konstruktives Misstrauensvotum«, Art. 67 GG). Mit dem Verzicht auf die Verankerung eines nur »destruktiven« Misstrauensvotums im Grundgesetz (mit der Möglichkeit der bloßen Abwahl eines Bundeskanzlers) wollte der Parlamentarische Rat für stabilere Regierungsverhältnisse sorgen als in der Weimarer
Republik (vgl. auch Abschn. 7.4). Tatsächlich beruht die politische Stabilität aber nicht
auf Art. 67 GG, sondern auf der Entwicklung des Parteiensystems und der politischen
Kultur. Nach deutschem Vorbild wurde ein konstruktives Misstrauensvotum in den
Verfassungen zweier westeuropäischer Länder (Spanien 1978, Belgien 1994) und – seit
den 1990er Jahren – mehrerer osteuropäischer Staaten (Ungarn, Slowenien, Albanien;
Polen) eingeführt. Wie in Deutschland bezieht es sich mit Ausnahme Polens formell
jeweils auf den Regierungschef, mit dem im Falle eines Erfolges aber die gesamte
Regierung aus dem Amt scheidet (Ismayr 2009b: 24; Ismayr 2010b: 32). Ein verfassungsrechtlicher »Exportschlager« wurde diese innovative Regelung allerdings nicht –
auch nicht in den besonders auf Stabilität angelegten osteuropäischen Verfassungen.

Das Verfahren des konstruktiven Misstrauensvotums schließt zwar den Sturz
einer Regierung durch eine parlamentarische Mehrheit aus, die ihrerseits nicht bereit
oder in der Lage ist, eine Regierung zu etablieren und zu stützen. Doch kann die Bestimmung des Art. 67 GG (jedenfalls längerfristig) nicht verhindern, dass eine Minderheitsregierung »zur politischen Machtlosigkeit« verurteilt ist (Rausch 1981: 280).
Mit Recht verweist Konrad Hesse darauf, dass sich die Lage einer Minderheitsregierung unter der Geltung des Art. 67 GG »nur der Form, nicht der Sache nach« von
einer gestürzten Regierung unterscheidet, die ihre Geschäfte bis zum Zustandekommen einer neuen Regierung weiterführt. Das konstruktive Misstrauensvotum kann
auf die Bildung »positiver« Mehrheiten hinwirken. Es kann aber politische Krisen-
lagen weder aufhalten noch beseitigen, möglicherweise sogar dazu beitragen, ihre

Lösung zu verschleppen oder zu erschweren (Hesse 1995: 267; vgl. Brandt 1981). Ein Bundeskanzler, der die Unterstützung seiner eigenen Partei oder führender Parteieliten verloren hat, wird es letztlich nicht auf ein formelles Misstrauensvotum ankommen lassen, sondern von sich aus zurücktreten (Ludwig Erhard 1966; Willy Brandt 1974) oder versuchen, Neuwahlen herbeizuführen. Kommt nach dem Zerbrechen einer Koalition ein neues, mehrheitsfähiges Regierungsbündnis zustande, ist ein »destruktives« Misstrauensvotum mit anschließender Kanzlerwahl ebenso wirksam wie ein »konstruktives« Verfahren. Kommt es zu keiner Mehrheitsbildung und auch zu keiner tragfähigen Tolerierungsvereinbarung, sind »Neuwahlen noch immer der beste verfassungsrechtliche Notbehelf« (Hesse 1995: 267).

Zwei »konstruktive Misstrauensvoten« wurden bisher eingeleitet: Nach ihrem knapp gescheiterten Versuch vom 27. April 1972, durch ein konstruktives Misstrauensvotum die Regierung Brandt/Scheel mit Hilfe von Fraktionswechslern zu stürzen (Müller 1972: 275 ff.; Baring 1982: 416 ff.), gelang es der Union zusammen mit dem größeren Teil der FDP-Fraktion nach dem Ausscheiden der FDP aus der Koalition mit der SPD (17. 9. 1982), durch die Wahl Helmut Kohls zum Bundeskanzler die sozialdemokratische Minderheitsregierung Schmidt abzulösen und einen (erneuten) Machtwechsel herbeizuführen (Bohnsack 1983: 5 ff.). Angesichts der klaren Festlegung der FDP vor der Bundestagswahl 1980 und in den Koalitionsvereinbarungen auf eine SPD/FDP-Koalition mit Helmut Schmidt als Bundeskanzler hätte nach dem Verständnis des überwiegenden Teils der Bevölkerung einem Koalitionswechsel ohne alsbaldige Neuwahlen die demokratische Legitimation gefehlt.

Bei einer klaren Aussage für eine bestimmte Koalition (und deren Kanzlerkandidaten) im Wahlkampf hat das Wählervotum »den Charakter einer auch den Bundestag politisch bindenden Entscheidung«. Durch den Bundestag, so Winfried Steffani, »kann während der anschließenden Wahlperiode nur solange vergleichsweise problemlos entschieden werden, wie der Bundestag dabei innerhalb der Wählergrundentscheidung bleibt« (Steffani 1982: 575). Auch die Parteien waren sich über die Notwendigkeit von Neuwahlen weitgehend einig, doch war aus grundsätzlichen und taktischen Erwägungen zunächst heftig umstritten, ob ein Wählervotum dem Koalitionswechsel vorausgehen oder ob – wie dies in den Koalitionsgesprächen zwischen CDU, CSU und FDP vereinbart wurde – erst eine neue Regierung etabliert werden sollte, die sich nach der Erledigung der unmittelbar anstehenden Aufgaben als »handlungsfähige Regierung zur Wahl stellen« sollte (Bohnsack 1983: 26). Entscheidend war wohl das Interesse am »Kanzlerbonus«. Zur Kritik an dem gewählten Verfahren, erst auf Führungsebene zu entscheiden und »dann auf der Grundlage einer neuen Machtwirklichkeit die Wähler zu aktivieren« (Süß 1986: 51), kam die Kritik am Stil der FDP-Führung hinzu, die es abgelehnt hatte, die Entscheidung für einen Koalitionswechsel vom Votum eines FDP-Sonderparteitags abhängig zu machen (Bohnsack 1983: 31).

Die Vertrauensfrage stellten Bundeskanzler nur zweimal mit der Absicht, die Un-

terstützung durch die Koalitionsfraktionen zu sichern. Obwohl ihm alle Koalitionsabgeordneten am 5. Februar 1982 das Vertrauen aussprachen, konnte Bundeskanzler Helmut Schmidt mit diesem Verfahren den Zerfall des Regierungsbündnisses
nicht mehr aufhalten. Mit Gerhard Schröder verband im November 2001 erstmals
ein deutscher Bundeskanzler eine parlamentarische Entscheidung mit der Vertrauensfrage (PlPr 14/202). Zwar stand die für die Beteiligung deutscher Streitkräfte am
Anti-Terror-Einsatz Enduring Freedom erforderliche Zustimmung des Bundestages
angesichts des grundsätzlichen Einverständnisses der Oppositionsfraktionen CDU/
CSU und FDP nicht in Frage. Bundeskanzler Schröder wollte jedoch – ohne zwingen-
den Grund – eine »eigene« Mehrheit erreichen und setzte durch dieses spektakuläre
Verfahren jene Abgeordneten der Koalitionsfraktionen erfolgreich unter Druck, die
einen Bundeswehreinsatz ablehnen wollten (Harnisch 2006: 314 ff.; Ismayr 2007: 180).

Im Unterschied zu den meisten anderen parlamentarischen Systemen Westeuropas ist nach dem deutschen Grundgesetz die Parlamentsauflösung im Interesse der
Regierungsstabilität sehr erschwert. Die Auflösung des Bundestages kann durch den
Bundespräsidenten erfolgen, wenn nach der Konstituierung eines neuen Bundestages
oder dem Rücktritt einer Regierung kein neuer Bundeskanzler mit absoluter Mehrheit (!) gewählt wird (Art. 63 Abs. 4 GG). Im Verlauf einer Wahlperiode ist sie nur
möglich, wenn der Bundeskanzler die Vertrauensfrage stellt und bei der Abstimmung
darüber nicht die Zustimmung der Mehrheit der Mitglieder des Bundestages erhält,
wobei auch hier die Entscheidung beim Bundespräsidenten liegt (Art. 68 GG). Es ist
somit ein Zusammenwirken von Regierungschef, Staatsoberhaupt und Parlamentsmehrheit erforderlich.

Immerhin wurden dreimal Neuwahlen auf dem Wege der Vertrauensfrage herbeigeführt. Erstmals geschah dies im Konsens der Bundestagsparteien angesichts
der »Patt-Situation« 1972 (Blischke 1973: 65 ff.), sodann wenige Wochen nach der
Wahl Helmut Kohls zum Bundeskanzler durch ein konstruktives Misstrauensvotum
(17. 12. 1982). Unionsparteien und FDP hatten das Angebot abgelehnt, über eine Vertrauensfrage Bundeskanzler Schmidts die Auflösung des Bundestages in die Wege
zu leiten (PlPr 9/115, S. 7972 ff.), versuchten dann aber ihrerseits – mit Erfolg – über
eine Abstimmung nach Art. 68 GG zu einem von der neuen Koalition vereinbarten
und in der Regierungserklärung Kohls zugesicherten Termin (6. 3. 1983) zu Neuwahlen zu gelangen. Die parlamentarische Mehrheit der Koalition, die wenige Wochen
zuvor Helmut Kohl zum Bundeskanzler gewählt und tags zuvor den Bundeshaushalt
verabschiedet hatte, musste bekennen, dass sie Helmut Kohl kein Vertrauen (mehr)
schenke, um anschließend mit ihm als Kanzlerkandidaten in den Wahlkampf zu ziehen (Schindler 1988: 359 f.) – ein verfassungsrechtlich problematisches und heftig
umstrittenes Verfahren, das verfassungspolitisch allerdings als legitim galt.

Verfassungsjuristen und auch die (grundsätzlich aber ebenfalls an Neuwahlen interessierte) SPD-Opposition hatten auf die Gefahr verwiesen, dass durch dieses Verfahren ein Präzedenzfall geschaffen und es der Regierung(smehrheit) künftig

erleichtert werden könnte, einen für sie günstigen Neuwahltermin zu nutzen, möglicherweise mit dem Ziel, einzelne Abgeordnete, Gruppen und Fraktionen aus dem Bundestag auszuschließen (Schneider 2001a: Art. 68 GG, Rz. 7). Eine derart motivierte Anwendung des Art. 68 GG wollte auch das Bundesverfassungsgericht in seinem Urteil als verfassungswidrig ausschließen. Als Indiz gegen einen Formenmissbrauch des Art. 68 GG sah es allerdings die »Einmütigkeit der im Bundestag vertretenen Parteien« an, zu Neuwahlen zu gelangen (BVerfGE 62, 1, 42 ff.).

Stark umstritten war auch die von Bundeskanzler Gerhard Schröder angestrebte und von Bundespräsident Horst Köhler im Juli 2005 beschlossene Auflösung des Bundestages wie auch die Begründung des Bundesverfassungsgerichts, das die Klagen von zwei Abgeordneten in seinem Urteil vom 25. August 2005 zurückwies (2 BvE 4/05; vgl. z. B. Edinger 2006). Immerhin wurde die bisherige Auffassung bestätigt, wonach die jeweilige Regierung(smehrheit) nicht frei über einen ihr günstig erscheinenden Wahltermin entscheiden können soll, wie dies in einer Reihe westeuropäischer Staaten der Fall ist (BVerfGE 62, 1, 42 ff.; Ismayr 2009b: 25 f.).

Um Verfassungskontroversen zu vermeiden, wurde – bisher allerdings ohne Erfolg – wiederholt das Recht des Bundestages auf Selbstauflösung vorgeschlagen, wobei im Interesse der Opposition mit guten Gründen ein Beschlussquorum von mindestens zwei Dritteln seiner Mitglieder gefordert wird (zum europäischen Vergleich Ismayr 2009a: 27; Ismayr 2010a: 34). Ein entsprechender bereits in den 1970er Jahren von der Enquete-Kommission Verfassungsreform eingebrachter Vorschlag wurde auch von der 1991 eingesetzten »Gemeinsamen Verfassungskommission von Bundestag und Bundesrat« aufgegriffen, ist jedoch nach deutlicher Kritik des damaligen Bundespräsidenten Richard von Weizsäcker wider Erwarten gescheitert (Schlussbericht 1976: 104; Batt 2003: 242 ff.). Bei ihrem Vorschlag hatte schon die Enquete-Kommission Verfassungsreform Wert darauf gelegt, die Minderheitsrechte zu sichern und dem Bundeskanzler und auch der Regierung(smehrheit) insgesamt keine »weitere politische Prämie auf den legalen Machtbesitz« zu gewähren (Schlussbericht 1976: 104 ff.).

Gesetzgebung

6

6.1 Gesetzesfunktionen und Staatstätigkeit

6.1.1 Rechtsstaatlichkeit und Wandel der Gesetzesfunktionen

Gesetze sind das dominante Steuerungs- und Gestaltungsmittel des demokratischen Rechts- und Sozialstaats, wobei das Rechtsstaatsprinzip in der Verfassung der Bundesrepublik Deutschland besonders ausgeprägt ist. Nach dem Grundgesetz verbindet sich das rechtsstaatliche Postulat der Gesetzmäßigkeit des Regierungs- und Verwaltungshandelns (Art. 20 GG) mit dem demokratischen Anspruch nach gesetzlicher Normierung (vgl. Schuppert 1998). Regierung und Verwaltung sollen in ihren Handlungen wesentlich an Gesetze gebunden sein, die durch Beschluss der Volksvertretung und unter deren maßgeblicher Mitwirkung zustande gekommen sind. Auch der Einsatz von Finanzmitteln etwa in Form von Transferleistungen oder als Anreizinstrument bedarf üblicherweise einer gesetzlichen Grundlage. Allerdings wird das Recht häufig in Kombination mit anderen Steuerungsformen wie Informationsvermittlung und Kooperation genutzt (Benz 2001: 203 ff., 235 ff.; Mayntz 1983; Scharpf 1993a: 57 ff.). Wird versucht, politische Ziele unter Vermeidung einer gesetzlichen Regelung durch Kooperation mit nicht-staatlichen Akteuren zu erreichen, geschieht dies gleichwohl »im Schatten der Hierarchie« (Scharpf 1993a: 67 f.; Scharpf 2000: 197 ff.; Mayntz 2004: 72) und somit der grundsätzlichen Möglichkeit, legislative Regelungen durchzusetzen.

Unter Gesetz versteht man jeden Akt des Gesetzgebers, der im verfassungsmäßig vorgeschriebenen Gesetzgebungsverfahren und in der Form des Gesetzes zustande gekommen ist. Dieser nur scheinbar formelle Begriff lässt sich nicht aufspalten (vgl. z. B. Hesse 1995: 196; Badura 2003: 537; Schulze-Fielitz/Gößwein 1997: 18). Angesichts der Bindung des Gesetzgebers an die Verfassungsprinzipien (Grundrechte, Staatszielbestimmungen) ist dieser Gesetzesbegriff nicht nur formell (Starck 1970: 175). Die Letztentscheidung liegt beim Parlament, in den deutschen Bundesländern (wie in

vielen EU-Staaten) unter bestimmten Voraussetzungen auch beim Volk. Eine konsti-
tutionellem Verfassungsdenken entsprungene traditionelle Unterscheidung von »Gesetz im formellen« und im »materiellen« Sinne ist mit der demokratischen Ordnung
des Grundgesetzes unvereinbar – eine Erkenntnis, die sich in der Staatsrechtslehre
allerdings noch nicht überall durchgesetzt hat. Zum einen ist das Parlament in parlamentarischen Demokratien in bevorzugter Weise demokratisch legitimiert und verantwortlich. Zudem zeichnet sich das (verfassungs)rechtlich geregelte parlamentarische Gesetzgebungsverfahren gegenüber exekutiver Rechtsetzung dadurch aus, dass
es sich um ein (jedenfalls teilweise) transparentes, mehrstufiges Verfahren handelt,
an dem auch die parlamentarische Opposition beteiligt ist (zum europäischen Vergleich Ismayr 2008c: 12 ff.).

Ein selbständiges Verordnungsrecht der Regierung sieht die Verfassung nicht vor.
Nach Art. 80 Abs. 1 GG können die Bundesregierung, ein Bundesminister oder die
Landesregierung durch Gesetz ermächtigt werden, Rechtsverordnungen zu erlassen, doch bedarf es dazu jeweils eines Gesetzes, in dem Inhalt, Zweck und Ausmaß
der erteilten Ermächtigung festgelegt werden. Damit ist der Primat des Parlaments
im Gesetzgebungsverfahren jedenfalls verfassungsrechtlich gesichert (vgl. hierzu
Abschn. 6.6). Das Bundesverfassungsgericht betont in seiner ständigen Rechtssprechung, dass der Gesetzgeber alle wesentlichen Entscheidungen selbst zu treffen und
zu verantworten hat (»Wesentlichkeitstheorie«; vgl. z. B. BVerfGE 40, 237, 249). Auch
in fast allen anderen EU-Staaten kann die Regierung nur dann durch Verordnungen Recht setzend wirken, wenn sie dazu ausdrücklich oder zumindest implizit ermächtigt wurde, jedoch ist die Formulierung des Grundgesetzes besonders deutlich
(Ismayr 2008c: 12 f.).

Die Gesetzesfunktionen wie auch der Gesetzgebungsprozess sind einem bedeutenden Wandel unterworfen, der insbesondere durch die Entstehung eines Mehrebe-
nensystems mit einer immer größeren Bedeutung der europäischen Ebene bedingt
ist (vgl. Kohler-Koch/Conzelmann/Knodt 2004: 169 ff.; Wessels 2009). Die Entwicklung der Gesetzproduktion und generell der Prozess der »Verrechtlichung« in den
Staaten Europas ist zum einen durch den Anspruch der Rechtsstaatlichkeit, zum anderen durch die Ausweitung und Verdichtung der Staatstätigkeit im Zuge der fortschreitenden Technisierung und Industrialisierung seit dem 18. Jahrhundert bedingt.
Unter »Verrechtlichung« wird primär die Zunahme der Gesetze und Verordnungen
(Normenproduktion) verstanden. Im weiteren Sinne umfasst sie auch die Bürokratisierung und die Justizialisierung der Politik, die Verrechtlichung in Form von Akten
der Rechtssprechung, für welche die »zunehmende Verlagerung politischer Entschei-
dungs- und Initiativfunktionen auf die Justiz«, insbesondere die Verfassungsgerichtsbarkeit, kennzeichnend ist (Voigt 1980: 15 ff.).

Unterscheiden lassen sich nach Jürgen Habermas vier epochale Verrechtlichungs-
schübe, die vom bürgerlichen Staat zur Zeit des Absolutismus über den bürgerlichen
und den demokratischen Rechtsstaat zum modernen Sozial- und Interventionsstaat

führten, der sich im Rahmen des demokratischen Rechtsstaats entfaltete (Habermas 1981: 524 ff.). Dieser wurde insbesondere seit den 1950er Jahren ausgebaut. Der Sozialstaat (Wohlfahrtsstaat) setzte mit dem Anspruch, soziale Sicherheit und Chancengleichheit für alle zu gewähren, die Linie einer freiheitsverbürgenden Verrechtlichung fort und versucht seinerseits, das ökonomische Handlungssystem zu »zähmen« (Habermas 1981: 530). Die unter den Produktionsbedingungen des kapitalistischen Industrialismus entstandenen Klassengegensätze machten bewusst, dass zu den bürgerlichen Freiheits- und politischen Teilnahmerechten soziale Teilhaberechte hinzukommen mussten. Seit den 80er Jahren des 19. Jahrhunderts wurden in öffentlicher Verantwortung Systeme kollektiver Sicherung für die verschiedensten Fälle der Erwerbstätigkeit geschaffen und darüber hinaus eine rechtliche Absicherung der Arbeitsbedingungen durchgesetzt. Die sozialstaatlichen Leistungen sollten auch die Voraussetzung dafür schaffen, dass alle Bürger gleiche Chancen hätten, ihre politischen Teilhaberechte zu nutzen.

Spätestens seit den 1980er Jahren kann von einem weiteren Verrechtlichungsschub gesprochen werden. Die durch die jüngste Technikentwicklung (Informationstechnologien, Gentechnologie u. a.) bedingten tiefgreifenden ökologischen, ökonomischen und gesellschaftlichen Folgen bedeuten eine neuartige Herausforderung an die Gestaltungsfähigkeit von Politik und Gesetzgeber (vgl. Wolf 1991). Die durch den Ausbau des Wohlfahrtsstaats sowie die technologischen Entwicklungen bedingte Verrechtlichung ist zwar für alle (westlichen) EU-Staaten prägend, weist allerdings auch einige beachtliche Unterschiede auf (vgl. Ismayr 2008c; Merkel u. a. 2006; Meyer 2006).

Das Wachstum der Staatsaufgaben beschränkt sich nicht auf den Ausbau sozialer Sicherungssysteme und personenbezogener sozialer Dienste. Hinzu kommen vielfältige Infrastrukturleistungen wie z. B. Straßen- und Wohnungsbau, Abfallbeseitigung, Schulen und Förderungsmaßnahmen (Wirtschafts-, Wissenschafts- und Ausbildungsförderung). Sie dienen einmal dazu, die Grundbedürfnisse der Bevölkerung zu befriedigen und wachsenden Ansprüchen gerecht zu werden, zum anderen zur Förderung der Wirtschaft im Interesse eines Wirtschaftswachstums, das – wenngleich seit Mitte der 1970er Jahre nicht unumstritten (Eppler 1975) – als Voraussetzung sozialer und politischer Stabilität und als Legitimationsgrundlage gilt.

Der Wandel vom Ordnungsstaat zum Sozial- und Interventionsstaat sowie die technologischen Entwicklungen der letzten Jahrzehnte hatten nicht nur eine Zunahme von Gesetzen zur Folge, sondern auch eine partielle Abkehr von – etwa für das Strafrecht weiterhin bestimmenden – Grundsätzen der Allgemeinheit, Abstraktheit und Dauerhaftigkeit in ihrem »klassischen« Verständnis und eine verstärkte Hinwendung zu Maßnahmegesetzen (vgl. Denninger 1973: 118; Holtmann 2003: 1001). Die vielfältigen neuen Aufgaben des Staates, insbesondere die Notwendigkeit, rasch auf ökonomische und technologische Veränderungen reagieren zu müssen, erforderte auch immer speziellere gesetzliche Regelungen (Voigt 1980; Zimmer

1999: 211 ff.). Maßnahmegesetze sind im Zuge dieser Entwicklung zum unentbehrlichen politischen Steuerungsmittel geworden. Sie zeichnen sich durch ihre konkrete Zweckbezogenheit aus einem bestimmten Anlass bzw. in einer bestimmten Situation aus (BVerfGE 24, 33, 52). Von ihnen lassen sich noch andere Typen von Leistungsgesetzen unterscheiden, wobei die Bezeichnungen variieren und die Abgrenzungen fließend sind (Plangesetze, Planungsgesetze, Lenkungs- und Umverteilungsgesetze, Steuerungsgesetze, Richtlinien- und Rahmengesetze). Ein beachtlicher Teil der Gesetze hat somit instrumentalen Charakter; sie dienen als (politische) Führungs- und Steuerungsmittel (Hill 1982: 31 f.).

Bezogen auf die Anzahl der Gesetze kann allerdings in Deutschland wie in den meisten anderen EU-Staaten nicht von einer »Gesetzesflut«, sondern allenfalls von einer »Normenflut« gesprochen werden, da die Anzahl der Rechtsverordnungen jene der Gesetze erheblich übersteigt (vgl. Ismayr 2008c: 14 f.; Ausnahmen: Italien, Finnland). Die phasenweise intensive Diskussion über »Normenflut« und »Verrechtlichung« (Voigt 1980) hat nicht zu einer Reduzierung der Anzahl von Rechtsnormen und zu einer merklichen Verringerung der Regelungsdichte geführt. Insgesamt waren Ende 2010 1905 Bundesgesetze und 3437 Rechtsverordnungen des Bundes mit 76 612 Einzelvorschriften (Artikel, Paragraphen) in Kraft (Stand: 3. 2. 2011). Hinzu kommen je Bundesland etwa 300 bis 400 Gesetze und 4430 geltende EU/EG-Gesetze (Verordnungen, Richtlinien), den Bereich Landwirtschaft/Fischerei nicht mitgerechnet, die damit zahlenmäßig die nationale Gesetzgebung deutlich übersteigen (Hölscheidt/Hoppe 2010: 546). Der Bundestag hat in den 16 Wahlperioden von 1949 bis 2009 insgesamt 10 820 Gesetzentwürfe behandelt und 7 037 Gesetze verabschiedet, durchschnittlich also 114 pro Jahr (Schindler 1999: 2388 f.; Tabelle 6.3). Deutlich über dem Durchschnitt lag die Zahl der Gesetzentwürfe in den Phasen des Neuanfangs: in den beiden ersten Legislaturperioden und in den ersten Jahren der sozialliberalen Koalition, die mit dem Versprechen sozialer Reformen angetreten war, sowie seit der deutschen Vereinigung. Die Zahl der Rechtsverordnungen übersteigt noch die der Gesetze: Von der 1. bis 16. Wahlperiode wurden 21 866 Rechtsverordnungen erlassen (Statistisches Jahrbuch 2011).

Der Prozess der Verrechtlichung kommt allerdings nicht nur in der Anzahl der Regelungen zum Ausdruck, sondern vor allem in der zunehmenden Vernetzung zwischen den einzelnen Rechtsnormen (Regelungsdichte) und der immer differenzierteren und detaillierteren Ausformulierung bestehender und neu hinzukommender Normen (Regelungsintensität). Ganz überwiegend handelt es sich um Änderungs- und Anpassungsgesetze, durch die meist mehrere Gesetze geändert werden (»Artikelgesetze«) – sichtbarer Ausdruck der zunehmenden Vernetzung (Müller/Nuding 1984: 93). Auch durch Änderungsgesetze können grundlegende Neuerungen eingeführt werden. Insofern ist die formale Unterscheidung von Änderungsgesetzen und »neuen« Gesetzen inhaltlich nur bedingt aussagekräftig (vgl. Beyme 1997: 63).

Was sind die Ursachen für häufige und oft rasch aufeinanderfolgende Änderun-

gen von Gesetzen und untergesetzlichen Normen? Die Ausarbeitung von Leistungsgesetzen ist oft mit Unsicherheiten verbunden. Die Einstellungen und Verhaltensweisen der Normadressaten können sich (spätestens) beim Vollzug ändern und sind
daher in vielen Fällen nicht zuverlässig einzuschätzen; die Wirtschaftsentwicklung
verläuft häufig anders, als sie prognostiziert wurde und die Technikentwicklung und
deren gesellschaftliche und ökologische Folgen sind oft schwer vorauszusehen. Bei
vielen Gesetzen hängt die Zielverwirklichung von Umständen ab, die während des
Gesetzgebungsprozesses noch nicht (hinreichend) bekannt sind. Ein markantes Beispiel sind Diskussionen über Abgasgrenzwerte angesichts der zu erwartenden technischen Verbesserungen und Anpassungsprozesse der Industrie (Wolf 1986; Benz
2001: 219).

Mit dem Ziel, unnötige Gesetze zu verhindern und die Wirksamkeit und Verständlichkeit von Rechtnormen zu gewährleisten, war im Jahre 2000 die Verpflichtung zu einer angemessenen Gesetzesfolgenabschätzung in der Gemeinsamen Geschäftsordnung der Bundesministerien verankert worden. Außerdem besteht seit
2004 beim Bundestag ein parlamentarischer Beirat für nachhaltige Entwicklung und
seit 2006 ein Nationaler Normenkontrollrat, der die Aufgabe hat, die Bürokratiekosten für Wirtschaft, Bürger und Verwaltung zu ermitteln (siehe Abschn. 6.2.2).

Zudem besteht weitgehender Konsens, dass Rechtsbereinigung und Verwaltungs-
vereinfachung eine Daueraufgabe von Gesetzgeber und Verwaltung sind.

Nachdem die seit den 1980er Jahren in Kraft gesetzten Rechtsbereinigungsgesetze
(zuletzt: Drittes Rechtsbereinigungsgesetz vom 28. 6. 1990, BGBl I, S. 122) nicht zu
einem »beachtlichen und dauerhaften Bereinigungsgewinn geführt« haben (BT-Drs.
16/47), hat die Bundesregierung im Juli 2003 im Rahmen ihrer Initiative Bürokratieabbau die Bereinigung des geltenden Bundesrechts (Gesetze und Verordnungen)
als Kernprojekt beschlossen. Sie sieht in bewusster Abkehr von früheren Vorgehensweisen eine selbstverantwortliche Bereinigung aller Ressorts in ihrem jeweiligen
Zuständigkeitsbereich vor. Inzwischen haben die Ressorts mehrere Rechtsbereinigungsgesetze vorgelegt, weitere sind geplant (bmj.de). Zudem folgte 2010 erneut ein
ressortübergreifendes Rechtsbereinigungsgesetz (BT-Drs. 17/2279).

Von einer gelegentlich geforderten verfassungsrechtlichen Stärkung der Recht-
setzungsbefugnis (Verordnungskompetenz) der Bundesregierung ist ein »Auflich-
ten des Normendickichts« kaum zu erwarten, wäre doch eine weitere Zunahme der
Zahl der Rechtsverordnungen die Folge (Ismayr 2001: 226 f.). Stellung und Wirkungschancen des Parlaments und insbesondere der Opposition würden systemwidrig eingeschränkt mit der Folge einer Entfremdung zwischen Wählern und Abgeordneten
(Enquete-Kommission Verfassungsreform 1976: 195). Das Dilemma des Parlaments
und besonders der Opposition ist schwer auflösbar: Einerseits muss es dem Bundestag darum gehen, durch grundlegende Erörterungen und Richtungsentscheidungen
seine Stellung als zentrales, durch unmittelbare Wahl legitimiertes Verfassungsorgan
zu stärken, andererseits ist die konkrete, detaillierte Gesetzesarbeit eine wichtige In-

formationsbasis und Voraussetzung wirksamer Kontrolle. Ohne die durch Arbeitsteilung ermöglichte fachliche Kompetenz der Abgeordneten wäre das Parlament insgesamt und vor allem die Opposition noch weniger in der Lage, die Folgen der von ihm zu verantwortenden Gesetze abzuschätzen.

Inwieweit der Prozess der Globalisierung und Europäisierung von wirtschaftlichen, sozialen, ökologischen und kulturellen Entwicklungen wie auch – damit zusammenhängend – der Privatisierung der Verrechtlichung entgegenwirkt und auch zu einer »Zerfaserung von Staatlichkeit« führt, ist umstritten (vgl. z.B. Genschel/ Zangl 2007; Levy 2006; Benz 2001; Grande/Pauly 2005). Ungeachtet des stark angewachsenen Aufgabenspektrums erweist sich schon im demokratischen Wohlfahrtsstaat traditioneller Prägung der Gestaltungsspielraum des Gesetzgebers durch die ökonomischen Rahmenbedingungen als deutlich begrenzt. Dies gilt erst Recht und in zunehmendem Maße unter den Bedingungen der wachsenden Globalisierung der Finanz- und Warenmärkte, die durch die Entwicklung der neuen Informationstechnik begünstigt wird (vgl. Hübner 1998; Hoffmann 1999). Nicht nur auf die Selbstheilungskräfte des Marktes vertrauende »Neoliberale«, sondern auch (Keynes'sche) Interventionisten können das im Interesse der Arbeitsplatzsicherung und sozialstaatlicher Leitungsfähigkeit erwünschte Wirtschaftswachstum nur durch »systemkonforme« Eingriffe fördern, die der Stärkung der unternehmerischen Investitionsbereitschaft im Lande dienen oder diese – insgesamt gesehen – zumindest nicht (wesentlich) beeinträchtigen.

Die mit dem Ausbau des Sozial- und Interventionsstaates vor allem in den 1970er Jahren einhergehende Belastung von Gesetzgeber, Verwaltung und Justiz rief insbesondere seit den 1990er Jahren zahlreiche Kritiker auf den Plan, die sich nur von einem Abbau staatlicher Aufgaben und Leistungen wirksame Abhilfe versprachen. Die Forderung nach (Re-)Privatisierung öffentlicher Aufgaben (Entstaatlichung), die in einzelnen Bereichen mittlerweile durchgesetzt oder eingeleitet wurde, gewann angesichts der »Krise der Staatsfinanzen« eine gewisse Popularität. Die Grenzen einer Politik der Entstaatlichung sind jedoch relativ eng gesteckt, wenn nicht tiefgreifende negative Auswirkungen bewusst in Kauf genommen werden sollen. Die Grenzen liegen dort, wo der soziale Friede gestört und der Grundkonsens gefährdet ist, der inzwischen eine ökologische Dimension aufweist (vgl. Staatszielbestimmungen »Schutz der natürlichen Lebensgrundlagen«/Umweltschutz im Grundgesetz und in Landesverfassungen). Zudem führte die (weitere) Privatisierung und Auslаgerung bisheriger staatlicher Leistungen zu keinem signifikanten Rückgang der Gesetzesproduktion. Während die rechtliche Normierung staatlicher Leistungen und finanzieller Anreize in den letzten Jahrzehnten reduziert wurde, nahmen Verhaltensregulierungen durch Recht zu (Benz 2001: 235). Häufig bleibt der Staat für die Gewährleistung der Daseinsvorsorge verantwortlich (Schuppert 2005; Schuppert 1997). Er ist somit verpflichtet, »zur Steuerung und Überwachung der Zulieferer bei der Erfüllung von Gemeinschaftsaufgaben neue Vorschriften zu erlassen oder Regulierungsbehörden zu schaffen, die die Privaten beaufsichtigen« (Hill 1998: 357; vgl. Benz 2001: 236; Czada/Lütz 2003: 17; Grande/Eberlein 1999; König/Benz 1997). Tendenziell festzustellen war eine »Entwicklung vom Staat, der selbst Leistungen produziert und verteilt, zum Staat, der notwendige Leistungen nur noch gewährleistet oder in Kooperation mit gesellschaftlichen Organisationen oder privaten Unternehmen erfüllt« (Benz 2001: 263; vgl. Genschel/Zangl 2007: 14), doch gibt es in den letzten Jahren auch wieder gegenläufige Tendenzen. Auch kann die in jüngerer Zeit zunehmend intendierte »aktivierende« Rolle des Staates unter Bedingungen einer Bürgergesellschaft die Gesetzgebungstätigkeit verändern. Das Verständnis des »aktivierenden Staates« setzt darauf, dass in einigen Aufgabenbereichen die Initiative zu gesellschaftlichen Aktivitäten vom Staat ausgeht, ohne dass dieser die Leistungen letztlich (alleine) erbringen muss (Bandemer/Hilbert 1998: 28; Blanke/Schridde 1999: 5).

Auch die seit Mitte der 1980er Jahre erheblich verstärkte Verlagerung von Rechtsetzungskompetenzen auf die Europäische Union (EG/EU) hat die nationale Gesetzgebung deutlich verändert. Zwar hat auch diese Entwicklung nicht zu einer merklichen Reduktion der Anzahl der Gesetze und der Regelungsdichte in den EU-Staaten geführt, wohl aber wird die nationale Gesetzgebung dadurch erheblich geprägt, dass mittlerweile ein hoher Anteil der Gesetze auf Impulse der Europäischen Union zurückgeht, wobei der Gestaltungsspielraum des nationalen Gesetzgebers bei der Umsetzung von EG/EU-Richtlinien relativ gering ist. Andererseits hängt die Rolle des Bundestages als Gesetzgeber in erheblichem Maße davon ab, welchen Einfluss er auf die Gesetzgebung der Europäischen Union nehmen kann (Abschn. 6.4).

Wie eng im übrigen die Grenzen für eine vorausschauende, gestaltende Politik des Gesetzgebers in den einzelnen Politikfeldern der jeweiligen Länder tatsächlich sind, hängt auch von der Fähigkeit von Parlamenten, Regierungen und Parteien zu konzeptionell durchdachter Prioritätensetzung, der »Steuerungsfähigkeit« der Politik gegenüber der Verwaltung bei der Politikformulierung und -durchsetzung, dem Gewicht (neo)korporatistischer Verhandlungssysteme und der Relevanz wissenschaftlicher Politikberatung ab (vgl. z. B. Scharpf 1993b; Jann 1996).

6.1.2 Kompetenzverteilung im Bundesstaat

Bundesstaatlichem Grundverständnis entsprechend liegt das Recht der Gesetzgebung bei den Ländern, soweit das Grundgesetz nicht dem Bund (ausdrücklich oder implizit) Gesetzgebungsbefugnisse verleiht (Enumerationsprinzip gemäß Art. 70 und 30 GG).

In einigen »klassischen« Aufgabenbereichen wie den Auswärtigen Angelegenheiten, Verteidigung und Zivilschutz und dem Währungs- und Geldwesen, die insbesondere in Art. 73 GG enumerativ aufgeführt sind, hat der Bund die ausschließliche Gesetzgebungskompetenz. Die Länder haben hier die Befugnis zur Gesetzgebung nur, wenn und soweit sie in einem Bundesgesetz ausdrücklich dazu ermächtigt werden (Art. 71 GG), was nur in wenigen Fällen geschehen ist (Laufer/Münch 2010: 118). Wesentlich umfangreicher ist der Katalog der konkurrierenden Gesetzgebung (Art. 74 GG), der im Laufe der Zeit durch Verfassungsänderungen (also mit Zustimmung des Bundesrates) noch deutlich erweitert wurde. Zwar sind die Länder in diesem Bereich zur Gesetzgebung befugt, »solange und soweit der Bund von seiner Gesetzgebungszuständigkeit nicht durch Gesetz Gebrauch gemacht hat« (Art. 72 Abs. 1 GG). Jedoch konnte der Bund diesen Katalog der konkurrierenden Gesetzgebung weitgehend ausschöpfen, da sich die Bedürfnisklausel des Art. 72 Abs. 2 GG a. F. kaum einschränkend auswirkte. Begründet wurde dies vornehmlich mit der Wahrung der »Einheitlichkeit der Lebensverhältnisse« (gem. Art. 72 Abs. 2 Nr. 3). Das Bundesverfassungsgericht hatte entsprechende Entscheidungen als eine Frage pflichtgemäßen Ermessens des Bundesgesetzgebers bezeichnet und als nichtjustiziabel behandelt (z. B. BVerfGE 2, 213, 214 f.; BVerfGE 26, 338, 382 f.). In der Praxis änderte sich auch mit der einschränkenden Verfassungsänderung von 1994 zunächst wenig, wonach der Bund in diesem Bereich das Gesetzgebungsrecht hat, »wenn und soweit die Herstellung gleichwertiger Lebensverhältnisse (!) im Bundesgebiet oder die Wahrung der Rechts- und Wirtschaftseinheit im gesamtstaatlichen Interesse eine bundesgesetzliche Regelung erforderlich macht« (Art. 72 Abs. 2). Erstmals im Urteil zum Altenpflegegesetz 2002 und danach in weiteren Urteilen (5. und 6. Änderungsgesetz zum Hochschulrahmengesetz betr. Juniorprofessur und Verbot von Studiengebühren) hat das Bundesverfassungsgericht jedoch die beiden ersten Gründe dieser »Erforderlichkeitsklausel« für eine bundesgesetzliche Regelung sehr restriktiv interpretiert (vgl. Batt 2004; Sturm/Zimmermann-Steinhart 2005: 43 ff.). Diese länderfreundlichen, einem Wettbewerbsföderalismus förderlichen Urteile ließen weitere Klagen vor allem finanzkräftiger Bundesländer erwarten.

Betroffen war vor allem die Rahmengesetzgebung des Bundes. Nach Art. 75 GG hatte der Bund bis zur Föderalismusreform 2006 das Recht, unter den für die konkurrierende Gesetzgebung geltenden Voraussetzungen Rahmenvorschriften zu erlassen, deren konkrete Ausgestaltung innerhalb einer durch das Gesetz bestimmten angemessenen Frist durch Landesgesetze erfolgen musste. Im Zuge der Verfassungsreform 1994 wurde ausdrücklich festgelegt, dass die Rahmenvorschriften »nur in Ausnahmefällen in Einzelheiten gehende oder unmittelbar geltende Regelungen« enthalten dürfen (Art. 75 Abs. 2 GG a. F.; vgl. BT-Drs. 12/7109). Auch danach konnte der Bund jedoch in der Praxis durch Rahmengesetze die Richtung der Gesetzgebung maßgeblich vorgeben (Laufer/Münch 2010: 122). Allerdings hatte das Bundesverfassungsgericht seinen jüngsten einschlägigen Urteilen insbesondere zum Hochschulrahmengesetz eine enge Auslegung dieser neuen Verfassungsbestimmung zugrunde gelegt (2 BvF 2/02 vom 27.7.2004). Kritik an zu detaillierten Regelungen der Rahmengesetze waren immer wieder zu hören, wobei zu bedenken ist, dass diese Gesetze (ebenso wie die Gesetze im Rahmen der konkurrierenden Gesetzgebung gem.

Art. 72 GG) in der Regel mit Zustimmung der Länder im Bundesrat beschlossen wurden (Sturm/Zimmermann-Steinhart 2005: 45 mit weiteren Nachweisen). Insgesamt gesehen verblieben den Ländern allerdings nur wenige Gesetzgebungskompetenzen. Zur ausschließlichen Gesetzgebungskompetenz der Länder (gem. Art. 70 GG) gehören insbesondere der Schul- und Bildungsbereich sowie das Kulturwesen, das Polizei- und Kommunalrecht und das Presse- und Rundfunkwesen (Kilper/Lhotta 1996: 102). Hingegen sind die Länder vornehmlich für den Vollzug (auch) der Bundesgesetze zuständig, die sie in einzelnen Bereichen im Auftrage des Bundes, überwiegend jedoch als »eigene Angelegenheiten« ausführen (Art. 84 und 85 GG). Diese Bedingungen des »Verwaltungsföderalismus« prägen den Gesetzgebungsprozess des Bundes in hohem Maße. Denn einmal ist der Bundesgesetzgeber bei der Gesetzesfolgenabschätzung (Abschn. 6.7) auf Rückmeldungen der Länder(verwaltungen) angewiesen. Zum anderen sehen sich Regierung und Parlament(smehrheit) zu detaillierten gesetzlichen Regelungen veranlasst, um einen möglichst einheitlichen Gesetzesvollzug durch die Länder (und Kommunen) zu gewährleisten. Dies hatte wiederum zu Folge, dass bis zu 60 % der Gesetze nur mit Zustimmung der Länder im Bundesrat zustande kam. Faktisch werden die legislativen Handlungsmöglichkeiten der Landesparlamente im Rahmen des Kooperativen Föderalismus zudem dadurch eingeschränkt, dass Gesetzentwürfe durch Ministerialbeamte (Beamtengremien) verschiedener Länder ausgearbeitet, zwischen den Exekutiven mehrerer oder aller Bundesländer abgestimmt und entsprechend von »ihrer« Landesregierung eingebracht werden (vgl. Laufer/Münch 2010: 137 ff.). Dies gilt insbesondere für »Paketlösungen«. Einen nach langwierigen Verhandlungen zustande gekommenen Kompromiss der von ihr getragenen Landesregierung wird eine Landtagsmehrheit selbst dann mittragen, wenn sie sich damit schwer tut – will sie sich doch in der Regel nicht dem Vorwurf aussetzen, durch ein erneutes »Aufschnüren« des Verhandlungspakets das Vorhaben zum Scheitern gebracht zu haben.

Die fortschreitende Unitarisierung des Bundesstaates unter Mitwirkung des Bundesrates hatte einerseits zwar die Landesparlamente als Gesetzgeber geschwächt, andererseits aber dazu geführt, dass die im Bundesrat vertretenen Mitglieder der Länderregierungen und deren Spitzenbeamte verstärkt an der Gesetzgebung und Verordnungstätigkeit des Bundes mitwirkten.

Mit der Durchsetzung der Föderalismusreform I im Sommer 2006 hat sich die verfassungsrechtliche Lage erheblich verändert (vgl. Ismayr 2008b; Jun 2010: 345 ff.). Mit den Stimmen der meisten Abgeordneten der Großen Koalition beschloss der Bundestag nach einer umfangreichen öffentlichen Anhörung den verfassungsändernden Gesetzentwurf mit der Änderung von mehr als 20 Grundgesetzartikeln sowie das Föderalismusreform-Begleitgesetz. Nach Zustimmung des Bundesrates ist am 1. September 2006 die bisher größte Ergänzung bzw. Änderung der Verfassungsordnung der Bundesrepublik Deutschlands in Kraft getreten. Diese Reform soll »demokratie- und effizienzhinderliche Verflechtungen zwischen Bund und Ländern abbauen und wieder klarere Verantwortlichkeiten schaffen und so die föderalen Elemente der Solidarität und der Kooperation einerseits und des Wettbewerbs andererseits neu ausbalancieren« (Begründung zum Gesetzentwurf, BT-Drs. 16/813, S. 7; vgl. Jun 2004). Ob die Reform geeignet ist, dieses Ziel zu erreichen, war und ist unter den Experten (etwa im Rahmen der öffentlichen Anhörung), zwischen und innerhalb der Parteien und Verbände sowie in der Medienöffentlichkeit – zum Teil heftig – umstritten.

Mit dem Ziel, die Kompetenzverteilung zwischen Bund und Ländern klarer zu regeln, wurde die Rahmengesetzgebung vollkommen abgeschafft. Die bislang dieser Kompetenzart zugeordneten Materien wurden zwischen Bund und Ländern aufgeteilt. Das Melde- und Ausweiswesen und der Schutz deutschen Kulturguts gegen Abwanderung ins Ausland wurden in die ausschließliche Gesetzgebung des Bundes übernommen. Außerdem ist der Bund nun ausschließlich für die Kernenergie, das Waffen- und Sprengstoffrecht und das Kriegsfolgenrecht zuständig, die bisher zur konkurrierenden Gesetzgebung gehörten. Schließlich wurde eine neue ausschließliche Bundeskompetenz zur Regelung präventiver Befugnisse des Bundeskriminalamts bei der Abwehr von Gefahren des internationalen Terrorismus geschaffen (Art. 73 Abs. 1 Nr. 9a (neu)). In den Katalog der konkurrierenden Gesetzgebung wurden namentlich die umweltbezogenen Materien (insbesondere Naturschutz, Landschaftspflege und Wasserhaushalt), die Statusrechte- und -pflichten der Landesbeamten und Landesrichter sowie Hochschulzulassung und Hochschulabschlüsse aufgenommen.

Der Großteil des Hochschulrechts sowie die allgemeinen Rechtsverhältnisse der Presse fallen nun in die Gesetzgebungskompetenz der Länder. Außerdem wurde der Landesgesetzgeber durch die Verlagerung von zahlreichen weiteren Kompetenzbereichen gestärkt, die bisher zur konkurrierenden Gesetzgebung gehörten, darunter der Strafvollzug, das Heimrecht, der landwirtschaftliche Grundstücksverkehr (bisher: Art. 74 Abs. 1 Nr. 1, 7, 10) sowie die Besoldung und Versorgung der Landesbeamten (bisher Art. 74a). Besonders umstritten ist neben der Kompetenzverlagerung in diesen Sachgebieten die Einführung von Abweichbefugnissen der Länder für einige Bereiche. Zwar wird die (weiterbestehende) Erforderlichkeitsklausel in Art. 72 Abs. 2 nun in ihrem Anwendungsbereich auf weniger als die Hälfte der in Art. 74 Abs. 1 aufgelisteten Materien des neu gefassten Artikels 74 Abs. 1 beschränkt. Jedoch eröffnet der neue Absatz 3 des Art. 72 GG den Ländern die Möglichkeit, auf den folgenden Politikfeldern von den Bundesgesetzen abweichende gesetzliche Regelungen zu treffen: Jagdwesen, Naturschutz und Landschaftspflege, Bodenverteilung, Raumordnung, Wasserhaushalt sowie Hochschulzulassung und Hochschulabschlüsse. Davon ausgeschlossen sind nur bestimmte »abweichungsfeste Kerne« (BT-Drs. 16/813, S. 11). Diese Bestimmung ist eine Ausnahme vom bisher generell geltenden Grundsatz »Bundesrecht bricht Landesrecht« von Artikel 31 GG. Es geht im Verhältnis von Bundes- und Landesrecht das jeweils spätere Gesetz vor.

Im Rahmen der Großen Finanzreform waren 1969 die sogenannten Gemeinschaftsaufgaben (nach Art. 91a und b) in der Verfassung verankert worden, deren Wahrnehmung eine besonders ausgeprägte Kooperation zwischen Bund und Ländern erfordert und als Ausdruck intensiver Politikverflechtung gilt (Scharpf u. a. 1976). Obwohl im Rahmen der Reformdiskussion – insbesondere von finanzstarken Ländern und Vertretern eines Wettbewerbsföderalismus – gefordert, wurden die Gemeinschaftsaufgaben zwar nicht abgeschafft; sie wurden jedoch deutlich reduziert (vgl. BT-Drs. 16/813).

Die Kompetenzverlagerungen auf die Länder auch bei einigen strittigen Materien sowie die Einführung einer Abweichgesetzgebung waren offenbar der Preis für die Bereitschaft der Länder(regierungen), Regelungen zur Reduzierung der Zustimmungsbedürftigkeit von Gesetzen zuzustimmen (vgl. Abschn. 6.5). Dies soll durch die Neufassung des Art. 84 Abs. 1 GG erreicht werden. Zwar sind die Einrichtung von Behörden und das Verwaltungsverfahren bei der Ausführung von Bundesgesetzen als eigene Angelegenheit wie bisher Sache der Länder. Jedoch kann durch Bundesgesetz die Behördeneinrichtung und das Verwaltungsverfahren der Länder nun ohne die bisher erforderliche Zustimmung des Bundesrates geregelt werden. Die Länder können dann allerdings durch Gesetz davon abweichende Regelungen treffen. Bundesgesetze können nur in Ausnahmefällen wegen eines besonderen Bedürfnisses nach bundeseinheitlicher Regelung ohne Abweichungsmöglichkeiten das Verwaltungsverfahren der Länder regeln (nicht mehr hingegen die Behördeneinrichtung). Allerdings ist nicht definiert, was einen Ausnahmefall begründet. Diese Gesetze bedürfen der Zustimmung des Bundesrates (vgl. BT-Drs. 16/813, S. 15). Ausgeweitet wurde die Zustimmungsbedürftigkeit von Bundesgesetzen durch die Neuregelung des Art. 104a Abs. 4 GG, wonach Bundesgesetze, die Pflichten der Länder zur Erbringung von Geldleistungen, geldwerten Leistungen oder vergleichbaren Dienstleistungen begründen, der Zustimmung des Bundesrates bedürfen, wenn daraus entstehende Ausgaben von den Ländern zu tragen sind. Nach der bislang geltenden Rechtslage trat die Zustimmungsbedürftigkeit erst ein, wenn die Länder mindestens ein Viertel der Kosten zu tragen hatten; zudem bezog sich die Regelung nur auf Geldleistungen.

Eine bundesgesetzliche Aufgabenübertragung auf Gemeinden und Gemeindeverbände ist nun ausgeschlossen (Art. 84 Abs. 1 Satz 7 GG); dies gilt auch im Falle der Auftragsverwaltung (Art. 85 Abs. 1 GG).

Von den Verfassungsänderungen wurde insgesamt eine erhebliche Reduzierung der Zustimmungsbedürftigkeit von Gesetzen um bis zu 50 % erwartet (vgl. BT-Drs. 16/813, S. 14). Dabei stützten sich viele auf eine Untersuchung des Wissenschaftlichen Dienstes des Bundestages der ausdrücklich von bestimmten (optimistischen) Verhaltenserwartungen ausging (Georgii/Borhanian 2006). Allerdings gab es insbesondere mit Verweis auf die Neuregelung des Art. 104a Abs. 4 GG insoweit auch zurückhaltende oder sogar gegenläufige Einschätzungen (Scharpf 2007). Inzwischen zeichnen sich noch vorsichtig einzuschätzende Tendenzen ab. Seitdem die neuen Bestimmungen in Kraft getreten sind, ging der Anteil der Zustimmungsgesetze deutlich zurück, liegt aber noch immer bei 42,4 % (17. WP, Stand: 21.7.2011; 16. WP: 1.9.2006 bis Ende der Wahlperiode: 39,6 %; 12.–15. WP: 55,3 %). Allerdings ist zu berücksichtigen, dass in diesem Zeitraum ganz überwiegend kongruente Mehrheiten in Bundestag und Bundesrat bestanden. So muss sich erst erweisen, ob auch bei parteipolitisch gegenläufigen Mehrheiten politisch kontroverse Schlüsselentscheidungen von den Veränderungen betroffen sind und wie sich unter solchen Bedingungen die Regelung des Art. 104a Abs. 4 GG und die Abweichungsmöglichkeit der Länder nach Art. 84 Abs. 1 auswirken (Zohlnhöfer 2011: 153, 162 f.; Zohlnhöfer 2010; Zohlnhöfer 2009). Jedenfalls bleibt der Bundesrat auch nach der Reform ein zentraler Akteur im deutschen Regierungssystem (Jun 2010: 355).

Ob mit den beschlossenen Verfassungsänderungen das Ziel einer klareren Kompetenzverteilung bei der Gesetzgebung erreicht wurde, ist umstritten und gilt insbesondere angesichts der komplizierten Regelungen zu Abweichungsrechten der Länder als fraglich (vgl. auch Scharpf 2006; Scharpf 2009; Reutter 2006).

6.2 Der Gesetzgebungsprozess

Das Grundgesetz bestimmt nur Aufgaben, Befugnisse und Zusammenwirken der an der Gesetzgebung beteiligten Verfassungsorgane (Art. 76–78 GG, 82 GG). Das interne Verfahren regeln die Geschäftsordnungen von Bundesregierung, Bundestag und Bundesrat sowie die Fraktionsgeschäftsordnungen. Will man ein einigermaßen zutreffendes Verständnis des Gesetzgebungsverfahrens gewinnen, sind auch die informellen Vorgänge zu berücksichtigen, die sich dem (wissenschaftlichen) Beobachter allerdings nur teilweise erschließen. Die Praxis wird von rechtlichen Normen nur partiell erfasst und weicht von diesen oft erheblich ab. Die strikt arbeitsteiligen Strukturen des Bundestages und seine Ausbildung als Fraktionenparlament prägen auch den Gesetzgebungsprozess (zum Gesetzgebungsprozess auch Beyme 1997; Helms 1997; Ismayr 2008b).

6.2.1 Gesetzesinitiativen

Nach Artikel 76 Abs. 1 des Grundgesetzes können Gesetzesvorlagen beim Bundestag »durch die Bundesregierung, aus der Mitte des Bundestages oder durch den Bundesrat eingebracht werden«. Was den Bundestag anbetrifft, so sichert diese Formulierung die Gesetzesinitiative als Minderheitsrecht. Die Geschäftsordnung des Bundestages bestimmt überdies, dass Gesetzentwürfe nur von einer Fraktion oder 5 % der Abgeordneten eingebracht werden können (§ 76 Abs. 1). In der Praxis ist dies fast ausschließlich Sache der einzelnen Fraktionen, da Initiativen einzelner Abgeordneter oder fraktionsintern unterlegener Gruppierungen so gut wie chancenlos sind.

6.2.1.1 Gesetzesinitiativen von Regierung und Koalitionsfraktionen

Die meisten Gesetzentwürfe werden nach wie vor von der Bundesregierung eingebracht, die über den entsprechenden Beamtenapparat verfügt. Allerdings ging ihr
Anteil von zwei Drittel der Vorlagen in den 1970er Jahren auf etwa die Hälfte seit
den 1980er Jahren zurück (14. WP: 51,3 %), was vor allem darauf zurückzuführen
war, dass auch die neue Fraktion Die Grünen zahlreiche Gesetzentwürfe vorgelegt
hatte. Unter den spezifischen Bedingungen der Großen Koalition in der 16. Wahlperiode (2005–2009) lag der Anteil mit 59,3 % wiederum höher. Die Dominanz der
Regierung(smehrheit) zeigt sich vor allem am hohen Anteil der Vorlagen der Regierung sowie der Regierungsfraktionen bei den vom Bundestag verabschiedeten Gesetzen: In den letzten fünf Wahlperioden (1990–2009) waren dies durchschnittlich
71,9 % bzw. 14,4 % (vgl. Tabelle 6.3). In der Regel werden auch die Gesetzentwürfe
der Regierungsfraktionen von der Ministerialverwaltung oder zumindest unter deren
Mitwirkung ausgearbeitet. Andererseits können Regierungsvorlagen aufgrund von
Forderungen und Anregungen aus den Regierungsfraktionen erstellt worden sein.
Die immerhin beachtliche Zahl an Gesetzentwürfen der Regierungsfraktionen – fast
immer von beiden Koalitionsparteien gemeinsam eingebracht – kann als Indikator
für den Grad an Eigenständigkeit der Mehrheitsfraktionen gegenüber der (von ihnen getragenen) Regierung kaum dienen. Denn schließlich ist es durchaus üblich,
dass die Regierung Gesetzentwürfe formell durch »ihre« Fraktionen einbringen lässt,
um (aus Zeitgründen) den »ersten Durchgang« im Bundesrat zu vermeiden. Hinzu
kommt – insbesondere bei gleicher politischer Konstellation – dass nicht verabschiedete Regierungsentwürfe in der nachfolgenden Wahlperiode aus Gründen der Zeit-
ersparnis formell von den Regierungsfraktionen auf den Weg gebracht werden. Im
Übrigen handelt es sich nicht selten um für die Koalition wichtige und/oder fraktionsintern und öffentlich lange Zeit umstrittene Vorhaben. Die Einbringung durch
die Fraktionen kann dazu dienen, durch Beteiligung von Vertretern unterschiedlicher
Parteiflügel die Fraktion stärker in die Entscheidung einzubinden.

6.2.1.2 Informelle Impulse zur Gesetzgebung

Entscheidende Impulse zur Gesetzgebung gehen nicht nur von den für die Gesetzesinitiative formell zuständigen Staatsorganen aus, sondern auch von Parteigremien,
Gewerkschaften, Wirtschaftsverbänden und anderen Interessengruppen, wissenschaftlichen Instituten, Massenmedien, Bürgerinitiativen, Gerichten (Bundesverfassungsgericht) sowie den Kirchen.
    Die Bundesregierungen wurden bisher stets von mindestens zwei Parteien gebil-
det. Grundlage ihrer Arbeit sind die der Regierungsbildung vorausgehenden Koalitionsvereinbarungen, die auch die Basis der Regierungserklärungen zu Beginn der
Wahlperiode bilden, und die Vereinbarungen (Beschlüsse) der regelmäßig stattfin-

Tabelle 6.1 Gesamtzahl der Gesetzesvorhaben (nach Initiatoren)

	8. WP 1976–80		10. WP 1983–87		11. WP 1987–90		12. WP 1990–94	
	Anz.	%	Anz.	%	Anz.	%	Anz.	%
Regierungsvorlagen	323	64,0	285	46,6	324	47,2	419	46,8
Gesetzesanträge v. Ländern	71	14,1	144	23,5	136	19,8	179	20,0
Vom Bundesrat zur Einbringung beim BT beschlossene Gesetzentwürfe	53	10,5	61	10,0	51	7,4	96	12,0
BT-Initiativen	111	22,0	183	29,9	227	33,3	297	33,2
Gesetzesvorhaben insgesamt.	505	100,0	612	100,0	687	100,0	895	100,0
	13.WP 1994–98		**14. WP 1998–2002**		**15. WP 2002–05**		**16. WP 2005–09**	
	Anz.	%	Anz.	%	Anz.	%	Anz.	%
Regierungsvorlagen	449	44,3	450	44,4	362	47,6	539	55,6
Gesetzesanträge v. Ländern	235	23,2	224	22,1	187	24,6	167	17,2
Vom Bundesrat zur Einbringung beim BT beschlossene Gesetzentwürfe	151	16,4	93	10,8	112	17,4	104	11,5
BT-Initiativen	329	32,5	339[a]	33,5	211	27,8	264	27,2
Gesetzesvorhaben insgesamt.	1013	100,0	1002	100,0	760	100,0	972[b]	100,0

a Davon elf Gesetzentwürfe auf der Grundlage von Ausschussempfehlungen
b Davon zwei Gesetzentwürfe auf der Grundlage von Ausschussempfehlungen (GESTA-Nr. J032, I027; BT-Drs. 16/7166, 16/12970)

Quelle: Schindler 1999: 2391; Feldkamp 2011: 1152 (Stand der Gesetzgebung des Bundes/GESTA, Abschlussbände 8. bis 15. Wahlperiode; Deutscher Bundestag, Referat Parlamentsdokumentation).

denden Großen Koalitionsgespräche (seit 1998: Koalitionsausschuss), an denen die Führungsspitzen von Regierung, Mehrheitsfraktionen und Koalitionsparteien beteiligt sind. In den Sitzungen des Koalitionsausschusses werden auch maßgebliche Entscheidungen zur Ausarbeitung wichtiger Gesetzentwürfe getroffen und Leitlinien beschlossen – zumeist allerdings nach entsprechenden Vorarbeiten der Ministerialverwaltung und oft auch vorbereitender Arbeitstreffen von Fraktions- und Regierungsmitgliedern sowie Mitarbeitern in unterschiedlicher Zusammensetzung.

Selbstverständlich müssen die Verhandlungsführer vor allem in den Koalitionsverhandlungen, aber auch in den Kabinettsitzungen und laufenden Koalitionsgesprächen auf Beschlüsse der Parteitage und anderer Parteigremien und auf die »Stimmung« in der Partei Rücksicht nehmen. Forderungen und Anregungen zur Vorlage von Gesetzentwürfen kommen auch aus Regierungsfraktionen, konkret: den Arbeitsgruppen und Arbeitskreisen und hier besonders den Vorsitzenden sowie den mit der Materie vertrauten »Experten«. Eine meist wichtige Vermittlerrolle spielen Parlamentarische Staatssekretäre, die auf der politischen Führungsebene Vorschläge und Reaktionen der fachlich korrespondierenden Arbeitsgruppen vermitteln (vgl. Groß/ Bohnefeld 2010: 243 ff.; Oertzen 2006: 159 ff.; Hefty 2005). Zudem stehen die Arbeitsgruppen- bzw. Arbeitskreisvorsitzenden mit der (politischen) Führungsspitze »ihrer«

Ministerien in regelmäßigem Kontakt (Derlien/Mayntz 1988). Abgeordnete der Regierungsfraktionen, die als Berichterstatter ein Arbeitsgebiet betreuen, führen regelmäßig Informationsgespräche mit den zuständigen Ministerialreferenten. Manchmal wird noch vor der endgültigen Ausarbeitung eines Referentenentwurfs bei wichtigen Gesetzesvorhaben eine Richtungsentscheidung der Fraktionsversammlung(en) herbeigeführt. Impulse können selbstverständlich auch von formellen Anträgen, Entschließungen, Anfragen etc. der Oppositions- und Regierungsfraktionen ausgehen; entsprechende Initiativen der Koalitionsfraktionen sind allerdings mit Regierung und Verwaltung zumeist abgestimmt. Unter Handlungsdruck können Regierungen auch durch Gesetzentwürfe der Oppositionsfraktionen geraten, vor allem, wenn diese das Interesse der Medien (Fachöffentlichkeiten) finden (Ismayr 1992: 623; vgl. Sebaldt 1992).

Besonders auch in Gesetzgebungsverfahren einflussreich sind bei den Unionsparteien die Interessengruppierungen der Fraktion, die Arbeitnehmergruppe und vor allem der mit der Mittelstandsvereinigung und dem Wirtschaftsrat der Union eng verbundene Parlamentskreis Mittelstand (PKM). Von diesen Gruppen gehen häufig Impulse zur Gesetzgebung aus – auch zur Verhinderung unerwünschter Regelungen.

Vor allem die Großverbände setzen auf allen Ebenen des Willensbildungs- und Entscheidungsprozesses an, um ihre Interessen durchzusetzen: Natürlich lässt sich kaum nachweisen, wie viele Gesetzentwürfe tatsächlich auf Initiativen von Verbänden zurückzuführen sind und wie viele aufgrund ihrer Interventionen gar nicht erst ausgearbeitet oder frühzeitig modifiziert wurden. Ihre Aktivitäten zielen besonders auf Regierung und Ministerialverwaltung, doch ist auch ihr Einfluss auf die (Koalitions-)Fraktionen nicht zu unterschätzen (vgl. Beyme 1997: 207 ff.; Weber 1981). Ähnliches gilt auch für den Einfluss der Wissenschaft, mit deren Ergebnissen sich die Ministerialreferenten in der Regel intensiv (aber auch selektiv) vertraut machen (vgl. Abschn. 6.2.2).

Impulse zur Rechtssetzung gehen auch von der Rechtsprechung aus, vor allem den Entscheidungen des Bundesverfassungsgerichts, die in den letzten Jahren zunehmend detaillierte Vorgaben für den Gesetzgeber enthielten (vgl. Abschn. 6.7). Schließlich geht ein Teil der Gesetzesinitiativen von den Fachreferenten der Ministerien aus, die kontinuierlich den Regelungsbedarf auf ihrem Gebiet überprüfen.

6.2.1.3 Gesetzesinitiativen der Opposition

Impulse zur Vorlage eines Gesetzentwurfes durch eine Bundestagsfraktion (Opposition) können auf ähnlich vielfältige Weise wie im Falle von Regierungsentwürfen von »außen« an die Fraktion herangetragen werden. Die Spielarten der Einflussnahme reichen von allgemein formulierten Vorschlägen bis zu präzise ausgearbeiteten »Gesetzentwürfen«.

Tabelle 6.2 Beim Bundestag eingebrachte Gesetzentwürfe (aufgeschlüsselt nach Initiatoren)[a]

	8. WP 1976–80		10. WP 1983–87		11. WP 1987–90		12. WP 1990–94		13. WP 1994–98		14. WP 1998–2002		15. WP 2002–05		16. WP 2005–09	
	Anz.	%	Anz.	%	Anz.	%	Anz.	%	Anz.	%	Anz.	%	Anz.	%	Anz.	%
Regierungsvorlagen	322	66,4	280	53,6	321	53,9	407	50,9	443	48,0	443	51,3	320	49,8	537	59,3
BR-Initiativen	52	10,7	59	11,3	47	7,9	96	12,0	151	16,4	93	10,8	112	17,4	104	11,5
BT-Initiativen	111	22,9	183	35,1	227	38,2	297	37,1	329	35,6	328	38,0	211	32,8	264	29,2
SPD-FDP-Koalition	26	5,4														
CDU/CSU-FDP-Koalit.[e]			42	8,0	72	12,1	101	12,6	103	11,2	2	0,2				
CDU/CSU	71	14,6	1	0,2	1	0,2	2	0,8	1	0,2	55	6,5	1	0,3	–	–
SPD	–	–	70	13,4	66	11,1	73	9,0	68	7,4	–	–	46	7,2	–	–
FDP	–	–	–	–	–	–	1	0,1	2	0,2	59	6,8	–	–	–	–
B'90/GRÜNE[b]			55	10,5	71	11,9	41	5,1	73	7,9	–	–	49	7,6	44	4,9
DIE LINKE[c]							34	4,3	53	5,7	58	6,7	–	–	48	5,3
CDU/CSU, SPD, FDP			12	2,3	15	2,5	34	4,5	14	1,6	–	–	–	–	43	4,8
CDU/CSU, SPD[9]			–	–	–	–	–	0,1	3	0,4	–	–			4	0,4
CDU/CSU, FDP, SPD, B'90/GRÜNE[b]							1	0,4	6	0,8	9	1,2	5	0,8	97	10,7
CDU/CSU, FDP, SPD, PDS/LL							1	0,1	–	–	–	–	–	–	8	0,9
SPD, CDU/CSU, B'90/GRÜNE[b]							–	–			2	0,3	3	0,5	–	–
SPD, B'90/GRÜNE[b], FDP									2	0,2	1	0,2	1	0,2	2	0,2
SPD, B'90/GRÜNE[bf]											134	15,5	105	16,3	–	–
Fraktionslos							10		4		5		1		16	1,8
interfraktionell[d]	14	2,9	3	0,6	2	0,3	1	0,1			4	0,5			2	0,2
Insgesamt beim BT eingebracht	485	100,0	522	100,0	595	100,0	800	100,0	923	100,0	864	100,0	643	100,0	905	100,0

a ab 12. WP gesamtdeutscher Bundestag; die verkürzte 9. WP wurde nicht berücksichtigt.
b bis 3.10.1990 (11.WP) DIE GRÜNEN
c bis einschließlich 15. WP: PDS; ab 4.10.1990 vereinigungsbedingt im Bundestag vertreten; 12. WP: Gruppe PDS/LL; in der 15. WP nicht in Fraktionsstärke.
d Unter »interfraktionell« werden Initiativen aller Fraktionen (und Gruppen) gezählt (8.WP: CDU, SPD, FDP; 10./11. WP: CDU/CSU, SPD, FDP, DIE GRÜNEN; 12. WP: CDU/CSU, SPD, FDP, DIE GRÜNEN, PDS; 14. WP: SPD, CDU/CSU, FDP, PDS, B'90/GRÜNE; 16. WP: CDU/CSU, SPD, FDP, DIE LINKE, B'90/GRÜNE).
e ab 14. WP bilden CDU/CSU und FDP keine Koalition mehr.
f in der 14. u. 15. WP bilden SPD und B'90/GRÜNE eine Koalition.
g in der 16. WP bilden CDU/CSU und SPD ein Große Koalition.

Quelle: Schindler 1999: 2392 f.; Feldkamp 2011: 1153 f. (Stand der Gesetzgebung des Bundes/GESTA, Abschlussbände 8. bis 15. Wahlperiode; Deutscher Bundestag, Referat Parlamentsdokumentation).

Selbstverständlich drängen sich auch aufgrund der laufenden Befassung mit den einzelnen Politikbereichen und Problemfeldern in den Arbeitsgruppen, Arbeitskreisen und Bundestagsausschüssen »alternative« gesetzliche Regelungen auf. Meist wirken ein Bündel äußerer Einflussfaktoren, sachliche und parteipolitische Motive und Fraktionsinteressen zusammen, bis es zur Entscheidung über die Ausarbeitung und schließlich zur Einbringung eines Gesetzentwurfes durch eine Oppositionsfraktion kommt.

In den sieben Wahlperioden im Zeitraum 1983–2009 fanden von insgesamt 1 006 Gesetzentwürfen der Oppositionsfraktionen nur fünf eine parlamentarische Mehrheit (vgl. Tabellen 6.3 und 6.6). Zwar lag der Anteil direkt erfolgreicher Gesetzentwürfe der Oppositionsfraktionen in früheren Wahlperioden phasenweise (etwas) höher, doch handelte es sich größtenteils um marginale Gesetze (Sebaldt 1992b: 258).

Angesichts der engen Verbindung von Mehrheitsfraktionen und Regierung im parlamentarischen Regierungssystem dürfte die sehr geringe Erfolgschance oppositioneller Gesetzentwürfe kaum überraschen, was (längerfristige) indirekte Wirkungen nicht ausschließt. Was aber motiviert dann die Oppositionsfraktionen, sich der ja oft sehr aufwendigen Arbeit an Gesetzentwürfen zu unterziehen, und dies nicht nur ausnahmsweise, sondern in großer Zahl?

Die Ausarbeitung von Gesetzentwürfen ist für die Oppositionsfraktionen vor allem dann von Interesse, wenn sie nicht nur Kritik an der Regierungspolitik, sondern auch die Formulierung von Alternativen als ihre Aufgabe sehen. Gesetzentwürfe können sich auch insofern als öffentlichkeitswirksame Kontrollmittel eignen, als sie auf ihrem (meist) langen Weg im Gesetzgebungsprozess immer wieder Gelegenheit geben, die Diskussion in der Öffentlichkeit anzuregen.

Ein Gesetzentwurf der Opposition kann auch dann wirksam werden, wenn er – wie üblich – von den Mehrheitsfraktionen abgelehnt wird. Die Opposition kann so die Regierung(smehrheit) zur Vorlage eines Entwurfs provozieren (vgl. auch Sebaldt 1992a). Im Übrigen stehen Gesetzentwürfe in der Regel nicht isoliert, sondern werden von einer Reihe anderer parlamentarischer Aktivitäten begleitet. Auch kommt es immer wieder vor, dass die Regierungsmehrheit einen Gesetzentwurf inhaltlich teilweise übernimmt und es der Regierung aufgrund ihrer oft privilegierten Medienpräsenz gelingt, dies als Leistung der Regierung zu »verkaufen«. Indirekt erfolgreich waren die Oppositionsfraktionen im Zeitraum 1949 bis 1987 mit 125 Initiativen, wobei etwa zwei Drittel als »wichtig« eingestuft wurden (Sebaldt 1992b: 253, 259). Andererseits kann es der Opposition angesichts oft langwieriger Abstimmungsprozeduren von Referentenentwürfen gelingen, mit einem eigenen (»alternativen«) Entwurf der Regierung zuvorzukommen und öffentlich »Punkte« zu sammeln.

6.2.1.4 Gesetzesinitiativen des Bundesrates

Der Bundesrat kann Gesetzentwürfe mit der absoluten Mehrheit seiner Stimmen beim Bundestag einbringen: Er beschließt dies aufgrund eines Antrags, der von einem Land oder mehreren Ländern gemeinsam gestellt wurde (§ 26 GO-BRat; Ziller/ Oschatz 1998: 22 f.). Der Gesetzentwurf wird zunächst der Bundesregierung zugeleitet, die ihre Auffassung hierzu darlegen soll, was zumeist auch geschieht, und den Gesetzentwurf innerhalb von sechs Wochen dem Bundestag zuleiten muss. Die von drei Monaten auf sechs Wochen verkürzte Frist wurde 1994 eingeführt, um das Gesetzgebungsverfahren zu beschleunigen. Von dieser Frist kann auf Verlangen der Bundesregierung oder des Bundesrates in bestimmten Fällen abgewichen werden (Art. 76 Abs. 3 GG).

Die Gesetzgebungsarbeit der großen Oppositionsfraktionen im Bundestag kann nur dann angemessen eingeschätzt werden, wenn die in manchen Politikbereichen enge Kooperation zwischen Bundestagsfraktion und Länderregierungen sowie den (allerdings weniger einflussreichen) Landtagsfraktionen mit bedacht wird. Zwischen den politischen Führungen der Länderministerien und der jeweiligen Bundestagsfraktion werden die Inhalte von Gesetzentwürfen oft abgestimmt und es wird abgesprochen, ob ein Gesetzentwurf im Bundestag oder Bundesrat (oder auch in beiden Gremien) präsentiert werden soll. Solche Absprachen können informell in verschiedenen Fraktions-, Regierungs- und Parteigremien stattfinden. Neben regelmäßigen Kontakten werden Informationsgespräche und Absprachen je nach Bedarf und in unterschiedlicher Zusammensetzung geführt. Ministerialbeamte der Länder – vornehmlich der Landesvertretungen – nehmen regelmäßig an Sitzungen der Arbeitsgruppen bzw. Arbeitskreise der politisch nahestehenden Bundestagsfraktionen sowie an Ausschusssitzungen des Bundestages teil, während Fraktionsvertreter in die Abstimmungsgespräche der Ländergruppen einbezogen sind, die den Bundesratssitzungen vorausgehen. Will eine Landesregierung einen Gesetzentwurf dem Bundesrat vorlegen, wird der zuständige Landesminister oder Staatssekretär die entsprechende Arbeitsgruppe der Fraktion – nach Möglichkeit persönlich – informieren, Anregungen entgegennehmen und einarbeiten lassen; dies gilt besonders für Oppositionsfraktionen.

Hat eine Partei, die in Berlin in der Opposition steht, im Bundesrat die Mehrheit, kann sie »mit dem politischen Gewicht der Ländervertretung oppositionelle Alternativentwürfe in die politische Willensbildung im Parlament« einbringen (Jekewitz 2001: Art. 76 Abs. 1 GG, Rz. 18). Aber auch die unmittelbar im Bundestag eingebrachten Alternativ-Entwürfe der Opposition zu Regierungsvorlagen haben unter dieser Voraussetzung stärkeres Gewicht, wenn es um zustimmungsbedürftige Regelungen geht. Auch wenn eine Oppositionspartei des Bundestages im Bundesrat in der Minderheit war, fand oft eine entsprechende Zusammenarbeit zwischen der Bundestagsfraktion und den parteipolitisch nahe stehenden Länderregierungen statt, wenn

Entscheidungen über die Einbringung von Gesetzentwürfen zu treffen waren. Die Zusammenarbeit gestaltet sich vor allem in jenen Gebieten recht eng, in denen die Bundestagsfraktion auf Informationen der Ministerialbürokratien und auf Kooperation mit den politischen Führungen der Länder angewiesen ist.

Der zunächst geringe Anteil der vom Bundesrat eingebrachten Gesetzentwürfe ist seit der 7. Wahlperiode (1969–72) unter den Bedingungen einer »oppositionellen« Bundesratsmehrheit der Union auf über 10 % angestiegen und blieb auch unter veränderten Mehrheitsverhältnissen etwa auf diesem Niveau. Die Anzahl der Gesetzesanträge der Länder übersteigt die vom Bundesrat zur Einbringung beschlossenen Gesetzentwürfe in den meisten Wahlperioden erheblich (vgl. Tabellen 6.1 und 6.2), da sie auch dann als öffentlichkeitswirksames Mittel der Politik angesehen werden, wenn Sie nicht die erforderliche Mehrheit im Bundesrat finden. Auffallend ist, dass sich die Zahl von Gesetzesanträgen der Länder in der 10. Wahlperiode (1983–87) gegenüber der 8. Wahlperiode mehr als verdoppelt hatte (71:144), während der Bundesrat nur sieben Gesetzentwürfe mehr zur Einbringung beim Bundestag beschlossen hat. Mehr als die Hälfte der Länder Anträge in der 10. Wahlperiode stammten von SPD-regierten Ländern. Nur etwa ein Viertel dieser Anträge fanden im Bundesrat eine Mehrheit und konnten im Bundestag behandelt werden, der sie dann – von ganz wenigen Ausnahmen abgesehen (4) – ablehnte. Obwohl die von Sozialdemokraten regierten Länder seit 1982 also überwiegend damit rechnen mussten, dass ihre Anträge von der Mehrheit im Bundesrat abgelehnt würden und im Bundestag somit gar nicht behandelt werden konnten, hielten sie Gesetzentwürfe offenbar für ein wirksames Mittel, um sozialdemokratische Politik öffentlich zu vertreten. Hier gelten ähnliche Motive wie bei Initiativen der Bundestagsopposition. Dass nach der Veränderung der Mehrheitsverhältnisse 1990/91 der Anteil der Gesetzesanträge sozialdemokratisch geführter Bundesländer bei den vom Bundesrat zur Einbringung beschlossenen Gesetzentwürfen (151) in der 13. Wahlperiode (1994–1998) etwa die Hälfte betrug, dürfte ebenso wenig überraschen wie die Tatsache, dass davon nur wenige vom Bundestag beschlossen wurden. Entsprechend hoch war in der Zeit der rot-grünen Koalition im Bund (1998–2005) die Zahl der von unionsgeführten Ländern durchgesetzten Bundesratsinitiativen, nachdem die rot-grünen Koalitionsparteien bereits im Frühjahr 1999 ihre Mehrheit im Bundesrat verloren hatten und ab Mai 2002 einer Stimmenmehrheit von Bundesländern gegenüberstanden, in denen CDU und CSU allein oder zusammen mit der FDP regierten. Von den 93 Gesetzesvorlagen des Bundesrates in der 14. Wahlperiode wurden 22 vom Bundestag verabschiedet. Darunter war in der 14. WP nur ein Gesetzentwurf eines unionsregierten Landes. Sechs Initiativen stammten in der 14. WP von sozialdemokratisch geführten Ländern. Hingegen wurden 15 Gesetzentwürfe von sozialdemokratisch- und unionsgeführten Ländern gemeinsam oder von Ländern mit Großen Koalitionen initiiert, was dafür spricht, dass hier länderspezifische Interessen im Vordergrund standen (eigene Auswertung von Unterlagen des Bundesrates; vgl. auch Harle/Stecker 2011). Manche Gesetzentwürfe gingen in jüngerer Zeit auf Beschlüsse von Ministerpräsidenten- oder Fachministerkonferenzen zurück (Ziller/Oschatz 1998: 25; Nagel 2011).

Inhaltlich geht es bei Gesetzesanträgen der Länder häufig um Kompetenz-, Finanz- und Verwaltungsinteressen der Länder und um Bereiche der Innen- und Justizpolitik. Kontinuierlich hoch ist die Antragshäufigkeit der Länder Baden-Württemberg und Bayern, wobei die politische Profilierung der über Jahrzehnte von der CSU geführten bayerischen Staatsregierung sowohl gegenüber der jeweiligen Bundesregierung als auch im Verhältnis zur Schwesterpartei CDU offensichtlich ist (Münch 2011: 97 ff.; 104).

Der Bundestag ist bei der Beratung der Bundesratsinitiativen nicht durch eine konkrete Fristvorgabe gebunden. Durch die 1994 eingefügte Verfassungsbestimmung ist allerdings festgelegt, dass der Bundestag über die Vorlage »in angemessener Frist zu beraten und Beschluss zu fassen« hat (Art. 76 Abs. 3 GG). In der Praxis wird gelegentlich über eine zeitliche Verschleppung und auch über erhebliche Änderungen der Vorlagen geklagt (Münch 2011: 92 f.).

Insgesamt lag der Anteil der Bundesratsinitiativen unter den vom Bundestag beschlossenen Gesetzentwürfen in den letzten sechs Wahlperioden (1987–2009) bei durchschnittlich etwa 5 % (Tabelle 6.3). Darunter waren vor allem Gesetze zur Verbesserung des Rechts-, Kunden- und Verbraucherschutzes (GESTA und Reuter 2009: 42). Wesentliche Entscheidungen gingen nur selten auf Bundesratsinitiativen zurück (Beyme 1997: 66 f.; Münch 2011: 90).

6.2.2 Ausarbeitung und Beschluss von Regierungsvorlagen

Während sich die Zahl der politischen Führungspersonen der Regierung seit dem 19. Jahrhundert nicht wesentlich verändert hat, expandierte die Ministerialverwaltung mit dem Zuwachs öffentlicher Aufgaben beträchtlich: Etwa 19 000 Personen sind in den Bundesministerien sowie im Bundeskanzleramt beschäftigt. Alle Bundesministerien zusammen umfassen etwa 110 Abteilungen mit in der Regel zwei bis vier Unterabteilungen, in denen jeweils mehrere Fachreferate zusammengefasst sind (Bund transparent 2011). Hinzu kommen zahlreiche, den Bundesministerien nachgeordnete Behörden (Rudzio 2011: 262). Die politische Führung i. e. S. liegt hingegen bei »nur« drei bis vier Dutzend Personen: derzeit 16 Regierungsmitgliedern (Bundeskanzler, Bundesminister) und 30 Parlamentarischen Staatssekretären und Staatsministern, unterstützt von einem kleinen Stab enger Mitarbeiter außerhalb der »Linie« (Stand: 2011). Allerdings ist der Personalanteil der Leitungsstäbe seit 1995 von 4,3 % auf 6,3 % im Jahr 2009 gestiegen (2009: durchschnittlich 58), während die Zahl der Mitarbeiter in den Bundesministerien seit der deutschen Vereinigung kontinuierlich gesunken ist (Döhler 2012: 202). Um die politische Führungsfähigkeit der politischen Spitze zu stärken, wurde außerdem die Möglichkeit geschaffen, »politische Beamte«

(Staatssekretäre, Abteilungsleiter) »jederzeit« in den einstweiligen Ruhestand zu versetzen (§ 36 BBG). Auf diesem Wege wurden insbesondere nach »Machtwechseln« (zuletzt: 1998) einige hohe Beamtenstellen mit politisch »zuverlässigen« Personen besetzt (vgl. Derlien 2001: 47 ff.). Gleichwohl ist die politische »Steuerungsfähigkeit« der politischen Führung zwangsläufig eingeschränkt.

Die Verfassung geht auch für den Bereich der Ministerien (und des Bundeskanzleramtes) von einer klaren Funktionstrennung zwischen »Politik« und »Bürokratie« aus, wie sie dem traditionellen Modell der Verwaltungsführung und dem Anspruch demokratischer Legitimation im parlamentarischen Rechtsstaat entspricht (vgl. Böhret 1983a: 11 ff.; König/Siedentopf 2001). Ihre formale Organisationsstruktur beruht auf dem Prinzip der vertikalen Über- und Nachordnung von Mitarbeitern zueinander (Linienorganisation); die Praxis der Verwaltungsführung sieht anders aus. Würden sich Informationsfluss und fachliche Kooperation ausschließlich nach dem in der Geschäftsordnung festgelegten »Dienstweg« richten, wäre die Ministerialverwaltung wohl kaum in der Lage, effizient zu arbeiten und die anstehenden Aufgaben zu bewältigen (vgl. Hesse/Ellwein 2004: 272 f.). So ist es angesichts der Aufgabenvielfalt heute üblich, dass Ministerialreferenten bei Vorarbeiten zu Gesetzentwürfen, Verordnungen etc. mit (stillschweigender) Billigung des direkten Vorgesetzten Kontakt mit Referenten, Unterabteilungsleitern, anderen Abteilungen des eigenen Hauses oder eines anderen Ministeriums oder auch mit Persönlichen Referenten des Ministers oder eines (Parlamentarischen) Staatssekretärs aufnehmen (vgl. Derlien/Mayntz 1988: 15).

6.2.2.1 Entwicklung des Referatsentwurfs

Fachliche Kompetenz und Detailwissen liegen auf der Ebene der Fachreferate, denen neben dem Referatsleiter an der Spitze in der Regel noch mehrere Beamte des höheren Dienstes (Referenten) angehören. Alle bisher bekannten Aufgabengebiete sind einem Fachreferat zugewiesen (vgl. § 7 GGO).

Nicht nur die Ausarbeitung von Gesetzentwürfen und Verordnungen ist Sache der Fachreferate, auch die Mehrzahl der Programminitiativen geht von diesen spezialisierten Basiseinheiten aus (Mayntz 1985: 181), die somit faktisch nicht nur »ausführend«, sondern politisch-gestaltend wirken (vgl. Derlien/Mayntz 1988). Nur bei einem Teil der Gesetzesentwicklungen werden die zuständigen Fachreferenten von Anfang an aufgrund eines (ausdrücklichen) Auftrages der politischen Führung tätig, besonders bei politisch kontroversen, öffentlichkeitswirksamen und gewichtigen Themen. In der Mehrzahl der Fälle, insbesondere bei Folge- und Anpassungsregelungen, werden die Ministerialreferenten »von sich aus« initiativ (Mayntz 1985: 191 f.).

In einer ersten Phase konzeptioneller Vorüberlegungen wird sich der Ministerialreferent anhand vorliegender Erfahrungen Gedanken machen, ob wirklich ein (Änderungs-)Gesetz erforderlich ist. Ergebnis eines zunehmenden Interesses an einer Prüfung der Notwendigkeit, Wirksamkeit und Verständlichkeit der Gesetze ist seit den 1980er Jahren die Verbesserung von Prüflisten (»Blaue Prüffragen«). Mit den im Juli 2000 in die (neue) Gemeinsame Geschäftsordnung der Bundesministerien (GGO) aufgenommenen Regelungen einschließlich der – 2009 noch erweiterten – Bestimmungen zur Gesetzesfolgenabschätzung wurden die Anforderungen erhöht und modifiziert (§§ 43, 44; vgl. Abschn. 6.12). Die für die Referatsarbeit offenbar typischen Selektionsmuster werden sich auch mit der neuen GGO nicht grundlegend geändert haben. Die Aufmerksamkeit der Referate gilt vor allem solchen (Teil-) Problemen, die innerhalb der eigenen Zuständigkeit liegen und die Arbeitskapazität der Einheit nicht überfordern. Hinzu kommt die Neigung, nichts aufzugreifen, »was keine Aussicht hat, höheren Orts bzw. im Parlament akzeptiert zu werden« (Mayntz 1985: 190; vgl. Müller 1986; Hill 1998).

Spätestens nachdem er sich über Art und Umfang des Vorhabens klar geworden ist, wird der zuständige Bearbeiter (über den Dienstweg) »offiziell« die Leitung des Hauses unterrichten. Die Entscheidung darüber, ob ein Referentenentwurf ausgearbeitet werden soll, liegt grundsätzlich bei der politischen Führung; je nach politischer Bedeutung und Konfliktlage wird diese auch inhaltliche Ziele vorgeben. Doch können zu diesem Zeitpunkt bereits umfangreiche Informationen gesammelt und Vorarbeiten geleistet worden sein (vgl. Mayntz 1985: 191).

Die Ressortleitung entscheidet je nach Bedeutung des Gesetzesvorhabens und politischer Interessen- und Konfliktlage ohne oder nach Rücksprache mit dem Bundeskanzleramt und betroffenen Ministerkollegen, kann aber auch ein grundsätzliches Votum des Kabinetts bzw. des Koalitionsausschusses oder sogar der Regierungsfraktion(en) einholen (Seiler 1981: 244). Nach der neuen GGO ist das Bundeskanzleramt zu benachrichtigen, wenn ein Gesetzentwurf ausgearbeitet werden soll. Zudem ist es über den Stand der Ausarbeitung und die vorgesehene Zeitplanung für das Gesetzgebungsverfahren laufend zu unterrichten (§ 40 GGO). »Kommt das Ressort dieser Pflicht nicht von sich aus nach, so fordert das Bundeskanzleramt seinerseits die gebotene Beteiligung ein. Das Bundeskanzleramt nimmt diese Aufgabe durch seine sogenannte Spiegel-Struktur wahr, wonach jedes Ressort durch spiegelbildliche Arbeitskapazitäten im Bundeskanzleramt (zumeist je ein Spiegel-Referat) beobachtet und begleitet wird, so dass dieses Referat dem Bundeskanzler und dessen Leitung jederzeit darüber berichten kann« (Busse 2010: 230 f.; vgl. Knoll 2004 und Knoll 2010). Ist die Entscheidung zur Ausarbeitung eines Referentenentwurfes gefallen, wird der »federführende« Ministerialreferent daran gehen, systematisch (weitere) Informationen zu sammeln und aufzubereiten. Das Vorgehen ist dabei verschieden. Jedenfalls wird der Referent (informelle) Kontakte zu Beamten, Arbeitsgruppen und Kommissionen des eigenen Hauses oder anderer Ministerien des Bundes aufnehmen.

Auch mit den Vertretern von Fachverbänden, die mit »ihren« Referaten oft in laufendem Kontakt stehen, werden meist frühzeitig Gespräche geführt, die über das wechselseitige Informieren hinaus den Charakter von »Verhandlungen« tragen können (hierzu Abschn. 6.8).

Zunehmende Bedeutung kommt gerade in dieser Arbeitsphase der wissenschaftlichen Politikberatung zu. Je nachdem wie ein Referent laufend das Gespräch mit Fachkreisen führt, kann er auch bei Bedarf mit der Informationsbereitschaft von Wissenschaftlern rechnen. Vor allem kann die zum Teil erhebliche Informations- und Arbeitskapazität nachgeordneter Institute und Bundesämter und der stark ausgebauten Dateninformationssysteme genutzt werden (Murswieck 1994). In dieser Phase ist auch zu entscheiden, ob wissenschaftliche Gesetzesfolgenabschätzungen durchgeführt, Kommissionen eingesetzt und/oder externe wissenschaftliche Gutachten eingeholt werden sollen; formell ist dies Sache der Ressortleitung (vgl. Abschn. 6.7.1).

Als problematisch erweist sich die Delegation der Gesetzesformulierung auf externe Auftragnehmer wie Anwaltskanzleien und fachlich spezialisierte Unternehmen, die somit weiter reichen kann als die Politikberatung durch Gutachten oder Kommissionen. So haben zwischen 1990 und 2009 Externe an 63 verkündeten Gesetzes- und Verordnungsentwürfen »mitgewirkt« (BT-Drs. 16/14133), wobei »ressortspezifische Qualifikationsengpässe« als Hauptursache gelten (Döhler 2012: 196). Vermieden werden sollte auch die befristete Beschäftigung externer Personen, die von privaten Arbeitgebern wie Unternehmen oder Verbänden ausgeliehen und mit speziellen Rechtsetzungsvorhaben befasst werden (2011: zehn Personen; BT-Drs. 16/14133; Döhler 2012: 194 ff.). Vielmehr sollte eine fachlich angemessene Personalausstattung der Ministerien und nachgeordneten Behörden sichergestellt werden, die ein Vorgehen erübrigt, das dem Vorwurf des »institutionalisierten Lobbyismus« und mangelnder Transparenz ausgesetzt ist (BT-Drs. 16/5203) und parlamentarische Kontrolle zusätzlich erschwert.

6.2.2.2 Vom Referatsentwurf zum Kabinettsentwurf: Koordinierungs- und Abstimmungsprozesse

Auf der Grundlage der ermittelten Sachinformationen und Regelungsvorschläge wird der Fachreferent einen Vorentwurf ausarbeiten, den er im eigenen Haus und gegebenenfalls mit Kollegen aus anderen Ressorts, aber auch mit externen Kontaktpersonen bespricht, ggf. abändert, vielleicht erneut zur Diskussion stellt, ehe er schließlich einen Referatsentwurf abfasst.

Um den Entwurf im Hause abzusichern, wird der Referatsleiter auch seinen Abteilungsleiter und gegebenenfalls den Staatssekretär und Kabinettsreferenten über den Fortgang und eventuelle grundsätzliche Probleme auf dem Laufenden halten. Art und Umfang dieser Unterrichtung können je nach politischer und fachlicher Bedeutung und zu erwartenden politischen Konflikten sowie der persönlichen Beziehung der Referenten (Referatsleiter) zur mittleren Leitungsebene und politischen

Führung sehr unterschiedlich sein (vgl. Schulze-Fielitz 1988: 280 ff.; Leonhardt 1984; Smeddinck/Tils 2002: 312 ff.).

Der Referatsentwurf wird nun offiziell den anderen Referaten des Hauses zugeleitet. Angesichts der Größe und Aufgabenvielfalt mancher Ministerien kann bereits im eigenen Hause ein großer Abstimmungsbedarf entstehen. Die Änderungs- und Ergänzungswünsche anderer Referate und Abteilungen werden geprüft und gegebenenfalls eingearbeitet. Die »Mitwirkung anderer Arbeitseinheiten erfolgt üblicherweise durch sogenannte Mitzeichnung und im Falle einer abweichenden Bewertung durch jene in Gestalt sogenannter Mitzeichnungsvermerke« (Busse 2010: 227; vgl. § 15 GGO). Eine wichtige Vermittlungs- und Koordinationsfunktion sowohl in horizontaler als auch in vertikaler Richtung erfüllen die Abteilungsleiter.

Kann zwischen den Referaten – auch durch Vermittlung der (Unter-)Abteilungsleiter – keine Einigung erzielt werden, muss auf einer höheren Ebene entschieden werden (Abteilungsleiterbesprechung, Staatssekretär(e), Minister). Dieser Entwurf des Hauses (Ressortentwurf) wird danach allen beteiligten Ministerien »offiziell« zur Stellungnahme zugeleitet, nachdem manche auch schon bei den Vorarbeiten zum Referatsentwurf »informell« konsultiert worden waren. Nach der GGO sollen die Ministerien eng kooperieren und dies möglichst frühzeitig (§§ 19, 45) und umfassend. So sind das Justiz- und das Innenministerium zur Prüfung von Rechtsnormen auf ihre Vereinbarkeit mit dem Grundgesetz zu beteiligen sowie in allen übrigen Fällen, in denen Zweifel bei der Anwendung des Grundgesetzes auftreten (§ 45 Abs. 1 GGO), das Justizministerium auch zur Prüfung, ob sich die vorgesehenen Rechtsnormen widerspruchslos in die bestehende Rechtsordnung einfügen, und das Umweltministerium, um die Prüfung der Umweltverträglichkeit sicherzustellen. Die Einigung der »Verfassungsressorts« Justiz (mit dem Schwerpunkt Grundrechte) und Inneres (mit dem Schwerpunkt Staatsorganisation), die zumeist von Politikern unterschiedlicher Koalitionsparteien geleitet wurden, war oft nicht einfach zu erreichen (vgl. Busse 2010: 224). Das Bundesministerium der Finanzen ist nicht nur bei Vorschriften von Steuern oder anderen Abgaben, sondern auch immer dann einzuschalten, wenn Einnahmen oder Ausgaben des Bundes, der Länder oder der Kommunen berührt sind, was bei den meisten Gesetzen der Fall ist (Anlage 6 zu § 45 Abs. 1, § 74 Abs. 5 GGO). Soweit Aufgaben der (derzeit 27) Beauftragten und Koordinatoren der Bundesregierung sowie der Bundesbeauftragten berührt sind (Stand 2007), sind diese frühzeitig zu beteiligen (§§ 21, 45 GGO). Grundsätzlich zu beteiligen ist der Bundesbeauftragte für die Wirtschaftlichkeit in der Verwaltung (§ 45 GGO), wobei dieses Amt traditionell vom Präsidenten des Bundesrechnungshofes wahrgenommen wird. Die Beauftragten sind nicht in die Hierarchie der (Ministerial-)Verwaltung eingegliedert.

Seit 2006 besteht zudem der Nationale Normenkontrollrat, der die Aufgabe hat, den gesamten messbaren Zeitaufwand und die Kosten zu prüfen, die durch die Befolgung einer neuen Regelung für Bürger, Wirtschaft und Verwaltung entstehen. Der in seiner Tätigkeit unabhängige Normenkontrollrat besteht aus zehn ehrenamtlichen Mitgliedern, die auf Vorschlag des Bundeskanzlers im Einvernehmen mit den anderen Mitgliedern der Bundesregierung vom Bundespräsidenten auf fünf Jahre ernannt werden. Der Normenkontrollrat kann sich auf ein Sekretariat mit mehreren Mitarbeitern stützen. Er kann die einschlägigen Datenbanken der Bundesregierung nutzen, Gutachten in Auftrag geben, Anhörungen durchführen und der Bundesregierung Sonderberichte vorlegen. Der Nationale Normenkontrollrat überprüft im Rahmen seiner – allerdings relativ eng gesteckten – Aufgaben die Regelungsentwürfe der Bundesministerien vor deren Vorlage an das Bundeskabinett sowie die Regelungsvorlagen des Bundesrates, wenn sie ihm zugeleitet werden. Er nimmt zudem Aufgaben für den Bundestag wahr. So prüft er Gesetzesvorlagen aus der Mitte des Bundestages auf Antrag der einbringenden Fraktion oder der einbringenden Abgeordneten. Zudem steht er den federführenden und den mitberatenden ständigen Ausschüssen des Bundestages und des Bundesrates zur Verfügung (§§ 3–6 Gesetz zur Einsetzung eines Nationalen Normenkontrollrates).

Nachdem der Entwurf mit den betroffenen Ressorts abgestimmt ist, in der Praxis häufig aber auch schon früher, werden unter bestimmten Voraussetzungen die beteiligten Fachkreise und Verbände, Landesministerien und kommunalen Spitzenverbände (§ 47 GGO) sowie die Geschäftsstellen der Fraktionen (§ 48 GGO) »offiziell« unterrichtet. Auf Wunsch wird der Entwurf dann auch Mitgliedern des Bundestages oder des Bundesrates zur Kenntnis gegeben. Bei der Beteiligung Externer soll ausdrücklich darauf hingewiesen werden, dass es sich um einen noch nicht beschlossenen Gesetzentwurf handelt (§ 47 Abs. 4 GGO). Gleichwohl erzeugt der zugeleitete Referentenentwurf »naturgemäß eine gewisse politische Bindungswirkung, weil spätere Abweichungen öffentliche Nachfragen und Rechtfertigungszwänge zur Folge haben können« (Busse 2010: 228). Im Unterschied zu einzelnen Bundesländern muss sich mit dem Entwurf noch nicht das Kabinett befasst haben. Jedoch ist schon vor Versendung des Referentenentwurfs das Bundeskanzleramt über die Beteiligung zu unterrichten. Bei Gesetzentwürfen von besonderer politischer Bedeutung muss seine Zustimmung eingeholt werden (§ 47 Abs. 2 GGO; vgl. Busse 2010: 228).

Nach der GGO besteht die Verpflichtung, den Entwurf einer Gesetzesvorlage den Ländern sowie den Vertretungen der Länder beim Bund möglichst frühzeitig zuzuleiten, wenn – was meist der Fall ist – »ihre Belange berührt sind« (§ 47 GGO). Zwischen den fachlich korrespondierenden Ministerialverwaltungen des Bundes und der Länder bestehen auf vielen Gebieten ohnehin regelmäßige und oft intensive Informations- und Arbeitskontakte, die sich oft auch in regelmäßigen Arbeitsbesprechungen niederschlagen (Leonhardt 1984: 55). Schließlich ist die Ministerialbürokratie des Bundes zum einen auf die Erfahrungen der für den Gesetzesvollzug meist (mit)verantwortlichen Verwaltungen der Länder (und Kommunen) angewiesen und zum anderen auf deren Bereitschaft, die Durchführung der Gesetze zu unterstützen (Zeh 1984: 485 ff.; Zeh 1998).

Die in vielen Bereichen intensive Steuerung der Kommunen durch Bundes- und
Landesgesetze und durch zentrale Planung sowie das Gewicht der Gemeinden und
Kreise bei der Durchführung von Gesetzen erfordern eine angemessene Berücksichtigung der kommunalen Erfahrungen und Interessen bei der Bundesgesetzgebung.
Daher gelten die Bestimmungen des neuen § 47 GGO ohne Einschränkungen auch
für die Kommunalen Spitzenverbände (§ 25 GGO). Auf Vorschlag der 2010 vom Bundeskabinett eingesetzten Gemeindefinanzkommission ist zudem seit dem 1.9.2011
geregelt, dass bei mündlichen Anhörungen die kommunalen Spitzenverbände noch
vor den sonstigen Verbänden zu Wort kommen, wenn ihre Belange berührt sind (§ 47
Abs. 5 GGO).

Wurden neue Informationen bedacht und die eingegangenen Änderungswünsche
geprüft und gegebenenfalls eingearbeitet, erhalten die anderen Ressorts, sofern die
Zeit ausreicht, den Entwurf noch einmal mit einer letzten Äußerungspflicht. Bevor
ein Gesetzentwurf der Bundesregierung zum Beschluss vorgelegt wird »ist er dem
Bundesministerium der Justiz zur Prüfung in rechtssystematischer und rechtsförm-
licher Hinsicht (Rechtsprüfung) zuzuleiten« (§ 46 Abs. 1 GGO). Hat das Justizministerium schon bei der Vorbereitung eines Entwurfs mitgewirkt, kann allerdings mit
seiner Zustimmung von einer nochmaligen Zuleitung des Entwurfs abgesehen werden (§ 46 Abs. 3 GGO). Der Gesetzentwurf wird nun mit Begründung als Kabinettvorlage an den Chef des Bundeskanzleramtes gesandt (§§ 51, 23 GGO; § 21 GOBReg),
der u.a. für die Planung der Kabinettsitzungen zuständig ist (zum Bundeskanzleramt vgl. Knoll 2010). Die Vorlage wird dann auf einer der nächsten Kabinettsitzungen behandelt.

Angesichts der Größe und fachlichen Ausdifferenzierung der Ministerialverwaltung geraten Minister – mehr oder weniger stark – in Abhängigkeit von Informationsbereitschaft und Problembewusstsein ihrer Verwaltung. Die begrenzte Aufnahmefähigkeit der politischen Führung angesichts knapper Zeit und vielfältiger
politischer Beanspruchung außerhalb des eigenen Ressorts markiert Legitimations-
und Steuerungsdefizite auch und gerade bei der Beteiligung an der Gesetzgebung.
Die auf ihrem Informationsvorsprung und der Komplexität vieler Fragen beruhende
politische Macht der Ministerialverwaltung macht sich vor allem bei solchen Gesetzesvorhaben bemerkbar, die im Windschatten der politischen Auseinandersetzung
und öffentlichen Aufmerksamkeit liegen. Jedoch ist die politische Führung hier vor
Überraschungen nie sicher: Scheinbar politisch unbedeutende Vorhaben, die man
»sachrational« und ohne Prüfung möglicher Alternativen auf politischer Ebene entscheiden zu können glaubt, können unversehens politische Sprengkraft entwickeln
(vgl. Mayntz 1985: 192; ; Smeddinck/Tils 2002: 307 ff.; Ismayr 1992: 289 ff.).

6.2.2.3 Beratungen im Kabinett und Regierungsentwurf

Beschlüsse des Bundeskabinetts werden durch schriftliche Kabinettvorlagen des federführenden Ressorts vorbereitet. Von eilbedürftigen Vorlagen abgesehen werden sie nur dann auf die Tagesordnung gesetzt, wenn sie mindestens eine Woche vor der Kabinettsitzung beim Bundeskanzleramt eingehen und als »kabinettreif« gelten (§ 23 Abs. 3 GGO). Voraussetzung hierfür ist, dass die dargestellten und von der GGO geforderten Abstimmungsprozesse und Beteiligungen zwischen den Bundesministerien erfolgt und alle Möglichkeiten ausgeschöpft wurden, um zu einer einvernehmlichen Lösung zu kommen (vgl. § 17 GOBReg). Auch kann der Bundeskanzler Meinungsverschiedenheiten vor der Behandlung im Kabinett zunächst in einer Ministerbesprechung mit den beteiligten Ministern unter seinem Vorsitz erörtern (§ 17 Abs. 2 GOBReg).

Bleiben auch diese persönlichen Einigungsversuche ohne Erfolg, ist dies in der Gesetzesvorlage mitzuteilen, damit sich auch andere Regierungsmitglieder dazu eine Meinung bilden können (§ 22 Abs. 4 GGO). Keine große Bedeutung für die Abstimmung zwischen den beteiligten Ressorts über Gesetzesvorhaben kommt den – derzeit vier – Kabinettsausschüssen zu, deren Zahl seit den 1990er Jahren ständig abgenommen hat (vgl. Helms 2005b: 100; Busse/Hofmann 2010: 96 f.; Hübner 2000).

Eine wichtige Rolle bei der Vorbereitung der Kabinettsitzungen kommt der turnusmäßig etwa zwei Tage davor stattfindenden Besprechung der beamteten Staatssekretäre aller Ressorts unter Vorsitz des Chefs des Bundeskanzleramtes zu, die üblicherweise zwei Tage vor dem Kabinett stattfindet. »Insbesondere werden etwaige offene oder verdeckte Dissense der Ressorts in dieser Besprechung erörtert und nach Möglichkeit einer Lösung zugeführt. Gelingt dies nicht, so wird eine Verfahrensabsprache zur Lösung getroffen« (Busse 2010: 233).

Wird ein Gesetzentwurf zur Beschlussfassung auf die Tagesordnung einer Kabinettsitzung gesetzt, ist er in aller Regel zwischen den Bundesministerien abgestimmt und sind mögliche Meinungsverschiedenheiten ausgeräumt. Dies schließt nicht aus, dass hinsichtlich der Initiierung und Entwicklung eines Gesetzentwurfs von Erörterungen des Kabinetts Impulse ausgingen – so im Rahmen des 1998 geschaffenen turnusmäßigen Tagesordnungspunkts »Berichte aus den Ressorts; kurz- und mittelfristig bedeutsame Vorhaben« (vgl. Busse/Hofmann 2010: 84). Die politischen Weichen werden bei wichtigeren Vorhaben höchst selten im Kabinett, oft hingegen im – phasenweise ebenfalls regelmäßig tagenden – Koalitionsausschuss (bis 1998: Großes Koalitionsgespräch) unter Beteiligung von Spitzenpolitikern der Regierungsfraktionen und -parteien gestellt (vgl. Abschn. 3.7.2).

Auf formelle Abstimmungen wird im Kabinett in aller Regel verzichtet. Das Einvernehmen zu einer Kabinettvorlage wird »ausdrücklich oder sinngemäß festgestellt, wenn sich kein ausdrücklicher Widerspruch erhebt« (Busse/Hofmann 2010: 84).

Weniger bedeutsame Gesetzesvorhaben (Anpassungsgesetze) werden im verein-

fachten TOP-1-Listenverfahren ohne Sacherörterung behandelt, mit dem die Tagesordnung der Kabinettsitzung üblicherweise beginnt (§ 20 Abs. 2 GOBReg.). Seither
wird das bisher häufig praktizierte Umlaufverfahren seltener und vor allem dann genutzt, wenn eine Entscheidung zwischen zwei Kabinettsitzungen getroffen werden
soll und eine mündliche Beratung nicht erforderlich erscheint (vgl. Busse/Hofmann
2010: 89).

Der »starke Mann« im Kabinett ist nach der Geschäftsordnung und meist auch in
der Praxis neben dem Bundeskanzler der Finanzminister. Eine herausgehobene Stellung bei den Kabinettsberatungen haben auch der Justizminister und der Innenminister. Legt der Finanzminister bei finanzwirksamen Gesetzen ausdrücklich Widerspruch ein und findet er dabei die formelle Unterstützung des Kanzlers, kommt die
Regelung nicht zustande. Der Gesetzentwurf kann nur beschlossen werden, wenn
sämtliche Bundesminister und der Bundeskanzler in einer weiteren Sitzung dafür
stimmen. Entsprechendes gilt, wenn Justizminister oder Innenminister gegen einen
Gesetz- oder Verordnungsentwurf Widerspruch wegen dessen Unvereinbarkeit mit
geltendem Recht einlegen (§ 26 GOBReg.). Eine derartige Kraftprobe noch bei der
»Schlussabstimmung« im Kabinett kommt äußerst selten vor. Gleichwohl ist diese
Regelung präventiv wirksam (vgl. auch Busse 2010: 224).

Gesetzesvorlagen werden dem Kabinett durch ein gesondertes Anschreiben der
Leitung des federführenden Bundesministeriums übermittelt (§§ 51, 22 GGO).

Die Kabinettvorlage muss mit einer Begründung versehen sein, die meist in
einem Allgemeinen Teil (I) auf bisherige Erfahrungen und die Ziele des Entwurfs
eingeht und in einem zweiten Teil die Gesetzesbestimmungen im Einzelnen erläutert (§§ 22 und 51 GGO).

Dem Gesetzentwurf ist eine Übersicht, das sog. Vorblatt, voranzustellen, aus dem
sich Zielsetzung und Problemlösung, mögliche Alternativen sowie die finanziellen
Auswirkungen auf die öffentlichen Haushalte und sonstige Kosten (z. B. für die Wirtschaft und soziale Sicherungssysteme) rasch ersehen lassen. Seit Bestehen des Nationalen Normenkontrollrates sind auch die von ihm ermittelten Bürokratiekosten für
Wirtschaft, Bürger und Verwaltung darzustellen (Anl. 3 zu § 42 GGO). Gibt der Nationale Normenkontrollrat eine Stellungnahme ab ist diese und gegebenenfalls eine
Stellungnahme der Bundesregierung dazu der Gesetzesvorlage beizufügen (§§ 42
Abs. 1, 45 Abs. 2 GGO). In der Begründung ist neben Erläuterungen zur Zielsetzung
und Notwendigkeit und zu den Gesetzesfolgen gegebenenfalls auch darzulegen, wa-
rum im Bereich der konkurrierenden Gesetzgebung gem. Art. 72 Abs. 2 GG eine bundesgesetzliche Regelung erforderlich ist (§ 43 GGO).

Die klar formulierte Forderung der Geschäftsordnung, in der Begründung und
im Vorblatt alternative Lösungsmöglichkeiten darzustellen und (eingehend) die
Gründe zu erläutern, die zu ihrer Ablehnung geführt haben (Anlage 3 zu § 42 Abs.
1, § 43 mit Anl. 5 GGO), wird in der Praxis meist ignoriert. »Alternativen: Keine« –
heißt es meist lapidar im Vorblatt, selbst bei Gesetzentwürfen, die bereits in der Vor-

bereitungsphase zwischen Parteien und Verbänden heftig umstritten waren. Mehr als ein (relativ) pauschaler Hinweis auf Finanzierungs-, Vollzugs- oder Verfassungsprobleme ist den Erläuterungen in der Regel kaum zu entnehmen. Auch andere Lösungsmöglichkeiten, die den Referenten in vielen Fällen in der Vorbereitungsphase begegnen, werden im Vorblatt so gut wie nie und in der Begründung selten und meist nur andeutungsweise erwähnt. Der Leser – auch der nichtspezialisierte Entscheidungsträger – hat aufgrund solcher Hinweise kaum die Möglichkeit, sich ein zuverlässiges Bild von anderen Vorschlägen zu machen. Der Gesetzestext als solcher ist schließlich oft nur mehr den jeweiligen Spezialisten unter den Abgeordneten verständlich. Auch auf dem Gesetzentwurf zugrundeliegende Gutachten, Informationsmaterialien, Stellungnahmen von Kommissionen und Beiräten wird nur selten (genauer) eingegangen. Genauere Informationen über wissenschaftliche Wirkungsanalysen enthalten die Begründungen nur selten. Es entsteht oft der Eindruck, dass die Spuren der Informationsbeschaffung und regierungsinternen Materialselektion und Entscheidungsfindung oft mehr oder weniger bewusst im Dunkeln gelassen werden (vgl. Abschn. 6.7 und 6.8). Erhebliche Defizite hat auch der beim Bundestag eingerichtete »Parlamentarische Beirat für nachhaltige Entwicklung« hinsichtlich der seit 2009 darzustellenden Nachhaltigkeitsprüfungen festgestellt (BT-Drs. 17/6680, S. 5).

Nicht befriedigend sind häufig auch die von der GGO verlangten Angaben über die finanziellen Auswirkungen von Gesetzen (§ 44; vgl. Abschn. 6.12.4).

Mit den genannten Einschränkungen verschafft das Vorblatt meist einen raschen Überblick über die Zielsetzung und die Grundzüge der vorgeschlagenen Lösung. Schwierigkeiten ergeben sich aber, sobald man sich mehr als oberflächlich mit dem Gesetz vertraut machen möchte. Die meisten Gesetze sind Artikelgesetze, durch die oft eine ganze Reihe von Gesetzen geändert wird.

6.2.3 »Erster Durchgang« im Bundesrat

Von der Bundesregierung beschlossene Gesetzentwürfe muss der Bundeskanzler (Bundeskanzleramt) zunächst dem Bundesrat zuleiten (Art. 76 Abs. 2 GG; § 28 GO-BReg). Der Bundesrat ist berechtigt (!), innerhalb von sechs Wochen dazu Stellung zu nehmen. Seit 1994 kann der Bundesrat aus wichtigem Grund, insbesondere wegen des Umfangs einer Vorlage, eine Fristverlängerung auf neun Wochen verlangen. Hat die Bundesregierung »ausnahmsweise« eine Vorlage bei der Zuleitung als eilbedürftig bezeichnet, kann sie den Gesetzentwurf bereits nach drei Wochen oder im Falle einer verlangten Fristverlängerung nach sechs Wochen beim Bundestag einbringen; sie hat die Stellungnahme des Bundesrates dann unverzüglich nachzureichen (Art. 76 Abs. 2 GG). Dies ist eine oft geübte Praxis. Wegen häufiger Terminnot des Bundesrates war im Jahre 1968 die normale Frist von ursprünglich drei auf sechs Wochen verlängert worden. Da bei wichtigen Vorhaben spätestens nach dem Kabinettsbeschluss die öffentliche Auseinandersetzung meist voll im Gange ist, kann es dem Bundestag als dem »eigentlichen« Gesetzgeber jedoch kaum zugemutet werden, noch länger auf die formelle Einbringung zu warten. Andererseits mindern kurze Fristen die bisher ohnehin (zu) geringe Chance der Landesparlamente, auf die Politik der Regierungen und Ministerialverwaltungen der Länder wirksam Einfluss zu nehmen (Klatt 1986a: 3 ff.; vgl. Mielke/Reutter 2012).

Nur selten kommt es vor, dass der Bundesrat gegen einen Entwurf »keine Einwendungen« erhebt oder ihn vollständig ablehnt. Freilich können weitgehende Änderungswünsche und Vorschläge zur Überarbeitung einer Ablehnung gleichkommen. Dies ist besonders dann des Öfteren der Fall, wenn die Regierungsparteien auf Bundesebene im Bundesrat nicht über die Mehrheit verfügen, so zur Zeit der sozialliberalen Koalition und seit 1990/91, mit Ausnahme weniger Monate nach dem Regierungswechsel 1998, bis zum Regierungsantritt der Großen Koalition 2005.

Fast immer legt der Bundesrat (schon) im ersten Durchgang eine ins Detail gehende, meist umfangreiche Stellungnahme mit zahlreichen Änderungsvorschlägen, Anregungen und Einwänden vor, die freilich oft eher gesetzestechnischer und verwaltungspraktischer Art sind (Ziller/Oschatz 1998: 30). Dies ist insofern überraschend, als die Stellungnahmen meist von jenen Ministerialreferenten der Länder ausgearbeitet werden, die schon bei den Vorarbeiten des Referentenentwurfs konsultiert wurden. Vor allem die bedeutenderen Einwände (Änderungsvorschläge) sind den Verfassern der Referentenentwürfe oft schon seit längerem bekannt, wie manchen Formulierungen in den »Gegenäußerungen« der Bundesregierung zu entnehmen ist.

In den ressort- und fachbezogen arbeitenden Ausschüssen des Bundesrates, die sich zunächst mit dem Regierungsentwurf befassen, sitzen die Beamten der Länder (wieder) den Ministerialreferenten der federführenden Bundesministerien gegenüber, die die Entwürfe ausgearbeitet haben und dann später auch die Gegenäußerungen der Bundesregierung vorbereiten werden. Denn die den Ausschüssen angehörenden Mitglieder der Landesregierungen lassen sich meist von ihren Beamten vertreten und nehmen an deren Sitzungen nur teil, wenn politisch (besonders) wichtige Vorlagen behandelt werden (vgl. § 11 Abs. 2 GOBRat). Eingehende Vorarbeiten werden – schon aus Zeitgründen – in den Landesministerien geleistet. Neben den Fachreferenten der Landesministerien nehmen auch Beamte der Landesvertretungen teil, die oft über vielfältige Informationskontakte, insbesondere zu den ihnen nahestehenden Regierungs- und Parlamentsgremien, verfügen und meist einen Überblick über mehrere Politikbereiche haben; sie leisten wichtige Koordinierungsarbeit (Schrenk 2010: 365 ff.; Oberthür 1989: 394).

Über ihre Haltung bei der Beschlussfassung im Plenum des Bundesrates entscheiden die Länderregierungen meist in ihren Kabinettsitzungen. Die Sitzungsteilnehmer haben sich dann bei den einzelnen Punkten der Tagesordnung nach den Weisungen und Empfehlungen ihrer Landesregierung zu richten. Mitunter gibt ihnen die Landesregierung auch »freie Hand«, damit sie sich noch kurzfristig mit anderen Ländern abstimmen können. Diese Kabinettsbeschlüsse werden nach Vorlage der Beratungsergebnisse der Ausschüsse in Referentenbesprechungen und Staatssekretärskonferenzen vorbereitet und faktisch zum größten Teil (vor)entschieden. Selbst legt die Landesregierung das Abstimmungsverhalten bei »hochpolitischen Angelegenheiten« fest, »in Fällen grundsätzlicher oder weitreichender Bedeutung für das Land sowie in den zwischen den Landesressorts umstritten gebliebenen Fragen« (Reuter 1991: 244). Nur bei politisch bedeutsamen bzw. umstrittenen Fragen kommt es vor, dass bereits vor den Beratungen der Bundesratsausschüsse eine geschlossene Haltung der Landesregierung erarbeitet wird und entsprechende Weisungen oder Beratungsrichtlinien erteilt werden (Dülz 1989: 377).

Von Vorteil für den Bundestag, aber auch für die Regierung und die Öffentlichkeit, ist sicherlich, dass die Erfahrungen der Länder über Gesetzeswirkungen und Vollzugsprobleme auf diese Weise »öffentlich« in den Gesetzgebungsprozess einfließen. (Für die Erfahrungen der Kommunen gilt dies freilich nur teilweise.) Die Ausschüsse des Bundestages erhalten so Kenntnis von Problemen und Regelungsalternativen im Detail, die sie den Begründungen der Gesetzentwürfe nicht entnehmen können. Allerdings argumentieren häufig auch die Vertreter der Länderbürokratien insofern aus einer eingeschränkten Verwaltungsperspektive, als sie selbst durch Erlass von Verwaltungsvorschriften, Richtlinien, etc. die Art der Ausführung von Bundesgesetzen mitzuverantworten haben (Zeh 1984).

Mit entschiedenem Widerspruch des Bundesrates muss die Bundesregierung bereits in dieser Phase des Gesetzgebungsprozesses rechnen, wenn erhebliche Kosten und Verwaltungsaufwendungen der Länder, Gemeinden und Gemeindeverbände zu erwarten sind, wenn die Länder eine (weitere) »Aushöhlung« der Länderkompetenzen befürchten, oder der Bundesrat im Gegensatz zur Bundesregierung ein Gesetz für zustimmungsbedürftig hält. Besonders in diesen Fragen geben häufig die gemeinsamen Länderinteressen den Ausschlag, verbünden sich parteipolitisch verschieden zusammengesetzte Länderregierungen (vgl. Blumenthal 2010; Jun 2011: 108). Vor allem die Frage der Zustimmungsbedürftigkeit von Gesetzen hat allerdings häufig auch eine strategische Rolle bei der Durchsetzung parteipolitischer Positionen gespielt (vgl. auch Jun 2010).

Die verstärkte »Parteipolitisierung« des Bundesrates seit der Zeit der sozialliberalen Koalition (1969–1982) prägt auch die Stellungnahmen im »ersten Durchgang« und die Reden im Plenum des Bundesrates und verleiht ihnen erhebliches politisches Gewicht. Im Hinblick auf die (insbesondere bei wichtigen Gesetzen) vom Willen der Oppositionsparteien geprägte Haltung der Bundesratsmehrheit wurden bereits bei der Vorbereitung der Kabinettsentwürfe die teils über interne Informationskanäle vermittelten, teils bereits öffentlich artikulierten Einwände berücksichtigt. Dies gilt besonders bei einer klaren »Oppositionsmehrheit« im Bundesrat, während einer jüngeren Untersuchung des Abstimmungsverhaltens im Bundestag zufolge »Zeiten unsicherer Mehrheitsverhältnisse tendenziell Zeiten der verschärften parteipolitischen Konfrontation sind« (Burkhart/Manow 2006: 822).

Deutlicher noch als in den Stellungnahmen des Bundesrates kommt die parteipolitische Stoßrichtung der Kritik an Gesetzentwürfen seit 1969 in Debattenbeiträgen im Bundesrat zum Ausdruck – wenngleich dies meist in der in diesem Gremium üblichen moderaten Tonlage geschieht.

Die Stellungnahme des Bundesrates wird vom Bundestagspräsidenten dem Bundeskanzler und vom Bundeskanzleramt dem federführenden Ministerium zugeleitet. Dort arbeitet der zuständige Referent eine meist ins Einzelne gehende Gegenäußerung aus, die der Stellungnahme entsprechend zu gliedern und dem Bundeskanzleramt als Kabinettvorlage zu übersenden ist (§ 53 GGO). Vollständige Ablehnung der Vorschläge ist selten. In der Gegenäußerung wird in aller Regel einigen Änderungsvorschlägen ganz oder teilweise zugestimmt, zahlreiche andere – und dies sind meist die politisch wichtigeren – werden abgelehnt; gelegentlich wird auch die Prüfung einer Empfehlung im weiteren Gesetzgebungsverfahren zugesagt.

Der Gesetzentwurf der Regierung darf nicht mehr geändert, nur das Vorblatt zum Entwurf kann neu gefasst werden. Enthält die Stellungnahme wesentliche Alternativvorschläge werden diese in einem neuen Vorblatt aufgeführt (§ 53 Abs. 1 GGO). Zusammen mit der Gegenäußerung der Bundesregierung wird der Gesetzentwurf dem Präsidenten des Bundestages zugeleitet. Es steht der Bundesregierung allerdings frei, den Gesetzentwurf später oder – was selten vorkommt – gar nicht einzubringen.

6.2.4 Parlamentarische Beratung eingebrachter Gesetzentwürfe und Beschlussfassung

6.2.4.1 Einbringung, erste Beratung und Überweisung

Ist eine Gesetzesvorlage beim Bundestagspräsidenten eingegangen, wird veranlasst, dass sie gedruckt und an die Mitglieder des Bundestages, des Bundesrates und an die Bundesministerien verteilt wird (§ 77 GOBT).

Gesetzentwürfe werden traditionell in drei Beratungen (Lesungen) behandelt. Nur bei Verträgen (Art. 59 Abs. 2 GG) begnügt sich der Bundestag in der Regel mit zwei Beratungen (§ 78 Abs. 1 GOBT).

Bei der ersten Beratung von politisch einigermaßen bedeutsamen Gesetzentwürfen fand bis in die 1990er Jahre zumeist auch eine Plenardebatte statt, doch geschah dies in der 14. Wahlperiode (1998–2002) nur mehr bei 38 % der Gesetzentwürfe (ohne Vertragsgesetze; 11. WP. 59 %; vgl. Tabelle 6.4). Überwiegend wird eine Debattenrunde festgelegt; bei verbundenen Debatten kann auch eine größere Aussprache vereinbart sein.

Auch wenn der von der Fraktion benannte Redner in seinem Beitrag nur auf die

»Grundsätze der Vorlage« eingehen soll, erfordert dies doch, dass die Fraktion sich eine Meinung gebildet und intern grundsätzlich über ihre Haltung verständigt hat, will sie nicht als zerstritten, entscheidungsunfähig oder inkompetent gelten. Im Ältestenrat und meist schon zuvor in den Besprechungen der Ersten Parlamentarischen Geschäftsführer wird vereinbart (§ 6 Abs. 1 GOBT), wann ein Gesetzentwurf im Plenum beraten werden soll, ob eine Plenardebatte vorgesehen ist (§ 79 GOBT) und ob die Vorlage im vereinfachten Überweisungsverfahren behandelt werden soll (§ 80 Abs. 4 GOBT, eingefügt Nov. 1990). Obwohl solche Vereinbarungen die Übereinstimmung aller Sprecher der Fraktionen im Ältestenrat voraussetzen, kommt es immer wieder vor, dass eine Fraktion unter Druck gerät. So geschieht es nicht selten, dass eine Fraktion bereits zu einem Zeitpunkt öffentlich »Farbe bekennen« muss, zu dem sie sich (möglicherweise) über ihre Haltung noch nicht im Klaren ist.

Bei politisch für wichtig gehaltenen und bereits im Vorfeld von Interessenverbänden, Parteien, Bürgerinitiativen und Massenmedien diskutierten Regierungsvorlagen sind selbstverständlich auch in den Fraktionen nicht nur die Ausschuss-Experten, sondern je nach Spezialisierung, Relevanz und öffentlichem Interesse auch andere Abgeordnete der betreffenden Arbeitsgruppen/Arbeitskreise und sonstigen Fraktionsgremien und -gruppierungen an der Diskussion beteiligt. Wenn sich eine Fraktion bis zur ersten Lesung (intern) noch nicht geeinigt hat, liegt dies dann nicht unbedingt am Zeitdruck, es sei denn, die Fassung des Regierungsentwurfs wurde kurzfristig gegenüber dem zuvor diskutierten Referentenentwurf wesentlich geändert.

In den vielen Fällen politisch für weniger wichtig gehaltener Regierungsvorlagen sind hingegen vor der offiziellen Einbringung des Gesetzentwurfs meist nur die Experten der Arbeitsgruppen (Ausschüsse) und gegebenenfalls die Obleute bzw. Vorsitzenden mit dem Vorhaben oder jedenfalls der zu regelnden Materie vertraut. Arbeitsgruppen bzw. Arbeitskreise und Fraktion folgen dann in der Regel dem Urteil des Berichterstatters.

Nach der Geschäftsordnung soll der Gesetzentwurf am Schluss der ersten Beratung in aller Regel nur *einem* Ausschuss überwiesen werden. In der Praxis werden meist mehrere Fachausschüsse mit der Behandlung des Gesetzentwurfs beauftragt, einer davon federführend, die anderen mitberatend (vgl. § 80 Abs. 1 GOBT). Einmal betreffen die Vorlagen meist mehrere Politikbereiche (vgl. »Artikelgesetze«); zudem empfiehlt sich zur Vermeidung unerwünschter Neben- und Folgewirkungen von Gesetzen eine möglichst frühzeitige Abstimmung. Bei Regierungsvorlagen ist meist jener Ausschuss federführend, aus dessen korrespondierendem Ministerium der Gesetzentwurf stammt. Das Plenum folgt regelmäßig den Überweisungsvorschlägen des Ältestenrates oder danach getroffenen interfraktionellen Vereinbarungen.

Ist eine Fraktion mit dem Überweisungsvorschlag nicht (mehr) einverstanden oder lehnt sie eine Überweisung ganz ab, muss förmlich abgestimmt werden. Seit 1983 kam dies – im Unterschied zu den vorausgegangenen Wahlperioden – mehrmals vor, in der 16. Wahlperiode häufiger (Fallsammlungen 8.–16. WP). Welcher Ausschuss federführend mit einer Vorlage befasst ist, ist durchaus keine bloße Formalität und kann gelegentlich sogar ausschlaggebend sein. Denn der federführende Ausschuss soll zwar die Stellungnahmen der mitberatenden Ausschüsse berücksichtigen, doch liegt die Entscheidung letztlich bei ihm.

Zwar besteht die Möglichkeit, auf Beschluss einer Zweidrittelmehrheit der anwesenden Abgeordneten auf die Ausschussberatung zu verzichten (§ 80 Abs. 2 GOBT), doch wird davon aus guten Gründen »außerordentlich selten« Gebrauch gemacht (Linn/Sobolewski 2011: 93; vgl. Fallsammlungen über die Anwendung der GOBT).

6.2.4.2 Rolle der Ausschüsse und Fraktionsgremien

Generell lässt sich sagen, dass die Einflussnahme der Mehrheitsfraktionen auf die Formulierung von Regierungsentwürfen umso erfolgversprechender ist, je früher sie einsetzt. Geht ein Gesetzentwurf an die Ausschüsse, haben sich die Fraktionen oder jedenfalls deren »zuständige« Gremien (Arbeitsgruppe, Vorstand) schon weitgehend festgelegt. Bei politisch bedeutsamen oder umstrittenen Gesetzesvorhaben haben die – unterschiedlich beteiligten – Koalitions-, Fraktions- und Parteigremien in (teils internen) Verhandlungsprozessen sowie in öffentlicher Auseinandersetzung mit oppositionellen Gruppierungen spätestens bis zur ersten Lesung Position bezogen. Sehen sich die Regierungsfraktionen – was des Öfteren geschieht – mit kurzfristig präsentierten Kompromissregelungen des Koalitionsausschusses konfrontiert, führt dies zwar mitunter zu Unmutsäußerungen in der Fraktion, recht selten aber zu grundlegenden Änderungen oder gar zur Ablehnung der vorgeschlagenen Regelung im weiteren Verlauf des Gesetzgebungsverfahrens. Denn dies würde (nach dem Selbstverständnis der Fraktionen) bedeuten, nicht nur die »eigene« Regierung, sondern auch die an »großen« Koalitionsgesprächen beteiligten Fraktionsspitzen zu desavouieren. Wann hier die Grenzen des Zumutbaren überschritten sind, hängt nicht nur vom Selbstbewusstsein der Fraktionen und ihrer Sensibilität, sondern auch von den Reaktionen der Parteigliederungen und -gruppierungen und der Massenmedien ab.

Bei spezielleren Gesetzen erfolgt die Festlegung faktisch auf der Ebene der Arbeitsgruppen oder Arbeitskreise, vornehmlich in Arbeitskontakten der zuständigen Berichterstatter, Ministerialbeamten und nahestehenden Fachkreisen. Dem Wunsch der Arbeitsgruppen der Koalitionsfraktionen, über Regierungsvorhaben frühzeitig informiert und daran konzeptionell beteiligt zu werden, entspricht bei einem Teil der Regierungspolitiker und -beamten die Neigung, die Koalitionsfraktionen rechtzeitig »einzubinden« (vgl. Kap. 3). Andere neigen dazu, in der Entwicklungsphase von Gesetzentwürfen der Regierung (auch) die Regierungsfraktionen nur selektiv zu informieren und sie mit »fertigen« Entwürfen zu konfrontieren, können sie sich doch erfahrungsgemäß darauf verlassen, dass diese es sich schon nicht leisten werden, einen offiziell auf den Weg gebrachten Entwurf (grundsätzlich) in Frage zu stellen.

In den Ausschussberatungen werden an etwa zwei Dritteln der Gesetzentwürfe meist – mehr oder weniger zahlreiche – Änderungen vorgenommen, die freilich selten darauf abzielen, die politische Zielsetzung der Vorlagen in Frage zu stellen. Die (unveränderten) Vertragsgesetze nicht mitgerechnet, sind es etwa 9 von 10 Gesetzen (Stand der Gesetzgebung/GESTA, Abschlussbände und Schindler 1999: 2396 f.). Häufig geht es dabei um zwischenzeitlich notwendig gewordene Anpassungen an die Rechtslage sowie an technische und ökonomische Entwicklungen, die Korrektur gesetzestechnischer Mängel und die (nachträgliche) Berücksichtigung verwaltungspraktischer Erfahrungen mit geltenden Regelungen. Ein erheblicher Teil der Änderungen beruht auf Vorschlägen und Anregungen des Bundesrates, fast immer solchen, denen sich die Bundesregierung in ihrer »Gegenäußerung« angeschlossen oder deren Prüfung sie im weiteren Verlauf des Gesetzgebungsverfahrens des Bundestages zugesagt hat (vgl. Schulze-Fielitz 1988: 230, 313). Da diese Gegenäußerungen maßgeblich von dem für die Entwurfsabfassung zuständigen Beamten formuliert werden, kommt auch hierin der starke Einfluss der Verwaltung zum Ausdruck.

Bevor sich die Ausschüsse erstmals mit einer überwiesenen Vorlage (inhaltlich) befassen, haben die Fraktionen ihre Argumentations- und Verhandlungslinie in den vorausgegangenen Arbeitsgruppen- und Arbeitskreissitzungen weitgehend festgelegt.

Die Hauptlast der Vorbereitungs- und Koordinierungsarbeit innerhalb der Fraktionen und zwischen den Koalitionspartnern wie auch in den Bundestagsausschüssen liegt bei den »zuständigen« Berichterstattern und Vorsitzenden bzw. Obleuten der beteiligten Fraktionsarbeitsgruppen. Vor allem bei speziellen und/oder politisch wenig umstrittenen Anpassungsgesetzen bleibt die Arbeit in vielen Fällen weitgehend den Berichterstattern der Arbeitsgruppen überlassen, deren Änderungs- und Abstimmungsempfehlungen sich die Fraktionskollegen in der vorbereitenden Arbeitsgruppe (Arbeitskreis) und im Ausschuss normalerweise anschließen – auch ohne genauere Kenntnis der Materie. Auch die Diskussionen und Verhandlungen im Bundestagsausschuss werden dann vornehmlich von Berichterstattern, Obleuten und Ministerialbeamten geführt (vgl. Abschn. 4.4).

Auch noch in dieser Phase können entscheidende Absprachen in Obleute- und Koalitionsgesprächen unter Beteiligung führender Fraktionsmitglieder und gegebenenfalls Parlamentarischen Staatssekretären oder Ministern getroffen werden. Hat die Regierung (Verwaltung) den Entwurf – unter Zeitdruck – nicht gründlich genug beraten, sind neue Fakten zu berücksichtigen oder sind – gegebenenfalls unter dem Einfluss von Interessengruppen oder Medienkritik – erneut Konflikte zwischen Fraktionsflügeln und Koalitionspartnern aufgebrochen, können im Regierungslager neue Prozesse des Aushandelns einsetzen. Die – gerade bei wichtigen Reformvorhaben – geübte Praxis, ad hoc in »großen« Koalitionsrunden oder gar Spitzengesprächen der Parteivorsitzenden an den zuständigen Fraktionsgremien vorbei folgenreiche Änderungen zu vereinbaren und die Koalitionsfraktionen in den beteiligten Ausschüssen faktisch weitgehend festzulegen, hat auch bei Abgeordneten der Regie-

Gesetzgebung

rungsparteien mitunter erheblichen Unmut erzeugt, in der Regel freilich ohne nachhaltige Auswirkungen.

Besonders bei der Beratung überwiesener Gesetzentwürfe kann von einer parlamentarischen Mitregierung der Oppositionsfraktionen kaum die Rede sein. Nicht nur werden deren Gesetzentwürfe regelmäßig abgelehnt (vgl. Tabelle 6.3), sie haben auch nur wenig Aussicht, dass wenigstens einige ihrer Vorschläge bei der »Überarbeitung« von Regierungsentwürfen berücksichtigt werden. Änderungsvorschläge der Oppositionsfraktionen haben nur dann eine bescheidene Chance, von der Ausschussmehrheit akzeptiert zu werden, wenn sie marginale Fragen (Formulierungsänderungen) betreffen und sich die Berichterstatter interfraktionell darauf einigen konnten. Selbst bei relativ unbedeutenden Details stimmen die Koalitionsfraktionen im Ausschuss fast durchweg geschlossen ab, und zwar so, wie sie es zuvor in den Fraktions- und Koalitionsgremien (Arbeitsgruppen) abgesprochen haben. Dies schließt indirekte Wirkungen oder die spätere informelle Berücksichtigung oppositioneller Vorschläge allerdings nicht aus. Im Lager der Opposition ist allerdings ein (deutlich) differenzierteres Abstimmungsverhalten zu beobachten. In vielen Fällen stimmen die Oppositionsfraktionen gemeinsam – vor allem wenn es um die Ablehnung von Regierungsentwürfen geht. Oft aber votieren sie auch unterschiedlich – besonders dann, wenn sie politisch »rechts« und »links« von den Koalitionsparteien angesiedelt sind (so in der 14. und 16. Wahlperiode).

Die Ablehnung ihrer Änderungsanträge muss durchaus nicht dazu führen, dass die Oppositionsfraktionen nun ihrerseits dem Koalitionsentwurf rundweg die Zustimmung versagen. Unterschiedliche Abstimmungsvarianten sind zu beobachten: Eine oder beide/alle Oppositionsfraktion(en) im Ausschuss lehnen Einzelregelungen ab, stimmen dem Entwurf aber insgesamt zu oder üben Stimmenthaltung; oder aber es werden einzelne Regelungen unterstützt, der Gesamtentwurf aber abgelehnt.

Informationen und »Formulierungshilfen« der anwesenden Ministerialbeamten können zwar auch der Opposition zugute kommen und zur »Versachlichung« beitragen. In erster Linie dient ihre fachlich oft überlegene Mitwirkung aber der argumentativen Unterstützung der Regierungsmehrheit.

Entwürfe der Regierung(smehrheit) werden im Ausschuss wie im Plenum oft gemeinsam mit Gesetzentwürfen oder (programmatischen) Anträgen der Oppositionsfraktionen behandelt. Dies begünstigt Diskussionen über konzeptionelle Alternativen auch im Ausschuss. Im Unterschied zu den Regierungsentwürfen verweist das »Vorblatt« zu den Beschlussempfehlungen und Berichten der Ausschüsse häufig auf Alternativen.

Neben der Annahme oder Ablehnung von Gesetzentwürfen in der Ausschussfassung wird dem Bundestag in der Beschlussempfehlung des federführenden Ausschusses nicht selten eine Entschließung empfohlen (Ismayr 1992: 315; vgl. Abschn. 7.18). Durch Entschließungen sollen Bund und Länder u. a. aufgefordert werden, bestimmte Maßnahmen zu ergreifen, Verwaltungsvorschriften zu erlassen oder zu korrigieren, auf der Ebene der Europäischen Union und international zu intervenieren, Entwicklungen zu beobachten und dem Bundestag darüber zu berichten (!) und zu prüfen, ob weitere gesetzgeberische Schritte erforderlich sind.

Die Einflussmöglichkeiten der Oppositionsparteien auf die Gesetzgebung verbessern sich entscheidend, wenn »ihre« Landesregierungen im Bundesrat über die Mehrheit verfügen, wie dies seit 1990/91 phasenweise der Fall war. Auch unter dieser Voraussetzung scheinen Änderungen an Gesetzentwürfen aufgrund »oppositioneller« Anträge im Ausschuss eher bescheiden zu sein (so schon Schulze-Fielitz 1988). Wieweit die Regierung(smehrheit) den Oppositionsparteien entgegenzukommen bereit ist, hat sie vor allem in ihrer Zustimmung zu den Empfehlungen des Bundesrates im »ersten Durchgang« zum Ausdruck gebracht, spätestens bei der Vorbereitung der Ausschussarbeit in Fraktions- und Koalitionsgremien. Durch Berücksichtigung von Optionen der (»oppositionellen«) Bundesratsmehrheit bei der Entwicklung der Regierungsentwürfe werden diese oft schon frühzeitig »bundesratsreif« gemacht oder es wird ganz auf die Vorlage verzichtet. Insoweit kann der Gesetzgebungsprozess konkordanzdemokratische Züge annehmen.

6.2.4.3 Plenum: Zweite und dritte Beratung und Schlussabstimmung

Die abschließenden Beratungen im Plenum können frühestens am zweiten Tag nach Verteilung der Beschlussempfehlung und des Berichts des federführenden Ausschusses erfolgen (§ 81 GOBT). Diese ohnehin knappe Mindestfrist wird des Öfteren im interfraktionellen Einvernehmen unterschritten – ein weiteres Indiz für den Zeitdruck, unter dem Abgeordnete häufig Entscheidungen treffen. Bei den zahlreichen Gesetzentwürfen, die als Finanzvorlagen behandelt werden, muss außerdem vor einer abschließenden Beratung der Bericht des Haushaltsausschusses vorliegen. Bei Finanzvorlagen aus der Mitte des Hauses erhält die Bundesregierung zudem Gelegenheit zur Stellungnahme; erst wenn diese eingegangen oder eine Frist von vier Wochen verstrichen ist, kann die Vorlage auf die Tagesordnung gesetzt werden (§ 96 GOBT).

In der Regel werden Termin und Debattenregelung interfraktionell zwischen den Parlamentarischen Geschäftsführern ausgehandelt und im Ältestenrat vereinbart. Wird der Zeitpunkt hingegen ausnahmsweise durch Mehrheitsbeschluss gemäß § 20 GOBT durchgesetzt, geschieht dies regelmäßig gegen eine heftig protestierende Opposition (vgl. Fallsammlungen über die Anwendung der GOBT).

In der Praxis werden die zweite und dritte »Lesung« von Gesetzentwürfen üblicherweise unter einem Tagesordnungspunkt zusammengefasst. Meist wird eine allgemeine Aussprache geführt, in der auch auf Änderungs- und Entschließungsanträge eingegangen werden kann (Fallsammlungen über die Anwendung der GOBT). In der 16. Wahlperiode wurde bei 65 % der in zweiter Lesung behandelten Gesetzentwürfe eine Debatte geführt, in den beiden vorausgegangenen Wahlperioden (1998–2005)

Tabelle 6.3a Vom Bundestag verabschiedete Gesetze, 8.–12. Wahlperiode (nach Initiatoren, Abstimmungsverhalten)

	8. WP 1976–80 Anz.	%	10. WP 1983–87 Anz.	%	11. WP 1987–90 Anz.	%	12. WP[a] 1990–94 Anz.	%
vom BT verabschiedet	354	100,0	320	100,0	369	100,0	507	100,0
Regierungsvorlagen	288	81,4	237	74,1	267	72,4	346	68,3
BR-Initiativen	15	4,2	32	10,0	15	4,1	28	5,5
BT-Initiativen	39	11,0	42	13,1	68	18,4	92	18,1
SPD-FDP-Koalition	16	4,5						
CDU/CSU-FDP-Koalition			31	9,7	53	14,4	59	11,2
SPD-B'90/GRÜNE-Koalition								
CDU/CSU	9	2,5	–	–	–	–	–	–
SPD	–	–	–	–	1	0,3	2	0,4
B'90/GRÜNE[b]			–	–	–	–	–	–
DIE LINKE[c]							–	–
CDU/CSU, SPD[g]	–	–					–	–
CDU/CSU, SPD, FDP	–	–	11	3,4	12	3,3	29	6,1
CDU/CSU, SPD, FDP, B'90/GRÜNE	–	–					2	0,4
SPD, CDU/CSU, B'90/GRÜNE								
SPD, B'90/GRÜNE, FDP								
interfraktionell[d]	14	4,0	–	–	2	0,5	–	–
Fraktionslos[h]								
Vereinigung von Initiativen (BReg/BT, BReg/BR, BT/BR)	12	3,4	9	2,8	19	5,1	41	8,1
Annahme in namentlicher Abstimmung	17	4,8	23	7,2	26	7,0	31[e]	6,1
Einstimmig verabschiedet	218	61,6	50	15,6	64	17,3	170[f]	33,5
Verkündete Gesetze	339		320		366		493	

a   ab 12. WP gesamtdeutscher Bundestag

b   bis 3.10.1990: DIE GRÜNEN.

c   bis einschließlich 15. WP: PDS; ab 4.10.1990 vereinigungsbedingt im Bundestag vertreten; 12. WP: Gruppe PDS/LL; in der 15. WP nicht in Fraktionsstärke.

d   Unter interfraktionell werden Initiativen aller Fraktionen (und Gruppen) gezählt.

e   Nicht berücksichtigt sind namentliche Abstimmungen im Vermittlungsverfahren.

f   Darunter hoher Anteil der seit der 12. WP zahlreicheren Vertragsgesetze.

g   in der 16. WP bildeten CDU/CSU und SPD die Große Koalition.

h   Initiativen von Abgeordneten ohne Fraktionsbeteiligung.

i   Davon acht Gesetzentwürfe auf Grundlage von Ausschussempfehlungen.

Anm.: Die Differenz in der Addition der Einzelzahlen zur Gesamtsumme ist durch Vereinigungen und Abspaltungen von Gesetzentwürfen zu erklären.

Quelle: Schindler 1999: 2394 ff.; Feldkamp 2011: 1154 ff. (Stand der Gesetzgebung des Bundes/GESTA, Abschlussbände 8. bis 15. Wahlperiode; Deutscher Bundestag, Referat Parlamentsdokumentation).

Tabelle 6.3b   Vom Bundestag verabschiedete Gesetze, 13.–16. Wahlperiode (nach Initiatoren, Abstimmungsverhalten)

	13. WP 1994–1998		14. WP 1998–2002		15. WP 2002–05		16. WP 2005–09	
	Anz.	%	Anz.	%	Anz.	%	Anz.	%
vom BT verabschiedet	566	100,0	559	100,0	400	100,0	616	100,0
Regierungsvorlagen	403	71,2	394	70,5	281	70,3	488	79,2
BR-Initiativen	36	6,4	22	3,9	17	4,3	19	3,1
BT-Initiativen	102	18,0	108	19,3	85	21,3	89	14,4
SPD-FDP-Koalition								
CDU/CSU-FDP-Koalition	79	14,0						
SPD-B'90/GRÜNE-Koalition			93	16,6	–	19,0		
CDU/CSU	–	–	–	–	–	–	–	–
SPD	1	0,2	–	–	–	–	–	–
B'90/GRÜNE[b]	1	0,2	–	–	76	–	–	–
DIE LINKE[c]	–	–	–	–	–	–	–	–
CDU/CSU, SPD[g]	3	0,5	–	–	–	–	70	11,3
CDU/CSU, SPD, FDP	12	2,1	–	–	–	–	4	0,6
CDU/CSU, SPD, FDP, B'90/GRÜNE	5	1,1	7	1,3	5	1,3	8	1,3
SPD, CDU/CSU, B'90/GRÜNE			2	0,5	3	0,8	2	0,3
SPD, B'90/GRÜNE, FDP			1	0,4	1	0,3	–	–
interfraktionell[d]	–	–	3	0,5	–	–	2	0,3
Fraktionslos[h]	1		2				3	0,5
Vereinigung von Initiativen (BReg/BT, BReg/BR, BT/BR)	25	4,4	35[i]	6,2	17	4,3	18	2,9
Annahme in namentlicher Abstimmung	43[e]	7,6	41	7,3	23	5,8	40	6,5
Einstimmig verabschiedet	159[f]	28,1	210[f]	37,6	k. A.	k. A.	k. A.	k. A.
Verkündete Gesetze	552		549		385		612	

a   ab 12. WP gesamtdeutscher Bundestag

b   bis 3.10.1990: DIE GRÜNEN

c   bis einschließlich 15. WP: PDS; ab 4.10.1990 vereinigungsbedingt im Bundestag vertreten; 12. WP: Gruppe PDS/LL; in der 15. WP nicht in Fraktionsstärke.

d   Unter interfraktionell werden Initiativen aller Fraktionen (und Gruppen) gezählt.

e   Nicht berücksichtigt sind namentliche Abstimmungen im Vermittlungsverfahren.

f   Darunter hoher Anteil der seit der 12. WP zahlreicheren Vertragsgesetze.

g   in der 16. WP bildeten CDU/CSU und SPD die Große Koalition.

h   Initiativen von Abgeordneten ohne Fraktionsbeteiligung.

i   Davon acht Gesetzentwürfe auf Grundlage von Ausschussempfehlungen.

Anm.: Die Differenz in der Addition der Einzelzahlen zur Gesamtsumme ist durch Vereinigungen und Abspaltungen von Gesetzentwürfen zu erklären.

Quelle: Schindler 1999: 2394 ff.; Feldkamp 2011: 1154 ff. (Stand der Gesetzgebung des Bundes/GESTA, Abschlussbände 8. bis 15. Wahlperiode; Deutscher Bundestag, Referat Parlamentsdokumentation).

in 54 % bzw. 60 % der Fälle (12./13 WP: ca. 80 %; vgl. Tabelle 6.4 und Ismayr 2001: 285). Bei den ohne Debatte beschlossenen Gesetzen handelt es sich meist um spezielle Anpassungsgesetze von marginaler Bedeutung und um Vertragsgesetze (vgl. Abschn. 6.5). Die Beratungszeit reicht nicht selten nur für eine kurze Fachaussprache in einer Debattenrunde. Aus Gründen der Zeitökonomie und der Schwerpunktbildung wird nach Möglichkeit über thematisch ähnliche Gesetzentwürfe und öfter auch Regierungsberichte, Anträge, Große Anfragen u. a. eine verbundene Debatte durchgeführt.

Nach der allgemeinen Aussprache folgen Einzelberatungen und Abstimmungen der zweiten Lesung. Gegenstand ist der Gesetzentwurf in der Ausschussfassung, oder – falls der Ausschuss unveränderte Annahme vorgeschlagen hat – der eingebrachte Gesetzentwurf. Der amtierende Präsident ruft die einzelnen Bestimmungen mit den darauf bezogenen Änderungsanträgen und schließlich die vom Ausschuss empfohlene Entschließung auf, lässt darüber abstimmen und gibt jeweils das Ergebnis bekannt (§ 81 GOBT). Änderungsanträge zu stellen ist eine der ganz wenigen Möglichkeiten, die nach der Geschäftsordnung dem einzelnen Abgeordneten geblieben sind (§ 82). Faktisch sind jedoch auch Änderungsanträge fast ausschließlich ein Instrument der Fraktionen, vornehmlich der Opposition. Wohl wissend, dass sie regelmäßig abgelehnt werden, dienen Änderungsanträge (neben eigenen Gesetzentwürfen und Entschließungsanträgen) den Oppositionsfraktionen vor allem dazu, ihre politischen Vorstellungen nunmehr öffentlich zu dokumentieren und der Mehrheit entgegenzusetzen; meist handelt es sich ja um wichtigere Anträge, mit denen sie sich zuvor schon im Ausschuss nicht durchsetzen konnten (vgl. Schulze-Fielitz 1988: 352).

Von den Mehrheitsfraktionen oder interfraktionell eingereichte Änderungsanträge sind selten; sie dienen dazu, bisher nicht erkannte Mängel und zweifelhafte politische Entscheidungen im letzten Augenblick zu korrigieren.

Angesichts der (meist) raschen Folge zahlreicher Abstimmungen über Änderungsanträge und Detailregelungen oft mehrerer komplizierter Vorlagen haben nicht speziell eingearbeitete Abgeordnete oft große Schwierigkeiten, sich zurechtzufinden. Sie sind darauf angewiesen und verlassen sich darauf, dass die Spezialisten und Stimmführer den »Durchblick« haben.

Werden alle Teile eines Gesetzentwurfes in zweiter Lesung abgelehnt, was (bei Oppositionsentwürfen) öfter der Fall ist, unterbleibt eine dritte Beratung; die Vorlage gilt dann insgesamt als abgelehnt (§ 83 Abs. 3 GOBT). So entfiel in der 16. Wahlperiode bei etwa 25 % der Gesetzentwürfe die dritte Lesung (vgl. Tabelle 6.4).

Obwohl nach der Geschäftsordnung formal getrennt, werden dritte Beratung und Schlussabstimmung in der Praxis üblicherweise als Einheit gesehen (§§ 84, 86). Sie folgen meist unmittelbar auf die Abstimmungsprozedur der zweiten Beratung. Wurden in zweiter Beratung Änderungen beschlossen, ist dies nur möglich, wenn zwei Drittel der anwesenden Abgeordneten so beschließen, was häufig der Fall ist. Ansonsten kann frühestens am zweiten Tag nach Verteilung der Drucksachen mit den be-

Tabelle 6.4 Gesetzentwürfe: Beratung und Aussprache

	14. Wahlperiode 1998–02			15. Wahlperiode 2002–05			16. Wahlperiode 2005–09		
	GE[a]	Verträge[b]	insgesamt	GE[a]	Verträge[b]	insgesamt	GE[a]	Verträge[b]	insgesamt
Gesetzentwürfe insgesamt [d]	867	146	1013	658	105	763	848	124	972
Beim BT eingebracht	721	143	864	547	96	643	781	124	905
1. Beratung	696	143	839	512	96	608	728	124	852
davon mit Aussprache[e]	265	5	270[c]	218	4	222	320	7	327
Beratung und Schlussabstimmung	–	–	–	–	–	–	–	–	–
2. Beratung	637	–	637	438	–	438	661	16	677
davon mit Aussprache	347	–	347[c]	265	–	265	434	2	436
3. Beratung	418	–	418	304	–	304	491	16	507
davon mit Aussprache	4	–	4[c]	3	–	3	4	–	4
2. Beratung und Schlussabstimmung	–	143	143	–	96	96	1	108	109
davon mit Aussprache	–	9	9[c]	–	6	6	–	14	14
2. und 3. Beratung	–	–	–	–	–	–	–	–	–
davon mit Aussprache	–	–	–	–	–	–	–	–	–
1., 2. und 3. Beratung	–	–	–	–	–	–	–	–	–
davon mit Aussprache	–	–	–	–	–	–	–	–	–

a   Gesetzentwürfe ohne Verträge (GESTA: Sachgruppen A bis O)
b   GESTA-Sachgruppe X (= Völkerrechtliche Vereinbarungen)
c   Ausschließlich Beratung im Plenum
d   umfasst auch Gesetzesanträge im BR sowie Abspaltungen
e   Vorgänge, bei denen die Regeln lediglich zu Protokoll gegeben wurden (zu denen also keine »Aussprache« im Plenum stattgefunden hat), sind hier nicht mitgezählt
Quelle: Deutscher Bundestag, Referat Parlamentsdokumentation; Zusammenstellung auf Anfrage des Verfassers.

schlossenen Änderungen beraten und abgestimmt werden (§ 84 GOBT). Nur bei wenigen Gesetzen findet eine *separate* dritte Beratung statt.

Nur sehr selten wird von der Möglichkeit Gebrauch gemacht, vor der letzten Einzelabstimmung in zweiter Lesung oder vor der Schlussabstimmung den Gesetzentwurf ganz oder teilweise an einen Ausschuss zurückzuverweisen (§§ 82 Abs. 3 und 85 Abs. 2 GOBT und Fallsammlungen; Ritzel/Bücker/Schreiner, Erl. zu §§ 82 und 85 GOBT).

Die Abstimmung erfolgt mittels Handzeichen oder Aufstehen, bei der Schlussabstimmung über Gesetzentwürfe der Bedeutung dieses Vorganges gemäß durch Aufstehen oder Sitzenbleiben (§ 48 Abs. 1 GOBT). Ist sich der (aus dem amtierenden Präsidenten und zwei Schriftführern bestehende) Sitzungsvorstand über das Ergebnis der Abstimmung nicht einig, muss die Abstimmung durch Zählung der Stimmen – den sog. »Hammelsprung« – wiederholt werden (Ritzel/Bücker/Schreiner, Erl. zu § 51 GOBT), was nur gelegentlich geschieht. Die Entscheidung jedes einzelnen Ab-

geordneten wird nur bei namentlichen Abstimmungen im Plenarprotokoll festgehalten. Eine namentliche Abstimmung muss erfolgen, wenn diese von einer Fraktion oder anwesenden 5 % der Mitglieder des Bundestages verlangt wird (§ 52 GOBT).
Etwa 7 % der Gesetze wurden in den sieben Wahlperioden im Zeitraum 1983–2009
in namentlicher Abstimmung beschlossen, darunter einige bedeutsame und auch im
jeweiligen politischen Lager umstrittene Gesetze (Tabelle 6.3; vgl. Saalfeld 1995). Bei
abweichendem Stimmverhalten stehen Abgeordnete dabei gelegentlich unter erhöh-
tem Rechtfertigungsdruck, wobei die erforderliche Mehrheit regelmäßig gesichert
werden konnte.

   Der lange Zeit hohe Anteil einstimmig oder mit breiter Mehrheit beschlossener
Gesetze ist kaum auf eine entsprechende Berücksichtigung oppositioneller Vorstellungen in den Ausschussberatungen zurückzuführen. Vor allem im Blick auf die Reaktionen der betroffenen Klientel und der Öffentlichkeit, aber auch aus inhaltlichen
Gründen stimmte die Opposition von ihr kritisierten Regierungsentwürfen häufig
dann zu, wenn Leistungsverbesserungen intendiert und/oder die angestrebten Regelungen – etwa im Umweltschutzbereich – als »Schritt in die richtige Richtung«
angesehen wurden. Im übrigen zeigt sich, dass Einstimmigkeit oder weitgehender
Konsens ganz überwiegend bei völkerrechtlichen Verträgen sowie zahlreichen Änderungsgesetzen erreicht wurde, bei denen es um Anpassungen an eine sich ändernde
Rechtslage, Verwaltungspraxis und ökonomische Entwicklung ging, die als »marginal« angesehen wurden. Dabei hat es die Opposition ja nicht selten mit der Anpassung von Gesetzen zu tun, die zur Zeit der eigenen Regierungsbeteiligung erlassen
wurden. Der früher hohe Anteil einstimmig verabschiedeter Gesetze (7. WP: 70,5 %;
9. WP: 51,1 %) ist, bedingt vor allem durch die neue Fraktion Die Grünen, seit der
10. Wahlperiode (weiter) stark zurückgegangen (10. WP: 17,3 % der vom Bundestag
verabschiedeten Gesetze; vgl. Tabelle 6.3; Schindler 1999: 2390 ff.). Ihr Anstieg in den
1990er Jahren dürfte vornehmlich durch die wachsende Zahl von Vertragsgesetzen
und auf europäische Impulse zurückgehende Gesetze bedingt sein (vgl. Töller 2004:
33 sowie Abschn. 6.5 und 6.9). Die genannten Zahlen geben tendenziell auch das Abstimmungsverhalten in den Ausschüssen wieder.

6.2.5 »Zweiter Durchgang« im Bundesrat und Vermittlungsverfahren

Nach ihrer Annahme durch den Bundestag leitet der Bundestagspräsident die Gesetze »unverzüglich« dem Bundesrat zu (Art. 77 Abs. 1 GG).
   Haben die im Bundesrat vertretenen Länderregierungen Bedenken, kann der
Bundesrat innerhalb von drei Wochen mit absoluter Mehrheit den mit je 16 Mitgliedern des Bundestages und des Bundesrates besetzten Vermittlungsausschuss anrufen (Art. 77 Abs. 2 GG), was in 851 Fällen – überwiegend bei zustimmungsbedürftigen Gesetzen – geschah (1.–16. WP). Dass davon vornehmlich bei unterschiedlichen

Mehrheitsverhältnissen in Bundesrat und Bundestag (häufig aufgrund parteipolitischer Absprachen) Gebrauch gemacht wurde – so zur Zeit der sozialliberalen Koalition (1969–1982) und seit 1990/91 – dürfte kaum überraschen. So hat der Bundesrat bei gleichgerichteten Mehrheiten in der 10. und 11. Wahlperiode (1983–1990) nur 19 mal den Vermittlungsausschuss angerufen und nur in einem einzigen Fall die Zustimmung versagt; nur ein einziges mal erhob er Einspruch gegen ein Gesetz. Hingegen wurde der Vermittlungsausschuss in der 12. und 13. Wahlperiode je 83 Mal und in der Zeit der rot-grünen Koalition (1998–2005) 175 mal angerufen. Seltener wiederum kam es zu Anrufungen in der 16. Wahlperiode zur Zeit der Großen Koalition (18) und in den beiden ersten Jahren der Koalition von CDU/CSU und FDP (7) bei überwiegend gleichgerichteten Mehrheiten. Zumeist einigte sich der Vermittlungsausschuss auf Änderungen, die dann in der Regel auch von Bundestag und Bundesrat angenommen wurden. Endgültig gescheitert sind am Votum des Bundesrates nur relativ wenige Gesetzesvorlagen: nach Versagen der Zustimmung insgesamt 74 (darunter allerdings sehr wichtige), aufgrund eines Einspruchs 12 (bundesrat.de; GESTA). Allerdings lässt sich die tatsächliche Wirkung der Zustimmungsregelung daran nur unzulänglich ablesen.

Bei nicht zustimmungsbedürftigen Gesetzesbeschlüssen des Bundestages kann der Bundesrat nach erfolgloser Anrufung des Vermittlungsausschusses binnen zwei Wochen einen Einspruch einlegen, den der Bundestag mit absoluter Mehrheit zurückweisen kann – was zumeist geschieht; dabei können nur kurze Erklärungen abgegeben werden. Ein durch mindestens zwei Drittel der Stimmen des Bundesrates beschlossener Einspruch bedürfte zudem einer Zweidrittelmehrheit der abstimmenden Bundestagsabgeordneten – was zu einer entschiedenen Mitregierung der Opposition oder einer Blockade der Regierungspolitik führen könnte (Art. 77 Abs. 4 GG). Tatsächlich war im Vorfeld des »Machtwechsels« 1982 durch die Koalitionsaussage der FDP zugunsten der CDU in Hessen sowie nach der Wahlniederlage der rot-grünen Koalition in Nordrhein-Westfalen 2005 eine derartige Möglichkeit auch in greifbare Nähe gerückt (vgl. Laufer/Münch 2010: 159).

Zustimmungsgesetze kommen hingegen nur zustande, wenn der Bundesrat ausdrücklich zustimmt (Art. 77 Abs. 4 GG). Er verfügt hier über ein absolutes Veto und ist, bedenkt man seine Mitgestaltungsmöglichkeiten über den Vermittlungsausschuss, nahezu gleichberechtigt an der Gesetzgebung beteiligt. Zwar kann er zustimmungsbedürftige Gesetze auch sofort ablehnen, was nur selten geschieht. Änderungen kann er in dieser Phase nur durch Anrufung des Vermittlungsausschusses erreichen.

Wird der Vorschlag des Vermittlungsausschusses auf Änderung oder Aufhebung eines Gesetzes vom Bundestag angenommen, hat der Bundesrat zu beschließen. Sieht der Vorschlag eine Bestätigung des vom Bundestag beschlossenen Gesetzes vor oder lehnen Bundestag oder Bundesrat den Einigungsvorschlag ab, hat der Bundesrat über den ursprünglichen Gesetzentwurf zu entscheiden (Reuter 1991; Ziller/Oschatz 1998: 32 ff.). Bei ablehnenden Entscheidungen des Bundesrates oder des Bundestages ist es auch möglich, dass nacheinander Bundesrat, Bundestag und Bundesregierung den Vermittlungsausschuss in derselben Sache anrufen, jedoch jedes dieser Verfassungsorgane nur einmal; in einigen Fällen ist dies praktiziert worden (bundesrat.de). Der Vermittlungsausschuss tagt vertraulich; seine Mitglieder sind nicht rechenschaftspflichtig, doch gibt es in der Praxis vielfältige Formen der Rückbindung zu den entsprechenden Gremien (Kilper/Lhotta 1996: 126 ff.).

Zustimmungsbedürftig sind Gesetze nur dann, wenn das Grundgesetz dies ausdrücklich vorschreibt, so bei Grundgesetzänderungen, Gesetzesbeschlüssen, die das Finanzaufkommen der Länder betreffen oder in deren Verwaltungshoheit eingreifen. Entgegen den Erwartungen des Parlamentarischen Rates lag der Anteil der Zustimmungsgesetze bereits seit der 3. Wahlperiode bei deutlich über 50 %; darunter sind zudem die wichtigeren Gesetze. Ermöglicht – wenn auch nicht intendiert – wurde dies durch die Regelung des Art. 84 Abs. 1 GG a. F., wonach die Zustimmung dann erforderlich ist, wenn Bundesgesetze die Ausführung durch die Landesbehörden betreffende Regelungen enthalten, was im Interesse einer wirkungsvollen und »einheitlichen« Durchsetzung häufig geschah (vgl. Posser 1994: 1159). Bundesratsfreundliche Urteile des Bundesverfassungsgerichts hatten diese Entwicklung begünstigt. So gilt das ganze Gesetz als zustimmungsbedürftig, wenn auch nur eine Regelung die Zustimmung des Bundesrates erfordert (z. B. BVerfGE 37, 363, 379; kritisch u. a. Posser 1994: 1159 und Schenke 1989: 1493). Hinzu kommt, dass insbesondere mit dem – inzwischen modifizierten – Anspruch der »Einheitlichkeit der Lebensverhältnisse« (Art. 72 Abs. 3 GG a. F.) durch mehrere Grundgesetzänderungen mit breiter Zustimmung des Bundesrates die Gesetzgebungskompetenzen des Bundes erheblich ausgeweitet wurden (vgl. Abschn. 6.1.2). Um das gesamte Scheitern eines Gesetzgebungsvorhabens zu vermeiden, wurden gelegentlich Gesetze, die nur wegen der Verfahrensregelungen zustimmungsbedürftig sind, in ein nicht zustimmungsbedürftiges Sachgesetz und ein zustimmungsbedürftiges Verfahrensgesetz aufgeteilt (vgl. Reuter 2009: 40).

Während mit der Aushöhlung der Länderkompetenzen bei der Gesetzgebung die Landesparlamente geschwächt wurden, konnten die Länderregierungen über den Bundesrat und auch auf informellen Wegen verstärkt auf die Bundespolitik Einfluss nehmen. Über den föderativen Verlust dieser unitarisierenden Entwicklung besteht weitgehend Einigkeit (vgl. z. B. Jun 2010: 336 ff.; Decker 2004; Abromeit: 1982). Zudem hat die Zustimmungsbedürftigkeit von Gesetzen bei entsprechenden Mehrheitsverhältnissen im Bundesrat insgesamt eine präventive Wirkung, da die Bundesregierung oft schon in der Entwurfsphase oder nach vorliegender Stellungnahme des Bundesrates im »ersten Durchgang« die zu erwartende oder bereits artikulierte Haltung der Bundesratsmehrheit berücksichtigen wird, es sei denn, sie kann mit deren Einstellungsänderung im Verlauf des Gesetzgebungsverfahrens aufgrund öffentlichen Drucks rechnen. Mit den Verfassungsänderungen im Rahmen der Föderalismusreform I (insbes. Art. 84 GG) konnte eine Reduzierung des Anteils zustimmungsbedürftiger Gesetze auf derzeit etwa 42 % erreicht werden, wobei allerdings zu berücksichtigen ist, dass seither überwiegend kongruente Mehrheiten in Bundestag und Bundesrat bestanden (17. WP, Stand: 7/2011/bundesrat.de; Feldkamp 2011: 1152 ff.; vgl. Zohlnhöfer 2011; Abschn. 6.1.2).

Die parteipolitische Orientierung des Bundesrates kommt insbesondere darin zum Ausdruck, dass sich vor den Sitzungen des Bundesrates seit 1969 regelmäßig die Ländergruppen der von den Unionsparteien (»B-Länder«) sowie der SPD geführten Regierungen (»A-Länder«) zu Abstimmungsgesprächen treffen, um ihr Votum zu den einzelnen Tagesordnungspunkten abzustützen. Die insbesondere aus den Bevollmächtigten der Länder bestehenden A- und B-Ländergruppen kooperieren (mehr oder weniger) eng mit der Regierungsmehrheit auf der einen und der Bundestagsopposition auf der anderen Seite. Dies zeigt sich (auch) darin, dass die Vertreter der jeweiligen Bundestagsfraktionen sowie der Bundesregierung an diesen Absprachen beteiligt sind. Diesen Länderrunden gehen jeweils Vorbereitungssitzungen der Bundesratsreferenten der A- und B-Länder voraus. Auch Bündnis 90/Die Grünen (»G-Länder«) und FDP (»F-Länder«) führen inzwischen vor den Bundesratssitzungen politische Koordinationsrunden durch (Leonardy 2002: 182 f.; Jun 2011: 132). Auch den meisten Sitzungen von Bundesratsausschüssen gehen unmittelbar sog. Vorbesprechungen voraus, in denen die beamteten Mitglieder der jeweiligen Ausschüsse in getrennten Gruppen zusammentreten, um ihre Strategien und ihre Abstimmungsweise zu koordinieren. Schließlich werden auch die Sitzungen des Vermittlungsausschusses in politischen Vorbesprechungen der A- und B-Länder vorbereitet (Leonardy 2002: 185).

Vor allem in den letzten Jahren der sozialliberalen Koalition, als die im Bundestag in der Opposition stehende CDU/CSU im Bundesrat über eine zunächst knappe und später bequeme Mehrheit verfügte, musste die Bundesregierung stets damit rechnen, dass die Vertreter der unionsregierten Länder im Bundesrat bei Abstimmungen einen festen Block bildeten und bei den zahlreichen zustimmungsbedürftigen Gesetzen die Regierungsmehrheit zu weitgehenden Zugeständnissen zwingen oder ein Scheitern des Gesetzes bewirken konnten. In vielen Fällen wurde die Haltung der Unionsparteien bereits im Vorbereitungsstadium der Gesetzgebung antizipiert. Auch von 1990/91 bis zum Regierungsantritt der Großen Koalition 2005 verfügten die jeweiligen Bonner/Berliner Regierungsparteien mit Ausnahme weniger Monate 1998/99 über keine absolute Mehrheit im Bundesrat. Zwar ist die parteipolitische Konstellation im Bundesrat aufgrund verschiedenartiger Regierungskonstellationen in den Ländern vielfältiger und komplizierter geworden – was Absprachen erschwert. Doch sahen sich die christlich-liberale Koalition seit Januar 1996 und die rot-grüne Koalition seit Mai 2002 jeweils einer der sozialliberalen Ära vergleichbaren »oppositionellen« Mehrheit im Bundesrat gegenüber (Schindler 1999: 2437; Feldkamp 2011: 1167 ff.). So scheiterte die Regierung Helmut Kohl mit ihren Steuerreformplänen während wichtige Reformprojekte der rot-grünen Bundesregierung (»Hartz«-Reformen,

Gesundheitsreform, Zuwanderungsgesetz) nur aufgrund erheblicher Zugeständnisse an die CDU/CSU in komplexen informellen Aushandlungsprozessen durchsetzbar waren – weshalb häufig und mit gutem Grund von einer »informellen Großen Koalition« gesprochen wurde (vgl. z. B. Lehmbruch 2000: 158 ff.; Sturm 2003: 62 f.; Schmidt 2008). Eine grundlegende Änderung zeichnet sich auch nach der Föderalismusreform I nicht ab. Mit dem Wegfall der Zustimmungsbedürftigkeit bei einigen Gesetzgebungsverfahren wird sogar erwartet, dass der Bund die Länder über informelle Gremien früher in das Gesetzgebungsverfahren einzubinden versucht, allein um abweichende Regelungen der Länder gem. Art. 84 Abs. 1 GG zu verhindern (vgl. Abschn. 6.1.2). Hierzu gehören auch die Ministerpräsidentenkonferenz und die Fachministerkonferenzen der Länder, die »seit geraumer Zeit nicht mehr nur Gremien der horizontalen Selbstkoordinierung, sondern auch wesentlicher Bestandteil der vertikalen Politikverflechtung« sind (Nagel 2011: 71, 86 f.; vgl. Cecere 2011).

6.2.6 Ausfertigung der Gesetze und Rolle des Bundespräsidenten

Um in Kraft treten zu können, muss das Gesetz unverzüglich vom Bundespräsidenten ausgefertigt (unterzeichnet) und im Bundesgesetzblatt verkündet werden (Art. 82 GG). Zuvor haben nach Herstellung der Urschrift durch die beim Bundesministerium der Justiz angesiedelte Schriftleitung des Bundesgesetzblattes der Bundeskanzler sowie der federführende und die weiteren beteiligten Bundesminister das Gesetz »gegengezeichnet« (Art. 82 Abs. 1 GG i. V. m. Art. 58 GG; § 29 GOBReg und § 58 GGO). Der Bundespräsident darf die Ausfertigung nicht aus politischen Gründen verweigern, sondern nur dann, wenn das Gesetz verfassungsrechtlich nicht korrekt zustande gekommen ist (Art. 82 Abs. 1 GG).

Ob ihm angesichts der starken Stellung des Bundesverfassungsgerichts im Verfassungsgefüge dabei neben dem formellen Prüfungsrecht auch das Recht zusteht, die *inhaltliche* Vereinbarkeit mit der Verfassung zu prüfen, ist nach wie vor umstritten (Billing 2001: 324 ff.; Ismayr 1992: 325). Da insbesondere bei solchen Konflikten die Gefahr besteht, dass der Bundespräsident zum »Parteigänger einer Partei im politischen Konflikt der Staatsorgane wird« (Beyme 2010: 333), sollte im Rahmen einer Verfassungsreform erwogen werden, zumindest die Verweigerung der Ausfertigung wegen »inhaltlicher« Bedenken definitiv auszuschließen. Bisher wurden sechs Fälle bekannt, in denen ein Gesetz wegen der Verweigerung der Ausfertigung durch den Bundespräsidenten nicht in Kraft getreten ist (Hederich 1999: 141 f.; Billing 2001: 327). In drei Fällen war ein solches »materielles« Prüfungsrecht tangiert, zuletzt 2006 im Falle des Flugsicherungsgesetzes (BT-Drs. 16/3262). In den anderen Fällen ging es um die Zustimmungsbedürftigkeit von Gesetzen oder die fehlende Gesetzgebungskompetenz des Bundes, somit um das korrekte Zustandekommen von Gesetzen. Auch wenn es um die Frage geht, ob das Gesetz verfahrensmäßig einwandfrei zustande gekommen ist, hat sich die Staatspraxis herausgebildet, dass der Bundespräsident ein Gesetz nur dann nicht ausfertigen wird, wenn er davon überzeugt ist, dass »zweifelsfrei und offenkundig« ein Verfassungsverstoß vorliegt (Rau 2002). Verglichen mit anderen Verfassungen, die dem Staatsoberhaupt bei der Gesetzgebung (beispielsweise) ein suspensives Vetorecht einräumen, handelt es sich bei der Regelung des Art. 82 Abs. 1 GG um eine unklare und zudem »in gewisser Weise systemwidrige« (Beyme 2010: 333) Verfassungsbestimmung, die im Rahmen einer Verfassungsreform neu gefasst werden sollte.

Nach der Ausfertigung leitet das Bundespräsidialamt das Gesetz dem Bundesjustizministerium mit dem Auftrag zu, dieses im Bundesgesetzblatt abzudrucken und damit zu verkünden. Der Tag des In-Kraft-Tretens wird im Gesetz selbst bestimmt. Geschieht dies nicht, tritt das Gesetz automatisch vierzehn Tage nach Verkündung in Kraft (Art. 82 Abs. 1 GG).

6.3 Die Rolle des Bundesverfassungsgerichts

Eine nicht zu unterschätzende Bedeutung für die Gesetzgebung kommt dem Bundesverfassungsgericht zu, obwohl es nur gegen bereits in Kraft getretene Gesetze angerufen werden kann. Das Bundesverfassungsgericht wurde nach dem Grundgesetz geschaffen, um den Vorrang der Verfassung gegenüber einfachen Gesetzen zu sichern. Seine Entscheidungen sind für alle anderen staatlichen Organe – auch für das Parlament – bindend (Hesse 1995: 278 f.). Wie andere Verfassungsgerichte ist das deutsche Bundesverfassungsgericht zur effektiven Ausübung seiner Kompetenzen und zur Umsetzung seiner Entscheidungen auf die prinzipielle Akzeptanz durch die Akteure im politischen System angewiesen (Herrmann 2010: 404 f.; Vorländer 2006). Nicht zuletzt angesichts des in Meinungsumfragen regelmäßig bekundeten hohen generalisierten Vertrauens in diese Institution hat das Bundesverfassungsgericht eine »überragende Stellung im politischen System Deutschlands gewonnen« (Vorländer 2011: 22; zum europäischen Vergleich Ismayr 2008c: 41 ff.).

Den weitaus größten Teil der Verfahren machen die 1969 durch Grundgesetzänderung eingeführten Verfassungsbeschwerden (Art. 93 Abs. 1 Nr. 4a) aus, die (nach Ausschöpfung des normalen Rechtsweges) von jedem erhoben werden können, der sich durch die öffentliche Gewalt in seinen Grundrechten verletzt fühlt (188 187 Verfahren = 96 %). Die Verfassungskonformität einer Rechtsnorm kann auch auf Veranlassung eines Gerichts in einem konkreten Rechtsstreit (Art. 100 GG) oder als »abstrakte« Normenkontrolle auf Antrag der Bundesregierung, einer Landesregierung oder eines Viertels der Bundestagsabgeordneten geprüft werden (Art. 93 GG). Nicht zuletzt aufgrund der Erfahrungen der Oppositionsparteien während der Großen Koalition 2005–2009 war das Quorum für Bundestagsabgeordnete zum 1.12.2009 von einem Drittel auf ein Viertel herabgesetzt worden. Mit bisher 172 Verfahren war die Anzahl der Verfahren »abstrakter« Normenkontrolle zwar weitaus geringer als die der »konkreten« (3 511), doch waren viele dieser Verfahren politisch von großer Bedeutung (Stand: 31.12.2011). Einen weiteren zentralen Kompetenzbereich bilden Organstreitigkeiten über den Umfang der Rechte und Pflichten eines obersten Bundesorgans oder anderer mit eigenen Rechten ausgestatteter Beteiligter (ggf. Abgeordnete, Fraktionen, politische Parteien) sowie Streitigkeiten zwischen Bund und Ländern oder zwischen verschiedenen Ländern (Hesse 1995: 282).

Zwar kam es auch auf dem Wege der Verfassungsbeschwerde zu eine Reihe höchst folgenreicher Urteile, die das Bundesverfassungsgericht von Anfang an zum Anlass genommen hat, »den Grundrechten eine erhebliche Wirkung zu verschaffen und eine Grundrechtsordnung herauszuarbeiten, die alle Bereiche des Staates und der Gesellschaft betrifft, möglicherweise sogar prägt« (Boehme-Neßler 2001: 371). Jedoch war das Gericht bei der abstrakten Normenkontrolle sowie bei Organstreitigkeiten am stärksten gezwungen, sich politisch zu exponieren (Helms 1999b: 156). Etwa zwei Drittel der abstrakten Normenkontrollverfahren und der Organstreitverfahren gehen auf oppositionelle Klagen, vor allem der Bundestagsopposition nahestehender Landesregierungen, zurück (Stüwe 1997a; Stüwe 1997b). In etwa der Hälfte (52 %) der Verfahren wurde im Sinne der Kläger ein Erfolg (28 %) oder Teilerfolg (24 %) erzielt (Stüwe 2002: 163 f.). Dies hatte sich aufgrund mehrerer gewichtiger »oppositionsfreundlicher« Urteile vornehmlich in der Zeit der sozialliberalen Koalition (1969–1982) gegenüber einer »aktiven« Reformpolitik hemmend ausgewirkt, mit denen das Bundesverfassungsgericht gestaltend in den politischen Prozess eingriff (vgl. Beyme 2010: 421 ff.; Herrmann 2010: 409; Stüwe 2002: 155 ff.).

In der Bundesrepublik sind die meisten größeren politischen Kontroversen auch verfassungsgerichtlich ausgetragen worden. Nach einer Untersuchung von Klaus von Beyme wurde das Bundesverfassungsgericht bei etwa 40 % der »Schlüsselentscheidungen« des Bundestages angerufen (Beyme 1997: 302). Insgesamt wurden etwa 5 % aller Gesetze ganz oder teilweise für nichtig oder für unvereinbar mit dem Grundgesetz erklärt (www.bundesverfassungsgericht.de).

Entscheidungsvarianten des Bundesverfassungsgerichts sind neben der (seit der 5. Wahlperiode selteneren) Nichtigkeitserklärung und der Unvereinbarkeitserklärung sogenannte Appellentscheidungen, in denen das Gesetz als »noch verfassungsgemäß« bezeichnet, jedoch an den Gesetzgeber appelliert wird, tätig zu werden, »um einen voll verfassungsmäßigen Zustand herzustellen oder eine in der Zukunft drohende Verfassungswidrigkeit abzuwenden« (Schlaich/Korioth 2004: 303 ff.). Neben der Festlegung von Fristen wird der Spielraum des Gesetzgebers oft durch konkrete Auflagen eingeschränkt (Helms 1999b: 153; Schulze-Fielitz 1997: 12; Kranenpohl 2004: 41). Bei seiner Appellentscheidung über die Verfassungsmäßigkeit des Erbschafts- und Vermögenssteuergesetzes machte das Gerichts detaillierte Vorgaben für den Gesetzgeber für eine Neugestaltung der Vermögenssteuer, die – so auch das Sondervotum – nicht Aufgabe des Verfassungsgerichts ist (BVerfGE 93, 121, 137 f.). Eine vom Bundesverfassungsgericht sehr häufig genutzte Entscheidungsvariante ist die »verfassungskonforme Auslegung« von Gesetzen, womit eine spezifische Interpretation der Norm für verbindlich erklärt wird. Obwohl möglicherweise mit der Intention einer größtmöglichen Respektierung des Willens des Gesetzgebers gewählt, kann die Ersetzung des Willens des Gesetzgebers durch das Bundesverfassungsgericht die Folge sein (Hesse 1995: 31; Schuppert 1980: 6 f.). Dadurch kann der Wille des Gesetzgebers gegebenenfalls »verfälscht« werden, was nur durch (ggf. verfassungsändernde) legislative Aktivitäten korrigiert werden kann (vgl. Beyme 1997: 301; Schlaich/Korioth 2004: 314 mit zahlreichen Nachweisen). Das Bundesverfassungsgericht wird auf diesem Wege letztlich Recht setzend tätig. Problematisch ist, dass das Bundesverfassungsgericht zur Beurteilung der Verfassungsmäßigkeit eines Gesetzes immer häufiger auf Vorgänge während des Gesetzgebungsprozesses zurückgreift (Schlaich/Korioth 2004: 375).

Mit der großen und ständig zunehmenden Zahl gültiger (und nur schwer revidierbarer) Urteile und der damit einhergehenden Fortbildung des Verfassungsrechts verengt sich der Gestaltungsspielraum des demokratisch legitimierten Gesetzgebers zusehends (vgl. Simon 1994: 1670; Vorländer 2011: 22).

Die nach dem Regierungswechsel 1969 wachsende Praxis der Opposition, die Verfassungskonformität von Gesetzen überprüfen zu lassen, und die zunehmende Neigung des Verfassungsgerichts zu detaillierten Vorgaben gegenüber dem Gesetzgeber haben zu einer »Justizialisierung« der Politik beigetragen (Landfried 1984: 147 ff.). In Erwartung einer oppositionellen Klage beim Bundesverfassungsgericht wird bereits bei der Abfassung von Gesetzen dessen mögliche Interpretation antizipierend berücksichtigt. Diese Vorwirkungen kommen bei der Entwicklung von Gesetzen in den Ministerien wie auch bei den (kontroversen) parlamentarischen Beratungen zum Ausdruck, die nicht selten unter der Androhung eines »Gangs nach Karlsruhe« stehen (vgl. Herrmann 2010: 410 f.). »Dabei werden die Entscheidungsbegründungen des Bundesverfassungsgerichts von Abgeordneten und ihren beamteten Beratern vielfach überinterpretiert« (Beyme 1997: 306). Nicht selten war ein unangebrachter »vorauseilender Gehorsam« gegenüber dem Verfassungsgericht zu beobachten.

6.4 Verfassungsändernde Gesetzgebung und Übertragung von Hoheitsrechten

Änderungen des Grundgesetzes bedürfen einer Zweidrittelmehrheit der Mitglieder des Bundestages und der Stimmen des Bundesrates (Art. 79 Abs. 3 GG) und kommen somit nur im Konsens mit der großen Oppositionspartei und mit einer breiten Mehrheit der Länderregierungen zustande. Bis 2005 sind durch 51 verfassungsändernde Gesetze zahlreiche Änderungen des Grundgesetzes beschlossen worden, wobei grundlegende Entscheidungen (Finanzverfassung, Notstandsverfassung) unter den besonderen Bedingungen der »Großen Koalition« (1966–69) durchgesetzt wurden, andere bedeutsame Revisionen erst nach langwierigen Auseinandersetzungen – nicht selten in der Form von »Paketlösungen«. Nach der deutschen Vereinigung scheiterten Vorstöße zu grundlegenderen Verfassungsänderungen daran, dass dafür in der paritätisch besetzten »Gemeinsamen Verfassungskommission von Bundestag und Bundesrat« wie auch im Bundestag keine Zweidrittelmehrheit erreichbar war. Die Verfassungsänderungen beschränkten sich weitgehend auf eine der europäischen Integration gemäße Anpassung an den Maastrichter Vertrag (Art. 23 GG n. F.) und eine gewisse Stärkung der Länderrechte, während die zahlreichen weitergehenden Änderungsvorschläge der Oppositionsparteien des Bundestages (Volksentscheid, Stärkung der Parlaments- und Oppositionsrechte, soziale Staatszielbestimmungen) erfolglos blieben (Batt 2003: 270 ff.). Eine Ursache hierfür lag wohl darin, dass die 64 Mitglieder dieser Kommission aktive, in den aktuellen Entscheidungsprozess eingebundene Politiker waren.

Wie dargestellt, wurde schließlich im Sommer 2006 die bisher umfassendste Verfassungsreform mit Zustimmung der meisten Bundestagsabgeordneten der Großen Koalition und den Stimmen von 14 Bundesländern im Bundesrat beschlossen (vgl. Abschn. 6.1).

Aufgrund des unter dem Druck der Länder (zeitgleich mit der Ratifizierung des Maastrichter Vertrages 1992) eingefügten »Europa-Artikels« des Grundgesetzes (Art. 23 Abs. 1 GG) bedarf die Übertragung von Hoheitsrechten an Institutionen der Europäischen Union entsprechend der Regelung für Verfassungsänderungen einer Zweidrittelmehrheit der Mitglieder des Bundestages und der Stimmen des Bundesrates (vgl. Ismayr 2007a; Hauck 1999: 122 ff.; Geiger 1995). Im Unterschied zur Regelung in Art. 24 GG ist somit auch der Zustimmung des Bundesrates erforderlich. Nach dem Urteil des Bundesverfassungsgerichts vom 19. Juni 2012 handelt es sich auch bei völkerrechtlichen Verträgen um eine Angelegenheit der Europäischen Union im Sinne von Art. 23 Abs. 2 GG, »wenn sie in einem Ergänzungs- oder sonstigen besonderen Näheverhältnis zum Recht der Europäischen Union stehen« (2 BvE 4/11). Bei umfangreichen Übertragungen von Kompetenzen wie im Falle des Europäischen Stabilitätsmechanismus (ESM) und des Fiskalpakts bedarf es somit ebenfalls einer verfassungsändernden Mehrheit (vgl. PlPr 17/188; vgl. Abschn. 7.11.2). Hoheitsrechtsübertragungen auf die Europäische Union finden überdies nach Auffassung des Bundesverfassungsgerichts insoweit ihre Grenzen, als dem deutschen Gesetzgeber »Aufgaben und Befugnisse von substantiellem Gewicht« (BVerfGE 89, 155, 156) verbleiben müssten (vgl. Sturm/Pehle 2012: 45 f.). Bei allen Entscheidungen kommt es für den Bundestag darauf an, dass er frühestmöglich und somit noch vor Abgabe bindender Erklärungen der Regierung und umfassend informiert wird und seine Stellungnahmen vorab berücksichtigt werden (vgl. Abschn. 6.9 und 7.11.2).

6.5   Vertragsgesetzgebung und Parlamentsbeschlüsse zu Auslandseinsätzen der Bundeswehr

Während der Bundestag seine öffentlichkeitswirksamen Kontrollmittel in außen- und sicherheitspolitischen Fragen ähnlich einsetzen kann wie bei innenpolitischen Themen, ist er bei Vertragsgesetzen eingeschränkt.

Nach Artikel 59 Abs. 2 GG bedürfen Verträge mit auswärtigen Staaten und ähnliche Verträge, welche die politischen Beziehungen des Bundes regeln oder sich auf Gegenstände der Bundesgesetzgebung beziehen der Form eines Bundesgesetzes und damit der Zustimmung des Bundestages. Gemäß der insoweit traditionell restriktiven Interpretation des Bundesverfassungsgerichts sind »politische Verträge« im Sinne diese Grundgesetzartikels nicht alle internationalen Übereinkünfte, die sich auf öffentliche Angelegenheiten beziehen, sondern nur solche, durch die die »Existenz des Staates, seine territoriale Integrität, seine Unabhängigkeit und sein maßgebliches Gewicht in der Staatengemeinschaft berührt werden«. Dazu gehörten nicht allein, aber namentlich Verträge, die darauf gerichtet seien, »die Machtstellung des Staates anderen Staaten gegenüber zu behaupten, zu befestigen und zu erweitern« (BVerfGE 1, 372, 381; BVerfGE 90, 286, 359).

Demgegenüber liegt es rechtlich angesichts der Leitentscheidungskompetenz des Bundestages und funktional unter Bedingungen des parlamentarisch-demokratischen Regierungssystems letztlich am Parlament, die Kriterien festzulegen und »im Zweifelsfalle festzustellen, wann es einen Vertrag für politisch wichtig hält« (Ehrenzeller 1993: 196), wobei auch Minderheitspositionen (Opposition) zu beachten wären.

Entgegen dem normalen Gesetzgebungsverfahren liegt bei Vertragsgesetzen die Initiative formell alleine bei der Regierung (Art. 59 Abs. 2 GG), die entscheidet, wann sie einen ausgehandelten Vertrag dem Parlament zur Zustimmung unterbreitet. Der Bundesrat, der sich (wie im »normalen« Gesetzgebungsverfahren im sog. »ersten Durchgang«) noch vor dem Bundestag mit der Regierungsvorlage befasst, verzichtet bei Vertragsgesetzen ganz überwiegend auf eine Stellungnahme. Im Unterschied zum »normalen« Gesetzgebungsverfahren« werden Verträge laut Geschäftsordnung des Bundestages »grundsätzlich in zwei Beratungen und nur auf Beschluss des Bundestages in drei Beratungen« (§ 78 Abs. 1 GOBT) behandelt – was höchst selten geschieht (Fallsammlungen über die Anwendung der GOBT; vgl. Ismayr 2007a: 181 f.). Der Hauptunterschied ist jedoch, dass Änderungsanträge nicht zulässig sind (§ 82 Abs. 2 GOBT) und entsprechend im Ganzen abgestimmt wird (§ 81 Abs. 4 GOBT), womit der Bundestag selbst eine – sachlich nicht zwingende – Selbstbeschränkung vorgenommen hat (Ehrenzeller 1993: 202 ff.).

In der parlamentarischen Praxis betrifft etwa ein Fünftel der Gesetzentwürfe völkerrechtliche Verträge (Tabelle 6.4). Entsprechend ihrer Thematik und ihrer Erarbeitung in den Fachressorts der Bundesregierung wird nur etwa jedes zehnte Vertragsgesetz federführend vom Auswärtigen Ausschuss beraten (13./14. WP: 20 bzw.

11 Vertragsgesetze). Nur etwa bei der Hälfte der Vertragsgesetze ist der Auswärtige Ausschuss in die Beratung mit einbezogen, überwiegend nur mitberatend (Münzing/ Pilz 2004: 17). Der Schwerpunkt liegt beim Wirtschaftsausschuss (64/24) und beim Verkehrsausschuss (44/27), und auch der Rechtsausschuss (23/15), der Finanzausschuss (16/16), der Innenausschuss (16/9), der Umweltausschuss (16/13) und der Ausschuss für Arbeit und Sozialordnung (12/11) sind häufiger mit Verträgen federführend befasst (eigene Auswertung nach GESTA 1999 und GESTA 2003 für die 13. und 14. Wahlperiode). Hinzu kommt die mitberatende Tätigkeit – auch bei jenen Ausschüssen, bei denen selten oder nie die federführende Beratung von Verträgen liegt, so insbesondere auch dem EU-Ausschuss (vgl. Abschn. 6.9).

Nach ihrer – oft einstimmigen oder mit breiter Mehrheit erfolgten – Verabschiedung im Plenum des Bundestages (regelmäßig entsprechend der Beschlussempfehlung des federführenden Ausschusses) wird der Vertragsgesetzentwurf dem Bundesrat zugeleitet, dessen Zustimmung bei einem beachtlichen Anteil der Vertragsgesetze (so etwa im Verkehrsbereich) erforderlich ist (GESTA). Ein breiter politischer Konsens bei einem Großteil der völkerrechtlichen Verträge kommt auch darin zum Ausdruck, dass nur über etwa jedes zehnte Vertragsgesetz in zweiter Lesung eine Plenardebatte stattfindet, während dies bei »normalen« Gesetzen in mehr als der Hälfte der Fälle geschieht (Tabelle 6.4). Bei wichtigen Themen ist die Bundesregierung zumeist schon im Vorfeld einer Entscheidung bemüht, die Unterstützung der Mehrheitsfraktionen zu sichern.

Anknüpfend an eine »traditionelle Staatsauffassung« (BVerfGE 104, 115, 207) und ein enges Verständnis von Außenpolitik geht allerdings das Bundesverfassungsgericht und mit ihm ein noch immer erheblicher Teil der Staatsrechtslehrer davon aus, dass die auswärtigen Angelegenheiten eine Domäne der Bundesregierung seien und zum »Kernbereich exekutivischer Eigenverantwortung« gehörten (BVerfGE 68, 1, 85 f.), in die das Parlament nur aufgrund gesonderter verfassungsrechtlicher Bestimmungen (Art. 59 Abs. 1 GG) eingreifen dürfe. Auch in einem jüngeren Urteil wird der Bundesregierung im Bereich der auswärtigen Politik ein »weit bemessener Spielraum zu eigenverantwortlicher Aufgabenwahrnehmung« zugesprochen, während das Parlament neben der Kompetenz der Ratifikation von Vertragsgesetzen vornehmlich auf die mögliche Wahrnehmung der Kontrollrechte verwiesen wird (BVerfGE 104, 151, 207).

Diese weitgehende Zuordnung der Außenpolitik zur Regierung wird schon aus staatsrechtlicher Sicht zunehmend in Frage gestellt, entspricht erst recht nicht den oben aufgezeigten Funktionsbedingungen des parlamentarisch-demokratischen Regierungssystems und lässt den Wandel außenpolitischer Entscheidungsprozesse und insbesondere die zunehmende Verflechtung von Außen- und Innenpolitik offenbar außer acht. Die Außenpolitik ist immer umfangreicher und komplexer geworden. Sie reicht – unter den Bedingungen von Globalisierung und Europäisierung – weit über die klassischen außenpolitischen Felder der Friedens-, Sicherheits- und Außenhandelspolitik sowie der Entwicklungspolitik hinaus und umfasst immer mehr einstmals rein innenpolitische Fragen (vgl. Krause 1998: 137). In nahezu allen Politikbereichen wurden grenzüberschreitende Aktivitäten entwickelt, die auf Regierungsebene weitgehend bei den Fachressorts liegen (vgl. Messner 2001). Entsprechend haben sich auch die außenpolitischen Aktivitäten des Bundestages ausgeweitet und ausdifferenziert. Wie dargestellt sind neben dem Auswärtigen Ausschuss sowie dem Ausschuss für Wirtschaftliche Zusammenarbeit und dem Verteidigungsausschuss auch fast alle anderen Fachausschüsse mit außenpolitischen Themen befasst.

Angesichts dieser Entwicklung wird die traditionelle Bestimmung einer – vornehmlich der Exekutive zuzuordnenden –»auswärtigen Gewalt« immer fragwürdiger (vgl. BVerfGE 1, 351, 369; BVerfGE 68, 1, 84 f.; 104, 151, 207). Das Grundgesetz kennt diesen – missverständlichen – Begriff nicht, an dem das Bundesverfassungsgericht bis heute festhält. Eine »auswärtige Gewalt« gibt es »weder als grundsätzlich bei der Regierung konzentriertes Entscheidungsmonopol« noch »vom Sachgebiet her als außerordentliche, atypische Staatsaufgabe oder gar als eigenständige Funktion« (Ehrenzeller 1993: 189; vgl. Kewenig 1975). Das im zentralen Art. 20 Abs. 2 GG im Kontext des Demokratieprinzips festgelegte Prinzip der Gewaltenteilung, demzufolge die Staatsgewalt »durch besondere Organe der Gesetzgebung, der vollziehenden Gewalt und der Rechtsprechung« ausgeübt wird, ist offensichtlich nicht auf die Innenpolitik beschränkt und gilt somit auch für den auswärtigen Bereich. Diese zum unveränderlichen Verfassungskern gehörende Bestimmung beansprucht allgemeine Geltung. Demgegenüber handelt es sich bei den einzelnen Verfassungsbestimmungen, die den auswärtigen Bereich betreffen (insbesondere Art. 24, 23, 59 Abs. 2 und Art. 115 a) und 115 l) GG) um Sonder- oder Teilkompetenznormen (Ehrenzeller 1993: 179 f.). Das Grundgesetz beinhaltet keine generelle Kompetenzvermutung zugunsten der Regierung. In der Frage der Abgrenzung sind demnach nicht die Sachbereiche, sondern die »Handlungsweisen, Verfahren und Strukturen der Funktionsträger von ausschlaggebender Bedeutung« (Hitzel-Cassagnes 2000: 72; vgl. Ehrenzeller 1993: 25).

Gestärkt hat das Bundesverfassungsgericht die Stellung des Bundestages allerdings in seinen euroapolitischen Kompetenzen (Abschn. 6.5, 6.9) und in einem vielbeachteten Urteil zum Adria-, AWACS- und Somaliaeinsatz der Bundeswehr. Demnach verpflichtet das Grundgesetz die Bundesregierung, für jeden Einsatz bewaffneter Streitkräfte – grundsätzlich vorher – die konstitutive Zustimmung des Bundestages einzuholen (BVerfGE 90, 286, 363 ff.; entsprechend BVerfGE 104, 151, 191). Das Bundesverfassungsgericht leitet diesen Parlamentsvorbehalt rechtsfortbildend aus einer seit 1918 gewachsenen Verfassungstradition und einer Reihe 1956 in das Grundgesetz eingefügter wehrrechtlicher Vorschriften ab, die eine verstärkte parlamentarische Kontrolle der Streitkräfte und des Regierungshandelns im militärischen Bereich vorsehen – so die Verankerung des Verteidigungsausschusses mit den Rechten eines Untersuchungsausschusses (Art. 45a), der Wehrbeauftragte (Art. 45b) und das Verlangen auf Einstellung des Einsatzes der Bundeswehr im Innern (Art 87a Abs. 4 Satz 2).

Insbesondere bezieht es sich auf Art. 115a Abs. 1 GG, wonach die zugleich zum Einsatz der Streitkräfte ermächtigende Feststellung des Verteidigungsfalles der Zustimmung des Bundestages mit einer Mehrheit von zwei Dritteln der abgegebenen Stimmen, mindestens der Mehrheit der Mitglieder des Bundestages bedarf (BVerfGE 90, 286, 385 ff.). Allerdings begnügt sich das Bundesverfassungsgericht damit, die einfache parlamentarische Mehrheit zu verlangen, während in Gesetzentwürfen Anfang der 1990er Jahre insbesondere bei friedensschaffenden Einsätzen die Zustimmung einer qualifizierten Mehrheit – etwa entsprechend der Regelung im Verteidigungsfall – für erforderlich gehalten wurde (vgl. z. B. BT-Drs. 12/3014 vom 2. 7. 1992; vgl. Riedel 1995: 141).

Während auf eine entsprechende Grundgesetzänderung verzichtet wurde, beschloss der Bundestag nach zehnjähriger Praxis ohne gesetzliche Grundlage im Dezember 2005 das von den Koalitionsfraktionen SPD und Bündnis 90/Die Grünen eingebrachte »Gesetz über die parlamentarische Beteiligung bei der Entscheidung über den Einsatz bewaffneter Streitkräfte im Ausland (Parlamentsbeteiligungsgesetz)« (BGBl. I, 23. 4. 2005, S. 775 f.; vgl. Wiefelspütz 2005). Bei nicht-gesetzesförmigen Entscheidungen des Bundestages über Auslandseinsätze der Bundeswehr handelt es sich um rechtsverbindliche »echte Parlamentsbeschlüsse« (Kretschmer 2011: 989 ff.), die sich von »schlichten Parlamentsbeschlüssen« unterscheiden (hierzu Abschn. 7.18).

Das Gesetz sieht gewisse Einschränkungen vor, weshalb einige Abgeordnete der Koalitionsfraktionen nur mit Bedenken zustimmten und diese mit persönlichen Erklärungen zum Ausdruck brachten (PlPr 15/146/3. 12. 2004, S. 13780). Demnach bedarf der Einsatz bewaffneter deutscher Streitkräfte der Zustimmung des Bundestages mit einfacher Mehrheit (!), wenn Soldaten der Bundeswehr »in bewaffnete Unternehmungen einbezogen sind oder eine Einbeziehung in eine bewaffnete Unternehmung zu erwarten ist« (§ 2 Abs. 1). Vorbereitende Maßnahmen und Planungen sowie humanitäre Hilfsdienste und Hilfsleistungen der Streitkräfte, bei denen Waffen lediglich zum Zweck der Selbstverteidigung mitgetragen werden, sind kein Einsatz im Sinne dieses Gesetzes (§ 2 Abs. 2). Bei Einsätzen von geringer Intensität und Tragweite (die im Gesetz näher eingegrenzt werden), kann die Zustimmung in einem vereinfachten Verfahren erteilt werden, wobei allerdings jede Fraktion oder fünf Prozent der Abgeordneten eine Befassung des Bundestages verlangen kann. Für bestimmte, allerdings schwer eingrenzbare Ausnahmesituationen (Gefahr im Verzug) sieht das Gesetz eine nachträgliche Zustimmung vor (§ 5). Wie bei der Ratifizierung völkerrechtlicher Verträge ist eine Änderung des Antrags durch den Bundestag nicht möglich (§ 3 Abs. 3). Einvernehmlich festgelegt wurde die Möglichkeit des Bundestages, die Zustimmung zu einem Einsatz bewaffneter Streitkräfte zu widerrufen (Rückholrecht, § 8).

Seit dem Urteil des Bundesverfassungsgerichts von 1994 hat es etwa 100 Beschlüsse zum Einsatz bewaffneter Streitkräfte im Ausland gegeben, davon etwa zwei

Drittel Fortsetzungsbeschlüsse. Die Zustimmung des Bundestages erfolgte zumeist mit breiter Mehrheit, häufig in namentlicher Abstimmung (Stand: 5/2012; vgl. Biermann 2004: 614 ff.; Meyer 2004 ff.).

Dass allerdings auch unter Bedingungen des parlamentarischen Regierungssystems bei gravierenden Entscheidungen die Zustimmung der Regierungsfraktionen nicht selbstverständlich gesichert ist, zeigte die Bundestagsabstimmung über den Einsatz deutscher Streitkräfte bei der NATO-Aktion »Essential Harvest« zur Entwaffnung der aus der albanischen Minderheit rekrutierten Widerstandsbewegung in Mazedonien am 29. 8. 2001, bei der die Regierung auf Stimmen der Opposition angewiesen war und vor allem bei der Entscheidung über die Beteiligung am Anti-Terror-Einsatz »Enduring Freedom« am 16. 11. 2001, die Bundeskanzler Gerhard Schröder mit der Vertrauensfrage verbunden hatte. Obwohl die Zustimmung des Bundestages angesichts des grundsätzlichen Einverständnisses der Oppositionsfraktionen CDU/CSU und FDP nicht in Frage stand, setzte Schröder durch dieses spektakuläre Verfahren mit dem Ziel einer – damit auch erreichten – »eigenen« Mehrheit jene Abgeordneten der Koalitionsfraktionen erfolgreich unter Druck, die einen Bundeswehreinsatz ablehnen wollten (vgl. Harnisch 2006: 314 ff.).

Nach wie vor gibt es Bestrebungen, zur Beschleunigung des Verfahrens »Vorratsbeschlüsse« zu Beginn der Wahlperiode zu fassen oder einen speziellen »Entsendeausschuss« zu installieren und mit den Beteiligungsrechten des Bundestages zu betrauen (Nachweise und Kritik: Wiefelspütz 2008; vgl. Noetzel/Schreer 2007; Schmidt-Radefeldt 2005: 147 ff.). Mit bisherigen Erfahrungen lassen sich derartige Einschränkungen kaum rechtfertigen. Angesichts der besonderen Befugnis des Bundestages zur Mitgestaltung bei Entsendeentscheidungen, kommt es vielmehr auf eine rechtzeitige Einbeziehung der Parlamentarier an. Unangemessene Verzögerungen lassen sich so in aller Regel vermeiden (vgl. Wiefelspütz 2008; Ryjacek 2008).

6.6   Verfahren bei Rechtsverordnungen

Wie dargestellt, sieht die Verfassung kein selbständiges Verordnungsrecht der Bundesregierung vor (vgl. Abschn. 6.1.1). Nach Art. 80 Abs. 1 GG können die Bundesregierung, ein Bundesminister oder die Landesregierungen Rechtsverordnungen erlassen, wenn Sie durch Gesetz dazu ausdrücklich ermächtigt sind. Dabei müssen Inhalt, Zweck und Ausmaß der erteilten Ermächtigung im Gesetz bestimmt werden. Die Rechtgrundlage ist in der Verordnung genau anzugeben (Zitiergebot; BVerfGE 101, 1, 43). Im Gesetz kann vorgesehen werden, dass die Ermächtigung weiter übertragen werden kann, was wiederum einer Rechtsverordnung bedarf. Wird eine Landesregierung ermächtigt, Rechtsverordnungen zu erlassen, ist sie nach dem 1994 eingefügten Art. 80 Abs. 4 GG zu einer Regelung auch durch Gesetz befugt. Gelegentlich ist die Ermächtigung zum Erlass von Rechtsverordnungen ausdrücklich mit der Verpflichtung verbunden, davon Gebrauch zu machen (etwa mit der Formulierung »Die Bundesregierung erlässt Rechtsvorschriften ... durch Rechtverordnung«). Häufig begnügt sie sich jedoch mit einer bloßen Ermächtigung und überlässt es dem Delegierten, ob und in welchem Umfang er von der Ermächtigung Gebrauch machen will. »In Bundesgesetzen gibt es Hunderte von Ermächtigungen, die nie ausgeschöpft oder genutzt werden« (Schneider 2002: 174).

Das Verfahren der Vorbereitung und Fassung von Rechtsverordnungen einschließlich der diversen Beteiligungen und Unterrichtungen (§ 45 GGO) entspricht weitgehend dem bei Gesetzesvorlagen der Bundesregierung bis zur Kabinettvorlage (§ 62 Abs. 2 GGO; vgl. Abschn. 6.2.2). Die Vorschriften über die Kabinettvorlage (§§ 22, 23, 51 GGO) gelten entsprechend, 1. wenn die Rechtsverordnung durch die Bundesregierung erlassen wird, 2. diese von allgemein-politischer Bedeutung ist oder 3. Meinungsverschiedenheiten zwischen den beteiligten Bundesministerien bestehen (§ 62 Abs. 3 GGO). Unter den genannten Voraussetzungen liegt die Beratung und Beschlussfassung (!) einer Verordnung auch dann beim Kabinett, wenn per Gesetz ein Bundesminister zur Verordnungsgebung ermächtigt wurde (§ 15 GOBReg). Nach Art. 80 Abs. 2 GG (i. d. F. seit 1994) bedürfen Rechtsverordnungen der Bundesregierung oder eines Bundesministers häufig der Zustimmung des Bundesrates.

Aufgrund der 1994 in die Verfassung aufgenommenen Bestimmung des Art. 80 Abs. 3 GG hat der Bundesrat auch das Initiativrecht für Rechtsverordnungen, die seiner Zustimmung bedürfen (§ 63 GGO). Mit insgesamt 43 Verordnungsentwürfen, die sich zudem als »wenig spektakulär erwiesen« (Jekewitz 2000) haben, hat der Bundesrat bisher zurückhaltend von diesem neuen Initiativrecht Gebrauch gemacht (13.–16. WP 1994–2009; Statistik in www.bundesrat.de).

Insgesamt bedurften von den bisher 21 866 Rechtsverordnungen 8 214 (38 %) der Zustimmung des Bundesrates. Nur in 59 Fällen hat der Bundesrat seine Zustimmung versagt. Häufig stimmt der Bundesrat jedoch nur mit der Maßgabe zu, dass am Text noch bestimmte Änderungen vorgenommen werden (Laufer/Münch 2010: 148).

Gelegentlich finden sich in Gesetzen, die eine Ermächtigung zum Erlass von Rechtsverordnungen enthalten, Mitwirkungs- und Mitentscheidungsvorbehalte des Bundestages (im Zeitraum 1949 bis 1996 insgesamt 65; Schindler 1999: 2593 ff.; vgl. Schneider 2002: 177). Dies kann dann der Fall sein, wenn der parlamentarische Gesetzgeber – zum Beispiel im Umweltrecht – auf allzu detaillierte gesetzliche Regelungen verzichten, andererseits aber die Letztentscheidung bei der rechtlichen Ausgestaltung sichern möchte. Nach § 92 der GOBT werden Zustimmungsverordnungen (Einwilligungs- und Genehmigungsverordnungen) und Aufhebungsverordnungen unterschieden. Für Zustimmungsverordnungen gilt, dass sich der Bundestag einer Äußerung nicht enthalten darf, es sei denn, dass im Gesetz ausdrücklich festgelegt ist, die Zustimmung gelte als erteilt, wenn der Bundestag nicht innerhalb einer bestimmten Frist die Zustimmung verweigere (Ritzel/Bücker/Schreiner, Erl. zu § 92 GOBT). Im Falle sog. Einwilligungsverordnungen kann die Rechtsverordnung nur in Kraft treten, wenn das Parlament zugestimmt hat. Erteilt der Bundestag seine Zustimmung »mit der Maßgabe«, dass näher bezeichnete Änderungen vorgenommen werden, gilt die Einwilligung als versagt, wenn der Ermächtigte diese Maßgabe nicht berücksichtigt. Hiervon zu unterscheiden sind sog. Genehmigungsverordnungen, die dem Bundestag zugeleitet werden, nachdem sie bereits in Kraft gesetzt wurden. Die Genehmigung kann hier nur insgesamt erteilt oder versagt werden, womit die Verordnung außer Kraft tritt. Bei Aufhebungsverordnungen hat der Bundestag das Recht, innerhalb einer bestimmten Frist nach Verkündung der Rechtsverordnung deren Aufhebung zu verlangen. Der Aufhebungsbeschluss verpflichtet die Regierung, unverzüglich die Verordnung ex nunc außer Kraft zu setzen.

Rechtverordnungen werden im vereinfachten Verfahren vom Bundestagspräsidenten im Benehmen mit dem Ältestenrat unmittelbar an die zuständigen Ausschüsse überwiesen. Dabei hat der Präsident eine Frist zu setzen, innerhalb welcher der Ausschuss verpflichtet ist, dem Bundestag einen Bericht vorzulegen. Zudem hat er eine Beschlussempfehlung an das Plenum vorzulegen, wenn die Aufhebung einer Verordnung empfohlen wird oder das Parlament ausdrücklich seine Zustimmung erteilen muss. Legt der Ausschuss diesen Bericht nicht rechtzeitig vor, ist die Vorlage auch ohne Ausschussbericht zur Beschlussfassung auf die Tagesordnung der nächsten Sitzung des Bundestages zu setzen (§ 92 GOBT).

Rechtsverordnungen sind erst auszufertigen, nachdem die ermächtigende Gesetzesbestimmung in Kraft getreten ist (vgl. §§ 66–68 GGO).

6.7 Gesetzesfolgenabschätzung und wissenschaftliche Politikberatung

Kritik wird seit langem nicht nur an der »Normenflut«, sondern vor allem an der »unzulänglichen Qualität« vieler Gesetze geübt. Oft erweisen sich Gesetze als schwer durchsetzbar oder unwirksam – etwa aufgrund mangelnder Verwaltungspraktikabilität oder Bürgerfreundlichkeit; unbeabsichtigte Neben- und Folgewirkungen treten auf.

6.7.1 Folgenabschätzung in den Ministerien

Die seit 2000 geltende GGO legt ausdrücklich fest, dass in der Begründung zum Gesetzentwurf die Gesetzesfolgen darzustellen sind, wobei die »beabsichtigten Wirkungen wie auch die unbeabsichtigten Nebenwirkungen« angesprochen werden. Dabei muss erkennbar sein, worauf die Berechnungen oder die Annahmen beruhen. Seit 2009 ist auch darzustellen »ob die Wirkungen des Vorhabens einer nachhaltigen Entwicklung entsprechen, insbesondere welche langfristigen Wirkungen das Vorhaben hat« (§ 44 Abs. 1 GGO). Diese Regelung wurde auf Initiative des Parlamentarischen Beirats für nachhaltige Entwicklung der 16. Wahlperiode in die GGO aufgenommen (vgl. Abschn. 6.7.3).

Weiterhin ist festgelegt, dass die Auswirkungen auf die Einnahmen und Ausgaben (brutto) der öffentlichen Haushalte einschließlich der voraussichtlichen vollzugsbedingten Auswirkungen darzustellen sind. Die Auswirkungen auf die Haushalte der Länder und Kommunen sind gesondert aufzuführen. Zudem sind die Kosten für die Wirtschaft, insbesondere für die mittelständischen Unternehmen, und die Auswirkungen des Gesetzes auf die Einzelpreise und das Preisniveau sowie auf die Verbraucherinnen und Verbraucher darzustellen (§ 44 GGO). Im September 2011 ist überdies ein gesetzlich erweitertes Mandat des Nationalen Normenkontrollrates in Kraft getreten (Abschn. 6.2.2). Demnach wird für neue Regelungsvorhaben der Bundesregierung der gesamte Aufwand abgeschätzt und ausgewiesen, der Bürgerinnen und Bürgern, Wirtschaft und Verwaltung aus der Befolgung entstehen (§ 2 Gesetz zur Einsetzung eines Nationalen Normenkontrollrates).

Eine eingehende Gesetzesfolgenabschätzung wird insbesondere bei Rechtsvorschriften mit beträchtlicher Wirkungsbreite und erheblichen Folgen angestrebt. In dem vom Innenministerium herausgegebenen »Leitfaden zur Gesetzesfolgenabschätzung« wird unterstrichen, dass der Anspruch gegenüber den Gesetzestests und Prüflisten der 1980er und 1990er Jahre gestiegen ist. Heutige Gesetzesfolgenabschätzung »muss Zukunftsperspektiven und Entwicklungen (Gesellschaft, Umwelt; Europäisierung, Globalisierung) berücksichtigen und in die Folgenabschätzung einbeziehen« (Böhret/Konzendorf 2000: 6; vgl. Bräunlein 2004: 131 ff.). Mit dem öffentlich bekundeten Ziel, die »Gesetzesfolgenabschätzung als festen Bestandteil der Rechtsetzung weiter zu etablieren und deren Qualität zu verbessern« (bmi.bund.de) wurde zudem eine »Arbeitshilfe zur Gesetzesfolgenabschätzung« (2009) vorgelegt.

Bei neuen gesetzlichen Regelungen ist es erforderlich, deren Wirkungen vorab abzuschätzen. Seit längerem besteht Gesetzgebung allerdings ganz überwiegend aus Novellierungstätigkeit; nachträgliche und begleitende Wirkungsanalysen werden von daher begründet. Es liegt nahe, dass sich der Gesetzgeber bei der Novellierung von Gesetzen auf möglichst zuverlässige Informationen über die bisherige Gesetzeswirkung stützen möchte, um unerwünschte Neben- und Folgewirkungen zu vermeiden, Vollzugs- und Akzeptanzschwierigkeiten berücksichtigen zu können oder gegebenenfalls auf eine (bundes-)gesetzliche Regelung ganz zu verzichten (vgl. Hellstern/ Wollmann 1980: 551). Von Wirkungsanalysen wird weniger eine Reduktion der Gesetze als deren qualitative Verbesserung (»Treffgenauigkeit«) erwartet (Zeh 1984: 472, 486; Mayntz 1979: 55 f.).

Die wissenschaftliche Politikberatung der Ministerien expandierte seit den 1960er Jahren erheblich; zudem wurde die Datenverarbeitung zügig ausgebaut. Die Ministerien können sich über das eigene fachlich spezialisierte Personal hinaus auf die beachtliche Kapazität nachgeordneter wissenschaftlicher Institute und Ämter stützen,

Tabelle 6.5   Beurteilung der Evaluation von Programmen

		Politiker		Beamte	
		Anzahl	%	Anzahl	%
1	sehr nützlich	26	45,6	74	50,7
2	Nützlich	22	38,6	44	30,1
3	teils/teils	5	8,8	20	13,7
4	wenig nützlich	3	5,3	6	4,1
5	Unnütz	1	1,8	2	1,4
Befragte		57	100,0	146	100,0

Frage: »Die Evaluation (Erfolgskontrolle) von Programmen wird von vielen für notwendig gehalten. Evaluationen wird dabei als die systematische und wissenschaftliche Analyse der Auswirkungen und Ergebnisse von Programmen definiert. Was ist Ihre Ansicht?«

Quelle: Derlien/Mayntz 1988: 28.

berufen Beiräte und Kommissionen, führen Anhörungen durch und vergeben Gutachten und Forschungsaufträge an »externe« wissenschaftliche Einrichtungen (Murswieck 1994; Beyme 1997: 152 ff.). Für das Jahr 1999 wurden ca. 300 Beratungsgremien ermittelt (Unkelbach 2001). Der Bundesgremienbesetzungsbericht (2007) weist für das Jahr 2005 118 »wesentliche« Expertengremien aus (im Jahr 1990: 189), wobei dessen Angaben nicht vollständig sein dürften (BT-Drs. 16/4385; Siefken 2007: 19 ff.).

Ein erheblicher Teil der Gesetzesfolgenabschätzung und -beobachtung wird von den Fachressorts selbst durchgeführt, die in laufendem Kontakt zu Verbandsvertretern und Landesbehörden stehen. Die wissenschaftlich-analytische Arbeit übernehmen überwiegend die den Ressorts zugeordneten Forschungseinrichtungen und Dienststellen sowie Regierungskommissionen, außerdem externe Institute.

Über die Bestellung von Gutachten und Sachverständigen und die Einrichtung von Kommissionen (Beiräten) beschließt formell die Ressortleitung, in jüngerer Zeit gelegentlich auch der Bundeskanzler bzw. das Kabinett. Die Vorbereitung dieser Entscheidungen – insbesondere die Auftragsformulierung – und vor allem die Verarbeitung der Ergebnisse liegt primär bei den Fachreferaten und Abteilungen.

Durchführung von Projekten der Programmforschung und Nutzung ihrer Ergebnisse hängen wesentlich davon ab, ob sie die Aufmerksamkeit der politischen Führung finden und ob diese vornehmlich an der Absicherung bereits festgelegter Positionen oder an fundierteren Einsichten in Wirkungszusammenhänge und kritischer Prüfung von Handlungsalternativen interessiert ist. Je kontroverser und politisch bedeutsamer die zu klärenden Probleme sind, um so mehr ist damit zu rechnen, dass »sachrationale«, inhaltlich-problemorientierte Beurteilungen gegenüber strategischen Intentionen in den Hintergrund treten. Der oft selektive, parteitaktische Umgang mit Gutachten und Ergebnissen der Programmforschung, vor allem aber die Erfahrung, wie sehr diese davon abhängen (können), wer wen mit welchem

Beratungsauftrag betraut, führt tendenziell zum Verlust an Glaubwürdigkeit (Renn 1985: 113; Steinhausen 1984: 395).

Insgesamt gesehen hat die Expansion der wissenschaftlichen Politikberatung im Bereich der Exekutive die Position der Regierung(smehrheit) gegenüber der Opposition gestärkt, vor allem aber die der Ministerialbürokratie gegenüber Abgeordneten und politischer Führung. Die Tendenz zur Fragmentierung der Politik wurde durch diese Entwicklung jedenfalls nicht abgeschwächt. Die Einsetzung einzelner großer Kommissionen mit umfassendem legislativ-konzeptionellem Auftrag insbesondere seit 1998 kann als Ausdruck gegenläufiger Bemühungen gesehen werden.

6.7.2 Rolle von Expertengremien im Wandel?

Zur Zeit der rot-grünen Koalition (1998–2005) wurde die Einsetzung und Arbeit von Expertengremien der Bundesregierung in der Öffentlichkeit wesentlich stärker wahrgenommen als zuvor, obwohl deren Anzahl nicht erkennbar gestiegen ist (Siefken 2003: 490 ff., 484 ff.; Siefken 2007). Auch hinsichtlich der Zusammensetzung, Arbeitsweise und Funktion im Gesetzgebungsprozess sind für den größten Teil der (zeitlich begrenzt wirkenden) Kommissionen und der (dauerhaft eingerichteten) Beiräte keine wesentlichen Unterschiede gegenüber der hier geschilderten Rolle dieser Expertengremien erkennbar. Allerdings wurde einzelnen Expertengremien von der Regierung bzw. vom Bundeskanzler selbst eine herausragende Bedeutung für den legislativen Reformprozess zugesprochen. Besonders gilt dies für die als »Hartz-Kommission« (2002) bekannte »Kommission moderne Dienstleistungen am Arbeitsmarkt«, für die nach ihrem Vorsitzenden Bernd Rürup benannte »Kommission für die Nachhaltigkeit in der Finanzierung der sozialen Sicherungssysteme«, für die Zuwanderungskommission, die Kommission »Gemeinsame Sicherheit und Zukunft der Bundeswehr« (»Weizsäcker-Kommission«) sowie den »Nationalen Ethikrat« und den »Rat für Nachhaltige Entwicklung« – wobei die beiden letztgenannten nicht mit einem zeitlich begrenzten Auftrag versehen sind, sondern dauerhaft eingerichtet wurden.

Die Bedeutung einzelner Expertengremien wird dadurch unterstrichen, dass sie entgegen der bisherigen Praxis nicht von einem Bundesminister, sondern vom Bundeskanzler eingesetzt wurden (Hartz-Kommission, Kommission »Corporate Governance«, Nationaler Ethikrat, Rat für nachhaltige Entwicklung). Den genannten Expertengremien gehör(t)en nicht nur Wissenschaftler, sondern auch (führende) Persönlichkeiten aus Politik, Wirtschaft, Gewerkschaften und sonstigen gesellschaftlichen Organisationen (Kirchen, Sozialverbände) an.

Das Interesse, einen breiten (öffentlichen) Konsens für Gesetzesvorschläge der Expertengremien zu erreichen, drückt sich auch darin aus, dass mit der ehemaligen Bundestagspräsidentin Rita Süssmuth und dem ehemaligen Bundespräsidenten Richard von Weizsäcker zwei prominente Politiker der (oppositionellen) CDU zu Vorsitzenden berufen wurden (die allerdings in ihren Parteien Außenseiterpositionen vertraten). Auch weitere ehemalige Politiker der Oppositionspartien – wie auch der Regierungsparteien – gehörten diesen Kommissionen an, deren Gesetzesvorschläge ohne Zustimmung der Oppositionsparteien nicht durchsetzbar waren.

Seitens des Bundeskanzlers bzw. der Regierung war dieses Vorgehen offenbar mit der Erwartung verknüpft, dass die Vorschläge dieser Gremien eine breite öffentliche Akzeptanz erzeugen und – sofern sie der Bundesregierung genehm waren – die Durchsetzung im Gesetzgebungsprozess erleichtern würden (vgl. Steinmeier 2001). Entsprechend wurde auch seitens der Bundesregierung eine öffentlichkeitswirksame Präsentation der Ergebnisse (Hartz-Kommission) oder – wie im Falle des Nationalen Ethikrates – ein laufender Dialog mit Medien und gesellschaftlichen Gruppierungen angestrebt. Schließlich verfügen diese Kommissionen und Beiräte über erhebliche Ressourcen zur Einholung von Expertisen und zur Durchführung von Anhörungen mit Sachverständigen, können sich auf ein Sekretariat mit mehreren sachkundigen Mitarbeitern und auf den administrativen Sachverstand der Ministerialbürokratie, nachgeordneter Behörden (und ggf. weiterer staatlicher Einrichtungen) stützten. Dies ist allerdings kein neues Phänomen. Entsprechende Voraussetzungen wurden auch bisher schon für bedeutsame Expertengremien geschaffen – auch solche, die vollständig oder vornehmlich mit Wissenschaftlern besetzt sind. Insbesondere gilt dies für unabhängige Kommissionen (Beiräte).

Die reale Bedeutung dieser teilweise als »Konsensgremien« wahrgenommenen Expertengremien ist allerdings unterschiedlich. Besondere Aufmerksamkeit fand die im Hinblick auf die demokratisch-legitimierende Rolle des Bundestages inakzeptable Äußerung Bundeskanzler Schröders, die im Konsens der Kommissionsmitglieder beschlossenen Ergebnisse der Hartz-Kommission sollten »im Verhältnis 1:1« umgesetzt werden (FAZ vom 23.11.2002: 4; Butterwegge 2005: 187). Diese Äußerung stieß auf begründete Kritik und wurde u.a. als Versuch gewertet, »sich von der Last der eigenen Entscheidung und deren Begründung zu befreien« (Blumenthal 2003: 11) und darüber hinaus die Koalitionsfraktionen zu disziplinieren. Ihr Konzept, das über ihren ursprünglichen Auftrag deutlich hinausging und auch Vorschläge zur Vollbeschäftigung umfasste, hatte die Hartz-Kommission im Konsens beschlossen (Weimar 2004: 49 ff.; Butterwegge 2005: 186 ff.).

Tatsächlich können die vom federführenden Ressort (BMA) erarbeiteten und von der Bundesregierung beschlossenen Regierungsentwürfe und erst Recht die im parlamentarischen Verfahren und vor allem infolge von Aushandlungsprozessen mit »oppositionellen« Vertretern im Bundesrat und im Vermittlungsausschuss zum Teil deutlich veränderten vier »Gesetze für moderne Dienstleistungen am Arbeitsmarkt« (Hartz I–IV) keineswegs als bloße Umsetzung des Hartz-Konzepts angesehen werden (Butterwegge 2005: 188).

Im Falle der übrigen oben genannten Kommissionen kann eine direkte Umsetzung der Kommissionsvorschläge in Gesetze erst Recht nicht behauptet werden. Die zentralen Empfehlungen der Wehrstrukturkommission wurden durch eigene Programmvorstellungen des Verteidigungsminister umgehend konterkariert und blieben – zwischen den Koalitionspartnern und Regierungsfraktionen – umstritten (Der Tagesspiegel vom 24.5.2000; Murswieck 2003: 125). Im Falle der Zuwanderungskommission gelang es von Anfang an nicht, die von der Bundesregierung erhoffte »konsensuelle Konzertierung der Zuwanderungsgesetzgebung« zu bewerkstelligen (Sebaldt 2004: 193; Müller-Russell 2002: 26 ff.; Schneider/Tuchan 2005). Die Rürup-Kommission hatte hinsichtlich der zukünftigen Finanzierung des Gesundheitswesens kein geschlossenes Konzept, sondern mit der »Kopfpauschale« und der »Bürgerversicherung« zwei Alternative für eine politisch zu treffende Richtungsentscheidung präsentiert. Dies sollte nicht als Scheitern ausgelegt werden, sondern trägt der Tatsache Rechnung, dass es um eine politisch zu treffende Richtungsentscheidung geht, für die ein Beratungsgremium Analysen erarbeiten und Argumentations- und Entwicklungslinien aufzeigen, aber nicht die »einzig richtige Lösung« bieten kann (Schmucker 2003: 29; Butterwegge 2005: 212). Die politischen Kontroversen zu diesem Thema dauern an.

Wie dargestellt können Kommissionen und Beiräte unter bestimmten Voraussetzungen den Charakter von Konsensrunden annehmen, die allerdings nicht bindende Empfehlungen für die Gesetzgebung erarbeiten. Hiervon sind korporatistisch geprägte Konsensrunden wie die Atomkonsensrunde zu unterscheiden, in denen Regierung und Interessenvertreter verbindliche Absprachen über einen Gesetzentwurf treffen (Müller-Russell 2002: 22, 24). Sie sind allerdings die Ausnahme (vgl. Abschn. 6.8).

6.7.3 Gesetzesfolgenabschätzung des Bundestages

Anstöße für Evaluierungen im Bereich der Exekutive gehen häufig vom Bundestag aus, der in zunehmendem Maße Interesse an (möglichst) zuverlässigen Informationen über Gesetzeswirkungen und Folgenabschätzungen zeigt. So gut wie alle parlamentarischen Informations- und Kontrollinstrumente (Anfragen, Anträge) werden auch dazu genutzt, entsprechende Auskünfte zu verlangen. Wachsende Bedeutung kommt hier der Anforderung von Regierungsberichten zu, die einmalig oder periodisch dem Parlament vorzulegen sind (vgl. Abschn. 7.17). Sie werden häufig mit dem Ziel verlangt, genaue(re) Kenntnis über die Wirksamkeit von Gesetzen sowie über Erfahrungen bei der Durchführung zu erhalten und dienen als Arbeitsgrundlage für die Prüfung und Entwicklung gesetzgeberischer Maßnahmen. Druck auf Regierung und Ministerialbürokratie kann vor allem von zeitlich festgelegten (periodischen) Berichtspflichten ausgehen, zumal wenn sie durch Gesetz festgeschrieben sind.

Ähnlich wie in Begründungen zu Gesetzentwürfen und Antworten auf parlamentarische Anfragen bleiben allerdings auch in Berichten der Bundesregierung die zugrundeliegenden Informationsquellen häufig mehr oder weniger verdeckt. Einigen Nutzen können sie am ehesten von Arbeitsergebnissen »unabhängiger« Sachverständigen-Gremien (Beiräte) erwarten, deren Status gesetzlich fixiert ist und deren Gutachten unmittelbar auch dem Bundestag zugehen und veröffentlicht werden.

Die in den letzten Wahlperioden stark angewachsene Zahl öffentlicher Anhörungen der Bundestagsausschüsse aber auch der Fraktionen dokumentieren ein wachsendes Interesse (vor allem der Opposition) an regierungsunabhängigem Erfahrungs- und Expertenwissen über Wirkungsweise und Auswirkungen geltender Rechtsnormen, die Folgenabschätzung geplanter Gesetze und alternative Lösungsmöglichkeiten. Neben dieser Beratungsform bestehen u. a. laufende Informationskontakte der Fraktionen (Arbeitsgruppen- und kreise, Abgeordnete) zu Fachverbänden und Wirtschaft, wissenschaftlichen Instituten, mit Experten besetzten Parteikommissionen und die – bisher eher bescheidenen – Möglichkeiten von Fraktionen und Ausschüssen, Gutachten einzuholen (vgl. Abschn. 7.19).

Auch eine gelegentlich vorgeschlagene verbesserte Ausstattung des Bundestages würde nicht zwangsläufig etwas an der sektoralen Problemwahrnehmung ändern; weitere Reformbemühungen mit dem Ziel einer verbesserten konzeptionellen Arbeit des Parlaments müssten hinzukommen. Die seit 1969 vorgesehene Einsetzung von Enquete-Kommissionen beim Bundestag bietet hierzu die Möglichkeit. Enquete-Kommissionen sind Ausschüsse besonderer Art, in denen Wissenschaftler und andere Sachverständige (Verbandsvertreter) gleichberechtigt mit Abgeordneten beraten und abstimmen. Bisher wurden 34 Enquete-Kommissionen mit der Aufgabe eingerichtet, komplexe Entwicklungen zu erfassen und zukunftsgerichtete Gestaltungsvorschläge zu erarbeiten. Enquete-Kommissionen sind als die wohl intensivste Form der Politikberatung angelegt, die es auf Bundesebene gibt. Eine wichtige Voraussetzung für den Erfolg ist, dass Parteien und Regierung bei der Einsetzung noch nicht eindeutig Position bezogen haben. Inwieweit der Bericht einer Enquete-Kommission im parlamentarischen Prozess wirksam wird, hängt auch davon ab, ob es gelingt, die anderen Fraktionsgremien und die Fachausschüsse zu sensibilisieren und die öffentliche Diskussion anzuregen (vgl. hierzu Abschn. 7.19). Auch die 1990 erfolgte und ausbaufähige Institutionalisierung der Technikfolgenabschätzung beim Bundestag soll dazu dienen, neben der Vermittlung von Expertenwissen konzeptionelles Arbeiten zu fördern und alternative Entwicklungsmöglichkeiten aufzuzeigen (hierzu Abschn. 7.21).

Seit der 15. Wahlperiode hat der Bundestag jeweils einen »Parlamentarischen Beirat für nachhaltige Entwicklung« eingesetzt, der somit eine überaus wichtige Querschnittsaufgabe wahrnehmen soll. Er soll darauf hinwirken, dass Nachhaltigkeit in ökologischer, ökonomischer und sozialer Hinsicht das Handeln des Gesetzgebers bestimmt und die Lebensgrundlagen für künftige Generationen bewahrt werden. Der Beirat hat insbesondere die Aufgabe, »die Nachhaltigkeitsstrategie des Bundes zu begleiten und die Voraussetzungen für eine vertiefte Einbindung der Nachhaltigkeits-

strategie in die parlamentarischen Beratungsverfahren zu schaffen« (Einrichtungs-
beschluss, BT-Drs. 17/245/16.12.2009). Er legt dem Bundestag mindestens alle zwei
Jahre einen Bericht vor (BT-Drs. 17/6680).

Für den Beirat gelten nach dem Einsetzungsbeschluss die Regelungen der GOBT,
die die Ausschüsse betreffen. Er besteht (derzeit) aus 22 Abgeordneten, die verschiedenen Fachausschüssen angehören. Der Parlamentarische Beirat für nachhaltige
Entwicklung (PBNE) prüft, ob bei der Gesetzgebung die auf seine Initiative hin in
die Gemeinsame Geschäftsordnung der Bundesministerien aufgenommene Nachhaltigkeitsprüfung in der Gesetzesfolgenabschätzung (§ 44 GGO) auch vorgenommen wird. Zunächst erfolgte eine formale Prüfung für den Zeitraum 1. März 2010 bis
10. Juni 2011, die das Ergebnis brachte, dass bei 44 % der 306 geprüften Gesetzentwürfe und Verordnungen der Bundesregierung die enthaltenen Aussagen plausibel
und somit nicht zu beanstanden waren, was als »guter Anfang« bewertet wird (BT-
Drs. 17/6680). Es falle allerdings auf, »dass die Nachhaltigkeitsprüfungen häufig eher
oberflächlich erfolgen oder zumindest nicht vertieft genug dargestellt worden sind«
(BT-Drs. 17/6680, S. 5). Sowohl hinsichtlich der Prüfungsdurchführung als auch der
Ergebnis-Darstellung bestehe Verbesserungsbedarf in den Ministerien. Stärker inhaltliche Prüfungen des Beirats sollen folgen. Zudem wird die Nachhaltigkeitsprüfung für Gesetzentwürfe der Fraktionen empfohlen.

Stellungnahmen des Parlamentarischen Beirats zu Gesetzentwürfen werden dem
federführenden Bundestagsausschuss zugeleitet, Stellungnahmen zu Verordnungen
dem zuständigen Ministerium. Bislang ist dies nur bei Vorlagen mit gravierenden
Mängeln geschehen, im oben genannten Berichtszeitraum 15 bei Gesetzentwürfen
und sechs bei Verordnungen. Der Beirat beklagt, dass Stellungnahmen des Beirats in
den meisten Ausschüssen »keine ausreichende Beachtung« fanden und sieht erheblichen Verbesserungsbedarf sowohl hinsichtlich der Behandlung bei den Ausschussberatungen wie auch in den Berichten und Beschlussempfehlungen der jeweiligen
Fachausschüsse. Der Beirat schlägt daher vor, die Behandlung der Stellungnahmen
zur Nachhaltigkeitsprüfung in den Fachausschüssen angemessen und verbindlich in
der GOBT zu regeln (BT-Drs. 17/6680). Letztlich hängt es natürlich auch hier von der
Bereitschaft der Abgeordneten ab, Nachhaltigkeit als Leitprinzip der Gesetzgebung
anzuerkennen und der Nachhaltigkeitsprüfung in der Praxis der Beratung in Ausschüssen und korrespondierenden Arbeitsgruppen und -kreisen entsprechend Geltung zu verschaffen.

6.8 Einfluss der Interessenverbände auf die Gesetzgebung

Der Bundestag führt seit 1972 eine öffentliche Liste, in der alle Verbände, die Interessen gegenüber dem Bundestag oder der Bundesregierung vertreten, auf Wunsch eingetragen werden. Die Anhörung ihrer Vertreter (und auch die für die Lobbyarbeit un-

verzichtbare Ausstellung von Hausausweisen) finden nur statt, wenn sie sich in diese »Lobbyliste« mit näheren Angaben eingetragen haben (Anlage 2 GOBT). Im Unterschied zu manchen anderen EU-Staaten sind Lobbyisten jedoch nicht zur Eintragung verpflichtet und sie müssen auch keine umfangreichen Angaben machen, was Anlass für Reformbestrebungen ist (z. B. PlPr 16/169, S. 17916 ff.; vgl. Hoppe/Thomas 2008).

Die stetig angewachsene Lobbyliste beim Bundestag ist mit derzeit etwa 2 100 Eintragungen Ausdruck einer großen Vielfalt von auf Bundesebene agierenden Interessengruppen mit sehr unterschiedlicher Zielsetzung und Ausstattung mit Personal und Sachmitteln (Stand: 2/2012; vgl. Sebaldt 1997: 303 ff.). Die wichtigste Rolle spielen die Unternehmerverbände mit ihren Spitzenverbänden BDI (Bundesverband der Deutschen Industrie) und BDA (Bundesverband der Deutschen Arbeitgeberverbände) sowie zahlreichen Branchen- und Fachverbänden und die ganz überwiegend im Deutschen Gewerkschaftsbund (DGB) zusammengeschlossenen Gewerkschaften (Schroeder/Weßels 2003). Tendenziell wird dabei von einem »zunehmenden Einfluss der Wirtschaft auf die Politik« gesprochen (Leif/Speth 2003: 29). Dies betrifft unmittelbar die Gesetzgebung, findet aber auch seinen Ausdruck in außerlegislativen Vereinbarungen zwischen Bundesregierung, Spitzenverbänden und Großunternehmen.

Die laufende Einflussnahme der Verbände auf die Bundesgesetzgebung wird dadurch begünstigt, dass sie ganz überwiegend ihre Hauptgeschäftsstellen im (näheren und weiteren) Umfeld des Regierungs- und Parlamentssitzes angesiedelt oder dort zumindest Verbindungsbüros geschaffen haben (Sebaldt/Straßner 2004: 146 ff.). Insgesamt wird die Zahl der Lobbyisten alleine in Berlin auf etwa 4 500 geschätzt (Hoppe/Thomas 2008). Erschwert wird die Lobbyarbeit allerdings dadurch, dass mehrere Bundesministerien nach wie vor in Bonn ihren ersten Dienstsitz haben während sich das Leitungspersonal trotzdem zumeist in Berlin aufhält (Kaufmann 2003; Sebaldt/Straßner 2004: 150). Zudem »nimmt die Bindewirkung traditioneller Verbände ab, so dass sich immer mehr Partikularinteressen formieren, die lobbyistische Politikbeeinflussung betreiben« (Leif/Speth 2003: 23). So haben in Berlin über dreihundert Einzelunternehmen Firmenrepräsentanzen errichtet und betreiben hochprofessionell eigenes Lobbying. »Damit entledigen sie sich des Problems der verbandlichen Bündelung der Interessen auf dem Niveau des kleinsten gemeinsamen Nenners. Sie bleiben aber Mitglieder der Wirtschaftsverbände und sehen im Verband ein komplementäres Lobbying-Instrument« (Leif/Speth 2003: 21 f.; vgl. Rudzio 2011: 67 ff.). Diese Verbände und Einzelunternehmen lassen ihre Interessen durch eigene Angestellte vertreten, teilweise aber auch von selbständigen Beratern und spezialisierten Lobby-Firmen.

Die Vertreter der Interessenverbände versuchen, in fast allen Phasen des Gesetzgebungsprozesses ihre Interessen zur Geltung zu bringen. Dies gilt besonders für Großverbände. Bevorzugter Adressat sind – ihrer Bedeutung bei der Initiierung und Entwicklung von Gesetzentwürfen entsprechend – allerdings die Bundesministerien, da die Interessenvertreter in der Regel um so wirksamer Einfluss nehmen können, je früher sie ansetzen. Nach § 47 GGO ist der Entwurf einer Gesetzesvorlage rechtzeitig den beteiligten Zentral- und Gesamtverbänden sowie Fachkreisen, die auf Bundesebene bestehen, zuzuleiten. Allerdings bleiben Zeitpunkt, Umfang und Auswahl (soweit keine Sondervorschriften bestehen) dem Ermessen des federführenden Bundesministeriums überlassen (§ 47 Abs. 3 GGO). In der Praxis stehen Vertreter von (wichtigen) Fachverbänden oft in laufendem Kontakt zu »ihrem« Referat und »ihrer« Abteilung und versuchen, noch vor der offiziellen Beteiligung der Verbände den Ministerialbeamten ihre Position nahe zu bringen (vgl. Beyme 1997: 207 f.; Sebaldt/Straßner 2004: 153). Den Ministerialbeamten ist an diesen laufenden Kommunikationsbeziehungen häufig ihrerseits gelegen, da sie mit einschlägigen Materialien und Expertisen versorgt werden, Informationen über mögliche Auswirkungen ihres Vorhabens erhalten und auf eventuelle Schwachstellen ihres (Vor-)Entwurfs aufmerksam werden. Je nach Bedeutung des Vorhabens und Stellung des betreffenden Verbandes werden Bundesminister (und in seltenen Fällen auch der Bundeskanzler) auch persönlich kontaktiert oder suchen auch von sich aus das Gespräch mit Interessenvertretern (Sebaldt/Straßner 2004: 153). Dies gibt ihnen die Möglichkeit, deren Positionen (und Druckpotential) unmittelbar und frühzeitig kennenzulernen und politisch zu gewichten.

Nicht selten nehmen Austauschbeziehungen zwischen Regierungsvertretern und Ministerialbeamten mit Vertretern gewichtiger Verbände den Charakter von »Verhandlungen« an, in denen im Interesse der Durchsetzbarkeit und Umsetzung des legislativen Vorhabens (Gesetzespakets) ein Kompromiss zustande kommt – der Entwurf somit »verbandsfest« gemacht wird. Schließlich ist der Gesetzgeber oft in hohem Maße auf die Bereitschaft der Wirtschaft und der (großen) Interessenverbände angewiesen, Gesetze und Verordnungen angemessen umzusetzen (vgl. Weber 1981: 281 ff). Insgesamt läuft dieser vorparlamentarische Prozess der Interessenvermittlung (im Unterschied zum Gesetzgebungsprozess in Schweden oder dem Schweizer Vernehmlassungsverfahren) allerdings wenig transparent ab und entzieht sich somit auch eingehender und differenzierter wissenschaftlicher Analyse (vgl. Jann/Tiessen 2008: 105 ff.; Jahn 2009: 118 ff.; Linder 2009: 581 ff.).

Wie im vorangegangenen Kapitel dargestellt, wirken Verbandsvertreter als »Experten« in einer Reihe von Kommissionen und Beiräten der Bundesregierung, wobei manchen dieser Expertengremien insbesondere in der Zeit der rot-grünen Koalition seitens der Regierung die Rolle von Konsensrunden zugedacht war (vgl. Steinmeier 2001), die einem Ministerium bzw. der Bundesregierung nicht bindende Vorschläge zur Gesetzgebung unterbreiten. Hinzu kommt die interne Anhörung von Interessenvertretern in den Bundesministerien, auch im Rahmen der Arbeit von Expertengremien.

Davon sind korporatistisch geprägte Konsensrunden zu unterscheiden, in denen Regierung und Interessenvertreter verbindliche Absprachen – auch zur Gesetzgebung – treffen. Hierzu gehören das »Bündnis für Arbeit, Ausbildung und Wettbewerbsfähigkeit« (1998–2003) und die (2004 aufgelöste) »Konzertierte Aktion im Gesundheitswesen« (Sebaldt 2004: 222 ff.; Schroeder 2001; Butterwegge 2005: 159 ff.), die allerdings keine greifbaren legislativen Erfolge verzeichnen können.

Eine Ausnahme bildet die 1999 von Bundeskanzler Gerhard Schröder ins Leben gerufene Atomkonsensrunde aus acht ständigen Teilnehmern (mit einer Geschäftsstelle im Bundeskanzleramt), der neben dem Bundeskanzler und den zuständigen Ministern vier Spitzenvertreter der Energieunternehmen angehörten. Um etwaige Schadensersatzklagen der AKW-Betreiber von vornherein auszuschließen, war der Regierung an einer einvernehmlichen vertraglichen Lösung gelegen (Müller-Russell 2002: 66 ff.; Sebaldt 2004: 198 f.). Der von den Energieunternehmen akzeptierte Gesetzentwurf »wurde seitens der Bundesregierung erfolgreich gegen inhaltliche Änderungen durch Fraktionen und Ausschüsse bewahrt. Die parlamentarischen Gremien spielten im Atomkonsens letztlich also nur eine notarielle Rolle« (Sebaldt 2004: 199), da ein Aufschnüren des Verhandlungspakets ein Scheitern zur Folge gehabt hätte.

Dem Bundestag kommt als Adressat lobbyistischer Einflussnahme bei der Gesetzgebung zwar eine geringere Rolle als den Bundesministerien zu, doch ist er in seiner Bedeutung für Lobbyisten auch nicht zu unterschätzen (Sebaldt 1997: 255; Sebaldt/Straßner 2004: 153; Reutter 2001: 94). So weist eine Untersuchung für die 11. Wahlperiode (1987–90) je Bundestagsabgeordneter im Jahr 177 Kontakte mit Interessenvertretern auf, die allerdings bezogen auf die einzelnen Interessenverbände bei den Fraktionen unterschiedlich häufig auftreten (Hirner 1993: 152, 164). Klaus von Beyme ermittelte bei 100 Schlüsselentscheidungen zur Gesetzgebung im Durchschnitt etwa 30 Einflussversuche pro Gesetz, wobei die stärker ausdifferenzierten Wirtschaftsverbände häufiger auftraten als die Gewerkschaften (Beyme 1997: 213; vgl. auch Sebaldt 1997: 342 ff.). Zum einen verschicken die Verbände oft zum Ärger der Parlamentarier und ihrer Mitarbeiter in beträchtlichem Umfang Material an alle Abgeordneten (vgl. Puhe/Würzberg 1989: 63). Weit wirkungsvoller ist hingegen die gezielte Einflussnahme auf die fachlich zuständigen und mit bestimmten Gesetzentwürfen befassten Ausschüsse und Fraktionsgremien (Arbeitsgruppen und -kreise) und hierbei insbesondere die zuständigen Berichterstatter, wobei zumeist die Regierungsfraktionen präferiert werden. Dabei prägen die unterschiedliche Interessen- und Berufsstruktur der Fraktionen und vor allem der Fachausschüsse und der Fraktionsarbeitsgruppen die Kommunikationsbeziehungen zu den Verbänden und deren Einflusschancen (vgl. Herzog u. a. 1990: 33; Rudzio 2011: 83 ff.). Zwar ist die Zahl der Verbandsvertreter unter den Abgeordneten insbesondere des Wirtschafts- und Arbeitsbereichs seit der 10. Wahlperiode (1983–87) offenbar deutlich zurückgegangen. Doch verweisen die Daten insbesondere zur Berufsschichtung und zur Tätigkeit in Verbänden, im Zusammenhang gesehen, auf deutliche Unterschiede des Interessenprofils in den Ausschüssen und Fraktionen (Abschn. 2.2.5). Der in seine Partei und Fraktion eingebundene Abgeordnete ist zwar zumeist daran gehindert, als registrierter Verbandsfunktionär die Interessen »seines« Verbandes allzu offen und offensiv zu vertreten

(Sebaldt/Straßner 2004: 166 f.). Gleichwohl lassen diese Daten verbandsbedingte Differenzen bei der Problemwahrnehmung wie auch privilegierte Wirkungschancen vermuten. Dabei ist insgesamt von einer wechselseitigen Verstärkung »interner« und »externer« Lobby auszugehen, die sich nicht nur bei der Befassung mit Gesetzentwürfen im parlamentarischen Verfahren auswirkt, sondern im Rahmen vorgängiger und begleitender Kontrolle (vgl. Abschn. 7.1) seitens der (Regierungs-)Fraktionen auch die Gesetzgebungsarbeit der Bundesregierung beeinflusst.

Bei der CDU/CSU-Bundestagsfraktion kommt der Arbeitnehmergruppe und dem Parlamentskreis Mittelstand (PKM) eine bedeutsame Rolle bei der Willensbildung der Fraktion und insbesondere bei der Interessenvermittlung im Gesetzgebungsprozess zu. Dies gilt vor allem für den PKM, dem mehr als die Hälfte der Fraktionsmitglieder angehören. Diese Interessengruppierungen der Fraktion sind mit den wichtigsten Parteivereinigungen der Union, der Christlich-Demokratischen Arbeitnehmerschaft (CDA) und der Mittelstands- und Wirtschaftsvereinigung (MIT), personell und organisatorisch eng verzahnt, die ihrerseits wiederum eng mit Vertretern der einschlägigen Verbände kooperieren. So bereitet der PKM seine parlamentarische Arbeit im allgemeinen und seine Gesetzgebungsarbeit im besonderen im engen Kontakt mit den Wirtschaftsverbänden vor. Diese intensive Kooperation findet in den Beiräten und Kommissionen der Vereinigung, auf Fachkongressen und in zahlreichen Kontaktgesprächen des PKM statt. PKM und Arbeitnehmergruppe nehmen zahlreiche institutionell gesicherte Führungspositionen in der Fraktion ein und stimmen ihre Politik im Hinblick auf die Arbeit in den Fraktionsgremien regelmäßig ab (vgl. Abschn. 3.3.1).

Weniger der Einflussnahme auf bereits eingebrachte Gesetzentwürfe als der Publizität der Intentionen von Interessenverbänden dienen die bei Gesetzentwürfen häufig durchgeführten öffentlichen Anhörungen (»Hearings«) von Bundestagsausschüssen. Sie werden überwiegend von der Opposition durchgesetzt (vgl. Abschn. 7.19). Etwa zwei Drittel der öffentlichen Anhörungen befassen sich mit Gesetzentwürfen der Bundesregierung (Schindler 1999: 2130 ff.; Feldkamp 2011: 946 ff.); etwa jeder vierte Gesetzentwurf wird in einem Hearing behandelt. Von den als Schlüsselentscheidungen eingestuften Gesetzen kamen seit der 5. Wahlperiode fast zwei Drittel (64 %) nach einem Hearing zustande (Beyme 1997: 239). Hinzu kommen Anhörungen, in denen auf der Grundlage von Anträgen, Berichten etc. (auch) die Notwendigkeit gesetzgeberischer Maßnahmen geprüft werden soll. Die Zahl von Verbandsvertretern – insbesondere der Wirtschaft – überwiegt häufig jene der sonstigen Anhörpersonen (Wissenschaftler). Die Auskunftspersonen werden üblicherweise entsprechend deren Stärkeverhältnis im Ausschuss von den Fraktionen benannt (§ 70 Abs. 2 GOBT).

Durch öffentliche Befragung und »Konfrontation« von Interessenvertretern mit Sachverständigen erhalten Abgeordnete und die interessierte Öffentlichkeit immerhin die Möglichkeit, sich ein einigermaßen zutreffendes Bild über die Reaktionen der

Interessenverbände zu machen und offenzulegen, welche Interessen und Argumente unberücksichtigt geblieben sind (vgl. Abschn. 7.19). Substantielle Änderungen an Gesetzentwürfen der Regierung oder der Regierungsfraktionen werden in diesem späten Stadium des Gesetzgebungsprozesses durch Stellungnahmen von Interessenverbänden selten erreicht.

Eine nicht unerhebliche Bedeutung kommt den Einflusskontakten von Verbandsfunktionären mit Landesministerien bzw. nachgeordneten Behörden zu – einmal im Hinblick auf deren Wirkungsmöglichkeiten über den Bundesrat auf Gesetzgebung und Verordnungen, zum anderen hinsichtlich der untergesetzlichen Regelungen zur Umsetzung von Gesetzen. Wichtige politische Kontaktpartner der Interessengruppen sind überdies andere Interessengruppen mit gleichen oder ähnlichen Interessen (kaum solche mit konträren Interessen) sowie Massenmedien – was der Bündelung und Verstärkung von Initiativen und Interventionen im Gesetzgebungsprozess dient (Sebaldt/Straßner 2004: 153 f.; 167 ff.; Sebaldt 1997: 255).

Angesichts ihrer privilegierten Einflusschancen in Regierung und Parlament haben Sammel- und Massenpetitionen für traditionelle Verbände nur einen geringen Stellenwert. Sie werden stärker durch gemeinwohlorientiert agierende Bürgerinitiativen, Umwelt- und Verbraucherverbände genutzt (vg. Abschn. 7.15). Dies kann auch als (bescheidenes) Korrektiv gegenüber den Wirkungsmöglichkeiten von Großverbänden dienen.

6.9 Parlamentarische Beratung von EU-Dokumenten und Einflussnahme auf die Gesetzgebung der Europäischen Union

Die Entwicklung der Europäischen Gemeinschaft hat zu einer umfangreichen Verlagerung von Rechtsetzungskompetenzen auf die Gemeinschaft (EG/EU) geführt (vgl. Wessels 2009: Wessels 2008; Schmidt 1999). Vorangetrieben wurde dieser Prozess in jüngerer Zeit vor allem durch die Einheitliche Europäische Akte (1986/87), den die Europäische Union begründenden Vertrag von Maastricht (1992/93), den Vertrag von Amsterdam (1997) und den am 1. 12. 2009 in Kraft getreten Vertrag von Lissabon. Die durch diese Entwicklung bedingten Kompetenzeinbußen der nationalen Parlamente führten zu einem von Politikern wie Wissenschaftlern seit langem beklagten schwerwiegenden demokratischen Defizit, das seit der Einheitlichen Europäischen Akte durch beachtliche Kompetenzzuwächse des Europäischen Parlaments bei der Rechtsetzung – gegenüber dem als legislativem Entscheidungsorgan noch immer dominierenden Rat – und verstärkte Informations- und Mitwirkungsrechte der nationalen Parlamente allerdings abgemildert wurde.

Die schon bisher große Zahl der dem Bundestag zugeleiteten EG/EU-Vorlagen (Unionsvorlagen) ist in den letzten zehn Jahren weiter angestiegen (16. WP

2005–2009: 3 896; Feldkamp 2011: 1228; Schindler 1999: 2590). In den ersten 15 Monaten der 17. Wahlperiode wurden dem Bundestag 11 113 Ratsdokumente übermittelt (Monitoringbericht 2011: 28). Politische Bedeutung und (Wechsel-)Wirkungen der einzelnen EU-Dokumente sind oft schwer einzuschätzen. Das Schwergewicht liegt bei der EU-Gesetzgebung, wobei Verordnungen, Richtlinien und Beschlüsse zu unterscheiden sind (Art. 288 Vertrag über die Arbeitsweise der Europäischen Union/ AEUV; vgl. Wessels 2009). Verordnungen haben allgemeine Geltung. Sie sind in allen ihren Teilen verbindlich und gelten unmittelbar in jedem Mitgliedstaat. Beschlüsse sind in allen ihren Teilen für diejenigen Adressaten (Mitgliedstaaten, Unternehmen, Individuen) verbindlich, die sie bezeichnen. Richtlinien setzen für alle oder bestimmte Mitgliedstaaten verbindliche Ziele fest, überlassen jedoch den innerstaatlichen Stellen die Wahl der Form und der Mittel (Art. 288 AEUV). Bei der Umsetzung der – oft detaillierten – Richtlinien durch Gesetze (und Verordnungen) der Mitgliedstaaten ergaben sich nicht selten Schwierigkeiten. Dies ist insoweit auch verständlich, als den nationalen Parlamentariern eine wirkungsvolle Einflussnahme bei der Abfassung der Richtlinien jedenfalls lange Zeit versagt blieb, während sie den Bürgern ihres Landes gegenüber die Verantwortung für deren Inhalt übernehmen (Bleckmann 1997).

Etwa zwei Drittel der in Deutschland geltenden Gesetze sind europäische Rechtsakte (Verordnungen, Richtlinien), die EU/EG-Richtlinien und Verordnungen zu Landwirtschaft und Fischerei nicht mitgerechnet (Stand: 31.3.2010: Datenbanken EUR-Lex und juris; Hölscheidt/Hoppe 2010: 546). Zudem werden Auswertungen der Parlamentsdokumentation des Bundestages zufolge etwa zwei Fünftel aller verabschiedeten Bundesgesetze durch einen europäischen Impuls beeinflusst; etwa die Hälfte davon wird durch Richtlinien veranlasst. Mit ca. 70 % liegt der Anteil in den Ressorts bzw. Sachgebieten Verbraucherschutz, Ernährung und Landwirtschaft sowie Umwelt, Naturschutz und Reaktorsicherheit besonders hoch (Feldkamp 2005: 601 f.; Töller 2004: 33; Töller 2008). Allerdings werden nach Angaben der Bundestagsverwaltung europäische Impulse der Bundesgesetzgebung in der Datenbank des Bundestages (DIP) »nicht einmal annähernd vollständig erfasst« (Hölscheidt/Hoppe 2010: 547). Um Missverständnisse zu vermeiden, hat die Bundestagsverwaltung daher die statistische Auswertung des Kriteriums »europäische Impulse« mit Beginn der 16. Wahlperiode eingestellt.

6.9.1 Informations- und Mitwirkungsrechte

Durch die Bestimmungen der zeitgleich mit der Ratifizierung des Maastrichter Vertrages beschlossenen Art. 23 (n. F.) und Art. 45 des Grundgesetzes wurde neben dem Bundesrat auch die Stellung des Bundestages gegenüber der Bundesregierung im europapolitischen Willensbildungsprozess deutlich gestärkt. Für die Übertragung von Hoheitsrechten an Institutionen der Europäischen Union ist seither eine Zweidrittelmehrheit der Mitglieder des Bundestages und des Bundesrates erforderlich (Abschn. 6.3). Die Bundesregierung hat den Bundestag »umfassend und zum frühestmöglichen Zeitpunkt« zu unterrichten. Sie hat ihm vor ihrer Mitwirkung an Rechtssetzungsakten der EU Gelegenheit zur Stellungnahme zu geben und diese bei den Verhandlungen zu »berücksichtigen« (Art. 23 Abs 2 und 3 GG), was bisher schon aus Zeitgründen nur sehr begrenzt der Fall war (Töller 1995: 65 ff.; Ismayr 1992: 329). Im »Gesetz über die Zusammenarbeit von Bundesregierung und Deutschem Bundestag in Angelegenheiten der Europäischen Union« (EUZBBG vom 12. 3. 1993) wurde das Verfahren präzisiert und in einer Ressortabsprache über die Unterrichtung des Bundestages sowie in der Verfahrensordnung des EU-Ausschusses genauer festgelegt (EU-Ausschuss 1998: 21). Demnach soll das nationale Parlament so frühzeitig in die Beratungen einer europapolitischen Vorlage eintreten können, dass es diese noch inhaltlich beeinflussen kann. Am Ende eines oft jahrelangen Abstimmungs- und Kompromissfindungsprozesses ist dies kaum mehr möglich. Nach früherer Überweisungspraxis hatte der EG-Ministerrat häufig bereits entschieden, wenn der Fachausschuss des Bundestages oder das Plenum darüber beriet. Dies lag oft an der knappen Terminierung oder war dadurch bedingt, dass sich der federführende und/oder mitberatende Ausschuss wegen Überlastung mit anderen Vorlagen oder mangelndem Interesse an der Materie erst verspätet damit befasste (Hänsch 1986: 191 ff.). Insbesondere die letztgenannten Probleme, aber auch die verspäteten Informations- und Reaktionsmöglichkeiten in dringenden Fällen, bestanden auch nach der Neuregelung (vgl. Hölscheidt 2000: 37).

Die im September 2006 getroffene detaillierte »Vereinbarung zwischen dem Deutschen Bundestag und der Bundesregierung über die Zusammenarbeit in Angelegenheiten der Europäischen Union« (BBV) sollte die »Europatauglichkeit« des Bundestages weiter stärken. Neben Verbesserungen der Informationsvermittlung weist der 2. Monitoringbericht zur Umsetzung der Unterrichtungspflichten durch die Bundesregierung (2008) gleichwohl noch deutliche Defizite insbesondere hinsichtlich einer umfassenden Bewertung zu Rechtsetzungsakten auf. Infolge des Urteils des Bundesverfassungsgerichts vom 30. Juni 2009 (2 BvE 2/08) wurden die Rechte des Bundestages in den Begleitgesetzen zum Vertrag von Lissabon deutlich gestärkt. So wurden die Regelungen der genannten Vereinbarung in das Gesetz über die Zusammenarbeit von Bundesregierung und Bundestag in Angelegenheiten der Europäischen Union (EUZBBG) überführt (BT-Drs. 16/13925; BT-Drs. 16/13995). Zudem wurde das »Gesetz über die Wahrnehmung der Integrationsverantwortung des Bundestages und des Bundesrates in Angelegenheiten der Europäischen Union« (Integrationsverantwortungsgesetz, IntVA) erlassen, das die Beteiligung bei Vertragsänderungen regelt (Kürschners Handbuch 2011: 191 ff.). Inzwischen hat die Bundestagsverwaltung (PA 1) den »Ersten Bericht über die Anwendung der Begleitgesetze zum Vertrag von Lissabon« vorgelegt, der über die Erfahrungen im Zeitraum der ersten 15 Monate der

17. Wahlperiode (27.10.2009–31.1.2011) berichtet. Er ist Grundlage für weitere parlamentarische Vorstöße, die vornehmlich die Praxis, aber auch rechtliche Regelungen betreffen (BT-Drs. 17/8137/13.12.2011; BT-Drs. 17/8138; PlPr 17/149, S. 17969 ff.).
Im EUZBBG ist nun – wie zuvor schon im BVV – festgelegt, dass die Bundesregierung den Bundestag »umfassend, zum frühestmöglichen Zeitpunkt, fortlaufend und in der Regel schriftlich« über alle Vorhaben der Europäischen Union unterrichtet (§ 4 Abs. 1). Hierzu gehören neben Vorschlägen für Vertragsänderungen
und Gesetzgebungsakte u. a. Berichte, Aktionspläne, Stellungnahmen, Mitteilungen,
Grün- und Weißbücher und Empfehlungen der Organe der EU (§ 3 EUZBBG). »Die
Unterrichtung erstreckt sich insbesondere auf die Willensbildung der Bundesregierung, den Verlauf der Beratungen innerhalb der Organe der Europäischen Union, die
Stellungnahmen des Europäischen Parlaments, der Europäischen Kommission und
der anderen Mitgliedstaaten der Europäischen Union sowie die getroffenen Entscheidungen« (§ 4 Abs. 1 EUZBBG).

Sie umfasst auch Abschätzungen zu den rechtlichen, wirtschaftlichen, finanziellen, sozialen und ökologischen Folgen (§ 4 Abs. 2 EUZBBG). Zur so wichtigen.
»Frühwarnung« hat die Bundesregierung den Bundestag in der Regel schriftlich
über aktuelle politische Entwicklungen der EU und geplante Vorhaben zu unterrichten. Ferner unterrichtet sie zum frühestmöglichen Zeitpunkt über den Abschluss
von Gesetzgebungsverfahren der EU, die Einleitung von Vertragsverletzungsver-
fahren, Verfahren vor dem Europäischen Gerichtshof und nicht zuletzt über völkerrechtliche Verfahren zwischen der Bundesrepublik Deutschland und Mitgliedstaaten der EU, die eine engere Kooperation in Politikbereichen normieren, die auch
in die Zuständigkeit der Europäischen Union fallen (§ 4 Abs. 3, 4 EUZBBG). Die
Unterrichtung des Bundestages nach § 4 erfolgt insbesondere durch Übersendung
von Dokumenten und Berichten, die in § 5 EUZBBG detailliert aufgelistet sind. Die
Bundesregierung übersendet dem Bundestag alle Vorhaben mit einem Zuleitungs-
schreiben (förmliche Zuleitung) und alle bei ihr eingegangenen Ratsdokumente (allgemeine Zuleitung) (§ 6 EUZBBG). Im Jahr werden neben etwa 1000 förmlich zugeleiteten Vorhaben rund 7000 Begleitdokumente oder Änderungsvorschläge und
etwa 8000 Unterrichtungsdokumente der Bundesregierung wie etwa Protokolle von
Ministerräten oder Ratsarbeitsgruppen zugeleitet (Sach 2010). Die Bundesregierung
hat zudem binnen zwei Wochen nach förmlicher Zuleitung eines Vorhabens einen
Berichtsbogen (Anlage zum EUZBBG) zu übermitteln, zu Vorschlägen für Gesetzgebungsakte der Europäischen Union zudem eine »Umfassende Bewertung« einschließlich einer detaillierten Folgenabschätzung für die Bundesrepublik Deutschland. Dies hat binnen zwei Wochen nach Überweisung an die Bundestagsausschüsse,
spätestens jedoch zu Beginn der Beratungen in den Ratsgremien der EU zu geschehen. Bei eilbedürftigen Vorhaben verkürzen sich die Fristen so, dass eine rechtzeitige
Unterrichtung und die Gelegenheit zur Stellungnahme für den Bundestag gewährleistet sind (§ 7 EUZBBG).

Insgesamt kommt der erste Monitoringbericht zu den Begleitgesetzen zu dem Ergebnis, dass die Neufassung des EUZBBG die Mitwirkung des Bundestages in Angelegenheiten der EU »auf eine verlässliche Grundlage« gestellt habe und die Bundesregierung ihren Verpflichtungen zumeist »in zufriedenstellender Weise nachkam« (Monitoringbericht 2011: 85). Dies gilt insbesondere für die wenigen bisherigen Anwendungsfälle des Integrationsverantwortungsgesetzes (Monitoringbericht 2011: 65 ff.). Im Anwendungsbereich des EUZBBG habe sich hinsichtlich der gängigen Vorhaben der EU, insbesondere der Gesetzgebungsakte, »eine reibungslose Praxis der förmlichen Zuleitung und Unterrichtung« etabliert, doch werden auch – zum Teil erhebliche – Mängel in wichtigen Bereichen festgestellt und Verbesserungen vorgeschlagen, die insbesondere die Praxis betreffen (Monitoringbericht 2011: 85 ff.). Anknüpfend an diesen Bericht und aufgrund eigener Erfahrungen haben die Fraktionen – auch der Koalition – entsprechende Vorstöße unternommen (BT-Drs. 17/8137/13.12.1011; BT-Drs. 17/8138; PlPr 17/149, S. 17969 ff.), um das Zusammenwirken mit der Bundesregierung in Angelegenheiten der EU weiter zu verbessern.

Die Übermittlung von Berichtsbögen hat sich im Vergleich zum Stand vor der Neufassung des EUZBBG (2009) deutlich verbessert, doch ist die inhaltliche Qualität und Ergiebigkeit häufig noch unzureichend (Monitoringbericht 2011: 23). Das gilt auch für die oftmals schematische Darstellung der Subsidiaritäts- und Verhältnismäßigkeitsprüfung. Zudem fehlen in der ganz überwiegenden Zahl von Fällen die so wichtigen Aussagen zu »Meinungsstand im Rat«, »Verfahrensstand« und »Zeitplan für die Behandlung« (vgl. § 7 EUZBBG und Anlage Berichtsbogen). Auch in den Umfassenden Bewertungen werden kaum belastbare Aussagen zum Verhandlungsstand sowie zur weiteren Verhandlungsplanung getroffen (Monitoringbericht 2011: 23 ff.). Noch lückenhaft ist die Unterrichtung über den Abschluss von Gesetzgebungsverfahren und den Umsetzungsbedarf bei Richtlinien. Einer Stärkung bedarf insbesondere der Bereich der Frühwarnung gem. § 4 Abs. 3 EUZBBG. So sollte der Frühwarnbericht der Ständigen Vertretung der Bundesrepublik Deutschland bei der EU umfangreicher und aussagekräftiger gestaltet werden. Insgesamt sollte die Unterrichtung über geplante Vorhaben verbessert und ausführlicher gestaltet werden und zudem sichergestellt sein, dass der Bundestag zu jedem Zeitpunkt des Verfahrens über die Position der Bundesregierung zu einem Vorhaben informiert ist (Monitoringbericht 2011: 46 f., 87). Teilweise verbesserungsbedürftig ist auch die Unterrichtung des Bundestages über Initiativen, Stellungnahmen und Erläuterungen der Bundesregierung gegenüber Organen der EU (gem. § 5 Abs. 2 EUZBBG; vgl. auch BT-Drs. 17/8137).

Der Übermittlung von angeforderten vorbereitenden Papieren der Europäischen Kommission und des Rates kam die Bundesregierung bis auf einzelne Ressorts zwar in der Regel zeitnah nach. Doch besteht das Problem, dass Berechtigte solche Papiere nur anfordern können, wenn sie davon Kenntnis erhalten haben. Daher wird von der Bundesregierung gefordert, »dem Bundestag vorbereitende Papiere und inoffizielle Dokumente gemäß § 5 Abs. 3 EUZBBG auch ohne dessen Anforderung zuzuleiten, wenn diese für die Wahrnehmung seiner Mitwirkungsrechte von Bedeutung sein können« (BT-Drs. 17/8137 und Monitoringbericht 2011: 44 f., 98).

Als gravierende Beeinträchtigung der Informations- und Mitwirkungsrechte des Bundestages erwies sich die Weigerung der Bundesregierung, bei intergouvernementalem Handeln, so etwa bei der Einrichtung des permanenten Krisenmechanismus für die Eurozone (ESM), die entsprechenden vorbereitenden Papiere zu übermitteln. Sie begründete dies ungeachtet der (europa)politischen Dimension dieser Vorhaben letztlich mit § 5 Abs. 4 EUZBBG, wonach die Bundesregierung über Sitzungen der Eurogruppe mündlich berichtet (Monitoringbericht 2011: 44 f.). Diese Bestimmung gilt jedoch nur für Sitzungen dieser Gremien.

Alle Fraktionen sind sich (inzwischen) darin einig, dass zumal angesichts der immensen Dimension dieser Vorhaben die Einbeziehung intergouvernementalen Handelns im Rahmen der Ziele der Europäischen Union in die Informations- und Beteiligungspflicht erforderlich ist, wobei sie sich auf den Monitoringbericht 2011 (S. 26, 44 f. 86) stützen können (z. B. PlPr 17/17973; vgl. BT-Drs. 17/8137). In seinem Urteil vom 19. Juni 2012 hat das Bundesverfassungsgericht bestätigt, dass es sich um eine Angelegenheit der Europäischen Union auch bei völkerrechtlichen Verträgen handelt, »wenn sie in einem Ergänzungs- oder sonstigen Näheverhältnis zum Recht der Europäischen Union stehen« (2 BvE 4/11). Auch in diesen Fällen sei der Bundestag frühestmöglich, umfassend und laufend zu informieren. Dies war bei so weitreichenden Vorhaben wie der Einführung des vorläufigen und des permanenten Rettungsschirms (EFSF, ESM) sowie dem Euro-Plus-Pakt nicht geschehen (2 BvE 4/11; vgl. Abschn. 7.11.2). So wurde der Finanzstabilisierungsmechanismus (EFSM) dem Bundestag erst am Tag der Beschlussfassung im Europäischen Rat (11. 5. 2010) zugeleitet (Monitoringbericht 2011: 77 ff.). In einem interfraktionellen Entschließungsantrag vom 27. Juni 2012 werden Leitsätze zum Urteil des Bundesverfassungsgerichts wörtlich übernommen und eine entsprechende Überarbeitung des EUZBBG angekündigt (BT-Drs. 17/10152). So sei die in Art. 23 Abs. 2 Satz 2 GG genannte Zeitvorgabe »zum frühestmöglichen Zeitpunkt« so auszulegen, »dass der Deutsche Bundestag die Informationen der Bundesregierung spätestens zu einem Zeitpunkt erhalten muss, der ihn in die Lage versetzt, sich fundiert mit dem Vorgang zu befassen und eine Stellungnahme zu erarbeiten, bevor die Bundesregierung nach außen wirksame Erklärungen, insbesondere bindende Erklärungen zu unionalen Rechtsetzungsakten und intergouvernementalen Vereinbarungen, abgibt« (2 BvE 4/11; BT-Drs. 17/10152; vgl. PlPr 17/188, S. 22739). Adressat der in aller Regel schriftlich zu erfolgenden Unterrichtungen sei grundsätzlich der Bundestag als Ganzer. Insbesondere beabsichtige der Bundestag, die Berichtpflichten und die Übersendung von Dokumenten auch auf die Eurogipfel, die Eurogruppe sowie alle beteiligten Ausschüsse und Arbeitsgruppen auszuweiten (BT-Drs. 17/10152). In das im Juni 2012 beschlossene ESM-Finanzierungsgesetz wurden bereits detaillierte Verpflichtungen zur laufenden und frühzeitigen Unterrichtung des Bundestages und des Haushaltsausschusses aufgenommen (§ 7).

Andere Beispiele zeigen nach Darstellung des Monitoringberichts 2011, dass die Mechanismen des EUZBBG für den Fall einer Eilbedürftigkeit bei korrekter Anwendung greifen. Als notwendige Verfahrensschritte der Bundesregierung werden hierfür genannt: die frühestmögliche gesonderte Anzeige eines (geplanten) eilbedürftigen Vorhabens; die schnellstmögliche förmliche Zuleitung; die Beachtung der Fristverkürzung zur Erstellung des Berichtsbogens und der Umfassenden Bewertung; die fortlaufende aktive Unterrichtung und schließlich eine entsprechende Einflussnahme auf die Beratungsplanung auf EU-Ebene mit dem Verweis auf das innerstaatliche Mitwirkungsgebot für den Bundestag (Monitoringbericht 2011: 84 f.; vgl. BT-Drs. 17/8137; BT-Drs. 17/8138; PlPr 17/149, S. 17969 ff.; vgl. jetzt auch Schröder 2012).

Mit dem Amsterdamer Vertrag (1997) ist für die EU-Gesetzgebung eine Frist von mindestens sechs Wochen eingeführt worden, um den nationalen Parlamenten ein Minimum an Zeit für Beratungen und Interventionen zu sichern. Sie wurde im Protokoll zum Lissabon-Vertrag ausgeweitet. Nun müssen zwischen dem Zeitpunkt, zu dem ein Entwurf eines Gesetzgebungsaktes den nationalen Parlamenten in den Amtssprachen der Union zugeleitet wird, und dem Zeitpunkt, zu dem er zwecks Erlass oder zur Festlegung eines Standpunkts im Rahmen eines Gesetzgebungsverfahrens auf die vorläufige Tagesordnung des Rates der EU gesetzt wird, acht Wochen liegen. In diesen acht Wochen darf keine Einigung über den Entwurf eines Gesetzgebungsaktes festgestellt werden. Allerdings sind in dringenden Fällen Ausnahmen möglich (Art. 4 Protokoll über die Rolle der nationalen Parlamente in der Europäischen Union; vgl. Pöhle 1998: 78).

Artikel 23 Abs. 2 und 3 GG präzisierend, ist in § 9 EUZBBG für Stellungnahmen des Bundestages ein spezielles Verfahren geregelt. So ist festgelegt, dass die Bundesregierung vor ihrer Mitwirkung an Vorhaben dem Bundestag Gelegenheit zur Stellungnahme geben muss. Dies muss frühestmöglich geschehen und gilt somit bereits für die Vorbereitungsgremien des Rates der EU (vgl. § 4 EUZBBG). Sie hat ihm zudem mitzuteilen, zu welchem Zeitpunkt eine Stellungnahme angemessen erscheint, was im Unterschied zur bisherigen Praxis künftig regelmäßig bei allen Vorhaben durch eine konkrete Mitteilung erfolgen sollte (so der Vorschlag im Monitoringbericht 2011: 51)

Stellungnahmen zu Rechtsetzungsakten nach Art. 23 Abs. 3 GG sind nach wie vor selten. Im Berichtszeitraum des Monitoringberichts 2011 waren es sieben; hinzu kamen 32 Stellungnahmen zu anderen Vorhaben nach Art. 23 Abs. 2 GG. Die Bundesregierung hat eine Stellungnahme des Bundestages ihren Verhandlungen zugrunde zu legen. Dies geschieht auch in der Regel, zumal die mehrheitlich beschlossenen Stellungnahmen des Bundestages häufig ganz oder teilweise mit der Position der Bundesregierung übereinstimmen und oft – auch mit Unterstützung der Opposition – dazu dienen, die deutsche Verhandlungsposition in den Gremien der EU zu stärken. Zusätzliche Angaben zur jeweiligen Berücksichtigung der Stellungnahme des Bundestages gem. § 9 Abs. 2 EUZBBG wurden bislang selten gemacht. Sie sollten aber im Interesse einer verbesserten Rückbindung zum Bundestag selbstverständlich sein. Eine gesonderte, unverzügliche schriftliche Unterrichtung über die Durchführung einer Stellungnahme des Bundestages erfolgt bisher nicht, obwohl sie in § 9 Abs. 5 EUZBBG aus guten Gründen vorgesehen ist (Monitoringbericht 2011: 52 f.). Die GOBT bestimmt im Übrigen, dass eine solche Unterrichtung auf Verlangen einer Fraktion oder 5 % der Abgeordneten auf die Tagesordnung des Bundestages gesetzt werden muss (§ 93 Abs. 8). Macht der Bundestag bei Rechtsetzungsakten der EU gem. Art. 23 Abs. 1 von der Gelegenheit zur Stellungnahme Gebrauch, legt die Bundesregierung einen Parlamentsvorbehalt ein, »wenn der Beschluss des Bundestages in einem seiner wesentlichen Belange nicht durchsetzbar ist« (§ 9 Abs. 4 EUZBBG) – eine Regelung, die schon die BBV von 2006 enthält. Die Bundesregierung hat den Bundestag unverzüglich darüber in einem gesonderten Bericht zu unterrichten, der eine angemessene Beratung ermöglichen soll. »Vor der abschließenden Entscheidung im Rat bemüht sich die Bundesregierung, Einvernehmen mit dem Bundestag herzustellen (…). Das Recht der Bundesregierung, in Kenntnis der Stellungnahme des Bundestages aus wichtigen außen- oder integrationspolitischen Gründen abweichende Entscheidungen zu treffen, bleibt unberührt« (§ 9 EUZBBG; vgl. auch BT-Drs. 16/2620). Allerdings ist ein Parlamentsvorbehalt seltene Ausnahme.

Seit der Neufassung des Art. 23 Abs. 6 Satz 1 GG im Rahmen der Föderalismusreform 2006 besteht die Verpflichtung, die Wahrnehmung der Rechte, die der Bundesrepublik Deutschland als Mitgliedstaat der EU zustehen, vom Bund auf einen vom Bundesrat benannten Vertreter der Länder zu übertragen, wenn im Schwerpunkt ausschließliche Gesetzgebungsbefugnisse der Länder auf den Gebieten der schulischen Bildung, der Kultur oder des Rundfunks betroffen sind. Einwände der Mehrzahl der Sachverständigen bei der öffentlichen Anhörung des Rechtsausschusses des Bundestages (www.bundestag.de), die eine solche Doppelvertretung in Brüssel für unpraktikabel hielten, blieben unberücksichtigt. Auf allen anderen Gebieten nimmt die Bundesregierung die Rechte wahr, die Deutschland als Mitgliedstaat der EU zustehen.

6.9.2 Behandlung von EU-Dokumenten in Ausschüssen und im Plenum

Bei der Behandlung von EU-Dokumenten in den Ausschüssen ist der prozessuale, begleitende Charakter der Einflussnahme und Kontrolle aufgrund des überaus komplexen und oft langwierigen Rechtsetzungsverfahrens besonders ausgeprägt. Die Mehrheitsverhältnisse bedingen auch bei der Behandlung von EU-Dokumenten, dass üblicherweise keine förmlichen Stellungnahmen mit einer Bindungswirkung im Sinne des Art. 23 Abs. 3 GG beschlossen werden, welche die Bundesregierung bei den Verhandlungen zu »berücksichtigen« hat.

Die Europapolitik rechtzeitig durch richtunggebende, konzeptionell-anregende und korrigierende Aktivitäten in Abstimmung mit Europa-Parlamentariern mitzugestalten, ist für den Bundestag angesichts zunehmender Kompetenzen der EU und eingeschränkter Wirkungsmöglichkeiten des Europäischen Parlaments dringender geboten denn je, sollen weitere Legitimationsverluste vermieden werden (BVerfGE 89, 155 ff.). Die Konzentration der EU-Angelegenheiten in einem als Querschnittsausschuss angelegten Europaausschuss sollte dies begünstigen. Zwar wurde nach mehreren Vorstufen erstmals im September 1991 ein Europaausschuss eingesetzt, doch konnte erst der mit Beginn der 13. Wahlperiode eingerichtete »Ausschuss für die Angelegenheiten der Europäischen Union« (EU-Ausschuss) wirkungsvoll(er) arbeiten. Die Einsetzung des EU-Ausschusses liegt nicht mehr im Belieben des Bundestages, sondern ist mit Art. 45 im Grundgesetz vorgeschrieben. Die – derzeit 35 – ordentlichen Mitglieder des EU-Ausschusses sind in der Regel zugleich Mitglieder eines Fachausschusses des Bundestages. Dem EU-Ausschuss gehören (gem. § 93b Abs. 8 GOBT) zudem 16 deutsche Mitglieder des Europäischen Parlaments als »mitwirkungsberechtigte Mitglieder« an, die allerdings nicht stimmberechtigt sind (Stand: 17. Wahlperiode). Sie beteiligen sich an den Beratungen und sollen eine enge Zusammenarbeit zwischen den parlamentarischen Gremien der nationalen und der europäischen Ebene gewährleisten. Schon aus Termingründen ist deren Präsenz allerdings gering. Der Ausschuss lädt regelmäßig Entscheidungsträger der Europäischen Institutionen zu seinen Sitzungen ein, um sich über aktuelle Entwicklungen zu informieren.

Der EU-Ausschuss ist einmal »Integrationsausschuss« und damit zuständig für Grundsatzfragen der europäischen Integration wie die institutionelle Reform der EU, die Erweiterung der EU sowie die Zusammenarbeit mit dem europäischen Parlament und den nationalen Parlamenten der anderen Mitgliedstaaten. In ihm werden richtungweisende Stellungnahmen des Bundestages zur Entwicklung der europäischen Integration vorbereitet (Fuchs 2004: 13; bundestag.de). Zudem ist er als Querschnittsausschuss insbesondere mit den europäischen Vorhaben befasst, die mehrere verschiedene Politikfelder betreffen. Schließlich wird er – typischerweise mitberatend – als Fachausschuss für europäische Angelegenheiten bei Vorlagen tätig, die integrationspolitische Bedeutung haben. Gegenstand der Erörterung im EU-Ausschuss ist insbesondere das in der Entwicklung begriffene Primärrecht der EU. Hingegen ist die Umsetzung bereits verabschiedeter EU-Richtlinien Sache der zuständigen Fachausschüsse, bei denen auch die fachspezifische Einflussnahme auf die Vorhaben der Europäischen Union liegt.

Um angesichts der oft knappen Terminierung eine zeitnahe Behandlung der EU-Dokumente zu ermöglichen, kann der Bundestag nach Art. 45 GG durch Plenarbeschluss den EU-Ausschuss ermächtigen, zu bestimmt bezeichneten Unionsdokumenten oder hierauf bezogenen Vorlagen die Rechte des Bundestages gemäß Art. 23 GG gegenüber der Bundesregierung wahrzunehmen (hierzu § 93b Abs. 2, 3 GOBT). Der

Bundestag hat von dieser – ohnehin nicht unumstrittenen – Möglichkeit einer Ein-
zelermächtigung bisher allerdings keinen Gebrauch gemacht. Der EU-Ausschuss
kann nach Maßgabe des § 93b Abs. 2 bis 4 GOBT auch über eine Subsidiaritätsrüge
entscheiden und ist für die Durchführung einer vom Bundestag beschlossenen Sub-
sidiaritätsklage zuständig (§§ 93c, 93d GOBT; §§ 11 und 12 Integrationsverantwortungsgesetz).

Seit der am 15. 12. 1994 beschlossenen Änderung der GOBT wurden alle EU-Vorlagen unmittelbar dem EU-Ausschuss zugeleitet. Nach § 93 Abs. 3 GOBT a. F. legte
der Vorsitzende des EU-Ausschusses dem Bundestagspräsidenten in Abstimmung
mit den Fachausschüssen einen Überweisungsvorschlag für die eingegangenen EU-
Vorlagen vor. Der Präsident überwies die Unionsvorlagen im Benehmen mit dem Ältestenrat an einen Ausschuss federführend und an andere beteiligte Ausschüsse zur
Mitberatung, wobei in der Regel dem Vorschlag des EU-Ausschussvorsitzenden gefolgt wurde. Somit wurden *alle* EU-Vorlagen im Sinne der damals geltenden Fassung
der GOBT an die Ausschüsse zur Beratung überwiesen. Beim EU-Ausschuss lag die
Federführung nur selten.

Mit dem Ausbau der Informations- und Mitwirkungsrechte des Bundestages
durch die BBV (2006) und die Begleitgesetze zum Lissabon-Vertrag (2009) wuchs
die Zahl der übermittelten EU-Dokumente erheblich an. So wurden dem Bundestag in den ersten 15 Monaten der 17. Wahlperiode 29 298 EU-Dokumente und Unterrichtungen der Bundesregierung in Angelegenheiten der Europäischen Union übermittelt, darunter 11 113 Ratsdokumente (Monitoringbericht 2011: 3). Um die enorme
Zahl zusätzlicher Unterrichtungsdokumente selbst seitens der fachlich zuständigen
Abgeordneten kompetent nutzen zu können, war auch nach dem Urteil beteiligter
Akteure ein weiterer Ausbau der personellen Ausstattung im Rahmen neuer organisatorischer Strukturen der Bundestagsverwaltung erforderlich. »Ohne eine entsprechende organisatorische und personelle Unterlegung würden diese Informationen
bestenfalls ungenutzt bleiben, schlechtestenfalls würden sie zur Unfähigkeit beitragen, sich auf das Wesentliche zu konzentrieren« (Schäfer/Roth/Thum 2007: 47; vgl.
Demuth 2009; Sach 2010). Mit dem Ausbau des etwa 30-köpfigen Europa-Refera-
tes (PA 1) der Bundestagsverwaltung und dem seit 2007 erprobten und 2008 formell
eingeführten »Priorisierungsverfahren« (§ 93 Abs. 4 GOBT; PlPr 16/166/5. 6. 2008)
wurden die Voraussetzungen für eine angemessene Mitwirkung der Abgeordneten
und Fraktionen des Bundestages bei europapolitischen Entscheidungen deutlich verbessert. Die Überweisung von Unionsdokumenten an die Ausschüsse erfolgt gem.
§ 93 GOBT seither nach neuen Regeln, die eine Konzentration auf politisch bedeutsame Vorhaben begünstigen sollen. Das Europareferat bewertet die Beratungsrele-
vanz der eingehenden Dokumente und erstellt einen Priorisierungsvorschlag, über
den die Fraktionen im Benehmen entscheiden. Somit werden seither nur noch
Unionsdokumente überwiesen, zu denen zumindest von einer Fraktion ein entsprechender Wunsch angemeldet wurde. Zudem wird mit den Ausschüssen vorgeklärt,

welche Ausschüsse beteiligt sein sollen. Der Vorsitzende des EU-Ausschusses legt danach dem Bundestagspräsidenten in Abstimmung mit anderen Ausschüssen einen Überweisungsvorschlag vor. Der Präsident überweist diese EU-Dokumente sodann an einen Ausschuss federführend und an andere zur Mitberatung. Dies geschieht im Benehmen mit den Fraktionen und nicht mehr mit dem in der Regel nur in Sitzungswochen tagenden Ältestenrat, was rascheres Handeln erlaubt (vgl. Feldkamp 2011: 1224). Insgesamt wurde mit dem Priorisierungsverfahren eine deutliche Konzentration des Beratungsprozesses erreicht. So wurden von 3 306 Unionsdokumenten, die dieses Verfahren durchlaufen haben, 1 559 an die Ausschüsse überwiesen (Zeitraum: 22. 6. 2007–31. 3. 2010; Feldkamp 2011: 1224).

Die Ausschüsse wurden durch weitere Bestimmungen der GOBT hinsichtlich der Befassung mit EU-Angelegenheiten gestärkt. So können sie auch Unionsdokumente, die ihnen nicht oder noch nicht überwiesen sind, zum Verhandlungsgegenstand erklären (§ 93 Abs. 4 GOBT). Auch können sie ihren Beratungen und einer Beschlussempfehlung Folgedokumente der EU zu dem ihnen überwiesenen Unionsdokument zugrunde legen, die im Beratungsprozess zu einem Vorhaben entstanden sind. Durch diese Regelung soll vermieden werden, »dass Dokumente, die in unmittelbarem Zusammenhang mit einem bereits überwiesenen Vorhaben stehen, einem anderen Ausschuss zur Federführung überwiesen werden« (Monitoringbericht 2011: 29). Der ganz überwiegende Teil der zahlreichen Folgedokumente erreichte den Bundestag im Zuge der allgemeinen Zuleitung (innerhalb der ersten 15 Monate der 17. WP: 5 637). Ebenso kann der federführende Ausschuss wiederholt eine Beschlussempfehlung vorlegen, insbesondere um neueren Entwicklungen Rechnung zu tragen. Die mitberatenden Ausschüsse sind zu unterrichten und erhalten Gelegenheit, innerhalb einer vom federführenden Ausschuss festgelegten Frist eine bereits abgegebene Stellungnahme zu ergänzen oder erneut Stellung zu nehmen (§ 93a Abs. 2 GOBT).

Neben der Erarbeitung der Priorisierungsvorschläge unterstützt das Europa-Referat (mit Standort in Berlin und Brüssel) Ausschüsse, Fraktionen und Abgeordnete des Bundestages in vielfältiger Weise bei der parlamentarischen Beratung von Rechtsetzungsvorhaben und politischen Initiativen der Europäischen Union. Zum Europa-Referat gehören neben PA 1/Berlin das Verbindungsbüro des Deutschen Bundestages bei der Europäischen Union in Brüssel und das Europabüro. Zu seinen Dienstleistungen gehören die vorlagenbezogene Analyse von EU-Vorhaben, aktuelle Informationen zu Planungsständen und Beratungsverläufen in den Institutionen der EU. Das aus Mitarbeitern der Bundestagsverwaltung und der Fraktionen zusammengesetzte Verbindungsbüro in Brüssel dient vor allem der Vorfeldbeobachtung und Frühwarnung. Dazu unterhält es ein Informationsnetzwerk zu den EU-Institutionen, insbesondere zum Europäischen Parlament, zur Ständigen Vertretung der Bundesrepublik Deutschland bei der EU, zu den Vertretungen der deutschen Bundesländer in Brüssel, zu den Verbindungsbüros anderer nationaler Parlamente, zu Stiftungen, Organisationen und Interessenverbänden. Zu Beginn jeder Sitzungswoche des Bundes-

tages übermittelt das Verbindungsbüro einen »Bericht aus Brüssel« sowie je nach
Eilbedürftigkeit »Kurzmitteilungen« zu einzelnen Themen, die über das Intranet des
Bundestages abrufbar sind und auf wachsendes Interesse stoßen (»Europa im Bun-
destag«/Intranet des Bundestages; Sach 2010). Somit ist der Bundestag nicht allein
auf die Informationsvermittlung und Sichtweise der Bundesregierung angewiesen. In
Berlin erstellt das Europa-Referat neben den Priorisierungsvorschlägen u. a. Kurz-
auswertungen, Vermerke und Sachstände zu wichtigen EU-Vorhaben, die in den
Ausschüssen zur Beratung anstehen. In enger Zusammenarbeit mit dem Brüsseler
Verbindungsbüro recherchieren die Mitarbeiter zusätzliche Informationen »und ak-
tualisieren regelmäßig Sach- und Terminstände, um die rechtzeitige Mitwirkung des
Bundestages zu ermöglichen«. Zum Europa-Referat gehört schließlich das Europa-
büro, die zentrale Eingangsstelle aller Zuleitungen von EU-Dokumenten innerhalb
der Bundestagsverwaltung. Das Europabüro erarbeitet Vorschläge zur Entscheidung
der Fraktionen, welche Ausschüsse die jeweiligen EU-Vorhaben federführend oder
mitberatend behandeln sollen. Außerdem erteilt es Abgeordneten und Mitarbeitern
Auskünfte über Vorhaben der EU (Intranet des Bundestages). Zudem bearbeitet der
Fachbereich Europa des Wissenschaftlichen Dienstes Aufträge von Abgeordneten des
Bundestages und auch des Europäischen Parlaments. Der Befassung mit europapolitischen Vorhaben kommt in allen Ausschüssen wachsende Bedeutung zu (vgl. Vollrath 2011: 188 f.). Dies kommt auch darin zum Ausdruck, dass neben dem traditionellen Unterausschuss des Haushaltsausschusses zu Fragen der EU seit 1990 jeweils vom
Rechtsausschuss ein Unterausschuss »Europarecht« eingerichtet wurde.

   »Öffentlich« ist das dargestellte Verfahren nur minimal, indem die Titel der EU-
Dokumente in eine Sammelübersicht aufgenommen werden, die verteilt wird und
aus der ersichtlich ist, welchen Ausschüssen die Vorlagen überwiesen sind. Unionsdokumente, zu denen keine Überweisung vorgeschlagen wird, werden in der Sammelübersicht gesondert aufgeführt (§ 93 Abs. 6 GOBT). Als Bundestagsdrucksachen
werden Unionsdokumente nur verteilt, wenn es der Vorsitzende des EU-Ausschusses
bei seinem Überweisungsvorschlag vorsieht oder wenn der federführende Ausschuss
eine über die Kenntnisnahme hinausgehende Beschlussempfehlung vorlegt.

   Nur für einen kleinen Teil der EU-Vorhaben geben die federführenden Ausschüsse jedoch eine Beschlussempfehlung ab – in der 16. Wahlperiode (2005–2009)
bei ca. zwei Prozent (57 Ratsdokumente, 5 Entschließungen des Europäischen Parlaments: Feldkamp 2011: 1228). Zumeist werden diese auch auf die Tagesordnung des
Plenums gesetzt, doch wird auf eine Debatte dazu häufig verzichtet, wobei sich allerdings in der 17. Wahlperiode ein merklicher Anstieg der Debatten abzeichnet (16. WP:
Debatte in 16 % der Fälle, zusätzlich fast doppelt so viele zu Protokoll gegeben). Das
Plenum folgt regelmäßig der Ausschussempfehlung. Änderungsanträge sind bei EU-
Vorhaben selten. Insgesamt zeigt sich, dass es sich bei den allermeisten Vorhaben
um eine in der Regel zwischen Regierungs- und Oppositionsfraktionen wenig strit-
tige, zumeist nur Spezialisten zugängliche Materie handelt, deren Behandlung – trotz

der nicht wirkungslosen Verfahrensreform – nicht nur in der Öffentlichkeit, sondern auch im parlamentarischen Prozess vergleichsweise wenig Aufmerksamkeit findet und bei der Regierung und Ministerialverwaltung nach wie vor dominieren (vgl. Sturm/Pehle 2012: 67 ff.). Daneben gab es in jüngster Zeit insbesondere im Rahmen der europäischen Finanzkrise einige auf (oppositionelle) Anträge gestützte, mitunter spektakuläre Debatten.

Schwer nachweisbar ist insgesamt der Einfluss, der von europapolitisch relevanten Plenardebatten und der Behandlung und Diskussion europapolitischer Themen in Bundestagsausschüssen sowie den entsprechenden Fraktionsgremien in Anwesenheit von Regierungsmitgliedern und fachlich zuständigen Ministerialbeamten ausgeht (vgl. Hölscheidt 2000). Inwieweit die dargestellten Neuregelungen angesichts umfangreicher Kompetenzübertragungen und bei einer sukzessiven Erweiterung der EU tatsächlich zu einer *dauerhaften,* legitimationsfördernden Stärkung der Rolle des Bundestages im europapolitischen Willensbildungsprozess führen werden, bleibt abzuwarten. Immerhin wurden wichtige verfahrensrechtliche und strukturelle Voraussetzungen für frühzeitigere, vertiefte Information und Einflussnahme geschaffen und durch Einrichtung des EU-Ausschusses ein entwicklungsfähiges europapolitisches Forum eingerichtet.

Kontrolle und Kommunikation 7

7.1 Einleitung: Informationsrechte und Kontrollpraxis

Der politische Willensbildungsprozess ist durch vielfältige und komplexe Kontrollvorgänge geprägt. Deren Wirksamkeit und legitimatorische Kraft hängt in hohem Maße davon ab, ob sie transparent sind und ein Mitdenken und Reagieren der Bürger in Gang setzen. Kontroll- und Kommunikationsfunktion sollen daher im Zusammenhang behandelt werden.

Parlamentarische Kontrolle reicht von der nachträglichen Überprüfung exekutiven Handelns (im traditionellen Verständnis dieses Begriffs) bis hin zur frühzeitigen Einwirkung auf Programmentwicklungen und Initiativen der Regierung (Steffani 1989: 1325 ff.; Schulze-Fielitz 1988: 292 ff.).

Die Vielschichtigkeit des Kontrollprozesses ist bedingt:

- durch die Verbundenheit von Regierung und Mehrheitsfraktionen im parlamentarischen Regierungssystem bei partiell unterschiedlicher Interessenlage der Koalitionsparteien,
- die Ausdifferenzierung des Parteiensystems mit mehreren Oppositionsparteien,
- den starken Ausbau von Ministerialbürokratie und Vollzugsverwaltungen,
- die Kompetenzverteilung im föderalistischen System,
- die Zusammensetzung und parteipolitische Orientierung des Bundesrates,
- das ausgeprägte politische Gewicht des Bundesverfassungsgerichts,
- die zunehmende Bedeutung der Entscheidungen von EU-Institutionen,
- veränderte Lobbystrukturen,
- veränderte Partizipationsansprüche der Bürger,
- und strukturelle Veränderungen der Politikvermittlung in der »Mediengesellschaft«.

Angesichts der enormen Arbeits- und Informationskapazität der Ministerien und ihrer permanenten Einwirkung auf den Willensbildungsprozess des Bundestages sind nicht nur nachträgliche, sondern vor allem auch vorherige und begleitende (laufende) Kontrolle erforderlich; dies wird – auch von verfassungsrechtlicher Seite – weithin anerkannt (so schon Meyn 1982: 26; Krebs 1984: 4 ff., 120 ff.). Soll parlamentarische Kontrolle wirksam werden, kann sie nicht erst dann einsetzen, wenn Programme in Abstimmung mit Großverbänden, Wirtschaft und Vollzugsverwaltungen entwickelt oder gar umgesetzt sind. Ohne begleitende Kontrolle bliebe das Parlament »weithin auf bloße Ratifikation langfristiger politischer Planungen und relativ folgenlose Nachprüfung des Regierungshandelns beschränkt« (Klatt 1986b: 68). Nachträgliche Wirkungskontrollen gewinnen aus parlamentarischer Sicht in dem Maße an Bedeutung, als sie der vorgängigen Initiative zur Korrektur von Programmen und der begleitenden Überprüfung von Novellierungsvorhaben dienen.

Ausdruck dieser Kontrollkompetenz sind:

- die im Grundgesetz festgelegte Einrichtung der Ausschüsse für auswärtige Angelegenheiten, Verteidigung und für Angelegenheiten der Europäischen Union,
- das den Ausschüssen eingeräumte Selbstbefassungsrecht,
- das Institut des qualifizierten Sperrvermerks,
- die frühzeitige Informierung der Berichterstatter des Haushaltsausschusses aus allen Fraktionen
- die erweiterten Informations- und Mitwirkungsrechte bei Vorhaben der EU
- und vor allem die Rechte einer parlamentarischen Minderheit, kurzfristig zu aktuellen Themen eigener Wahl Anfragen einzureichen und Plenardebatten durchzusetzen.

Umstritten ist allerdings, wie über die prüfende, kritisierende und anregende Einwirkung hinausgehende Formen »mitwirkender Kontrolle« oder »Mitregierung« in der Phase gouvernementaler Planung und Programmentwicklung einzuschätzen sind (Thaysen 1976; Mandelartz 1982: 7 ff.). Durch frühzeitige Einbindung des Parlaments in Entscheidungen der Regierung – so wird aus verfassungsrechtlicher wie politischer Sicht gewarnt – begebe sich das Parlament der Möglichkeit, später kritisch von Regierungsvorlagen und -handlungen abzurücken (z. B. Vitzthum 1978: 336 f.). Hier ist allerdings zwischen Oppositionsfraktionen und den über unmittelbare Mitwirkungs- und Sanktionsmöglichkeiten verfügenden Regierungsfraktionen zu differenzieren. Problematisch ist es jedenfalls, wenn auch die Oppositionsfraktionen – auf informellen Wegen und über die Ausschüsse – in größerem Umfang derart mitregieren, dass Alternativen ausgeblendet und der Öffentlichkeit kritisches Mitdenken und Einwirken erschwert wird. Kommunikative Kontrolldefizite gehen zu Lasten der Innovations- wie Artikulationsfähigkeit (siehe Abschn. 7.2). Möglichkeiten (frühzeitiger) aktiver Mitgestaltung bestehen für die Opposition freilich in der Regel nur dann, wenn sie sich auf »ihre« Mehrheit im Bundesrat stützen kann. Ansonsten bleibt sie auf indirekte öffentlichkeitswirksame Einwirkungsmöglichkeiten verwiesen.

Das Zusammenwirken von Regierungsfraktionen und Bundesregierung und deren wechselseitige Beeinflussung »auf ein gemeinsames Ziel« sind für das parlamentarische Regierungssystem charakteristisch (Bäumlin 1966: 247). Vielfältige – vornehmlich interne und informelle – Wege wechselseitiger Einwirkung, Überprüfung und Mitentscheidung auf der Ebene von Fraktions-, Koalitions- und Parteigremien konnten in den Abschnitten »Gesetzgebungsprozess«, »Fraktionen« und »Ausschüsse« aufgezeigt werden. Hierzu gehören u. a.:

- Versuche der Obleute (Sprecher) und Berichterstatter, im direkten Kontakt mit »zuständigen« Ministerialbeamten oder über die politische Leitung des Ministeriums Detailänderungen eines Referenten(vor)entwurfs durchzusetzen,
- Einflussnahmen von Interessengruppierungen von Fraktion und Partei auf »ihre« Mitglieder in der Regierung und Fraktion,
- die Mitwirkung von Spitzen der Fraktion an politischen Weichenstellungen im Koalitionsausschuss.

Andererseits wirken nicht nur Regierungsmitglieder, sondern auch (beauftragte) Ministerialbeamte von Bund und Ländern in Fraktionsgremien, Ausschüssen und im direkten Kontakt auf den parlamentarischen Willensbildungs- und Entscheidungsprozess ein. Diese Einwirkung reicht bis hin zur »Bearbeitung« der Regierungsfraktionen in der Fraktionsversammlung vor der »entscheidenden« Beschlussfassung durch Minister und Kanzler und der Formulierung von Ausschussberichten und Redemanuskripten für die Debattenredner der Koalitionsfraktionen. Wie bereits oben dargestellt, ergeben sich faktische Einschränkungen koalitionsinterner Kontrolle und Mitgestaltung aufgrund segmentierter Arbeitsstrukturen und vor allem eines hierarchischen Informations- und Einflussgefälles, das seinen deutlichsten Ausdruck in Abschottungsversuchen »Großer Koalitionsrunden« findet. Nach oft langwierigen Verhandlungen (ad hoc) zustande gekommene Kompromisse der Regierungs- und Fraktionsspitzen gewinnen nicht selten »Sachzwangcharakter« (vgl. Abschn. 3.7 und 6.2.1).

Zu differenzieren ist auf gouvernementaler Ebene zwischen politischer Führung (Kanzler, Minister, Parl. Staatssekretäre) und (politisch wirkender) Ministerialbürokratie. Die Kontrolle einer dominierenden, fachlich ausdifferenzierten und durch umfangreiche wissenschaftliche Beratungskapazität unterstützten Ministerialverwaltung ist nicht nur eine Aufgabe der Oppositionsfraktionen und (einzelner) Abgeordneter, sie bedeutet auch und in besonderer Weise eine gemeinsame Herausforderung für Koalitionsfraktionen und Regierung. Das Dilemma ist offensichtlich: Je weniger die Koalitionsfraktionen in der Lage sind, ihr kreatives Potential zu aktivieren und zumindest bei politisch bedeutsamen Fragen politisch gestaltend zu wirken, um so mehr bleiben die Regierungsmitglieder auf »Vorgaben« ihrer Verwaltung verpflichtet und um so schwieriger ist es, politische Querschnittsaufgaben verantwortlich wahr-

Kontrolle und Kommunikation

zunehmen. Nicht nur die Entwicklung von Gesetzentwürfen, sondern auch die Darstellung der Regierungserfolge und -positionen in Berichten, Antworten auf Anfragen etc., durch die künftige »staatsleitende« Entscheidungen mitbestimmt werden, liegt in der Hand der Ministerialbeamten.

7.1.1 Praxis öffentlicher Kontrolle

Die in diesem Kapitel behandelten formellen Kontrollinstrumente erfüllen meist mehrere Funktionen, freilich mit unterschiedlicher Akzentuierung: Sie dienen dazu, Regierung und Verwaltung zu veranlassen, Sachinformationen zu unterbreiten, Absichten, Prioritäten und Defizite der Regierungspolitik offenzulegen, Regierungs- und Verwaltungshandeln im Detail wie konzeptionell zu überprüfen und (öffentlich) der Kritik auszusetzen und – nicht zuletzt – alternative Positionen zu präsentieren und zu begründen. Entscheidendes Kriterium ihrer Wirksamkeit ist die öffentliche Resonanz: Von der Fähigkeit der Abgeordneten und Fraktionen, in Massenmedien, Parteien, Interessengruppen und Bürgerinitiativen diskutierte Themen und Probleme zu artikulieren und informierend, kritisierend und konzeptionell anregend am öffentlichen Diskurs teilzunehmen, hängen Wirksamkeit und demokratisch legitimierende Kraft parlamentarischer (oppositioneller) Kontrolle und Gestaltung wesentlich ab. (Der Zusammenhang von Kontroll-, Artikulations- und Willensbildungsfunktion ist evident.) Insofern hat Kontrolle keinen »Eigenwert«. Ihre Aufgabe ist es, staatlich-politische Willensbildungs- und Entscheidungsprozesse transparent zu machen und eine informierte, kritische und reflektierte Teilnahme möglichst vieler Bürger an (gemeinwohlorientierten) Diskussionen über Regierungspolitik und parlamentarische Positionen anzuregen (vgl. Einleitungskapitel).

Die durch das Grundgesetz und einfache Gesetze, vornehmlich aber die Geschäftsordnung des Bundestages festgelegten Kontrollbefugnisse stehen überwiegend Fraktionen bzw. fünf Prozent der Abgeordneten zu (§§ 75, 76 GOBT). Wichtige Verfahrenskompetenzen bleiben freilich weiterhin der Parlamentsmehrheit vorbehalten – ungeachtet dessen, dass die Funktion öffentlichkeitswirksamer Kontrolle weitgehend bei der Opposition liegt. Dies gilt insbesondere für das Zitierrecht (Art. 43 Abs. 1 GG), Entschließungen, die Anforderung von Regierungsberichten und die Befugnisse des Petitionsausschusses.

Wie im folgenden nachgewiesen werden kann, werden die formellen Kontrollinstrumente ganz überwiegend von den Oppositionsfraktionen und -gruppen des Bundestages genutzt, wobei diese – ungeachtet mancher Gemeinsamkeiten zwischen SPD und GRÜNEN oder CDU/CSU und FDP auf der Ebene des Plenums – formell regelmäßig getrennte Vorstöße unternahmen. Mit der Präsenz von zwei oder drei – auch konkurrierenden – Oppositionsfraktionen (seit 1983) hat sich nicht nur die Zahl der Anfragen, Anträge, Aktuellen Stunden und Anhörungen beträchtlich erhöht; auch die Breite und Intensität der Kontrollaktivitäten hat zugenommen. Wie im Kapitel 6 dargestellt, werden auch die zahlreichen Gesetzesinitiativen der Oppositionsfraktionen vornehmlich als öffentlichkeitswirksame Kontrollmittel wirksam. Die Gefahr, dass wichtige Fragen ausgeblendet werden, ist angesichts mehrerer, nicht nur taktisch sondern auch inhaltlich konkurrierender Oppositionsparteien sehr viel geringer. Geht man von der großen Zahl und inhaltlichen Vielfalt der Kontrollaktivitäten und dem breiten thematischen Spektrum der Plenardebatten aus, hat sich die Problemwahrnehmungsfähigkeit des Bundestages seit dem Einzug der Fraktion DIE GRÜNEN in den Bundestag (1983) gegenüber den vorausliegenden Jahren deutlich verbessert; insbesondere gilt dies für die Befassung mit ökologischen Fragen und Technikfolgen (Ismayr 1985b: 32 ff.; Brettschneider 1996: 121; Kranenpohl 1999: 152 ff.).

Ungeachtet zahlreicher, auch öffentlich ausgetragener Koalitionskonflikte wurden die Kontrollinstrumente von den Regierungsfraktionen fast immer gemeinsam eingesetzt und insofern zur Profilierung gegenüber dem Koalitionspartner kaum genutzt (siehe Abschn. 7.5, 7.6, 7.13). Dies wurde so auch regelmäßig im Koalitionsvertrag festgelegt. Können sich die Koalitionsparteien nicht einigen, wird darauf verzichtet. Unterschiedliche Akzentuierungen kommen dann allenfalls in Plenardebatten und (öffentlichen) Ausschussverhandlungen zum Ausdruck (Untersuchungsausschüsse, öffentliche Anhörungen, Petitionsausschuss). Die Koalitionsparteien nutzen die öffentlichkeitswirksamen Kontrollinstrumente nur selten zur Informationsbeschaffung und Kontrolle der Regierungspolitik. Dies gilt selbst für die Fragestunde. In der Regel geht es darum, der Regierung(sseite) Gelegenheit zu geben, ihre Politik in günstigem Lichte darzustellen, oppositionellen Initiativen zuvorzukommen und Fehlentwicklungen und Schwächen der Oppositionsparteien und der von ihnen getragenen Landesregierungen sichtbar zu machen. Sie nehmen somit öffentlich eine »Kontrollaufgabe« gegenüber der Opposition und ihr nahestehenden Verbänden (z. B. Gewerkschaften bzw. Arbeitgeberverbänden) wahr, kaum aber gegenüber der »eigenen« Regierung. Koalitionskonflikte werden in Fraktions- und Koalitionsgremien und häufig auch über die Massenmedien ausgetragen, kommen bei der »nach außen« gerichteten parlamentarischen Arbeit aber kaum zum Ausdruck; hier dominiert »Blockdenken«, wird Geschlossenheit demonstriert (vgl. Kap. 3). Auch (öffentliche) Verwaltungskontrolle seitens der Regierungsfraktionen ist eher die Ausnahme und betrifft weniger die Ministerialbürokratie als nachgeordnete Behörden. Entsprechend gelten Kritik und Kontrollaktivitäten seitens der Oppositionsfraktionen nicht nur der »Exekutive«, sondern – gegebenenfalls mit Abstufungen – dem Regierungslager insgesamt.

Interfraktionelle Vorstöße kommen auch bei den »klassischen« Kontrollinstrumenten gelegentlich vor, betreffen aber in der Regel entweder humanitäre oder formale Angelegenheiten. Häufig auch von Regierungsfraktionen (formal) unterstützt werden hingegen Anforderungen von Regierungsberichten und Prüfaufträge der Ausschüsse. Eine Sonderstellung nehmen ihrer Zielsetzung nach und unter bestimmten Voraussetzungen auch in der Praxis Enquete-Kommissionen ein (vgl. Abschn. 7.20).

Von fraktionellen oder ad hoc entstehenden Abgeordneten-Gruppen werden die geschäftsordnungsmäßigen Kontrollmöglichkeiten selten genutzt. In der Fraktion nicht abgestimmte Anträge von Abgeordnetengruppen kommen nur unter spezifischen Bedingungen zustande und sind eine seltene Ausnahme. Sind es umstrittene Gruppenanträge zu wichtigen gesellschaftspolitischen Themen, können sie jedoch gelegentlich mit erhöhter öffentlicher Aufmerksamkeit rechnen (Oertzen 2000; Lemke-Müller 1999: 188 ff.). Einzelnen Abgeordneten verblieben nach der Geschäftsordnungsreform von 1980 unabhängig von ihrer Fraktion nur wenige durch Fraktionsgeschäftsordnungen und interne Reglements zudem weiter eingeschränkte Rechte (vgl. Abschn. 2.1). In der Praxis des Fraktionenparlaments werden nicht einmal diese Möglichkeiten ausgeschöpft, wie insbesondere die » Verplanung« der Fragestunden durch die Fraktionen (Arbeitsgruppen) zeigt (vgl. Abschn. 7.7). Kritik an dieser Einengung des Kontroll- und Kommunikationsspielraums einzelner Abgeordneter und abweichender Minderheiten durch zahlreiche Abgeordnete aus allen Fraktionen, wie sie in mehreren Vorstößen der » Interfraktionellen Initiative Parlamentsreform« und auch in Vorschlägen der Ad-hoc-Kommission Parlamentsreform zum Ausdruck gebracht wurde, hat bisher nur bescheidene Änderungen bewirkt.

Wirksame Kontrolle des Regierungs- und Verwaltungshandelns setzt voraus, dass die Parlamentarier/Fraktionen – auch der Opposition – jederzeit in der Lage sind, die für die kritische Überprüfung von Programmen und die Erarbeitung alternativer Konzepte erforderlichen Informationen zu beschaffen und zu verarbeiten. Tatsächlich sehen sich die Abgeordneten einem Verwaltungsapparat gegenüber, der über einen beträchtlichen Vorsprung bei der Informationsgewinnung und -verarbeitung verfügt: Etwa 19 000 Mitarbeiter der Bundesministerien und des Kanzleramts, die sich auf die Zuarbeit zahlreicher nachgeordneter Behörden auf Bundesebene, eine umfangreiche wissenschaftliche Beratungskapazität und kontinuierliche Informationskontakte zu Vollzugsbürokratien und Verbandsexperten stützen können (Bundeshaushaltsplan 2011). Selbst auf seinem Spezialgebiet stehen einem Abgeordneten meist mehrere fachlich spezialisierte Ministerialbeamte gegenüber. Zudem hat sich mit dem zügigen Ausbau der Datenbanken eine (bereits in den 1970er Jahren festgestellte) »neue Qualität des Informationsvorsprungs« (Dobiey 1974: 318 f.) der Ressorts entwickelt, die eine parlamentarische Informationskrise signalisierte, ja eine weitere »Entmachtung der Kontrolleure« befürchten ließ. Die Anforderungen an Parlamentarier und Regierungspolitiker bei der Überprüfung und Verarbeitung der Vorlagen und Informationen aus der Ministerialverwaltung steigen (Lange 1988: 92). Hinzu kommt, dass die – entgegen manchen Erwartungen – fortbestehende Tendenz der Segmentierung bei der gouvernementalen Planung und Informationsverarbeitung an konzeptionellen Alternativen orientierte parlamentarische Gestaltung und Kontrolle erschwert.

Angesichts dieser Entwicklung ist sowohl eine Fortentwicklung der Informationsrechte der Abgeordneten und Fraktionen wie auch der Ausbau ihrer Analysekapazität erforderlich und seit den 1980er Jahren auch vorangetrieben worden (PARLAKOM-Studie 1985/86). Abgeordnete aus allen Fraktionen – besonders natürlich der Opposition – wollten es nicht länger hinnehmen, »dass die zu Kontrollierenden in der Regel Inhalt und Ausmaß der Informationen bestimmen«, mittels derer sie von den Abgeordneten kontrolliert werden sollen. Teils werden politisch wichtige Informationen vorenthalten oder »geschönt«, teils sehen sich die Abgeordneten »gezielt« mit einer Flut von irrelevanten Informationen eingedeckt, die sie nicht angemessen verarbeiten können. Für eine »gezielte Auswahl und Verarbeitung von Informationen, für eine wirkliche Kontrolle oder gar die Erarbeitung von Alternativen« fehlten häufig die nötige Zeit und auch eine angemessene wissenschaftliche Zuarbeit (»Selbstverständnis-Debatte« des Bundestages, PlPr 10/85/20. 9. 1984).

7.1.2 Informationsrechte

Die rechtlichen Kompetenzen »des« Bundestages, besonders aber von (oppositionellen) Minderheiten und einzelnen Abgeordneten, sich die für ihre Kontroll-, und Gesetzgebungstätigkeit erforderlichen Informationen aus dem Bereich der »Exekutive« zu verschaffen, reichen nicht aus. Als entscheidendes »Handikap« erweist sich, dass die Informations-, Inspektions- und Kontrollrechte des Bundestages im Organisationsteil des Grundgesetzes nur unzureichend abgesichert sind. Besonders gilt dies für parlamentarische Minderheiten und einzelne Abgeordnete. Versuche, deren Kompetenzen durch Änderungen der Verfassung nachhaltig zu stärken, sind insbesondere am Widerstand der jeweiligen Bundesregierung und der Führung der Koalitionsfraktionen gescheitert (vgl. Abschn. 7.13, 7.15, 7.20). Weitergehende Regelungen der Geschäftsordnung des Bundestages können aber Regierung, Verwaltung und andere Verfassungsorgane rechtlich nicht binden, politisch nur dann, wenn die Mehrheitsfraktionen voll dahinterstehen oder/und die Regierung befürchten muss, bei Missachtung dieser Regelungen öffentlich Ansehen und Unterstützung zu verlieren. Ihre Wirkung hängt davon ab, ob die jeweilige parlamentarische Gruppierung öffentlich Druck erzeugen kann.

Kompetenzprobleme ergeben sich schon beim »klassischen« Zitier- und Fragerecht. So steht das Recht zur Herbeirufung (Art. 43 Abs. 1 GG) von Regierungsmitgliedern nur der parlamentarischen Mehrheit zu, was insbesondere für die Arbeit der Oppositionsabgeordneten in den Ausschüssen nachteilig ist (Stern 1980: 52; Schneider 2001a: Art. 43 Abs. 1 GG, Rz. 7; vgl. Abschn. 7.3).

Die Verpflichtung der Bundesregierung zur Beantwortung von Fragen einzelner Abgeordneter und parlamentarischer Minderheiten ist im Organisationsteil des Grundgesetzes nicht ausdrücklich verankert (vgl. Abschn. 7.5, 7.6, 7.7). Zwar hat das Bundesverfassungsgericht – ausgehend von allgemeinen Verfassungsgrundsätzen (Art. 20 GG) und Funktionsbedingungen des parlamentarisch-demokratischen Re-

gierungssystems – das Frage- und Interpellationsrecht des Parlaments und die verfassungsrechtliche Pflicht der Mitglieder der Bundesregierung anerkannt, auf Fragen
Rede und Antworten zu stehen und den Bundestag und seine Abgeordneten unverzüglich und grundsätzlich erschöpfend und zutreffend zu unterrichten (BVerfGE 67,
100, 129; 70, 324, 355; 105, 279, 306; 124, 161, 188; vgl. Kretschmer 2011: 1032). Dies
schließe eine angemessene Beteiligung am geheimen Wissen der Regierung ein. Allerdings werden die spezifischen Aufgaben und Informationsprobleme der Oppositionsfraktionen nicht angemessen gewürdigt. »Grundsätzlich« wird zwar anerkannt,
dass auch parlamentarischen Minderheiten und den einzelnen Abgeordneten (gem.
ihrem Status nach Art. 38 Abs. 1 GG) die für eine angemessene Wahrnehmung ihrer Arbeit erforderlichen Informationen von der Regierung nicht vorenthalten werden dürfen. Für die Praxis bleibt dies jedoch ohne größere Bedeutung, solange es
der Bundesregierung überlassen bleibt, unter Hinweis auf (selbstdefinierte) Geheim-
schutz-Interessen oder einen nicht ausforschbaren »Kernbereich exekutiver Eigenverantwortung« Informationen zu verweigern und – was sehr viel häufiger der Fall
ist – aus welchen Gründen auch immer selektiv und ungenau zu informieren, ohne
eine Nachprüfung durch Akteneinsicht gewärtigen zu müssen. Immerhin muss sie
nach der Rechtsprechung des Bundesverfassungsgerichts die rechtfertigenden Argumente »durch greifbare Tatsachen belegen«, wenn sie eine Antwort ablehnt
(BVerfGE 67, 100, 139; 124, 161, 188, 193; Kretschmer 2011: 1033).

Derzeit kann die Vorlage von Akten der Bundesregierung nur durch eine (qualifizierte) parlamentarische Minderheit von Untersuchungsausschüssen sowie durch
Mehrheitsbeschluss (!) des Petitionsausschusses (vgl. Abschn. 7.13, 7.15) durchgesetzt
werden. Nach wie vor hat der Bundestag keinen unmittelbaren Zugang zu den Datenbanken der Bundesregierung. Um eine weitere Gewichtsverschiebung zugunsten der
Ministerien zu verhindern, ist es an der Zeit, den Abgeordneten den Zugriff auf die
Datenbanken der Regierung zu sichern und ihnen darüber hinaus ein generelles Ein-
sichtsrecht in die Akten von Bundesregierung und Behörden einzuräumen, wie dies
inzwischen in mehreren Landesverfassungen geregelt ist (z. B. Schleswig-Holstein,
Brandenburg, Sachsen). Obwohl sich mehrere Kommissionen und drei von vier Abgeordneten (74 %) für eine »verstärkte Informationspflicht der Regierung gegenüber
dem Parlament« aussprechen (Herzog u. a. 1990), konnten bisher selbst bescheidene
Vorschläge zur Stärkung der Informationsrechte von parlamentarischen Minderheiten und Abgeordneten nicht realisiert werden (Ismayr 1999a; Ismayr 1999b; vgl. aber
Abschn. 6.9). In diesem Zusammenhang gehört auch die Forderung, den Abgeordneten alle bei der Vorbereitung von Gesetzentwürfen der Bundesregierung verwendeten Materialien (wie Berichte, Sachverständigengutachten, Anhörungsprotokolle
etc.) zugänglich zu machen (Vorschläge der Ad-hoc-Kommission Parlamentsreform
BT-Drs. 3600/1.7.1985, S. 13 f. und der »Interfraktionellen Initiative Parlamentsreform«, BT-Drs. 11/2206/27.4.1988). Angesichts der unbefriedigenden verfassungsrechtlichen Lage dürfte eine nachdrückliche Stärkung der Informations- und Kon-

trollbefugnisse parlamentarischer Minderheiten und der einzelnen Abgeordneten allerdings nur durch entsprechende Verfassungsänderungen erreichbar sein. Dies gilt insbesondere für ein allgemeines Akteneinsichtsrecht für alle Abgeordneten, eine Sicherung von Informations- und Inspektionsrechten für Enquete-Kommissionen und Untersuchungsausschüsse (auch gegenüber Privaten) und die Verpflichtung der Bundesregierung, auf Fragen von Abgeordneten und Minderheiten umfassend Auskunft zu geben. Entsprechende Vorschläge der Opposition in der »Gemeinsamen Verfassungskommission von Bundestag und Bundesrat« (1993) wurden allerdings verworfen (vgl. Abschn. 8.3.1).

Auch ein wesentlich verbesserter Zugriff auf die Informationsbestände der »Exekutive« reicht freilich nicht aus, ist deren Auswahl und Zusammenstellung doch durch gouvernementale bzw. administrative Zielsetzungen und Fragestellungen geprägt. Insbesondere gilt dies für Planungsdaten. Darüber hinaus müssen Abgeordnete und Fraktionen in der Lage sein, sich auch unabhängig vom Apparat der Ministerien die für eine (öffentlichkeits)wirksame Kontroll- und Gesetzgebungsarbeit erforderlichen Informationen zu verschaffen. Dies geschieht durch (inzwischen) zahlreiche Ausschuss- und Fraktionsanhörungen, die darüber hinaus als Foren politischer Kontrolle und Initiative wirksam werden (können). In vergleichsweise eher bescheidenem Umfang werden auf Ausschuss- und Fraktionsebene von externen wissenschaftlichen Einrichtungen Gutachten eingeholt und auch Untersuchungsaufträge vergeben (Bundeshaushaltsplan, EPL 02). Es bestehen laufende Informationskontakte zu Verbandsexperten, wissenschaftlichen Instituten, Partei-Kommissionen und zum Wahlkreis. Schließlich haben die Abgeordneten die Möglichkeit, über Internet und Intranet des Bundestages und der Fraktionen auf Daten zahlreicher Institutionen zurückzugreifen, von denen allerdings viele allenfalls für eine gelegentliche Nutzung durch den Bundestag infrage kommen.

7.1.3 Ausbau der Analysekapazität

Für die kritische Überprüfung, Auswertung und konzeptionell durchdachte Nutzung von Regierungs- und Verbandsinformationen reicht die den Abgeordneten, Ausschüssen und Fraktionen verfügbare Analysekapazität trotz beachtlicher Verbesserungen seit den 1970er Jahren noch nicht aus. Verbesserungen sind nur bei einer angemessenen Erhöhung der Zahl wissenschaftlicher Mitarbeiter von Abgeordneten, vor allem aber von Ausschüssen (Ausschusssekretariaten) und Fachdiensten zu erwarten (vgl. auch Oertzen 2006: 291). Nur unter dieser Voraussetzung besteht auch Grund zu der Erwartung, dass die mit dem Projekt PARLAKOM seit Mitte der 1980er Jahre erfolgte informations- und kommunikationstechnische Ausstattung des Bundestages dazu beitragen kann, eine raschere Problemwahrnehmung und kritische Überprüfung von Regierungsvorlagen und -informationen zu ermöglichen. Auf der

Grundlage der umfangreichen PARLAKOM-Studie (1985/86) hatte der Ältestenrat
beschlossen, ein »gemeinsames Informations- und Kommunikationssystem für das
Parlament, die Fraktionen und die Wahlkreisbüros der Abgeordneten« aufzubauen«
(Beschlüsse abgedruckt im IT-Rahmenkonzept 2011: 33 ff.). Inzwischen sind alle Ab-
geordneten-Büros in Berlin und im Wahlkreis angemessen mit Personalcomputern
ausgestattet. Über die im Internet verfügbaren Informationen hinaus kann über ein
hausinternes Intranet auf weitere Informationssysteme zugegriffen werden. Neben
den allgemein zugänglichen Parlamentsmaterialien wie dem »Dokumentations- und
Informationssystem für Parlamentarische Vorgänge« (DIP) und den Daten der Bun-
destagsbibliothek werden über das Intranet angeboten: ein »Verfolgungssystem für
parlamentarische Initiativen«, ein Tickerdienst sowie die Pressedokumentation (mit
den entsprechenden Ausschussmaterialien). Die Pressedokumentation fungiert als
wichtigste Dokumentations- und Auswertungsstelle für Informationen aus ausgewählten Printmedien. Täglich fertigt das Referat Pressedokumentation eine elektronische Mappe mit Artikeln zum aktuellen Tagesgeschehen sowie zu Schwerpunktthemen an. Diese Mappe ist täglich ab acht Uhr im Intranet des Bundestages abrufbar.
Zur Erstellung dieser Pressemappe werden derzeit 22 regionale und überregionale
sowie in- und ausländische Tages- und Wochenzeitungen ausgewertet (Stand 2011).
Außerdem enthält die Zusammenstellung ein tagesaktuelles Presseecho zur Arbeit
des Bundestages. Die Artikel werden darüber hinaus in einem Archiv hinterlegt und
sind so auch zu einem späteren Zeitpunkt auffindbar und verwendbar. Eine Schlag-
wortsuche ermöglicht ein systematisches und schnelles Auffinden von Informationen aus den archivierten Artikeln. Neben diesem seit 1999 bestehenden und ständig
erweiterten Archiv gibt es ein die Jahre 1949–1999 umfassendes Pressearchiv. Mit ihren derzeit 28 Mitarbeitern bietet die Pressedokumentation zudem einen Auskunfts-
und Rechercheservice für Abgeordnete und Mitarbeiter der Bundestagsverwaltung.
Einen besonders wichtigen Teil des Intranets bildet der Tickerdienst, der alle aktuellen Meldungen der angeschlossenen Nachrichtenagenturen sofort für die Abgeordneten verfügbar macht.

Neben den Informationen des Intranets des Bundestages, das sich an alle Abgeordneten und deren Mitarbeiter richtet, bieten Internetseiten und Intranetseiten
der Fraktionen im Bundestag spezielle Informationen, die auf Positionen und The-
menschwerpunkte der Fraktionen zugeschnitten sind. In den Fraktionsintranets findet eine innerfraktionelle Informationsvermittlung und Abstimmung von Positionen
statt. Sie dienen somit nicht unmittelbar der Öffentlichkeitsarbeit, sondern erfüllen
eine wichtige Synchronisierungsfunktion innerhalb der Fraktionen. Die Angebote
der Intranets sollen die Arbeit innerhalb der Fraktionen effizienter machen und den
Abgeordneten einen Überblick über die Arbeit in den Arbeitsgruppen und -kreisen
ermöglichen, in denen sie selbst nicht tätig sind (vgl. Abschn. 3.2.5).

Das fraktionsinterne Intranet erleichtert es Abgeordneten und Mitarbeitern, über
umfassende Telefon- und E-Mail-Listen Kontakte zu anderen Fraktionsmitgliedern

sowie zur Fraktionsspitze herzustellen. Auch Organigramme und Vernetzungen zum Parteivorstand stehen den Nutzern zur Verfügung. Der Nutzerkreis ist jeweils auf Abgeordnete, Fraktionsangestellte und Mitarbeiter der Abgeordneten im Bundestag und im Wahlkreis beschränkt. Die Inhalte werden generell nicht mit anderen Fraktionen geteilt. Auf Datenbanken der Bundesregierung und ihrer Ministerien kann nach wie vor weder über das Intranet des Bundestages noch das Intranet der einzelnen Fraktionen zugegriffen werden. Dies gilt auch für die Regierungsfraktionen, die auf andere Wege privilegierter Informationsgewinnung verwiesen sind (vgl. Abschn. 3.2.5).

Ihrer Kontroll- und Gestaltungsaufgabe werden Abgeordnete und Fraktionen nur dann gerecht, wenn sie zur Erarbeitung, kritischen Überprüfung und kommunikativen Vermittlung konzeptioneller Politikentwürfe und Alternativen fähig sind. Sie sollten in der Lage sein, Regierungsvorlagen und -informationen nicht nur punktuell, sondern auch hinsichtlich komplexer Wirkungszusammenhänge zu überprüfen. Initiativen zur Stärkung der Informationsrechte und der Beratungskapazität sowie zur Verbesserung kommunikativer Rückkoppelung zwischen Parlamentariern und Bürgern sollten dies berücksichtigen.

Deutlicher als in früheren Jahren wird seit den 1980er Jahren erkannt, dass die Wirksamkeit parlamentarischer Kontrolle – insbesondere seitens der Opposition – von der Resonanz bei Bürgern und Öffentlichkeit abhängt. So haben auch die Ausschüsse für Auswärtiges und für Verteidigung öffentliche Anhörungen durchgeführt, Enquete-Kommissionen haben »vor Ort« Erfahrungen gesammelt, über Berichte und Sammelübersichten des Petitionsausschusses wurden häufiger als früher Debatten geführt.

7.2 Parlamentarische Kommunikation und Öffentlichkeit

Demokratische Legitimation staatlichen Handelns setzt Transparenz des Entscheidungsprozesses und stete wechselseitige Kommunikation zwischen Parlament und Bürgern voraus. Sie hängt von der Fähigkeit der Abgeordneten und Fraktionen ab, die von Parteigliederungen, Interessengruppen, Bürgerinitiativen, Kirchen, Publizistik etc. entwickelten Meinungen, Interessen und politischen Positionen wahrzunehmen, zu aggregieren und zu artikulieren und auf dieser Grundlage gemeinwohlorientiert konzeptionelle Alternativen in öffentlicher Debatte so zu begründen und zu vermitteln, dass kritisches Mitdenken, Kontrolle und Mitwirkung der Bürger begünstigt werden. Tatsächlich wird der Prozess kommunikativer Politikvermittlung und Basisrückkoppelung seit jeher als defizitär angesehen (Loewenberg 1971: 504). Die Verbesserung der Kommunikationsfähigkeit des Bundestages wurde zum Dauerthema der Parlamentsreform. Kommunikationsfördernde Vorschläge zur Vitalisierung und diskursiven Fundierung parlamentarischer Debatten und zur Öffnung parlamentarischer (und gouvernementaler) Willensbildungsprozesse standen immer wieder auf der Tagesordnung (z. B. Oberreuter 1978; Ismayr 1982a; Ismayr 1999d). Dabei wurden auch tatsächlich Fortschritte erreicht, die allerdings durch den Wandel der Massenmedien relativiert wurden.

7.2.1 Massenmedien und Politikvermittlung

Eine angemessene Einschätzung der Kommunikationsfähigkeit des Bundestages ist nur möglich, wenn das System der Massenmedien berücksichtigt wird. Von dessen Vermittlungsleistung hängen das Parlament und das demokratische politische System insgesamt in hohem Maße ab. Als verfassungsrechtlich höchste Legitimationsinstanz und dem Anspruch nach zentrales Forum des politischen Diskurses konkurriert das Parlament mit anderen politisch agierenden Institutionen um die Aufmerksamkeit der Massenmedien. Die Selektionsmechanismen sind bekannt: Einen hohen Aufmerksamkeitsgrad erzielen Krisen und Konflikte, die »Rituale« des Regierungshandelns und politische Prominenz; Personalisierung und Aktualitätssucht sind dominierende Merkmale (Sarcinelli 2005; Meyer 2001). Wird in den wenigen überregionalen Tageszeitungen und teilweise auch in großen Regionalzeitungen vergleichsweise ausführlich über parlamentarische Aktivitäten berichtet, wirken sich die Mechanismen der Nachrichtenselektion und -strukturierung bei den vielen kleineren Zeitungen, den Boulevardblättern, beim Hörfunk und spezifisch beim Fernsehen zuungunsten einer politisch fundierten Parlamentsberichterstattung aus (Schulz 2008). Berichtet wird über das Parlamentsgeschehen vor allem dann, wenn zu gewichtigen gesellschaftlichen Problemen (z. B. Gesundheitsreform, Steuerreform) oder aktuellen und skandalträchtigen Ereignissen heftige parteipolitische Konflikte ausgetragen werden, wenn Generaldebatten anstehen, die eine aktuelle Bilanzierung der (Regierungs-)Politik erwarten lassen, Spitzenpolitiker das Wort ergreifen, persönliche Attacken geführt werden oder vorausgehende Kontroversen innerhalb des Regierungslagers oder in einer Oppositionspartei das Interesse am Argumentations- und Abstimmungsverhalten wecken (vgl. auch Czerwick 1998).

Zu bedenken ist dabei, dass das Fernsehen für viele Bürger das primäre oder gar einzige politische Informationsmedium ist. Die spezifische »visuelle« Vermittlungsweise des Fernsehens bedingt eine reduzierte Realitäts- und Politikwahrnehmung bei jenen Zuschauern, die sich nicht zusätzlich durch hinreichende Zeitungslektüre informieren. Die Folge ist eine wachsende Wissenskluft – eine demokratischen Transparenz- und Partizipationsansprüchen zuwiderlaufende Tendenz (Saxer 1988: 279 ff.).

Wie verschiedene Untersuchungen nachweisen, hat die Kommerzialisierung des Fernsehens den Trend zur Informationsverflachung noch deutlich verstärkt. Zudem verlieren die politischen und kulturellen Informationssendungen der öffentlich-rechtlichen Rundfunkanstalten einen erheblichen Teil ihrer sonst üblichen Zuschauer (Marcinkowski 1998: 176). Ohne diesen Verlust durch ein entsprechendes Programmangebot zu ersetzen, senken die kommerziellen Anbieter den Informationswert der Nachrichtensendungen durch weitere Popularisierung und Boulevardisierung (Krüger 2012). Deren Parlamentsberichterstattung ist marginal. Der Trend zur »Entertainisierung« der Politik wirkt sich auch in den Hauptprogrammen der öffentlich-rechtlichen Sender aus, die Politik mittlerweile in erheblichem Umfang über Talkshows vermitteln (umfassend zu »Politik als Unterhaltung« Saxer 2007; zum »alternativen« Programm des Spartenkanals Phoenix vgl. Abschn. 7.2.4).

Der Trend ist bedenklich: Während einerseits politische Aufgaben komplexer und die Verfahren der Problembewältigung komplizierter werden und immer mehr Kompetenz verlangen, wird Politik von einem offenbar zunehmenden Teil der Bevölkerung primär in personalisierter, ritualisierter und verkürzter Form wahrgenommen.

Auf Wirkung und Wahlerfolg bedacht, haben sich Institutionen und Politiker auf die (veränderte) Mediensituation eingestellt und betreiben zunehmend professionell und in wachsendem Umfang Öffentlichkeitsarbeit (Pressekonferenzen und -mitteilungen, abgesprochene Interviews). Dabei gehört neben der Vermittlung politischer Inhalte das Inszenieren mediengerechter Ereignisse, das »Besetzen« von Begriffen und die Produktion identitätsstiftender Slogans, Sprachmuster und optischer Symbole zum Alltagsgeschäft. Die Diskrepanz zwischen binnenparlamentarischer Interessenaushandlungs- und Entscheidungskommunikation einerseits und der Öffentlichkeit zugewandter Darstellungskommunikation hat zugenommen (Sarcinelli 2005: 240; vgl. Marschall 2002; Hirscher/Korte 2004; Marcinkowski/Pfetsch 2009). Die Abhängigkeit zwischen Medien und Politik ist wechselseitig. Ausdruck eines »symbiotischen« Verhältnisses von Politik und Medien bis Ende der 1990er Jahre in Bonn und seither in Berlin sind die zahlreichen Informationszirkel für Hintergrundgespräche zwischen Politikern und Journalisten mit abgestuften Zugangschancen (Martenson 1989: 273 ff.).

Der Ausbau der Öffentlichkeitsarbeit hat den durch die Eigengesetzlichkeiten des Fernsehens mitverursachten Trend zur Gouvernementalisierung und Hierarchisierung sowie die Benachteiligung der Opposition gegenüber dem Regierungslager noch verstärkt. Denn die Bundesregierung verfügt mit dem Presse- und Informationsamt und den Pressestellen der Ministerien über einen umfangreichen Apparat der Informationsbeschaffung und Politikvermittlung und zudem über privilegierte Darstellungsmöglichkeiten auf der Bundespressekonferenz. Hingegen ist über den Wahlkreis hinaus nur ein verhältnismäßig kleiner Teil der Bundestagsabgeordneten bekannt. Diesem Trend kann die in den letzten Jahren stark angewachsene Möglichkeit der Vermittlung von Informationen und Stellungnahmen und der kommunikativen Rückäußerung und Vernetzung nur partiell entgegenwirken (vgl. Abschn. 7.2.5).

7.2.2   Die Plenardebatten: Struktur und Reformaspekte

Im Plenum des Bundestages wird über ein breites Spektrum von Themen debattiert. Die Möglichkeit von inzwischen fünf unterschiedlich ausgerichteten Bundestagsfraktionen, Debatten zu initiieren, begünstigt dies. Es stellt sich jedoch immer wieder aufs Neue die Frage, ob die wichtigen Themen in angemessener Weise zur Sprache kommen und ob dies rechtzeitig geschieht.

Unmut wird seit langem in der Öffentlichkeit und auch von Abgeordneten über das gewohnte Debattenritual geäußert. Kritik an »Elefantenparaden«, »abgecheckten Rednerlisten«, »breiter Selbstdarstellung der Regierungsmitglieder«, »unproduktivem Schlagabtausch«, »steriler Fachsprache«, »vorgefertigten Meinungsschablonen« wurde auch in Selbstverständnis-Debatten des Bundestages immer wieder geübt. Plenardebatten liefen »allzu routiniert, steril und langweilig ab«. Vor allem werde zu selten auf den Debattenbeitrag des Vorredners wirklich vital und doch argumentativ eingegangen (z. B. PlPr 10/85; PlPr 11/184).

Dieses Debattenritual beruht aber keineswegs auf bloßer Bequemlichkeit oder mangelnder rhetorischer Fähigkeit. Es beruht auf vorgegebenen Strukturen und der nur zögerlichen Bereitschaft, daran etwas zu ändern. Bedingt ist dies zunächst einmal durch den Ablauf der Sitzungswochen: Ein Großteil der Themen und Vorlagen wird donnerstags in ganztägigen Mammutsitzungen abgewickelt. Dies wirkt sich negativ aus: Nicht nur für den Debattenverlauf, sondern auch hinsichtlich der Medienberichterstattung und der öffentlichen Resonanz. Allerdings wurden im Laufe der Zeit durch neue Regelungen der Debattenstruktur, die Einführung von Kurzinterventionen und Kernzeit-Debatten gewisse Verbesserungen erreicht.

Die (breitere) öffentliche Wahrnehmung der Debatten wird besonders durch die Generaldebatten (»Elefantenrunde« bei der Haushaltsdebatte, Regierungserklärungen) bestimmt und schon deutlich weniger durch die größeren Politikfeld- und Querschnittsdebatten, in denen oft eine Reihe wichtiger Vorlagen in verbundener Aussprache beraten werden (bedeutendere Gesetzentwürfe, Große Anfragen, Berichte etc.). Allenfalls von Fachzirkeln beachtet werden in der Regel die zahlreichen kurzen Spezialdebatten, in denen die zuständigen Ausschuss-Spezialisten in konzentrierter Form die Position der Fraktion im Ausschuss zusammenzufassen versuchen. Sie bestimmen den Ablauf der Plenartage in hohem Maße. Hinzu kommen im Plenum besondere Formen öffentlicher Kontrolle und Debatte (Fragestunde, Aktuelle Stunde, Regierungsbefragung).

Zu beachten ist zudem, dass die Anlässe für Plenardebatten äußerst vielfältig sind. Zentrale Aufgabe des Bundestages ist natürlich die Beratung von Gesetzentwürfen und des Bundeshaushalts. Hinzu kommen aber in großer Zahl selbständige Anträge, Regierungserklärungen, Große Anfragen und Entschließungsanträge, Regierungsberichte, Berichte von Untersuchungsausschüssen, Enquete-Kommissionen und des Petitionsausschusses, EU-Vorlagen und anderes.

Zu unterscheiden ist dabei,

- in welchem Stadium der Beratung sich eine Vorlage befindet,
- ob in der Sache Beschlüsse gefasst werden können,
- ob die Vorlage von der Regierung(smehrheit) oder einer Oppositionsfraktion eingebracht wurde.

Seit der 10. Wahlperiode (1983–1987) sind auch sog. »Vereinbarte Debatten« möglich. Hierbei handelt es sich um Aussprachen zu – oft auch tagespolitisch – wichtigen Themen, ohne dass eine Vorlage gem. § 75 Abs. 1 GOBT oder eine Regierungserklärung als Beratungsgegenstand vorliegt (Feldkamp 2011: 782 ff.). Entschließungsanträge sind zulässig. Rechtliche Grundlage für diese Debattenform ist die Zustimmung des Bundestages zu einer Auslegung des Geschäftsordnungsausschusses (PlPr 10/126/14.3.1985). Etwa 10 % der Plenardebatten waren in den letzten fünf Wahlperioden (1990–2009)»Vereinbarte Debatten«, so beispielsweise zur Pflegeversicherung, zu Behindertenpolitik, zur Gesundheitspolitik, zur Aktuellen Lage im Nahen Osten und zum Legislativ- und Arbeitsprogramm der Europäischen Kommission (z. B. PlPr 15/186; Feldkamp 2011: 782 ff.).

Platzierung, Gesamtdauer und Struktur der Debatten werden in der Runde der Ersten Parlamentarischen Geschäftsführer ausgehandelt und im Ältestenrat formell »vereinbart« (§ 35 Abs. 1 GOBT; vgl. Abschn. 4.3.1). Nicht selten kommt es auch erst danach zu einer »interfraktionellen Vereinbarung« zwischen den Geschäftsführern. Dieses Vorgehen entlastet zweifellos das Plenum von zeitraubenden Verfahrensdebatten. Kommt keine Vereinbarung zustande und setzt sich die Koalition durch Mehrheitsbeschluss (gem. § 20 Abs. 1 GOBT) durch, führt dies im Plenum regelmäßig zum Eklat. Über die Aushandlungsprozesse der Geschäftsführer erfährt die Öffentlichkeit in der Regel kaum etwas. Die Verhandlungspartner kennen die parlamentsrechtlichen Möglichkeiten auch der jeweils anderen Seite sehr gut. So werden schon in Runden der Parlamentarischen Geschäftsführer (auch bei zunächst kontroversen Punkten) im Bewusstsein der Durchsetzungsmöglichkeiten der anderen Seite Kompromissregelungen gefunden (Ismayr 1992: 172 ff.; Petersen 2000: 159 ff; Petersen 2010).

Insgesamt wurde die kommunikative Chancengleichheit der Opposition(sfraktionen) seit der Parlamentsreform 1969/70 durch Regelungen in der Geschäftsordnung und durch interfraktionelle Vereinbarungen in kleinen Schritten auch tatsächlich verbessert. So wurde erst 1969 das Prinzip von »Rede und Gegenrede« ausdrücklich in der Geschäftsordnung des Bundestages verankert und festgelegt, dass nach der Rede eines Regierungsmitgliedes eine abweichende Meinung zu Wort kommen solle (§ 28 Abs. 1 GOBT). Seit der Präsenz einer zweiten Oppositionsfraktion 1983 ließ sich die »Wechselrede« zudem angemessener realisieren.

Die Auswirkungen der jederzeitigen Redebefugnis von Regierungs- und Bundesratsmitgliedern nach Art. 43 Abs. 2 GG wurden seit der 7. Wahlperiode (1972–76) dadurch gedämpft, dass jeweils zu Beginn der Wahlperiode ein exakter Schlüssel für die Aufteilung der Redezeit vereinbart wird (zur »Berliner Stunde«, die zuvor »Bonner Stunde« hieß, auch Schreiner 2005). Dabei wurde bis Ende der 15. Wahlperiode ein gemeinsames Redezeitkontingent für beide Koalitionsfraktionen und die Regierung festgelegt, während die Oppositionsfraktionen jeweils ein eigenes Redezeitkontingent erhielten (»Berliner Stunde«, 15. WP: Koalition 32 Min., CDU/CSU-Fraktion 24 Min., FDP-Fraktion 6 Min.). Die interne Redezeitaufteilung der Koalition erfolgte nach teils generellen, teils für den Einzelfall getroffenen Vereinbarungen, deren Einhaltung vom sitzungsleitenden Präsidenten nicht überwacht wurde (Ritzel/Bücker/Schreiner, Erl. zu § 35). Mit dieser Regelung wurde dem engen Verbund von Regierung und Koalitionsfraktionen Rechnung getragen, aber auch der Tatsache, dass es nicht *die* Opposition, sondern gegebenenfalls mehrere eigenständige Oppositionsfraktionen gibt, die auch untereinander konkurrieren. Nicht zugerechnet werden Regierungserklärungen. Seit Beginn der 16. Wahlperiode (2005) wurden für die beiden Koalitionsfraktionen jeweils eigenständige Redezeitkontingente vereinbart, bei denen die Beiträge von Rednern der Bundesregierung jeweils gesondert anzurechnen sind. Die Festlegung erfolgte jeweils für eine Gesamtredezeit von einer halben Stunde bis zu zehn Stunden. Bei einer Gesamtredezeit von einer Stunde ergeben sich in der 17. Wahlperiode für die Koalition 32 Minuten (CDU/CSU 23, FDP 9) und für die Opposition 28 Minuten (SPD 14, Grüne 7, Die Linke 7) Redezeit. Auch für fraktionslose Abgeordnete werden Redezeitkontingente festgelegt (Interfraktionelle Vereinbarung vom 5. 11. 2009). Die Redezeiten von Bundesratsmitgliedern werden wie bisher der jeweiligen Fraktion angerechnet (vgl. auch Schreiner 2005: 580 f.).

Überlange Beiträge von Regierungs- und Bundesratsmitgliedern gehen somit auf Kosten der eigenen Fraktionsmitglieder. Das Redeprivileg des Art. 43 Abs. 2 GG begünstigt die Regierung(sseite) nach wie vor und sollte daher (auch für Bundesratsmitglieder) verfassungsrechtlich jedenfalls soweit eingeschränkt werden, dass es nicht mehr jederzeit genutzt werden kann. Denn weiterhin dient diese Regelung Regierungsmitgliedern (und phasenweise auch Mitgliedern des Bundesrates) dazu, bei Fernsehübertragungen zur besten Zeit zu sprechen – zum Nachteil der Opposition, aber auch jener Parlamentarier der Koalition, die nicht zur »Spitze« gehören. Zudem kann die Regierung oppositionelle Initiativen durch geschickt terminierte Regierungserklärungen »abfangen« oder in ihrer Wirkung abschwächen (Ismayr 1992: 548).

Phasenweise wurde die Reformdiskussion auf die Frage einer »Verlebendigung« der Debatten durch kürzere Redezeiten verkürzt. Schrittweise wurde eine Standardredezeit von 10 Minuten erreicht. Durch die Kumulation überlanger Reden bei wichtigen Debatten wurde die Wirkung dieser Reform aber abgeschwächt. Bei den zahlreichen kurzen Debatten sind die Redner andererseits gehalten, fachlich in konzentrierter Form den Fraktionsstandpunkt darzustellen.

Nach wie vor sind die Redechancen von Funktionsträgern und »einfachen« Abgeordneten (trotz verkürzter Redezeiten) sehr unterschiedlich. Das Übergewicht nicht nur von Redeprivilegierten, sondern auch von Abgeordneten mit herausragenden Funktionen war bei Debatten, die im Hauptprogramm des Fernsehens übertragen wurden, noch sehr viel ausgeprägter als im parlamentarischen »Alltag« (vgl. Abschn. 7.2.4; Ismayr 1992: 351).

Neben der Nutzung des Redeprivilegs gilt die weitgehende Verplanung der Plenardebatten und die zu seltene Bereitschaft zu argumentativer Auseinandersetzung in freier Rede als Ursache mangelnder Vitalität, Kreativität und Überzeugungskraft vieler Plenardebatten. In der Praxis bestimmen die Fraktionen die Redner, »die im Plenum die Auffassung der Fraktion zu vertreten haben« (§ 3 FGO-SPD). Die Auswahl der Redner für Fachdebatten liegt vornehmlich bei den zuständigen Arbeitsgruppen, die in erster Linie die zuständigen Berichterstatter oder die Vorsitzenden benennen. Bei Generaldebatten und bei Kontroversen zwischen Arbeitsgruppen und Fraktionsgruppierungen wird meist im Vorstand und spätestens in der Besprechung der zuständigen Geschäftsführer mit den Sprechern der Arbeitsgruppen vor der Fraktionssitzung ein Ausgleich hergestellt. In der Fraktionsversammlung selbst wird nur selten über Rednerlisten und Debattenstruktur diskutiert und abgestimmt (vgl. Abschn. 3.6.2 und 3.7.1).

Zu mehr Spontaneität und einer Bereicherung des argumentativen Spektrums können vor allem jene Vorschläge und Regelungen führen, die mit der Verbesserung der Kommunikationsfähigkeit (auch intern) den Partizipationsspielraum der einzelnen Abgeordneten gegenüber dem Fraktionsreglement erweitern wollen. Dieser Zusammenhang erschwerte lange Zeit die Durchsetzung. Doch wurde nach jahrelangen vergeblichen Bemühungen 1990 endlich eine flexible und diskussionsfreundliche Regelung für Zwischenfragen und Kurzinterventionen in die GOBT aufgenommen (§ 27 Abs. 2), die 1995 noch etwas verbessert wurde. Der Präsident kann nun im Anschluss an einen Debattenbeitrag das Wort für eine Zwischenbemerkung von höchstens drei Minuten erteilen, auf die der Redner noch einmal antworten darf. Auch während eines Redebeitrags kann der Präsident das Wort nicht nur zu Zwischenfragen, sondern auch zu Zwischenbemerkungen erteilen, wie bisher allerdings nur mit Zustimmung des Redners (§ 27 Abs. 2 GOBT). Oft wird inzwischen eine Mischform aus Frage und Bemerkung praktiziert. Seit 1985 werden Zwischenfragen (in der Regel) nicht mehr auf die Redezeit angerechnet. Jahrzehntelang hatte man das lähmende Ritual der Ablehnung von Zwischenfragen unter Hinweis auf die begrenzte Redezeit in Kauf genommen.

Wie die Praxis seither zeigt, haben diese Regelungen zweifellos dazu beigetragen, dass einige Debatten vitaler und auch argumentativer geführt wurden. Kurzinterventionen erfolgen wie Zwischenfragen vom Saalmikrophon aus – was durch die kreisrunde Sitzanordnung des neuen Bonner Plenarsaales begünstigt wurde, der seit 1992/93 genutzt wurde. Gegenüber der hierarchisch-gouvernementalen Struktur des alten Hauses wurden wichtige bauliche Voraussetzungen für eine Verbesserung des Diskussionsklimas geschaffen. An diesem Konzept wurde grundsätzlich auch bei der Neugestaltung des Plenarsaals im Berliner Reichstagsgebäude festgehalten, in dem die Plenarsitzungen seit dem 7. September 1999 stattfinden. Die Sitze der Abgeordneten bilden einen Dreiviertelkreis. Ihnen gegenüber sind das erhöhte Präsidentenpodest und die Regierungs- und Bundesratsbank in Form einer flachen, nach innen gekrümmten Ellipse angeordnet (Kaiser 1999; vgl. Cullen 2010; Wagner/Rauer 2010). Hierdurch wird freiere Rede in Kurzbeiträgen von Saalmikrophonen aus begünstigt.

Auch künftig hängt die oft geforderte und relativ selten eingelöste Praxis der freien Rede von der Begabung, aber auch von strukturellen Bedingungen ab. Übrigens sind ein großer Teil der verlesenen Reden von Regierungsmitgliedern und Abgeordneten der Mehrheitsfraktionen von Ministerial- und Fraktionsreferenten vorgefertigt. Dies prägt auch den Stil – nicht nur der spezialisierten Beiträge. Eine Ursache der gängigen Praxis sind knappe Terminierung und Hektik in den Sitzungswochen.

Nun ist die freie Rede kein »Wert an sich«. Die erwartete Exaktheit von Informationen und die konsistente Entwicklung von Argumentationszusammenhängen machen des Öfteren den Rückgriff auf ein Manuskript erforderlich. Doch sollte die Fähigkeit und Bereitschaft kultiviert werden, dies auch beiseite legen zu können, um anregend und argumentativ auf den politischen Kontrahenten einzugehen. Allzu oft bleibt es jedoch bei ein paar Seitenhieben, wenngleich diskursive Elemente aufgrund der etwas aufgelockerten Debattenstruktur doch stärker erkennbar sind. Die Fähigkeit zur freien Rede kann sich freilich nur dann entwickeln, wenn hierbei auftretende rhetorische Pannen nicht übermäßig »ausgeschlachtet« werden und sich die Auseinandersetzung weniger darauf konzentriert, persönliche Widersprüche aufzuzeigen, sondern stärker konzeptionell, inhaltlich und zukunftsbezogen orientiert ist. Insbesondere bei Fernsehübertragungen kann die gewiss nicht unbegründete Furcht, am einzelnen Wort gemessen zu werden, das Bedürfnis nach rhetorischer Absicherung verstärken. Auch stellt das Risiko, vor großem Publikum »einzubrechen«, eine Barriere dar. Hinzu kommen jene »Sachzwänge«, die von der Tagespresse ausgehen. Deren Redakteure wollen die Reden schriftlich, und zwar möglichst frühzeitig. Ohne Erfolg wurde daher wiederholt eine wechselseitige Verpflichtung der Fraktionen vorgeschlagen, über ihre Pressestellen den Medien vorweg keine Manuskripte zur Verfügung zu stellen.

Bei den Vorschlägen der Reforminitiativen ging es in aller Regel nicht darum, die für das Funktionieren des parlamentarischen Regierungssystems unerlässlichen Aufgaben der Fraktionen in Frage zu stellen (Hamm-Brücher 1990; vgl. Marschall 1999b). Die verbesserte Wahrnehmung der Kommunikations- wie auch der Kontrollfunktion durch den Bundestag hängt von der Bereitschaft ab, in der parlamentarischen Praxis den kommunikativen Spielraum der einzelnen Abgeordneten zu erweitern und Fraktionshierarchien abzuflachen. Dies auch, um sie stärker für ihre Arbeit zu motivieren und die Vielfalt an Fähigkeiten zu bestmöglicher Entfaltung kommen zu lassen. Selbstverständlich kann damit keine Rückkehr zu Vorstellungen des klassisch-altliberalen Parlamentarismus gemeint sein. Wer sich generell darüber beklagt, dass Parlamentsreden heute für die breite Öffentlichkeit bestimmt sind und »zum Fenster hinaus« gehalten werden, verkennt die demokratisch legitimierende Kommunikationsfunktion des Parlaments. Dies gilt aber auch für jene, die sich mit der bisherigen Praxis zufrieden geben oder gar Reden im Stil fraktionell abgestimmter Deklarationen grundsätzlich für angemessen halten.

Sich sachbezogen und argumentativ mit Vorrednern auseinanderzusetzen, hat im demokratischen Parlamentarismus vor allem den Sinn, Entscheidungen rational nachvollziehbar zu machen und in den öffentlichen Diskussionszusammenhang zu stellen. Zugleich soll jene Aufmerksamkeit erzeugt werden, die man für »Fraktionsverlautbarungen« nicht in gleicher Weise aufzubringen vermag und für den sachlich beziehungslosen Schlagabtausch nicht erhoffen sollte.

In Reformvorstößen ist immer wieder der Anspruch formuliert worden, dass Debatten insgesamt gesehen vital(er), argumentativ(er) und weniger deklaratorisch und »positionell« geführt werden sollten. Dies ist auch unter der Voraussetzung geboten, dass Debatten anlässlich eines Gesetzentwurfes in zweiter und dritter Beratung kaum mit der Intention geführt werden (können), das Abstimmungsverhalten des politischen Kontrahenten zu beeinflussen. Leichter möglich wäre dies aber

- bei Aussprachen über Berichte der Bundesregierung, von Enquete-Kommissionen, Großen Anfragen u. ä. und
- bei häufiger durchzuführenden zeitoffenen, weniger vorstrukturierten Grundsatzdebatten ohne Vorlagen.

Um das öffentliche Interesse an vertieften Plenardebatten zu wichtigen Themen zu erhöhen und die Glaubwürdigkeit des Bundestages zu verbessern, wurde im Rahmen einer Geschäftsordnungsreform im September 1995 eine seit langem geforderte »Plenar-Kernzeit« eingeführt. In Sitzungswochen werden in einer Kernzeit am Donnerstagvormittag zwischen 9.00 und etwa 13.00 Uhr, die von anderen Terminen freizuhalten ist, und in Erwartung einer möglichst breiten Präsenz der Parlamentarier in der Regel zwei wichtige Themen behandelt. Bei der Themenauswahl werden die Präferenzen der Fraktionen entsprechend ihrer Größe berücksichtigt, wobei phasenweise auch der Freitagvormittag »informell« als Kernzeit einbezogen wurde (so zur Zeit der Großen Koalition). Anlass kann das ganze Spektrum von Vorlagen sein oder auch eine vereinbarte Debatte. Diese Debatten werden regelmäßig vom Spartenkanal Phoenix des öffentlich-rechtlichen Fernsehens vollständig übertragen und mitunter am Nachmittag in Ausschnitten wiederholt. Hinsichtlich der thematischen Schwerpunktbildung, der Präsenz und der Wahrnehmung in den Medien haben sich die Erwartungen nur teilweise erfüllt. Immerhin sprechen die höheren Einschaltquoten bei Live-Übertragungen und ausschnittweise wiederholten Kernzeitdebatten im Spartenkanal Phoenix dafür, dass sich die Einführung von Kernzeitdebatten grundsätzlich bewährt hat (Abschn. 7.2.4).

Die Verbesserung der kommunikativen Kompetenz des Bundestages setzt allerdings voraus, dass auch Minderheitsmeinungen in der fraktionsinternen Diskussion, aber auch im Plenum und ggf. in öffentlichen Ausschüssen nicht nur ausnahmsweise und unter stark erschwerten formalen und psychologischen Bedingungen artikuliert werden können. Im Interesse der Funktionsfähigkeit des parlamentarischen Systems ist es geboten, für die Freiheit der Rede und der Abstimmung in der parlamentarischen Praxis unterschiedliche Maßstäbe anzulegen. Gewiss sollten auch gelegentliche Abstimmungsniederlagen nicht schon als Gefährdung der Regierungsfähigkeit angesehen werden. Grundsätzlich ist freilich ein legitimes Interesse der Regierung und der sie stützenden Fraktionen anzuerkennen, sich in der Regel auf Entscheidungen verlassen zu können, für die in den Regierungsfraktionen Mehrheiten zustande gekommen sind. Erleichtert werden sollte aber die Möglichkeit, auch abweichende Gründe und Positionen vorzutragen. Dies ist im Interesse demokratischer Repräsentation und Legitimation besonders bedeutsam vor allem dann, wenn diese Positionen von keiner anderen Fraktion, sehr wohl aber außerhalb des Parlaments in relevantem Umfang artikuliert werden. Besonders augenfällig war dies gegen Ende der 1970er und Anfang der 1980er Jahre der Fall (Ismayr 1982a: 43 ff.). Es geht also nicht in erster Linie um die Einlösung individueller Selbstverwirklichungsansprüche, sondern um die Verbesserung demokratischer Rückbindung.

Die Glaubwürdigkeit parlamentarischer Debatte und parlamentarischer Arbeit leidet darunter, wenn inhaltliche und/oder taktisch-strategische Kontroversen zwischen Koalitionspartnern oder Interessengruppierungen einer Fraktion (Partei) öffentlich ausgetragen oder jedenfalls bekannt werden – im Plenum aber der Eindruck der Geschlossenheit der Lager erweckt wird. Oder wenn andererseits in adversativen Scheingefechten die Tatsache verwischt wird, dass sich die zuständigen Spitzenpolitiker über die Parteigrenzen hinweg in langwierigen Aushandlungsprozessen wesentlich geeinigt haben (vgl. Vermittlungsausschuss; Verfassungsänderungen). Solche Eindrücke entstehen nicht durchgehend – aber sie prägen den Stil parlamentarischer Debatten noch allzu oft.

Zu bedenken ist auch der Zusammenhang zwischen fraktionsinterner Kommunikationsfreiheit und Plenum. Begründet werden Anspruch und Praxis der Geschlossenheit auch damit, dass die Abgeordneten gleichberechtigt an der fraktionsinternen Willensbildung beteiligt seien. Die genauere Untersuchung des Willensbildungsprozesses hat jedoch gezeigt, dass die Mitwirkungschancen in den hierarchisch strukturierten Fraktionen bis hin zur Fraktionsversammlung nach wie vor sehr unterschiedlich sind (vgl. Kap. 3).

Die genannten Ansprüche und Mechanismen wirken sich auch auf die Themenstruktur des Plenums aus. So hatte gegen Ende der 1970er und Anfang der 1980er Jahre die weitgehende Ausgrenzung grundlegender Kritik und Alternativen der Ökologie- und Friedensbewegung aus parlamentarischen Debatten den damals nur aus drei Fraktionen bestehenden Bundestag geschwächt und die parlamentarische Demokratie an den Rand einer Glaubwürdigkeitskrise geführt. Mit dem Einzug der GRÜNEN als neuer, konkurrierender Fraktion im Jahre 1983 und der (in der Opposition leichter möglichen) programmatischen Neuorientierung der SPD ist die Palette der Themen, Inhalte und politischen Strömungen dann breiter und vielfältiger geworden. Mit der Präsenz der Fraktion Die Linke hat sich diese Entwicklung seit den 1990er Jahren fortgesetzt (Niedermayer 2002). Darüber hinaus kommt es aber auf den erkennbaren Zusammenhang von parlamentarischer Kommunikation und politischer Problemlösungsfähigkeit an. Die Wahrnehmung deutlicher Defizite hat die Parteienkritik der letzten Jahrzehnte erheblich bestimmt. Beispiele sind die bei langjähriger Diskussion verschleppten Entscheidungen zur Steuerreform, zur Gesundheitsreform und zur Regulierung der Finanzmärkte. Dies liegt sicherlich an der noch stärkeren Verlagerung wichtiger Entscheidungen in informelle und ganz überwiegend nicht-öffentliche Aushandlungs- und (Vor-)Entscheidungsgremien außerhalb des Bundestages, die auch durch die Europäisierung und Globalisierung der Politik bedingt sind.

Nach wie vor wird die öffentlich nachvollziehbare Wahrnehmbarkeit im Übrigen durch die unübersichtliche Struktur und die Überladung der Plenardebatten erschwert.

7.2.3 Transparenz und Kompetenz

Auf das Plenum beschränkte Reformen reichen nicht aus, um erhöhten Responsivitätserwartungen gerecht zu werden.

Als Ursache mangelnder Öffentlichkeitswirksamkeit des Bundestages gilt seit jeher auch die unzureichende Transparenz des Willensbildungsprozesses. Der Schwerpunkt der politischen Aktivitäten liegt bei den zahlreichen nicht-öffentlich beratenden Fraktionsgremien, Koalitionsgesprächen und Ausschüssen (sowie zahlreichen informellen Gruppen). In diesen Gremien und nicht im Plenum fallen die Entscheidungen im Wege teils diskursiver, teils positioneller und strategischer Beratungen. Von der seit 1969 bestehenden Möglichkeit der Ausschüsse, für bestimmte Verhandlungsgegenstände die Öffentlichkeit zu beschließen (§ 69 GOBT), wurde selten Gebrauch gemacht. Insgesamt ist allerdings seit der 10. Wahlperiode (1983–87) die Bereitschaft zu regulärer oder jedenfalls häufigerer Öffentlichkeit der Ausschüsse gestiegen. So hielten bei einer Befragung etwa zwei Drittel der Oppositions-Abgeordneten »mehr öffentliche Ausschusssitzungen« für eine »wirklich wichtige« Parlamentsreformmaßnahme (Herzog u. a. 1990: 127). Besonders von politikwissenschaftlicher Seite wird sie seit langem gefordert (Oberreuter 1975: 88; Steffani 1971: 267 f.). Die Praxis hat sich aber bisher kaum geändert. Angesichts der Bedeutung, die der steten wechselseitigen Kommunikation zwischen Parlamentariern und Bürgern für die demokratische Legitimation des politischen Systems zukommt, ist in der Tat die reguläre Nicht-Öffentlichkeit der politisch bedeutsamen Ausschüsse problematisch. Als »maßgebliche Faktoren der politischen Willensbildung« (BVerfGE 80, 188, 219) müssten sie bei einer funktional angemessenen Auslegung des Art. 42 GG schon heute in der Regel öffentlich tagen (Thaysen 1988: 100). Faktisch wird ja zumeist bereits in der Ausschussphase nach fach- und beschlussorientierten Diskussionen entschieden.

Die Öffentlichkeit nicht nur über die Entscheidungen zu informieren, sondern die Willensbildungsprozesse selbst zu öffnen und die Bürger laufend Einblick nehmen zu lassen in das parlamentarische Geschehen ist eine selbstverständliche Konsequenz gewachsener Repräsentations- und Legitimationsansprüche. Mit Recht wird darauf hingewiesen, dass das Argument, man müsse die Beratungen von Verbandseinflüssen abschirmen, an den Tatsachen vorbeigeht: Interessierte Fachkreise und Verbände gewinnen durchaus Einblick und wissen Einfluss zu nehmen – übrigens schon zuvor in der Fraktion. Allerdings ist auch nicht auszuschließen, dass die Präsenz von Verbandsvertretern den Druck auf einzelne Abgeordnete erhöhen könnte (Arndt 1994: 9 ff.; Marschall 1999b: 115).

Erfahrungen mit öffentlichen Ausschusssitzungen und Anhörungsverfahren sprechen dafür, dass sich die Abgeordneten in öffentlichen Ausschusssitzungen nicht wesentlich anders verhalten als sonst im Ausschuss (so vor allem die langjährigen Erfahrungen im bayerischen Landtag) (de With 1985). Polarisierend wirken könnten allerdings Fernsehübertragungen, mit denen aber im normalen Ausschuss-Alltag kaum zu rechnen ist. Ein Vorteil wird darin gesehen, dass die kollegiale Atmosphäre und der vergleichsweise sachliche Diskussionsverlauf das Verständnis für parlamentarische Arbeitsvorgänge fördern würde. Seltener zu hören ist inzwischen das Standardargument, Öffentlichkeit werde die Kompromissfindung erschweren. Bekanntlich fallen die wichtigeren Entscheidungen zuvor in den Fraktionen, und auch nach einem facettenreichen Diskussionsverlauf wird – von marginalen oder parteipolitisch kaum festgelegten Fragen abgesehen – schließlich das in der Fraktion abgesprochene Votum in der Regel durchgehalten. Dies gilt vor allem bei entscheidungsreifen (Gesetz-)Entwürfen und hier vornehmlich für die Regierungsfraktionen. Im internationalen Vergleich ist die Öffentlichkeit von Ausschusssitzungen keine Ausnahme. Die reguläre Öffentlichkeit gilt in acht der westeuropäischen und den meisten östlichen EU-Staaten, wobei die grundsätzliche Einschränkung auf Medienvertreter in Spanien eine bedenkenswerte Variante darstellt (Ismayr 2009b: 37; Ismayr 2010b: 39).

Nach der Bundestagswahl 1994 endlich aufgegriffen wurden Vorschläge zur Neugestaltung der parlamentarischen Beratungen, wie sie zunächst von der Enquete-Kommission Verfassungsreform im Jahre 1976 skizziert und in den 1980er Jahren weiterentwickelt wurden. Im September 1995 wurden durch Ergänzung der Geschäftsordnung des Bundestages (§ 69a) »Erweiterte öffentliche Ausschussberatungen« ermöglicht. Dieses Verfahren sieht anstelle einer spezialisierten Fachdebatte in zweiter Lesung als Schlussberatung eine gemeinsame öffentliche Aussprache der Mitglieder des federführenden und der mitberatenden Ausschüsse vor. Im Plenum erfolgt dann nur mehr die formelle Abstimmung über die Beschlussempfehlung des Ausschusses, sofern nicht ausnahmsweise eine Minderheit von einem Viertel der Ausschussmitglieder zusätzlich eine Plenardebatte verlangt (§ 69 Abs. 5 GOBT; vgl. PlPr 13/55/21. 9. 1995; Lemke-Müller 1996: 3 ff.; Marschall 1996).

Von diesem Konzept wurden eine Verbesserung der Kommunikationsfähigkeit, Transparenz und Effizienz der parlamentarischen Willensbildung sowie eine Erhöhung der Beteiligungschancen der Abgeordneten erwartet. Manche fachliche Darlegungen von Fraktionsspezialisten könnten im Konsens der Fraktionen aus dem Plenum herausverlagert werden. Sie wären, in offener Diskussion geführt, für die interessierte Öffentlichkeit besser nachvollziehbar als spezialisierte Kurzdebatten im Plenum. Zudem könnten mehr Raum und erhöhte öffentliche Aufmerksamkeit für vertiefte Plenardebatten zu wichtigen Themen geschaffen werden. Bisher wurde dieses Verfahren einer »Erweiterten öffentlichen Ausschussberatung« allerdings kaum genutzt, obwohl in Berlin inzwischen geeignete Räumlichkeiten zur Verfügung stehen. Als Grund wurde neben Koordinations- und Terminfragen auch das Bedürfnis der Abgeordneten genannt, zumindest im Wahlkreis als Plenarredner wahrgenommen zu werden.

7.2.4 Parlamentsberichterstattung – Parlamentskanal

Über Änderungen der eigenen Arbeits- und Debattenstruktur hinaus hat der Bundestag nur bescheidene Möglichkeiten, auf Art und Umfang der Parlamentsberichterstattung Einfluss zu nehmen. Dies gilt auch für das Fernsehen. Die öffentlich-rechtlichen und kommerziellen Fernsehsender entscheiden selbst darüber, welche Debatten sie in welchem Umfang »live« übertragen und inwieweit sie Ausschnitte in Nachrichten- und Magazinsendungen verwenden, wobei der Anteil der kommerziellen Sender an angemessener Berichterstattung äußerst gering ist (vgl. Krüger 2012).

Bemerkenswert ist dabei, dass »das Plenum in den Printmedien überwiegend, in den elektronischen Medien fast ausschließlich Gegenstand der Berichterstattung ist«. Öffentliche Ausschusssitzungen fanden mit 47 % einen publizistischen Niederschlag, »von allen nicht-öffentlichen hingegen nur 17,6 %« (Mayntz 1993: 363, 365). Vor der Einrichtung des Spartenkanals Phoenix wurde etwa ein Fünftel der Plenardebatten von ARD und ZDF direkt übertragen (Ismayr 1992: 362). Mit Rücksicht auf das Nachmittagsprogramm und die Werbesendungen blendete sich das Fernsehen aus Debatten in aller Regel spätestens gegen 16.00 Uhr aus, was die Öffentlichkeitswirkung deutlich begrenzte (Einschaltquote ca. 1 %). Die gouvernementale Orientierung des Fernsehens wirkte sich selbst bei der Auswahl von Debatten für Direktübertragungen überraschend eindeutig aus: Regierungserklärungen mit Aussprachen wurden häu-

fig, Aktuelle Stunden hingegen höchst selten übertragen – obwohl diese als »fernsehgerecht« gelten (Ismayr 1992: 400). Hinzu kommt, dass ein Dominieren der Regierung und der Fraktionsspitzen, aber auch Monologisieren und problemverkürzender
Schlagabtausch in den vom Fernsehen übertragenen Debatten häufig besonders ausgeprägt war.

Seit einigen Jahren können alle Plenardebatten des Bundestages live über Phoenix
oder Web-TV des Bundestages verfolgt oder nachträglich abgerufen werden. Von
dieser Möglichkeit machen nicht zuletzt Fachkreise und Journalisten (auch der zahlreichen Regionalzeitungen) Gebrauch. Seit langem wurde besonders angesichts der
veränderten Medienstruktur ein eigener Parlamentskanal empfohlen, auf dem alle
Plenardebatten und ggf. sonstige öffentliche Sitzungen (Anhörungen, Erweiterte
Ausschussberatungen) unbearbeitet und ungekürzt übertragen werden sollten (vgl.
Mayntz 1992: 478 ff.; Marschall 1997: 279 ff.). Schließlich wurde 1997 der gemeinsam
von ARD und ZDF betriebene Spartenkanal »Phoenix« eingerichtet, der – neben weiteren Informations- und Dokumentationssendungen aus Politik, Wirtschaft und Kultur – einen Großteil der Plenardebatten aus dem Bundestag (im Jahr 2010 an 68 Tagen 349 Stunden) sowie manche öffentlichen Anhörungen überträgt. Hinzu kommen
Live-Übertragungen von Plenardebatten anderer Parlamente des In- und Auslandes
sowie von Parteitagen, Gewerkschaftskongressen, Kirchentagen etc. Live-Sendungen
werden durch einführende Worte, erläuternde Reportagen, Dokumentationen und
Interviews u. a. ergänzt, um ein besseres Verständnis der Zusammenhänge und Hintergründe zu erreichen. Dieser »Ereignis- und Dokumentationskanal« Phoenix reicht
also über einen reinen Parlamentskanal weit hinaus.

Aus dem Plenum des Bundestages werden regelmäßig die Regierungsbefragung
und die Aktuelle Stunde übertragen, die Debatten am Donnerstag ab 9.00 Uhr bis
ca. 18.00 Uhr und am Freitag bis 14.00 oder 15.00 Uhr und somit meist bis zum
Ende der Aussprache. Mitunter werden Übertragungen aus dem Plenum allerdings
für herausragende aktuelle Ereignisse oder andere dem Programmauftrag entsprechende Sendungen vorzeitig oder zwischendurch verlassen, wobei der »Ausnahme-
charakter« solcher Unterbrechungen nach wiederholter Kritik des Bundestagspräsidenten wieder stärker betont wird (Unterlagen der Programmgeschäftsführung von
Phoenix auf Anfrage des Verfassers; Norbert Lammert in: Deutsche Vereinigung für
Parlamentsfragen 2007; Zeh 2010: 154). Wichtige Aussprachen – zumeist Kernzeit-
Debatten – werden am Nachmittag ausschnittweise wiederholt. Diese Wiederholun-
gen werden oftmals von mehr Zuschauern gesehen als die Live-Debatten in voller
Länge am Vormittag. Auch über Untersuchungsausschüsse des Bundestages berichtet
Phoenix ausführlich. Da bei derartigen öffentlichen Ausschüssen jedoch in der Regel
keine Kameras zugelassen sind, werden aktuelle Berichte und Aussagen der Obleute
im Ausschuss direkt nach der Sitzung live gesendet.

Debatten am Donnerstagvormittag (Kernzeit) erreichten bei einem Marktanteil
von 1,5 % (1,1) im Jahr 2011 durchschnittlich 90 000 Zuschauer, am Nachmittag zwi-

schen 15.00 und 18.00 Uhr bei einer Einschaltquote von 0,5 % (0,4 %) etwa 150 000 Zuschauer (in Klammern: 2010) – wobei sich das höhere Zuschauerinteresse an ausschnittweise wiederholten Kernzeitdebatten auswirkt. Herausragende Debatten erreichen sehr viel mehr Zuschauer als der normale Plenaralltag. Zu den besonders beachteten Übertragungen gehören konstituierende Sitzungen des Bundestages, die Wahl des Bundeskanzlers oder die mitunter hitzig geführten Generaldebatten um den Haushalt. Erwartungsgemäß erreichen auch Debatten zu Themen von hoher Aktualität oder sehr polarisierendem Inhalt überdurchschnittlich hohe Zuschauerzahlen (Unterlagen der Programmgeschäftsführung von Phoenix auf Anfrage des Verfassers).

Alternativ zu Phoenix können alle Plenardebatten, auch solche, die dieser Sender nicht überträgt, live über das Parlamentsfernsehen Web TV verfolgt werden. Im Unterschied zum Angebot von Phoenix werden diese Sendungen nicht journalistisch begleitet, was je nach Interessenlage als Vorzug oder Nachteil angesehen werden kann. Die beiden Angebote ergänzen sich jedenfalls in sinnvoller Weise. Seit 1998 ist Web-TV eine ständig verfügbare Funktion der Internetseite des Bundestages und gehört inzwischen zu den Kernangeboten der multimedialen Angebote. Darüber hinaus können über Web TV alle Redebeiträge seit 1998 im Videoarchiv aufgefunden und angesehen werden. Eine integrierte Mediathek mit umfangreichem Audio- und Videomaterial bietet Einblicke in parlamentarische Vorgänge. In einem eigenen Fernsehstudio werden zudem Kommissionsdokumentationen, Wissenschaftsforen und Interviews aufgezeichnet. Die Produktionen werden archiviert und können so zu jeder Zeit direkt im Internet aufgerufen werden.

Als Nachteil erweist sich, dass die ein breiteres Publikum ansprechenden Hauptprogramme von ARD und ZDF nur mehr höchst selten Debatten aus dem Bundestag live übertragen, vor allem aber, dass sie seit längerem auf zusätzliche Sondersendungen mit Ausschnitten und zusammenfassenden Berichten aus dem Bundestag weitgehend verzichten. Stattdessen wird Politik in beachtlichem Umfang über Talkshows vermittelt. Im Abendprogramm von Phoenix wird zwar eine ausführliche und nützliche Zusammenfassung der wichtigsten Übertragungen des Tages angeboten, inzwischen aber auch erst am späten Abend (23.00 Uhr). Die Befürchtung, dass mit dem Angebot von Phoenix (weitere) Einschränkungen der Parlamentsberichterstattung in den Hauptprogrammen der öffentlich-rechtlichen Fernsehsender einhergehen würden, hat sich erfüllt.

Negativ wirkt sich nicht nur »intern« sondern auch hinsichtlich der Medienberichterstattung und der öffentlichen Resonanz aus, dass die Plenardebatten auf wenige Tage konzentriert sind. Oft längere nachrichtenarme Phasen wechseln mit parlamentarischen »Hochleistungszeiten«. Auch die überregionale Presse ist kaum in der Lage, diese Informationsfülle angemessen zu vermitteln, und selbst interessierte Bürger sind fast hoffnungslos überfordert. Eine bessere »Streuung« der Plenarsitzungen und der Parlamentsarbeit insgesamt wäre erforderlich – und wohl auch zumutbar.

7.2.5 Außendarstellung im Internet

Die Bedeutung des Internets für die Außendarstellung des Bundestages nimmt stetig zu. Das Internet ist heute allgemein zugänglich und wird von einem Großteil der Bevölkerung zur Informationsgewinnung und Interaktion genutzt (ard-zdf-online-studie.de).

Der Bundestag bietet seit 1996 unter der Adresse www.bundestag.de eine eigene Internetpräsenz an, um interessierten Bürgern Einblick in Struktur sowie Funktions- und Arbeitsweise des Parlaments zu gewähren und den politischen Prozess transparent abzubilden (Zittel 2004). Seit die Seite online gestellt wurde, gab es viele Modifikationen und Erweiterungen. Es erfolgte eine stufenweise Anpassung an neue technische Standards und an die wachsenden Bedürfnisse der im Internet aktiven Bürger. Besucher der Internetseite können sich heute umfassend über aktuelle Debatten, Plenarsitzungen und Abgeordnete informieren. Zu den Kernangeboten gehört neben Web-TV und Videoarchiv (Abschn. 7.2.4) auch die seit 2005 bestehende Möglichkeit »öffentliche Petitionen« einzureichen, mitzuzeichnen und zu diskutieren (hierzu Abschn. 7.15).

Darüber hinaus verfügt die Seite über vielfältige Recherchemöglichkeiten wie das Dokumentations- und Informationssystem für Parlamentarische Vorgänge (DIP), in dem Plenarprotokolle und Drucksachen aus Bundestag und Bundesrat seit 1972 verfügbar sind. Seit der 17. Wahlperiode ist in dieses System das Informationssystem »Stand der Gesetzgebung des Bundes« (GESTA) integriert. Dieses Online-Archiv dokumentiert fortlaufend und aktuell den Stand der Gesetzgebung des Bundes und ermöglicht die Mitverfolgung laufender Gesetzgebungsverfahren. Auf der Internetseite des Bundestages wird auch die Wochenzeitung »Das Parlament« mit der Beilage »Aus Politik und Zeitgeschichte« angeboten. Über den elektronischen Bibliothekskatalog OPAC kann wissenschaftliche Literatur in großem Umfang recherchiert werden. Erfasst ist sind darin die Bestandsdaten der kompletten Bibliothek des Bundestages mit mehr als 1,4 Mio. Bänden.

Nachdem in den vergangenen Jahren vor allem versucht wurde, den politischen Prozess und die Arbeitsweise des Parlaments für die Öffentlichkeit nachvollziehbar abzubilden, wird die Internetpräsenz des Bundestages nun zunehmend für die Erfordernisse ausgerüstet, die unter der Bezeichnung Web 2.0 eine wachsende Bedeutung erfahren. Web 2.0 heißt sinngemäß »lebendiges Internet« und vereint unter diesem Begriff vielfältige Möglichkeiten der Teilhabe und Interaktion (vgl. Maier 2007). Die Besucher der Webseite sollen demzufolge nicht nur Informationen rezipieren, sondern aktiv an der Gestaltung von Inhalten beteiligt werden. Das kann durch das Produzieren eigener Beiträge geschehen, die in der Folge diskutiert und in den politischen Willensbildungsprozess einbezogen werden können. So soll der wachsenden Erwartungshaltung der Bürger entsprochen werden, stärker als bislang an den politischen Willensbildungs- und Entscheidungsprozessen beteiligt zu werden. Zukünftig werden Online-Angebote politischer Institutionen in zunehmendem Maße an den Kriterien Transparenz und interaktive Teilhabe der Nutzer gemessen werden.

An die sprunghafte Verbreitung neuer technischer Endgeräte wie Smartphones (internetfähige Mobiltelefone) und Tablet Computern (tragbare Computer mit berührungsempfindlicher Oberfläche) hat sich der Bundestag durch die Aufbereitung seiner Online-Angebote angepasst. So bietet das Parlament seit September 2010 eine so genannte »App« (engl. Application) an. Innerhalb der ersten Woche ihrer Verfügbarkeit wurde die kostenlose Anwendung über 100 000 Mal heruntergeladen (Heid 2011). Mithilfe der Bundestags-App kann man sich umfassend und in Echtzeit über laufende Debatten, die Zusammensetzung der Ausschüsse, Tagesordnungen und Fraktionen informieren. Seit der zweiten Version findet man außerdem einen Besucherbereich, in dem über Führungen, Vorträge und die Teilnahme an Plenarsitzungen informiert wird. Über einen Audio-Stream können Debatten live mitverfolgt werden.

Neben den Angeboten für mobile Geräte hat der Bundestag sein online verfügbares Informationsangebot für Kinder und Jugendliche erweitert und angepasst. Unter der für Kinder im Vor- und Grundschulalter mit spielerischen Inhalten aufbereiteten Webseite www.kuppelkucker.de und der für Jugendliche im Alter von 11 bis 18 Jahren zugeschnittenen Seite www.mitmischen.de werden Inhalte zur Struktur und Arbeitsweise des Parlaments spielerisch und multimedial erfahrbar vermittelt (Grunwald u. a. 2006: 162 f.). Außerdem finden Kinder und Jugendliche auf diesen Seiten Möglichkeiten mit Abgeordneten in Kontakt zu treten, so insbesondere mit den Mitgliedern der aus den Kinderbeauftragten der Fraktionen gebildeten »Kinderkommission«. Diskussionsforen zu aktuellen Themen erlauben den Besuchern der Seite, Meinungen zu äußern und mit anderen Interessierten zu diskutieren.

Ergänzend zu den online verfügbaren Seiten des Deutschen Bundestages haben sich unabhängige überparteiliche Internetplattformen wie www.abgeordnetenwatch. de gebildet, die zu einer vermehrten interaktiven Auseinandersetzung zwischen Abgeordneten und Bürgern sowie zu einer Erweiterung der Informationsbestände zu Nebentätigkeiten der Abgeordneten und zu deren Abstimmungsverhalten beitragen (Gardiner 2007). Für die Abgeordneten steigern sich damit die Anforderungen an eine direktere personalisierte Diskussionskultur. Jüngere Abgeordnete bewerten dies überwiegend positiv, da sie so vor allem jüngere Wählerschichten schneller erreichen können und ohnehin mit der Nutzung neuer Online-Kommunikationsmittel vertraut sind (Grunwald u. a. 2006: 135 f.). Die Kehrseite dieser Entwicklung ist der zusätzliche Zeitaufwand, der für die neuen Kommunikationswege erbracht werden muss. Der Abgeordnete ist durch die direkte Erreichbarkeit genötigt, unverzüglich und unmittelbar auf eine Flut von Anfragen zu reagieren und sich in sozialen Netzwerken und Diskussionsforen jederzeit zu den unterschiedlichsten Themen zu positionieren. Wie sich dies auf die inhaltliche Arbeit und das Zeitmanagement der Abgeordneten auswirkt, bleibt abzuwarten.

Über all diese Informations- und Interaktionsmöglichkeiten hinaus unterhalten die Fraktionen im Bundestag sowie inzwischen fast alle Abgeordneten eigene Internetseiten. Dabei richten sich die Internetseiten der Fraktionen an einen breiten Kreis von Informationssuchenden, orientieren sich thematisch stark am parlamentarischen Ablauf und dokumentieren die aktuellen Vorgänge im Plenum. Zur Außendarstellung werden die Positionen der jeweiligen Fraktion zu parlamentarischen Vorgängen präsentiert und Pressemitteilungen veröffentlicht. Die Themen werden allgemein für interessierte Bürger aufbereitet. Der Nutzerkreis der Internetseiten besteht jedoch vor allem aus den Abgeordneten selbst, ihren Mitarbeitern, Journalisten und Parteimitgliedern sowie Sympathisanten der jeweiligen Partei, die als Multiplikatoren wirken.

Alle Fraktionen sowie viele Abgeordnete beteiligen sich in sozialen Netzwerken. Auf personalisierten Profilseiten veröffentlichen sie Stellungnahmen, Kommentare, Diskussionsbeiträge und multimediale Inhalte und gewähren so den Mitgliedern dieser Plattformen Einblick in den parlamentarischen Arbeitsalltag. Die Einträge können von den Mitgliedern der sozialen Netzwerke kommentiert und auf deren Profilseiten weiterverbreitet werden. Über Chats und persönliche Nachrichten können Abgeordnete direkt kontaktiert werden. Während die gegenwärtig mitgliederstärksten sozialen Netzwerke Facebook und Google Plus vornehmlich als »direkter Draht« zum Bürger fungieren, wird der Kurznachrichtendienst Twitter von Fraktionen und Abgeordneten überwiegend als Linkstreumaschine genutzt. Über Twitter werden kurze Meldungen zu aktuellen Vorgängen im Plenum, Links zu Artikeln auf den Internetseiten der Fraktionen sowie Veranstaltungshinweise veröffentlicht. Abstimmungs- und Wahlergebnisse können unverzüglich mitgeteilt und Reaktionen darauf eingefangen werden.

Insgesamt kann von einer Vielzahl von Internetangeboten gesprochen werden, die das Parlament, zugeschnitten auf diverse Nutzergruppen, im Internet darstellen. Die Integration multimedialer Inhalte wie etwa Videos zu aktuellen Redebeiträgen in Debatten sowie Positionen und Pressestatements der Fraktionsspitzen sind auf allen Internetpräsenzen der Fraktionen zum festen Bestandteil der Außendarstellung geworden.

Aufgrund der zunehmenden Informationsflut im Internet und der begrenzten Wahrnehmungskapazität des Bürgers sollte der Weg von einem überbordenden Informations- und Multimediaangebot hin zu einer übersichtlichen, gut strukturierten und informativen Online-Darstellung des Parlaments konsequent weiter verfolgt werden.

7.3   Herbeirufungen

Ein klassisches Kontrollrecht ist die Herbeirufung von Regierungsmitgliedern durch das Parlament. Aus der Epoche der konstitutionellen Monarchie übernommen, ist es auch unter veränderten verfassungspolitischen Bedingungen unverzichtbar. Das verfassungsmäßige Recht des Bundestages und seiner Ausschüsse, die Anwesenheit jedes Mitgliedes der Bundesregierung verlangen zu können (Art. 43 Abs. 1 GG), hat dazu beigetragen, die Geltung des Prinzips von Rede und Gegenrede zu sichern und das »trotz der Gewaltenteilung notwendige Maß an gegenseitiger Beteiligung von Bundestag und Bundesregierung gewährleistet« (Thaysen 1976: 58). Dem Zitierrecht steht das Recht von Regierung und Bundesrat gegenüber, jederzeit an den Sitzungen des Bundestages und seiner Ausschüsse teilzunehmen und gehört zu werden (Art. 43 Abs. 2 GG). Beide Kompetenzen sind im Kontext zu sehen.

Mit der Möglichkeit, nicht nur den Bundeskanzler, sondern auch einzelne Minister zitieren zu können, wird deren spezifische Verantwortung gegenüber dem Parlament anerkannt. Wird ein Regierungsmitglied durch Mehrheitsbeschluss herbeigerufen, ist es verpflichtet persönlich zu erscheinen.

Anträge auf Herbeirufung durch das Plenum können nach der Geschäftsordnung Fraktionen oder anwesende fünf Prozent der Abgeordneten stellen (§ 42 GOBT). In den Ausschüssen ist hierzu jedes einzelne Mitglied berechtigt (§ 68 GOBT). Beschlossen werden kann eine Herbeirufung aber nur mit Mehrheit, was ihre Wirkung als parlamentarisches Kontrollmittel gewiss einschränkt, da die Regierungsmehrheit in der Regel ein Interesse daran hat, solche Vorstöße der Opposition abzuwehren. Die verhältnismäßig geringe Zahl von Herbeirufungen dürfte darin eine Ursache haben.

Seit der ersten Wahlperiode sind 92 Anträge gestellt worden (Stand: 2009, Ende 16. WP), wobei ein merklicher Anstieg in den 1980er Jahren seit der Präsenz der GRÜNEN im Bundestag auffällt (Schindler 1999: 1255 ff.; Feldkamp 2011: 615 ff.). Wie zu erwarten kamen fast alle Anträge aus den Reihen der Opposition. Immerhin 23 Anträge sind mit Mehrheit beschlossen worden, was aber nur ausnahmsweise durch Zustimmung auch der Regierungsfraktionen bedingt war. Da Anträge – frühestens zu Beginn der Sitzung – spontan gestellt werden können, das Plenum aber meist nur schwach besetzt ist, sind »Zufallsmehrheiten« der Opposition durchaus möglich, denn über den Antrag muss sofort abgestimmt werden (Ismayr 1992: 651). Begründet wird die übliche Ablehnung durch die Mehrheitsfraktionen regelmäßig mit wichtigen Verpflichtungen des betreffenden Regierungsmitgliedes und damit, dass dessen Parlamentarischer Staatssekretär anwesend sei und gegebenenfalls Stellung nehmen werde.

Wie ist das – gelegentliche – Interesse von Oppositionsfraktionen an Herbeirufungen motiviert? Ausschlaggebend ist wohl, dass die Regierung Rechtfertigungszwängen und öffentlicher Kritik ausgesetzt wird, wenn zuständige Mitglieder bei Plenardebatten über zentrale politische Themen fehlen. Solche Anträge können in Einzelfällen durchaus spektakuläre Wirkung bringen. Herbeirufungen werden in aller Regel nur bei wichtigen politischen Anlässen praktiziert – insbesondere dann, wenn es um Prioritätensetzung geht und der Koalitionszusammenhalt auf dem Prüfstand steht. Insgesamt 21 mal (ein Viertel der Fälle) wurde daher bis Ende der 16. Wahlperiode (2009) die Präsenz des Bundeskanzlers beantragt, so beispielsweise

1984 beim Thema »Ergänzungsabgabe«, das im Wahlkampf 1982/83 eine große Rolle gespielt hatte und bei dem die Glaubwürdigkeit der Regierung auf dem Spiel stand (PlPr 10/111), im Vorwahlkampf 1998 zum Thema »Arbeitslosigkeit« (PlPr 13/213) und 2002 gegen Ende der mehrtägigen Aussprache über die große Regierungserklärung zu Beginn der 15. Wahlperiode (PlPr 15/6).

Fast einhellig wird von der Staatsrechtslehre zwar die Auffassung vertreten, dass die herbeigerufenen Regierungsmitglieder verpflichtet sind, den Abgeordneten der jeweiligen Gremien Rede und Antwort zu stehen (vgl. BVerfGE 67, 100, 129; 124. 161, 188; Bodenheim 1980: 41; Schneider 2001a: Art. 43 Abs. 1 GG; Kretschmer 2011: 1031 f.). In der Praxis der Plenardebatten ist dies jedoch – im Unterschied zu den Ausschüssen – kaum von Bedeutung. Die Entscheidung darüber, ob sie für die Regierung selbst Stellung nehmen oder dies einem anderen – bereits als Redner vorgesehenen – Regierungsvertreter überlassen, haben sich die Herbeigerufenen in der Regel selbst vorbehalten (Ismayr 1992: 652, Anm. 216).

Es ist inzwischen üblich, dass die zuständigen Regierungsmitglieder bei wichtigen Debatten ihre Abwesenheit den Parlamentarischen Geschäftsführern mitteilen und begründen. In den Vorabsprachen der Geschäftsführer wird dies angesprochen. Kann dies überzeugend begründet werden, werden die Oppositionsfraktionen schon vorab ihr Einverständnis bekunden.

Die indirekte, präventive Wirkung gelegentlicher Herbeirufungen ist nicht minder wichtig als die öffentliche Resonanz und der tatsächliche Erfolg. Die bloße Existenz dieses Kontrollinstruments »soll, dem Damoklesschwert vergleichbar, das gewünschte Regierungsverhalten gewährleisten« (Thaysen 1974: 460). Es sollte gleichwohl eine selbstverständliche Konsequenz der Funktionsverlagerung im parlamentarischen Regierungssystem sein, die Herbeirufungsbefugnis in ein Minderheitsrecht umzuwandeln und einem Viertel der anwesenden Abgeordneten dieses Recht einzuräumen (Kißler 1976: 157; Schneider 2001a: Art. 43 Abs. 1 GG, Rz. 7).

7.4 Missbilligungs- und Entlassungsanträge

Neben dem Verfahren des konstruktiven Misstrauensvotums (Art. 67 Abs. 1 GG), das sich allein gegen den Bundeskanzler richten kann (vgl. Abschn. 5.4), hat der Bundestag auch die Möglichkeit, durch Mehrheitsbeschluss die Entlassung einzelner Bundesminister zu fordern und das Verhalten von Regierungsmitgliedern oder auch der gesamten Bundesregierung ausdrücklich zu missbilligen. Damit ist allerdings unter den Voraussetzungen des parlamentarischen Regierungssystems kaum zu rechnen. Fände ein solcher Antrag auf Entlassung eines Ministers eine parlamentarische Mehrheit, wäre dies für den Bundeskanzler zwar rechtlich nicht zwingend, er würde aber bei Missachtung eines solchen Mehrheitsvotums einen (weiteren) Vertrauensverlust riskieren und möglicherweise seine eigene Stellung gefährden.

Bis einschließlich der 16. Wahlperiode (1949–2009) wurden 25 Missbilligungsanträge und 15 Entlassungsanträge gegen Bundesminister gestellt. Seit der 12. Wahlperiode kamen zwei Entlassungsanträge gegen Parlamentarische Staatssekretäre hinzu, die wie Regierungsmitglieder behandelt wurden. Auch die Missbilligungsanträge richteten sich meist gegen einzelne Bundesminister, nur bei vier Anträgen war der Bundeskanzler betroffen, einmal die Bundesregierung als ganze und einmal ein Parlamentarischer Staatssekretär (Schindler 1999: 1247 ff.; Feldkamp 2011: 612 ff.).

Missbilligungs- und vor allem Entlassungsanträge sind ein spektakuläres öffentlichkeitswirksames Druckmittel in der Hand der Opposition – auch wenn sie bisher stets abgelehnt oder auf andere Weise (z. B. durch Rücknahme) erledigt wurden. Erwartungsgemäß kamen alle bisherigen Anträge von Oppositionsfraktionen. Plenardebatten, die im Zusammenhang eines Entlassungs- oder Missbilligungsantrags geführt werden, finden in der Regel gesteigerte Aufmerksamkeit in den Medien, freilich nur, so lange davon verhältnismäßig sparsam Gebrauch gemacht wird. Dies war bisher der Fall. Will die Opposition einen Abnutzungseffekt vermeiden, kann sie sich mit »einfachen« Rücktritts- bzw. Entlassungsforderungen begnügen, über die nicht abgestimmt wird, oder andere (parlamentarische) Mittel wählen, um auf die Öffentlichkeit einzuwirken. Bei der Frage nach dem taktischen Nutzen eines formellen Entlassungs- oder Missbilligungsantrags muss die Opposition in Rechnung stellen, dass sie damit die Regierungsmehrheit zu einem förmlichen Akt der Solidarisierung mit einem politisch angeschlagenen Minister zwingt und so dessen Abgang eher erschwert. So stellten sich Sprecher der Regierungsmehrheit in der Plenardebatte demonstrativ hinter Bundesfinanzminister Theo Waigel (PlPr 13/177) sowie Bundesverteidigungsminister Rudolf Scharping (PlPr 14/236), deren Entlassung die Oppositionsfraktionen gefordert hatten. Ähnliche Erfahrungen wurden in den 1980er Jahren bei mehreren Entlassungsanträgen gegen den auch koalitionsintern umstrittenen Bundesinnenminister Friedrich Zimmermann gemacht (Ismayr 1992: 652, Anm. 228).

Erst in der parlamentarischen Praxis seit den 1960er Jahren hat sich die »zunächst in der Minderheit befindliche Auffassung durchgesetzt, dass die Bundesminister dem Bundestag gegenüber verantwortlich sind, der durch Missbilligungs- und Entlassungsvoten diese Verantwortlichkeit auch geltend machen kann« (Wengst 1984: 551). Inzwischen verweist auch in der Staatsrechtslehre die »überwiegend vertretene Ansicht« auf den Umstand, dass solche Kritikformen nicht nur traditioneller Bestandteil der parlamentarischen Kontrolle sind, sondern Art. 65 Satz 1 und 2 GG ausdrücklich von »(eigener) Verantwortung« des Bundeskanzlers und der Bundesminister spricht. Dies müsste weitgehend leerlaufen, wenn das Parlament nicht in der Lage wäre, ihr auch außerhalb des konstruktiven Misstrauensvotums politisches Gewicht zu verschaffen (Schneider 2001a: Art. 65 GG, Rz. 8).

7.5   Große Anfragen

Das Fragerecht gehört zu den »klassischen« Kontrollkompetenzen von Parlament und Abgeordneten (vgl. Abschn. 7.1). Die Geschäftsordnung des Bundestages enthält spezifische Regelungen für Große und Kleine Anfragen, die Fragestunde sowie schriftliche Einzelfragen. Diese Instrumente dienen einmal dazu, Informationen zu beschaffen, die Abgeordnete für ihre Gesetzgebungs- und Kontrolltätigkeit in Ausschüssen und Plenum benötigen. Sie dienen aber auch »unmittelbar« der Kontrolle der Regierung(smehrheit), indem sie die Möglichkeit eröffnen, sich vor der Öffentlichkeit kritisch mit der Regierungspolitik auseinanderzusetzen und Alternativen zu präsentieren und so die Regierungsmehrheit veranlassen, ihre Position zu begründen. Die Fraktionen nutzen diese Kontrollinstrumente auch dann, wenn sie die nötigen Informationen bereits anderweitig beschafft haben und sich möglicherweise auch über die Haltung der Regierung im Klaren sind, weil sie eben auch dazu dienen, die öffentliche Auseinandersetzung zu suchen.

Als Mittel der Informationsbeschaffung und öffentlichkeitswirksamen Kontrolle und Initiative sind die verschiedenen Formen der Anfrage allerdings unterschiedlich geeignet. So gut wie nie geht es um »bloße« Information über Sachverhalte. Auch scheinbar ganz nüchterne Informationsfragen werden in aller Regel aus politischem Interesse gestellt; sie können sich in nachfolgenden politischen Auseinandersetzungen als Sprengsatz erweisen.

Diese und andere Kontrollinstrumente werden auch in derselben Angelegenheit neben- und nacheinander genutzt, wobei einmal das Schwergewicht bei der Informationsbeschaffung, das andere mal bei der Stimulierung einer öffentlichen Debatte liegen kann. So wird beispielsweise versucht, durch eine Einzelfrage und/oder eine Kleine Anfrage Informationen zu erhalten und die Regierung gegebenenfalls zu veranlassen, sich »festzulegen«, um diese Auskunft dann in einer Aktuellen Stunde und/oder einer Großen Anfrage und der durch sie veranlassten Plenardebatte zu nutzen.

Unter den öffentlichkeitswirksamen Informations- und Kontrollmitteln ist im parlamentarischen »Alltag« die Große Anfrage wohl das bedeutendste. Die Große Anfrage ist in besonderer Weise geeignet, die Regierung zu veranlassen, zu größeren Themenkomplexen politisch grundsätzlich und auch detailliert Stellung zu nehmen. Für die Wirksamkeit dieses Instrumentes entscheidend ist, dass die Oppositionsfraktionen innerhalb von drei Wochen eine Plenardebatte erzwingen können.

7.5.1   Verfahren

Eine Große Anfrage an die Bundesregierung kann jede Fraktion oder eine entsprechende Anzahl von Abgeordneten richten. Sie kann mit einer kurzen Begründung versehen werden, was in der Regel geschieht (§§ 100, 75, 76 GOBT). Der Präsident

Tabelle 7.1 Anzahl der Anfragen, Fragestunden, Aktuellen Stunden und Regierungsbefragungen

	1.WP 1949–53	2.WP 1953–57	3.WP 1957–61	4.WP 1961–65	5.WP 1965–69	6.WP 1969–72	7.WP 1972–76	8.WP 1976–80	9.WP 1980–83
Große Anfragen	160	97	49	35	45	31	24	47	32
Kleine Anfragen	355	377	411	308	488	569	480	434	297
Mündliche Fragen	392	1 069	1 536	4 786	10 733	6 966	12 925	11 826	4 971
davon dringliche Fragen	–	–	2	33	198	135	74	49	13
schriftliche Fragen	–	–	–	–	–	4 107	5 572	11 641	9 413
Fragestunden	16	44	96	178	223	176	168	135	79
Aktuelle Stunden	–	–	–	2	17	8	20	9	12
Berichte aus Kabinettssitzungen/ Regierungsbefragungen	–	–	–	–	–	–	8	–	–

	10.WP 1983–87	11.WP 1987–90	12.WP 1990–94	13.WP 1994–98	14.WP 1998–02	15.WP 2002–05	16.WP 2005–09	1.–16.WP
Große Anfragen	175	145	98	156	101	65	63	1 323
Kleine Anfragen	1 006	1 419	1 382	2 070	1 813	797	3 299	15 505
Mündliche Fragen	7 028	4 034	4 160	3 540	3 299	2 515	2 703	82 538
davon dringliche Fragen	41	39	55	34	83	37	111	904
schriftliche Fragen	15 836	16 117	16 661	14 905	11 838	11 069	12 789	12 9952
Fragestunden	142	107	121	79	68	52	67	1 751
Aktuelle Stunden	117	126	103	103	141	71	113	842
Berichte aus Kabinettssitzungen/ Regierungsbefragungen	3	32	44	41	61	42	59	289

Quelle: Schindler 1999: 2638 ff., 4378 f.; Feldkamp 2011: 1237 ff. (Deutscher Bundestag, Referat Parlamentsdokumentation).

(Präsidialbüro) leitet die Große Anfrage dem Bundeskanzleramt zu und fordert die Bundesregierung auf, sich zu erklären, ob und wann sie antworten werde (§ 101 GOBT). Parlamentarische Geschäftsführer und Ältestenrat planen aufgrund der Ankündigungen der Ministerien (Vorlagenlisten) die Plenardebatten ein. Auf Verlangen einer Fraktion oder von 5 % der Abgeordneten muss eine Große Anfrage nach Eingang der Antwort, oder wenn die Bundesregierung überhaupt oder für die nächsten drei Wochen die Beantwortung der Großen Anfrage ablehnt, auf die Tagesordnung gesetzt werden (§§ 101, 102 GOBT; zum »Geschäftsprozess« Siefken 2010: 28 ff.). Man wird der Bedeutung dieses Minderheitsrechts nicht gerecht, wenn man die seltenen Fälle zum Maßstab nimmt, in denen das Plenarprotokoll die Aufsetzung einer noch nicht beantworteten Anfrage auf die Tagesordnung vermerkt (Fallsammlungen zur GOBT). Denn einem entsprechenden Verlangen von Oppositionsfraktionen wird üblicherweise bereits bei der Aufstellung der Tagesordnung Rechnung getragen. Gegen das ausdrückliche Votum der anderen Fraktionen werden Plenardebatten über Große Anfragen nur gelegentlich durchgesetzt. In den Beratungen der Parlamentarischen Geschäftsführer hat dieses Minderheitsrecht sicherlich Gewicht (Ismayr 1992: 653, Anm. 240). Doch verfügen die Geschäftsführer der Regierungsfraktionen über meist recht wirksame Druckmittel, um in den Verhandlungen mit ihren Kollegen von der Opposition einen Kompromiss auszuhandeln. Zwar muss die Aussprache über Große Anfragen eröffnet werden, die Mehrheit hätte aber die Möglichkeit, sie auf eine Runde zu begrenzen (§ 25 GOBT). Da es hier meist um bedeutsame Themen geht und die Oppositionsfraktionen in der Regel eine umfassende Debatte anstreben, spielen Zugeständnisse bei der Vereinbarung der Redezeit und der zeitlichen Platzierung der Debatte eine wichtige Rolle.

In der Praxis wird die Drei-Wochen-Frist nur selten eingehalten. Meist geht die Antwort der Bundesregierung erst nach mehreren Monaten ein. Der Bundestagspräsident ist ermächtigt, diese Frist auf Wunsch der Bundesregierung im Einvernehmen mit den Fragestellern zu verlängern, was meist geschieht. Den (oppositionellen) Fragestellern ist meist an präzisen Antworten gelegen; sie wollen sich nicht mit pauschalen Erklärungen »abspeisen« lassen, die sich mit knapper Zeit für Recherchen rechtfertigen ließen.

Seit der 10. Wahlperiode (1983–87) kam es zu einem sprunghaften Anstieg der Großen Anfragen, der auch einen Bedeutungszuwachs induzierte (vgl. Tabelle 7.2). Der Rückgang in der 16. Wahlperiode (2005–2009) erfolgte unter den spezifischen Bedingungen einer Großen Koalition und somit angesichts geringerer personeller Kapazitäten der Oppositionsfraktionen. Wie zu erwarten, wird das Kontroll- und Kommunikationsmittel der Großen Anfrage vor allem von der Opposition genutzt. Der Anteil der Oppositionsfraktion(en) lag seit der 6. Wahlperiode stets zwischen 70 % und 80 %, seit der 10. Wahlperiode sogar darüber (14. WP: 95 %; Tabelle 7.2). Wie nachdrücklich Große Anfragen als Instrumente der Auseinandersetzung zwischen Opposition und Regierungsmehrheit verstanden werden, zeigt sich darin, dass seit 1969 die jeweiligen Koalitionsfraktionen Große Anfragen nur gemeinsam gestellt haben (Schindler 1999: 2640 ff.; Feldkamp 2011: 1237 ff.). Keine »Bündnisse« kamen hingegen zwischen den beiden Oppositionsfraktionen SPD und GRÜNE (1983–1998) und den drei Oppositionsfraktionen FDP, Bündnis 90/Die Grünen und Die Linke in der 16. Wahlperiode (2005–2009) zustande und auch die Oppositionsfraktionen CDU/CSU und FDP (1998–2005) reichten nur eine Große Anfrage gemeinsam ein (BT-Drs. 15/1402). Stimuliert wurde eine größere Nutzung der Interpellationen seit 1983 durch die neue Fraktion DIE GRÜNEN.

Tabelle 7.2 Große Anfragen: Anzahl und Anteil der Fraktionen

eingebracht von	8. WP 1976–80		9. WP 1980–83		10. WP 1983–87		11. WP 1987–90		12. WP 1990–94	
	Anz.	%	Anz.	%	Anz.	%	Anz.	%	Anz.	%
CDU/CSU	33	70,2	24	75,0	–	–	–	–	–	–
SPD	–	–	–	–	61	34,9	57	39,3	55	56,1
FDP	–	–	–	–	–	–	–	–	–	–
B'90/GRÜNE[a]					87	49,7	68	46,9	13	13,3
DIE LINKE[b]					–	–	–	–	16	16,3
SPD, FDP	14	29,8	8	25,0	–	–	–	–	–	–
SPD, B'90/GRÜNE	–	–	–	–	–	–	–	–	–	–
CDU/CSU, FDP	–	–	–	–	27	15,4	18	12,4	11	11,2
SPD, CDU/CSU	–	–	–	–	–	–	–	–	–	–
CDU/CSU, SPD, FDP	–	–	–	–	–	–	1	0,7	1	1,0
CDU/CSU, SPD, FDP, B'90/GRÜNE					–	–	–	–	1	1,0
CDU/CSU, SPD, FDP, B'90/GRÜNE, DIE LINKE[b]									1	1,1
einzelne Abgeordnete	–	–	–	–	–	–	1	0,7	–	–
Insgesamt	47	100	32	100	175	100	145	100	98	100

eingebracht von	13. WP 1994–98		14. WP 1998–02		15. WP 2002–05		16. WP 2005–09	
	Anz.	%	Anz.	%	Anz.	%	Anz.	%
CDU/CSU	–	–	59	58,4	41	63,1	–	–
SPD	80	51,3	–	–	–	–	–	–
FDP	–	–	23	22,8	23	35,4	17	27,0
B'90/GRÜNE[a]	47	30,1	–	–	–	–	34	54,0
DIE LINKE[b]	13	8,3	14	13,9	–	–	11	17,4
SPD, FDP	–	–	–	–	–	–	–	–
SPD, B'90/GRÜNE	–	–	5	4,9	–	–	–	–
CDU/CSU, FDP	15	9,6	–	–	1	1,5	–	–
SPD, CDU/CSU	–	–	–	–	–	–	1	1,6
CDU/CSU, SPD, FDP	–	–	–	–	–	–	–	–
CDU/CSU, SPD, FDP, B'90/GRÜNE	1	0,6	–	–	–	–	–	–
CDU/CSU, SPD, FDP, B'90/GRÜNE, DIE LINKE[b]	–	–	–	–	–	–	–	–
einzelne Abgeordnete	–	–	–	–	–	–	–	–
Insgesamt	156	100	101	100	65	100	63	100

a bis 3.10.1990: DIE GRÜNEN; 12. WP als »Gruppe«

b bis einschließlich 15. WP: PDS; Gruppe der PDS ab 4. Oktober vereinigungsbedingt im Bundestag vertreten, 12. WP: PSD/ LL; in der 15. WP nicht in Fraktionsstärke

Quelle: Schindler 1999: 2640 f., 4378; Feldkamp 2011: 1237 ff. (Deutscher Bundestag, Referat Parlamentsdokumentation

Tabelle 7.3 Thematische Schwerpunkte Großer Anfragen: 13.–16. Wahlperiode

	SPD	CDU/CSU		B'90/GRÜNE		FDP			PDS/Die Linke[a]			CDU/CSU-FDP	SPD-B'90/GRÜNE		CDU/CSU-SPD	Insgesamt			
	13. WP	14. WP	15. WP	16. WP	13. WP	14. WP	15. WP	16. WP	13. WP	14. WP	16. WP	13. WP	14. WP	15. WP	16. WP	13. WP	14. WP	15. WP	16. WP
Sicherheit/Militär/Rüstung	3	4	–	3	2	2	2	–	1	1	–	–	–	–	–	6	7	2	5
Internationales/Dritte Welt/EU	8	3	6	10	11	5	3	–	–	2	1	2	1	–	–	21	11	9	12
Umwelt/Energie/Verkehr	12	10	14	5	6	4	4	–	–	–	1	2	1	–	–	20	15	18	7
Ökonomie/Arbeit/Finanzen	14	12	10	3	2	4	3	1	2	3	1	8	–	–	1	26	19	13	7
Landwirtschaft	5	1	–	–	–	2	2	–	–	1	–	–	–	–	–	5	4	2	–
Soziales/Gesundheit/Bildung/Forschung/Kultur	17	15	9	5	12	3	2	–	5	3	3	1	3	–	–	35[c]	24	11	12
Bürgerrechte	–	3	–	6	–	1	3	–	–	–	1	–	–	–	–	–	4	3	9
Öffentlicher Sektor/Justiz	19	8	3	2	11	2	3	–	7	2	3	3	–	–	–	40	12	6	10
Deutsche Einheit	–	1	–	–	–	–	1	–	–	1	1	–	–	–	–	–	2	1	1
Insgesamt	78	59	42[b]	34	44	23	23	1	15	14	11	16[c]	5	0	1	153	101	65	63

a   in der 15. WP nicht in Fraktionsstärke

b   einschließlich einer gemeinsamen Anfrage von CDU/CSU und FDP

c   einschließlich einer gemeinsamen Anfrage von CDU/CSU, SPD, FDP und B9o/GRÜNE

Anm.: 13 WP: Christlich-liberale Koalition

     14./15.WP Koalition von SPD und Bündnis '90/GRÜNE

     16. WP Koalition von CDU/CSU und SPD

Quelle: Schindler 1999: 2654ff.; Feldkamp 2011: 1245ff., 1258ff. (Deutscher Bundestag, Referat Parlamentsdokumentation); eigene Zusammenstellung.

7.5.2 Themenstruktur und Kontrollintentionen

Große Anfragen betreffen meist größere und politisch bedeutende Themenkomplexe; allerdings ist mit wachsender Zahl der Interpellationen die Thematisierung ganzer Politikbereiche (z. B. Bildungspolitik, Verkehrspolitik) vergleichsweise seltener geworden (Schindler 1999: 2654 ff.; Feldkamp 2011: 1245 ff.). Die Großen Anfragen (besonders der Opposition) zielen darauf ab, die politischen Zielvorstellungen der Regierung(smehrheit) und Gesamtkonzepte zu den angesprochenen Problemfeldern offenzulegen und der Kritik auszusetzen, aber auch faktische Handlungsgrundlagen und die Wirkung bisheriger Programme zu erkunden. Was die Intention und Wirkung angeht, ist zwischen der (von der Verwaltung ausgearbeiteten) schriftlichen Antwort der Regierung und der späteren Plenardebatte zu unterscheiden. Jedenfalls soweit es die Fragen der Fraktionen und die schriftlichen Antworten der Regierung anbetrifft, geht es in der Praxis nicht (mehr) nur um »globale Grundsatzinformationen« (Kißler 1976: 172), sondern um durch detaillierte (Sach)Informationen überprüfbare politische Konzepte. Große Anfragen sind in eine Vielzahl von (häufig etwa 30 bis 70) Einzelfragen gegliedert, die von den Ministerien auch einzeln beantwortet werden. Diese Praxis trägt der Tatsache Rechnung, dass politische »Richtungskontrolle« ohne fundierte Kenntnis der zugrunde liegenden Daten und Sachverhalte nicht überzeugend geleistet werden kann.

Kontrollwirkungen gehen fast ausschließlich von Interpellationen der Oppositionsfraktionen aus. Von den Koalitionsfraktionen werden Große Anfragen vor allem zu dem Zweck eingereicht, der Regierung(smehrheit) Gelegenheit zu geben, ihre Leistungen ins rechte Licht zu rücken und für Konzepte und Maßnahmen zu werben. Sie werden mit den Ministerien von den Fraktionsarbeitsgruppen oft bis ins Detail abgesprochen; nicht selten gehen die Impulse auch von der Regierung aus (wenn es beispielsweise gilt, einen genehmen Kommissionsbericht öffentlichkeitswirksam zur Geltung zu bringen). Wirklich problematisch ist die – von der jeweiligen Opposition kritisierte – Praxis, dass an die Ministerien gerichtete Fragen zuvor von diesen »geliefert« wurden.

7.5.3 Plenardebatten und Öffentlichkeit

Seit 1969 werden Große Anfragen fast immer schriftlich beantwortet. Eine Plenardebatte dazu kommt häufig erst mehrere Wochen später zustande. Dies bringt die Oppositionsfraktionen oft in eine missliche Lage. Gelingt es ihnen angesichts der laufenden Arbeitsbelastungen nicht sogleich, sich gründlich damit zu befassen und öffentlich darauf zu reagieren, dominiert in den Massenmedien die Regierung mit ihren Äußerungen.

Große Anfragen sind neben eigenen Gesetzentwürfen das wohl wichtigste Instrument der Opposition im parlamentarischen Alltag zur Durchsetzung größerer Plenardebatten zu selbstgewählten Themen (Ismayr 1992: 374; Witte-Wegmann 1972: 126). Dies ist wohl das Hauptmotiv der Opposition, wenngleich das durch die zahlreichen Einzelfragen belegte Interesse an Informations- und Bewertungsgrundlagen für die öffentliche Auseinandersetzung nicht zu vernachlässigen ist. Oft wird über eine Große Anfrage gemeinsam mit anderen Vorlagen zum selben Themenkomplex eine »verbundene Aussprache« geführt. Dies fördert die Ausweitung der Debatte ins politisch »Grundsätzliche«, wobei auf fachliche Details zwar in der Regel nicht verzichtet wird, die Redner brauchbare Einzelinformationen aber eher sporadisch und taktischselektiv aufgreifen und einsetzen.

An die Fachausschüsse können Große Anfragen nicht überwiesen werden. Allerdings werden von den Fraktionen häufig Entschließungsanträge eingebracht, die teilweise an die Ausschüsse überwiesen werden – sofern die Antragsteller zustimmen (§ 88 Abs. 2 GOBT). So gab es in der 14. bis 16. Wahlperiode (1998–2009) zu den 229 Großen Anfragen 61 Entschließungsanträge, von denen 16 an die Ausschüsse überwiesen wurden (vgl. Abschn. 7.18 mit Tabelle 7.13).

7.6   Kleine Anfrage

Im Unterschied zu Großen Anfragen werden Kleine Anfragen (§ 104 GOBT) nur schriftlich beantwortet. Sie können nicht als Verhandlungsgegenstand auf die Tagesordnung gesetzt werden (§ 75 Abs. 3 GOBT) und sind somit auch kein Instrument zur Durchsetzung von Plenardebatten. Wie die Einzelfragen (§ 105 GOBT) dienen sie aber häufig zur inhaltlichen Vorbereitung von Großen Anfragen, Anträgen und anderen Vorlagen und selbstverständlich können die Antworten in Plenar- und Ausschussdiskussionen über andere Vorlagen aufgegriffen werden.

Auch Kleine Anfragen (nach § 104 GOBT) können nur von einer Fraktion oder einer entsprechenden Zahl von Abgeordneten eingereicht werden, wobei die fraktionsinterne Behandlung unterschiedlich ist. In der Praxis sind dies üblicherweise die Fraktionen (vgl. Tabelle 7.4). Anlass für fraktionsinterne Konflikte sind Kleine Anfragen verhältnismäßig selten. Die Initiative (und Erarbeitung) liegt in der Regel bei wenigen Abgeordneten, die faktische Entscheidung bei der zuständigen Arbeitsgruppe (bzw. dem Arbeitskreis). Formell gelten die auch für andere Vorlagen festgeschriebenen fraktionsinternen Abstimmungsprozeduren bis hin zur Beschlussfassung durch die Fraktionsversammlung. Seit 1991 unterscheidet die Fraktionsgeschäftsordnung der SPD allerdings zwischen Kleinen Anfragen mit dem Zusatz »Fraktionsvorsitzende/r und Fraktion der SPD«, über deren Einbringung die Fraktion beschließt, und Kleinen Anfragen einzelner Abgeordneter, die mit Zustimmung der zuständigen Arbeitsgruppe (!) über die Geschäftsführung eingebracht werden – wovon mittlerweile häufig Gebrauch gemacht wird (§ 6 Abs. 1, 2 FGO-SPD;

Tabelle 7.4 Kleine Anfragen: Anzahl und Anteil (nach Fraktionen der Fragesteller)

eingebracht von	8. WP 1976–80		9. WP 1980–83		10. WP 1983–87		11. WP 1987–90		12. WP 1990–94	
	Anz.	%	Anz.	%	Anz.	%	Anz.	%	Anz.	%
CDU/CSU	366	84,3	232	78,1	–	–	1	0,1	–	–
SPD	–	–	21	7,1	145	14,4	192	13,5	371	26,9
FDP	–	–	–	–	–	–	–	–	–	–
B'90/GRÜNE[a]					820	81,5	1206	85,0	321	23,2
DIE LINKE[b]									664	48,1
CDU/CSU, SPD	–	–	–		–	–	1	0,1	2	0,1
SPD, FDP	55	12,7	37	12,4	–	–	–		–	–
CDU/CSU, FDP	–	–	–	–	40	4,0	13	0,9	10	0,7
CDU/CSU, SPD, FDP	13	3,0	7	2,4	1	0,1	4	0,3	12	0,9
CDU/CSU, SPD, FDP, B'90/GRÜNE[a]					–	–	2	0,1	2	0,1
SPD, CDU/CSU, B'90/ GRÜNE					–	–	–	–		
SPD, B'90/GRÜNE[a]										
Insgesamt	434	100	297	100	1 006	100	1 419	100	1 382	100

	13. WP 1994–98		14. WP 1998–02		15. WP 2002–05		16. WP 2005–09	
	Anz.	%	Anz.	%	Anz	%	Anz.	%
CDU/CSU	6	0,3	328[c]	18,1	338[d]	42,4	–	–
SPD	336	16,2	–	–	–	–	–	–
FDP	1	0,1	341	18,8	456	57,3	1005	30,4
B'90/GRÜNE[a]	926	44,7	2	0,1	1	0,1	788	23,9
DIE LINKE[b]	783	37,8	1127	62,2	–	–	1505	45,6
CDU/CSU, SPD	–	–	–	–	–	–	1	0,1
SPD, FDP	–	–	–	–	–	–	–	–
CDU/CSU, FDP	13	0,6	–	–	1	0,1	–	–
CDU/CSU, SPD, FDP	–	–	–	–	–	–	–	–
CDU/CSU, SPD, FDP, B'90/GRÜNE[a]	4	0,2	–	–	–	–	–	–
SPD, CDU/CSU, B'90/ GRÜNE	1	0,1	–	–	–	–	–	–
SPD, B'90/GRÜNE[a]			15	0,8	1	0,1	–	–
Insgesamt	2 070	100	1 813	100	797	100	3 299	100

a bis 3.10.1990: DIE GRÜNEN; 12. WP als »Gruppe«

b bis einschließlich 15. WP: PDS; Gruppe der PDS ab 4. Oktober vereinigungsbedingt im Bundestag vertreten, 12. WP: PSD/ LL; in der 15. WP nicht in Fraktionsstärke

c 4 Kleine Anfragen ohne Beteiligung der Fraktion

d 1 Kleine Anfragen ohne Beteiligung der Fraktion

Quelle: Schindler 1999: 2642 f.; Feldkamp 2011: 1237 ff. (Deutscher Bundestag, Referat Parlamentsdokumentation).

Tabelle 7.4). In Phasen der Regierungsbeteiligung erhält die Prüfung durch die Parlamentarische Geschäftsführung größeres Gewicht. Nach wie vor dienen Kleine Anfragen weder zur Demonstration abweichender Positionen noch zur »Aufweichung« der Fraktionslinie. Die Bearbeitung der Anfragen liegt bei den zuständigen Fachreferenten der Bundesministerien (vgl. Siefken 2010: 28 ff.). Der Bundestagspräsident fordert die Bundesregierung (gem. § 104 Abs. 2 GOBT) auf, die Fragen innerhalb von 14 Tagen schriftlich zu beantworten.

Reicht diese Frist nicht aus, kann er sie im Benehmen (!) mit dem Fragesteller verlängern (§ 104 Abs. 2 GOBT), was häufig geschieht. Jedenfalls bieten Kleine Anfragen die Möglichkeit, in wenigen Wochen Antwort auf Informationsfragen zu erhalten und die Regierung zu Stellungnahmen herauszufordern und gegebenenfalls Festlegungen zu veranlassen. Den Ministerien steht für Kleine Anfragen somit mehr Zeit zur Verfügung als zur Beantwortung von Einzelfragen (gem. § 105 GOBT), aber erheblich weniger als für die Bearbeitung Großer Anfragen. Angesichts der (relativ) knappen Beantwortungsfrist verzichten die Ministerien in der Regel auf komplizierte interministerielle Abstimmungsprozeduren, eine Tatsache, die bei der Rezeption der Antworten zu bedenken ist.

Seit 1969 sind die Kleinen Anfragen ganz eindeutig zum Kontroll- und Informationsinstrument der Opposition geworden. Die Koalitionsfraktionen haben seit 1972 Kleine Anfragen fast immer gemeinsam eingebracht und versagen es sich, Kleine Anfragen öffentlich zur Profilierung gegenüber dem Koalitionspartner zu nutzen. Der Anteil der von den Koalitionsfraktionen gestellten Kleinen Anfragen ging seit 1987 auf weniger als 1 % zurück.

Im Unterschied zu den Mehrheitsparteien gab es zwischen den Oppositionsfraktionen (jedenfalls formell) bei den Kleinen Anfragen fast keine Kooperation, ungeachtet gemeinsamer Auskunfts- und Kontrollinteressen in einigen Sachgebieten. Den sprunghaften Anstieg der Kleinen Anfragen seit 1983 hatte die Fraktion DIE GRÜNEN bewirkt, welche die Ministerien im Zeitraum 1983 bis 1990 mit 2 026 Kleinen Anfragen »eindeckten« (= 83,5 % aller Anfragen; 13. WP: B'90/GRÜNE 44,7 %, PDS 37,8 %). Eine derartige Vielfalt von Einzelaktivitäten, die in der Fraktion meist gar nicht mehr allgemein wahrgenommen werden, stärkt nicht eben die Konzentration auf das Wesentliche – was fraktionsintern auch immer wieder kritisiert wurde (Ismayr 1985b: 316). Allerdings kommt den zahlreichen Kleinen Anfragen eine nicht zu unterschätzende kommunikative Wirkung im Verhältnis von »Basis« und Abgeordneten zu: Denn viele dieser Kleinen Anfragen werden »von unten« (regionale Gliederungen der Partei, Bürgerinitiativen, nahestehende Institute etc.) angeregt. Gleichwohl befasst sich nur etwa jede zehnte Kleine Anfrage mit regionalen (selten »lokalen«) Problemen, wobei es fast nie um bloß regionale Belange geht (Auswertung des Verfassers für die 13. und 15. Wahlperiode). Tendenziell zutreffend ist nach wie vor Witte-Wegmanns Feststellung aus den 1970er Jahren, dass andererseits auch

»große politische Grundsatzprobleme« selten seien (Witte-Wegmann 1972: 157) – zumindest für die neuere Entwicklung allerdings mit der Einschränkung, dass viele der angesprochenen Einzelfragen im Kontext großer politischer »Grundsatzentscheidungen« Gewicht haben.

Die bereits in den 1970er Jahren festgestellte Vielfalt der in Kleinen Anfragen angesprochenen Themen ist seit den 1980er Jahren noch bunter geworden (Witte-Wegmann 1972: 150; Schindler 1994: 942 f.). Gleichwohl lassen sich Schwerpunkte ausmachen, die sich im Laufe der Zeit verschoben haben. Seit der Präsenz der GRÜNEN fielen die meisten Anfragen in die Kompetenz des Umweltministeriums und des Verkehrsministeriums, nach der deutschen Vereinigung betrafen sie das Innenministerium und das Finanzministerium und seit der 13. Wahlperiode zudem das Ministerium für Verkehr und Wohnungsbau (Schindler 1999: 2646 ff.; Feldkamp 2011: 1240 ff.).

Entscheidend für die Wirkung einer solchen Vielzahl von Kleinen Anfragen zu Spezialproblemen ist, ob die Antworten der Bundesregierung für umfassendere (weiterführende) oppositionelle Initiativen wie Große Anfragen und Gesetzentwürfe genutzt werden, vor allem aber, ob im Kontext anderer parlamentarischer Aktivitäten (Plenum!) öffentlichkeitswirksam Problemzusammenhänge sichtbar gemacht werden können. Die Schwierigkeit, angesichts permanenten Zeitdrucks die vielfältigen Einzelaktivitäten wieder konzeptionell zu bündeln, sind in den Fraktionen immer wieder angesprochen worden.

Die Tatsache, dass Kleine Anfragen nicht auf die Tagesordnung des Plenums gesetzt werden, muss die öffentliche Wirkung nicht beeinträchtigen. In Plenardebatten zum entsprechenden Themenkomplex, die durch andere Vorlagen veranlasst wurden, ggf. auch in einer Aktuellen Stunde, kann auf die Antworten zu Kleinen Anfragen Bezug genommen werden.

Die Art der Beantwortung der Kleinen Anfragen (wie auch anderer Fragen) durch die verschiedenen Ministerialreferate und Ressorts ist so unterschiedlich, dass eine generalisierende Beurteilung kaum möglich ist. Die Ministerialbürokratie, so die vorsichtige Einschätzung Friedrich Schäfers, sei »um eine befriedigende Antwort bemüht, durch die nicht mehr gesagt wird, als gesagt werden muss« (Schäfer 1982: 235). Aus der Sicht der Oppositionsfraktionen bleibt die Regierung/Verwaltung zu häufig Antworten schuldig oder antwortet ausweichend. Besonders karg und unbefriedigend fallen Antworten aus, die den Bereich der inneren und äußeren Sicherheit betreffen. Der Opposition bleibt dann nur die Möglichkeit, mit weiteren (etwas anders formulierten) Kleinen Anfragen »nachzuhaken«, was des Öfteren geschieht, oder sich anderer parlamentarischer Kontrollmittel und/oder informeller Kontakte zu bedienen.

Für die Kleinen Anfragen der Koalitionsfraktionen gilt, was schon zu den »Großen Anfragen« gesagt wurde: Deren Anfragen sind oft zwischen den Experten der Koalitionsfraktionen (»Berichterstatter-Gespräche«) und den zuständigen Ministerialbeamten, gegebenenfalls unter Beteiligung von Obleuten bzw. AG-Vorsitzenden und des Parlamentarischen Staatssekretärs, abgesprochen, wobei die Initiative bei den Abgeordneten oder beim Ministerium liegen kann.

Kleine Anfragen haben eine Kontroll- und vor allem Initiativwirkung, wohl nicht nur aufgrund der öffentlichen Wahrnehmung. Es darf angenommen werden, dass Ministerialreferenten, die häufiger mit der Beantwortung »informierender Fragen« (Witte-Wegmann 1972: 152) befasst sind, die sich auf konkrete Erfahrungen beziehen, für Probleme nach und nach sensibilisiert werden. Dies wird sich – zumindest längerfristig – auch auf ihre parlamentsbezogene Arbeit auswirken. Wie folgenreich diese Anstöße wirklich sind, lässt sich allerdings nur vermuten. So dürfte die Konfrontation mit der Flut von »ungewohnten« Fragen und Erfahrungen in den zahlreichen Anfragen der Fraktion DIE GRÜNEN seit 1983 bei Ministerialreferenten nicht wirkungslos geblieben sein, deren »Außenkontakte« sich primär auf Vertreter traditioneller Interessenverbände bezogen hatte.

7.7   Fragestunde und schriftliche Einzelfragen

Nur wenige geschäftsordnungsmäßige Kompetenzen sind nach der Geschäftsordnungsreform dem einzelnen Abgeordneten verblieben (vgl. Abschn. 2.1.1). Vor allem ist dies das Recht, kurze Einzelfragen zur mündlichen oder schriftlichen Beantwortung an die Bundesregierung zu richten (§ 105 GOBT). Von diesem Recht haben die Abgeordneten seit Einführung der Fragestunde 1952 (nach britischem Vorbild) zunehmend Gebrauch gemacht (zur Entwicklung der Fragestunden vgl. Witte-Wegmann 1972: 161 ff.). Der Anteil der 1969 im Zuge der Parlamentsreform eingeführten Fragen zur schriftlichen Beantwortung stieg seit Mitte der 1980er Jahre auf ca. 80 % aller eingereichten Fragen (16. WP: 12 789 von 15 492). Hinzu kommt, dass auch ein Teil der Fragen für die Fragestunde nur schriftlich beantwortet wird (Ismayr 1992: 387). Dies gilt für Fragen, die einen Tagesordnungspunkt der laufenden Sitzungswoche betreffen und für Fragen von offenbar lokaler Bedeutung, geschieht aber oft auch aus Zeitgründen (Anlage 4 GOBT).

In Sitzungswochen findet seit der 13. Wahlperiode regulär eine Fragestunde von 120 Minuten statt (mittwochs in der Mittagszeit im Anschluss an die Regierungsbefragung); zuvor waren es seit 1973/74 zwei Fragestunden zu je 90 Minuten. Verlängert der Präsident vorher die Befragung der Bundesregierung, so verkürzt sich gem. Anlage 7 Nr. 6 GOBT die sich anschließende Fragestunde entsprechend. Jeder Bundestagsabgeordnete ist berechtigt, für die Fragestunde einer Sitzungswoche bis zu zwei Fragen zur mündlichen Beantwortung und im Monat vier Fragen zur schriftlichen Beantwortung an die Bundesregierung zu richten (Anlage 4 GOBT).

Formell liegt das Informations- und Kontrollmittel der mündlichen und schriftlichen Fragen also beim einzelnen Abgeordneten. Tatsächlich ist es den Fraktionsführungen bis zu einem gewissen Grad gelungen, die Frageaktivitäten der einzelnen Abgeordneten zu »koordinieren« und auch zu »kontrollieren«. Nach der Geschäftsordnung des Bundestages sind Fragen beim Parlamentssekretariat einzureichen, wo sie auf ihre Zulässigkeit geprüft werden. Nach fraktionsinternen Regelungen werden Fragen für die Fragestunde über den zuständigen Parlamentarischen Geschäftsführer bzw. das Fraktionsbüro eingereicht, die sie an das Parlamentssekretariat weiterleiten. Dadurch ist eine zusätzliche »Sicherung« eingebaut, um für die Fraktionsführung unliebsame Überraschungen zu vermeiden. Aus der Sicht einer am »reibungslosen Ablauf der Plenarwochen« interessierten Fraktionsführung mag dies verständlich sein, doch ist andererseits bedenklich, dass nicht einmal dieses originäre Recht des einzelnen Abgeordneten der »Vorprüfung« des Fraktionsmanagements entzogen ist.

Wichtige Themenkomplexe für die Fragestunden werden in den Arbeitsgruppen der Fraktionen (vor allem der Opposition) systematisch vorbereitet. Zur kontinuierlichen »Betreuung« und Koordination benennen die Arbeitsgruppen Beauftragte für die Fragestunde. Selbstverständlich hat eine Strategie für die Fragestunde für die jeweilige (große) Oppositionsfraktion eine sehr viel größere Bedeutung als für die Mehrheitsfraktionen. Bei wichtigeren Themen werden – insbesondere von der Opposition – aufeinander abgestimmte Hauptfragen und nach Möglichkeit auch Zusatzfragen vorbereitet. Es ist inzwischen die Regel, dass Fragestunden (mindestens) ein bis zwei Schwerpunktthemen aufweisen, zu denen mehrerer Hauptfragen und zahlreiche Zusatzfragen gestellt werden.

Vornehmlich bei fraktionsintern vorbereiteten Schwerpunktthemen zeigt sich, dass die Fragestunde durchaus nicht (mehr) den »einfachen« Abgeordneten überlassen bleibt, sondern auch hier bei wichtigeren und aktuellen Themen führende Fraktionsmitglieder (u. a. AG-Vorsitzende, Obleute) beteiligt sind. Der Abgeordnete mit seinen Einzelanliegen sieht sich dann nicht selten aus der Fragestunde abgedrängt und auf die schriftliche Beantwortung verwiesen. Andererseits bietet sich für die Mitglieder der beteiligten Fraktionsarbeitsgruppen bei »systematischer« Vorbereitung eine bessere Chance, über den Lokalteil der Tagespresse hinaus von Massenmedien und Öffentlichkeit wahrgenommen zu werden.

Im Zuge dieser Entwicklung bestimmen die Mechanismen des Fraktionenparlaments – wenn auch weniger ausgeprägt als bei Plenardebatten – auch die Fragestunde. Mündliche Einzelfragen werden zwar auch von Abgeordneten der Regierungsfraktionen gestellt, doch ist deren Anteil seit 1998 deutlich zurückgegangen und lag in der 16. Wahlperiode (2005–2009) bei nurmehr 5,8 % (14. WP: 3,7 %), während er zuvor immerhin ein Fünftel (1994–98) bis etwa ein Drittel (1983–94) betrug (vgl. Tabelle 7.5; Feldkamp 2011: 1238 f.; Schindler 1999: 2644). Neben (kritischen) Informationsfragen zu Einzelaspekten und regionalen Belangen sind darunter viele Fragen, die der Regierung Gelegenheit geben, die »gemeinsame« Mehrheitsposition zu erläutern. Bei nach wie vor häufig gestellten Zusatzfragen von Abgeordneten der Koalitionsfraktionen geht es oft darum, der Regierung »Schützenhilfe« zu leisten. Nicht nur an kri-

Kontrolle und Kommunikation

Tabelle 7.5a Mündliche und schriftliche Fragen (14. Wahlperiode)

	insgesamt		Abgeordnete der Koalition					
			insgesamt		SPD		B'90/GRÜNE	
	Anzahl	%	Anzahl	%	Anzahl	%	Anzahl	%
mündliche Fragen[a]	3 309	21,8	121	3,7	117	3,5	4	0,1
schriftliche Fragen	11 838	78,2	1 438	12,1	1 209	10,2	229	1,9
Insgesamt	15 147	100,0	1 559	10,2	1 326	8,8	233	1,5

	Abgeordnete der Opposition								fraktionslose Abgeordnete	
	insgesamt		CDU/CSU		FDP		PDS			
	Anzahl	%	Anzahl	%	Anzahl	%	Anzahl	%	Anzahl	%
mündliche Fragen[a]	3 188	96,3	2 277	68,8	622	18,8	289	8,7	0	0,0
schriftliche Fragen	10 400	87,9	8 305	70,2	1 433	12,1	659	5,6	3	0,03
Insgesamt	13 588	79,2	10 582	69,9	2 055	13,6	948	6,3	3	0,04

a einschließlich 80 »dringliche Fragen« (SPD 1; B'90/GRÜNE 1; CDU/CSU 51; FDP 19; PDS 8)

Quelle: Feldkamp 2011: 1238 (Deutscher Bundestag, Referat Parlamentsdokumentation); eigene Berechnungen.

Tabelle 7.5b Mündliche und schriftliche Fragen (16. Wahlperiode)

	insgesamt		Abgeordnete der Koalition					
			insgesamt		CDU/CSU		SPD	
	Anzahl	%	Anzahl	%	Anzahl	%	Anzahl	%
mündliche Fragen[a]	2 814	17,4	165	5,8	130	4,6	35	1,2
schriftliche Fragen	12 789	82,6	2 825	22,1	2 053	16,1	772	6,0
insgesamt	15 603	100,0	2 990	19,2	2 183	14,0	807	5,2

	Abgeordnete der Opposition								fraktionslose Abgeordnete	
	insgesamt		FPD		DIE LINKE		B'90/GRÜNE			
	Anz.	%	Anz.	%	Anz.	%	Anz.	%	Anz.	%
mündliche Fragen[a]	2 649	94,2	401	14,3	1 018	36,2	1 228	43,6	2	0,1
schriftliche Fragen	9 964	77,9	4 087	32,0	2 881	22,4	2 821	22,1	175	1,4
insgesamt	1 2613	80,8	4 488	28,7	3 899	25,0	4 049	26,0	177	1,1

a einschließlich 111 »dringliche Fragen«
(B'90/GRÜNE 52; FDP 18; DIE LINKE 41)

Quelle: Feldkamp 2011: 1239 (Deutscher Bundestag, Referat Parlamentsdokumentation); eigene Berechnungen.

tischer Distanz zur Regierung, sondern auch zur Ministerialverwaltung fehlt es allzu oft. Gängige Praxis ist, dass sich Abgeordnete aus dem Regierungslager Fragen vorformulieren lassen und auch von den Ministerien »angeregte« Fragen und Zusatzfragen stellen. Übliche Frontstellungen zwischen Regierungsmehrheit und Opposition beherrschen also immer dann die Fragestunde, wenn es um relativ wichtige bzw. aktuelle Probleme geht, die auch Gegenstand weiterer parlamentarischer (Kontroll-) Aktivitäten sind.

Wie aber ist unter diesen Voraussetzungen die (öffentliche) Informations- und Kontrollwirkung der Fragestunde einzuschätzen? Anders als bei Großen und Kleinen Anfragen stehen der Bundesregierung für die Beantwortung von Einzelfragen nur wenige Tage zur Verfügung. Fragen für die Fragestunde müssen bis spätestens Freitag 10:00 Uhr vor den Sitzungswochen beim Parlamentssekretariat eingereicht werden, dringliche Fragen spätestens am vorhergehenden Tage bis 12:00 Uhr mittags (Anlage 4 GOBT). Verbessert wurde 1989 die bisher restriktive Regelung für dringliche Fragen, deren Zahl auch seither gestiegen ist (14./16. WP: 80/111). Bei »offensichtlich dringendem öffentlichen Interesse« sollen sie vom Präsidenten zugelassen werden, der eine Zurückweisung begründen muss. Sie werden zu Beginn der Fragestunde aufgerufen.

Beantwortet werden mündliche Fragen meist von einem Parlamentarischen Staatssekretär (oder Staatsminister), vom zuständigen Bundesminister nur in seltenen Ausnahmefällen – was immer wieder Anlass für Kritik war. Anlass für erhebliche Unzufriedenheit bei vielen Abgeordneten mit dem Verlauf der Fragestunde ist die oft »herablassende und ausweichende Nichtbeantwortung von sachlich berechtigten Fragen« (so z.B. der Abgeordnete H. Müller; PlPr 11/28, S. 1898). Die fehlende »Waffengleichheit« wird hier eklatant deutlich. Auf die Frageform verpflichtet, können Abgeordnete ihre Argumente zudem nur indirekt vortragen, während die Regierungsvertreter ihre Position direkt begründen können.

Die Abgeordneten fragen nach konkreten Sachinformationen (Daten); überwiegend aber zielen die Fragen darauf ab, die Regierung zu veranlassen, ihre Bewertung von politischen Entwicklungen und Äußerungen sowie ihre Handlungsabsichten und laufenden Planungen offenzulegen und zu erläutern. Dies gilt auch für die Fragen zur schriftlichen Beantwortung, wenn der Anteil der »reinen« Informationsfragen hier auch etwas größer ist und die schriftlichen Antworten oft detaillierter sind. Geht es um politisch »unangenehme« Fragen, sind auch die schriftlichen Antworten oft lapidar und ausweichend.

Fragen zur schriftlichen Beantwortung sind in weit höherem Maße als die mündlichen Fragen das Medium des »einzelnen« Abgeordneten. Eine systematische Abstimmung der Fragen ist nicht erkennbar; allerdings werden überwiegend Fragen gestellt, die den einzelnen Abgeordneten in seiner Rolle als Experten (Berichterstatter) seiner Arbeitsgruppe beschäftigen. Der Anteil lokal- und regionalspezifischer Fragen aus den Wahlkreisen der Abgeordneten ist (wider Erwarten) verhältnismäßig gering.

Trotz der genannten Probleme würde man die Wirkung der mündlichen und schriftlichen Fragen aber unterschätzen, würde man nicht die indirekte Kontrollwirkung mitbedenken. Unmittelbar wahrgenommen werden Fragen überregional allenfalls bei Schwerpunktthemen in den Fragestunden (unter Beteiligung politischer Prominenz). Sonstige mündliche oder schriftliche Einzelfragen finden – von Ausnahmen abgesehen – nur in den lokalen Medien im Wahlkreis der Abgeordneten Resonanz.

Eine indirekte Kontrollwirkung ergibt sich dadurch, dass die Antworten der Regierung/Verwaltung im Rahmen anderer parlamentarischer und öffentlicher Aktivitäten aufgegriffen und genutzt werden können. So können Oppositionsabgeordnete die Glaubwürdigkeit ihrer Aussagen erhöhen, wenn sie diese mit »offiziellen« Daten der Exekutive abstützen können. Aufgrund der Antworten lässt sich – trotz häufiger Ausweichmanöver – feststellen, wo die Schwachstellen der Regierung liegen, und mitunter gelingt es ja auch, die Regierung/Verwaltung auf eine Position »festzunageln«.

7.8   Aktuelle Stunde

Mit der 1965 eingeführten Aktuellen Stunde schuf sich der Bundestag die Möglichkeit, rasch aktuelle Themen aufgreifen und darüber eine politische Debatte mit Kurzbeiträgen führen zu können. Während die Regierung jederzeit durch Regierungserklärungen Stellung nehmen und eine Debatte auslösen konnte und die Regierungsfraktionen nach der Geschäftsordnung immerhin die Möglichkeit besitzen, eine Plenardebatte durch Mehrheitsbeschluss durchzusetzen, blieb der Opposition nur der Weg, durch (abgestimmte) Fragen in der Fragestunde die Regierung zu aktuellen Stellungnahmen herauszufordern. Weitgehend auf die Frageform verpflichtet, können Abgeordnete ihre Argumente nur indirekt vortragen, während die Regierungsvertreter ihre Position direkt begründen können. Anlass für die Einführung der Aktuellen Stunde waren öffentliche und interne Kritik an der mangelnden Aktualität und Spontaneität der Debatten des Bundestages, der so Gefahr lief »sich seiner kommunikativen Funktion zu begeben und das Interesse der Öffentlichkeit zu verlieren« (Lichtenberg 1986). Denn in den Medien dominierten (schon damals) der Bundeskanzler und führende Minister, die sich in Pressekonferenzen und Interviews »unmittelbar« der Öffentlichkeit präsentierten. Die Einführung Aktueller Stunden wurde auch in den Medien als ein Mittel begrüßt, parlamentarische Debatten wieder aktueller, lebendiger und interessanter zu gestalten und das Parlament wieder zum zentralen Ort politischer Auseinandersetzung zu machen.

Aktuelle Stunden kommen aufgrund interfraktioneller Vereinbarung im Ältestenrat oder auf Verlangen einer Fraktion (oder 5 % der Abgeordneten) zustande (Anlage 5 GOBT). Seit der Geschäftsordnungsreform 1980 können parlamentarische Minderheiten Aktuelle Stunden auch unabhängig von einer vorausgegangenen Fra-

Tabelle 7.6 Aktuelle Stunden: Anzahl und Antragsteller

	4.WP 1961–65	5.WP 1965–69	6.WP 1969–72	7.WP 1972–76	8.WP 1976–80	9.WP 1980–83	10.WP 1983–87	11.WP 1987–90	12.WP 1990–94	13.WP 1994–98	14.WP 1998–02	15.WP 2002–05	16.WP 2005–09
CDU/CSU	–	1	8	18	8	4	13	16	10	3	52	30	1
SPD	2	3	–	1	1	6	48	39	51	35	12	7	–
FDP	–	11	–	–	–	–	7	8	5	8	29	17	24
B'90/GRÜNE[a]							42	60	11	35	5	3	35
DIE LINKE[b]								–	21	15	34	–	27
CDU/CSU, SPD	–	2	–	–	–	–	1	–	4	3	–	2	18
CDU/CSU, FDP	–	–	–	–	–	–	2	2	1	–	–	–	–
CDU/CSU, SPD, FDP	–	–	–	1	–	2	2	–	–	1	–	–	–
CDU/CSU, SPD, FDP, B'90/GRÜNE[a]	–	–	–	–	–	–	2	–	–	–	–	–	–
CDU/CSU, SPD, B'90/GRÜNE[a]	–	–	–	–	–	–	–	–	–	–	–	–	2
SPD, FDP	–	–	–	–	–	–	–	1	–	–	–	–	–
SPD, B'90/GRÜNE[a]	–	–	–	–	–	–	–	–	–	1	8	12	–
SPD, B'90/GRÜNE[a], DIE LINKE[b]	–	–	–	–	–	–	–	–	–	1	–	–	–
FDP, DIE LINKE[b], B'90/GRÜNE[a]	–	–	–	–	–	–	–	–	–	–	–	–	1
FDP, DIE LINKE[b]	–	–	–	–	–	–	–	–	–	–	–	–	2
FDP, B'90/GRÜNE[a]	–	–	–	–	–	–	–	–	–	–	–	–	2
DIE LINKE[b], B'90/GRÜNE[a]	–	–	–	–	–	–	–	–	–	–	–	–	1
Interfraktionell	–	–	–	–	–	–	–	–	–	1	1	–	–
Insgesamt	2	17	8	20	9	12	117	126	103	103	141	71	113

a bis einschließlich 12. WP: DIE GRÜNEN

b bis einschließlich 15. WP: PDS; ab 3.10.1990 (11. WP) vereinigungsbedingt im Bundestag vertreten; 12. WP: Gruppe PDS/LL; in der 15. WP nicht in Fraktionsstärke

Quelle: Schindler 1999: 2706 ff; Feldkamp 2011: 1271 (Deutscher Bundestag, Referat Parlamentsdokumentation).

gestunde durchsetzen, was die Nutzung erheblich erleichterte. Zuvor konnten sie dies nur, wenn sie sich mit einer Antwort eines Vertreters der Bundesregierung auf eine mündliche Anfrage nicht zufrieden geben wollten »unmittelbar nach Schluss der Fragestunde« – eine weiterhin bestehende Möglichkeit. Die seither häufige Durchführung Aktueller Stunden (1983–2009: 774) war nach dem Machtwechsel 1982/83 durch die Konkurrenz zweier Oppositionsfraktionen und das große Interesse der Fraktion DIE GRÜNEN an diesem »spontan« einsetzbaren, öffentlichkeitswirksamen Kontrollinstrument motiviert (Tabelle 7.6).

Das Gegenüber von Opposition(sfraktionen) und Regierung(smehrheit) bestimmte die Praxis der Aktuellen Stunden fast durchgängig. Profilierungsversuche des kleineren Koalitionspartners durch eigenständig beantragte Aktuelle Stunden spielten bisher nur eine geringe Rolle.

Im Zeitraum 1983 bis 2009 haben die Koalitionsfraktionen 147 (19%) der insgesamt 774 Aktuellen Stunden verlangt, davon nur 50 gemeinsam (vgl. Tabelle 7.6). Dies geschah allerdings kaum mit dem Ziel, die »eigene« Regierung kritisch zu »begleiten«, sondern die Erfolge der Regierungspolitik herauszustreichen und sich – oft vehement – mit oppositionellen Positionen auseinanderzusetzen. So wurden in der 10. Wahlperiode auf Verlangen der CDU/CSU-Fraktion drei Aktuelle Stunden mit dem Ziel durchgeführt, die wirtschaftspolitischen Erfolge der Regierung öffentlichkeitswirksam zu präsentieren (Ismayr 1992: 659). Die zahlreichen Koalitionskonflikte, über die die Medien berichteten, fanden in den Aktuellen Stunden der Regierungsparteien kaum ihren Niederschlag. Dies gilt selbst für das öffentlich besonders konfliktreiche erste Jahr der christlich-liberalen Koalition 2009/2010.

Die Oppositionsfraktionen verzichteten im Interesse eigener Profilierung fast durchweg darauf, Aktuelle Stunden (formell) gemeinsam zu beantragen.

In Aktuellen Stunden darf der einzelne Abgeordnete nicht länger als fünf Minuten sprechen (§ 106 GOBT), um einen »lebendigen« Austausch von Argumenten zu ermöglichen. Regierungs- und Bundesratsmitglieder können auf diese Regelung nicht verpflichtet werden (Art. 43 GG), halten sich aber annähernd daran. Durch den Verzicht auf Anträge und Entscheidungen in der Sache soll der Diskussionsprozess möglichst offen gehalten werden (Anlage 5 Nr. 9 GOBT). Die Dauer der Aussprache ist nach der GOBT auf eine Stunde beschränkt, wobei in der Praxis aufgrund interfraktionell vereinbarter Redezeitkontingente davon leicht abgewichen werden kann (17. WP: 11 mal 5 Minuten + 5 Min. für antragstellende Fraktion; vgl. auch Fallsammlungen zur GOBT). Die Redezeit von Regierungs- und Bundesratsmitglieder oder ihrer Beauftragten wird nicht angerechnet. Dauert die Rede länger als zehn Minuten, wird allerdings auf Verlangen einer Fraktion die Aussprache darüber eröffnet (Anlage 5, Nr. 7 GOBT); diese Regelung wirkt sich durchaus präventiv aus (vgl. Fallsammlungen zur GOBT).

Aktuelle Stunden sollten – so die Erwartung bei ihrer Einführung – spontane, nicht im Detail vorbereitete Debatten auch unter Beteiligung »einfacher« Abgeord-

Tabelle 7.7   Thematische Schwerpunkte Aktueller Stunden

Themen	Anzahl 10. WP	Anzahl 13. WP	Anzahl 14. WP	Anzahl 15. WP	Anzahl 16. WP
Außenpolitik, Internationales, Menschenrechte, EU	17	23	14	5	9
Sicherheitspolitik, Militär	18	2	8	3	13
Ökonomie, Arbeit, Finanzen	24	28	60	31	32
Ökologie, Umwelt, Verkehr, Energie	24	13	20	6	18
Soziales, Gesundheit, Wohnungsbau, Kultur, Bildung, Forschung	14	28	26	18	23
Sonstige	20	9	13	8	18
Insgesamt	117	103	140	71	113

Quelle: Schindler 1999: 2713 ff.; Feldkamp 2011: 1278 ff. (Deutscher Bundestag, Referat Parlamentsdokumentation); eigene Zusammenstellung.

neter sein. Tatsächlich dominieren seit jeher die führenden Fraktionsmitglieder (Arbeitsgruppenvorsitzende, stellv. Fraktionsvorsitzende). Die Gründe liegen auf der Hand: Geht es um ein zentrales Thema bzw. einen brisanten politischen Vorgang, bei dem die Glaubwürdigkeit der Regierung auf dem Spiele steht – ein von der Opposition gern gewählter Anlass – dann treten die Spitzenpolitiker an; werden speziellere Probleme behandelt, haben Abgeordnete, die nicht in diesen Themenbereich eingearbeitet sind, oft Schwierigkeiten, sich von einem Tag auf den anderen darauf einzustellen und entsprechend vorzubereiten.

Häufig geht es bei Aktuellen Stunden um die Thematisierung aktueller Vorfälle im In- und Ausland, um brisante Entscheidungen und politische Äußerungen. Teils werden sie zum Anlass genommen, eine politische Neubewertung oder jedenfalls Akzentuierung vorzunehmen, oft aber auch nur, um für die eigene Beurteilung bekannter Probleme erneut Aufmerksamkeit zu finden. Um im wöchentlichen Wettbewerb um die Platzierung Aktueller Stunden mithalten zu können, werden sie mitunter zu Themen verlangt, deren Aktualität kaum erkennbar ist. Dazu neigen vor allem Regierungsfraktionen, da das Reservoir aktueller Themen, die der Regierung genehm sind, begrenzt ist.

Was Aktuelle Stunden für Oppositionsfraktionen vor allem attraktiv macht, ist die Möglichkeit, in jeder Sitzungswoche aktuelle Debattenthemen selbst bestimmen und so politische Akzente setzen zu können. Die Massenmedien berichten – verglichen mit »normalen« Debatten – über Aktuelle Stunden regelmäßig und vergleichsweise ausführlich.

Aktualität der Themen, pointierte Debattenbeiträge, rascher »Schlagabtausch« und auch die politische Prominenz vieler Redner kommen dem journalistischen Selektionsinteresse entgegen. Dies gilt vor allem für das »Unterhaltungsmedium« Fernsehen, in dem die Attraktivität politischer Informationssendungen in hohem und angesichts steigender Konkurrenz kommerzieller Anbieter verstärktem Maße vom

»Unterhaltungswert« abhängt. Kurzdebatten in der Form der Aktuellen Stunde »mit ihrem gefragten Ping-Pong-Effekt« (Appel 1985: 17) gelten als besonders fernsehgerecht. Zu diesen Erwartungen im Widerspruch steht freilich die Tatsache, dass Live-Übertragungen von Aktuellen Stunden vor dem Start des Spartenkanals Phoenix 1997 seltene Ausnahmen waren, während Regierungserklärungen größtenteils übertragen wurden. So wurden in den Jahren 1977 bis einschl. 1986 von ARD und ZDF nur 4 (!) der insgesamt 138 Aktuellen Stunden live gesendet (Ismayr 1992: 400). Die Übertragung eines Großteils der Plenardebatten durch Phoenix schließt sämtliche Aktuelle Stunden ein, während Live-Übertragungen von Plenardebatten im Hauptprogramm von ARD und ZDF seit der Einrichtung von Phoenix ohnehin selten sind (vgl. Abschn. 7.2.4).

Die Chancen für einen politisch fruchtbaren Diskurs werden nur zum Teil genutzt. Allzu oft sind kurzatmige Polemik und die Neigung zu pauschalen Schuldzuweisungen stärker ausgeprägt als die Bereitschaft (und vielleicht auch Fähigkeit), kritisch argumentierend aufeinander einzugehen. Nicht nur aus diesen Gründen bleibt die argumentative Durchdringung für den »anspruchsvollen« Zuhörer oft unbefriedigend. Es eignen sich auch nicht alle Themen dafür, nach nur kurzer Vorbereitung in Kurzbeiträgen abgehandelt zu werden. Manche Aktuellen Stunden geraten bei Dominanz der »Experten« der betroffenen Ausschüsse auch zu komprimierten Fachdebatten – und verfehlen auf diese Weise die Öffentlichkeit.

7.9   Befragung der Bundesregierung

Seit Jahrzehnten war – nicht nur von der Opposition – kritisiert worden, dass die Bundesregierung über Kabinettsitzungen nicht zunächst vor dem Plenum des Bundestages berichtete, sondern an der Volksvertretung vorbei in der Bundespressekonferenz oder mit Einzelinterviews von Kabinettsmitgliedern den Weg in die Öffentlichkeit suchte. Um den auch dadurch bedingten Publizitätsvorsprung der Regierung in den Massenmedien zu verringern, wurde seit vielen Jahren eine regelmäßige Berichterstattung der Bundesregierung vor dem Parlament gefordert, und phasenweise auch praktiziert (1973/74, 1985; Schindler 1999: 2742 ff.). Nach entsprechenden Forderungen der »Interfraktionellen Initiative Parlamentsreform« (Abg. Hamm-Brücher u. a.), wurde eine »Befragung der Bundesregierung« seit 1988 erprobt und 1990 in der Geschäftsordnung des Bundestages verankert (§ 106 und Anlage 7 GOBT), die einige Mängel der bisherigen Regelungen zu vermeiden sucht (Ismayr 1992: 397). Vom Bundestagspräsidenten wurde sie zutreffend als »Mischung aus politischer Fragestunde und Berichterstattung aus dem Kabinett« angekündigt (PlPr 11/99/12.10.1988). Die Regierungsbefragung findet regelmäßig mittwochs – nach der Kabinettsitzung – um 13.00 Uhr statt und soll in der Regel 30 Minuten dauern. Mitunter reicht die Zeit nicht aus; die nachfolgende Fragestunde wird dann entsprechend verkürzt (vgl. Anlage 7 Nr. 6 GOBT). Zu Beginn erhält ein Mitglied der Bundesregierung auf Verlangen bis zu fünf Minuten das Wort, was zumeist geschieht. Die Fragen können durch Bemerkungen eingeleitet werden; dies ist häufig der Fall ist. Sie müssen kurz gefasst sein und kurze Antworten ermöglichen (Anlage 7 Nr. 2 GOBT). Bedeutsam ist, dass die Abgeordneten nicht nur Fragen zur vorausgegangenen Kabinettsitzung, sondern zu allen Bereichen der Verantwortlichkeit der Regierung stellen können. Die Regierungsbefragung ist zwar besonders auf die Kabinettsitzung bezogen, setzt diese aber nicht unbedingt voraus.

Wesentliche Voraussetzung des Gelingens ist einmal, dass der Bundeskanzler oder ein Stellvertreter und die von Themen der Kabinettsitzung betroffenen Minister anwesend sind und die übrigen Ressorts zumindest durch Parlamentarische Staatssekretäre vertreten werden. Zweitens ist es erforderlich, dass alle Fraktionen bereits vorweg über die Kabinettsitzung so informiert werden, dass sie gezielt fragen können. Jedenfalls bei neuen Informations- und Beschlusslagen sind die Oppositionsabgeordneten nicht nur gegenüber der Regierung, sondern häufig auch gegenüber den in Arbeitsgruppen und sonstigen Fraktionsgremien informierten Abgeordneten der Regierungsmehrheit benachteiligt (schon: Schäfer 1985: 28). In den 1990er Jahren wurden zeitweise wenigstens die Themen der Kabinettsitzung kurzfristig mitgeteilt, doch wird dies nicht mehr praktiziert. Zudem kommt es darauf an, dass Regierungsvertreter nicht bereits vor der Regierungsbefragung Mitteilungen an die Presse geben oder gar vor der Bundespressekonferenz berichten (PlPr 11/115; PlPr 11/199).

In der Praxis ist der größte Teil oder sogar die gesamte Regierungsbefragung *einem* Thema der vorausgegangenen Kabinettsitzung gewidmet, das die Bundesregierung dem Bundestag mitgeteilt hat und zu dem ein Bundesminister oder gelegentlich ein Parlamentarischer Staatssekretär zu Beginn der Befragung einen kurzen Bericht erstattet. Andere Themen der Kabinettsitzung oder sonstige Fragen von aktuellem Interesse nehmen zumeist nur geringen Raum ein. Sie werden fast durchweg von Parlamentarischen Staatssekretären beantwortet, da das Kabinett zumeist nur schwach vertreten ist (Plenarprotokolle der 15. bis 17. Wahlperiode). Die oft beklagte ausweichende und oberflächliche Beantwortung von Fragen betrifft insbesondere diesen Bereich. Sie wird auch dadurch begünstigt, dass viele Fragen aus den Reihen der Regierungsfraktionen vornehmlich der Abstützung der Regierungsposition dienen. Durch dieses Verhalten wohl mitbedingt, schwächt andererseits die als beschämend gering beklagte Präsenz der Abgeordneten und Regierungsmitglieder die öffentliche Wirkung der Regierungsbefragungen und darüber hinaus die Glaubwürdigkeit von Reforminitiativen dieser Art. Bisher hat die Regierungsbefragung die in sie gesetzten Erwartungen kaum erfüllt. Die mit der Geschäftsordnungsreform gegebenen Möglichkeiten wurden von den jeweiligen Oppositionsfraktionen bisher zu selten ausgeschöpft. Inzwischen wurden weitere Reformen wie eine regelmäßige Befragung des Bundeskanzlers nach britischem Vorbild vorgeschlagen.

7.10 Regierungserklärungen

Beim Stichwort »Regierungserklärungen« denkt man zunächst an jene umfassenden
Darstellungen des Regierungsprogramms zu Beginn der Wahlperiode oder nach einer
Regierungsneubildung (vgl. Abschn. 5.2). Daneben werden aber auch im Verlauf der
Wahlperiode durch den Bundeskanzler und – immer häufiger – auch durch Bundesminister Regierungserklärungen zu einzelnen Themenkomplexen abgegeben. Sie
sind ein wichtiges Instrument der öffentlichen Darstellung und Durchsetzung der Regierungspolitik. Nach Art. 43 Abs. 1 GG kann die Regierung »jederzeit« vor dem Bundestag eine Erklärung abgeben. In der Praxis ist es üblich, dass sie (nach vorheriger
Abstimmung mit den Koalitionsfraktionen) eine Regierungserklärung im Ältestenrat
sowie der Runde der Parlamentarischen Geschäftsführer ankündigt. Es ist ein selbst-
verständliches Gebot der Fairness, dass auch die Oppositionsfraktionen die Möglichkeit haben, sich auf die Debatte einzustellen.

Insgesamt 470 Regierungserklärungen gab es bisher, seit 1983 deutlich mehr als
zuvor (Tabelle 7.8). Themen der Regierungserklärungen sind überwiegend Fragen
der Internationalen Beziehungen, der Außen- und Sicherheitspolitik, der Europapolitik (so häufig zum Europäischen Rat) sowie der Wirtschaftsbeziehungen – selbstverständlich unter besonderer Berücksichtigung der Auswirkungen auf die Entwicklung
in Deutschland. Regierungserklärungen werden nun häufiger auch zu »innenpolitischen« Themen abgegeben (so in der 14. Wahlperiode etwa ein Drittel der 60 Regierungserklärungen). Regierungserklärungen dienen dazu, Handlungsfähigkeit zu demonstrieren, die internationale Präsenz und Akzeptanz zu unterstreichen, politische
Themen wie auch den Zeitpunkt ihrer Erörterung im Plenum zu bestimmen. Sie sind
geeignet, der Regierungsmehrheit einen medienwirksamen Aktionsvorsprung zu sichern. So kann die Regierungs(smehrheit) der Aussprache über eine Große Anfrage
oder eine andere parlamentarische Initiative der Opposition mit einer Regierungserklärung zuvorkommen und die Gewichte zu ihren Gunsten verschieben. Das »Gesetz des Handelns« wird dann in der öffentlichen Perzeption bei der Regierung liegen.

Meist sind Regierungserklärungen Anlass für eine »große«, oft mehrstündige Debatte, an der sich vornehmlich führende Fraktionsmitglieder sowie Regierungsmitglieder beteiligen. Auf die Regierungserklärung antwortet regelmäßig der Fraktionsvorsitzende der größten Oppositionsfraktion oder einer seiner Stellvertreter.

Von den Massenmedien werden Regierungserklärungen und die Plenardebatten
dazu stark beachtet. Die großen Tageszeitungen berichten meist darüber, häufig an
bevorzugter Stelle (vgl. Ismayr 1992: 401). Neben einer mehr oder weniger ausgepräg-
ten »gouvernementalen« Orientierung wirken sich die politischen Grundorientie-
rungen der Zeitungen, aber auch journalistisches Interesse am »Spektakulären« korrigierend oder verstärkend aus.

Stark ausgeprägt war das Interesse des Fernsehens an Regierungserklärungen. Bevor sie die Live-Berichterstattung aus dem Bundestag weitgehend ihrem Spartenka-

Tabelle 7.8 Regierungserklärungen

Wahlperiode	1.	2.	3.	4.	5.	6.	7.	8.	9.	10.	11.	12.	13.	14.	15.	16.	1.–16.
Bundeskanzler	25	7 *	4	7	16	14	20	19	13	25	24	19	16	32	13	16	270
Bundesminister	2	8	4	3	8	11	18	3	3	24	14	16	30	28	10	18	200
Insgesamt	27	15	8	10	24	25	38	22	16	49	38	35	46	60	23	34	470

Quelle: Schindler 1999: 1189 ff.; Feldkamp 2011: 573 ff.

nal Phoenix überließen, übertrugen ARD und ZDF in ihrem Hauptprogramm Regierungserklärungen und die Debatten dazu sehr viel häufiger als Aktuelle Stunden, obwohl die Erklärungen selbst in ihrem oft »amtlichen« Zuschnitt nicht eben »fernsehgerecht« sind. So wurden in den Jahren 1977 bis 1986 57 (65,5 %) der insgesamt 87 Regierungserklärungen vom Fernsehen live übertragen (Ismayr 1992: 400).

Regierungserklärungen sind auch ein Mittel des Bundeskanzlers, widerstrebende Koalitionspartner und Fraktionsflügel auf eine gemeinsame Linie der Regierungspolitik festzulegen. Dieser »Einigungszwang« nach außen wirkt sich umso stärker aus, als häufig auch über Entschließungsanträge abgestimmt werden muss. Von der 13. bis 16. Wahlperiode (1994–2009) wurden immerhin 151 Entschließungsanträge zu Regierungserklärungen eingereicht, davon 116 durch die Oppositionsfraktionen (Unterlagen der Verwaltung des Deutschen Bundestages; vgl. Abschn. 7.18 mit Tab. 7.13).

Entschließungsanträge zu Regierungserklärungen haben sich zu einem Mittel entwickelt, unmittelbar mit Sachanträgen auf die Darstellung der Regierungsposition zu reagieren und so die eigene politische Intention prägnanter zu akzentuieren. Oft bereits zuvor bekannt, sind sie ein nicht unwirksames Mittel im Kampf um die Aufmerksamkeit der Medien. Über die Entschließungsanträge kann unmittelbar nach der Aussprache abgestimmt werden, was nicht selten namentlich geschieht. Etwa zwei Fünftel der Entschließungsanträge werden an die Ausschüsse überwiesen, beschäftigen das Plenum also nochmals zu einem späteren Zeitpunkt (vgl. Abschn. 7.18).

7.11 Parlamentarische Haushaltsberatung und Finanzkontrolle

Historisch gesehen kann die Durchsetzung des parlamentarischen Steuerbewilligungs- und Budgetrechts als der vielleicht entscheidende Schritt auf dem Wege der »Parlamentarisierung« westlicher Regierungssysteme angesehen werden (Hirsch 1968: 13 ff.; Zunker 1977: 271). Auch im Regierungssystem der Bundesrepublik liegt der Primat der Budgetgestaltung auf den ersten Blick beim Parlament: Der Haushalt wird durch ein Parlamentsgesetz beschlossen, Haushaltsdebatten finden parlamentsintern und öffentlich große Beachtung, der Haushaltsausschuss gilt als einflussreichster Bundestagsausschuss. Tatsächlich aber ist eine stark gouvernementale Prägung des Haushalts unbestreitbar, wie Einblicke in die Praxis aber auch schon die einschlägigen Verfassungsbestimmungen zeigen.

Nach Art. 110 GG wird zwar der Haushaltsplan durch das Haushaltsgesetz festgestellt, doch gibt es erhebliche Unterschiede zum üblichen Gesetzgebungsverfahren (vgl. Bajohr 2007: 161 ff.). Die Vorlage des Haushaltsgesetzentwurfs und Haushaltsplans ist ausschließlich Sache der Bundesregierung. Über diese Führungsfunktion hinaus stärkten weitere, bereits vom Parlamentarischen Rat beschlossene Verfassungsbestimmungen (Art. 109 bis 115 GG) und die Haushaltsreform der ersten Großen Koalition (1966–1969) die Stellung der Bundesregierung.

So kann der Bundesminister der Finanzen »im Falle eines unvorhergesehenen und unabweisbaren Bedürfnisses« Haushaltsüberschreitungen der Verwaltung bewilligen – eine Bestimmung, deren extensiver Auslegung und Nutzung allerdings das Bundesverfassungsgericht entgegengetreten ist (Art. 112 GG; BVerfGE 45, 1, 4 ff.). Nach Art. 113 GG bedürfen Gesetze, »welche die von der Bundesregierung vorgeschlagenen Ausgaben des Haushaltsplanes erhöhen oder neue Ausgaben in sich schließen oder für die Zukunft mit sich bringen«, der Zustimmung der Bundesregierung. Dass diese Bestimmung bisher so gut wie nie zur Anwendung gelangte (und allenfalls eine gewisse präventive Wirkung entfaltete), überrascht angesichts der stabilen Mehrheitsverhältnisse im Bundestag nicht. Anträge der Opposition können durch die parlamentarische Mehrheit politisch wirkungsvoller zurückgewiesen werden. Versuchen aber Regierungsfraktionen Mehrausgaben durchzusetzen, werden die Regierung und vor allem der Finanzminister ihre Einflussmöglichkeiten in den Fraktions- und Koalitionsgremien sowie in informellen Gesprächszirkeln nutzen – und sich gegebenenfalls dem Druck beugen, um politisch zu überleben.

Über diese Kompetenzen hinaus hat die von der ersten »Großen Koalition« beschlossene Haushalts- und Finanzreform (1967, 1969) die Stellung von Regierung und (planender) Verwaltung noch erheblich gestärkt. Angesichts einer stark angewachsenen Staatstätigkeit (Infrastruktur- und Sozialleistungen, Wirtschaftsförderung), die zu einem hohen Anteil der öffentlichen Haushalte am Bruttoinlandsprodukt führten (2010: 46,6 %), wuchsen dem Bundeshaushalt nun zusehens (neue) wirtschaftspolitische, insbesondere konjunkturpolitische Steuerungsfunktionen zu. Mit der Neufassung des Art. 109 GG unterlagen die öffentlichen Haushalte dem Anspruch, die Konjunkturentwicklung zu berücksichtigen und den »Erfordernissen des gesamtwirtschaftlichen Gleichgewichts Rechnung zu tragen« (Art. 109 Abs. 2 GG a. F.). Nach dem Stabilitätsgesetz sind dies Geldwertstabilität, hoher Beschäftigungsstand, außenwirtschaftliches Gleichgewicht sowie das Wachstumsziel. Mit dem Stabilitätsgesetz wurden der Regierung eine Reihe von Einwirkungsmöglichkeiten zur Verfügung gestellt, um eine antizyklische Konjunkturpolitik betreiben zu können (Mutius 1984: 158 f.).

Beträchtliche Schwierigkeiten bewirken für Parlament und Öffentlichkeit die

Jährlichkeit und die spezielle, ressortmäßige Gliederung des Haushaltsplans. Kosten und finanzielle Folgewirkungen über mehrere Jahre sich erstreckender, ressort-übergreifend wirksamer Programme sind oft schwer zu überblicken und abzuschätzen (Boldt 1973: 537). Das Stabilitätsgesetz bestimmt nun seither, dass der Haushaltswirtschaft des Bundes eine fünfjährige Finanzplanung zugrunde zu legen ist. Der vom Finanzministerium aufgestellte und von der Bundesregierung beschlossene Finanzplan wird Bundestag und Bundesrat vorgelegt; er ist jährlich der Entwicklung anzupassen und fortzuführen (§ 9 StabG).

Der vom Bundestag nicht beschlossene, sondern nur zur Kenntnis genommene Finanzplan kann zwar der Orientierung dienen, ist für das Parlament jedoch nicht verbindlich und wird auch von der Regierung unter dem Druck aktueller Ereignisse (laufend) angepasst und fortentwickelt. Gleichwohl hat sich mit der »exekutivisch« angelegten Haushaltsreform der bestimmende Einfluss insbesondere des Finanzministers und der (ressortspezifisch) planenden Verwaltung bei der Budgetgestaltung noch verstärkt (Schuppert 1984: 227; Tomuschat 1980: 8; Bajohr 2007: 175 ff.). Allerdings darf der (kurzfristige) Handlungsspielraum der Regierung auch nicht überschätzt werden. Regierung und Parlament sind an die gesetzlich und international festgelegten Verpflichtungen in ähnlicher Weise gebunden. Bei der jährlichen Aufstellung des Haushaltsplans engen gesellschaftlich, ökonomisch und politisch bedingte »Zwänge«, Rücksichtnahmen und Unsicherheiten bei Konjunktur- und Steuerprognosen (Hofmeier 1997: 9) den Entscheidungsspielraum der Regierung und des Bundestages in ähnlicher Weise ein. Nur ein kleiner Teil des Haushalts steht als »freie Manövriermasse« zur Verfügung. Ein Großteil der Ausgaben beruht auf gesetzlichen und vertraglichen Verpflichtungen.

Für Regierungen und Parlamente von Bund und Ländern gleichermaßen verbindlich ist die sogenannte Schuldenbremse des Grundgesetzes in Art. 109 und 115, die der verfassungsändernde Gesetzgeber 2009 auf Vorschlag der Föderalismuskommission II unter Bedingungen der zweiten Großen Koalition (2005–2009) beschlossen hat (BT-Drs. 16/12410/24. 3. 2009; vgl. Kemmler 2009). Anlass war die wachsende Staatsverschuldung Deutschlands, die bei einer Schuldenstandsquote von etwa 80 % inzwischen einen Betrag von ca. zwei Billionen Euro erreicht hat (Stand 2012). Artikel 109 GG schreibt künftig den Grundsatz strukturell ausgeglichener Haushalte vor. Für den Bund bedeutet dies, dass die Einnahmen aus Krediten in normalen Zeiten 0,35 % des Bruttoinlandsproduktes nicht überschreiten dürfen, der Bund somit langfristig fast ohne Kredite auskommen muss. Aus konjunkturellen Gründen können weiterhin Kredite aufgenommen werden, doch muss beim Aufschwung die Verschuldung wieder abgebaut werden. Ausnahmen vom Kreditaufnahmeverbot gelten auch im Falle von Naturkatastrophen oder außergewöhnlichen Notsituationen, die sich der Kontrolle des Staates entziehen und die staatliche Finanzlage erheblich beeinträchtigen – wozu in der politischen Praxis auch die gegenwärtige Finanzkrise gerechnet wird (Stand: 2012). In diesen Fällen muss allerdings schon bei der Beschlussfassung über die Kreditaufnahme ein Tilgungsplan zur Rückführung des Kredits innerhalb eines angemessenen Zeitraums vorgesehen sein. Der Beschluss bedarf der Mehrheit der Mitglieder des Bundestages (Art. 115 Abs. 2 GG). Die Schuldenbremse gilt grundsätzlich ab dem Haushaltsjahr 2011, doch ist noch eine Übergangphase vorgesehen (Art. 143d GG). Der Bund soll dann ab dem Jahr 2016 die neuen Vorgaben vollständig erfüllen, die Länder ab 2020 – wobei die Auswirkungen der Eurokrise abzuwarten bleiben. Zur Überwachung der Haushaltswirtschaft von Bund und Ländern wurde ein gemeinsamer Stabilitätsrat eingesetzt, der insbesondere der Vermeidung von Haushaltsnotlagen dienen soll (Art. 109a GG; stabilitaetsrat.de). Die Regelungen der Schuldenbremse haben nicht nur die Stellung des Bundesfinanzministers gegenüber den Ressorts, sondern auch die der Haushälter des Bundestags (weiter) gestärkt und werden von diesen fast durchweg begrüßt (vgl. Beitrag »Skeptiker mit spitzem Bleistift«, in: Blickpunkt Bundestag spezial 2011).

Die Finanzkrise seit 2007/2008, die Staatsschuldenkrise in einzelnen EU-Staaten und die mit beiden Entwicklungen verbundene Euro-Krise seit 2009 stellen Bundestag und Bundesregierung vor neue Herausforderungen – mit teilweise noch schwer absehbaren Folgen. So wurde am 17. Oktober 2008 ein Rettungspaket für die deutschen Banken von bis zu 480 Milliarden Euro und die Errichtung einer Finanzmarktstabilisierungsanstalt (seit Juli 2009 Bundesanstalt für Finanzmarktstabilisierung) beschlossen (§ 3a Finanzmarktstabilisierungsfondsgesetz). Im Rahmen des »Euro-Rettungsschirms« werden umfangreiche Finanzmittel – insbesondere in Form von Notkrediten und Bürgschaften – bereitgestellt. So wurde im Mai 2010 als »vorläufiger Rettungsschirm« der Europäische Finanzstabilisierungsmechanismus (EFSM) beschlossen und die Finanzstabilisierungsfazilität (EFSF) eingerichtet, eine zwischenstaatlich vereinbarte Zweckgesellschaft der Euro-Gruppe, die Anleihen am Kapitalmarkt aufnehmen und Notkredite an Euro-Länder vergeben kann, für die die Mitgliedstaaten der Eurozone gemeinschaftlich haften. Der Bundestag hat das Bundesfinanzministerium ermächtigt, für Notmaßnahmen der EFSF Gewährleistungen bis zu insgesamt 211 Milliarden Euro zu übernehmen (§ 1 StabMechG i. d. F. vom 23. 5. 2012). Noch vor dem Auslaufen des EFSF im Juni 2013 soll ein entsprechender »permanenter Euro-Rettungsschirm« wirksam werden. Dessen wichtigster Teil ist der Europäische Stabilitätsmechanismus (ESM), eine am 2. Februar 2012 durch völkerrechtlichen Vertrag der Euro-Staaten gegründete internationale Finanzinstitution mit Sitz in Luxemburg, die mit einem Stammkapital von 700 Mrd. Euro ausgestattet ist. Von den 80 Mrd. Euro einzuzahlendem und 620 Mrd. Euro abrufbarem Kapital entfallen 21,7 Mrd. bzw. 168,3 Mrd. Euro auf Deutschland (BT-Drs. 17/9048; BT-Drs. 17/10126). Hinzu kommt der am 2. März 2012 von den Staats- und Regierungschefs aller EU-Staaten außer Großbritannien und Tschechien unterzeichnete »Vertrag über Stabilität, Koordinierung und Steuerung der Wirtschafts- und Währungsunion« (Fiskalvertrag). Dieser völkerrechtliche Vertrag verpflichtet die Vertragsstaaten, innerhalb eines Jahres nach Inkrafttreten – ähnlich wie in Deutschland – sog. Schuldenbremsen vorzugsweise mit Verfassungsrang in ihr einzelstaatliches Recht aufzunehmen (BT-Drs. 17/9046). Die meisten Euro-Staaten haben den Vertrag inzwischen ratifiziert. Der Bundestag hat auf seiner Sitzung vom 29. Juni 2012 nach kontroverser Debatte den Gesetzentwürfen zum Fiskalvertrag und zum ESM-Vertrag sowie zum ESM-Finanzierungsgesetz (ESMFinG) mit der erforderlichen Mehrheit von zwei Dritteln seiner Mitglieder zugestimmt, wobei es eine Reihe von Nein-Stimmen aus allen Fraktionen gab (PlPr 17/188/29.7.2012, S. 2273 ff.). Eine Zugeständnisse an Oppositionsfraktionen bedingende Beschlussfassung mit Zweidrittelmehrheit war angesichts des immensen Umfangs der Kompetenzübertragungen und zumal der jüngsten Urteile des Bundesverfassungsgericht geboten und durchsetzbar. So hatte das Bundesverfassungsgericht unterstrichen, dass es sich bei völkerrechtlichen Verträgen um Angelegenheiten der Europäischen Union handelt, »wenn sie in einem Ergänzungs- oder sonstigen besonderen Näheverhältnis zum Recht der Europäischen Union stehen«, gegebenenfalls mit der Notwendigkeit verfassungsändernder Mehrheiten wie bei Änderungen des Primärrechts der EU gem. Art. 23 Abs. 1 GG (2 BvE 4/11 vom 19.6.2012). Nachdem mehrere unterschiedlich begründete Anträge auf Erlass einer einstweiligen Verfügung vom Bundesverfassungsgericht abgelehnt wurden (2 BvR 1390/12 vom 12. 9. 2012), ist die Unterzeichnung der Vertragsgesetze durch den Bundespräsidenten erfolgt. Eine Ratifikation des ESM-Vertrages ist nach diesem Urteil allerdings nur zulässig, wenn völkerrechtlich sichergestellt wird, dass Bundestag und Bundesrat die für ihre Willensbildung erforderlichen umfassenden Informationen erhalten.

Durch die jüngsten Urteile des Bundesverfassungsgerichts sieht sich der Bundestag auch bei Angelegenheiten der Europäischen Union und völkerrechtlichen Verträgen in seinen haushaltspolitischen Kompetenzen gestärkt. So dürfe der Bundestag seine Budgetverantwortung nicht durch unbestimmte haushaltspolitische Ermächtigungen auf andere Akteure übertragen. »Jede ausgabenwirksame solidarische Hilfsmaßnahme des Bundes größeren Umfangs im internationalen oder unionalen Bereich muss vom Bundestag im Einzelnen bewilligt werden« (2 BvR 987/10 vom 7.9.2011).

Entsprechend legt § 3 des Stabilisierungsmechanismusgesetzes fest, dass die Bundesregierung in Angelegenheiten der Europäischen Finanzstabilisierungsfazilität einem Beschlussvorschlag, der die haushaltspolitische Gesamtverantwortung betrifft, durch ihren Vertreter nur zustimmen oder sich bei einer Beschlussfassung enthalten darf, nachdem das Plenum hierzu einen zustimmenden Beschluss gefasst hat. Ohne einen solchen Beschluss muss der deutsche Vertreter den Beschlussvorschlag ablehnen (§ 3 StabMechG). Eine entsprechende Regelung enthält im Rahmen des permanenten Rettungsschirms das vom Bundestag beschlossene ESM-Finanzierungsgesetz (BT-Drs. 17/10126/27.6.2012), wobei in beiden Gesetzen aufgelistet ist, wann die haushaltspolitische Verantwortung »insbesondere« betroffen ist (§ 4 ESMFinG). Im Übrigen ist der Haushaltsausschuss zu beteiligen, wobei nach dem ESM-Finanzierungsgesetz dessen vorherige Zustimmung in einer Reihe von Fällen erforderlich ist, die in § 5 erfasst sind. Seine Entscheidungskompetenzen wurden gegenüber dem EFSF deutlich ausgeweitet (§ 4 StabMechG). In den nicht aufgelisteten Fällen hat die Bundesregierung den Haushaltsausschuss zu beteiligen und seine Stellungnahmen zu berücksichtigen. »Dies gilt insbesondere bei Beschlüssen über die Auszahlung einzelner Tranchen der gewährten Stabilitätshilfe« (§ 5 Abs. 3 ESMFinG).

Für die Wahrnehmung der Beteiligungsrechte des Bundestages in bestimmten Fällen gemäß § 3 Abs. 3 des Stabilisierungsmechanismusgesetzes wurde im Juni 2012 ein geheim tagendes Sondergremium aus neun Mitgliedern des Haushaltsausschusses eingerichtet. Die Mitglieder (und Stellvertreter) dieses Sondergremiums werden vom Plenum mit absoluter Mehrheit in geheimer Wahl für eine Legislaturperiode gewählt, wobei jede Fraktion zumindest ein Mitglied benennen kann und die Zusammensetzung »spiegelbildlich« zum Plenum erfolgen muss (§ 3 Abs. 3 StabMechG; vgl. BVerfG, 2 BvE 8/11 vom 28. 2. 2012). Es nimmt die Beteiligungsrechte des Bundestages in Angelegenheiten der Europäischen Finanzstabilisierungsfazilität (EFSF) wahr, wenn die Bundesregierung in Fällen der Ankäufe von Staatsanleihen auf dem Sekundärmarkt besondere Vertraulichkeit geltend macht (§ 3 Abs. 3 StabMechG i. d. F. vom 23. 5. 2012; BT-Drs. 17/9145). Ein entsprechendes Gremium ist auch im ESM-Finanzierungsgesetz (§ 6) vorgesehen. Die Wahrnehmung der (haushaltspolitischen) Kompetenzen durch ein kleines Sondergremium ist nach Auffassung des Bundesverfassungsgerichts in diesen Fällen begründet, »weil nicht nur der Inhalt der Beratung, sondern auch die Tatsache der Beratung und der Beschlussfassung an sich geheim gehalten werden müssen, um den Erfolg einer Maßnahme nicht von vornherein unmöglich zu machen« (2 BvE 8/11, Rz 149). Der Vertreter der Bundesregierung im Direktorium der EFSF darf dann nur zustimmen, wenn das Sondergremium einen entsprechenden Beschluss gefasst hat. Gemäß dem Urteil des Bundesverfassungsgerichts vom 28. Februar 2012 (2 BvE 8/11, Rz. 144 ff.) wurde das Sondergremium auf diese Aufgabe beschränkt, während ihm die weitergehenden mit Eilbedürftigkeit und Vertraulichkeit begründeten Kompetenzen entzogen wurden (BGBL. I, S. 1166 vom 23. 5. 2012; BT-Drs. 17/9145). Soweit Abgeordnete durch Übertragung von Entscheidungsbefugnissen auf einen beschließenden Ausschuss von der Mitwirkung an der haushaltspolitischen Gesamtverantwortung ausgeschlossen werden sollen, ist dies nach Auffassung des Bundesverfassungsgerichts nur zum Schutz anderer Rechtsgüter mit Verfassungsrang und unter strikter Wahrung des Grundsatzes der Verhältnismäßigkeit zulässig (2 BvE 8/11; vgl. auch Wiefelspütz 2012). Bereits im Oktober 2011 war ein Gremium gem. § 3 Abs. 3 StabMechG a. F. gewählt worden, aber aufgrund einer Eilentscheidung des Bundesverfassungsgerichts nicht zusammengetreten.

Auf Beschluss des Bundestages wurden auch die Kompetenzen des bereits im November 2008 gemäß § 10a des Finanzmarktstabilisierungsfondsgesetzes und § 16 des Restrukturierungsfondsgesetzes eingerichteten Kontrollgremiums entsprechend eingeschränkt, das der Überwachung des Banken-Rettungspakets des Bundes dient

(BT-Drs. 17/10126). Dieses aus neun Mitgliedern des Haushaltsausschusses beste-hende »Finanzmarktgremium« tagt ebenfalls geheim. Es soll vom Bundesfinanzmi-nister über alle Fragen unterrichtet werden, die den Finanzmarktstabilisierungsfonds betreffen.

Die angemessene Wahrnehmung der haushaltspolitischen Kompetenzen durch den Bundestag und den Haushaltsausschuss setzt (auch) in Angelegenheiten der Europäischen Union und bei völkerrechtlichen Verträgen »die in einem Ergänzungs-verhältnis oder sonstigen besonderen Näheverhältnis zum Recht der Europäischen Union stehen« voraus, dass der Bundestag möglichst frühzeitig, umfassend und lau-fend informiert wird (BVerfGE, 2 BvE 4/11). Dies war bei so weitreichenden Vorhaben wie der Einführung des vorläufigen und des permanenten Rettungsschirms (EFSF, ESM) sowie dem Euro-Plus-Pakt nicht geschehen (vgl. Monitoringbericht 2011: 77 ff.; 2 BvE 4/11), was schon vor der Entscheidung des Bundesverfassungsgerichts nicht nur von Abgeordneten der Oppositionsfraktionen heftig kritisiert wurde. In einem inter-fraktionellen Entschließungsantrag vom 27. Juni 2012 werden Leitsätze zum Urteil des Bundesverfassungsgerichts übernommen und eine entsprechende Überarbeitung der bestehenden Gesetze zur Mitwirkung des Bundestages in Angelegenheiten der EU angekündigt (BT-Drs. 17/10152; vgl. Abschn. 6.9). Das im Juni 2012 beschlossene ESM-Finanzierungsgesetz enthält bereits detaillierte Verpflichtungen zur laufenden und frühzeitigen Unterrichtung des Bundestages und des Haushaltsausschusses (§ 7).

7.11.1 Entwicklung des Haushaltsplans

Die Aufstellung der Haushalte des Bundes und der Länder sowie des Finanzplans wird in erheblichem Maße durch die zweimal im Jahr vorgelegten Prognosen des Ar-beitskreises »Steuerschätzungen« über die vermutliche Entwicklung der Einnahmen beeinflusst, der erstmals 1955 tagte. Dieser Beirat des Bundesfinanzministeriums setzt sich aus Experten von Bund, Ländern und Kommunen, der Deutschen Bundesbank, dem Statistischen Bundesamt, dem Sachverständigenrat zur Begutachtung der ge-samtwirtschaftlichen Entwicklung und ausgewählten Wirtschaftsforschungsinstitu-ten zusammen. Die Prognosen des Arbeitskreises erfolgen auf der Grundlage der ge-samtwirtschaftlichen Eckdaten der Bundesregierung und des geltenden Steuerrechts. Sie werden im Anschluss an die im November und Mai erfolgenden Sitzungen der in-teressierten Öffentlichkeit zugänglich gemacht (bundesfinanzministerium.de; Bajohr 2007: 167 f.).

Die Aufstellung des Bundeshaushalts erfolgte bis zu einer erstmals 2011 praktizier-ten Neuregelung gemäß dem Bottom-up-Prinzip, somit einer Anmeldung des Finanz-bedarfs »von unten nach oben«. Demnach beginnen die offiziellen Arbeiten an einem Vorentwurf, wenn das Finanzministerium – üblicherweise zum Ende eines Kalender-jahres – alle Ministerien und sonstigen Bundesbehörden mit eigenen Einzelplänen bittet, die Bedarfe für das folgende Haushaltsjahr anzumelden. Vorüberlegungen sind in den Ministerien und Bundesbehörden dieser formellen Phase selbstverständlich bereits vorausgegangen. Führen die – oft keinesfalls konfliktfreien – ressortinternen Abstimmungsprozesse zu keiner Einigung, muss eine Entscheidung des zuständigen Bundesministers herbeigeführt werden. Da die Wünsche der Ministerien den vom Finanzministerium abgesteckten Haushaltsrahmen in der Regel erheblich übersteigen, versuchen die Fachreferenten des Finanzministeriums in Verhandlungen mit den Haushaltsreferenten der Fachressorts die Voranschläge auf einen intern vorgegebenen Umfang zu reduzieren. Nicht geklärte Streitfälle werden auf der Ebene der (Unter-)Abteilungsleiter und der Staatssekretäre entschieden. Chefgespräche zwischen dem Finanzminister und den einzelnen Fachministern dienen schließlich dazu, offen gebliebene Streitpunkte abzubauen (Ismayr 1992: 405 ff.; Mayntz 2008a: 5 f.). Danach stellt der Bundesfinanzminister den Haushaltsplan auf (vgl. Korff 1975: 106; Horst 1995: 233 f.). Nicht geklärte Streitfälle können dann vom Bundeskabinett entschieden werden – auf Veranlassung der betroffenen Fachminister aber nur dann, wenn es sich um »Angelegenheiten von grundsätzlicher oder erheblicher finanzieller Bedeutung« (§ 28 Abs. 2 BHO) handelt.

Nicht zuletzt durch die neue Schuldenregel des Grundgesetzes veranlasst, wurde für die regierungsinterne Aufstellung des Bundeshaushalts sowie des Finanzplans ein ab 2011 geltendes und bereits im Koalitionsvertrag 2009 zwischen CDU, CSU und FDP angekündigtes »Top-Down-Verfahren« beschlossen. Demnach werden verbindliche Einnahme- und Ausgabenvolumina der Ministerien für den Regierungsentwurf zum Bundeshaushalt als auch für den Finanzplan festgelegt. Diese Eckwerte bilden die verbindliche Grundlage für das weitere regierungsinterne Aufstellungsverfahren (so der Kabinettsbeschluss der Bundesregierung vom 7.7.2010.). Im März 2011 wurde erstmals ein solcher Eckwertebeschluss für die Ressorts vorgelegt (vgl. BMF: Eckwertebeschluss des Bundeshaushalts 2012 zum Finanzplan 2011 bis 2015). Mit dieser Maßgabe erfolgt im Anschluss das übliche regierungsinterne Aufstellungsverfahren. Nach ersten Erfahrungen hat sich diese neue Regelung jedenfalls aus der Sicht des Finanzministeriums bewährt, doch bleibt die weitere Praxis abzuwarten. Abweichungen von den Eckwerten beschränkten sich auf wenige, allerdings überaus gewichtige politische Entscheidungen (Energiewende nach der Reaktorkatastrophe von Fukoshima, Bundeswehrreform, Euro-Rettungsschirm).

Dem Finanzminister kommt bei der Aufstellung des Haushalts und besonders bei der Beschlussfassung im Kabinett eine rechtliche Sonderstellung zu (Korff 1975: 106; Horst 1995: 233 f.). Nach der Geschäftsordnung der Bundesregierung kann er bei Haushaltsbeschlüssen und darüber hinaus bei allen Fragen von finanzieller Bedeutung (z. B. Gesetzesvorlagen) Widerspruch einlegen (§ 26 Abs. 1). Eine Regelung kommt dann nur zustande, wenn sie in einer neuen Abstimmung »von der Mehrheit sämtlicher Bundesminister beschlossen wird und der Bundeskanzler mit der Mehrheit gestimmt hat«. Die Finanzminister haben von ihrem Widerspruchsrecht bisher nur selten Gebrauch gemacht; als »Druckmittel« in den Verhandlungen dürfte es aber durchaus nicht wirkungslos sein.

Wie stark die Stellung eines Finanzministers wirklich ist, hängt von seiner Persönlichkeit und insbesondere davon ab, ob und inwieweit er die Unterstützung des Bundeskanzlers hat und wie stark sein Rückhalt in der Fraktion und Partei ist; dies wiederum hat mit seinem Prestige in der Öffentlichkeit und der Anerkennung einer »Gesundung« der Finanzen als Voraussetzung privaten und öffentlichen Wohlstandes in der veröffentlichten Meinung zu tun.

In dem Maße, wie von Bundesregierung und Mehrheitsfraktionen gemeinsam zu verantwortende politische Prioritätsentscheidungen fehlen, erweitert sich auch der Durchsetzungsspielraum des Finanzministers und der Haushaltsabteilung seines Hauses, die Bedarfsanmeldungen der Ministerien vornehmlich nach eigenen (fiskalischen) Kriterien zurechtzustutzen.

Soweit es um die Realisierung politisch gewichtiger und/oder in der Koalition umstrittener Vorhaben geht, werden richtunggebende Entscheidungen auch schon im Vorfeld des Kabinettsbeschlusses in Koalitionsrunden und gegebenenfalls auch unter Mitwirkung von Fraktionsgremien (Vorstand) der Mehrheitsparteien getroffen. Über die koalitionsinternen Streitfälle hinaus gehen die Finanzbürokratie und oft auch der Finanzminister an die Voranschläge der Ressorts mit einer fiskalischen Messlatte heran. Ungeachtet der an alle Ministerien gerichteten Aufforderungen zur Sparsamkeit und Wirtschaftlichkeit fungiert der Finanzminister möglicherweise aber nur dem äußeren Anschein nach als »neutraler Sparkommissar«, während er tatsächlich interessenspezifische Prioritäten setzt (vgl. Ismayr 1992: 407).

Nach der (gewöhnlich im Juni erfolgenden) Beschlussfassung durch das Kabinett leitet die Bundesregierung den Haushaltsplan in Gesetzesform (Haushaltsgesetz und Haushaltsplan) dem Bundesrat zu und bringt ihn gleichzeitig – um zeitliche Verzögerungen zu vermeiden – beim Bundestag ein (Art. 110 Abs. 3 GG). Der Bundesrat ist berechtigt, innerhalb von sechs Wochen zu den Vorlagen Stellung zu nehmen, macht von diesem Recht aber (anders als bei üblichen Gesetzesvorlagen) nur zurückhaltend Gebrauch. Die weitere Mitwirkung des Bundesrates entspricht formal der des üblichen Verfahrens bei nicht zustimmungsbedürftigen Gesetzen. Gleichzeitig wird der fortgeschriebene Finanzplan vorgelegt (Bajohr 2007: 175 ff.). Der Haushaltsentwurf sollte so rechtzeitig eingebracht werden, dass die erste Beratung unmittelbar nach der Sommerpause in der ersten Septemberhälfte erfolgt und die 2. und 3. Beratung des Bundestages sowie der sog. Zweite Durchgang im Bundesrat noch vor der Weihnachtspause abgeschlossen werden können. Dazwischen liegen intensive Beratungen des Haushaltsausschusses.

Der Bundestag hat diesen Zeitplan zumeist eingehalten (Rüttger 1982: 165 ff.; Ismayr 1992: 407). Dies war nur möglich, weil die Mitglieder des Haushaltsausschusses schon vor der offiziellen Übersendung des Haushaltsgesetzentwurfs informiert wurden, die u. U. erst im August erfolgt. An die Rede des Bundesfinanzministers zur

Einbringung schließt sich eine mehrtägige Debatte an, wobei die Generalausspra-
che der Spitzenpolitiker anlässlich des Kanzleretats (»Elefantenrunde«) das stärkste
Gewicht hat. Nach der Haushaltsdebatte wird der Haushaltsgesetzentwurf sowie
der Entwurf des Finanzplans an den Haushaltsausschuss überwiesen; die Fachausschüsse können nur gutachtlich Stellung nehmen (§ 95 GOBT; vgl. Ritzel/Bücker/
Schreiner, Erl. zu § 95 GOBT). Von dieser Möglichkeit machen die meisten Fachausschüsse Gebrauch.

7.11.2 Der Haushaltsausschuss

In allen Phasen der Haushaltsgestaltung und -kontrolle ist der Haushaltsausschuss
beteiligt: Bei der Aufstellung und Feststellung des Haushalts, beim Haushaltsvollzug
und bei der nachträglichen Kontrolle. Der Haushaltsausschuss nimmt nach der Geschäftsordnung funktional gesehen und im Bewusstsein seiner Mitglieder – im Fraktionsjargon »Haushälter« genannt – eine Sonderstellung unter den Ständigen Ausschüssen ein. Er ist traditionell auch einer der größten Bundestagsausschüsse. Von
seinen derzeit 41 ordentlichen Mitgliedern gehören 15 gleichzeitig dem Rechnungsprüfungsausschuss an, einem Unterausschuss des Haushaltsausschusses. Bei der fraktionsinternen Verteilung der Ausschusssitze gibt es regelmäßig mehr Bewerbungen
als Sitze. Nach parlamentarischer Übung stellt die größte Oppositionsfraktion den
Vorsitzenden, ihr vielleicht wichtigstes Parlamentsamt.

Wo es bei Parlamentsentscheidungen (auch) um Finanzmittel geht, muss der
Haushaltsausschuss eingeschaltet werden. An den Haushaltsausschuss sind alle Haus-
haltsvorlagen zu überweisen. Alle Vorlagen, die geeignet sind auf die öffentlichen Finanzen des Bundes oder der Länder erheblich einzuwirken, müssen neben dem Fachausschuss auch dem Haushaltsausschuss überwiesen werden (§ 96 GOBT). Ergibt die
Prüfung des Haushaltsausschusses, dass die Vorlage Auswirkungen auf den laufenden
Haushalt hat, muss er zugleich mit dem Bericht an den Bundestag einen Vorschlag
zur Deckung der Mehrausgaben oder Mindereinnahmen vorlegen. Damit erhält der
Haushaltsausschuss gewichtige Einflussmöglichkeiten bei allen Entscheidungen mit
finanziellen Folgewirkungen. Die Prüfung durch den Haushaltsauschuss soll möglichst verhindern, dass die Regierung von ihren Rechten nach Art. 113 GG Gebrauch
macht und eine erneute Beratung verlangt oder sogar ihre Zustimmung versagt – was
noch nie geschehen ist. In der Praxis wird die Frage der Deckung bei der Beratung
des betreffenden Gesetzes im Haushaltsauschuss zwischen den zuständigen Berichterstattern insbesondere der Regierungsfraktionen und Vertretern des Finanzministeriums geklärt (vgl. Linn/Sobolewski 2011: 39).

Bei den Abgeordneten aller Fraktionen unumstritten ist, dass die Arbeit des gesamten Ausschusses auf einem »Spar- bzw. Konsolidierungskonsens« beruht (Sturm
1985: 256). Bei den Haushältern (insbesondere der Regierungsfraktionen) hat der Fi-

nanzminister, wenn er sich dafür stark macht, Verbündete in dem Bemühen, den Haushaltsrahmen einzuhalten und Ansprüche von Fachministerien und Fachausschüssen abzuwehren. Dass bei dieser Zielsetzung »Sparen zur Mentalität« werden und die angemessene inhaltliche Wahrnehmung von Problemlagen zu kurz kommen kann, ist eine auch von Haushältern eingestandene Erfahrung (Gerster 1984: 13; Sturm 1985: 256).

Gemeinsame Aufgabe und auch vergleichbare Erfahrungen bei der Abwehr von Ansprüchen ihrer Fraktionskollegen aus Fachausschüssen verbinden über Partei- und Fraktionsgrenzen hinweg (Gerster 1984: 13; Mayntz 2008b: 17 f.). Immer wieder auftretende Konflikte mit Fachausschüssen müssen in übergreifenden Fraktions- und Koalitionsgremien (ggf. unter Beteiligung von Regierungsmitgliedern) ausgetragen werden, da nur auf diesem Wege Haushaltsumschichtungen und Überschreitungen der Eckwerte in nennenswertem Umfang durchsetzbar sind. Wie stark die Durchsetzungsfähigkeit der Haushaltspolitiker in den Fraktions- und Koalitionsgremien (wie auch im Kabinett) ist, hängt davon ab, welchen (programmatischen) Stellenwert in der Gesamtpartei und im öffentlichen Bewusstsein das Ziel einer Begrenzung bzw. Reduzierung der Staatsverschuldung besitzt und welche Bündnispartner die Haushälter in der Fraktion finden. Diese Charakterisierung erfasst allerdings nur einen Teilaspekt der komplexen Realität. Denn auch Haushälter haben die gesamte Politik in ihrem Wahlkreis zu vertreten, gehören Parteigruppierungen an und vertreten Verbandsinteressen. So sind in der Haushaltsgruppe der CDU/CSU-Fraktion Mitglieder des im »Parlamentskreis Mittelstand« organisierten Wirtschaftsflügels zahlreich vertreten. Prioritäten wurden auf diesem Wege durchaus gesetzt.

7.11.3 Arbeitsweise und Entscheidungsprozess

Das Arbeitsklima des Haushaltsausschusses gilt als besonders gut und kollegial (Sturm 1985: 252 f.; Mayntz 2008b: 16). Das Berichterstattersystem des Haushaltsausschusses ist dem anderer Ausschüsse ähnlich, weist aber auch einige Besonderheiten auf. Einmal ist die Spezialisierung noch weiter vorangetrieben, zum anderen sind die Informations- und Arbeitskontakte der Berichterstatter und der Obleute zur Ministerialbürokratie besonders intensiv (Ismayr 1992: 410; Horst 1995: 290 f.; Mayntz 2008b: 15). Zu jedem Einzelplan des Haushalts übernimmt jeweils ein Abgeordneter jeder Fraktion die Berichterstattung, einer als (federführender) Berichterstatter, die übrigen als Mitberichterstatter. Abgeordnete kleiner Fraktionen sind für mehrere Einzelpläne zuständig, was einerseits die spezialisierte Einarbeitung erschwert, andererseits aber Einflusschancen – auch innerhalb der Fraktion – erhöht. Mit dem Haushaltsentwurf befassen sich die Berichterstatter nicht erst nach dessen Einbringung. Bereits zu einem frühen Zeitpunkt informiert nach langjähriger Tradition der Finanzminister den Haushaltsausschuss über Trends und Schwerpunkte des geplanten Haushaltsentwurfs. Allerdings erhalten die Haushalts-Arbeitsgruppen der Regierungsfraktionen einen gewissen, mitunter auch erheblichen Informationsvorsprung (Gerster 1984: 15; Sturm 1985: 250 f.).

Bereits in der Phase der Erarbeitung des Haushaltsplans führen die Berichterstatter Gespräche mit den Referenten der Haushaltsabteilung des Finanzministeriums und Vertretern »ihres« Fachressorts, die frühzeitig die Unterstützung der Haushälter suchen, um bestimmte Kürzungen durch das Finanzministerium abzuwenden. Frühzeitige Informationskontakte zu den Ministerien sind erforderlich, um überhaupt (einigermaßen) informiert und sachkompetent kontrollieren und vielleicht auch mitgestalten zu können. Allerdings besteht auch die Gefahr, dass Abgeordnete allzu sehr die Ministerialperspektive übernehmen und eingebunden werden, zumal wenn Vorinformationen (auch an Oppositionsabgeordnete) mit der »Auflage« gegeben werden, sie zeitweise vertraulich zu behandeln.

Bereits ein paar Wochen vor der offiziellen Einbringung des Haushalts durch den Bundesfinanzminister erhalten die Berichterstatter den Haushaltsentwurf, um sich auf die koalitions- und fraktionsinternen Haushaltsvorberatungen und die Haushaltsdebatte (erste Beratung) vorbereiten zu können. Nach der Ausschussüberweisung des Haushaltsentwurfs suchen – mehr noch als sonst – Referenten und Abteilungsleiter von Bundes- und Landesministerien sowie Vertreter von Bundesbehörden, Interessengruppen, betroffenen Arbeitsgruppen der Fraktion(en) und gegebenenfalls auch der Fraktionsführung in Sitzungen und Einzelgesprächen (Mit-)Berichterstatter für Änderungen an den Einzelplänen zu gewinnen.

Nach (genauer) Prüfung der Haushaltsansätze und Sondierung der Änderungsmöglichkeiten finden in den Ministerien detaillierte Berichterstattergespräche statt, an denen neben den Berichterstattern führende Beamte des jeweiligen Fachressorts mitwirken. Kommen die Berichterstatter zu einem gemeinsamen Änderungsvorschlag, wird im Ausschuss fast immer so beschlossen. Nach dem Berichterstattergespräch werden in einer schriftlichen Vorlage für den Ausschuss die Änderungsanträge zusammengestellt (Gerster 1984: 25 f.). Bevor der Haushaltsausschuss damit befasst ist, werden die Einzelpläne und Berichterstattervorschläge in den fachlich betroffenen Arbeitsgruppen und Arbeitskreisen und in den Fachausschüssen diskutiert, die in gutachtlichen Stellungnahmen Änderungsvorschläge unterbreiten, und – vor allem in den Haushalts-Arbeitsgruppen der Fraktionen – hinsichtlich ihrer Stimmigkeit und ihrer Konsequenzen für den Gesamthaushalt geprüft. Den Abschluss bildet eine »Bereinigungssitzung« des Haushaltsausschusses, in der alle bis dahin noch offenen Beschlüsse gefasst werden müssen. Dass die Beratungen unter erheblichem Zeitdruck standen, wird danach regelmäßig erklärt, doch bieten sich offensichtlich keine plausiblen Abhilfemöglichkeiten, soll der Haushalt (einigermaßen) rechtzeitig verabschiedet werden und seine Aktualität behalten. Allerdings neigen die Regierungsfraktionen nach Einschätzung von Oppositionsabgeordneten in jüngster Zeit offenbar häufiger dazu, aus taktischen Gründen mit ihren Anträgen so spät in den

Ausschuss zu kommen, dass kaum mehr Zeit für Diskussionen bleibt (vgl. Mayntz 2011b: 18).

7.11.4 Informationsmöglichkeiten

Primäre Informationsquelle der Haushälter (Berichterstatter) sind die Bundesministerien, von denen sie eine Fülle von Informationen erhalten, auch wenn sie der Opposition angehören. Allerdings ist es für die Berichterstatter oft schwer dahinter zu kommen, wo verschleiert wird und wo – im Hinblick auf erwartete Kürzungen – die Bürokratie »Sparkassen angelegt« und »versteckt« hat (Sturm 1985: 258); schließlich stehen sie dem Beamtenapparat eines ganzen Ministeriums gegenüber. Die sicher wichtige »Kunst, die richtigen Fragen zu stellen«, reicht allein nicht aus. Wichtig ist, Kontakte zu politisch nahestehenden und erfahrenen Ministerialbeamten zu nutzen. Aufgrund solcher Kontakte und auch aus Zeitgründen sind offenbar nur wenige Haushälter – insbesondere wohl der Opposition – bemüht, Informationen außerhalb der Exekutive zur Entwicklung von »Gegensachverstand« heranzuziehen (Sturm 1985: 250 f.). Favorisiert werden dabei Kontakte zu Interessengruppen und Parteigremien.

Auf »unabhängigen« wissenschaftlichen Sachverstand stützen sich die Haushälter nur in bescheidenem Umfang (Sturm 1985: 250; Horst 1995: 324 ff.). Dass dies immerhin zunehmend als Defizit erkannt wird, zeigen die Forderungen nach zeit- und parlamentsnahen Beratungen durch den Bundesrechnungshof und einem Ausbau der parlamentarischen Hilfsdienste.

Die vom Haushaltsausschuss beschlossenen Veränderungen am Gesamtvolumen des Haushalts nehmen sich (jedenfalls auf den ersten Blick) relativ bescheiden aus; Veränderungen von Details bilden üblicherweise den Schwerpunkt (Sturm 1985: 260 ff.; Sturm 1988). Zumindest größere Änderungen sind im Ausschuss üblicherweise nur durchsetzbar, wenn sie nicht nur von den Mehrheitsfraktionen in Ausschuss und Parlament, sondern auch von der Regierung getragen werden. Jedenfalls soweit es um Mehrausgaben geht, gehen die Impulse für »politisch gestaltende« Haushaltsbeschlüsse üblicherweise nicht vom Haushaltsausschuss, sondern von Fachministerien und Fachausschüssen aus. Besonders in Zeiten »knapper Kassen« kann der koalitionsinterne Einfluss der Haushälter allerdings beträchtlich sein, wo es um die Verhinderung oder zumindest Eindämmung von Beschlüssen geht, die Mehrausgaben zur Folge haben.

Ungeachtet des spezifischen Selbstverständnisses der Haushälter werden – wie im Fraktionenparlament üblich – auch die fraktionsintern getroffenen (Vor-)Entscheidungen im Haushaltsausschuss von der Regierungsmehrheit üblicherweise durchgesetzt (Sturm 1985: 262 f.).

7.11.5 Haushaltsvollzug

Abweichend vom traditionellen Rollenverständnis wirkt der Bundestag auch beim Haushaltsvollzug mit. Die begleitende Kontrolle der Regierungstätigkeit durch Aktivitäten der Ausschüsse (Nachfragen, Prüfaufträge, Berichtsanforderungen) bezieht selbstverständlich die finanzielle Seite mit ein. Wichtigstes Instrument der begleitenden Kontrolle des Haushaltsausschusses ist der qualifizierte Sperrvermerk. Nach § 22 der Bundeshaushaltsordnung kann »in Ausnahmefällen« durch »Sperrvermerk bestimmt werden, dass die Leistung von Ausgaben und Verpflichtungsermächtigungen der Einwilligung des Bundestages bedarf« (vgl. Tomuschat 1980: 13). Der Haushaltsausschuss kann die Freigabe bewilligter, aber noch gesperrter Mittel von der Vorlage eines besseren Konzeptes abhängig machen (Gerster 1984: 29). Diese Möglichkeit der Einflussnahme wird zunehmend genutzt, insbesondere bei Beschaffungsprogrammen, die Haushaltsmittel auch in künftigen Jahren binden. So wurden für das Haushaltsjahr 2010 bei 38 Haushaltstiteln qualifizierte Sperrvermerke angebracht. Betroffen waren 14 Einzelpläne, besonders die Bundesministerien der Verteidigung und für Bildung und Forschung (Bundeshaushaltsplan 2010). Der Versuch, aus Gründen der Gewaltenteilung auf die Kontrolle beim Haushaltsvollzug zu verzichten, hätte zur Folge, »dass in Wirklichkeit keine Gewalt mehr geteilt, sondern die des Bundestages zum Verschwinden gebracht würde« (Boldt 1973: 543).

7.12   Bundesrechnungshof und Parlament

Grundsätzlich sind sich die Fraktionen weitgehend darin einig, dass die dem Bundestag obliegende Budgethoheit eine effektive Kontrolle des Haushaltsvollzugs erfordert, aber gerade hier Anspruch und Wirklichkeit weit auseinanderklaffen (z. B. PlPr 10/134). Zu diesem Zweck wurde – als Unterausschuss des Haushaltsausschusses – der Rechnungsprüfungsausschuss eingerichtet, der freilich auf umfangreiche »fachliche« Zuarbeit angewiesen ist. Für diese Aufgabe reicht aber die Kapazität der parlamentarischen Hilfsdienste bei weitem nicht aus. Hier ist der Bundestag in erster Linie auf die Mithilfe des formell unabhängigen Bundesrechnungshofes angewiesen, der »verstärkt Beratungsaufgaben für Parlament und Regierung übernommen hat« (Wedel 1997: 9).

Von ihm wird auf parlamentarischer Seite erwartet, dass er Prüfersuchen des Bundestages – insbesondere des Haushaltsausschusses – »soweit wie möglich« vorrangig berücksichtigt (PlPr 10/136). Trotz der erwünschten Nähe zum Bundestag (Haushaltsausschuss) ist der Bundesrechnungshof rechtlich gesehen allerdings kein »Hilfsorgan« des Bundestages. Nach der Verfassung berichtet der Bundesrechnungshof jährlich der Bundesregierung, dem Bundestag und dem Bundesrat; seine Mitglieder besitzen richterliche Unabhängigkeit (Art. 114 Abs. 2 GG). Der Bundesrechnungshof hat seinen Hauptsitz in Bonn und eine Außenstelle in Potsdam und wird seit 1998 von Prüfungsämtern des Bundes in neun weiteren Städten unterstützt. Grundsätzlich sind sich alle Fraktionen in der Beurteilung einig, dass eine wirksame Mithilfe des Rechnungshofes bei der parlamentarischen Haushalts- und Finanzkontrolle nicht nur eine deutliche personalpolitische Abkoppelung von der »Exekutive«, sondern auch rechtliche (und parteipolitische) Unabhängigkeit voraussetzt. Seine auch faktische Unabhängigkeit hat der Bundesrechnungshof immer wieder unter Beweis gestellt.

7.12.1 Nachträgliche Finanzkontrolle

Die abschließende Phase im »Haushaltskreislauf« bildet das parlamentarische Entlastungsverfahren auf der Grundlage der Jahresrechnung des Bundesfinanzministeriums und des Jahresberichts des Bundesrechnungshofes (vgl. Art. 114 Abs. 1 GG; Diederich u. a. 1990: 140 f.). Diese »Bemerkungen zur Haushalts- und Wirtschaftsführung des Bundes« werden jährlich im Herbst vorgelegt, während üblicherweise noch vor der Sommerpause der Plenarbeschluss des Bundestages zur Entlastung der Bundesregierung für das vorletzte Haushaltsjahr gefasst wird. Die Steuerungsleistung und politische Wirkung dieser nachträglichen Haushaltskontrolle wird fast durchweg relativ gering eingeschätzt, was u. a. darin begründet ist, dass die sachliche Befassung damit und die formelle Entlastung durch das Plenum erst spät erfolgen. Um eine aktuelle Grundlage für das anstehende parlamentarische Entlastungsverfahren zu schaffen, hat der Bundesrechnungshof daher seit 2010 jeweils zeitnah einen zusätzlichen Bericht mit weiteren Prüfungsergebnissen vorgelegt. Dadurch sollen »Fehlentwicklungen und unwirtschaftliches Verhalten in der Bundesverwaltung (...) noch frühzeitiger korrigiert werden können«, so der Präsident des Bundesrechnungshofes Dieter Engels (Pressemitteilung, 12. 4. 2011).

Ein weiterer Grund für die meist geringe öffentliche Resonanz liegt darin, dass es über Prüfungsbemerkungen im Rechnungsprüfungsausschuss und auch im Plenum bisher kaum parteipolitische Kontroversen gegeben hat. Die Bundesregierung wird in einer Entschließung regelmäßig »aufgefordert, a) bei der Aufstellung und Ausführung der Bundeshaushaltspläne die Feststellungen des Haushaltsausschusses zu den Bemerkungen des Bundesrechnungshofes zu befolgen, b) Maßnahmen zur Steigerung der Wirtschaftlichkeit unter Berücksichtigung der Entscheidungen des Ausschusses einzuleiten oder fortzuführen und c) die Berichtspflichten fristgerecht zu erfüllen, damit eine zeitnahe Verwertung der Ergebnisse bei den Haushaltsberatungen gewährleistet ist« (z. B. Beschlussempfehlung und Bericht des Haushaltsausschusses BT-Drs. 17/2492). Dieser Beschluss und die Entlastung im Plenum erfolgen üblicherweise mit breiter Mehrheit und ohne parlamentarische Debatte; vorbereitete Reden werden zu Protokoll gegeben (z. B. PlPr 16/221, S. 24245). Bei der (nachträglichen) Verwaltungskontrolle wird die Konfliktlinie zwischen Regierungslager und Opposition partiell durchbrochen (Korff 1981: 400).

7.12.2 Erfolgskontrollen

Am Kriterium der »Ausgewogenheit und Objektivität« orientiert, will der Bundesrechnungshof »Problemtransparenz und Entscheidungshilfe« (Wittrock 1985: 265)
vermitteln, nicht aber politische Zwecksetzungen bewerten. Im Rahmen der Wirt-
schaftlichkeitsprüfungen werden häufiger als früher Erfolgskontrollen (Effektivitäts-
kontrollen) durchgeführt, doch sollte der Bundesrechnungshof dies nach den Erwartungen des Haushaltsausschusses »mehr noch als bisher« tun (PlPr 10/148, S. 11012).
Insbesondere bei technischen Großprojekten (Tornado, Schneller Brüter, Eurofighter,
u. a.) sind angesichts der geforderten Spezialkenntnisse und der Komplexität die Kon-
trollschwierigkeiten evident. Auch wenn – wie vorgeschlagen – mehr Mitarbeiter mit
technischer und wirtschaftswissenschaftlicher Vorbildung eingestellt und externer
Sachverstand stärker genutzt würde, wäre es angesichts der Vielfalt der Programme
und Aktivitäten weder wünschenswert noch realisierbar, den Bundesrechnungshof
zur »Super(evaluations)behörde« auszubauen, die in der Lage wäre, flächendeckend
Erfolgskontrollen (Wirkungsanalysen) durchzuführen.

Auch nachträgliche Finanzkontrolle muss nicht wirkungslos sein. Zwar kann der
Bundesrechnungshof die Prüfung nach seinem Ermessen beschränken und Rech-
nungen ungeprüft lassen (§ 89 Abs. 2 BHO), doch erzeugt gerade die Unvorherseh-
barkeit und Unberechenbarkeit seiner Aktivitäten präventive Wirkung. Auch spätere
Kritik wird, zumal wenn sie vom Rechnungsprüfungsausschuss aufgegriffen wird
und »Betroffene« dem Ausschuss Rede und Antwort stehen müssen, »faktische Vorwirkungen für künftiges Verwaltungshandeln« entfalten (Wittrock 1982: 214 f.). Allerdings blieben »Empfehlungen« (Kritik und Anregungen) des Bundesrechnungshofes,
denen die Exekutive im Verlauf des Prüfungsverfahrens gefolgt ist, oft im Schatten
öffentlicher Aufmerksamkeit. Von der Möglichkeit, in den Jahresbericht auch Feststellungen und Empfehlungen über spätere oder frühere Haushaltsjahre aufzunehmen, wird immerhin zunehmend Gebrauch gemacht (§ 97 Abs. 3 BHO; z. B. BT-Drs.
13/8550).

7.12.3 Beratung der Abgeordneten

Für mindestens ebenso wichtig wie eine Intensivierung der Erfolgskontrolle (Ex-
post-Evaluierung) gilt eine Schwerpunktverlagerung auf (haushaltsmäßig gewichtige) Vorgänge, die nicht abgeschlossen, sondern noch beeinflussbar sind sowie eine
gegenwartsnahe Beratung des Bundestages, die der Bundesrechnungshof gemäß § 88
Abs. 2 der Bundeshaushaltsordnung leisten kann (!) (vgl. § 1 Bundesrechnungshof-
gesetz). Der Bundesrechnungshof berät den Bundestag bei der jährlichen Aufstellung des Bundeshaushalts sowie »zu grundsätzlichen Fragen, zu finanziell bedeutsamen Einzelmaßnahmen oder zu Sachverhalten, bei denen die Entscheidungsträger

ihn um Informationen bitten« (Bemerkungen des Bundesrechnungshofes 2011: 11). So hat er im Berichtsjahr dem Haushaltsausschuss und dem Rechnungsprüfungsausschuss 54 nicht öffentliche Stellungnahmen und Beratungsergebnisse nach § 88 Abs. 2 der Bundeshaushaltsordnung zugeleitet. In der Praxis erfolgt die Beratung überwiegend aufgrund der Initiative des Haushalts- bzw. Rechnungsprüfungsausschusses, denen der Bundesrechnungshof regelmäßig nachkommt. Die gegenwärtige Regelung ist allerdings für die Oppositionsfraktionen nicht befriedigend, da sie gutachterliche Stellungnahmen des Bundesrechnungshofes nur mit Unterstützung der Ausschussmehrheit veranlassen können. Die Rechte der Oppositionsfraktionen sollten dadurch gestärkt werden, dass eine Minderheit von Abgeordneten einen Prüfungsauftrag an den Bundesrechnungshof erzwingen kann. Über die schriftlichen Gutachten hinaus beraten die Vertreter des Bundesrechnungshofs die Ausschüsse bereits bei der Aufstellung des Bundeshaushalts in weitem Umfang, doch gelten Intensität und Qualität der Beratungen bei den Fraktionsvertretern nach wie vor als (sehr) verbesserungsbedürftig.

Nach § 99 BHO kann der Bundesrechnungshof »über Angelegenheiten von besonderer Bedeutung« dem Bundestag sowie der Bundesregierung und dem Bundesrat wiederkehrende Mängel benennen – ein (öffentlichkeits)wirksames Mittel, von dem nur ein oder zweimal im Jahr Gebrauch gemacht wurde, in jüngster Zeit allerdings etwas häufiger. Die Berichte nach § 99 BHO werden über die Internetseite des Bundesrechnungshofes veröffentlicht, so 2008 über die »Organisation und Arbeitsweise der Finanzkontrolle Schwarzarbeit« und die »Transparenz von Steuersubventionen«, 2010 über den ermäßigten Umsatzsteuersatz (bundesrechnungshof.de). Der Bundesrechnungshof hat hiermit die Möglichkeit, die bei einer Reihe von Prüfungsverfahren getroffenen Feststellungen »zu allgemeinen Aussagen zusammenzufassen, damit wiederkehrende Mängel des Verwaltungshandelns erkannt und Möglichkeiten zur Abhilfe geschaffen werden« (BT-Drs. 10/3847; vgl. BT-Drs. 14/220).

7.12.4 Öffentliche Wirkung

Die Intensivierung frühzeitiger Prüfungen und Beratungen kann die Effizienz der Finanzkontrolle erhöhen und ist zudem der wichtigste Schritt zu einer besseren Öffentlichkeitswirksamkeit. Allerdings finden die Pressekonferenzen des Bundesrechnungshofes in der Bundeshauptstadt anlässlich des Jahresberichts stärkere öffentliche Beachtung als die Finanzkontrolle des Parlaments. Es wurde daher vorgeschlagen, dass der Präsident des Bundesrechnungshofes den Jahresbericht sowie Sonderberichte im Plenum des Bundestages erläutern sollte und sich daran inhaltlich geführte Debatten anschließen (Wittrock 1985: 262).

7.13   Untersuchungsausschüsse

Die Einschätzung von Untersuchungsausschüssen (UA) schwankt in Wissenschaft
und Politik nicht unerheblich. Sind sie für die einen das »schärfste parlamentarische
Kontrollinstrument« (z. B. Witte-Wegmann 1972: 115) wird ihre Wirkung von anderen als recht begrenzt angesehen (z. B. Stadler 1984: 197). Diese Spannweite der Beurteilung hat sicherlich damit zu tun, dass die einen von den rechtlichen Möglichkeiten und verfassungspolitischen Erfordernissen, andere von der parlamentarischen
Praxis ausgehen – und dabei unter Umständen je spezifische Erfahrungen zugrunde
legen. Die Einschätzung der Wirksamkeit von Untersuchungsausschüssen und die
unterschiedliche Stoßrichtung von Reformbemühungen hängen wiederum davon ab,
ob sie in erster Linie als Forum der »Wahrheitsermittlung« oder als Mittel des politischen Kampfes gesehen werden oder ob versucht wird, beiden Intentionen in gleicher Weise gerecht zu werden (Steffani 1979b: 182 ff.; Wiefelspütz 2003: 28 ff.). So bezeichnet das Bundesverfassungsgericht das Untersuchungsverfahren zutreffend als
»Aufklärungsinstrument im Rahmen der politischen Kontroverse« (BVerfGE 105, 197,
225 f.) und bringt damit zum Ausdruck, dass das Spannungsverhältnis zwischen politischer Auseinandersetzung und Wahrheitsfindung der parlamentarischen Untersuchung immanent und nicht auflösbar ist (so auch Wiefelspütz 2003: 30 unter Verweis
auf BT-Drs. 11/8085, S. 13).

7.13.1 Auftrag und Funktionen

Nach Art. 44 Abs. 1 GG hat der Bundestag das Recht und auf Antrag eines Viertels
seiner Mitglieder auch die Pflicht, einen Untersuchungsausschuss einzusetzen, der
in öffentlicher Verhandlung die erforderlichen Beweise erhebt. Der Bundestag gehört somit zu den wenigen westeuropäischen Parlamenten, in denen ein Untersuchungsausschuss förmlich von einer qualifizierten Minderheit durchgesetzt werden
kann (Ismayr 2009b: 39). Hingegen steht dieses Recht auch in den meisten osteuropäischen Ländern einer Minderheit von einem Fünftel bis zu einem Drittel der Abgeordneten zu (Ismayr 2010b: 43). Untersuchungsausschüsse können sich mit sämtlichen Vorgängen befassen, die in die Verantwortung der Bundesregierung sowie des
Bundestages selbst fallen. Im Rahmen der Bundeskompetenz können sie auch zur
Aufklärung von Vorgängen (Missständen) in außerstaatlichen Bereichen eingesetzt
werden (Damkowski 1987: 82; Wiefelspütz 2003: 36 ff.).
    In der parlamentarischen Praxis liegt der Schwerpunkt dieses parlamentarischen
Hilfsorgans eindeutig bei der Untersuchung von Missständen im Bereich von Bundesregierung und Verwaltung (Enquete-Kommission Verfassungsreform 1976: 122).
Von einer Ausnahme abgesehen waren alle Untersuchungsausschüsse (auch) »Missstandsenqueten« (Schindler 1999: 2203 ff.; Feldkamp 2011: 1044 ff.). Mit der Entschei-

dung für die Einrichtung von Enquete-Kommissionen (1969), die sich ebenfalls auf Art. 44 GG stützen, wurde eine institutionelle Differenzierung vorgenommen. Für die Untersuchung komplexer Sachzusammenhänge und die Vorbereitung umfangreicher Gesetzesvorhaben standen nun eigene Gremien zur Verfügung (vgl. Abschn. 7.20). Die Charakterisierung als Missstands-Enqueten darf freilich nicht den Blick dafür verstellen, dass in mehreren Fällen die Untersuchungen auch mit der Intention durchgeführt wurden, Verbesserungen zu bewirken. Folglich wurden Vorschläge zur Korrektur von Verwaltungsdefiziten sowie Gesetzesvorschläge unterbreitet; von mehreren Untersuchungsausschüssen wurden solche Vorschläge in den Untersuchungsaufträgen ausdrücklich verlangt (z. B. »Flick«, »Transnuklear«, »HIV-Infektion«, »Kommerzielle Koordinierung«; »Sicherheitsrisiko Visapolitik«; »BND-Ausschuss«) (Schindler 1999: 2203 ff.; Feldkamp 2011: 1044 ff.).

Die unterschiedliche Einschätzung der Funktion von Untersuchungsausschüssen, aber auch das mangelnde Interesse der jeweiligen Regierungsmehrheit an einer Stärkung der Minderheitsrechte, sind die Gründe dafür, dass eine bereits seit den 1950er Jahren geforderte Reform des Untersuchungsverfahrens immer wieder in Ansätzen stecken geblieben war und mehrere Vorstöße zur Verabschiedung eines von zahlreichen Gremien geforderten Verfahrensgesetzes für Untersuchungsausschüsse gescheitert sind. Die Geschäftsordnung des Bundestages enthält keine spezifischen Regelungen für Untersuchungsausschüsse. Die Untersuchungsausschüsse wurden bis zur 14. Wahlperiode vom Bundestag regelmäßig verpflichtet, ergänzend zu Art. 44 GG die »IPA-Regeln« als besonderes Geschäftsordnungsrecht anzuwenden. Die Interparlamentarische Arbeitsgemeinschaft (IPA) hatte 1968 Verfahrensgrundsätze beschlossen und auf dieser Grundlage einen Gesetzentwurf »über Einsetzung und Verfahren von Untersuchungsausschüssen« erarbeitet, der allerdings nicht verabschiedet wurde. Die seither angewandten IPA-Regeln hatten aber die Verfahrensprobleme nicht lösen können. Erst am 6. April 2001 ist schließlich – für viele überraschend – auf der Grundlage von Gesetzentwürfen der Fraktionen SPD und Bündnis 90/Die Grünen (BT-Drs. 14/2518) sowie der FDP-Fraktion (BT-Drs. 14/2363) – einstimmig – ein Untersuchungsausschussgesetz (PUAG) beschlossen worden (BT-Drs. 14/5790; PlPr 14/165; vgl. Wiefelspütz 2002a; Wiefelspütz 2003). Für bereits eingesetzte Untersuchungsausschüsse – somit den »Parteispenden-Untersuchungsausschuss« – fand es allerdings keine Anwendung mehr.

Als Aufgabe von Untersuchungsausschüssen bestimmten die IPA-Regeln (§ 1) und entsprechend die dem jetzigen Gesetz zugrundeliegenden Entwürfe die »Aufklärung von Sachverhalten«, während das neue Untersuchungsausschussgesetz (PUAG) keine Kriterien für die Einsetzung von Untersuchungsausschüssen nennt (§ 1). Weitgehend einig sind sich die Bundestagsparteien in der Einschätzung, dass das Untersuchungsverfahren kein gerichtsähnliches Verfahren ist. Im Unterschied zum Gerichtsverfahren gehe es hier nicht um die Feststellung verwerfbarer Schuld. Die Aufklärung tatsächlicher Vorgänge erfolge mit parlamentarischen Mitteln zum

Tabelle 7.9   Untersuchungsausschüsse

WP	Untersuchungsausschuss	Antragsteller	Einsetzung Datum	Sitzung	Ausschussbericht (BT-Drs.)	Vorsitzender
1	Überprüfung der Einfuhren	BP	2.2.1950	34	I/1596	H. Kriedemann (SPD)
	Überprüfung des Kraftstoffverbrauchs	SPD	10.2.1950	37	I/4675	G. Schröder (CDU/CSU)
	Überprüfung der im Raume Bonn vergebenen Aufträge	SPD	2.3.1950	44	I/2275 I/3626	W. Hasemann (FDP)
	Grubenkatastrophe auf der Zeche »Dahlbusch«	KPD	22.6.1950	71	_a	H. Imig (SPD)
	Hauptstadtfrage (Spiegelausschuss)	Interfraktionell	5.10.1950	89	I/2274	J. Semler (CDU/CSU)
	Dokumentendiebstahl im Bundeskanzleramt	CDU/CSU	11.10.1951	167	_b	W. Menzel (SPD)
	Mißstände in der Bundesverwaltung	SPD	11.10.1951	167	_b	M. Hoogen (CDU/CSU)
	Mißstände im Auswärtigen Dienst	SPD	24.10.1951	170	I/3465	M. Becker (FDP)
	Einstellung von Schwerbeschädigten bei den Bundesdienststellen	SPD	10.9.1952	228	I/4609	M. Probst (CDU/CSU)
2	Fall John	SPD	16./17.9.1954	43	II/3728	G. Bucerius (CDU/CSU)
	Bereinigung des Reichs- und Bundesrechts	CDU/CSU	28.1.1955	65	II/1404 II/3703	M. Hoogen (CDU/CSU)
	Einfuhr- und Vorratsstelle für Fette	SPD	23.2.1956	130	II/3596	H. Kriedemann (SPD)
4	FIBAG-Ausschuss	SPD	21.03.1962	21	IV/512 IV/639	M. Hoogen (CDU/CSU)
	Telefon-Abhöraffäre	SPD	23.10.1963	91	IV/2170	H. Schmitt-Vockenhausen (SPD)
5	HS-30-Ausschuss[c]	FDP	16.03.1967	99	V/4527	H.-J. v. Merkatz (CDU/CSU)
	Nachrichtendienste	SPD	13.11.1968	194	V/4208	M. Hirsch (SPD)
6	Pan-International-Ausschuss	CDU/CSU	01.10.1971	139	VI/3830	W. Rawe (CDU/CSU)
7	Steiner/Wienand-Ausschuss	CDU/CSU	15.06.1973	43	7/1803	F. Schäfer (SPD)
	Guillaume-Ausschuss	CDU/CSU	06.06.1974	105	7/3246	W. Wallmann (CDU/CSU)
8	Abhörfall eines Telefongesprächs mit F. J. Strauß	CDU/CSU	26.01.1978	69	8/3835	W. Althammer (CDU/CSU)
9	Fall Rauschenbach	CDU/CSU	09.10.1981	57	_d	H.-J. Jentsch (CDU/CSU)
10	Flick-Spenden-Affäre	SPD	19.05.1983	8	10/5079	M. Langner (CDU/CSU)
	Spionageabwehr während der Amtszeit von BM Zimmermann	SPD	03.10.1985	162	10/6584	G. Jahn (SPD)
	Neue Heimat	CDU/CSU, FDP	05.06.1986	219	10/6779	H. G. Hüsch (CDU/CSU)
	U-Boot-Pläne	DIE GRÜNEN; SPD	10.12.1986	255	_d	W. Penner (SPD)

Tabelle 7.9   Untersuchungsausschüsse (Fortsetzung)

WP	Untersuchungsaus-schuss	Antragsteller	Einsetzung Datum	Sitzung	Ausschuss-bericht (BT-Drs.)	Vorsitzender
11	U-Boot-Pläne	SPD; DIE GRÜNEN	02.04.1987	8	11/8109	H. Eylmann (CDU/CSU)
	Atomskandal »Trans-nuklear«	CDU/CSU, FDP; SPD; DIE GRÜNEN	21.01.1988	55	11/7800	H. Bachmaier (SPD)
12	Kommerzielle Koordi-nierung	SPD; B'90/GRÜNE	06.06.1991	28	12/3462 12/3920 12/4500	F. Vogel (CDU/CSU)
	Treuhandanstalt	SPD	30.09.1993	179	12/8404	O. Schily (SPD)
	HIV-Infektion	SPD; CDU/CSU, FDP	29.10.1993	186	12/6700 12/8591	G. Scheu (CDU/CSU)
13	Plutonium	B'90/GRÜNE; SPD; CDU/CSU, FDP	11.05.1995	35	13/10800 13/10852[e] 13/10909[e]	G. Friedrich (CDU/CSU)
	DDR-Vermögen	SPD	28.09.1995	58	13/10900	V. Neumann (SPD)
14	Parteispenden	SPD, B 90/GRÜNE	2.12.1999	76	14/9300	V. Neumann (SPD)
15	Wahlbetrug	CDU/CSU	20.12.2002	17	15/2100	K. U. Benneter (SPD)
	Sicherheitsrisiko Visa-politik	CDU/CSU	17.12.2004	32	15/5975	H.-P. Uhl (CDU/CSU)
16	BND-Ausschuss	FDP, DIE LINKE B'90/GRÜNE	7.04.2006	33	16/13400	S. Kauder (CDU/CSU)
	HRE-Krise[f]	FDP, DIE LINKE, B'90/GRÜNE	26.03.2009	214	16/14000	Dr. H.-U. Krüger (SPD)
17	Gorleben	SPD, Die Linke, B'90/GRÜNE	26.3.2010	35	_[g]	Dr. M. Flachsbarth (CDU/CSU)
18	Terrorgruppe natio-nalsozialistischer Un-tergrund	CDU/CSU, SPD, FDP, DIE LINKE. B'90/GRÜNE	26.01.2012	155	_[g]	S. Edathy (SPD)

a   keine Schlusssitzung des Ausschusses
b   Verfahren wurde förmlich nicht abgeschlossen
c   HS-30 ist ein Panzertyp
d   Untersuchungsverfahren war bis zum Ende der Wahlperiode nicht abgeschlossen.
e   abweichende Berichte der SPD-Fraktion (13/10852) und der Gruppe der PDS (13/10909)
f   zur wirtschaftlichen Notlage der Hypo Real Estate Holding AG im Herbst 2008
g   bei Veröffentlichung des Buches noch nicht abgeschlossen
Quelle: Schindler 1999: 2188 ff., 4375; Feldkamp 2011: 1036 ff.; eigene Ergänzungen.

Zwecke einer politischen Bewertung (so die Enquete-Kommission Verfassungsreform 1976: 126). In der Praxis nimmt nicht erst das Gesamtparlament, sondern der Untersuchungsausschuss selbst politische Bewertungen vor. Die Berichte an den Bundestag (Plenum), zu denen Untersuchungsausschüsse verpflichtet sind, enthalten regelmäßig nicht nur Sachverhaltsfeststellungen, sondern auch politische Bewertungen und oft auch Verbesserungsvorschläge (z. B. zur Gesetzgebung). Darin steckt kein Risiko. Die auch für Untersuchungsausschüsse üblichen Rückkoppelungsprozesse zu den Fraktionsgremien sichern weitgehend die Einhaltung der »Fraktionslinie«. Andere Organe sind an die Tatsachenfeststellungen, Bewertungen und Empfehlungen der Untersuchungsausschüsse nicht gebunden, wenngleich ein Mehrheitsvotum jedenfalls gegenüber der »Exekutive« erhebliches Gewicht hat (Plagemann 1977: 244).

Politische Kontroversen treten meist nicht erst auf, wenn politische Schlussfolgerungen gezogen werden, sondern bestimmen häufig das Verfahren der Sachverhaltsaufklärung selbst (Thaysen/Schüttemeyer 1988: 30; Kipke 1985: 88; Hoff 2007: 309 ff.). In der Praxis sind Untersuchungsausschüsse fast durchweg Instrumente des politischen Kampfes, vornehmlich zwischen Regierungsmehrheit und Oppositionsfraktionen. Wie die eindeutige Dominanz von Missstandsenqueten zeigt, erfolgt bereits die Auswahl des Untersuchungsgegenstandes unter dem Gesichtspunkt, ob man der anderen Seite »etwas am Zeuge flicken« kann und welche Vorteile von einem Untersuchungsausschuss für das eigene politische Lager zu erwarten sind. Wie andere parlamentarische Mittel, wird auch dieses potentiell »schärfste Schwert« unter den Kontrollinstrumenten der Minderheit unter dem Gesichtspunkt parteipolitischer Profilierung eingesetzt, mitunter auch ganz gezielt im Interesse der Stimmenmaximierung bei Bundestags- und Landtagswahlen, wofür die Untersuchungsausschüsse »Neue Heimat«; »U-Boot-Pläne« und »Wahlbetrug« beredte Beispiele sind (vgl. Tabelle 7.9). Dies schließt gemeinwohlorientierte Intentionen selbstverständlich nicht aus.

Als Instrumente öffentlichkeitswirksamer Kontrolle werden Untersuchungsausschüsse auch meist von Oppositionsparteien gefordert und durchgesetzt. Von den bisher 39 Untersuchungsausschüssen wurden 31 von einer Oppositionsfraktion beantragt, in fünf Fällen kam der Antrag von einer Regierungsfraktion, dreimal wurde er von Oppositions- und Regierungsfraktionen gestellt (Stand 2012; vgl. Schindler 1999: 2188 ff.; Feldkamp 2011: 1036 ff.; Tabelle 7.9).

7.13.2 Erfahrungen

Wenn Untersuchungsausschüsse auch in erster Linie als Instrumente der politischen Auseinandersetzung dienen, muss dies – zumal in der Phase der Beweiserhebung – durchaus nicht bedeuten, dass die Fronten strikt zwischen Regierungsmehrheit und

Opposition(sparteien) verlaufen. Hierfür gibt es mehrere Gründe: Das Verhalten der Zeugen ist oft schwer kalkulierbar, bei Durchsicht von Akten können unerwartete Vorgänge zu Tage gefördert werden und die Interessenlage verändern. So können die Positionen im Verlaufe des Untersuchungsverfahrens wegen einzelner Untersuchungsthemen möglicherweise mehrfach wechseln (Enquete-Kommission Verfassungsreform 1976: 123). Gewiss verhalten sich die Mehrheitsparteien bei Untersuchungen, die sich gegen Regierungsmitglieder richten insoweit solidarisch und versuchen das ihre zu tun, um zu verhindern, dass »ihre« Regierung politisch für Missstände verantwortlich gemacht wird. Dieses Interesse drückt sich regelmäßig in der Bewertung von Vorgängen aus, bestimmt aber in der Regel auch die Auswahl der Auskunftspersonen, die Fragen an die Zeugen und die Beweiswürdigung. Zu differenzieren ist aber zwischen politischer Führung und Verwaltung. Regierungsfraktionen zeigen sich von Fall zu Fall bereit, Fehlentwicklungen im Verwaltungsapparat aufzudecken und Neuregelungen vorzuschlagen. Am ehesten kann dies dann erwartet werden, wenn nachgeordnete Behörden betroffen sind oder wenn ein Verwaltungsskandal in frühere Wahlperioden zurückreicht und sich die Gefahr verringert, dass (allein) die »eigene« Regierung politisch dafür verantwortlich gemacht wird (Kipke 1985: 150). Während eine gewisse Bereitschaft vorhanden ist, Strukturdefizite im (nachgeordneten) Bereich der Verwaltung aufzudecken, wird politische Verantwortlichkeit von Mitgliedern der »eigenen« Regierung selbst dann negiert, oder – falls dies öffentlich nicht vermittelbar ist – zumindest heruntergespielt, wenn Fehlverhalten öffentlich nachgewiesen wurde.

Auch innerhalb des Regierungslagers ist – zumal bei der Sachverhaltsaufklärung – eine »abgestufte« Solidarität zu beobachten, je nachdem, ob es sich um Mitglieder der eigenen Partei oder eines Koalitionspartners handelt. Liegt der »Machtwechsel« noch nicht allzu lange zurück, kann die Regierungsmehrheit nicht selten Ermittlungen und Vorwürfen der Opposition dadurch begegnen, dass sie Untersuchungen über frühere Regierungen in die Wege leitet. (Dies kann durch eine Ergänzung des Untersuchungsauftrages geschehen, die sich gegebenenfalls durch Androhung eines zusätzlichen Untersuchungsausschusses durchsetzen lässt.) Dieses Vorgehen kann der »Objektivierung« der Sachverhaltsaufklärung vor dem Forum der Öffentlichkeit dienen, aber auch dazu führen, dass (auf dem Wege informeller Aushandlungsprozesse) ein Verfahren abgeblockt wird und Missstände »vertuscht« werden. Ein gemeinsames »unter den Teppich kehren« kann allerdings schwierig und politisch gefährlich werden, wenn eine konkurrierende neue Oppositionspartei, die noch nie in der Regierungsverantwortung stand, »unbelastet« den Finger auf die Wunden legen und die Öffentlichkeit mobilisieren kann. Diese Konkurrenzsituation hat sich seither bei allen Untersuchungsausschüssen ausgewirkt. Zwar kann eine kleinere Oppositionsfraktion eigenständig keinen Untersuchungsausschuss durchsetzen, sie kann aber sehr wohl öffentlich Druck ausüben.

Kompliziert wurde die Situation zur Zeit der sozialliberalen Koalition (1982–1998) dadurch, dass die FDP schon zuvor an der Regierung beteiligt und somit die Interessenlage der Regierungsparteien nicht deckungsgleich war. Diese komplexe Konstellation und Interessenlage bestimmte die Untersuchungsverfahren in allen vier Untersuchungsausschüssen der 10. Wahlperiode (1983–1987), wobei vor allem die Arbeit des »Flick-Ausschusses« und des Untersuchungsausschusses »Neue Heimat« erhebliche öffentliche Resonanz fand und die politische Kultur in der Bundesrepublik wohl nachhaltig beeinflusst hat (vgl. Ismayr 1992: 430 f.; Hoff 2007: 312 ff.; Tabelle 7.9). Auch der in den Jahren der zweiten Großen Koalition (2005–2009) tätige BND-Untersuchungsausschuss war durch eine unterschiedliche Interessenlage der Regierungsparteien geprägt, zumal er sich mit Vorgängen zur Zeit der rot-grünen Koalition befasste. So kritisierten Vertreter der CDU/CSU-Fraktion im Untersuchungsausschuss insbesondere im (Vor-)Wahlkampf offen die Rolle des seinerzeitigen Staatssekretärs im Bundeskanzleramt und Beauftragten für die Nachrichtendienste Frank-Walter Steinmeier, der bei der Bundestagswahl 2009 für die SPD als Kanzlerkandidat antrat (BT-Drs. 16/13400, S. 407 ff., 414; vgl. Spiegel-online, 19. 6. 2009).

Die partiell unterschiedliche Interessenlage zwischen den Oppositionsfraktionen und (öffentlich in der Regel weniger ausgeprägt) zwischen den Koalitionspartnern relativiert nicht unerheblich das – freilich nach wie vor dominierende – Gegenüber von (kontrollierenden) Oppositionsfraktionen und Regierungsmehrheit. Die häufig unterschiedliche Interessen- und Konfliktlage kommt allerdings bei den Oppositionsfraktionen offener und markanter zum Ausdruck – wie die übliche Vorlage je eigener Sondervoten deutlich macht.

Die Tatsache, dass die Regierungsfraktionen mit ihrer Mehrheit einen Ausschussbericht beschließen (dessen politische Bewertungen zumindest von den Oppositionsfraktionen nicht mitgetragen werden) und es auch in der Vergangenheit nur selten zu konsensualen Voten kam, ist für die Wirkung von Untersuchungsausschüssen in der Öffentlichkeit nicht entscheidend; sie ist nicht einmal ein Maßstab dafür, ob gründliche Sachverhaltsaufklärung geleistet wurde.

Die Wirkung von Untersuchungsausschüssen hängt – wie die anderer Kontrollinstrumente – von der Resonanz in der Öffentlichkeit ab, oder konkreter: der Vermittlungs- und Kommentierungsleistung der Massenmedien. Entscheidend sind Art und Umfang der Berichterstattung in den Massenmedien und eigene journalistische Recherchen.

Begleiten die Massenmedien das Untersuchungsverfahren wach und kritisch und decken sie Verschleierungs-, Verschleppungs- und sonstige Manipulationsversuche auf, können Lernprozesse auch bei widerstrebenden Abgeordneten des Untersuchungsausschusses in Gang gesetzt werden. Die parteipolitische Konfliktsituation der Untersuchungsausschüsse kann unter der Voraussetzung kritisch-begleitender Medienberichterstattung durchaus der Aufklärung von Sachverhalten dienen. »Schiedsrichter« ist die Öffentlichkeit. Immerhin wird der »feststellende« Teil der Ausschussberichte, den üblicherweise das Ausschusssekretariat formuliert – auch von Oppositionsfraktionen ganz oder teilweise mitgetragen, auch wenn diese in ihren Sondervoten zu anderen politischen Bewertungen und Vorschlägen kommen. Für die öffentliche Kontrollwirkung entscheidend ist die Chance der Bürger, sich aufgrund sachgemäßer und problemorientierter Medienberichterstattung ein Urteil bilden zu können. Voraussetzung hierfür war eine Stärkung der Minderheitsrechte bei der Beweiserhebung und das (nach den IPA-Regeln und dem PUAG) jedem Ausschussmitglied (!) zustehende Recht, der Öffentlichkeit ein Sondervotum vorzulegen, das Sachverhaltsfeststellungen, Bewertungen und Lösungsvorschläge enthalten kann (§ 33 PUAG; vgl. Rotter 1979: 115 ff.). Gelegentlich enthalten die Berichte von Untersuchungsausschüssen auch Repliken auf Sondervoten der Oppositionsfraktionen, die von der Ausschussmehrheit (z. B. BT-Drs. 15/5975, S. 319 ff.), einer Koalitionsfraktion (z. B. BT-Drs. 15/2100, S. 215 ff.) oder auch einem Mitglied des Untersuchungsausschusses vorgelegt werden (z. B. BT-Drs. 16/13400, S. 971).

Die Frage, wie die Reaktionen der Öffentlichkeit einzuschätzen sind, lässt sich nicht generalisierend beurteilen (Rotter 1979: 127). Der Zwang zur objektiven Sachverhaltsaufklärung, zum Eingeständnis politischer Fehlleistungen und schließlich zur Formulierung und Durchführung erforderlicher Innovationen hängt von der Aufmerksamkeit, dem Grad der Informiertheit und dem Erwartungsdruck der Öffentlichkeit (Massenmedien, Aktivbürger) ab. Wirkungen sind vor allem dann zu erwarten, wenn sich – durch öffentliche Berichterstattung alarmiert – Unmutsäußerungen an der »Basis« der Partei häufen und Meinungsumfragen Stimmeneinbußen bei bevorstehenden Bundestags- und Landtagswahlen signalisieren. Die »ausschlaggebende politische Bedeutung der Untersuchung ergibt sich aus dem Vorgang der Ermittlung selbst, als der ›Informationsveranstaltung‹ für die Öffentlichkeit und der politischen Auseinandersetzung vor deren Augen« (Kipke 1985: 92). Die kritische Durchleuchtung des Untersuchungsgegenstandes wird nicht allein dem Parlament überlassen.

7.13.3 Einsetzung, Zusammensetzung und Vorsitz

Nach der Verfassung muss der Bundestag auf Antrag eines Viertels seiner Mitglieder einen Untersuchungsausschuss einsetzen (Art. 44 GG) und er hat dies nach § 2 PUAG unverzüglich zu beschließen (vgl. Caspar 2004: 849). Kleinere Fraktionen können einen Antrag stellen (§§ 75, 76 GOBT) und hierüber auch eine Plenardebatte erzwingen, durchsetzen können sie aber einen Untersuchungsausschuss nur mit Unterstützung von Abgeordneten anderer Fraktionen. Im Fünf- oder Sechsparteienparlament kann darauf auch eine traditionelle Großpartei angewiesen sein – so die SPD in der 17. Wahlperiode.

Ausdrücklichen Änderungen des Untersuchungsgegenstandes durch die Mehrheitsfraktionen sind zwar enge Grenzen gesetzt (BVerfGE 49, 70, 88), doch hatten diese (faktisch) die Möglichkeit, gegen die eigene Regierung gerichtete Untersuchungen auszuweiten und sie in ihrer Wirkung abzuschwächen; in der Praxis geschah dies auch. Das neue Untersuchungsausschussgesetz stärkt nun ausdrücklich die Rechte der parlamentarischen Minderheit. Dort ist festgelegt, dass der im Einsetzungsantrag bezeichnete Untersuchungsgegenstand nur geändert werden darf, wenn die Antragsteller zustimmen (§ 2 Abs. 2 PUAG). Auch eine nachträgliche Änderung des Untersuchungsauftrags durch das Bundestagsplenum bedarf der Zustimmung der Antragsteller (§ 3 PUAG). Die privilegierte Minderheit hat zudem im Rahmen einer Minderheitenenquete »einen Anspruch auf Ergänzung des Untersuchungsauftrags, wenn auf diese Weise die verfassungsrechtlichen Hindernisse beseitigt werden können, die der Fortsetzung der Arbeit des Untersuchungsausschussgesetzes entgegenstehen« (Caspar 2004: 850), so auch die Auffassung des Bundesverfassungsgerichts anlässlich eines Organstreitverfahrens zum U-Boot-Untersuchungsausschuss der 11. Wahlperiode (BVerfGE 83, 175 ff.). Bislang konnte Minderheiten die Veränderung eines eigenen Untersuchungsauftrages generell verwehrt werden. Ihnen blieb als Hebel gegenüber einer »unwilligen« Mehrheit nur die »Androhung« eines neuen Untersuchungsausschusses. So hatte die Regierungsmehrheit Teile des Untersuchungsauftrages des U-Boot-Ausschusses als verfassungswidrig beanstandet und die Beweiserhebung stark eingeschränkt – eine entsprechende Änderung dieser Passagen jedoch abgelehnt (PlPr 11/6141, S. 134).

Im Unterschied zu Enquete-Kommissionen können einem Untersuchungsausschuss nur Mitglieder des Bundestages angehören. Wie bisher werden die Untersuchungsausschüsse nach dem Stärkeverhältnis der Fraktionen zusammengesetzt und deren Mitglieder von den Fraktionen benannt und abberufen (§§ 4, 5 PUAG). Auch für den Vorsitz sind die Fraktionen im Verhältnis ihrer Stärke zu berücksichtigen. Der Untersuchungsausschuss bestimmt den Vorsitzenden sowie den stellvertretenden Vorsitzenden aus seiner Mitte nach den Vereinbarungen im Ältestenrat. Der stellvertretende Vorsitzende muss einer anderen Fraktion angehören als der Vorsitzende. Die begründete Erwartung, dass auch unter Bedingungen einer Großen Koalition nicht beide Positionen von Mitgliedern der Regierungsfraktionen besetzt werden sollten, hat sich bisher nicht durchgesetzt (BT-Drs. 16/14000, S. 23). Der Vorsitzende hat die Aufgabe, den Untersuchungsausschuss einzuberufen und das Untersuchungsverfahren zu leiten, wobei er an den Einsetzungsbeschluss des Bundestages und die Beschlüsse des Untersuchungsausschusses gebunden ist (§§ 6 und 7 PUAG).

7.13.4 Der Ermittlungsbeauftragte

Eine bemerkenswerte Neuerung des Untersuchungsausschussgesetzes stellt die mögliche Berufung eines Ermittlungsbeauftragten dar (vgl. Bachmaier 2002; Wiefelspütz 2003: 201 ff.; Hoff 2007: 138 ff.; kritisch zum Ermittlungsbeauftragten: Schneider 2001b). Der Untersuchungsausschuss hat dazu jederzeit das Recht und auf Antrag eines Viertels seiner Mitglieder die Pflicht. Der im Rahmen seines Auftrags »unabhängige« Ermittlungsbeauftragte wird innerhalb von drei Wochen mit der qualifizierten Mehrheit von zwei Dritteln der anwesenden Mitglieder bestimmt (§ 10 PUAG). Während die Beantragung somit als Minderheitsrecht ausgestaltet ist, soll durch breite Zustimmung bei der konkreten Bestellung die für eine erfolgreiche Arbeit nötige Vertrauensbasis gesichert werden (Bachmaier 2002: 348). Falls die Bestimmung des Ermittlungsbeauftragten nicht fristgemäß erfolgt, bestimmt der Vorsitzende im Einvernehmen mit seinem Stellvertreter und im Benehmen mit den Obleuten der Fraktionen im Untersuchungsausschuss innerhalb weiterer drei Wochen die Person des Ermittlungsbeauftragten (§ 10 Abs. 3 PUAG). Von dieser hinsichtlich ihrer Praktikabilität umstrittenen Regelung (Wiefelspütz 2003: 202) musste noch kein Gebrauch gemacht werden. Bisher haben drei Untersuchungsausschüsse einen Ermittlungsbeauftragten benannt, wobei sich die Fraktionen jeweils auf eine kompetente Persönlichkeit mit langjähriger (Verwaltungs-)Erfahrung einigen konnten (vgl. BT-Drs. 16/13400, S. 46 f.; Hoppe 2008: 477 f.). Die jederzeit mögliche Abberufung eines Ermittlungsbeauftragten bedarf ebenfalls einer Zweidrittelmehrheit der anwesenden Mitglieder.

Der Ermittlungsbeauftragte soll durch eingehende Vorermittlungen den Untersuchungsausschuss entlasten, damit dieser die Beweisaufnahme gezielter und zügiger durchführen kann (BT-Drs. 14/5790, S. 15). Er kann Personen informatorisch anhören und hat gemäß § 10 Abs. 3 PUAG das Recht auf Vorlage von Beweismitteln (§ 18 PUG) sowie das Recht der Augenscheinnahme (§ 19 PUAG). Allerdings stehen ihm so gut wie keine Zwangsmittel zur Verfügung (vgl. Hoppe 2008: 481). Werden ihm die genannten Rechte nicht freiwillig gewährt, bedarf es eines Beweisbeschlusses gemäß § 17 Abs. 1 PUAG. Somit wurden Sicherungen eingebaut, um eine von manchen befürchtete Verselbständigung des Ermittlungsbeauftragten zu verhindern (vgl. Wiefelspütz 2003: 203; Hoff 2007: 141).

Der Auftrag des als Hilfsorgan des Untersuchungsausschusses fungierenden Ermittlungsbeauftragten soll auf höchstens sechs Monate begrenzt werden. Wird ein Ermittlungsbeauftragter benannt, kann der Untersuchungsausschuss mit seiner Arbeit gleichwohl fortfahren (BT-Drs. 14/5790); dies wird in der Praxis auch so gehandhabt. Nach Abschluss seiner Arbeit erstattet der Ermittlungsbeauftragte dem Untersuchungsausschuss über das Ergebnis einen schriftlichen und mündlichen Bericht. Darin unterbreitet er dem Untersuchungsausschuss einen Vorschlag über die weitere Vorgehensweise (§ 10 Abs. 3 PUAG).

Ein Ermittlungsbeauftragter wurde erstmals im Juli 2007 vom BND-Untersuchungsausschuss eingesetzt und mit der vorbereitenden Bearbeitung eines umfangreichen aber fest umrissenen Untersuchungskomplexes betraut. Seine mit Unterstützung der ihm vom Bundestag zur Verfügung gestellten Mitarbeiter geleistete

Arbeit wurde fraktionsübergreifend als hilfreich eingeschätzt, da sich der Ausschuss
nur noch mit einem Bruchteil der gesamten Zeugen und vorgelegten Akten befassen musste und sich auf das Wesentliche konzentrieren konnte (Hoppe 2008: 487; 91).
Umstritten war und ist allerdings die Rolle des Ermittlungsbeauftragten in der Öffentlichkeit. Unter Verweis auf § 10 Abs. 3 PUAG, wonach der Ermittlungsbeauftragte
keine öffentlichen Erklärungen abgebe, war dessen Bericht entgegen dem Wunsch der
Oppositionsfraktionen nur in einer nicht-öffentlichen Beratungssitzung des Untersuchungsausschusses zu hören. Der Ermittlungsbeauftragte konnte allerdings zu Tatsachen auf Antrag einer Ausschussminderheit öffentlich als Zeuge vernommen werden
(BT-Drs. 16/13400, S. 47, 419, 839). Unabdingbar bleibt, dass auch beim Einsatz eines
Ermittlungsbeauftragten dem Grundsatz öffentlicher Beweiserhebung angemessen
Rechnung getragen wird, indem der Ausschuss die wesentlichen Aktenpassagen ver-
liest und entscheidende Zeugen selbst vernimmt (Hoppe 2008: 486). Angesichts der
insgesamt positiven Erfahrungen haben auch der Gorleben-Untersuchungsausschuss
und der NSU-Untersuchungsausschuss der 17. Wahlperiode einen Ermittlungsbeauftragten eingesetzt. Insgesamt gesehen erscheint die Erwartung nicht unbegründet, dass anerkannte und kompetente Ermittlungsbeauftragte dazu beitragen können,
dass »die sachorientierte Aufklärungsarbeit von künftigen Untersuchungsausschüssen in ein ausgewogenes Verhältnis zu der ebenfalls unabdingbaren parlamentarischen Auseinandersetzung kommt« (Bachmaier 2002: 349).

7.13.5 Beweiserhebung

Im Grundgesetz ist das Recht des Untersuchungsausschusses, die erforderlichen Beweise zu erheben, nicht ausdrücklich als Minderheitsrecht ausgestaltet – ein bemerkenswerter Rückschritt gegenüber Art. 34 der Weimarer Reichsverfassung (Steffani
1979b: 194 ff.).

Seitdem nach den IPA-Regeln verfahren wird, gilt allerdings ein Minderheitsrecht, das nun gesetzlich festgelegt ist: Demnach sind Beweise zu erheben, »wenn sie
von einem Viertel der Mitglieder des Untersuchungsausschusses beantragt sind« (§ 17
Abs. 2 PUAG). Die Ausschussmehrheit ist von der Zustimmungspflicht nur dann be-
freit, wenn die Beweismittel unerreichbar oder die Beweiserhebung unzulässig ist.
Die Reihenfolge der Vernehmung von Zeugen und Sachverständigen soll im Untersuchungsausschuss möglichst einvernehmlich festgelegt werden. Bei Widerspruch eines
Viertels der Mitglieder des Untersuchungsausschusses gelten die Vorschriften der Geschäftsordnung des Bundestages zur Reihenfolge der Redner entsprechend – um bisher häufiger aufgetretene Benachteiligungen der Ausschussminderheit auszuschließen (vgl. Abschn. 7.2.2; Wiefelspütz 2003: 223 ff. m. w. N.). Im Konfliktfall entscheidet
auf Antrag eines Viertels der Mitglieder der Ermittlungsrichter beim Bundesgerichts-
hof. Nach den IPA-Regeln waren die Beweise dann nicht zu erheben, »wenn sie of-

fensichtlich nicht im Rahmen des Untersuchungsauftrags liegen« (§ 12 Abs. 2). Wollte die Mehrheit einen entsprechenden Beweisantrag verhindern, konnte sie dies u. U. mit der Begründung tun, dass dies außerhalb des Untersuchungsauftrages liege. Häufiger wurden von ihr allerdings andere Verfahrensentscheidungen genutzt, um die qualifizierte Minderheit zu behindern, so die Vertagung und die Festlegung der Reihenfolge der Zeugen im eigenen Interesse (vgl. Wiefelspütz 2003: 224 f.; Engels 1991: 150; Meyer 1989: 150 f.). Im Urteil des Bundesverfassungsgerichts zum Parteispendenuntersuchungsausschuss vom 8. April 2002 fand die Neuregelung zur Beweiserhebung eine Bestätigung (BVerfGE 105, 197; vgl. Mohr 2004).

Die Beweiserhebung umfasst die Vernehmung von Zeugen und Sachverständigen, die Heranziehung von Akten sowie die Einholung von Auskünften, Stellungnahmen und Berichten.

Eine wirksame Kontrolle der Exekutive setzt voraus, dass dem Untersuchungsausschuss alle beanspruchten Akten vorgelegt werden und er auch die Möglichkeit hat, sie »vor Ort« einzusehen (vgl. §§ 18, 19 PUAG). Wegen der Verweigerung von Akten hat es aber in der Vergangenheit immer wieder Kontroversen zwischen Ausschuss(minderheit) und Regierung, aber auch zwischen Untersuchungsausschüssen und Gerichten gegeben. Die Weigerung der Bundesminister der Wirtschaft und der Finanzen, die durch einstimmigen (!) Beschluss des »Flick«-Untersuchungsausschusses angeforderten Akten vollständig herauszugeben, hatte 1983 eine Organklage der Fraktionen der SPD und der GRÜNEN zur Folge, der stattgegeben wurde. Das Bundesverfassungsgericht bestätigte in einem Grundsatzurteil, dass das Recht auf Aktenvorlage Verfassungsrang habe und zum »Wesenskern« des Untersuchungsrechts gehöre, weil Akten ein »besonders wichtiges Beweismittel bei der Untersuchung politischer Vorgänge« seien. Es liege daher nicht im Ermessen der Bundesregierung zu bestimmen, was sie als die Aktenherausgabe hinderndes Wohl des Bundes oder eines Landes ansieht (BVerfGE 67, 100, 155). In seinem Urteil zum BND-Untersuchungsausschuss vom 17. Juni 2009 unterstrich das Bundesverfassungsgericht diese Auffassung und sah durch die eingeschränkte Erteilung von Aussagegenehmigungen und die Verweigerung der Herausgabe von Unterlagen an den Untersuchungsausschuss das Informations- und Untersuchungsrecht des Bundestages aus Art. 44 GG verletzt (BVerfGE 124, 78, 129; vgl. BT-Drs 16/14000, S. 34 f.). So sei das Staatswohl nicht allein der Bundesregierung, sondern dem Bundestag und der Bundesregierung gemeinsam anvertraut. Da das Untersuchungsausschussgesetz den Schutz staatlicher Geheimnisse angemessen regele (§§ 14–16, 18 PUAG), begründe die Berufung auf die Geheimhaltungsbedürftigkeit regelmäßig kein Recht zur Verweigerung der Vorlage von Akten und trage auch keine Beschränkung der Aussagegenehmigung (BVerfGE 124, 78, 131). Zwar bestätigte das Bundesverfassungsgericht seine Auffassung, die Verantwortung der Regierung gegenüber Parlament und Volk setze »notwendigerweise einen Kernbereich exekutiver Eigenverantwortung voraus, der einen auch von parlamentarischen Untersuchungsausschüssen grundsätzlich nicht ausforschbaren Initiativ-, Beratungs- und Handlungsbereich einschließt« (BVerfGE 124, 78, 122; vgl. BVerfGE 67, 100, 139; 110, 199, 214). Bei abgeschlossenen Vorgängen könnten dem parlamentarischen Zugriff jedoch grundsätzlich auch Informationen aus dem Bereich der regierungsinternen Willensbildung unterliegen, wobei dem parlamentarischen Informationsinteresse besonders hohes Gewicht zukomme, soweit es um die Aufdeckung möglicher Rechtsverstöße und vergleichbarer Missstände innerhalb der Regierung gehe (BVerfGE 124, 78, 127: 67, 100, 139). Dabei komme den Erörterungen im Kabinett besonders hohe Schutzwürdigkeit zu. Die vorgelagerten Beratungs- und Entscheidungsabläufe seien demgegenüber einer parlamentarischen Kontrolle in einem geringeren Maße entzogen (BVerfGE 124, 78, 127).

Einschränkend vertritt das Bundesverfassungsgericht weiterhin die Auffassung, dass sich die Kontrollkompetenz des Bundestages »grundsätzlich nur auf bereits abgeschlossene Vorgänge« beziehe (BVerfGE 124, 78, 123). Diese Auffassung ist praxisfern, denn allenfalls weit zurückliegende Vorgänge können als völlig abgeschlossen betrachtet werden (vgl. Damkowski 1987: 38). Sinnvollerweise kann allenfalls gerechtfertigt sein, laufende Beratungen innerhalb des Kabinetts bzw. der Regierungsspitze (Koalitionsgespräche, Kabinettsausschüsse) im Interesse einer freien Willensbildung gegen Einblicke von außen zu schützen. Davon abgesehen müssten aber alle Akten, die den Beamten von Ministerien und nachgeordneten Behörden zugänglich sind, auch von Untersuchungsausschüssen geprüft werden können.

In der Konsequenz der Entscheidungen des Bundesverfassungsgerichts zum Flick-Untersuchungsausschuss sind auch Gerichte, die u. U. parallel ermitteln, zur Herausgabe von Akten verpflichtet. Allerdings haben die Forderungen der »Flick«-, »Neue Heimat«- und »U-Boot«-Untersuchungsausschüsse gegenüber parallel ermittelnden Gerichten sowie Unternehmen, Akten, Geschäftsunterlagen und Urkunden herauszugeben, zu einer Reihe gerichtlicher Verfahren geführt, bis hin zur erneuten Anrufung des Bundesverfassungsgerichts. In seinem Urteil vom 1. Oktober 1987 bestätigte das Bundesverfassungsgericht grundsätzlich, dass sich die parlamentarischen Untersuchungsbefugnisse (Beweiserhebungsrechte) zumindest auch auf solche privaten Unternehmen erstrecken, die »in erheblichem Umfang aus staatlichen Mitteln gefördert oder steuerlich begünstigt werden und besonderen gesetzlichen Bindungen unterliegen« (BVerfGE 77, 1, 1; vgl. Engels 1991: 40 ff.). Die Beschlagnahmung von Unterlagen der »Neuen Heimat« war somit zulässig.

Die Beweisaufnahme ist in der Regel außerordentlich arbeitsaufwendig. Beispielsweise haben die Akten des »Flick«-Untersuchungsausschusses einen Gesamtumfang von mehr als 100 000 Blatt, die des UA »Neue Heimat« gar von mehreren Millionen Blatt. Einen großen Teil der Untersuchungszeit nimmt in der Regel die Vernehmung der Zeugen und Sachverständigen in Anspruch. So haben von den 125 Sitzungen des BND-Untersuchungsausschusses 59 Sitzungen der Beweisaufnahme gedient, wobei 142 Zeugen vernommen wurden. Die Vernehmungen nahmen ca. 390 Stunden in Anspruch (BT-Drs. 16/13400, S. 46). Das Untersuchungsausschussgesetz kennt den

Status des »Betroffenen« nicht mehr, der in der Praxis auch nie eingeräumt wurde (Wiefelspütz 2003: 239 ff.). Jedoch können nach § 22 Abs. 2 PUAG Zeugen die Auskunft auf Fragen verweigern, deren Beantwortung ihnen die Gefahr zuziehen würde, einer Untersuchung nach einem gesetzlich geordneten Verfahren ausgesetzt zu werden. In mehreren Untersuchungsausschüssen wurde die Sachaufklärung u. a. dadurch erheblich erschwert, dass Zeugen, gegen die auch gerichtlich ermittelt worden war, für sich das weiterhin geltende Auskunftsverweigerungsrecht (gem. § 55 Strafprozessordnung) in Anspruch nahmen – darunter oftmals die wichtigsten (Wolf 2005a: 879). So beriefen sich 24 der 117 vom Parteispenden-Untersuchungsausschuss vernommenen Zeugen auf ein Auskunftsverweigerungsrecht (BT-Drs. 14/9300, S. 89). Dadurch wird das Untersuchungsrecht des als Hilfsorgan des Bundestages fungierenden Untersuchungsausschusses und somit des Bundestages insgesamt erheblich eingeschränkt. Daher sollten u. a. im Rahmen der Beratungen zum Untersuchungsausschussgesetz unterbreitete Vorschläge erneut geprüft werden, »die eine zu weitreichende oder gar missbräuchliche Inanspruchnahme des Auskunftsverweigerungsrechts zu verhindern suchen« (Wolf 2005a: 881; vgl. Wolf 2005b: 144 ff.; Schneider 2001b; Weisgerber 2003: 272 ff.).

Regierungsmitglieder sowie Beamte und Angestellte im Verantwortungsbereich der Bundesregierung können vom Untersuchungsausschuss als Zeugen vernommen werden. Die Bundesregierung ist verpflichtet, die hierfür erforderliche Aussagegenehmigung zu erteilen (§ 23 Abs. 2 i. V. m. § 18 Abs. 1 PUAG). Das Bundesverfassungsgericht hat aus gegebenem Anlass in seinem BND-Urteil unterstrichen, dass ihr insoweit kein Ermessen zukommt (BVerfGE 124, 78, 115) und damit schon im Untersuchungsausschuss zur Hypo-Real-Estate-Krise gewisse Änderungen von Aussagegenehmigungen bewirkt (BT-Drs. 16/14000, S. 38 f.). Um das Informationsrecht des Parlaments zu stärken, sollten das Minderheitsrecht der Beweiserhebung und das Recht der Aktenvorlage im Grundgesetz verankert werden. Auch sollte das jederzeitige Zutritts- und Rederecht für Regierungsmitglieder sowie ihre Beauftragten aus Art. 43 Abs. 2 GG für nicht-öffentliche Ausschusssitzungen beschränkt werden (vgl. Schneider 2001: 2607; Ismayr 1992: 545).

Im Unterschied zu den Beratungen und der Beschlussfassung erfolgt die Beweiserhebung in öffentlicher Sitzung. Die Öffentlichkeit kann unter bestimmten, einzeln aufgeführten Voraussetzungen durch Mehrheitsbeschluss ausgeschlossen werden (§ 14 PUAG). Ton und Filmaufnahmen sowie Ton- und Bildübertragungen sind unzulässig, jedoch können mit einer Mehrheit von zwei Dritteln der anwesenden Mitglieder sowie der Zustimmung der zu vernehmenden oder anzuhörenden Personen Ausnahmen beschlossen werden (§ 13 PUAG). So wurde die Beweisaufnahme des Untersuchungsausschusses »Sicherheitsrisiko Visapolitik« teilweise vom Fernsehen übertragen, wobei sämtliche Aufnahmen von der Bundestagsverwaltung (Parlamentsfernsehen) erzeugt, gemischt und zur Verfügung gestellt wurden (vgl. BT-Drs. 15/5975). Ob das Verbot von Ton- und Filmübertragungen mit der Rundfunkfreiheit gem. Art. 5 Abs. 1 vereinbar ist, ist umstritten (vgl. Bräcklein 2006: 317 ff.; Bräcklein 2003; Weisgerber 2003: 369 ff.).

7.13.6 Untersuchungen des Verteidigungsausschusses

Der Bundestag ist nicht befugt, Untersuchungsausschüsse auf dem Gebiet militärischer Verteidigung einzusetzen. Die Untersuchungskompetenz wurde hier dem Verteidigungsausschuss übertragen, wohl primär aus Gründen der Geheimhaltung sicherheitspolitischer Maßnahmen (Kipke 1985: 71). Entscheidet er sich, eine Angelegenheit zum Gegenstand einer Untersuchung zu machen, hat der Verteidigungsausschuss die Rechte eines Untersuchungsausschusses. Auf Verlangen eines Viertels seiner Mitglieder ist er dazu verpflichtet (Art. 45a GG; vgl. Berg 1982: 224). Mit bisher 14 Untersuchungsverfahren hat der Verteidigungsausschuss von dieser Möglichkeit nur sehr sparsam Gebrauch gemacht (Stand: 2010; Übersicht in: Schindler 1999: 2233 ff.; Feldkamp 2011: 1061 ff.). Die Gründe liegen wohl in einem langjährigen »Grundkonsens« in verteidigungspolitischen Fragen, der unter den Mitgliedern des Verteidigungsausschusses noch deutlicher ausgeprägt war, als in der jeweiligen Gesamtfraktion. Erhebliches öffentliches Interesse erlangten in den letzten Jahren die Untersuchungsverfahren im Fall des Guantanamo-Häftlings Kurnaz und zu den Folgen des Bombardements von zwei entführten Tanklastern im Kundus-Fluss (BT-Drs. 16/10650; Süddeutsche Zeitung vom 11.2.2011).

Für das Verfahren des Verteidigungsausschusses als Untersuchungsausschuss gelten die Vorschriften des Untersuchungsausschussgesetzes. Über das Ergebnis seiner Untersuchungen hat auch der Verteidigungsausschuss einen Bericht zu erstatten. Eine Plenardebatte hierüber darf sich jedoch nur auf den veröffentlichten Bericht beziehen (§ 34 Abs. 4 PUAG). Um eine angemessene Befassung zu begünstigen, eröffnet das PUAG die Möglichkeit, zur Durchführung einer Untersuchung einen Unterausschuss einzusetzen, in den auch stellvertretende Mitglieder des Verteidigungsausschusses entsandt werden können, die über Erfahrungen in anderen Politikfeldern verfügen (§ 34 Abs. 3 PUAG).

Seit der 8. Wahlperiode hat sich schrittweise die (Rechts-)Auffassung durchgesetzt, dass die Öffentlichkeit bei der Beweiserhebung – auch in militärischen Angelegenheiten – zugelassen werden kann und dass dies auch geschehen sollte, sofern nicht »Sicherheitsinteressen« entgegenstehen (Hucko 1979: 307). Dies wurde auch teilweise praktiziert, doch scheiterte eine weitgehende Öffentlichkeit der Beweisaufnahme immer wieder an Bedenken der Ausschussmehrheit. So hatte der Kurnaz-Untersuchungsausschuss beschlossen, die Beweiserhebung grundsätzlich nicht-öffentlich durchzuführen und nur im Einzelfall die Öffentlichkeit zuzulassen (BT-Drs. 16/10650, S. 27 f.). Einen entsprechenden Beschluss fasste im Juni 2010 die Ausschussmehrheit auch im Kundus-Untersuchungsausschuss gegen den Protest der

Oppositionsfraktionen, die eine »transparente Aufklärung« behindert sahen. Damit kündigte die Koalitionsmehrheit im Ausschuss eine gemeinsame Vereinbarung auf, wonach Zeugen aus einer bestimmten Leitungsebene in der Regierung und der Bundeswehr generell öffentlich befragt werden sollten (Deutscher Bundestag, PuK 2, Presseerklärung vom 17. 6. 2010).

7.13.7 Kontrollwirkungen

Aufgrund ihrer thematisch und zeitlich begrenzten Aufgabenstellung sind Untersuchungsausschüsse nur begrenzt als Mittel umfassender politischer Richtungskontrolle und konzeptioneller Politik geeignet. Mit einem wirksamen Kontrollinstrumentarium ausgestattet, sind sie aber durchaus in der Lage, über die kontrovers geführte Aufklärung von Missständen hinaus die Folgen politischer Entscheidungen zu untersuchen und durch Impulse im Bereich von Verwaltung und Gesetzgebung innovativ zu wirken. Die grundsätzlich gegebenen Chancen lassen sich durch Stärkung der Minderheitsrechte im Untersuchungsverfahren erheblich verbessern.

Typisch ist der folgende Ablauf: Ein spektakulärer Vorfall (Skandal) führt zur Aufdeckung von Missständen im Regierungs- und Verwaltungsapparat. Im Verlauf der Untersuchung werden organisatorische Probleme, Wirkungsmängel von Verwaltungsmaßnahmen oder auch Defizite der Gesetzgebung offenbar. Die Fraktionen im Untersuchungsausschuss kommen zu teils gemeinsamen, überwiegend aber unterschiedlichen Bewertungen und machen im Mehrheitsbericht und in abweichenden Berichten Verbesserungsvorschläge, die in (alternativen) parlamentarischen Initiativen (Anträgen, Gesetzentwürfen) und Debatten ihren Niederschlag finden und auch öffentlich diskutiert werden.

Die Wirkung dieser Regelungsalternativen in der öffentlichen Diskussion und im Entscheidungsprozess ist von Fall zu Fall unterschiedlich. Reaktionen von Ministerien und nachgeordneten Behörden erfolgen mitunter schon aufgrund öffentlicher Kritik im Verlauf des Verfahrens; Nachwirkungen können aber auch erst Jahre danach zu greifbaren Ergebnissen führen. Jedenfalls lässt sich der »Erfolg« von Untersuchungsausschüssen nicht daran ablesen, ob (ausnahmsweise) Änderungsvorschläge in einem »Konsensbericht« von allen Fraktionen unterstützt werden.

7.14   Parlamentarische Kontrolle der Nachrichtendienste

Als nach wie vor unzulänglich erweist sich trotz mancher Verbesserungen die Kontrolle der Geheimdienste, die amtlich als »Nachrichtendienste« bezeichnet werden. Die im Jahr 2012 aufgedeckten gravierenden Ermittlungspannen im Fall der Terrorgruppe Nationalsozialistischer Untergrund (NSU) mit nachfolgender Aktenver-

nichtung haben Organisations- und Leistungsmängel wie Kontrollprobleme gleichermaßen offengelegt (Süddeutsche Zeitung, 3. 7. 2012; Prantl 2012a). So wird eine
»komplette Neuorganisation und viel mehr Kontrolle« (Prantl 2012b) der drei Nachrichtendienste des Bundes und insbesondere des Verfassungsschutzes gefordert, der
aus dem Bundesamt und 16 Landesorganisationen besteht (Stand: 2012).

Zur spezifischen parlamentarischen Kontrolle der geheimdienstlich ermittelnden
»Nachrichtendienste« hat der Bundestag kleine Kontrollgremien eingerichtet, die geheim beraten. Dies ist insbesondere das »Parlamentarische Kontrollgremium« (bis
1999 Parlamentarische Kontrollkommission), das die Aufgabe hat, die Bundesregierung hinsichtlich der Tätigkeit der drei Nachrichtendienste des Bundes zu kontrollieren (§ 1 Kontrollgremiumgesetz/PKGrG): das im Inland wirkende Bundesamt für
Verfassungsschutz, den die Entwicklung in anderen Staaten beobachtenden Bundes-
nachrichtendienst und den für die Bundeswehr zuständigen Militärischen Abschirm-
dienst. Das Kontrollgremium aus derzeit elf Abgeordneten, die diese Aufgabe neben
ihren vielfältigen Tätigkeiten (Fachausschuss, Fraktionsgremien) zusätzlich wahrnehmen, steht einem Apparat von ca. 10 000 Mitarbeitern im Bund gegenüber. Hinzu
kommt das Problem, »dass die Kontrolleure zur Ausübung ihrer Aufgaben ganz wesentlich auf die Informationen derjenigen angewiesen (sind), welche sie zu überwa-
chen haben« (Gusy 2008: 24). Mit erheblichen Kontrollproblemen gegenüber den
Geheimdiensten ist überdies auch die politische Führung in den zuständigen Ministerien konfrontiert.

Mit dem Ende der 16. Wahlperiode (2009) wurde die Bestellung eines »Gremiums zur Kontrolle der nachrichtendienstlichen Tätigkeit des Bundes« im Grundgesetz verankert (Art. 45d GG). Für die Zusammensetzung gelten nicht die Regelungen für Ausschüsse, die eine spiegelbildliche Vertretung der Fraktionen und somit
auch kleinerer Oppositionsparteien sichern. Die Mitglieder des »Parlamentarischen
Kontrollgremiums« (PKGr) werden jeweils zu Beginn der Wahlperiode vom Bundestag mit absoluter Mehrheit gewählt. Scheidet ein Mitglied aus, ist unverzüglich
ein neues Mitglied zu wählen (§ 2 PKGrG). Nach der bestehenden Regelung haben die Mehrheitsfraktionen die gelegentlich auch praktizierte Möglichkeit, unerwünschte Fraktionen bzw. Abgeordnete auszuschließen. So wurde die Fraktion Die
Grünen in den 1980er Jahren regelmäßig aus den Gremien zur Kontrolle der Nachrichtendienste ferngehalten. Ähnlich erging es nach der Bundestagswahl 1998 der
neuen Fraktion PDS, die aus diesen Kontrollgremien ausgeschlossen blieb. Seit 2005
ist die Fraktion Die Linke allerdings in allen Kontrollgremien vertreten. Mitgliederzahl, Zusammensetzung und Arbeitsweise des Parlamentarischen Kontrollgremiums
sind nicht gesetzlich festgelegt, sondern werden jeweils vom Bundestag bestimmt. In
der 17. Wahlperiode sind es elf Abgeordnete, in den drei Wahlperioden zuvor waren
es neun (www.bundestag.de).

Entschieden kritisiert wurde mit Recht die Entscheidung des Bundesverfassungsgerichts vom 14. Januar 1986, das den Ausschluss einzelner Fraktionen »in eng be-

grenzten Ausnahmefällen« aus Gründen des Geheimschutzes dann für hinnehmbar hält, wenn eine (große) Oppositionsfraktion vertreten ist (BVerfGE 70, 324, 365 f.). Denn zum einen kann nicht einfach angenommen werden, dass eine Fraktion die Interessen der anderen mitvertreten kann. Zum anderen werden die Minderheitsrechte ausgehöhlt, wenn aufgrund besonderer gesetzlicher Regelungen die »Mehrheit über das Recht der Minderheit auf Teilhabe am parlamentarischen Prozess entscheidet«. Zudem kann nicht davon ausgegangen werden, eine Preisgabe von Geheimnissen komme nur seitens der Minderheit in Betracht (Sondervotum Mahrenholz; vgl. auch Edinger 1992: 313 f.).

Die Mitglieder des Parlamentarischen Kontrollgremiums (und gegebenenfalls zur Unterstützung zugezogene Fraktionsmitarbeiter und Beschäftigte der Bundestagsverwaltung) sind zur Geheimhaltung auch für die Zeit nach ihrem Ausscheiden aus diesem Gremium verpflichtet (§ 10 PKGrG). Die Regierung geht somit kein »Risiko« ein, können die Parlamentarier die übermittelten Informationen ja nicht für die öffentliche Auseinandersetzung nutzen, was die Kontrollmöglichkeiten der Oppositionsfraktionen erheblich einschränkt. Hält die Regierung Informationen dennoch aus Geheimhaltungsgründen zurück, ist dies daher in der Regel unbegründet, wobei die im Gesetz genannten Ausnahmefälle (§ 6 PKGrG) von der Regierung oft »weit« ausgelegt werden (vgl. Christopeit/Wolff 2009: 81 f.). Das Parlamentarische Kontrollgremium muss mindestens einmal im Vierteljahr zusammenzutreten (§ 3 PKGrG), tagt aber tatsächlich viel öfter (Mayntz 2004: 22).

Nach den Terroranschlägen des 11. September 2001 wurden die Nachrichtendienste ausgebaut und ihre Kompetenzen erheblich erweitert. Mit den Stimmen der Großen Koalition und der oppositionellen FDP wurde 2009 schließlich eine Neufassung des Kontrollgremiumgesetzes beschlossen, das die Befugnisse des Parlamentarischen Kontrollgremiums »behutsam und systemkonform« stärken sollte (BT-Drs. 16/13220, S. 2; PlPr PlPr 16/225, S. 24896 ff.). Die Oppositionsfraktionen Bündnis 90/Die Grünen und Die Linke hielten das Gesetz für unzulänglich und lehnten es ab. Die Informationsrechte des Kontrollgremiums wurden leicht gestärkt. Die Bundesregierung hat das Parlamentarische Kontrollgremium umfassend über die allgemeine Tätigkeit der Nachrichtendienste und über Vorgänge von besonderer Bedeutung zu unterrichten (§ 4 PKGrG). Das Kontrollgremium kann von der Bundesregierung und den Nachrichtendiensten verlangen, Akten herauszugeben und gespeicherte Daten zu übermitteln sowie Zutritt zu sämtlichen Dienststellen zu erhalten und es kann neben Mitgliedern und Mitarbeitern der Bundesregierung auch Angehörige der Geheimdienste befragen. Die Bundesregierung hat dem Verlangen des Kontrollgremiums unverzüglich zu entsprechen (§ 5 PKGrG). Die Umstände, unter denen die Bundesregierung Informationsbegehren nicht erfüllen muss, bleiben weiterhin unverändert (§ 6 PKGrG: Schutz des Kontaktes mit Geheimdiensten anderer Staaten, Grenzen der exekutiven Eigenverantwortung sowie der Schutz von Persönlichkeitsrechten Dritter). Gerichte und Behörden werden nun zur Rechts- und Amtshilfe, insbesondere zur Vorlage von Akten und Übermittlung von Dateien, verpflichtet (§ 5 Abs. 4 PKGrG). Angehörigen der Nachrichtendienste ist es gestattet, sich in dienstlichen Angelegenheiten unmittelbar an das Parlamentarische Kontrollgremium zu wenden, ohne sich (wie bisher) zuvor an die Hausleitung zu wenden (§ 8 PKGrG).

Mit der Mehrheit von zwei Dritteln seiner Mitglieder kann das Kontrollgremium nach Anhörung der Bundesregierung im Einzelfall einen Sachverständigen beauftragen. Von der Geheimhaltung ausgenommen sind »Bewertungen bestimmter Vorgänge«, wenn zwei Drittel der anwesenden Mitglieder des Parlamentarischen Kontrollgremiums ihre vorherige Zustimmung erteilt haben. In diesem Fall kann jedes einzelne Mitglied des Gremiums eine abweichende Bewertung (Sondervotum) veröffentlichen (§ 10 Abs. 2 PKGrG), womit eine bestehende Praxis kodifiziert wurde (Christopeit/Wolff 2010: 94). Dies ist das derzeit wichtigste Minderheitsrecht innerhalb des Gremiums.

Erst mit der Neufassung des PKGrG wurde die Möglichkeit geschaffen, dass Mitglieder des Parlamentarischen Kontrollgremiums von Mitarbeitern ihrer Fraktion (nicht von Abgeordnetenmitarbeitern) unterstützt werden – nach Anhörung der Bundesregierung und mit Zustimmung des Gremiums. Die benannten Mitarbeiter sind befugt, Akten und Dateien einzusehen und die Beratungsgegenstände mit den Mitgliedern des Kontrollgremiums zu erörtern, haben grundsätzlich jedoch keinen Zutritt zu den Sitzungen. Das Kontrollgremium kann jedoch mit Mehrheit von zwei Dritteln seiner Mitglieder Fraktionsmitarbeiter an bestimmten Sitzungen teilnehmen lassen (§ 11 PKGrG).

Die parlamentarische Kontrolle der Geheimdienste liegt nicht allein bei dem mit spezifischen Befugnissen ausgestatteten Parlamentarischen Kontrollgremium. Die Rechte des Bundestages und seiner Ausschüsse bleiben unberührt (so auch § 1 Abs. 2 PKGrG). Das Bundesverfassungsgericht hat ausdrücklich bestätigt, dass die Bundesregierung »zulässige Informationsbegehren des Parlaments – welcher Art auch immer – nicht mit der Begründung unbeantwortet lassen (darf), über den Tätigkeitsbereich der Nachrichtendienste werde nur im Parlamentarischen Kontrollgremium berichtet« (Christopeit/Wolff 2010: 86; BVerfGE 2 BvE 6/06). In der Praxis werden jedoch öffentlich bedeutsame Informationen von der Bundesregierung immer wieder mit der Begründung verweigert, man habe bereits das Parlamentarische Kontrollgremium unterrichtet (PlPr 16/225, S. 24901).

Neben dem Parlamentarischen Kontrollgremium werden kleine Kontrollgremien mit spezifischen Aufgaben eingerichtet, so im Bereich der Nachrichtendienste die G-10-Kommission und das Gremium von Mitgliedern des Haushaltsausschusses gemäß § 10a Abs. 2 der Bundeshaushaltsordnung (Vertrauensgremium). Nach Art. 10 GG kann bei Beschränkung des Brief-, Post- und Fernmeldegeheimnisses, die zum Schutz der freiheitlichen demokratischen Grundordnung oder des Bestandes oder der Sicherung des Bundes oder eines Landes zulässig ist, an Stelle des Rechtsweges die Nachprüfung durch ein vom Parlament bestelltes Kontrollgremium treten.

Die hierfür eingerichtete, geheim tagende G-10-Kommission wird vom zuständigen Bundesministerium monatlich über die von ihm angeordneten Beschränkungsmaßnahmen vor deren Vollzug unterrichtet (§ 15 Artikel 10-Gesetz). Sie entscheidet von Amts wegen oder auf Grund von Beschwerden über die Zulässigkeit und Notwendigkeit von Beschränkungsmaßnahmen. Die vier Mitglieder und vier Stellvertreter der G-10-Kommission (darunter auch Nicht-Parlamentarier) werden vom Parlamentarischen Kontrollgremium bestellt und verfügen über ausgeprägte Inspektionsrechte gegenüber den Nachrichtendiensten. Das Vertrauensgremium erfüllt seit 1986 die Aufgabe, die geheimen Wirtschaftspläne der Nachrichtendienste zu beraten. Es ist aus (derzeit zehn) Mitgliedern des Haushaltsausschusses zusammengesetzt, die vom Plenum des Bundestages gewählt werden. Soweit sein Recht auf Kontrolle reicht, verfügt es über die gleichen Rechte wie das Parlamentarische Kontrollgremium (§ 10a Bundeshaushaltsordnung) (zu weiteren Kontrollgremien vgl. Abschn. 7.11 und Feldkamp 2011: 1339 ff.).

7.15 Der Petitionsausschuss

7.15.1 Petitionsrecht im Wandel

Als Kontrollgremium eigener Art fungiert der Petitionsausschuss des Bundestages. In jedem Jahr wenden sich zahlreiche Bürger mit Beschwerden, Anregungen und Vorschlägen an die Volksvertretungen von Bund und Ländern. Das Grundgesetz sichert jedermann – also auch Minderjährigen, Ausländern und Staatenlosen – das Grundrecht zu, sich schriftlich mit Bitten und Beschwerden an die zuständigen Stellen (Behörden, internationale Stellen) oder an die Volksvertretung zu wenden (Art. 17 GG). Inhaltlich unterscheidet sich diese Verfassungsbestimmung kaum von Art. 126 der Weimarer Reichsverfassung (1919), der ebenfalls das Petitionsrecht als Grundrecht normiert und seinerseits auf § 159 der Paulskirchenverfassung (1848) aufbaut (Vonderbeck 1975: 179).

Dem Petitionsrecht kommt im parlamentarisch-demokratischen Rechtsstaat der Bundesrepublik mit seiner ausgebauten Verwaltungsgerichtsbarkeit eine gewandelte, aber gleichwohl nicht zu unterschätzende Bedeutung zu. Dies gilt gegenüber dem monarchischen Konstitutionalismus für die individualrechtliche Seite des Bitt- und Beschwerderechts wie auch seine Bedeutung für die politische Willensbildung und parlamentarische Kontrolle. Mit dem Petitionsrecht besteht eine Einwirkungsmöglichkeit auch für jene, die nicht den Weg über Parteien und Verbände gehen können oder wollen.

Das Petitionsrecht wird in beachtlichem Umfang genutzt. So gingen beim Petitionsausschuss des Bundestages im Jahr 2010 16 849 Petitionen ein, in den fünf Jahren zuvor durchschnittlich 18 425 (Jahresberichte des Petitionsausschusses). In diesen Zahlen sind Sammelpetitionen mit zahlreichen Unterschriften oder beigefügten Unterschriftenlisten sowie Massenpetitionen jeweils nur als eine Petition ausgewiesen. Massenpetitionen sind Eingaben in größerer Zahl mit demselben Anliegen, deren Text ganz oder im Wesentlichen übereinstimmt (z. B. Postkartenaktionen). Seit 2005 können in einem partizipationsfreundlichen Verfahren, das 2008 vereinfacht und auf Dauer gestellt wurde, über die Internetseite des Bundestages sogenannte Öffentliche Petitionen eingereicht, mitgezeichnet und diskutiert werden. Rechnet man die einzelnen Massenpetitionen und die Mitzeichnungen bei Sammelpetitionen und Öffentlichen Petitionen hinzu, haben sich im Jahr 2010 etwa 1,8 Millionen Personen an den Bundestag gewandt und eine Petition unterstützt (Tätigkeitsbericht, BT-Drs. 17/6250, S. 6; Angaben zur Entwicklung seit 1975 in: Riehm/Böhle/Lindner 2011: 51 ff.).

Viele an den Bundestag gerichtete Beschwerden haben mit aus dem Rahmen fallenden Einzelfällen zu tun, die in Gesetzen und Verwaltungsvorschriften nicht bedacht wurden, sowie mit Handlungen oder Unterlassungen der Verwaltung, die als ungerecht oder unzuträglich angesehen werden. Petitionen an die Parlamente können nen in solchen Fällen noch einen Ausweg bieten, weil sie weder an Verfahrensvorschriften noch an Fristen gebunden sind. Die Funktion der parlamentarischen Petitionsinstanzen wird daher gerne als »Notrufsäule« oder »Kummerkasten der Nation« bezeichnet. Als Barriere kann sich allenfalls auswirken, dass Petitionen schriftlich einzureichen sind. Dies kann allerdings nicht nur per Brief oder Telefax, sondern seit dem 1. 9. 2005 auch auf elektronischem Wege über ein Webformular geschehen (epetitionen.bundestag.de).

Das Petitionsrecht bietet dem Einzelnen nicht nur die Möglichkeit, in eigener Sache (und für andere) Beschwerden über unrechtmäßiges und unzweckmäßiges Handeln oder Unterlassen der Verwaltung, sondern auch »Bitten« vorzubringen. Von dieser Möglichkeit, sich mit Anregungen und Vorschlägen – vor allem zur Gesetzgebung – an die Volksvertretung zu wenden, machen die Bürger vielfältigen Gebrauch. So waren nach Angaben des Petitionsausschusses 43,7 % (7 356) der Petitionen des Jahres 2010 Eingaben zur Bundesgesetzgebung (2009: 43 %; 2008: 35,8 %; Jahresbericht des Petitionsausschusses 2011, S. 89). Mehrere Tausend Petitionen zu einem Gesetzesvorhaben sind dabei nur als eine Eingabe berücksichtigt. So gingen beispielsweise 2001 93 453 Petitionen mit der »Forderung nach Herabsetzung des im Ozongesetz festgelegten Grenzwertes« ein (Jahresbericht 2002).

Gerade Sammel- und Massenpetitionen haben häufig ein Aktivwerden des Gesetzgebers zum Ziel. Diese gemeinwohlorientierte Seite des Petitionsrechts gewann seit dem Aufkommen der Bürgerinitiativen in den 1970er Jahren zunehmend an Bedeutung. Bereits die Enquete-Kommission Verfassungsreform hatte diese Bedeutung des Petitionsrechts für die Mitgestaltung der Bürger in öffentlichen Angelegenheiten hervorgehoben (Schlussbericht 1976). Die legitime Chance von Bürgerinitiativen und Nichtregierungsorganisationen, durch Sammel- und Massenpetitionen ihre Anliegen öffentlich bewusst zu machen und »Druck« auf die Volksvertretung auszuüben, wird auch in der verfassungsrechtlichen Literatur anerkannt (z. B. Vitzthum 1985: 28 f.). Dieses Recht wird auch von keiner Bundestagsfraktion grundsätzlich in Zweifel gezogen, doch gibt es deutliche Unterschiede hinsichtlich der Frage, wie »politisch motivierte« Petitionen generell zu behandeln sind. Wie steht es aber um die reale Chance, auf diesem Wege Mängel abzustellen und – vor allem – Einfluss auf die Gesetzgebung, untergesetzliche Regelungen und die administrative Praxis zu nehmen?

7.15.2 Aufgaben und Befugnisse des Petitionsausschusses

Generell kann man sagen, dass das Petitionsverfahren im Laufe der Zeit verbessert und die Wirkungsmöglichkeiten auch (verfassungs)rechtlich gestärkt wurden.

Für die Behandlung der an den Bundestag gerichteten Bitten und Beschwerden ist nach Art. 45c GG der Petitionsausschuss (PA) zuständig, dem derzeit 26 Abgeordnete angehören (Tabelle 4.3). Seit der Reform des Petitionsrechts 1975 besitzt der Petitionsausschuss ein Zuständigkeitsmonopol. Der Präsident muss alle Petitionen dem Petitionsausschuss überweisen (§ 109 GOBT). Dieser ist allerdings verpflichtet, zu allen Petitionen, die einen Gegenstand der Beratung in einem Fachausschuss betreffen, eine Stellungnahme einzuholen (§ 109 GOBT). In der Praxis sind dies vornehmlich Gesetzentwürfe.

Die Bundesregierung und die Behörden des Bundes sind verpflichtet, dem Petitionsausschuss zur Vorbereitung von Beschlüssen über Beschwerden (!) »Akten vorzulegen, Auskunft zu erteilen und Zutritt zu ihren Einrichtungen zu gestatten« (§ 1 Befugnisgesetz gemäß Art. 45c GG). Bedeutsam ist, dass der Ausschuss dieses Recht unmittelbar gegenüber den Bundesbehörden geltend machen kann. Das zuständige Regierungsmitglied ist »zu verständigen«. Die neuen Befugnisse wurden nur teilweise und in bescheidenem Umfang genutzt.

In einigen Fällen – seit den 1980er Jahren häufiger als früher – hat man Regierungsvertreter vor den Ausschuss geladen (z. B. 1997: 7; 2009: 2), seit 2006 auch zu Anhörungen in öffentlichen Ausschusssitzungen. Auch werden viele Berichterstattergespräche, von denen es 2010 immerhin 30 gab, mit Vertretern der Ministerien geführt, »um im Vorfeld von Beschlussempfehlungen des Ausschusses, oder zur Nachbereitung von Antworten der Bundesregierung auf Beschlüsse des Deutschen Bundestages zu Petitionen sensible Einzelfälle zu klären« (BT-Drs. 17/6250, S. 8). Nur hin und wieder werden auch Akten angefordert (so z. B. von Versicherungsträgern). Erkundungen vor Ort erfolgen im Berichtsjahr in der Regel nur ein bis drei Mal (Jahresberichte). So wurden 2010 zwei Ortsbesichtigungen zum Lärmschutz und eine weitere zu Standortangelegenheiten der Bundeswehr durchgeführt (BT-Drs. 17/6250). Auf die Anhörung von Petenten und Sachverständigen wurde bis zur Verfahrensreform 2005 fast ganz verzichtet. Gewiss hat bereits die Existenz dieser wichtigen Informationsrechte die Auskunftsbereitschaft von Regierungsmitgliedern und Beamten verbessert. Eine häufigere Nutzung dieser Rechte unterbleibt aber vor allem wegen der zeitlichen Belastung der Abgeordneten und der Mitarbeiter des Ausschussdienstes – was Ausschussmitglieder auch öffentlich bedauern (z. B. PlPr 10/222, S. 17141). Die Erwartungen in eine Beschleunigung der Petitionsverfahren haben sich nur teilweise erfüllt. Immerhin hält bei einer neueren Befragung eine knappe Mehrheit die Bearbeitungszeit im Petitionsverfahren für angemessen (Riehm/Böhle/Lindner 2011: 98; vgl. TAB 2009: 70); jedoch müssen in manchen Politikbereichen die Petenten nach wie vor zu lange auf einen Bescheid warten und reagieren mitunter verärgert. So ist eine Bearbeitungszeit von einem Jahr und länger keine Seltenheit. Neben der Überlastung des Ausschussdienstes liegt dies auch daran, dass manche Behörden und Ministerien und auch viele Fachausschüsse den Petitionsausschuss zu lange auf Stellungnahmen warten lassen. Für den Petitionsausschuss stehen das Ansehen des Parlaments und seine eigene Glaubwürdigkeit auf dem Spiel.

Die Mitglieder der Oppositionsfraktionen im Petitionsausschuss sind auf die Zustimmung der Ausschussmehrheit angewiesen, wenn sie das Informationsinstrumentarium des »Befugnisgesetzes« nutzen wollen. Die Bereitschaft der Mehrheitsfraktionen nimmt wohl in dem Maße ab, je deutlicher es sich um politisch brisante Anliegen handelt. Daher wird seit den 1970er Jahren von der jeweiligen Opposition eine Ausgestaltung als Minderheitsrecht gefordert (Befugnisse auf Verlangen eines Viertels der Ausschussmitglieder). Zu den immer wieder diskutierten Reformwünschen gehört auch das Recht, dem Petitionsbescheid ein Minderheitsvotum hinzuzufügen sowie die Verpflichtung, die Minderheitenmeinung entsprechend im Jahresbericht zu berücksichtigen.

Petitionen unterliegen nicht dem Grundsatz der Diskontinuität. Der Petitionsausschuss muss also alle Petitionen wieder aufgreifen, die in der abgelaufenen Wahlperiode nicht mehr abschließend behandelt wurden. Der Petitionsausschuss tagt in der Regel am Ausschusstag (Mittwoch) morgens vor den anderen Ausschüssen – »um in einer bis anderthalb Stunden dreißig oder mehr Petitionen ›durchzuziehen‹«, die im Vorfeld eingehend(er) bearbeitet wurden (Nickels 1997: 6).

Das Prestige des Ausschusses ist zwar gewachsen. Jedoch bietet die mühevolle (Detail-)Arbeit in diesem von Abgeordneten vor allem bis zur Reform 2005 als »unpolitisch« eingeschätzten Gremium nur bescheidene Möglichkeiten, sich innerhalb der Fraktion zu profilieren. Immerhin bestätigte sich die langjährige Erfahrung, dass sich Parlamentsneulinge zunächst im Petitionsausschuss zu bewähren haben, »damit sie beschäftigt sind und sich die Hörner abstoßen« (Orgaß, zit. nach Vonderbeck 1975: 179) seit der 10. Wahlperiode nicht mehr im gewohnten Umfang. Überwogen bei der CDU/CSU die Parlamentsneulinge bis zur 16. Wahlperiode zumeist deutlich (17. WP 5 : 5), waren diese bei der SPD-Fraktion zumeist in der Minderheit. Fasst man die drei letzten Wahlperioden zusammen, waren bei der CDU/CSU-Fraktion 18 von 28 Mitgliedern des Petitionsausschusses Parlamentsneulinge, bei der SPD-Fraktion 13 von 26, bei der FDP 8 von 9 und bei Bündnis 90/Die Grünen 4 von 7 (Auswertung nach Kürschners Volkshandbuch, 15., 16, 17. Wahlperiode). Im erhöhten Interesse erfahrener Abgeordneter am Petitionsausschuss drückt sich offenbar aus, dass dieses Gremium verstärkt als politischer Seismograph verstanden und in seiner kommunikativen Vermittlungsfunktion zwischen Bürgern und politisch-administrativen Institutionen höher eingeschätzt wird. Über mögliche parteipolitische Unterschiede hinaus wird dabei auch das unterschiedliche Rollenverständnis von Regierungsfraktionen und Opposition deutlich.

7.15.3 Verfahren und Erfolgsrate

Die Tätigkeit des Ausschusses setzt eine entsprechende Vorarbeit der »Unterabteilung Petitionen und Eingaben« (Ausschussdienst) voraus, dem administrativen Hilfsdienst des Petitionsausschusses. Diese Unterabteilung ist in das Ausschusssekretariat und vier Eingabereferate mit insgesamt etwa 80 Mitarbeitern gegliedert, deren Aufgabengebiete jeweils mehreren Ministerien entsprechen. Der Petitionsausschuss verfährt nach den »Grundsätzen des Petitionsausschusses über die Behandlung von Bitten und Beschwerden« (Verfahrensgrundsätze/Stand: 9.11.2011).

Aufgabe des Ausschussdienstes ist es insbesondere, die behandelbaren Petitionen daraufhin zu überprüfen, ob wegen Lücken, Mängeln oder Härten Veranlassung zum Erlass oder zur Änderung von Rechtsnormen besteht oder ob das Verhalten der Verwaltung zu beanstanden ist. In der Regel holt er Stellungnahmen der betroffenen Ministerien ein, bei Beschwerden nötigenfalls auch anderer Behörden (§§ 1, 2 Befugnisgesetz). Entspricht die zuständige Stelle dem Anliegen des Petenten, teilt der Vorsitzende ihm dies mit. Der Ausschussdienst erstellt ein Verzeichnis der positiv erledigten Eingaben. Seit 1983 gilt, dass sämtliche Petitionen dem Ausschuss vorgelegt und vom Plenum beschlossen werden. Dies ändert aber nichts daran, dass der Ausschuss diese Petitionen (angesichts der Arbeitsfülle) kaum zur Kenntnis nimmt. Angesichts der Arbeitsfülle ist dies kaum anders möglich.

Nur über sachlich bzw. politisch schwierige oder besonders gewichtige Fälle berät und beschließt der Ausschuss einzeln, über alle anderen Petitionen wird im Ausschuss gesammelt abgestimmt, ein rein formaler Akt. So wurden 2010 nur 678 der 16 849 Petitionen vom Ausschuss zu Einzelberatungen aufgerufen, davon zehn in öffentlichen Sitzungen des Ausschusses (BT-Drs. 17/6250, S. 6). Einzelberatungen erfolgen, wenn sie aufgrund von Voten vorgeschrieben sind, die in den Verfahrensgrundsätzen aufgeführt sind (8.2.1), oder von Mitgliedern des Ausschusses ausdrücklich beantragt werden. Die Mehrzahl der Vorgänge wird »abschließend in Form von Aufstellungen und Verzeichnissen beraten, da sich die Berichterstatter bereits im Vorfeld hinsichtlich der vorgeschlagenen Voten einig waren, oder grundsätzlich auf die Verabschiedung einer Beschlussempfehlung mit eingehender Begründung verzichtet werden konnte« (BT-Drs. 17/6250, S. 6). Der Petitionsausschuss berichtet dem Bundestag über die von ihm behandelten Petitionen mit einer Beschlussempfehlung in Form monatlicher Sammelübersichten (§ 112 Abs. 1 GOBT). Über sie wird fast immer pauschal und ohne Aussprache abgestimmt (vgl. § 112 Abs. 2 GOBT). Außerdem erstattet der Petitionsausschuss dem Bundestag jährlich einen schriftlichen Bericht, in dem die Schwerpunkte der Arbeit dargestellt werden (Tätigkeitsbericht). Der Vorarbeit des Ausschussdienstes kommt also erhebliches Gewicht zu. Die Plenardebatten über den Tätigkeitsbericht finden in der Regel nicht die nötige Aufmerksamkeit. Hier ist dringend eine bessere Platzierung erforderlich.

Der Anteil der positiv erledigten Petitionen stieg zwar nach der Reform 1975 deutlich an, ist aber mit durchschnittlich etwa 7,2 % in den letzten Jahren (2005–2010) noch immer bescheiden. Nicht entsprochen wurde in sechs Berichtsjahren immerhin 35,7 % der Eingaben (Statistischer Anhang der Tätigkeitsberichte des PA 2005–2010). Eine große Anzahl von Eingaben wird regelmäßig durch Rat, Auskunft, Verweisung oder/und Materialübersendung erledigt (2005–2010: 33,3 %) Im Textteil der Tätigkeitsberichte werden diese Eingaben den im weiteren Sinne positiv erledigten Petitionen zugerechnet, die demnach 2010 »fast die Hälfte der Vorgänge« ausmachen (BT-Drs. 17/6250). Es bleibt jedoch offen, »wie viele Petenten sich eher zurückgewiesen fühlten, von der Sinnlosigkeit ihres Anliegens überzeugt wurden oder wirklich eine Abhilfe für ihr Anliegen erreichten« (Riehm/Böhle/Lindner 2011: 91).

Entscheidungs- oder Weisungsrechte gegenüber Regierung oder Verwaltung bestehen nicht. Der Bundestag verfügt aber über das Petitionsüberweisungsrecht (aus Art. 17 GG) und damit über ein zusätzliches, nicht unwirksames Kontrollmittel gegenüber Regierung und Verwaltung. Eine Petition kann der Regierung zur »Berücksichtigung« oder »Erwägung« überwiesen werden, wenn das Anliegen berechtigt und Abhilfe notwendig oder wünschenswert erscheint. Zu häufig, so wurde auch in jüngsten Tätigkeitsberichten des Petitionsausschusses wiederholt beklagt, sei die Bundesregierung dem Votum des Petitionsausschusses nicht gefolgt und habe es nicht umgesetzt. Solche Voten zu ignorieren heißt, nicht nur die Anliegen der Opposition, sondern eben auch der Mehrheitsfraktionen missachten. Die Zahl der zur »Berücksichtigung« oder zur »Erwägung« überwiesenen Petitionen war bisher gering (16. WP: 0,1 %/0,4 %). Besonders bei »politischen« Petitionen zu (parteipolitisch) kontroversen Themen ist die Bereitschaft der Ausschussmehrheit erwartungsgemäß gering, auf diesem Wege Druck auf »ihre« Regierung auszuüben. Häufiger entscheidet sich der Ausschuss für die unverbindlichere Form und überweist die Petition als »Material« (2,7 %) oder wählt die Form der »schlichten Überweisung« (1,3 %) (jeweils 16. WP 2005–2009; Feldkamp 2011: 1422).

Durch Petitionen von Bürgern bekommen Parlament und Regierung ihrerseits »Einblick in die Schwierigkeiten und Unzulänglichkeiten bestimmter gesetzlicher Regelungen oder des administrativen Handelns und erfahren, wo den Bürger der Schuh drückt«. Das Petitionsrecht erweist sich insofern als »Hilfe parlamentarischer Kontrolle« (Hesse 1995: 202).

Zunächst einmal ist es Aufgabe des Petitionsausschusses, Abhilfe bei fehlerhaftem Verwaltungshandeln im Einzelfall zu schaffen. Anknüpfend am Einzelfall kann die Verwaltungskontrolle des Petitionsausschusses häufig aber sehr viel weiter reichen. Denn das Parlament erhält dabei auch Einsicht in allgemeine Schwierigkeiten und Unzulänglichkeiten der Exekutive beim Gesetzesvollzug (Bearbeitungsstaus, organisatorische Mängel, mangelhafte Zusammenarbeit zwischen Behörden). Hinzu kommt die Gesetzeskontrolle: Das Parlament erhält vielfältige Informationen über unerwünschte (Neben-)Wirkungen und Härten der von ihm beschlossenen Gesetze. (Natürlich erfahren die Abgeordneten davon oft auch im Wahlkreis.) Voraussetzung einer stärkeren Berücksichtigung dieser Erfahrungen bei der Gesetzgebungsarbeit ist allerdings, dass Petitionen und Impulse des Petitionsausschusses in den Fraktionsarbeitsgruppen und Fachausschüssen deutlicher wahrgenommen werden, als dies offenbar häufig der Fall ist.

Die Zahl der Petitionen ist nach der deutschen Vereinigung deutlich angestiegen. Im Zeitraum 1990 bis 1999 waren es (ohne Masseneingaben) im Jahresdurchschnitt fast 20 000 Neueingaben, wobei in den neuen Bundesländern – problembedingt – erheblich mehr Bürger vom Petitionsrecht Gebrauch machten als in den alten Bundesländern (1997: 399 Eingaben gegenüber 186 auf eine Million Bürger; BT-Drs. 13/10500, S. 67). Im letzten Jahrzehnt ging die Zahl der Petitionen wieder etwas zurück, stabilisierte sich aber mit durchschnittlich etwa 17 000 im Jahr auf hohem Niveau (Tabelle 7.10; Tätigkeitsberichte). Die seit 2005 bestehende Möglichkeit, Petitionen auf elektronischem Wege einzureichen, hat entgegen manchen Befürchtungen oder Hoffnungen keinen erheblichen Anstieg bewirkt. Derzeit sieht es vielmehr danach aus, dass elektronische Petitionen, die derzeit etwa ein Drittel ausmachen, herkömmliche substituieren (Riehm/Böhle/Lindner 2011: 54). Regelmäßig die meisten Petitionen betreffen den Geschäftsbereich des Bundesministeriums für Arbeit und Soziales, im Berichtsjahr 2010 zwanzig Prozent (1997: 38 %; vgl. Feldkamp 2011: 1424 ff.). Dabei geht es um die Anrechnung bestimmter Zeiten als Versicherungszeiten, die Höhe der zu berechnenden Renten, die Gewährung von Beihilfen in Krankheitsfällen. Weitere Schwerpunkte liegen in den Bereichen Finanzen, Justiz, Gesundheit, Umwelt und Inneres (BT-Drs. 17/6250; Feldkamp 2011: 1424 ff.).

Wie zahlreiche Beispiele in den jährlichen Tätigkeitsberichten des Petitionsausschusses zeigen, geben Petitionen nicht nur Anlass, in Härtefällen Verwaltungsentscheidungen (im Einzelfall) zu korrigieren. Regierung, Verwaltung und Gesetzgeber erhalten auf diesem Wege häufig Kenntnis von Mängeln und Lücken in Gesetzen, Rechtsverordnungen und Verwaltungsvorschriften. In einigen Härtefällen konnte der Petitionsausschuss die zuständigen Behörden zu einer anderen Ermessensentscheidung bewegen, in anderen Fällen eine Überprüfung und Korrektur von Vorschriften und Richtlinien der Verwaltung und auch Gesetzesänderungen herbeiführen. Eine wichtige »Nebenwirkung« der Petitionen ist also ihr Beitrag zur Gesetzesfolgenabschätzung und Erfolgskontrolle. Darauf weisen auch Abgeordnete in Plenardebatten zum Jahresbericht immer wieder hin (z. B. Abg. Steffens, PlPr 17/126, S. 14852). Diese unmittelbaren Rückmeldungen und Impulse von Seiten der Bürger sind weder durch Anfragen bei der Verwaltung noch durch professionelle Wirkungsanalysen zu ersetzen, die zudem ja nur für einzelne Bereiche angesetzt werden können.

7.15.4 Politische Partizipation durch Massen- und Sammelpetitionen

Durch Petitionen werden häufig Gesetzgebungsdefizite aufgedeckt. Besonders gilt dies für »politische« Petitionen, deren Zahl und Bedeutung seit dem Aufkommen der Bürgerinitiativen erheblich gewachsen ist. Aktivbürger tragen gemeinsam mit anderen Anliegen u. a. zur Gesetzgebung an Petitionsausschuss und Parlament heran, nutzen das Petitionsrecht zur Mitwirkung und Mitgestaltung, zur gemeinsamen Durchsetzung »politischer« Forderungen. Ausdruck dieser Entwicklung ist die Zunahme von Sammelpetitionen und Massenpetitionen. Sammelpetitionen sind Unterschriftensammlungen mit demselben Anliegen; unter Massenpetitionen versteht der Petitionsausschuss Eingaben in größerer Zahl mit demselben Anliegen, deren Text ganz oder im Wesentlichen übereinstimmt (»Verfahrensgrundsätze«). In der Statistik werden tausende von Massenpetitionen jeweils nur als eine Petition gezählt. Seit den 1980er Jahren sind die Zahl und das Themenspektrum der Massenpetitionen deutlich angestiegen. Schwerpunkte waren u. a. Umwelt- und Naturschutz, Friedens- und Sicherheitspolitik und Themen des Strafrechts, seit den 1990er Jahren vermehrt sozialpolitische Anliegen (Schindler 1999: 3142 ff.; Feldkamp 2011: 1429 ff.). Die Themen lassen erkennen, dass Großverbände (Wirtschaftsverbände, Gewerkschaften) meist direktere Wege der Einflussnahme wählen, Massenpetitionen also häufig von Bürgerinitiativen, Nichtregierungsorganisationen und kleineren Verbänden getragen sind.

Das Recht von bürgerschaftlichen Initiativen und Organisationen, durch eine Vielzahl gleich- oder ähnlich gerichteter Petitionen ihre Anliegen öffentlich bewusst zu machen und politischen »Druck« auf die Volksvertretung(en) auszuüben, wird zwar von keiner Bundestagspartei grundsätzlich in Zweifel gezogen. Es gibt jedoch deutliche Unterschiede in der Bewertung dieser Aktivitäten. Vertreter der CDU/CSU sahen insbesondere in den langen Jahren der Regierungsbeteiligung dieser Parteien (1982–1998) die zentrale Aufgabe des Petitionsausschusses in der Bearbeitung punktuelle Mängel signalisierender Einzelpetitionen. Sie verstanden ihn nach wie vor in erster Linie als »Kummerkasten der Nation« und wollten Tausenden von Massenpetitionen keinen größeren Stellenwert einräumen als dem privaten Anliegen eines einzelnen Bürgers (z. B. Abg. Berger, PlPr 10/222, S. 17140). Diese Gewichtung ist nach wie vor erkennbar (vgl. PlPr 17/14852 ff.). Der Anspruch der »Gleichgewichtigkeit« wurde auch von den damaligen Oppositionsfraktionen SPD und Bündnis 90/Die Grünen nicht grundsätzlich in Zweifel gezogen. Sie sahen aber in der bisherigen Praxis eine Benachteiligung jener Petenten, die mit anderen gemeinsam ein Ziel verfolgen. Nach Auffassung der damaligen Opposition würdigten die Regierungsparteien den Petitionsausschuss nicht gebührend als »parlamentarischen Seismographen«, als »Brücke zwischen Bürger, Parlament/Regierung und Öffentlichkeit« – somit also in seiner kommunikativen und partizipatorischen Bedeutung (z. B. Abg. Vahlberg, PlPr 10/69, S. 4860 f.). Inzwischen wurden erste Schritte eingeleitet, auch (politische) Massen- und Sammelpetitionen im parlamentarischen Willensbildungs- und Entscheidungsprozess angemessen zu berücksichtigen. Wenn auch diese Petenten sich ernst genommen sehen, dient dies der Verbesserung der Kommunikation zwischen Bürgern und Volksvertretung und somit der »Vitalisierung« der parlamentarischen Demokratie (Ismayr 2004b). Ob dies in Zukunft besser als in den letzten Jahren gelingen wird, hängt davon ab, ob der Petitionsausschuss einen Weg finden wird, Probleme, Erfahrungen und Impulse aus der Praxis, von denen er durch Petitionen Kenntnis erhält, den Fachausschüssen und Fraktionsgremien nahezubringen.

Die Anerkennung als politisches Mitwirkungsrecht mindert gleichwohl nicht die Bedeutung des Petitionsrechts für den hilfesuchenden Einzelpetenten. Selbstverständlich darf das Bemühen, Massen- und Sammelpetitionen in ihrer quantitativen Gewichtung und inhaltlich-politischen Bedeutung gerecht zu werden, nicht dazu führen, den zahlreichen Einzelpetitionen, die private Sorgen und Hilferufe ausdrücken, die gebührende Aufmerksamkeit zu entziehen. Darin sind sich alle Bundestagsparteien einig. Vielmehr geht es darum, private Einzelpetitionen und »politische« (Massen-)Petitionen in der dem jeweiligen Anliegen angemessenen Weise zu bearbeiten. Der einzelne Petent, der sich über die Maßnahme einer Behörde beschwert, erwartet Diskretion und Persönlichkeitsschutz (weshalb die Sammelübersichten auch nur den Wohnsitz, nicht den Namen des Einsenders anführen). Den Initiatoren politischer Massen- und Sammelpetitionen ist in der Regel daran gelegen, ihr Anliegen öffentlich bewusst zu machen. Dass es sich hier um öffentliche Belange handelt, sollte auch im Verfahren seinen Ausdruck finden, so in der Durchführung öffentlicher Ausschusssitzungen, die jedoch vor 2006 nicht zustande kamen (vgl. Riehm/Böhle/Lindner 2011: 87; Riehm/Coenen/Lindner 2009).

Zudem kommt es darauf an, die rechtlichen Befugnisse des Petitionsausschusses besser zu nutzen, vor allem häufiger vor Ort Erkundungen vorzunehmen, Petenten, Zeugen und Sachverständige anzuhören. Voraussetzung ist hierfür gewiss eine angemessene personelle Ausstattung des Ausschussdienstes, doch dies allein genügt nicht. Oft gehen die Ermittlungsinteressen der Opposition und von Teilöffentlichkeiten über die der »Regierungsseite« im Ausschuss hinaus. Geboten ist daher, dass das bereits 1975 von der damaligen Opposition geforderte Minderheitsrecht eingeführt wird, wonach von den Möglichkeiten des Befugnisgesetzes bereits auf Verlangen eines Viertels seiner Mitglieder Gebrauch gemacht werden muss.

7.15.5 Öffentliche Petitionen

Manche der seit vielen Jahren angeregten Verbesserungen des Petitionsverfahrens wurden mit der im Juni 2005 vom Petitionsausschuss beschlossenen Reform erreicht. Sie war durch die damaligen Koalitionsfraktionen SPD und Bündnis 90/Die Grünen auf den Weg gebracht, und teilweise auch von Abgeordneten der Oppositionsfraktionen CDU/CSU und FDP unterstützt worden. Gestützt auf eine Passage im Koalitionsvertrag von 2002 und angeregt durch den Versuch einer E-Mail-Petition des Sprechers der »Vereinigung zur Förderung des Petitionsrechts in der Demokratie e. V.« Reinhard Bockhofer sowie das Vorbild des neu eingeführten E-Petitionssystems beim schottischen Parlament konnten engagierte Abgeordnete Reformvorstellungen entwickeln und unter spezifischen Bedingungen noch kurz vor der vorgezogenen Bundestagswahl durchsetzen (hierzu Riehm u. a. 2009a: 207 ff.; Lindner/Riehm 2009: 502 f.).

Seit September 2005 ist es möglich, Petitionen auch mit Hilfe eines Web-Formulars des Bundestages einzureichen. Zudem können seither auf elektronischem Wege über ein bereitgestelltes Formular von jedermann einzeln oder in Gemeinschaft mit anderen »Öffentliche Petitionen« eingereicht, mitgezeichnet und diskutiert werden. Damit hat sich der Bundestag, zunächst in einem Modellversuch und seit 2008 dauerhaft für eine beachtliche Weiterentwicklung des Petitionsverfahrens entschieden. Als besonders innovativ gilt, dass in einem Diskussionsforum über die Internetseite des Petitionsausschusses das Für und Wider einer Petition diskutiert werden kann. Schwierigkeiten bei der Nutzung des am 13. Oktober 2008 eingeführten neuen Softwaresystems brachten 2010 die Entscheidung, eine neue verbesserte Internetplattform zu entwickeln, die Mitte 2012 online gegangen ist (zu den Nutzerproblemen vgl. Riehm/Böhle/Lindner 2011: 44, 67). Sie eröffnet auch die Möglichkeit, die elektronischen Mitzeichnungen auf dieser Plattform in pseudonymisierter Form abzugeben.

Öffentliche Petition sind ein »zusätzliches Angebot« des Petitionsausschusses, für die es keinen Rechtsanspruch gibt (Ziff. 1 der Richtlinie für die Behandlung von öffentlichen Petitionen). Voraussetzung für eine öffentliche Petition ist, dass sie »inhaltlich ein Anliegen von allgemeinem Interesse zum Gegenstand hat und das Anliegen und dessen Darstellung für eine sachliche öffentliche Diskussion geeignet ist« – eine Formulierung, die einen weiten Interpretationsspielraum bietet (Ziff. 2.1). In Ziffer 3 dieser Richtlinie werden einige Kriterien festgelegt, die auf jeden Fall zu einer Nichtzulassung führen. Über die Zulassung oder Nichtzulassung unterrichtet der Ausschussdienst die Obleute (Ziff. 5 der Richtlinie). Bei einer Ablehnung erfolgt die weitere Behandlung entsprechend den allgemeinen Verfahrensgrundsätzen für Petitionen (Ziff. 5 der Richtlinie). Es ist gleichwohl problematisch, dass nur ein kleiner Teil der eingereichten öffentlichen Petitionen zugelassen wird (2010: 13,8 %; 2007: 38,5 %; vgl. Tabelle 7.10), wobei nach einer Befragung des Büros für Technikfolgenabschätzung (TAB) von 2009 ca. 60 % der Petenten die Begründung nicht nachvoll-

Tabelle 7.10   Elektronische und Öffentliche Petitionen an den Deutschen Bundestag von 2006 bis 2010

Jahr	Neueingaben pro Jahr insgesamt		davon elektronisch eingereicht		davon als Öffentliche Petition eingereicht		davon als Öffentliche Petition zugelassen	
	absolut	%	absolut	%	absolut	%	absolut	%
2006	16 766	100	2 878	17,2	761	4,5	284	1,7
2007	16 260	100	2 782	17,1	632	3,9	243	1,5
2008	18 096	100	3 710	20,5	1 033	5,7	306	1,7
2009	18 861	100	6 724	35,7	5 113	27,1	701	3,7
2010	16 849	100	5 780	34,3	4 039	24,0	559	3,3

Quelle: Riehm/Böhle/Lindner 2011: 54 (nach Petitionsstatistik des Deutschen Bundestages).

ziehen können (hierzu Riehm/Böhle/Lindner 2011: 63 ff.). Vielmehr sollte die Entscheidung darüber, ob eine Petition als öffentliche oder nichtöffentliche behandelt wird, grundsätzlich den Petenten selbst überlassen werden. Bei einer wesentlich höheren Zulassungsrate wäre voraussichtlich ein weiterer Ausbau des Ausschussdienstes erforderlich. Allerdings würden der Zeitaufwand bei der Zulassung von Öffentlichen Petitionen sowie die obligate Ausschussbehandlung ersatzlos wegfallen. Die Entscheidung, ob ein Diskussionsforum eingerichtet werden soll, könnte ebenfalls bei den Petenten – oder alternativ beim Petitionsausschuss – liegen (so auch Riehm/Böhle/Lindner 2011: 269, 285; vgl. Guckelberger 2008). Auch dies könnte den Ausschussdienst entlasten. Denn bisher werden zu allen Öffentlichen Petitionen Diskussionsforen eingerichtet.

Hohe Zustimmung findet die Möglichkeit der internetgestützten Mitzeichnung von Petitionen. So wurden im Zeitraum September 2005 bis November 2010 die etwa 2 100 Öffentlichen Petitionen insgesamt über 3 Millionen Mal über das Internet mitgezeichnet (Riehm/Böhle/Lindner 2011: 65, 70). Die Mitzeichnungsfrist, in der weitere Personen öffentliche Petitionen mitzeichnen oder Diskussionsbeiträge abgeben können, wurde zum 1. Januar 2012 von bisher sechs Wochen auf vier Wochen verkürzt, obwohl das TAB aufgrund einer Inhaltsanalyse der Diskussionsbeiträge zu dem Ergebnis kam, dass eine »Verkürzung der Diskussionszeit erhebliche Diskussionspotenziale abschneiden« würde. Daher wird erwogen, die Diskussionsforen für die Dauer des gesamten Petitionsverfahrens einzurichten und nur die Mitzeichnung zeitlich zu begrenzen (Riehm/Böhle/Lindner 2011: 87, 270). Nach der bisherigen Regelung wird das Diskussionsforum nach dieser Frist geschlossen und es kann darin nur noch gelesen werden.

Das Diskussionsforum bietet die Möglichkeit – so die »Richtlinien« des Petitionsausschusses – »vorgetragene Sachverhalte und Bitten zur Gesetzgebung wie auch Beschwerden aus unterschiedlichen Sichtweisen kennen zu lernen und in die eigene Meinungsbildung einzubeziehen«. In der bis Ende 2011 geltenden Fassung waren als Teilnehmer neben den Bürgern auch ausdrücklich die Bundestagsabgeordneten angesprochen. Das Diskussionsforum wird inzwischen stark genutzt. So wurden 2010 51 137 (16 279) Diskussionsbeiträge verzeichnet, das sind 91 (57) je Öffentlicher Petition (in Klammern für das Jahr 2006; Riehm/Böhle/Lindner 2011: 76 f.). Die Einreicher und Nutzer der Petitionsplattform bewerteten die Inhalte der Diskussionsforen in Befragungen des TAB (2007, 2009) relativ positiv. So bewerteten 2009 64,1 % der Einreicher und 90,7 % der Nutzer die Diskussion als »sehr informativ«; auch sei die Diskussion »sachlich und ohne Beleidigungen« verlaufen (66 % bzw. 86,7 %) (Riehm/Böhle/Lindner 2011: 80). In einer Inhaltsanalyse des TAB wird bei einem Viertel der Beiträge auf ein »Potenzial an sachlich-diskursiven und weiterführenden Inhalten« verwiesen und eine »alles in allem gute Qualität der dort geführten Diskussionen« konstatiert (Riehm/Böhle/Lindner 2011: 83, 106). Als unzureichend eingeschätzt wird nach wie vor die Berücksichtigung der Diskussionsforen im Verfahren, was eine entsprechende Auswertung durch den Ausschussdienst voraussetzt (vgl. Riehm/Böhle/ Lindner 2011: 270 f.; Coleman/Blumler 2009: 189). Auch in Plenardebatten zum Tätigkeitsbericht wird gefordert, dass Diskussionen im Petitionsforum »in den Empfehlungen des Ausschussdienstes zwingend Berücksichtigung finden« sollten, was wohl ebenfalls eine verbesserte Ausstattung des Ausschussdienstes voraussetzt (so Abg. Lemme: PlPr 17/126/21. 9. 2011, S. 14860).

7.15.6 Öffentliche Ausschusssitzungen und Anhörungen

Seit vielen Jahren wurde immer wieder angeregt, der Petitionsausschuss möge bei Anliegen von öffentlichem Interesse auch öffentlich tagen und häufiger Petenten anhören und Abordnungen von Massen- und Sammelpetitionen empfangen (vgl. Ismayr 1992: 387 f.; Ismayr 2004: 69). Vor 2006 sind jedoch keine öffentlichen Ausschusssitzungen zustande gekommen, obwohl die Öffentlichkeit nach § 69 GOBT für einen bestimmten Verhandlungsgegenstand beschlossen werden kann und die von anderen Ausschüssen zum Teil intensiv genutzte Möglichkeit öffentlicher Anhörungssitzungen besteht (vgl. Abschn. 7.19). Entgegen dem Wunsch oppositioneller Abgeordneter (PlPr 13/194, S. 17489) wurden auch keine »Erweiterten öffentlichen Ausschussberatungen« durchgeführt, die seit 1995 möglich sind (§ 69a GOBT). Dabei war schon im Tätigkeitsbericht 1997 festgestellt worden, dass hier die »Möglichkeit einer verstärkten Öffentlichkeitsarbeit nicht zuletzt im Interesse der Bürgerinnen und Bürger« bestehe (BT-Drs. 13/10500, S. 13). Darüber hinaus hatte die SPD in der »Gemeinsamen Verfassungskommission von Bundestag und Bundesrat« vorgeschlagen, bei Massenpetitionen von mindestens 50 000 Stimmberechtigten den Petitionsausschuss verfassungsrechtlich zur Anhörung zu verpflichten (Antrag vom 14. 1. 1993). Diese Verfassungsänderung war zwar abgelehnt worden, jedoch wurde im Rahmen der Reform 2005 eine entsprechende Regelung in den »Verfahrensgrundsätzen« verankert (Ziff. 8.4). Demnach werden ein Petent oder mehrere Petenten in öffentlicher Ausschusssitzung angehört, wenn eine Sammel- oder Massenpetition das Quorum von 50 000 Unterstützern erreicht hat. Der Ausschuss kann allerdings mit einer Mehrheit von zwei Dritteln der anwesenden Mitglieder beschließen, dass hiervon abgesehen wird. Die Unterstützer können auf herkömmlichem Wege oder/ und für eine Öffentliche Petition im Internet gewonnen werden, wobei das Quorum bislang in drei Wochen und seit dem 1.1.2012 in spätestens vier Wochen nach Einreichung erreicht sein muss (Ziff. 8.2.1 der »Verfahrensgrundsätze«). Vorschläge für längere Fristen waren offenbar nicht durchsetzbar (z.B. PlPr 17/126, S. 14855). Die öffentlichen Ausschusssitzungen finden bei Petenten sowie den Nutzern der Petitionsplattform breite Zustimmung, wie in mehreren Befragungen ermittelt wurde. Eine »positive Grundhaltung« wurde auch in zahlreichen Interviews mit Abgeordneten des Petitionsausschusses und Mitarbeitern festgestellt (Riehm/Böhle/Lindner 2011: 88; Zebralog 2011b). Im Zeitraum September 2005 bis Juni 2011 haben immerhin 23 Petitionen das Quorum erreicht, darunter nur neun Öffentliche Petitionen über die E-Petitionsplattform. Die übrigen Petitionen haben durch herkömmliche Unterschriftensammlung oder durch eine Kombination von Mitzeichnungen über das Internet, per Fax oder per Post das Quorum erfüllt. Die Anhörung von Petenten in öffentlichen Ausschusssitzungen kann auch dann erfolgen, wenn das Quorum nicht erreicht ist. In den Jahren 2007 bis 2010 wurden 15 öffentliche Ausschusssitzungen des Petitionsausschusses durchgeführt. Die Zahl der behandelten Petitionen wurde im Interesse einer intensiveren Beratung ab 2009 verringert. Wurden 2007 und 2008 noch insgesamt 74 Petitionen behandelt, waren es in den vier öffentlichen Ausschusssitzungen des Jahres 2010 nur zehn (Tätigkeitsberichte 2007–2011).

Zum üblichen Ablauf gehört, dass der Petent sein Anliegen kurz vorträgt und die Mitglieder des Petitionsausschusses danach Fragen an die Petenten sowie an die anwesenden Vertreter der zuständigen Ministerien (Parlamentarische Staatssekretäre, Ministerialbeamte) richten. Oft schließen sich auch Interviews mit Politikern und Petenten im direkten Umfeld der Sitzung an. Vom Videodienst des Bundestages wird die Sitzung zeitgleich im Internet übertragen und kann auch nachträglich aus dem Videoarchiv des Bundestages abgerufen werden (Riehm/Böhle/Lindner 2011: 89 f.). Bei offenbar wachsendem Interesse an einer üblichen Behandlung von Massen- und Sammelpetitionen in öffentlicher Sitzung werden auch immer wieder geringere Quoren zur Unterstützung oder längere Fristen vorgeschlagen (z.B. PlPr 17/126/21.9.2011, S. 14860). Darüber hinaus wurde angeregt, Petitionen mit mindestens 100 000 Unterstützern in einer der Aktuellen Stunde nachgebildeten »Bürgerstunde« im Plenum des Bundestages zu behandeln. Ein entsprechendes Positionspapier der FDP-Bundestagsfraktion (2011) fand auch bei Abgeordneten der Oppositionsparteien Zuspruch (PlPr 17/126, S. 14858). Dieses bewusst hoch angesetzte Quorum wäre in den letzten Jahren allerdings nur selten erreicht worden. Unabhängig von einer solchen verpflichtenden Regelung sollten sich Petitionsausschuss und Fraktionen entschließen, mindestens ein- oder zweimal jährlich – etwa anlässlich des Jahresberichts – zu wichtigen Massen- und Sammelpetitionen eine größere Plenardebatte möglichst in der Plenarkernzeit durchzuführen. Dies würde die Forumsfunktion des Bundestages stärken. Unbestritten ist allerdings, dass der Umsetzung einiger Vorstöße nicht nur unterschiedliche Vorstellungen hinsichtlich der Gewichtung von Sammel- und Massenpetitionen, sondern nicht zuletzt die begrenzten Ressourcen des Ausschussdienstes und das eingeschränkte Zeitbudget der Abgeordneten entgegenstehen, die ja zugleich Mitglieder von Fachausschüssen sind.

Der Bericht des Büros für Technikfolgenabschätzung weist ausdrücklich darauf hin, dass durch den Interneteinsatz sozial Privilegierte und politisch überdurchschnittlich Engagierte in ihrem Engagement weiter gefördert, »die sozial unterprivilegierten, bildungsfernen und weniger politisch aktiven Gruppen damit aber nicht erreicht werden« (Riehm/Böhle/Lindner 2011: 61; vgl. Escher 2010). Ein weiteres Reformanliegen ist es daher, die Beteiligungsmöglichkeiten am Petitionsverfahren auch für bildungsferne Bevölkerungsschichten dadurch auszuweiten, dass auch mündliche (telefonische) Einreichungsformen angeboten werden. Ausgebaut werden sollte zudem die Unterstützung und Einbeziehung der Petenten während des Verfahrens, die im europäischen Vergleich gering ausfällt (Riehm/Böhle/Lindner 2011: 61, 237 f.).

7.15.7 Institution eines »Bürgerbeauftragten«?

Im Blick auf die Entwicklung in den anderen europäischen Staaten stellt sich die Frage, ob auch in Deutschland – ergänzend zum Petitionsausschuss – ein Bürgerbeauftragter gewählt werden sollte. Die meisten EU-Staaten haben sich mittlerweile für die Institution eines Ombudsmanns nach skandinavischem Vorbild entschieden. So wurden auf gesamtstaatlicher Ebene in den zehn postkommunistischen EU-Staaten und seit 1980 in acht weiteren Mitgliedstaaten der Europäischen Union Ombudsinstitutionen eingerichtet. In sieben Ländern gibt es nur eine Ombudsinstitution, die an die Parlamente dieser Länder angebunden ist. In den meisten EU-Staaten (18) werden Petitionen sowohl vom Parlament als auch von einer mit dem Parlament verbundenen Ombudsstelle entgegengenommen und bearbeitet (Riehm/Biehle/Lindner 2011: 185 ff.; Ismayr 2009b; Ismayr 2010b: Kucsko-Stadlmayer 2008: Kempf/Mille 1992). Nur in Italien und Deutschland (sowie in der Schweiz) gibt es keine allgemeine parlamentarische Ombudsstelle; dort ist somit nur das Parlament zuständig. Neben dem Deutschen Bundestag sind nur elf weitere Abgeordnetenhäuser mit einem Petitionsausschuss ausgestattet, während in anderen Ländern die Fachausschüsse für die Bearbeitung zuständig sind. Den spezialisierten Petitionsausschüssen wird in Untersuchungen des TAB bestätigt, dass sie »im Durchschnitt eher ein bürgernahes Petitionssystem betreiben und auch stärker dazu tendieren, die Öffentlichkeit einzubinden« (Riehm/Böhle/Lindner 2011: 235). In allen parlamentarischen Petitionsstellen werden politische Angelegenheiten behandelt und in den meisten auch individuelle Beschwerden. Andererseits haben die Ombudsinstitutionen einen deutlichen Schwerpunkt bei individuellen Beschwerden zum Verwaltungshandeln und Eingaben, die die Einhaltung der Menschenrechte angehen (Riehm/Böhle/Lindner 2011: 194, 221). In allen EU-Staaten, in denen es ein Petitionswesen bei der Ersten Kammer und eine Ombudsinstitution gibt, liegt das Petitionsniveau der Ombudsstelle höher. Nach den Untersuchungen des TAB weisen alle Ombudsstellen einen hohen oder mittleren Grad an Bürgernähe auf. »Im direkten Vergleich zwischen der Bürgernähe der Ombudsstelle und des Petitionssystems der Ersten Kammer eines Landes liegt in jedem Fall (mit Ausnahme Litauens) die Ombudsstelle vorne. Ein hoher Grad an Bürgernähe ist selbstverständlich auch bei entsprechendem politischem Willen von den Petitionssystemen der Parlamente zu erreichen – und fünf dieser Systeme, die als sehr bürgernah eingestuft wurden, bestätigen das« (Riehm/Böhle/Lindner 2011: 236).

Für einen Bürgerbeauftragten, auch in Ergänzung zum Petitionsausschuss, spricht vor allem, dass sich die Bürger an eine – öffentlich bekannte – Persönlichkeit wenden können. Von Vorteil kann auch ihre parteipolitische Unabhängigkeit sein, wo sie gewährleistet ist, doch markiert dies auch die Grenzen ihres Einflusses in »politischen« Fragen.

Entscheidend für den Verzicht des Bundestages auf die Bestellung eines Bürgerbeauftragten auf Bundesebene ist die Befürchtung, dies könne zur weiteren Entfremdung zwischen Bürgern und Abgeordneten führen. Viele Abgeordnete verstehen sich selbst als »Mittler« zwischen Bürgern (vor allem ihres Wahlkreises), politischen Institutionen und Verwaltung. Diesem Anliegen der Abgeordneten kommt auch die Regelung der Geschäftsordnung entgegen. Danach sind Abgeordnete, die eine Petition überreichen, auf ihr Verlangen zu den Ausschussverhandlungen mit beratender Stimme zuzuziehen (§ 109 Abs. 2 GOBT).

In der 13. Wahlperiode hatte die Bundestagsfraktion Bündnis 90/Die Grünen in Form eines Gesetzentwurfs einen diskussionswürdigen Vorschlag zur Bestellung einer oder eines Bürgerbeauftragten vorgelegt, der diesem begründeten Einwand Rechnung zu tragen versucht. Der Petitionsausschuss soll in seinen Kompetenzen nicht beschnitten, sondern gestärkt werden. Er »behält in jedem Falle auch gegenüber dem Bürgerbeauftragten das Recht, alle an ihn gerichteten Eingaben in eigener Zuständigkeit zu bearbeiten und zu entscheiden« (BT-Drs. 13/3578/24.1.1996). Vorgeschlagen wird die Wahl eines (neutralen, parteipolitisch unabhängigen) Bürgerbeauftragten mit einer Mehrheit von zwei Dritteln der Mitglieder des Bundestages als »Hilfsorgan des Bundestages«. Der Petitionsausschuss soll entlastet werden, indem alle Petitionen zunächst dem Bürgerbeauftragten zugeleitet werden. Dieser soll versuchen, eine einvernehmliche Lösung mit den Behörden zu erreichen und hierüber in regelmäßigen Abständen den Petitionsausschuss unterrichten. Wird keine einvernehmliche Lösung erreicht oder handelt es sich um Petitionen, die »unmittelbar auf die Änderung eines Gesetzes gerichtet sind«, entscheidet allein der Petitionsausschuss. Der Stärkung des parlamentarischen Kontrollrechts könnte – wie in anderen Ländern – die Befugnis des Bürgerbeauftragten dienen, »unabhängig von einer Petition von Amts wegen tätig zu werden«. Von der Möglichkeit zur aktiven Kontrolle wird vor allem eine präventive Wirkung erwartet. Sie kann neben der Autorität des Bürgerbeauftragten – so die Erwartung – »auch die Stellung, Kompetenz und Kontrollfunktion des Abgeordneten und des Petitionsausschusses« stärken, zumal ein Abgeordneter nach diesem Entwurf den Bürgerbeauftragten unmittelbar mit der Sachaufklärung beauftragen kann (BT-Drs. 13/3578). Sollte erneut die Einführung eines Bürgerbeauftragten auch auf Bundesebene erwogen werden, bietet dieser Vorschlag gute Ansatzpunkte, um – angesichts der starken Rolle des Ausschussdienstes im Petitionsverfahren – den Erwartungen der Bürger besser gerecht zu werden und gleichzeitig die Chancen der Abgeordneten zu erhöhen, sich intensiver mit den politisch relevanten Anregungen und Impulsen zu befassen. Aufgrund vergleichender Untersuchungen wird die Einführung eines Bürgerbeauftragten vom Büro für Technikfolgenabschätzung nicht für notwendig erachtet. Denn »gegenwärtig zählt der Petitionsausschuss des Bundestages, was seine Kompetenzen und Zuständigkeiten, seine personelle Ausstattung, seine Reformfreudigkeit sowie seine öffentliche Wahrnehmung betrifft, im internationalen Vergleich zu den ausgesprochen profilierten Eingabeinstitutionen« (Riehm/Böhle/Lindner 2011: 287).

Dem Vorstoß aus der 13. Wahlperiode waren bisher nicht realisierte Vorschläge vorausgegangen, neben dem Wehrbeauftragten weitere Ombudsmänner/frauen für bestimmte Sachgebiete zu bestellen – so einen »Beauftragten für die Kriegswaffenkontrolle« (SPD-Entwurf 1985; BT-Drs. 10/3342) oder einen »Beauftragten für Kinder- und Jugendfragen« (Vorschlag u. a. des Kinderschutzbundes, 1986). Anstelle eines »Kinderbeauftragten« hat der Bundestag 1988 die »Kommission zur Wahrnehmung der Belange der Kinder« (Kinderkommission) gebildet, einen Unterausschuss des Ausschusses für Familie, Senioren, Frauen und Jugend, in dem jede Fraktion mit einem Mitglied vertreten ist. Sie versucht nicht ohne Erfolg, über diesen Ausschuss und durch unmittelbare Öffentlichkeitsarbeit wie Pressemitteilungen, öffentliche Anhörungen und Gespräche vor Ort zur Bewusstseinsbildung beizutragen und Einfluss zu nehmen. Die Kinderkommission kann nur dann handeln, wenn alle Mitglieder zugestimmt haben.

Zudem wird seit 1990 der Bundesbeauftragte für den Datenschutz mit absoluter Mehrheit vom Bundestag gewählt. Mit dem Inkrafttreten des Informationsfreiheitsgesetzes am 1. Januar 2006 wurde dieses Amt zum »Bundesbeauftragten für den Datenschutz und die Informationsfreiheit« erweitert. Auf Anforderung des Bundestages und der Bundesregierung hat der Bundesbeauftragte Gutachten zu erstellen und Berichte zu erstatten. Minderheitsansprüche wären hier angemessen, konnten aber nicht durchgesetzt werden.

7.16 Der Wehrbeauftragte

Die demokratische Kontrolle des Militärapparates bedeutet für alle parlamentarischen Demokratien eine permanente Herausforderung. In der Bundesrepublik stellte sich mit der Entscheidung für die Wiederbewaffnung erst wenige Jahre nach dem Zweiten Weltkrieg diese Frage mit besonderer Schärfe. Wie konnte sichergestellt werden, dass sich die Streitkräfte als stärkstes Gewaltpotential im Staat mit ihrer hierarchischen Befehlsstruktur in die Ordnung des parlamentarisch-demokratischen Rechtsstaates einfügten und sich nicht (erneut) zum Staat im Staate entwickelten.

Um den Primat der Politik zu gewährleisten, wurde die Befehls- und Kommandogewalt über die Streitkräfte durch Art. 65a GG dem parlamentarisch verantwortlichen Bundesminister der Verteidigung übertragen und damit der politischen Richtlinienkompetenz des Bundeskanzlers zugeordnet. Nach Art. 47 der Weimarer Reichsverfassung lag der Oberbefehl beim Reichspräsidenten. Zudem wurden mit der Wehrverfassung 1956 zwei spezifische Kontrollinstitutionen geschaffen, die ausschließlich der parlamentarischen Kontrolle des Verteidigungsressorts und der Streitkräfte dienen: der Verteidigungsausschuss (nach Art. 45a GG), der auch die Rechte eines Untersuchungsausschusses hat, und der Wehrbeauftragte des Bundestages.

7.16.1 Struktur des Amtes

Mit dem Wehrbeauftragten des Bundestages wurde die Institution eines Ombudsmanns nach skandinavischem Vorbild für ein spezifisches Aufgabengebiet in die Verfassung eingeführt (Busch 1999; Rosenow 2008: 18 ff.). Mit der Neufassung des Wehrbeauftragten-Gesetzes (1982) hat sich die herrschende Rechtsauffassung durchgesetzt, dass der Wehrbeauftragte bei der Wahrnehmung aller seiner Aufgaben – also auch dem Grundrechtsschutz – als »Hilfsorgan des Bundestages« bei der Ausübung der parlamentarischen Kontrolle handelt (§ 1 Abs. 1 WBeauftrG). Diese Klarstellung hat seine verfassungsrechtliche Position gefestigt. Wie die Jahresberichte erkennen lassen, bestehen bei einem Teil der Militärs jedoch auch heute noch Vorbehalte und mangelndes Verständnis für die Arbeit des Wehrbeauftragten.

Das Gesetz über den Wehrbeauftragten des Deutschen Bundestages (WBeauftrG) bestimmt, dass dieser tätig wird:

- auf Weisung des Bundestages oder des Verteidigungsausschusses zur Prüfung bestimmter Vorgänge (§ 1 Abs. 2) sowie
- nach pflichtgemäßem Ermessen auf Grund eigener Entscheidung, wenn ihm bei Wahrnehmung seines Truppeninspektionsrechts (§ 3 Nr. 4), durch Mitteilung von Bundestagsabgeordneten, Eingaben von Soldaten oder auf andere Weise Umstän-

Tabelle 7.11   Die Wehrbeauftragten des Deutschen Bundestages

Name	Partei	Amtszeit	Wahlergebnis (Anteil der Ja-Stimmen in %)
Helmut von Grolmann	–	1959–1961	88,2
Hellmuth Guido Heye	CDU	1961–1964	Durch Akklamation
Matthias Hoogen	CDU	1964–1970	59,3
Fritz Rudolf Schulz	FDP	1970–1975	53,7
Karl Wilhelm Berkhan	SPD	1975–1980	90,1
Karl Wilhelm Berkhan	SPD	1980–1985	91,6
Willi Weiskirch	CDU	1985–1990	84,5
Alfred Biehle	CSU	1990–1995	55,9
Claire Marienfeld-Czesla	CDU	1995–2000	71,1
Willfried Penner	SPD	2000–2005	77,8
Reinhold Robbe	SPD	2005–2010	51,3
Hellmut Königshaus	FDP	2010–	64,8

Quelle: Schindler 1999: 3159 ff.; Feldkamp 2011: 1444 ff.; eigene Ergänzungen.

de bekannt werden, die auf eine Verletzung der Grundrechte der Soldaten oder der Grundsätze der Inneren Führung schließen lassen (§ 1 Abs. 3).

Von sich aus kann der Wehrbeauftragte also nur auf einem eingegrenzten Teilgebiet Aktivitäten entwickeln. Überprüfungen auf dem Gebiet der Rüstung, der Verteidigungsplanung und des Haushalts sind ihm verwehrt (Berkhan 1986: 80).

Der Wehrbeauftragte wird ohne Aussprache in geheimer Wahl durch die Mehrheit der Mitglieder des Bundestages gewählt. Vorschlagsberechtigt sind der Verteidigungsausschuss, die Fraktionen oder fünf Prozent der Abgeordneten. Wählbar ist jeder Deutsche, der das Wahlrecht zum Bundestag besitzt und das 35. Lebensjahr vollendet hat (§ 14 WBeauftrG). Seine Amtszeit beträgt fünf Jahre, Wiederwahl ist möglich. Offenbar soll durch diese Regelung Kontinuität über die jeweilige Wahlperiode hinaus gesichert werden. Bisher haben zwölf Wehrbeauftragte amtiert, nur einer wurde wiedergewählt (Karl Wilhelm Berkhan amtierte von 1975–1985). Formell abberufen wurde bisher noch kein Wehrbeauftragter, doch haben die beiden ersten Wehrbeauftragten ihre Entlassung verlangt (1961, 1964), nachdem sie offensichtlich das Vertrauen der Mehrheit des Bundestages verloren hatten (§ 15 WBeauftrG).

Der Wehrbeauftragte ist weder Beamter noch Abgeordneter, sondern »Amtsträger sui generis«. Er wird von einem leitenden Beamten unterstützt, der zugleich sein Vertreter ist. Die der Bundestagsverwaltung angegliederte Dienststelle des Wehrbeauftragten besteht aus sechs Referaten mit derzeit ca. 50 Mitarbeitern, von denen etwa die Hälfte als Angehörige des mittleren und gehobenen Dienstes unmittelbar mit der fachlichen Bearbeitung beauftragt sind (Gleumes 2008; Stand: 2010). Sehr rege ist der Personalaustausch zwischen dieser Dienststelle und dem Verteidigungsministerium bzw. der Bundeswehrverwaltung. Dem Vorteil der Vermittlung von Erfahrungen und verbesserter Einblicke ins Verteidigungsressort steht der Nachteil gegenüber, dass aus Kontrollierten Kontrolleure auf Zeit werden – mit der zu erwartenden Folge ressortspezifischer Blickverengung und einem entsprechenden Verständnis für »Sachzwänge« (Busch 1999: 40).

7.16.2 Eingaben an den Wehrbeauftragten

Der Wehrbeauftragte und seine Mitarbeiter erhalten auf vielfältige Weise Kenntnis über Grundrechtsverletzungen und Probleme der Inneren Führung (wozu auch Personal- und Fürsorgeangelegenheiten gerechnet werden), die ihn zur Ausübung seiner Kontrolltätigkeit befähigen: durch Eingaben von Soldaten, Hinweise anderer Personen und Organisationen, Presseberichte, Abgeordnete und nicht zuletzt durch – auch unangemeldete – Truppenbesuche (Jahresberichte des Wehrbeauftragten, z. B. BT-Drs. 17/900; 17/4400).

Große Bedeutung als »Erkenntnisquelle« kommt hierbei den Eingaben (Beschwerden) der Soldaten an den Wehrbeauftragten zu. Nach § 7 des Wehrbeauftragten-Gesetzes hat jeder Soldat »das Recht, sich einzeln ohne Einhaltung des Dienstwegs (!) unmittelbar an den Wehrbeauftragten zu wenden«. Der Wehrbeauftragte ist somit kraft spezialgesetzlicher Regelung eine zusätzliche Petitions- und Beschwerdeinstanz, die sich ausschließlich mit Beschwerden von Soldaten der Bundeswehr befasst. In der Öffentlichkeit und auch in der Bundeswehr selbst herrschte lange Zeit der Eindruck vor, als liege hier seine eigentliche und ausschließliche Aufgabe. Verhältnismäßig wenigen war bekannt, dass sein eigentlicher Verfassungsauftrag die Unterstützung des Parlaments bei der Ausübung der Kontrolle über die Streitkräfte ist (so Wehrbeauftragter Willi Weiskirch im Jahresbericht 1986). In jüngster Zeit gewann das Aufzeigen struktureller Mängel zunehmend an Bedeutung.

Die Zahl der Eingaben erreichte mit etwa 10 000 im Jahre 1989 ihren Höhepunkt, ging im Zuge der Truppenreduzierung Anfang der 1990er Jahre zurück und liegt seit 1994 bei jährlich ca. 5 000 bis 6 000 (BT-Drs. 17/900, S. 88). Die Jahresberichte legen allerdings den Schluss nahe, dass die Zahl der Petitionen sehr viel höher läge, würde nicht die Angst vor Benachteiligungen und Repressalien (z. B. Versagen des Wochenendausgangs) durch ihre Vorgesetzten viele Soldaten davon abhalten, eine Eingabe oder Beschwerde einzureichen (z. B. BT-Drs. 17/900, S. 31). Ob es sich bei den z. T. gravierenden Verletzungen der Grundrechte und der Prinzipien der Inneren Führung um (unerfreuliche) Ausnahmen, um die »Spitze eines Eisbergs« oder um die für den militärischen Bereich eben übliche Praxis handelt, wird je nach politischer Optik in den Debatten über den Jahresbericht unterschiedlich beurteilt.

Erscheint das Vorbringen berechtigt, erhält der zuständige Truppenteil oder die zuständige Dienststelle die Eingabe übersandt und hat so Gelegenheit, von sich aus

Missverständnisse zu klären und Missstände zu beseitigen. Bei Angelegenheiten von grundsätzlicher Art sowie politischer Bedeutung, wendet sich der Wehrbeauftragte zumeist unmittelbar an den Bundesminister der Verteidigung; dies ist insbesondere dann der Fall, wenn Eingaben zu einem Problemkomplex verdichtet auftreten (Berkhan 1986: 83).

Unter den weiteren Informationsquellen kommt den Truppenbesuchen eine herausragende – von den Wehrbeauftragten aber unterschiedlich genutzte – Rolle zu. So wurden 2009 vom Wehrbeauftragten Reinhard Robbe und seinen Mitarbeitern 102 Informationsbesuche durchgeführt, wobei Truppenteile, Stäbe, Dienststellen und Behörden der Teilstreitkräfte im Inland und an Einsatzorten im Ausland aufgesucht wurden (BT-Drs. 17/900, S. 90 f.). Diese Tätigkeiten finden auch in den Jahresberichten insbesondere der jüngsten Zeit ihren deutlichen Niederschlag. Eine wichtige Voraussetzung seiner Informations-, Inspektions- und Kontrolltätigkeit ist das Recht des Wehrbeauftragten, vom Bundesminister der Verteidigung und allen ihm unterstellten Dienststellen und Personen Auskunft und Akteneinsicht (!) zu verlangen (§ 3 Nr. 1 WBeauftrG). Eine wirkungsvolle Bearbeitung dieser Eingaben wäre ohne diese Befugnis kaum denkbar, und auch die zahlreichen Informationsgespräche des Wehrbeauftragten und seiner Mitarbeiter finden hier ihre Rechtsgrundlage. Die seit 1982 gesicherte Befugnis des Wehrbeauftragten, Petenten, Zeugen und Sachverständige anzuhören, hat sich»als sehr hilfreich erwiesen« (BT-Drs. 10/1061).

Weisungen kann der Wehrbeauftragte dem Bundesminister der Verteidigung und den zuständigen Stellen aus dessen Geschäftsbereich nicht erteilen, er hat aber die Möglichkeit, ihnen (gemeinsam mit den Überprüfungsergebnissen) Anregungen und Wünsche zuzuleiten (§ 3 WBeauftrG). In dem Maße, wie die Anregungen des Wehrbeauftragten über die Korrektur von Einzelfällen hinausgehen, hängt deren Durchsetzung von der Unterstützung ab, die der Wehrbeauftragte beim Verteidigungsausschuss und den (Mehrheits-)Fraktionen findet.

7.16.3 Wehrbeauftragter und Parlament

Der Wehrbeauftragte ist unbeschadet dessen, dass ihm der Bundestag oder dessen Verteidigungsausschuss Weisungen zur Prüfung bestimmter Vorgänge erteilen können, von Weisungen frei (§§ 1, 5 WBeauftrG).

Bei der Ausgestaltung dieses parlamentarischen Hilfsorgans nicht hinreichend Rechnung getragen wurde bisher der Tatsache, dass in unserem Regierungssystem die parlamentarische Kontrolle, zu deren Unterstützung der Wehrbeauftragte aufgerufen ist, primär bei der Opposition liegt. In der Konsequenz dieser Entwicklung würde es liegen, für die Wahl des Wehrbeauftragten eine Zweidrittelmehrheit der Abgeordneten des Bundestages vorzusehen und somit sicherzustellen, dass nur eine Persönlichkeit gewählt wird, die auch das Vertrauen der Opposition besitzt. Der Wehrbeauftragte ist somit (jedenfalls zum Zeitpunkt seiner Wahl) parteipolitisch dem Koalitionslager verbunden und diesem in einer Weise verpflichtet, die seinen Handlungsspielraum einengen kann. Dass er selbst kein Mandat innehaben darf, ändert an dieser Bindung kaum etwas. Mit Ausnahme des ersten Amtsinhabers waren bisher alle Wehrbeauftragten – jedenfalls zum Zeitpunkt der Wahl – Abgeordnete der Regierungsfraktionen (mit zum Teil langjähriger »wehrpolitischer« Erfahrung). Nicht bewahrheitet hat sich längerfristig gesehen allerdings die Einschätzung, der Wehrbeauftragte werde als »Majoritätsassistent« fungieren (Th. Eschenburg). Zu einem Instrument der Opposition hat er sich freilich auch nicht entwickelt.

Wie der Petitionsausschuss hat auch der Wehrbeauftragte dem Bundestag jährlich einen schriftlichen Gesamtbericht zu erstatten (z. B. BT-Drs. 17/4400), der an die zuständigen Ausschüsse überwiesen wird. Hierüber findet üblicherweise eine Plenardebatte statt, an der außer den Sprechern der Fraktionen sowohl der Wehrbeauftragte wie auch der Bundesminister der Verteidigung als »Kontrollierter« das Wort ergreifen. Dies hat sich günstig auf die Publizität des Jahresberichts ausgewirkt. Der Wehrbeauftragte und seine Mitarbeiter nehmen regelmäßig und aktiv an den Sitzungen des Verteidigungsausschusses teil und pflegen intensive Kontakte zu den Mitgliedern der korrespondierenden Fraktionsgremien.

Von der Möglichkeit, dem Wehrbeauftragten Weisungen zur Prüfung bestimmter Vorgänge (§ 1 Abs. 2 WBeauftrG) zu erteilen, hat der Verteidigungsausschuss nur selten Gebrauch gemacht (Schindler 1999: 3166 ff.; Feldkamp 2011: 1450). Diese Fälle betrafen überdies ausschließlich Vorgänge, die den Schutz der Grundrechte der Soldaten oder die Grundsätze der Inneren Führung zum Gegenstand hatten (Stand: 3/2010; vgl. Busch 1999: 59 f.; Rosenow 2008: 27). Nicht genutzt wurde hingegen die Chance, den Wehrbeauftragten mit der Überprüfung von Vorgängen auf anderen Gebieten des Verteidigungsministeriums, z. B. Rüstungssektor, Verteidigungsplanung/Haushalt zu beauftragen. Restriktiv dürfte sich auswirken, dass die Weisungskompetenz nicht als Minderheitsrecht ausgestaltet ist, die Opposition also nur dann ihr Interesse an einer Sache öffentlich signalisieren kann, wenn sie die Unterstützung der Regierungsmehrheit im Ausschuss findet.

Die Beschränkung des Wehrbeauftragten auf seinen engeren Kompetenzbereich erleichterte eine breite parlamentarische und außerparlamentarische Anerkennung der Tätigkeit des Wehrbeauftragten. Soweit es um kritikwürdiges Führungsverhalten und die soziale Lage der Soldaten ging, war grundsätzliche Einigung über die Fraktionsgrenzen hinweg möglich (vgl. auch Rosenow 2008: 116 ff.). So wurden die Beschlussempfehlungen des Verteidigungsausschusses zum Bericht des Wehrbeauftragten regelmäßig mit großer Mehrheit gefasst und vom Plenum angenommen. Wird im Rahmen dieser Thematik (seitens der Opposition) Kritik geübt, gilt sie nicht dem Wehrbeauftragten, sondern – gestützt auf dessen Bericht – dem Verteidigungsminister. Diese Situation hatte sich allerdings seit den 1980er Jahren insofern geändert, als die Sprecher der Fraktion DIE GRÜNEN und später der PDS bzw. der Linken die

Plenardebatten über den Bericht des Wehrbeauftragten zum Anlass nahmen, grundsätzliche Kritik am verteidigungspolitischen Konzept der Regierung(smehrheit) zu üben – bis hin zu Forderungen nach Abschaffung der Wehrpflicht (z. B. PlPr 13/12139 ff.). Wie sich die 2011 beschlossene Aussetzung der Wehrpflicht auf die Rolle des Wehrbeauftragten auswirken wird, bleibt abzuwarten (vgl. BT-Drs. 17/5239).

7.17 Berichte der Bundesregierung

Wachsende Bedeutung als Informations- und Kontrollmittel wie auch als Evaluierungs- und Planungsinstrument kommt seit Mitte der 1960er Jahre den Berichten der Bundesregierung zu. Mit dem Ausbau des Sozialstaates und bei zunehmenden umwelt- und technologie-politischen Anforderungen wurden die Regierungsberichte zahlreicher und auch differenzierter. Sie stellen eine Reaktion auf die Komplexität (neuer) gesellschaftlicher Problemlagen dar.

In den letzten fünf Wahlperioden wurden dem Bundestag 1 255 Regierungsberichte zugeleitet (12.–16. WP), in der 16. Wahlperiode erstmals mehr als 300. Regierungsberichte werden jedenfalls formell größtenteils auf Veranlassung des Bundestages vorgelegt, inzwischen nur etwa jeder dreißigste auf Initiative der Bundesregierung (Zeitraum: 1990–2009: Feldkamp 2011: 625 ff.; vgl. Schindler 1999: 1268 ff.). Nach einer Liste des Parlamentssekretariats vom Oktober 2008 waren 68 von 171 »Berichtspflichten« der Bundesregierung gegenüber dem Bundestag gesetzlich fixiert; alle übrigen beruhten auf einem »schlichten« Parlamentsbeschluss, der die Bundesregierung nicht rechtlich, wohl aber faktisch bindet (Berichtsliste 2008). Grundlage der Beschlüsse sind meist Beschlussempfehlungen von Fachausschüssen, manchmal auch Anträge. Sie kommen zustande, wenn Ausschüsse und Fraktionsgremien bei der Befassung mit Gesetzentwürfen und anderen Vorlagen Erfahrungs- und Informationsdefizite feststellen oder auch konzeptionelle Planungsalternativen vermissen.

Verlangt der Bundestag durch Mehrheitsbeschluss einen Bericht, kann sich die Regierung dieser »Verpflichtung« faktisch nicht entziehen. Will sie aber einen Beschluss verhindern, wird sie dies in der Regel im Kontakt mit den Regierungsfraktionen auch erreichen.

Etwa zwei Drittel der Berichte werden periodisch zugeleitet. In der Übersicht des Parlamentssekretariats von 2008 war bei 117 Fällen bestimmt, dass der Bericht in einem festgelegten Turnus von meist ein (37), zwei (35) oder vier (23) Jahren oder in jeder Legislaturperiode (14) vorzulegen sei. In einigen Fällen wird nur bestimmt, dass die Vorlage »regelmäßig« oder »fortlaufend« erfolgen sollte. Für 41 Berichte wurde nur eine einmalige Vorlage verlangt, teils mit (26), teils ohne (15) bestimmte Terminvorgaben. Möglichst genaue zeitliche Festlegungen stärken die Kontrollchancen der Opposition. Die Regierung hat dann nur eingeschränkte Möglichkeiten, den Zeitpunkt der Vorlage nach (wahl-)taktischen Erwägungen zu bestimmen.

Etwa die Hälfte der Berichte befasst sich mit bestimmten gesetzlichen Regelungen und Programmen. Von diesen »Maßnahmenberichten« lassen sich »Politikbereichsberichte« unterscheiden, die sich dem Aufgabengebiet eines Ministeriums (Ernährungs- und Agrarbericht, Umweltbericht) oder jedenfalls großer/wichtiger Bereiche eines Ministeriums widmen (Städtebaubericht, Sportbericht) oder als »Querschnittsberichte« (ressortübergreifend) ein umfangreiches Politikfeld erfassen (Subventionsbericht, Energiebericht, Raumordnungsbericht) (Ismayr 1990; Derlien 1975). Politikbereichsberichte werden meist periodisch vorgelegt. In nicht wenigen Fällen ist eine typologische Zuordnung schwierig, da mit der zunehmend gebotenen Berücksichtigung von Wirkungszusammenhängen mit anderen Regelungen und Handlungsfeldern die Grenzen fließend werden (vgl. Ismayr 2001: 397). Besonders zahlreich sind die Berichte aus dem Auswärtigen Amt und den Bundesministerien der Finanzen, für Wirtschaft und Technologie, für Arbeit und Soziales und für Verkehr, Bau- und Wohnungswesen (Feldkamp 2011: 625).

Berichte werden häufig mit dem Ziel angefordert, genaue(re) Kenntnis über Erfahrungen beim Vollzug und über die Wirksamkeit und mögliche Nebenwirkungen von Gesetzen und (Förderungs-)Programmen sowie über veränderte gesellschaftliche Rahmenbedingungen zu erhalten. Sie dienen so als »Arbeitsgrundlage für die Prüfung und Entwicklung gesetzgeberischer Maßnahmen« (BT-Drs. 10/1354). Darüber hinaus enthalten sie – oft auf ausdrücklichen Wunsch des Bundestages – eine Abschätzung der bisherigen und zu erwartenden Entwicklung und Handlungsvorschläge für Gesetzgeber und Verwaltung.

Welchen Nutzen können die Ausschüsse aus den Berichten ziehen und inwieweit stärken sie die Oppositionsfraktionen bei der Wahrnehmung ihrer Kontrollaufgabe? Insbesondere für die Opposition hängt der Nutzen der Berichte davon ab, ob Informationsteil und politische Bewertungen und Rechtfertigungen ersichtlich voneinander getrennt sind, ob die Herkunft der Informationen klar erkennbar ist und ob (bei der Erarbeitung evident gewordenen) alternativen Konzepten und Lösungsmöglichkeiten Raum gegeben wurde.

Die Bandbreite des Berichtswesens reicht von der nüchternen Darstellung der tatsächlichen Entwicklung (in bestimmten Teilbereichen) bis hin zur Absicherung und Begründung der Regierungsposition. Vor allem die Politikbereichsberichte dienen der Darstellung von Zielsetzungen, Aktivitäten und Erfolgen der Regierungspolitik und lassen nicht allzu viel Raum für Informationen über Misserfolge bei der Umsetzung oder über Alternativen – es sei denn, sie wurden von »unabhängigen« Kommissionen verfasst. Die präsentierten Befunde können gleichwohl auch der Opposition dienen. So kommt es vor, dass die Opposition aufgrund der gleichen Datenbasis zu anderen politischen Optionen und Lösungsvorschlägen gelangt.

Regierungsintern können Politikbereichsberichte als Einfluss und Koordinierungsmittel dienen, »sei es innerhalb des einzelnen Ministeriums aus der Sicht der politischen Leitung oder des federführenden Querschnittsreferats, sei es interminis-

teriell« (Hellstern/Wollmann 1984: 59). Insbesondere (umfassende) Politikbereichsberichte bieten Basis und Anlass für programmatisch und konzeptionell orientierte
große Plenardebatten, oft verbunden mit anderen Vorlagen. Anders einzuschätzen
sind viele Maßnahmenberichte, bei denen die Erfolgs- und Wirkungskontrolle in
den Vordergrund tritt. Je nach Einschätzung ihres politischen Stellenwertes werden
»sachrationale« Analyse- und Beurteilungskriterien von Ministerial- und Vollzugs-
verwaltung und auch wissenschaftlicher Politikberatung bestimmend.

Der Ausbau des Berichtswesens ist eine Reaktion auf den Kompetenzzuwachs der
Exekutive – und trägt seinerseits dazu bei, den Informationsvorsprung der Ministerialverwaltung zu erhöhen. Die Wirkung ist ambivalent. Berichtsanforderungen haben (gemeinsam mit anderen Initiativen) eben auch dazu beigetragen, den Ausbau
der wissenschaftlichen Politikberatung auf Regierungsebene voranzutreiben. Expertenposition und Informationsvorsprung der Ministerialverwaltung gegenüber dem
Parlament und der politischen Führung wurden im Laufe dieser Entwicklung gestärkt
(Hellstern/Wollmann 1984). Meist bleibt es ja der Regierung bzw. der Ministerialverwaltung überlassen, an welche Bundesämter, Institute etc. sie Forschungsaufträge
vergibt, und wie diese formuliert sind; ob Kommissionen, Beiräte oder Arbeitsgruppen eingerichtet werden und wie diese zusammengesetzt sind, welche Informationskontakte mit Länderverwaltungen, Verbänden etc. aufgenommen und schließlich
welche Informationen den Berichten zugrunde gelegt werden (vgl. Murswieck 1994).
In manchen Fällen werden die Informationsquellen offengelegt, oft werden sie nur
angedeutet, nicht selten bleiben sie auch ganz im Dunkeln. Im Allgemeinen wird die
Darstellung von dem Willen geleitet, die Wirkung von Gesetzen und Programmen
in einem für die Regierung günstigen Licht erscheinen zu lassen. Dies gilt natürlich
vor allem dann, wenn das zu beurteilende Gesetz unter der nämlichen Regierung erarbeitet wurde. Aber auch wenn dies nicht der Fall ist, muss angesichts der relativen
Kontinuität der Ministerialverwaltungen auf der Referatsebene davon ausgegangen
werden, dass in vielen Fällen ein »Eigeninteresse« von Referenten an »ihrem« Gesetzentwurf die Darstellung mitbestimmt.

Da Regierungsberichte nur durch Mehrheitsbeschluss veranlasst werden können, hat die Opposition nur eingeschränkte Möglichkeiten, damit »Druck« auszuüben. Allerdings fällt es den Regierungsfraktionen in der Regel nicht schwer, einem
Berichtsbegehren der Opposition zuzustimmen. Vor allem gilt dies natürlich für die
– hier nicht behandelten – Berichte, die unmittelbar an die Ausschüsse gehen (vgl.
Abschn. 4.4.7). Einmal gibt es über die Fraktionsgrenzen hinweg gemeinsame (Infor-
mations-)Interessen gegenüber »der« Bürokratie von Bund, Ländern und Gemeinden. Betreiben Regierungsfraktionen die Anforderung eines Berichts, spielt häufig
das Interesse an einem Kompetenznachweis und wirksamer Selbstdarstellung vor
den Fachöffentlichkeiten eine (wichtige) Rolle. Auch für Abgeordnete der Koalition
gibt es gute Gründe, ihre Kenntnisse über Vollzug und Wirkung von Gesetzen und
Programmen zu verbessern: Da die Ausführung von Bundesgesetzen überwiegend

eigene Angelegenheit der Länder ist (Art. 83, 84 GG), darf ein Interesse der Regierungsparteien an der Überprüfung des Vollzugs vor allem in Ländern mit anderen politischen Mehrheitsverhältnissen vorausgesetzt werden.

Druck auf Regierung und Ministerialverwaltung kann vor allem von zeitlich festgelegten (periodischen) Berichtspflichten ausgehen. Inzwischen kommt es öfter vor, dass der Bundestag bei Verabschiedung eines Gesetzes die Bundesregierung auffordert, die Durchführung und Wirkung von Gesetzen und Förderungsmaßnahmen (einschließlich Neben- und Folgewirkungen) zu beobachten und innerhalb einer bestimmten Frist dem Parlament zu berichten. Teils werden einmalige Termine festgelegt, teils eine regelmäßige Berichterstattung gefordert oder gesetzlich festgeschrieben. Die Intensivierung der Wirkungs- und Erfolgskontrolle ist auch ein wichtiges Anliegen von Initiativen zur Parlamentsreform. So schlug Bundestagspräsident Philipp Jenninger eine obligatorische Berichtspflicht vor: Zu jedem Gesetz habe die Bundesregierung »obligatorisch nach einer bestimmten Zeit (z. B. zwei oder drei Jahre) über Erfahrungen beim Vollzug, Grad der Zielerreichung und Wirkungsweise der Normen zu berichten. Die Beschlussempfehlung des Ausschusses zum Gesetz enthält regelmäßig – entweder als Vorschrift im Gesetz selbst oder als gesonderte Entschließung – den Zeitpunkt, zu dem der Bericht vorzulegen ist.« Auf der Grundlage dieses Berichts könnten die Ausschüsse dann »Vollzugshearings« durchführen (Jenninger 1988; vgl. Zeh 1984: 30).

Einigen Nutzen kann die Opposition am ehesten von Gutachten »unabhängiger« (Regierungs-)Kommissionen erwarten, deren Status und Berichtspflicht gesetzlich abgesichert ist. Die Regierung kann in diesen Fällen zwar Stellung nehmen, ist aber verpflichtet, diese Gutachten (unverändert) zu veröffentlichen. So sieht sich die Regierung regelmäßig mit dem Jahresgutachten des »Sachverständigenrates zur Begutachtung der gesamtwirtschaftlichen Entwicklung«, den Gutachten der Monopolkommission und des »Rates von Sachverständigen für Umweltfragen« konfrontiert. Solchen Kommissionen stehen ein eigener Mitarbeiterstab und erhebliche Mittel zur Vergabe von Forschungsaufträgen zur Verfügung. Liegt ein Regierungswechsel noch nicht allzu lange zurück, sieht sich die amtierende Regierung mit Gutachten (Berichten) von Kommissionen konfrontiert, deren Mitglieder von früheren Regierungen benannt worden waren (Ismayr 1992: 679).

Regierungsberichte sind eine oft mühsame und zeitraubende Lektüre. Sie sind »zum Teil zu lang, zu wenig strukturiert und fachlich überfrachtet« (Jenninger 1988; vgl. Zeh 1984) und sollten »in Aufbau, Darstellung und Sprache stärker auf die Bedürfnisse der parlamentarischen Arbeit zugeschnitten werden« – so schon die Ad-hoc-Kommission Parlamentsreform zu recht (BT-Drs. 10/3600: 14). Ihre Intention und mithin ihr Nutzen für die Abgeordneten ist unterschiedlich: Oft ist nur schwer nachvollziehbar, auf welche Informationen aus Gesprächen mit Vollzugsbeamten und Verbandsvertretern, Expertisen etc. sich Erfahrungsberichte stützen, wie diese gewichtet werden und wie zuverlässig das präsentierte Zahlenmaterial ist.

Gleichwohl ist eine systematische Auswertung und gründliche Befassung von Nutzen und auch für die Opposition unverzichtbar, und sei es auch nur, um sich mit den »Basisdaten« der Regierung(smehrheit) vertraut zu machen und in der parlamentarischen und öffentlichen Diskussion besser bestehen zu können. Die Auswertung der Berichte lässt vielfach noch zu wünschen übrig, u. a. deshalb, weil den Fraktionen und vor allem den einzelnen Abgeordneten eine dafür ausreichende Analysekapazität fehlt. Die Abgeordneten selbst sind überfordert, wenn sie – stets unter Zeitdruck – sich neben ihren sonstigen Aufgaben auch noch mit zahlreichen Berichten befassen sollen. Erschwert wird die Auswertung durch die Parlamentarier auch dadurch, dass die Berichte nach keinem einheitlichen Grundschema abgefasst, sondern »außerordentlich vielgestaltig« sind (Zeh 1984). Eingehend(er) befasst sich ein Abgeordneter in der Regel nur mit Berichten, die ein Sachgebiet betreffen, für das er als Berichterstatter seiner Arbeitsgruppe zuständig ist. Die Auswertung größerer Berichte übernehmen oft Ad-hoc-Arbeitsgruppen der »fachlich« beteiligten Abgeordneten unter Mithilfe von Fraktionsmitarbeitern und – bei den Regierungsparteien – von Ministerialbeamten. Ob und wie gründlich sich Fraktionsgremien, Ausschüsse und schließlich auch das Plenum mit Berichten befassen, hängt von der augenblicklichen politischen Einschätzung eines Berichtes, dem Zusammenhang mit eigenen Initiativen und der fachlichen Kompetenz ab. Tatsache ist jedenfalls, dass Regierungsberichte in arbeitsintensiven Ausschüssen oft auf die lange Bank geschoben werden.

Nur ein Teil der Berichte wird auf die Tagesordnung des Plenums gesetzt. Viele werden gem. § 80 Abs. 3 GOBT vom Präsidenten nach Vereinbarung im Ältestenrat unmittelbar an die Ausschüsse überwiesen. Eine Berichterstattung an den Bundestag erfolgt nur, wenn der Ausschuss einen über die Kenntnisnahme hinausgehenden Beschluss empfehlen will. Bei mehr als der Hälfte der Berichte sehen die Ausschüsse von einer Berichterstattung an das Plenum ab, was seit 1982 möglich ist. Gleichwohl befasst sich der Bundestag keineswegs nur »intern« mit Regierungsberichten.

Über die meisten Politikbereichs- und Querschnittsberichte aber auch über viele Maßnahmenberichte werden große Plenardebatten geführt, oft in Verbindung mit Großen Anfragen, Gesetzentwürfen und Anträgen. Manche Berichte sind aufgrund ihrer eigenen politischen Bedeutung Anlass für eine Debatte (z. B. umfassend beim Agrarbericht). Viele erhalten ihr politisches Gewicht allerdings (erst) im Kontext anderer parlamentarischer Aktivitäten.

Die Forderung, eine allgemeine Berichts- und Evaluierungspflicht der Bundesregierung für Gesetze vorzuschreiben (Hellstern/Wollmann 1984: 39) ist zwar grundsätzlich angemessen. Nutzbringend wäre dies freilich nur unter der Voraussetzung, dass sich sowohl die Darstellung der Berichte als auch die parlamentarische Auswertungskapazität weiter verbesserte. Ohnehin bleibt es auch bei besserer Ausstattung mit Mitarbeitern und Sachmitteln Aufgabe der Abgeordneten selbst, die Bewertung vorzunehmen.

7.18   Selbständige Anträge und Entschließungsanträge

Vielfältig eingesetzte Medien politischer Kontrolle und Initiative sind Sachanträge in Form von selbständigen Anträgen und Entschließungsanträgen, mit denen ein »schlichter« Parlamentsbeschluss herbeigeführt werden kann (Ismayr 1991b; Kabel 1989; Kretschmer 2011: 989 ff.). Neben der Beteiligung an der Gesetzgebung steht den Fraktionen somit ein weiteres Mittel zur Verfügung, um »staatsleitende« Entscheidungen des Parlaments in die Wege zu leiten.

Rechtlich sind solche Beschlüsse für Regierung und Verwaltung nach herrschender Meinung der Staatsrechtslehre zwar nicht bindend. Die Regierung wird aber in aller Regel einen Beschluss, der von den mit ihr verbundenen Fraktionen oder gar dem gesamten Parlament getragen wird, als politisch verpflichtend anerkennen. Bei der Umsetzung verbleiben der Exekutive allerdings mehr oder weniger große Spielräume, um – bei deklaratorischer Anerkennung – einen Beschluss zu unterlaufen und zu verschleppen, wenn nicht entsprechend »nachgehakt« wird. Nur ein kleiner Teil der Anträge führt freilich zu einem politisch verpflichtenden Parlamentsbeschluss. In der Praxis werden Sachanträge ganz überwiegend von den Oppositionsfraktionen gestellt – und von den Mehrheitsfraktionen zumeist abgelehnt.

Die Geschäftsordnung des Bundestages unterscheidet drei Arten von Anträgen zur Sache: Selbständige Anträge sowie Entschließungsanträge und Änderungsanträge, die als unselbständige Vorlagen nur zusammen mit einem Verhandlungsgegenstand auf die Tagesordnung gesetzt werden können, auf den sie sich beziehen (§ 75 Abs. 1d, 2b, c GOBT). Sachanträge unterscheiden sich sowohl hinsichtlich des Gegenstandes wie des parlamentarischen Verfahrens von Geschäftsordnungsanträgen, die sich aktuell auf den im Plenum »zur Beratung stehenden Verhandlungsgegenstand oder auf die Tagesordnung« beziehen müssen (§ 29 Abs. 1 GOBT). Allerdings haben auch manche selbständigen Anträge Verfahrensfragen zum Gegenstand, wobei es vor allem um organisatorische Regelungen von einiger Dauer geht (z.B. Einsetzung von Ausschüssen). Ganz überwiegend befassen sich selbständige Anträge jedoch mit politischen Sachfragen. Durch die Geschäftsordnung inhaltlich nicht eingeschränkt, sind sie vielfältig nutzbar. Mit Entschließungsanträgen haben die Fraktionen die Möglichkeit, zu Berichten und Erklärungen der Regierung, zu Großen Anfragen und Gesetzentwürfen und weiteren Vorlagen auch schriftlich Stellung zu nehmen und einen Beschluss herbeizuführen (§ 88 GOBT). Über die in der Geschäftsordnung ausdrücklich angeführten Verhandlungsgegenstände hinaus (§ 75 Abs. 2c), zu denen ein Entschließungsantrag eingereicht werden kann, wurden in der parlamentarischen Praxis die Einsatzmöglichkeiten noch erweitert (Ismayr 1992: 683 f.).

Anträge und Entschließungsanträge müssen von einer Fraktion oder einer entsprechenden Anzahl von Abgeordneten unterzeichnet sein (§§ 75, 76 Abs. 1 GOBT). Nur 1,3 % der selbständigen Anträge wurden in den letzten vier Wahlperioden

Tabelle 7.12 Anträge (A), Entschließungsanträge (EA) und Änderungsanträge (ÄA)

Antragsteller	13. Wahlperiode			14. Wahlperiode			15. Wahlperiode			16. Wahlperiode		
	A	EA	ÄA	A	EA	ÄA	A	EA	ÄA	A	EA	ÄA
CDU/CSU	0	0	0	333	91	131	328	53	62	0	0	0
SPD	366	161	151	0	0	0	0	0	0	0	0	0
FDP	1	0	1	260	107	94	305	64	56	530	147	46
B'90/GRÜNE[a]	401	197	284	0	0	0	0	0	5	602	140	59
DIE LINKE[b]	211	73	226	234	90	275	0	0	0	421	132	112
CDU/CSU+SPD	0	0	0	0	0	0	0	0	0	179	19	1
CDU/CSU+FDP	106	56	12	3	0	1	12	5	0	0	0	0
SPD+B'90/GRÜNE[a]	17	12	11	206	47	4	175	15	0	0	0	0
SPD+ B'90/GRÜNEa+CDU/CSU+FDP	37	6	3	38	2	0	41	2	0	30	2	0
SPD+CDU/CSU+FDP	7	6	2	0	0	0	0	0	0	8	0	0
SPD+B'90/GRÜNEa+FDP	0	0	0	3	1	1	6	0	1	0	0	0
SPD+CDU/CSU+B'90/GRÜNE[a]	0	0	0	2	1	1	6	0	0	3	0	0
SPD+CDU/CSU+FDP+DIE LINKE[b]	0	0	0	7	0	0	0	0	0	1	0	0
SPD+ FDP+B'90/GRÜNEa+DIE LINKE[b]	0	0	0	4	1	0	0	0	0	0	0	0
SPD+ B'90/GRÜNEa+CDU/CSU+FDP+ DIE LINKE[b]	0	0	0	7	0	0	0	0	0	11	0	0
SPD+B'90/GRÜNEa+DIE LINKE[b]	0	0	0	0	1	0	0	0	0	0	0	0
FDP+B'90/GRÜNEa+DIE LINKE[b]	0	0	0	0	0	0	0	0	0	1	0	0
FDP+B'90/GRÜNE[a]	0	0	0	0	0	0	0	0	0	5	1	0
Außerfraktionell	19	1	28	24	0	41	14	0	36	8	0	5
Bundesregierung[c]	7	–	–	18	–	–	20	–	–	38	–	–
Im Rahmen einer Beschlussempfehlung[d]	–	60	–	–	40	–	–	26	–	–	15	–
Insgesamt	1278	572	718	1149	381	548	919	165	160	1837	456	223

a bis 3.10.1990: DIE GRÜNEN; 12. WP als »Gruppe«

b bis einschließlich 15. WP: PDS; Gruppe der PDS ab 4. Oktober vereinigungsbedingt im Bundestag vertreten, 12. WP: PSD/LL; in der 15. WP nicht in Fraktionsstärke

c nur beim Typ »Selbstständige Anträge« möglich

d nur bei Entschließungsanträgen möglich

Quelle: Deutscher Bundestag, Referat Parlamentsdokumentation; Zusammenstellung auf Anfrage des Verfassers.

(1994–2009) von Abgeordneten ohne Fraktionsbeteiligung eingereicht. Zur Artikulation von Positionen, die von der Fraktionslinie abweichen, werden sie von Abgeordneten kaum genutzt (vgl. auch Oertzen 2000).

Die Zahl der (selbständigen) Anträge und Entschließungsanträge (EA) ist seit der Präsenz zweier Oppositionsfraktionen (1983) erheblich gestiegen. In der 16. Wahlperiode (2005–2009) kamen 85 % (1553) der 1837 Anträge und 92 % (419) der 456 Entschließungsanträge von der Opposition (vgl. Tabelle 7.12 und Tabelle VI.15 in Ismayr 1992: 490).

Die Koalitionsfraktionen stellen Anträge und Entschließungsanträge fast immer gemeinsam, während es zwischen den Oppositionsfraktionen nur höchst selten eine förmliche Kooperation gibt. Die wenigen interfraktionellen Anträge unter Beteiligung von Regierungs- und Oppositionsfraktionen betreffen vornehmlich die Einsetzung von Gremien.

Die Chancen der Oppositionsfraktionen sind gering, für Sachanträge eine Mehrheit zu finden. So wurde in der 16. Wahlperiode keiner der Anträge und Entschließungsanträge der Oppositionsfraktionen angenommen. Am ehesten haben oppositionelle Anträge eine Chance, auch von der Mehrheit akzeptiert zu werden, wenn es um humanitäre oder formale Fragen geht (vgl. Ismayr 1992: 490, 684).

Nicht selten wird ein oppositioneller Antrag selbst dann abgelehnt und ihm gegebenenfalls ein Koalitionsantrag entgegengesetzt, wenn in der Sache kaum Meinungsunterschiede bestehen und dies – vor allem im Ausschuss – auch artikuliert wird. Möglichkeiten der »Mitregierung« eröffnen sich für die Oppositionsfraktionen durch (formelle) Sachanträge also kaum, solange für das »Regierungslager« die Mehrheit im Bundestag und Bundesrat gesichert ist. Gleichwohl sind sie – primär für die Opposition – ein unverzichtbares Mittel öffentlichkeitswirksamer Kontrolle und Einflussnahme.

Den beiden Antragsformen kommt eine je spezifische Funktion im parlamentarischen Willensbildungsprozess zu. Anträge können – wie andere selbständige Vorlagen (§ 75 Abs.1 GOBT) – unabhängig von einem Verhandlungsgegenstand auf die Tagesordnung gesetzt werden. Auf Verlangen der Antragsteller muss dies spätestens dann geschehen, wenn seit der Verteilung der Drucksache mindestens drei Wochen vergangen sind (§ 20 Abs. 4 GOBT; Neuregelung seit 1995). Gegen mögliche Versuche der Mehrheit, ihre Behandlung auf die lange Bank zu schieben, sind Minderheiten somit geschützt. Minderheitsfraktionen können auf diesem Wege Debatten zu selbstgewählten Themen durchsetzen (§ 25 Abs. 2 GOBT), und sie tun dies auch in erheblichem Umfang.

Teils wird ein Beschluss über den Antrag bereits im Anschluss an eine erstmalige Plenarberatung gefasst, oft erfolgt aber auch eine Überweisung an – in der Regel mehrere – Ausschüsse. Die Fraktionsgremien müssen sich also häufig vor einer erstmaligen Plenarberatung auch fremder Anträge über Argumentationsrichtung und Stimmverhalten Klarheit verschafft haben. Oft bleibt die Abklärung Sache der Spe-

Tabelle 7.13 Entschließungsanträge nach Vorgangstyp

Vorgangstyp	13. Wahlperiode	14. Wahlperiode	15. Wahlperiode	16. Wahlperiode
Zu Großen Anfragen	112	39	0	22
Zu Regierungserklärungen	55	55	15	26
Zu Gesetzentwürfen	242	215	126	322
Sonstiges	163	72	24	86
Insgesamt	572	381	165	456

Quelle: Deutscher Bundestag, Referat Parlamentsdokumentation; Zusammenstellung auf Anfrage des Verfassers.

zialisten (Berichterstatter) in den Arbeitsgruppen und -kreisen. Im Übrigen stehen selbstverständlich auch Anträge nicht isoliert da; sie lassen sich aufgrund bisher geführter Diskussionen in Fraktionsgremien und Fachausschüssen einordnen. Der interne Abstimmungsprozess erfolgt ähnlich wie bei Gesetzentwürfen.

Meist wird bei der erstmaligen Behandlung im Plenum auch eine Debatte geführt, überwiegend in Verbindung mit anderen Vorlagen, wobei sich kürzere und ausführlichere Debatten etwa die Waage halten; nicht selten finden auch bei abermaliger Beratung nach Vorlage der Beschlussempfehlung Debatten statt.

Auch Entschließungsanträge können an Ausschüsse überwiesen werden, allerdings nur, wenn die Antragsteller nicht widersprechen (§ 88 Abs. 2 GOBT; Ritzel/ Bücker/Schreiner, Erl. zu §§ 75, 88 GOBT). In der Regel werden Entschließungsanträge von den Oppositionsfraktionen dazu eingesetzt, dem »Regierungslager« mit eigenen Zielvorstellungen und Handlungskonzepten gegenüberzutreten und es zu zwingen, unmittelbar Farbe zu bekennen. Inhaltlich beziehen sie sich ja überwiegend auf Vorlagen, die Fraktionsgremien und Regierung schon seit einiger Zeit beschäftigen. Überweisungen an die Ausschüsse kommen daher insgesamt nicht allzu oft vor, phasenweise allerdings recht häufig bei Großen Anfragen und Regierungserklärungen. Entschließungsanträge können somit eingesetzt werden, um sich auch in den Ausschüssen mit dem Inhalt von Großen Anfragen und Regierungserklärungen zu befassen, auf die sie sich beziehen. Zu den 163 Regierungserklärungen der 13. bis 16. Wahlperiode (1994–2009) wurden 151 Entschließungsanträge eingebracht, von denen 64 an die Ausschüsse überwiesen wurden. Bei den zahlreichen Großen Anfragen der 13. Wahlperiode (156) lag auch die Zahl der Entschließungsanträge mit 112 besonders hoch, wobei 52 an die Ausschüsse überwiesen wurden. Von der 14. bis 16. Wahlperiode (1998–2009) gab es zu den insgesamt 229 Großen Anfragen 61 Entschließungsanträge; davon wurden nur 16 an die Ausschüsse überwiesen (Unterlagen der Verwaltung des Deutschen Bundestages; Tabelle 7.13; vgl. Abschn. 7.5, 7.10).

Anträge und Entschließungsanträge dienen den Oppositionsfraktionen dazu, im Zusammenhang Defizite der Problembewältigung aufzuzeigen, die Öffentlichkeit mit eigenen alternativen Ziel- und Handlungskonzepten vertraut zu machen und die Bundesregierung zum Handeln aufzufordern. In etwa 9 von 10 Anträgen wird die Bundesregierung mit manchmal mehr oder weniger allgemein gehaltenen, oft aber recht detaillierten Forderungen konfrontiert. In vielen Fällen wird die Vorlage eines Gesetzentwurfs oder eine andere (konkrete) Einzelmaßnahme gefordert, oft auch ein ganzes Bündel rechtlicher und administrativer Maßnahmen (vgl. Ismayr 1992: 492, 685).

Für die Fraktionen gilt es von Fall zu Fall abzuwägen, ob ein Antrag/Entschließungsantrag oder die Vorlage eines eigenen Gesetzentwurfs vorzuziehen ist. Vorteilhaft für die antragstellende Fraktion ist nicht nur, dass sie die rechtstechnische Arbeit der erheblich besser ausgestatteten Ministerialverwaltung überlassen kann. Dieses Vorgehen bietet bei manchen Problemfeldern auch den Vorteil, dass die rechtlichen Regelungsanforderungen in den Zusammenhang komplexer Ziel- und Handlungsprogramme hineingestellt werden können. In Form von Anträgen werden nicht selten ausgearbeitete Programme/Konzepte – meist als Alternativen zur Regierungspolitik – präsentiert, verknüpft mit einem Maßnahmenbündel. Problemanalyse und konzeptionelle Darlegungen werden teilweise in Form ausführlicher Begründungen hinzugefügt, oft aber werden sie auch dem geforderten Maßnahmenkatalog vorangestellt und sind somit Teil des Beschlusses.

Ein ansehnlicher Teil der Anträge ist außenpolitischen Fragen gewidmet. Angesichts der eingeschränkten Mitwirkungsmöglichkeiten des parlamentarischen Gesetzgebers an der Außenpolitik verwundert es nicht, dass viele Sachanträge darauf abzielen, die Bundesregierung in ihrem außen- und sicherheitspolitischen Kurs gegenüber anderen Staaten und bei internationalen Verhandlungen festzulegen. Der Bundestag ist hierbei keinen restriktiven Verfassungsbestimmungen und -auslegungen unterworfen.

In den selbständigen Anträgen und Entschließungsanträgen der Regierungsfraktionen sind kritische Akzente nicht nur gegenüber der Regierung, sondern auch gegenüber der Verwaltung selten. Jedenfalls haben sie die taktische Funktion, Vorstöße aus dem Lager der Opposition »abzufangen« und gegenüber der Öffentlichkeit gleichwohl das Gesicht zu wahren.

Insgesamt gesehen sind Anträge und auch Entschließungsanträge insbesondere für die Oppositionsfraktionen ein wichtiges Mittel, um alternative Konzepte und Handlungsprogramme zu unterbreiten und die Regierungsmehrheit zu veranlassen, sich nicht nur in der Debatte damit auseinanderzusetzen, sondern auch durch ihr Abstimmungsverhalten öffentlich Farbe zu bekennen. Dabei wird seit der 10. Wahlperiode zunehmend das Druckmittel namentlicher Abstimmungen eingesetzt (vgl. Saalfeld 1995: 55 ff.).

7.19 Öffentliche Anhörungen der Ausschüsse

Die Ausschüsse des Bundestages können seit 1952 öffentliche Anhörungen (»Hearings«) von »Sachverständigen, Interessenvertretern und anderen Auskunftspersonen« (§ 70 GOBT) durchführen. In großem Umfang genutzt wird dieses wichtige Informations- und Kontrollmittel seit dem Regierungswechsel 1982/83 (vgl. Tabelle 7.14). Daneben werden nach wie vor viele nichtöffentliche Anhörungen durchgeführt. Inzwischen werden bei Vorlage oder zur Vorbereitung größerer Gesetzentwürfe, aber auch zur Prüfung und Entwicklung anderer Vorhaben (Programme, Konzepte) regelmäßig »Hearings« veranstaltet, vornehmlich auf Initiative der Opposition. Diese Entwicklung war nur möglich, weil die Durchführung öffentlicher Anhörungen im Rahmen der Parlamentsreform 1969/70 als Minderheitsrecht gesichert wurde – eine Besonderheit nicht nur im westeuropäischen Vergleich. Zwar werden in den meisten EU-Staaten öffentliche Anhörungen durchgeführt, doch kann dies formell auch in osteuropäischen Parlamenten fast nirgends von einer parlamentarischen Minderheit durchgesetzt werden (Ausnahme: Ungarn, $\frac{2}{5}$ der Ausschussmitglieder; Umfrage der Verwaltung des Deutschen Bundestages bei den Parlamentsverwaltungen der EU-Staaten auf Anfrage des Verfassers im Juni 2012). Bei überwiesenen Vorlagen ist der federführende Ausschuss auf Verlangen eines Viertels (!) seiner Mitglieder dazu verpflichtet (§ 70 Abs. 2 GOBT). Eine gewisse Rolle spielt auch das seither gesicherte Selbstbefassungsrecht – jedenfalls bei Ausschüssen, die nur wenig mit Gesetzgebung zu tun haben. Allerdings ist bei nicht überwiesenen Verhandlungsgegenständen ein Mehrheitsbeschluss erforderlich. Kleinere Fraktionen können allein keine öffentlichen Anhörungen durchsetzen (§ 70 Abs. 1 GOBT). So war die deutliche Zunahme der öffentlichen Anhörungen seit 1983 nur indirekt auch auf Initiativen der Fraktion DIE GRÜNEN zurückzuführen. Seit der 8. Wahlperiode (1976–80) haben auch Enquete-Kommissionen zahlreiche öffentliche Anhörungen durchgeführt (Tabelle 7.14).

Angesichts des privilegierten Zugangs der Mehrheitsfraktionen zu Informationen der Exekutive ist es nicht verwunderlich, dass öffentliche Anhörungen überwiegend von der Opposition initiiert werden. Nur teilweise geschieht dies durch formellen Antrag, häufig verständigen sich die Fraktionen in den vorbereitenden Gesprächen der Obleute im Ausschuss, eine Anhörung durchzuführen. Das Minderheitsrecht wirkt als »Druckmittel« im Voraus. Öffentliche Anhörungen spielen allerdings auch als Instrument konkurrierender Interessen der Koalitionsparteien und der in den Ausschüssen unterschiedlich repräsentierten Parteiflügel und Fachinteressen der Mehrheitsfraktionen eine Rolle. Den »eigenen« Themen Gewicht in der Konkurrenz mit anderen Ausschüssen zu verleihen, ist ein nicht zu unterschätzendes Motiv. Die »Entwicklung der Hearings zum legislatorischen Regelfall« macht diesen Kritikpunkt allerdings »obsolet« (Schüttemeyer 1989: 1154).

Zu unterscheiden ist zwischen den grundsätzlich gegebenen Möglichkeiten und

Tabelle 7.14   Öffentliche Anhörungen von Ausschüssen und Enquete-Kommissionen

Wahlperiode	Zahl der öffentlichen Anhörungssitzungen			Zahl der in öffentlichen Anhörungen behandelten Themen		
	Ausschüsse	Enquete-Kommissionen	insgesamt	Ausschüsse	Enquete-Kommissionen	insgesamt
1. WP	0	–	0	0	–	0
2. WP	2	–	2	2	–	2
3. WP	1	–	1	1	–	1
4. WP	6	–	6	4	–	4
5. WP	58	0	58	28	0	28
6. WP	80	0	80	48	0	48
7. WP	76	0	76	48	0	48
8. WP	66	4	70	51	2	53
9. WP	43	8	51	36	5	41
10. WP	159	6	165	135	6[a]	141
11. WP	163	72	235	143	42	185
12. WP	217	84	301	197	55	252
13. WP	209	44	253	194	42	236
14. WP	300	36	336	271	32	303
15. WP	217	23	240	226	23	249
16. WP	396	6	402	365	6	371

a   einschließlich Europa-Kommission
Quelle: Schindler 1999: 2123; Feldkamp 2011: 944.

den faktischen Schwierigkeiten bei der Durchführung von Anhörungen (im konkreten Einzelfall). Grundsätzlich ist die Institution der öffentlichen Anhörung geeignet, durch Sachaufklärung den Informationsvorsprung der Ministerien gegenüber »dem« Parlament und der Regierungsmehrheit gegenüber der Opposition zu verringern und die Abgeordneten in die Lage zu versetzen, sich unabhängig von der Ministerialbürokratie handlungsrelevante Informationen zu verschaffen. Daran sollte allen Abgeordneten – ja selbst den Regierungsmitgliedern – gelegen sein, denen sich eine zusätzliche Gelegenheit bietet, sich von Informationen und Vorlagen der Verwaltung ein Stück unabhängiger zu machen. Die Publizität der Anhörungen soll die Intentionen der ansonsten in Ministerien und Fraktionen »intern« Einfluss nehmenden Interessenvertreter (Verbände, Wirtschaft) offenlegen, die Kontroll- und Einflusschancen der Opposition verbessern und die (öffentliche) Thematisierung neuer Problemlagen begünstigen (Weber 1981: 328).

Die tatsächlichen Wirkungen öffentlicher Anhörungen sind offenbar recht unterschiedlich und hängen von einer Reihe von Faktoren ab. Wesentlich ist, in welchem Stadium des Willensbildungs- und Entscheidungsprozesses sie durchgeführt werden. Etwa zwei Drittel der Anhörungen befassen sich mit überwiesenen Gesetzentwürfen

Tabelle 7.15 Öffentliche Anhörungen der Ausschüsse zu Gesetzentwürfen

Wahlperiode	In öffentlichen Anhörungen behandelte Themen	Davon Themen im Zusammenhang mit bestimmten Gesetzesinitiativen		Gesetzentwürfe insgesamt	Davon in öffentlichen Anhörungen behandelte Gesetzentwürfe	
	Anzahl	Anzahl	%	Anzahl	Anzahl	%
12. WP	177	123	69,5	800	152	19,0
13. WP	236	135	52,2	923	186	20,2
14. WP	303	183	60,4	864	222	25,7
15. WP	249	132	53,0	643	174	27,1
16. WP	372	252	67,7	905	270	29,8

Quelle: Feldkamp 2011: 945.

(12.–16. WP: 62 %; Tabelle 7.15). Etwa jeder vierte wird in einem Hearing behandelt. Von den als Schlüsselentscheidungen eingestuften Gesetzen kamen seit der 5. Wahlperiode bis einschließlich der 12. Wahlperiode fast zwei Drittel (64 %) nach einer öffentlichen Anhörung zustande (Beyme 1997: 239). Hinzu kommen Anhörungen, in denen auf der Grundlage von Anträgen, Berichten etc. (auch) die Notwendigkeit gesetzgeberischer Maßnahmen geprüft werden soll.

Bei der Beratung von Regierungsentwürfen sind die Regierungsparteien häufig mehr oder weniger auf deren Rechtfertigung und auf die Abschirmung von Kritik festgelegt. Nach Möglichkeit wird die »Strategie« bei der Befragung der Anhörpersonen von den Obleuten und Berichterstattern abgesprochen. Hinsichtlich des Grades fraktionsinterner Festlegung, aber auch der Beteiligung der Abgeordneten spielt zudem eine Rolle, ob es sich um bedeutsamere und/oder seit längerem umstrittene Gesetzentwürfe handelt oder um »Spezialgesetze«, für die sich nur eine Fachöffentlichkeit interessiert.

Grundsätzlich offener ist die Befragungssituation bei problem- und erfahrungsorientierten Anhörungen, die auf der Grundlage von Berichten, Gutachten und Anträgen und im Rahmen des Selbstbefassungsrechts durchgeführt werden. Bei rechtzeitiger Befassung des Bundestages mit neuen Problemlagen können Informationen und Argumente der Sachverständigen wirksam werden; dies kann den Entscheidungs- und Steuerungsspielraum »der Politik« erhöhen. Solche Anhörungen können die Grundlage (späterer) legislativer Aktivitäten bilden. Sie spielen zum Teil eine wichtige Rolle bei der programmatischen Willensbildung der Parteien, der öffentlichen Thematisierung zu wenig beachteter Fragen und dienen auch dazu, die Wirkung bisheriger Regelungen zu bilanzieren (z. B. Holtz 1984). Die meisten Anhörungen werden von »Gesetzgebungsausschüssen« veranstaltet, so dem Rechtsausschuss, dem Gesundheitsausschuss, dem Finanzausschuss und dem Ausschuss für Arbeit und Soziales. Aber auch alle anderen Fachausschüsse haben (inzwischen) öffentliche Anhörungen veranstaltet (Schindler 1999: 2124 ff.; Feldkamp 2011: 945 ff.).

Von größter Bedeutung ist, welche Sachverständigen eingeladen werden. Kommt eine Anhörung auf Verlangen einer Minderheit zustande, müssen auch die von ihr genannten Auskunftspersonen gehört werden; dies sichert die Geschäftsordnung ausdrücklich zu. Wird allerdings, wie in der Praxis üblich, deren Zahl begrenzt, richtet sich die Zahl der von den Fraktionen zu benennenden Anhörpersonen nach deren Stärkeverhältnis (§ 70 Abs. 2 GOBT). Die Fraktionen wünschen dann häufig die Anhörung solcher Sachverständiger, von denen sie (bis zu einem gewissen Grad) eine argumentative Unterstützung für ihre eigene Position erwarten. Entsprechende Interessen spielen auch bei der Auswahl der Verbände eine Rolle, doch ist der Spielraum des Ausschusses hier insofern eingeschränkt, als er bei bestimmten Themen an einer Reihe von Spitzenverbänden und Fachverbänden kaum vorbeigehen kann. Den Verbänden und Organisationen bleibt es weitgehend selbst überlassen, welche Repräsentanten sie entsenden, wobei deren Zahl in der Regel beschränkt ist (Erhebung der Bundestagsverwaltung, 1987).

Hat sich die Regierungsmehrheit auf einen Gesetzentwurf oder ein politisches Konzept einmal festgelegt, lässt sie sich in der Regel auch durch Kritik in öffentlichen Anhörungen allenfalls zu marginalen Änderungen bewegen. Unwägbarkeiten bleiben allerdings. Zu für die Regierung unangenehmen Überraschungen kann es vor allem bei kurzfristig und (mit der entsprechenden Klientel) unzulänglich abgestimmten Gesetzesvorhaben kommen. So wurde beispielsweise die 1986 im Rahmen der Sicherheitsgesetze vorgesehene »Kronzeugenregelung« von den Sachverständigen (auch der Juristen-Vereinigungen) fast einhellig abgelehnt (vgl. Helms 1997: 139 ff.). Gebietet die zu beurteilende Regelung nicht die Einladung von Verbänden des Wirtschafts- und Arbeitssystems, sondern von Juristen-Vereinigungen (z. B. Deutscher Richterbund), kulturellen Vereinigungen und Kirchen, Kommunal- und Wohlfahrtsverbänden, die sich nicht nur oder in erster Linie als Interessenvertreter verstehen, sind die Reaktionen weniger vorhersehbar.

Zu einer öffentlichen Anhörung werden in der Regel 6 bis 12 Sachverständige eingeladen, doch kann bei großen Reformvorhaben die Zahl der Anhörpersonen auch erheblich höher liegen (so z. B. bei der Anhörung zur Modernisierung der gesetzlichen Krankenversicherung vom 22. 9. 2003). Die Zahl der Verbandsvertreter überwiegt zumeist bei weitem. Der gezielten Informations- und Erkenntnisgewinnung eher hinderlich ist bei einer Reihe von Anhörungen insbesondere die große Zahl von Vertretern der Fachverbände der Wirtschaft (die schon auf der Ebene der Referate der Ministerien intensiv »einwirken«) (vgl. auch Weßels 1987). Mit Recht empfahl schon die Ad-hoc-Kommission Parlamentsreform 1985, die Zahl der Interessenvertreter zu verringern und stattdessen interessierte und sachkundige Bürger zu beteiligen (Bericht, BT-Drs. 10/3600, S. 14).

Durch öffentliche Befragung und »Konfrontation« von Interessenvertretern mit Sachverständigen erhalten Abgeordnete und die interessierte Öffentlichkeit immerhin die Möglichkeit, sich ein einigermaßen zutreffendes Bild über die Reaktionen der

Interessengruppen zu machen und offen zulegen, welche Interessen und Argumente unberücksichtigt geblieben sind (Weber 1981: 328).

Selbstverständlich hängt der Erfolg von Anhörungen auch von der sachlichen Vorbereitung der Abgeordneten und der »Querschnittsorientierung« der Ausschüsse ab. In der Regel sind mitberatende Ausschüsse beteiligt, hin und wieder führen zwei Ausschüsse eine Anhörung auch gemeinsam durch (vgl. Schindler 1999: 2124 ff.; Feldkamp 2011: 945 ff.). Zumal es meist um größere Themenkomplexe geht, sind neben den zuständigen Arbeitsgruppen- und Arbeitskreisvorsitzenden meist mehrere Spezialisten (Berichterstatter) jeder Fraktion befasst. Vorbereitet werden die Anhörungen von Arbeits- bzw. Berichterstatter-Gruppen der Ausschüsse und vor allem der Fraktionen, die ihre Informationskontakte nutzen. Vor- und Nachteile des spezialisierten Berichterstattersystems wirken sich selbstverständlich auch hier aus. Der Erfolg öffentlicher Anhörungen hängt auch davon ab, ob sich über den Kreis der zuständigen Spezialisten hinaus auch andere Abgeordnete (zumindest der beteiligten Ausschüsse) soweit vorbereiten, dass sie die Ausführungen der Auskunftspersonen kritisch abwägen können. Die organisatorische Vorbereitung liegt beim Ausschusssekretariat. In der Regel werden an die Anhörpersonen Fragen- und/oder Themenkataloge verschickt. Für die fachliche Vorbereitung ist wichtig, dass die Fragenkataloge rechtzeitig den Auskunftspersonen zugehen und deren schriftliche Stellungnahmen frühzeitig vorliegen (was oft nicht der Fall ist) (Ritzel/Bücker/Schreiner, Erl. zu § 70 GOBT). Alle Ausschussmitglieder erhalten die vorliegenden Stellungnahmen vor der Anhörung. Nur bei einem Teil der Anhörungen erhalten sie aber vom Ausschusssekretariat schon vorab angemessene Auswertungen der Stellungnahmen. Die Vorarbeit liegt somit weitgehend bei den Fraktionsmitarbeitern.

Fragen stellen bei den Anhörungen ganz überwiegend die Arbeitsgruppenvorsitzenden bzw. Sprecher und die Berichterstatter des federführenden Ausschusses. Diskussionen der Abgeordneten untereinander und auch Zwischenrufe sind unüblich. Die »Unmittelbarkeit des Vortrages und die Möglichkeit, aufkommende Fragen sofort klären zu können« (Schäfer 1982) ist ein Vorzug des Hearings. Der kritische Vergleich unterschiedlicher Positionen und Einschätzungen erleichtert die Urteilsbildung (Rausch 1981: 116 ff.), allerdings nur unter der Voraussetzung, dass die Abgeordneten Zeit und Engagement aufwenden (können), um sich damit intensiv auseinanderzusetzen. Zudem sind sie auf freiwillige Informationen angewiesen. Der Ablauf der öffentlichen Anhörungen wird vorab klar festgelegt und vom Vorsitzenden mitgeteilt, wobei die Ausschüsse unterschiedliche Traditionen ausgebildet haben. Wie viel Zeit den Abgeordneten für Fragen zur Verfügung steht und wie viele Fragen gestellt werden können, richtet sich nach der Fraktionsstärke. In einigen Ausschüssen wird unmittelbar mit der Befragung der Anhörpersonen begonnen. »Dabei gilt die ungeschriebene – nicht immer leicht einzuhaltende – Regel, Fragen zu vermeiden, deren Antworten auch den schriftlichen Stellungnahmen entnommen werden könnten« (Schöne 2010: 212). Bei den meisten öffentlichen Anhörungen erhalten die Interessenvertreter und Sachverständigen hingegen trotz zuvor abgegebener schriftlicher Stellungnahmen Gelegenheit zu kurzen Statements, die sich im Fall großer Anhörungen (auch bei knapper Redezeit) oft über Stunden erstrecken können und von weniger spezialisiert eingearbeiteten Zuhörern hohe Konzentration erfordern. Politiker und Publikum fühlen sich durch die Beiträge der als Sachverständige geladenen Wissenschaftler einerseits oft fachlich überfordert, andererseits vermissen sie häufig entscheidungsrelevante Impulse. Dies liegt wohl auch daran, dass für Wissenschaftler nicht selten die Bestätigung einmal vertretener Hypothesen bzw. ihr fachwissenschaftliches Renommee Vorrang vor den Erfordernissen wissenschaftlicher Politikberatung hat. Anstatt die für Entscheidungsalternativen wirklich bedeutsamen Fakten vorzutragen und zu gewichten, verlieren sie sich zuweilen in fachlichen Einzelfragen, die der politischen Erkenntnisgewinnung wenig dienen. Zumindest fachlich weniger eingearbeitete Abgeordnete, befinden sich dann angesichts einer Vielzahl teils widersprüchlicher, teils konzeptionell schwer einzuordnender Fachinformationen in einem Zustand gesteigerter Orientierungslosigkeit. Sie bleiben darauf angewiesen, sich auf das Urteil ihrer Meinungsführer in der Fraktion (und Regierung) zu verlassen. Am Thema »Waldsterben« wurde dieses Problem in den 1980er Jahren exemplarisch sichtbar: Politiker können und dürfen aber nicht erst dann handeln, wenn »letzte Sicherheit« besteht, welchen Anteil die als umweltbelastend erkannten Substanzen haben.

Neben zahlreichen internen Informations- und Fachgesprächen der Arbeitsgruppen und Berichterstatter mit Sachverständigen und Verbandsexperten führen die Fraktionen auch selbst öffentliche Anhörungen (sowie Kongresse) durch, in größerem Umfang allerdings nur die Oppositionsparteien. Diese teilweise ebenfalls »Hearings« genannten Veranstaltungen haben sich für die Oppositionsfraktionen (inzwischen) zu einem häufig genutzten Mittel der Informations- und Erkenntnisgewinnung und der öffentlichkeitswirksamen Kontrolle entwickelt. So veranstaltete die SPD-Fraktion in der 10. Wahlperiode (1983–87) etwa 30 bis 40 Hearings, die Fraktion DIE GRÜNEN etwa doppelt so viele (hierzu Ismayr 1992: 485 ff.).

Ähnlich vielfältig wie auf der Ebene der Fachausschüsse sind auch Anlässe und thematisches Spektrum der Fraktions-Anhörungen und Foren. Sie bieten sich für eine Oppositionsfraktion besonders dann an, wenn sie sich frühzeitig die für ihre Willensbildung wichtigen Informationen über Sachalternativen verschaffen will. Eine zentrale Aufgabe der Fraktionsanhörungen wird – über die Wissens- und Erfahrungsvermittlung für die Fraktion und Partei hinaus – darin gesehen, ein öffentliches Forum für jene Gruppierungen und Positionen zu bilden, die von Parlament und Medien wenig beachtet werden. Um Bewusstsein in der Gesamtfraktion für wichtige Probleme zu schaffen und den Kontakt zu Initiativen etc. zu beleben, werden Anhörungen auch von Fraktionsgruppierungen durchgeführt und in Fraktionsschwerpunktsitzungen eingebaut.

7.20   Enquete-Kommissionen

Ist der Bundestag strukturell in der Lage, sich kompetent mit längerfristigen Quer-
schnittsproblemen zu befassen und Gestaltungsalternativen zu entwickeln? Vermag
er insbesondere auch angesichts neuer technologie- und umweltpolitischer Herausforderungen die Weichen zu stellen? Welchen Beitrag können hier Enquete-Kommissionen leisten, die seit 1969 zur Vorbereitung von Entscheidungen über umfangreiche
und bedeutsame Sachkomplexe eingesetzt werden können?

Neben einer Verbesserung der Gesetzgebungsarbeit und Kontrolle wird zunehmend auch die Bedeutung von Enquete-Kommissionen für die Stärkung der Kom-
munikations- und Repräsentationsfunktion des Parlaments gesehen.

Insgesamt wurden bisher 36 Enquete-Kommissionen eingerichtet, die sich mit
24 Themenkomplexen befassten. In mehreren Fällen wurde in der folgenden Wahlperiode erneut eine Enquete-Kommission zum gleichen Themenkomplex eingerichtet, weil die Arbeit noch nicht abgeschlossen war oder mit erweiterter Thematik fortgeführt werden sollte (Stand: 2011). Waren es bis zur 10. Wahlperiode (1980–83) zwei
oder drei Enquete-Kommissionen, kamen in den vier folgenden Wahlperioden jeweils vier oder fünf zustande – ein Trend, der sich nach der verkürzten 15. Wahlperiode und dem Bundestag der Großen Koalition auch wieder fortsetzten könnte.
Thematischer Schwerpunkt waren seit Ende der 1970er Jahre neue Technologien und
ihre ökonomischen, sozialen und ökologischen Folgen (vgl. Vierecke 1994). Von den
29 seit Ende der 1970er Jahre eingesetzten Enquete-Kommissionen hatten 13 primär
technikbezogene Aufgabenstellungen, doch wird dieses Beratungsinstrument des
Parlaments nach wie vor auch für andere Themenkomplexe genutzt (vgl. Tabelle 7.16).
Alle Kommissionen waren bisher mit umfangreichen und bedeutsamen Sachkomple-
xen befasst, wie die Geschäftsordnung dies vorsieht.

Der Bundestag ist zur Einsetzung von Enquete-Kommissionen verpflichtet, wenn
ein Viertel seiner Mitglieder dies verlangt (§ 56 Abs. 1 GOBT). (Eine kleine Fraktion
ist somit auf Unterstützung aus anderen Fraktionen angewiesen.) Obwohl nicht erforderlich, wurden auch in diesen Fällen Plenarbeschlüsse herbeigeführt. Sie wurden fast immer mit großer Mehrheit gefasst, nachdem mitunter in einem mühsamen
Aushandlungsprozess ein Kompromiss über den Auftrag der Kommission erreicht
wurde. Gegen den ausdrücklichen Willen der Mehrheit wurde bisher nur eine einzige Enquete-Kommission durchgesetzt, die von der SPD-Opposition beantragte Enquete-Kommission »Strukturreform der gesetzlichen Krankenversicherung« (PlPr
11/16/4.6.1987). Denn ohne hinreichende Bereitschaft auch anderer Fraktionen zur
konstruktiven Mitarbeit können Enquete-Kommissionen ihre spezifischen Arbeits-
und Wirkungsmöglichkeiten kaum entfalten.

7.20.1 Aufgaben und Zielsetzungen

Aufgabe von Enquete-Kommissionen ist es, Bestandsaufnahmen über Auswirkungen technischer und ökonomischer Entwicklungen sowie rechtlicher und politischer Maßnahmen vorzunehmen, künftige Regelungs- und Entwicklungsmöglichkeiten aufzuzeigen und Empfehlungen für politische Entscheidungen zu erarbeiten (§ 56 GOBT). Diese in der Beschlussempfehlung des entsprechenden Ausschusses bzw. im Einsetzungsantrag formulierte allgemeine Aufgabenbestimmung wird regelmäßig ergänzt durch einen Katalog genauer umrissener Arbeitsaufträge, die allerdings keinen abschließenden Charakter haben (vgl. Schindler 1999: 2270 ff.; Feldkamp 2010: 1087 ff.). So umfasst der Arbeitsauftrag der Enquete-Kommission »Wachstum, Wohlstand, Lebensqualität – Wege zu nachhaltigem Wirtschaften und gesellschaftlichem Fortschritt in der Sozialen Marktwirtschaft« (BT-Drs. 17/3853) einen in sechs Schwerpunktbereiche mit jeweils mehreren Einzelaufträgen untergliederten Katalog im Umfang von drei Druckseiten. Ähnlich umfangreich waren auch die Arbeitsaufträge mehrerer weiterer Enquete-Kommissionen seit der 13. Wahlperiode (z. B. BT-Drs. 14/2687; 17/950). Die Aufgabenstellungen sind nach und nach präziser geworden, lassen aber der jeweiligen Kommission noch genügend Spielraum, Schwerpunkte zu bilden und inhaltlich Akzente zu setzen. Dies ist auch erforderlich, geht es doch im Unterschied zu herkömmlichen Untersuchungsausschüssen nicht primär um die Aufklärung »abgeschlossener« Sachverhalte, sondern darum, komplexe Entwicklungen zu erfassen und zukunftsgerichtete Gestaltungsvorschläge zu erarbeiten. Die Kommissionen selbst entwickeln auf der Grundlage dieser Vorgaben ein genaueres Arbeitsprogramm. Dem abschließenden Bericht können auch Zwischenberichte vorausgehen, was öfter der Fall ist. Enquete-Kommissionen können auch an laufenden Gesetzgebungsverfahren des Bundestages durch Erbringung von Beratungshilfen und gutachtlichen Stellungnahmen beteiligt werden. Aus Anlass von Einsetzungsanträgen, die eine solche Beteiligung vorsahen (BT-Drs. 14/2351 und 14/3011), hat der Geschäftsordnungsausschuss des Bundestages im März und Dezember 2000 seither geltende Auslegungsentscheidungen getroffen (hierzu Ritzel/Bücker/Schreiner, Erl. zu § 56 GOBT).

Enquete-Kommissionen sind nach Zusammensetzung, Kompetenz und Funktion Ausschüsse besonderer Art. Hier arbeiten Wissenschaftler und andere Sachverständige (Verbandsvertreter) gleichberechtigt mit Abgeordneten zusammen. Dies gilt für die Beratungen (Antragsrecht, Sondervoten) wie auch für die Abstimmungen.

Enquete-Kommissionen sind als die wohl intensivste Form direkter Politikberatung angelegt, die es auf Bundesebene gibt (Thienen 1987: 87; Altenhof 2002: 54 ff.). Ein unmittelbarer Informations- und Gedankenaustausch wird ermöglicht, wechselseitige kommunikative Lernprozesse können in Gang gesetzt werden – und zwar nicht nur ad hoc, sondern über einen längeren Zeitraum hinweg.

Tabelle 7.16 Enquete-Kommissionen des Deutschen Bundestages

	Enquete-Kommission	Antragsteller	Einsetzungstermin/Sitzung des Bundestages	Mitglieder (MdBs; Sachverständige)	Vorsitzender	Bericht der Kommission
6. WP	Auswärtige Kulturpolitik	1) CDU/CSU 2) Auswärtiger Ausschuss	18. März 1970 39. Sitzung	5:4	B. Martin (CDU/CSU)	VI/3825 (Z)
	Fragen der Verfassungsreform	1) C. O. Lenz und CDU/CSU 2) SPD, FDP 3) Rechtsausschuss	8. Oktober 1970 70. Sitzung	7:12[b]	F. Schäfer (SPD)	VI/3829 (Z)
7. WP	Auswärtige Kulturpolitik	interfraktionell CDU/CSU, SPD, FDP	22. Februar 1973 17. Sitzung	5:5	B. Martin (CDU/CSU) M. Schulze-Vorberg (CDU/CSU)	7/4121
	Verfassungsreform	interfraktionell CDU/CSU, SPD, FDP	22. Februar 1973 17. Sitzung	7:14[b]	F. Schäfer (SPD)	7/5924
	Frau und Gesellschaft	1) CDU/CSU 2) JFG-Ausschuss[c]	8. November 1973 64. Sitzung	5:5	H. Timm (CDU/CSU)	7/5866 (Z)
8. WP	Frau und Gesellschaft	interfraktionell CDU/CSU, SPD, FDP	5. Mai 1977 25. Sitzung	5:5	U. Schleicher (CDU/CSU)	8/4461
	Zukünftige Kernenergiepolitik	1) SPD, FDP 2) CDU/CSU 3) FT-Ausschuss[d]	29. März 1979 145. Sitzung	7:8	R. Ueberhorst (SPD)	8/4341
9. WP	Neue Informations- und Kommunikationstechniken	1) SPD, FDP 2) Innenausschuss	9. April 1981 31. Sitzung	9:7	C. Schwarz-Schilling (CDU/CSU)	9/2442 (Z)
	Jugendprotest im demokratischen Staat	1) SPD, FDP 2) FJG-Ausschuss[e]	26. Mai 1981 38. Sitzung	7:5	M. Wissmann (CDU/CSU)	9/1607 (Z) 9/2390
	Zukünftige Kernenergiepolitik	SPD, FDP	26. Mai 1981 38. Sitzung	7:8	H. B. Schäfer (SPD)	9/2001 (Z) 9/2130 (Z) 9/2438[f]
10. WP	Chancen und Risiken der Gentechnologie	1) SPD 2) DIE GRÜNEN 3) FT-Ausschuss[d]	29. Juni 1984 78. Sitzung	9:8	W.-M. Catenhusen (SPD)	10/6775
	Einschätzung und Bewertung von Technikfolgen; Gestaltung von Rahmenbedingungen der technischen Entwicklung	1) CDU/CSU, FDP, DIE GRÜNEN 2) SPD 3) FT-Ausschuss[d]	14. März 1985 126. Sitzung	9:8	J. Bugl (CDU/CSU)	10/5844 10/6801 (Z)

	Enquete-Kommission	Antragsteller	Einsetzungstermin/Sitzung des Bundestages	Mitglieder (MdBs; Sachverständige)	Vorsitzender	Bericht der Kommission
11. WP	Gefahren von AIDS und wirksame Wege zu ihrer Eindämmung	1) SPD 2) CDU/CSU, FDP 3) DIE GRÜNEN 4) JFFG-Ausschuss[g]	8. Mai 1987 11. Sitzung	9:8	H.-P. Voigt (CDU/CSU)	11/2495 (Z) 11/7200
	Strukturreform der gesetzlichen Krankenversicherung	1) SPD 2) DIE GRÜNEN	4. Juni 1987 16. Sitzung	9:9	K. Kirschner (SPD)	11/3267 (Z) 11/6380
	Vorsorge zum Schutz der Erdatmosphäre	1) CDU/CSU, FDP 2) DIE GRÜNEN 3) UNR-Ausschuss[h]	16. Oktober 1987 34. Sitzung	11:9[j]	B. Schmidbauer (CDU/CSU)	11/3246 11/7220 11/8030
	Gestaltung der technischen Entwicklung; Technikfolgenabschätzung und -Bewertung	1) DIE GRÜNEN 2) SPD 3) FDP 4) FT-Ausschuss[d]	5. November 1987 36. Sitzung	9:8	J. Rüttgers (CDU/CSU)	11/4606 11/4607
	Zukünftige Bildungspolitik – Bildung 2000	1) SPD 2) DIE GRÜNEN 3) BW-Ausschuss[j]	9. Dezember 1987 48. Sitzung	9:8	E. Kuhlwein (SPD)	11/5349 (Z) 11/7820
12. WP	Schutz der Erdatmosphäre	1) CDU/CSU, FDP 2) CDU/CSU, SPD, FDP B'90/GRÜNE	25. April 1991 23. Sitzung	13:13[k]	K. Lippold (CDU/CSU)	12/2400 (Z) 12/8300 (Z) 12/8359 (Z) 12/8600
	Schutz des Menschen und der Umwelt – Bewertungskriterien und Perspektiven für umweltverträgliche Stoffkreisläufe in der Industriegesellschaft	1) SPD 2) UNR-Ausschuss[h]	14. Februar 1992 77. Sitzung	13:13[l]	E. Schwanhold (SPD)	12/5812 (Z) 12/8260
	Aufarbeitung von Geschichte und Folgen der SED-Diktatur	1) SPD 2) B'90/GRÜNE 3) CDU/CSU, FDP 4) CDU/CSU, SPD, FDP	12. März 1992 82. Sitzung	16:11	R. Eppelmann (CDU/CSU)	12/7820
	Demographischer Wandel – Herausforderungen unserer älter werdenden Gesellschaft an den einzelnen und die Politik	1) SPD 2) CDU/CSU, FDP	16. Dezember 1992 114. Sitzung	16:11	A. Fuchs (SPD)	12/7876 (Z)

Tabelle 7.16 Enquete-Kommissionen des Deutschen Bundestages (Fortsetzung)

	Enquete-Kommission	Antragsteller	Einsetzungstermin/Sitzung des Bundestages	Mitglieder (MdBs; Sachverständige)	Vorsitzender	Bericht der Kommission
13. WP	Schutz des Menschen und der Umwelt – Ziele und Rahmenbedingungen einer nachhaltigen zukunftsträchtigen Entwicklung	CDU/CSU, SPD, B'90/GRÜNE, FDP	1. Juni 1995 41. Sitzung	11:11[m]	E. Schwanhold (SPD) M. Caspers-Merk (SPD)	13/7400 (Z) 13/11200
	Demographischer Wandel – Herausforderungen unserer älter werdenden Gesellschaft an den einzelnen und die Politik	CDU/CSU, SPD, B'90/GRÜNE, FDP	1. Juni 1995 41. Sitzung	11:11[m]	W. Link (CDU/CSU)	13/1146 (Z)
	Überwindung der Folgen der SED-Diktatur im Prozess der deutschen Einheit	1) CDU/CSU, B'90/GRÜNE, FDP 2) SPD 3) WIG-Ausschuss[n]	22. Juni 1995 44. Sitzung	11:11[m]	R. Eppelmann (CDU/CSU)	13/8700 (Z) 13/11000
	Zukunft der Medien	1) SPD, B'90/GRÜNE 2) PDS 3) CDU/CSU, FDP 4) WIG-Ausschuss[n]	7. Dezember 1995 77. Sitzung	11:11[m]	S. Mosdorf (SPD)	13/6000 (Z) 13/8110 (Z) 13/11001
	Sogenannte Sekten und Psychogruppen	1) SPD 2) WIG-Ausschuss[n]	9. Mai 1996 104. Sitzung	11:11[m]	O. Schätzle (CDU/CSU)	13/8170 (Z) 13/10950
14. WP	Globalisierung der Weltwirtschaft - Herausforderungen und Antworten	SPD, CDU/CSU, B'90/GRÜNE, FDP	15. Dezember 1999 78. Sitzung	13:13	E. v. Weizsäcker (SPD)	14/6910 (Z) 14/9200
	Zukunft des Bürgerschaftlichen Engagements	SPD, CDU/CSU, B'90/GRÜNE, FDP	15. Dezember 1999 78. Sitzung	11:11	M. Bürsch (SPD)	14/8900
	Demographischer Wandel – Herausforderungen unserer älter werdenden Gesellschaft an den einzelnen und die Politik	SPD, CDU/CSU, B'90/GRÜNE, FDP	16. Dezember 1999 79. Sitzung	11:11	W. Link (CDU/CSU)	14/8800
	Nachhaltige Energieversorgung unter den Bedingungen der Globalisierung und der Liberalisierung	SPD, CDU/CSU, B'90/GRÜNE, FDP	17. Februar 2000 87. Sitzung	13:13	K.-D. Grill (CDU/CSU)	14/7509 (Z) 14/9400
	Recht und Ethik der modernen Medizin	SPD, CDU/CSU, B'90/GRÜNE, FDP	24. März 2000 96. Sitzung	13:13	M. v. Renesse (SPD)	14/5157 (Z) 14/7546 (Z) 14/9020 (Z)
15. WP	Ethik und Recht der modernen Medizin	SPD, CDU/CSU, B'90/GRÜNE	20. Februar 2003 28. Sitzung	13:13	R. Röspel (SPD)	15/3700 (Z) 15/5050 (Z) 15/5858 (Z) 15/5980
	Kultur in Deutschland	SPD, CDU/CSU, B'90/GRÜNE, FDP	3. Juli 2003 56. Sitzung	11:11	G. Connemann (CDU/CSU)	15/5560 (Z)

Enquete-Kommission	Antragsteller	Einsetzungstermin/Sitzung des Bundestages	Mitglieder (MdBs; Sachverständige)	Vorsitzender	Bericht der Kommission
16. WP Kultur in Deutschland	CDU/CSU, SPD, FDP, LINKE, B'90/GRÜNE	15. Dezember 2005 8. Sitzung	11:11	G. Connemann (CDU/CSU)	16/7000
17. WP Internet und digitale Gesellschaft	CDU/CSU, SPD, FDP, B'90/GRÜNE	4. März 2010 27. Sitzung	17:17	A. E. Fischer (CDU/CSU)	
Wachstum, Wohlstand, Lebensqualität – Wege zu nachhaltigem Wirtschaften und gesellschaftlichem Fortschritt in der Sozialen Marktwirtschaft	CDU/CSU, SPD, FDP, B'90/GRÜNE	1. Dezember 2010 77. Sitzung	17:17	D. Kolbe (SPD)	

a Nummer der Bundestagsdrucksache; (Z) = Zwischenbericht

b davon sieben vom Bundesrat benannte Ländervertreter

c Ausschuss für Jugend, Familie und Gesundheit

d Ausschuss für Forschung und Technologie

e Ausschuss für Familie, Jugend und Gesundheit

f Bericht über Stand der Arbeit

g Ausschuss für Jugend, Familie, Frauen und Gesundheit

h Ausschuss für Umwelt, Naturschutz und Reaktorsicherheit

i ab 7. Dezember 1988 elf Sachverständige

j Ausschuss für Bildung und Wissenschaft

k Hinzu kommt von den Gruppen der PDS/LL und B'90/GRÜNE jeweils ein Abgeordneter als nichtstimmberechtigte Mitglieder

l Hinzu kommen von den Gruppen der PDS/LL und B'90/GRÜNE jeweils ein Abgeordneter und ein von ihnen ernannter Sachverständiger als nichtstimmberechtigte Mitglieder

m Hinzu kommen von der Gruppe der PDS ein Abgeordneter und ein von ihr ernannter Sachverständiger als nichtstimmberechtigte Mitglieder

n Ausschuss für Wahlprüfung, Immunität und Geschäftsordnung

Quelle: Schindler 1999: 2252 ff.; Feldkamp 2011: 1069 ff.; eigene Ergänzungen.

7.20.2 Zusammensetzung, Ausstattung und Kompetenzen

Die Stärke der Kommissionen und die Zahl von Abgeordneten und Sachverständigen wird jeweils von den Fraktionen ausgehandelt und – meist aufgrund einer Beschlussempfehlung des federführenden Ausschusses – vom Plenum festgelegt. Die Anzahl der Kommissionsmitglieder liegt seit der 10. Wahlperiode stets bei mindestens 17. Von wenigen Ausnahmen abgesehen (Verfassungsreform, Kernenergiepolitik) wurden die Kommissionen entweder paritätisch besetzt – so durchweg seit der 13. Wahlperiode – oder es überwogen knapp die Parlamentarier.

Die Fraktionen können aushandeln, welche Sachverständigen berufen werden sollen, doch wird in der Praxis häufig entsprechend der Ausnahmeregelung der Geschäftsordnung verfahren (§ 56 Abs. 2 Satz 2). Demnach »benennen die Fraktionen die Mitglieder im Verhältnis ihrer Stärke« und nutzen – besonders bei politisch brisanteren Themen – die Möglichkeit, der eigenen politischen Position nahestehende Sachverständige auszuwählen. Als Sachverständige werden überwiegend Wissenschaftler berufen, doch gehörten den meisten Kommissionen auch Verbandsexperten an. Werden sie als »Lobbyisten« empfunden, so z. B. der Vorwurf der SPD-Opposition gegenüber dem Vorstandsmitglied der Daimler-Benz AG in der 2. Enquete-Kommission »Schutz der Erdatmosphäre«, kann dies die Kommissionsarbeit erheblich beeinträchtigen (PlPr 12/243, S. 21659). Bei den Wissenschaftlern ist der Grad der Unabhängigkeit unterschiedlich. Gerade ihre Nähe zu bestimmten Großverbänden und Wirtschaftsinteressen kann den Ausschlag dafür gegeben haben, dass sie von einer Fraktion benannt worden sind.

Den Vorsitz der ersten Kommission einer Wahlperiode erhält ein Abgeordneter der größten Fraktion, die anderen Fraktionen werden entsprechend ihrer Stärke bei weiteren Kommissionen berücksichtigt. Dass der Vorsitz einer Enquete-Kommission an Abgeordnete vergeben wird, entspricht ständiger Übung und ist pragmatisch und rechtlich begründet. Abgeordnete verfügen über die notwendigen Kontakte und Kenntnisse der Entscheidungsstrukturen des Bundestages und nur sie können als Vorsitzende stellvertretend für den Bundestagspräsidenten das Hausrecht ausüben (Heyer/Liening 2004: 14 f.).

Grundsätzlich sind Enquete-Kommissionen ein geeignetes Instrument, um unabhängig von der »Exekutive« Wissensgrundlagen und Handlungsalternativen zu erarbeiten. Ob und inwieweit dies gelingt, hängt insbesondere von der Zusammensetzung, der politischen Konstellation und Interessenlage, aber auch von der personellen und sächlichen Ausstattung ab.

Durch fundierte Kenntnisse auf einem Spezialgebiet empfehlen sich Wissenschaftler noch nicht hinreichend für die Kommissionstätigkeit. Umfang und Komplexität der Thematik fordern darüber hinaus umfassenderes Zusammenhangwissen, (politisches) Problembewusstsein und Lernfähigkeit. Detailinformationen lassen sich auch auf anderem Wege beschaffen. Diese Voraussetzungen werden bei der Auswahl nicht immer hinreichend beachtet.

Um ihren – meist höchst anspruchsvollen – Auftrag in angemessener Zeit bewältigen zu können, benötigen Enquete-Kommissionen ein gut ausgestattetes Sekretariat. Seit der 13. Wahlperiode wurde die Zahl der wissenschaftlichen Mitarbeiter für alle Kommissionen auf fünf festgelegt (BT-Drs. 13/1762). Leitung und administrative Aufgaben der Sekretariate werden von Mitarbeitern der Bundestagsverwaltung wahrgenommen (vgl. Hoffmann-Riem/Ramcke 1989: 1269 f.; Altenhof 2002: 238 ff.).

Mit dem eigenen Wissensstand und Erfahrungshorizont ihrer Mitglieder allein können sich Enquete-Kommissionen nicht zufrieden geben. Vielfältige, teils traditionelle, teils neue Wege der Informationsgewinnung werden eingeschlagen; die ganze Palette herkömmlicher Formen der Politikberatung gehört dazu. Es werden »externe« Gutachten von wissenschaftlichen Instituten bestellt, Stellungnahmen von Behörden, Einzelpersonen, Unternehmen und betroffenen Personenkreisen eingeholt, interne und öffentliche Anhörungen mit Wissenschaftlern, Verbandsvertretern, Regierungsvertretern und betroffenen Gruppen durchgeführt. Oft werden auch Erkundungen »vor Ort« im In- und Ausland vorgenommen. Die Akzente können hierbei eher bei der Informationsgewinnung oder der Mitwirkung an einem öffentlichen Kommunikationsprozess liegen. Dies hängt wesentlich vom Thema, aber auch vom Selbstverständnis der Kommission ab. Expertenanhörungen und die Bestellung von Gutachten können dazu dienen, erforderliche Spezialkenntnisse zu gewinnen oder auch alternative Konzepte und Szenarien zu erarbeiten (»Parallelgutachten«). So hat beispielsweise die Enquete-Kommission »Schutz der Erdatmosphäre« (1992–94) 24 Anhörungen mit annähernd 500 Wissenschaftlern, Regierungs- und Verbandsvertretern durchgeführt, 35 Einzelstudien vergeben und Informationsreisen in zehn asiatische und amerikanische Staaten durchgeführt (BT-Drs. 12/8600, S. 16 f.; vgl. BT-Drs. 14/8900). Um die Arbeitsfülle bewältigen zu können und das Kommissionsplenum nicht mit Spezialfragen zu überlasten, haben bisher alle Enquete-Kommissionen mehrere Arbeitsgruppen oder auch (bis zur 9. Wahlperiode) Unterkommissionen gebildet (vgl. auch Altenhof 2002: 220 ff.). Bei manchen Themen könnte es auch sinnvoll sein, durch »Planungszellen« parallel Bürgergutachten erarbeiten zu lassen (Dienel 2002).

Nach wie vor ist der rechtliche Status von Enquete-Kommissionen umstritten, nachdem in der »Gemeinsamen Verfassungskommission« 1993 die von den SPD-Mitgliedern beantragte Verfassungsregelung nicht die erforderliche Zweidrittelmehrheit fand (vgl. Batt 1996). Ihre Befugnisse sind nicht gesichert. Artikel 44 des Grundgesetzes (Untersuchungsausschüsse) können sie nach herrschender Rechtsauffassung nicht zugeordnet werden, da ihnen auch Sachverständige angehören. Umstritten ist auch die Anwendbarkeit von Art. 43 GG (Zitierung und Zutritt von Regierungsmitgliedern). Die Bundesregierung hat das Zitierrecht bisher nicht ausdrücklich aner-

kannt. Gewiss: Sie hat sich auch bisher offensichtlich dem Auskunftsverlangen der
Kommissionsmehrheit formell nicht widersetzt und auch ihre Vertreter bei Sitzungen von Enquete-Kommissionen teilnehmen lassen. Die Qualität dieser Auskünfte
ist aber recht unterschiedlich. Ähnlich wie bei Fachausschüssen werden Informationen – je nach Interessenlage der Ministerien – zum Teil selektiv gegeben (Ismayr
1992: 207 ff.).

   Auch wenn Auskunftsansprüche nach Art. 43 Abs. 1 GG ausdrücklich anerkannt
würden, reichte dies in keiner Weise aus, zumal Informationsansprüche gegenüber
Behörden und Privatpersonen nicht abgedeckt wären. Um ihrer anspruchsvollen
Aufgabe (einigermaßen) gerecht werden zu können, müssten Enquete-Kommissionen ähnliche Auskunfts- und Kontrollrechte wie Untersuchungs- und Petitionsausschüssen gesetzlich garantiert werden. Da es dabei um die Außenwirkung geht, können diese Rechte nicht durch die Geschäftsordnung des Bundestages, sondern nur
durch ein Verfahrensgesetz auf verfassungsrechtlicher Grundlage gesichert werden.
Die Enquete-Kommission »Verfassungsreform« hatte daher dringend empfohlen, in
einem neu einzufügenden Art. 44 GG Enquete-Kommissionen das Recht einzuräumen, »alle für ihren Auftrag erforderlichen Beweise zu erheben«, und in einem Verfahrensgesetz weitreichende Befugnisse – auch gegenüber »Privaten« – festzulegen
(Schlussbericht 1976: 138). Insbesondere sollten sie gegenüber Behörden Anspruch
auf Auslieferung von Akten und Urkunden und auf schriftliche und mündliche Auskünfte (auch bestimmter Bediensteter) haben. Um diese Befugnisse auch im Konfliktfall durchsetzen zu können, sollten ihnen wirksame Sanktionsmöglichkeiten
eingeräumt werden, gegenüber Dritten in modifizierter Form. Angesichts der Bedeutung von Unternehmens- und Verbandsaktivitäten für die gesellschaftliche Entwicklung hielt die Enquete-Kommission Verfassungsreform es für zwingend erforderlich, Enquete-Kommissionen mit entsprechenden Befugnissen auch gegenüber
Privatpersonen und Gesellschaften auszustatten (Schlussbericht 1976: 136 ff.). Der
Anspruch auf Aktenvorlage und Auskunft gegenüber Privaten sollte sich auch auf Gegenstände beziehen, »die dem Berufs-, Steuer-, Bank-, oder Geschäftsgeheimnis unterliegen«. Andernfalls blieben diese Befugnisse in wichtigen Bereichen wirkungslos.
Zum Schutz von Individualrechten und um Missbrauch zu verhindern, sollte rechtlich gewährleistet werden, dass »solche Informationen nicht in der Form von Ein-
zelerkenntnissen über bestimmte Personen oder Wirtschaftsbetriebe in die Beratung
der Enquete-Kommission« eingeführt würden, »sondern nur in der Form von Zusammenfassungen, Statistiken und Übersichten« (Schlussbericht 1976: 141). So hatte
die Enquete-Kommission »Schutz der Erdatmosphäre I« keine Möglichkeit, ihre Forderung gegenüber der Industrie durchzusetzen, die sich weigerte, ihre Produktions-
bzw. Verkaufszahlen von Treibgas (FCKW) offenzulegen (BT-Drs. 11/3246, S. 47).
Aufgrund der fehlenden Befugnisse wurde in mehreren Fällen auf die Einsetzung zunächst vorgesehener Enquete-Kommissionen verzichtet (Rehfeld 1981: 255 f.).

   Wenn ein Befugnisgesetz bisher nicht erreichbar war, so einmal deshalb, weil die jeweilige parlamentarische Mehrheit offenbar der Ansicht war, dass die Stärkung dieses Instrumentes in erster Linie der Opposition zugute käme. Besonders gilt dies natürlich für die Ausgestaltung von Minderheitsrechten in Verfahrensfragen. Geht man allerdings von der bisherigen Praxis bei der Beantragung aus, zeigten sich die Regierungsparteien kaum weniger an diesem Gremium interessiert als die Opposition. Von den bisher 36 Enquete-Kommissionen wurden 17 interfraktionell (oder nahezu gemeinsam) beantragt, 13 zunächst von Oppositionsfraktionen und 6 von Regierungsfraktionen (Stand: 2011). Seit der 14. Wahlperiode (1998–2002) wurden alle Enquete-Kommissionen von Oppositions- und Regierungsfraktionen gemeinsam beantragt, wobei allerdings Die Linke mit einer Ausnahme fehlte und die FDP im Fall der 2003 eingesetzten Enquete-Kommission »Ethik und Recht der modernen Medizin« nicht dabei war.

Fast alle Einsetzungsbeschlüsse wurden mit großer Mehrheit gefasst, nachdem in einem mitunter mühsamen Aushandlungsprozess ein Kompromiss erreicht wurde. Bedingt ist dies oft durch die Vorlage weiterer Einsetzungsbeschlüsse, da keine Fraktion ein Interesse daran haben kann, dass zwei Kommissionen nebeneinander herarbeiten. Aber auch aufgrund fehlender Verfahrensrechte sehen sich die beantragenden Minderheiten veranlasst, sich auf Kompromisse bei der Ausgestaltung und Zielformulierung der Kommission einzulassen. Da es sich bisher jeweils um gesellschaftlich bedeutsame Themenkomplexe handelte, kann es sich andererseits die Koalition (ggf. auch die Opposition) nicht leisten, in der Öffentlichkeit den Eindruck zu erwecken, das Thema interessiere sie nicht.

Üblich ist, dass bei Vorlage mehrerer Anträge zunächst eine Ausschussüberweisung erfolgt und nach interfraktionellen Absprachen die Beschlussempfehlung des federführenden Ausschusses dann mit breiter Mehrheit angenommen wird.

Minderheitsrechte beziehen sich bisher nur auf die Einsetzung einer Enquete-Kommission. Im Verfahren selbst wird mit Mehrheit entschieden; die Minderheit ist auf deren Fairness angewiesen. Diese »Verfahrensherrschaft« der Mehrheit ist oft kritisiert worden. Minderheitsrechte in Verfahrensfragen, wie sie für Untersuchungsausschüsse teils gelten, teils gefordert werden, sollten ähnlich auch für Enquete-Kommissionen in einem Verfahrensgesetz verankert werden (vgl. Abschn. 7.13). Insbesondere müssten die angestrebten Informationsbefugnisse nicht nur der Kommission als ganzer, sondern einer Minderheit von einem Viertel oder Fünftel der Kommissionsmitglieder zustehen. Dies könnte dem Verfahren insgesamt zugute kommen, weil ergebnisorientiert arbeitende Abgeordnete der Regierungsfraktionen u. a. bei der Entscheidung über die Wahrnehmung von Informationsbefugnissen weniger in Gefahr gerieten, die Kommissionsarbeit der Koalitionsräson unterordnen zu müssen.

7.20.3 Arbeits- und Lernprozesse

Eine wichtige Voraussetzung für den Erfolg einer Enquete-Kommission ist, dass
Parteien und Regierung bei ihrer Einsetzung noch nicht eindeutig Position bezogen haben. So trat die Enquete-Kommission »Gentechnologie« zu einem Zeitpunkt
zusammen, als die Regierung(smehrheit) selbst noch unsicher war. Die offene Ent-
scheidungssituation ermöglichte eine relativ offene Diskussion. In der ersten Enquete-Kommission »Schutz der Erdatmosphäre« und auch in der Enquete-Kommission »Mensch und Umwelt« bewirkten schockierende Forschungsberichte über die
globalen Folgen von Umweltbelastungen eine produktive Zusammenarbeit; ihre
»großartigen« Leistungen wurden von beiden Seiten des Hauses hervorgehoben.
Die Mitglieder der Enquete-Kommission »Kultur in Deutschland« waren durch das
gemeinsame Interesse an Kulturförderung verbunden und beschlossen zahlreiche
Handlungsempfehlungen in weitgehendem Konsens (PlPr 16/133, S. 13867 ff.).

Zur inhaltlichen und taktischen Vorbereitung und Begleitung von Kommissions-
sitzungen werden auf Fraktionsebene Arbeitsgruppen eingerichtet, in denen nicht
nur Abgeordnete, sondern auch die »zugeordneten« Sachverständigen der Kommission sowie Vertreter nahestehender Organisationen und parteinahe Wissenschaftler
mitarbeiten (vgl. Kretschmer 1983: 262 f.). Sie tagen üblicherweise vor den Kommis-
sionssitzungen.

Wie in den Fachausschüssen wird zudem ein aus Abgeordneten bestehendes Ob-
leute-Gremium gebildet, dem neben dem Kommissionsvorsitzenden ein Obmann
(Obfrau) aus jeder Fraktion angehört. Üblicherweise nimmt dieses informelle Gremium eine Reihe von Kompetenzen, insbesondere geschäftsführender Art, wahr.
Formell haben die Beschlüsse und Vereinbarungen der Obleutebesprechung immer
nur vorbereitenden Charakter, doch wurde dessen faktische Rolle insbesondere von
Sachverständigen mitunter auch als zu einflussreich kritisiert (Heyer/Liening 2004:
15 f.; vgl. Kleinsteuber 2006: 405 f.).

Ihren spezifischen Beitrag im politischen System können Enquete-Kommissionen nur leisten, wenn sie (ungeachtet ihrer Einbindung in den parlamentarischen
Prozess) tendenziell diskurs- und problemlösungsorientiert arbeiten. Wie bisherige
Erfahrungen zeigen, ist dies auch bis zu einem gewissen Grad möglich, aber nur bei
bestimmten Bedingungskonstellationen.

Haben hingegen Regierungsmehrheit und Opposition(sfraktionen) bereits im
Vorfeld eindeutig Position bezogen, ist damit zu rechnen, dass der Spielraum für
die Erarbeitung und ernsthafte Erörterung konzeptioneller Alternativen relativ eng
ist (z. B. 2. EK »Schutz der Erdatmosphäre«; EK »Nachhaltige Energieversorgung«,
PlPr 14/249, S. 25288 ff.). Die Möglichkeit der von den Fraktionen benannten Sachverständigen, zu einer sachlich-diskursiven Auflockerung politisch fixierter Positionen beizutragen, ist unter solchen Voraussetzungen recht begrenzt. In dem Maße,
wie aufgrund parteipolitischer Festlegungen die Durchsetzung der Fraktions- bzw.

Regierungsposition und somit instrumentell-strategische Argumentations- und Verhaltensmuster auch für die Abgeordneten der Kommission verhaltensbestimmend werden, sehen sich auch die Sachverständigen »gezwungen«, Verbündete zu suchen. Ihre Wirkungschance hängt dann davon ab, ob und inwieweit sie sich inhaltlich und taktisch auf Vorabsprachen, das Schnüren von Verhandlungspaketen und Gegenleistungen in einem Prozess des Aushandelns einlassen (vgl. Hoffmann-Riem 1988: 72 ff.; Buntenbach 2003: 32 f.; Kleinsteuber 2006: 403 f.). Selbstverständlich begünstigt die regelmäßige Präsenz der Abgeordneten in Berlin (früher: Bonn) Vorabsprachen und gemeinsame Festlegungen. Wissenschaftler können unter solchen Bedingungen in Rollenkonflikte geraten; nicht so sehr, weil sie wert- und entscheidungsorientiert mitwirken, sondern insofern sie ihre Unabhängigkeit preisgeben. Dies ist insbesondere dann der Fall, wenn sich die Sachverständigen dafür hergeben oder vereinnahmen lassen, die (bereits vorab fixierte) Position »ihres« politischen Lagers wissenschaftlich abzustützen (Ueberhorst 1985: 385; Ismayr 1996a: 37 ff.). Die jeweilige politische Seite beruft sich dann in der Diskussion in erster Linie auf ihre jeweiligen Wissenschaftler.

Mitarbeit in einer Enquete-Kommission bedeutet für die beteiligten Sachverständigen immer auch, sich auf die parlamentarisch-parteipolitischen Arbeits- und Wirkungsbedingungen einzulassen. Dazu gehört, dass die beteiligten Abgeordneten eben unter Zeitdruck stehen und nur für wenige die Mitarbeit in einer Enquete-Kommission Priorität hat. Aktuelle Orientierungen und kurzfristiger Vorteilsgewinn des parlamentarischen Alltags können den längerfristig angelegten Auftrag der Enquete-Kommission überlagern. Grundsätzlich kritische Positionen oder ungewohnte Sichtweisen haben es schwerer, rezipiert zu werden als solche, die dem Vorverständnis der Parlamentarier entsprechen (Hoffmann-Riem 1988: 72 f.). Pragmatische Reduzierung ist die Folge. Mehr noch als bei Gutachten und Anhörungen werden Sachverständige »nicht nur nach den optimalen, sondern vielmehr nach den auch noch vertretbaren Sachargumenten gefragt« (Kretschmer 1983: 267).

Sachorientiertes Erarbeiten der Informationsgrundlagen und wechselseitiges Lernen fallen vornehmlich in die Anfangsphase. Allgemein hat sich gezeigt, »dass mit dem Näherrücken des Kommissionsgeschehens an politische Entscheidungsnotwendigkeiten tendenziell diese oftmals lange Zeit kognitiv ausgerichteten Kommunikationsprozesse zunehmend in politisch-positionelle übergeführt werden« (Thienen 1987: 87). Verstärkt wird diese Tendenz dadurch, dass die Abstimmungen über den Schlussbericht gegen Ende der Wahlperiode, also in Wahlkampfzeiten, erfolgen.

Das Bemühen um Konsens ist selbst bei solchen Enquete-Kommissionen ausgeprägt, deren Spielraum durch parteipolitische Richtungsvorgaben eingeengt ist. Der Konsens ist freilich kein »Wert an sich« und für eine Enquete-Kommission nur auf der Basis zunächst erarbeiteter und diskursiv freigelegter Wissensgrundlagen, normativer Positionen und möglichst auch alternativer Szenarien erstrebenswert. Wie die Erfahrung zeigt, kann Konsenssuche zur Unzeit auch dazu dienen, Probleme zu verbergen oder zu bagatellisieren, den Erkenntnishorizont einzuengen sowie Gestaltungsalternativen auszublenden (z. B. EK »Jugendprotest«; Böhr/Busch 1984: 87; Plöhn 1985).

Zu gegensätzlichen Voten kommt es vor allem dort, wo die Parteien bereits öffentlich Position bezogen haben. Ein markantes Beispiel sind die Abstimmungen über die unterschiedlichen Handlungsempfehlungen zum 2. Zwischenbericht und zum Schlussbericht der zweiten Enquete-Kommission »Schutz der Erdatmosphäre«, bei denen die Koalitions- und Oppositionsabgeordneten mit »ihren« Sachverständigen jeweils geschlossen abstimmten.

In Abstimmungen unterlegene Minderheiten haben häufig von der Möglichkeit Gebrauch gemacht, ihre Position in Sondervoten darzulegen, die in die Berichte mit aufgenommen wurden. Obwohl bis heute rechtlich nicht abgesichert, bilden sie seit Bestehen dieser Institution ein wirksames Druckmittel, um die Mehrheit zu Kompromissen zu bewegen. Zudem stellen sie ein wichtiges Mittel dar, um kontroverse Standpunkte und Sichtweisen öffentlich zu begründen und zur Diskussion zu stellen. In der Regel geht es um kontroverse Handlungsempfehlungen – während der Berichtteil meist einvernehmlich verabschiedet wird. Umfangreichere Sondervoten werden üblicherweise am Ende des Berichts platziert, kurze Passagen jeweils im Bericht in einer Fußnote vermerkt.

7.20.4 Parlamentarische Umsetzung und öffentliche Resonanz

Die aufgabenbedingte Sonderstellung und die nicht eben ausgeprägte Integration der Enquete-Kommissionen in die segmentierte, aktualitäts- und ressortbezogene Arbeitsorganisation von Parlament und Fraktionen erschwerte die Rezeption ihrer Arbeitsergebnisse und die Umsetzung ihrer Vorschläge. Neben den oft nur selektiv wahrgenommenen Berichten selbst bleibt eine Fülle ergiebigen Materials (Gutachten, Anhörungsprotokolle etc.) auf parlamentarischer Ebene oft weitgehend ungenutzt. Dies gilt selbst dann, wenn diese von der Kommission (nahezu) gemeinsam getragen werden. Selbst bei einmütig vorgeschlagenen Regelungen ist nach bisherigen Erfahrungen damit zu rechnen, dass sie von den Fraktionen ignoriert werden, wenn nicht im Verlauf der Kommissionsarbeit im Kontakt mit den zuständigen Ausschüssen und gegebenenfalls den Fraktionsführungen der »Mehrheit« erfolgreich um Unterstützung geworben wurde. Diese Aufgabe liegt insbesondere bei den die Kommissionsarbeit begleitenden Arbeitsgruppen der Fraktionen, sowie – ihrem Fachausschuss gegenüber – den einzelnen Kommissionsmitgliedern. Die laufende Beratung in den Parlaments- und Fraktionsgremien findet aber nur in bescheidenem Umfang statt; oft erfolgt sie »allenfalls durch den schriftlichen Kommissionsbericht« (Thienen 1987: 100; vgl. Altenhof 2002: 301 ff.).

Erschwert wird die Rezeption insbesondere durch zwei Faktoren: Einmal durch die »ressortübergreifende« längerfristige Themenstellung, zum anderen dadurch, dass die Tätigkeit der Kommission (und der korrespondierenden Arbeitsgruppen) auf die jeweilige Legislaturperiode begrenzt ist. Die zumeist erst am Ende der Wahlperiode vorgelegten Berichte können dann erst von Plenum und Fachausschüssen des neuen Bundestages (eingehender) beraten und in die gesetzgeberische Arbeit aufgenommen werden. Ob und mit welchem Einsatz dies geschieht, hängt u. a. von Themenkonjunkturen ab. Meist liegt es dann bei einzelnen, persönlich engagierten Abgeordneten, die Impulse weiterzutragen und sich für die Umsetzung einzusetzen. Die 1989 neu in die Geschäftsordnung aufgenommene Regelung, dass Enquete-Kommissionen ihre Berichte so rechtzeitig vorzulegen haben, »dass bis zum Ende der Wahlperiode eine Aussprache darüber im Bundestag stattfinden kann«, hat bisher wenig bewirkt (§ 56 Abs. 4).

Mit ihrer Aufgabe, durch konzeptionelle Bearbeitung komplexer, zukunftsprägender Problemlagen die Gestaltungs- und Kontrollkompetenz »des« Parlaments (und mithin der Opposition) zu stärken, sehen sich Enquete-Kommissionen ressort- und aktualitätsbezogen arbeitenden Parlaments- und Fraktionsgremien gegenüber, die auf längerfristige Querschnittsprobleme nicht im erforderlichen Maße eingestellt sind. Eine Sensibilisierung der Fachausschüsse für »Querschnittsprobleme« ist angesichts der »Zwänge« üblicher Sitzungswochen schwierig. Erfolgversprechender können aber Klausurtagungen der besonders betroffenen Ausschüsse unter Federführung der Enquete-Kommission und (möglichst) unter Beteiligung der Fraktionsführungen mit Anhörungen, Vorträgen, Symposien etc. sein. Dabei kommt es darauf an, dass Vermittlungsaktivitäten dieser Art nicht erst nach Vorlage von Kommissions-Berichten, sondern begleitend durchgeführt werden (Ulrich 1987: 22; Braß 1990: 85; Altenhof 2002: 320). Hier sind die entsprechenden Arbeitsgruppen und -kreise der Fraktionen und Parteien gefordert. Allerdings gibt es bei thematisch engagierten Kommissionsmitgliedern auch die nicht unbegründete Befürchtung, dass eine zu frühe Rückbindung u. U. die innovative Kraft einer Kommission hemmen und die Schrittmacherfunktion gefährden könnte. Es werde versucht, so die Einschätzung von Beteiligten, sich an die »Spitze der Bewegung zu setzen«, und die Fraktion »nach und nach darauf einzustimmen«. Welches Vorgehen erfolgversprechender ist, hängt von je spezifischen Bedingungen ab.

Die Wirkung von Enquete-Kommissionen lässt sich nicht nur an den »internen« Reaktionen des Bundestages ablesen. Einmal ist – von der wohl ambivalent zu beurteilenden – Situation auszugehen, dass sich die Ministerien das Wissen für ihre Argumentationen und Begründungen zunutze machen. Zum anderen ist die kommunikative, bewusstseinsbildende Funktion von Enquete-Kommissionen nicht zu unterschätzen: ihre stimulierende Wirkung auf die öffentliche Diskussion, die dazu beitragen kann, längerfristig die Aufmerksamkeit von Fachöffentlichkeiten (Wissenschaft, Verbände) und Massenmedien auf ein Thema zu lenken und ihrerseits Impulse der öffentlichen Kontroversen aufzunehmen. Davon können (längerfristig) Rückwirkungen auf die Enquete-Kommission selbst, aber auch auf die politischen Institutionen ausgehen.

Ob vornehmlich Wissenschaft und Fachöffentlichkeit angesprochen werden oder auch Massenmedien und breite Bevölkerungskreise hängt von den Themen und auch davon ab, inwieweit sich die Enquete-Kommissionen bereit zeigen, ihre Arbeit transparent zu machen, öffentlich in Lernprozesse einzutreten und Impulse von Bürgern und Initiativen aufzunehmen. Hierzu dienen Gespräche mit Betroffenen vor Ort, öffentliche Symposien und Anhörungen, breit gestreute Umfragen, benutzer- und medienfreundliche Publikationen von Berichten und Materialien sowie Öffentlichkeitsarbeit. Der immense Umfang der meisten Berichte und das teilweise Fehlen parlaments- und publikumsfreundlicher Zusammenfassungen erschweren die parlamentarische Umsetzung wie die öffentliche Rezeption.

Der Bundestag ist immer auch in seiner Kommunikationsfunktion angesprochen, ohne dass es dabei stets um den unmittelbaren Rückbezug zur Gestaltungs- und Gesetzgebungsaufgabe von Parlament und Regierung gehen muss (vgl. Empfehlungen in BT-Drs. 14/9200, S. 186 f.). Geht es doch auch darum, an exponierter Stelle mit dem Bewusstmachen von Problemlagen zur Fortentwicklung der demokratischen politischen Kultur beizutragen und im Gespräch mit betroffenen und engagierten Bürgern Verständnis dafür zu entwickeln, wo die Gestaltungschancen und Notwendigkeiten staatlicher Politik liegen und wo Verbände, Wirtschaft, Wissenschaft und Bürger Verantwortung tragen und herausgefordert sind, die Folgen ihres Handelns im Kontext vernetzter Problemlagen zu beurteilen (vgl. Beck 1988: 256 ff.).

7.21 Institutionalisierung der Technikfolgenabschätzung

Mit den Enquete-Kommissionen hat sich der Bundestag ein wichtiges Instrument geschaffen, um seine Gestaltungs-, Kontroll- und Kommunikationsfähigkeit zu verbessern. Nach bisherigen Erfahrungen reicht die Einsetzung von Enquete-Kommissionen allerdings nicht aus, um das Parlament in die Lage zu versetzen, *frühzeitig* die komplexen Folgen technischer Entwicklungen zu erkennen und beizeiten politische Handlungsoptionen zu entwickeln und umzusetzen. Insbesondere ihre zeitliche Befristung erschwert dies. Sie sind »ihrer Bestimmung nach prinzipiell ungeeignet, legislaturperiodenübergreifende technische Entwicklungsprozesse einem permanenten Analyse- und Bewertungsverfahren zu unterziehen« (Ulrich 1987: 21).

7.21.1 Konzeption und Entwicklung

Seit Anfang der 1970er Jahre wird (auch) in der Bundesrepublik die Diskussion über die Einrichtung einer ständigen Beratungskapazität für Technikfolgenabschätzung (TA) beim Bundestag geführt (Paschen/Petermann 2005b; Böhret/Franz 1988; Westphalen 1997; Ismayr 1992: 517 ff.; zum TA-Konzept Grunwald 2010). Sie wurde mitgeprägt durch Erfahrungen des 1972 gegründeten »Office of Technology Assessment« (OTA) beim amerikanischen Kongress, der allerdings 1996 seine Tätigkeit wegen fehlender Finanzierung einstellen musste (Büllingen 1987: 26 ff.; Bimber 1996). Einem Antrag der oppositionellen CDU/CSU-Fraktion zur Einrichtung eines »Amtes zur Bewertung technologischer Entwicklungen beim Deutschen Bundestag« (BT-Drs. 7/468/16. 4. 1973) waren eine Reihe weiterer Vorstöße gefolgt (Böhret/Franz 1986). Fast immer ging es dabei um eine (kleine) Lösung beim Bundestag. Die Initiativen gingen von der Opposition aus und scheiterten am Widerstand der Regierungsfraktionen, insbesondere deren Führungen.

In der 10. Wahlperiode (1985) konnten sich die Fraktionen immerhin auf die Einsetzung einer Enquete-Kommission »Einschätzung und Bewertung von Technikfolgen« einigen, die u. a. Vorschläge erarbeiten sollte, ob und gegebenenfalls in welcher Form »die Aufgabe der Abschätzung und Bewertung beim Deutschen Bundestag langfristig weitererfüllt werden kann« (BT-Drs. 10/2937). Hierzu legte sie überraschend einen von allen Kommissionsmitgliedern unterstützten Bericht vor, in dem sie dringend die alsbaldige Einrichtung einer ständigen Beratungskapazität zur vorausschauenden Analyse und Bewertung von Technikfolgen empfahl (BT-Drs. 10/5844/14. 7. 1986). Dabei hatte sie sich für eine »parlamentsinterne« Lösung entschieden, weil sie bessere Voraussetzungen für eine kontinuierliche Kommunikation und Kooperation zwischen Wissenschaft und Parlament, und damit die Umsetzung der Beratungsergebnisse biete. Sie hoffte, die Organisationsform für einen neuartigen TA-Prozess gefunden zu haben.

Die vorgeschlagene neuartige Organisationslösung sollte TA-Prozesse ermöglichen, die den Bedürfnissen und Aufgaben des Parlaments gerecht werden, den »Primat der Politik« sichern, aber auch eine »ausreichende operationale Autonomie der wissenschaftlichen Arbeit« gewährleisten (BT-Drs. 10/5844). Vorgesehen waren eine entsprechend den Regelungen für Enquete-Kommissionen zusammengesetzte »Kommission zur Abschätzung und Bewertung von Technikfolgen« und eine etwa 30 Wissenschaftler umfassende ständige »Wissenschaftliche Einheit«, deren Leiter im Rahmen der Vorgaben der Kommission »in hoher Selbständigkeit und alleiniger Verantwortung den wissenschaftlichen Beratungsprozess organisieren« sollte (BT-Drs. 10/5844). Das Arbeitsprogramm sollte von der Kommission in enger Absprache mit den Ausschüssen und dem Leiter der Wissenschaftlichen Einheit festgelegt werden. Außerdem waren Beiräte aus Abgeordneten der entsprechenden Ausschüsse und Vertretern betroffener und relevanter Gruppen (z. B. Verbände, Bürgerinitiativen) vorgesehen, welche die »Bearbeitung von einzelnen Programmfeldern konzeptionell und beratend begleiten« sollten. Sie sollten dazu beitragen, die Erkenntnisse des Beratungsprozesses in die Ausschüsse zu transferieren und Transparenz parlamentsintern, aber vor allem auch gegenüber der Öffentlichkeit herzustellen (BT-Drs. 10/5844, S. 21 f.; vgl. BT-Drs. 11/4606).

Die langjährige Diskussion über die Institutionalisierung einer ständigen Beratungskapazität für Technikfolgenabschätzung ist von der Erfahrung bestimmt, dass der Bundestag gegenüber dem Sachverstand der Ministerien, aber auch von Wirtschaft und Wissenschaft »ins Hintertreffen geraten« ist (BT-Drs. 10/5844).

Gegenüber einem engeren »technologiepolitischen« Kontrollanspruch wurde die Forderung nach einer eigenen TA-Beratungskapazität zunehmend mit der umfassenden Gestaltungsaufgabe des Bundestages begründet. Angesichts weitreichender ökologischer, ökonomischer und gesellschaftlicher Folgewirkungen neuer Technologien ist »die« Politik und in besonderer Weise das Parlament als höchstrangiges Verfassungsorgan herausgefordert, Verantwortung zu übernehmen (BT-Drs. 11/4806, S. 5 f.). Dabei geht es nicht darum, die Entwicklung (allseitig) durch Regulierungen im Detail zu »steuern«: Aufgabe des Parlaments ist es, im Dialog mit der Öffentlichkeit politisch Weichen zu stellen, die »Rahmenbedingungen des technisch-gesellschaftlichen Wandels langfristig mitzugestalten«. Die vorgeschlagenen Einrichtungen und Verfahren zur Technologiefolgenabschätzung und -bewertung sollen die Kompetenz des Bundestages stärken, sich kompetent mit technikbezogenen Querschnittsthemen zu befassen, ressortübergreifend und zukunftsorientiert Gestaltungskonzeptionen und -optionen zu entwickeln, die der Komplexität und den vielschichtigen Wirkungszusammenhängen so gut wie möglich gerecht werden (BT-Drs. 10/5844). Sie ist somit ein im Vergleich zur herkömmlichen Politikberatung äußerst anspruchsvolles Vorhaben. Ihrem Anspruch nach sollen sich deren Arbeiten deutlich von (technischen) Machbarkeits- und Risikostudien unterscheiden (BT-Drs. 10/5844, S. 10 f.; Büllingen 1987: 39).

Voraussetzung dieses TA-Konzeptes ist, dass Technikentwicklung nicht als eigendynamischer Prozess begriffen wird. Es gehe für das Parlament darum, politische Handlungsspielräume für die Gestaltung des technisch-gesellschaftlichen Wandels zu identifizieren und zu erweitern. Nicht nur um vorausschauende Technikkontrolle geht es dabei, sondern besonders auch um Anstöße wünschbarer Technikentwicklungen. Bei ihrem Institutionalisierungs-Vorschlag ließ sich die TA-Enquete-Kommission von der Einsicht leiten, dass ein umfassender, antizipierender und entscheidungsorientierter TA-Prozess a) als intensiver Kommunikations- und Interaktionszusammenhang zwischen Politik, Wissenschaft (Kommission, Ausschüsse) und Öffentlichkeit angelegt sein muss und b) eine dauerhafte, von Exekutive, Wirtschaft und organisierten Interessen möglichst unabhängige (wissenschaftliche) Beratungseinrichtung beim Bundestag erforderlich ist (BT-Drs. 10/5844, S. 16; Ulrich 1987: 24).

Selbstverständlich soll die TA-Einrichtung auf das vorhandene Netz von Forschungseinrichtungen zurückgreifen. Für die spezifischen Bedürfnisse des Parlaments müssten aber eigene wissenschaftliche Kapazitäten vorhanden sein, um »vorhandenes Wissen bündeln und aufbereiten sowie Untersuchungen der das Parlament interessierenden Probleme in die Wege leiten und aktiv ausgestalten« zu können (Thienen 1986: 356). Die Alternative zu einem Ausbau der eigenen Analysekapazität des Bundestages (bzw. der Fraktionen) ist, dass die Abgeordneten in zunehmendem Maße auf das selektive Informationsangebot von Ministerien, Wirtschaft und Verbänden angewiesen bleiben (Ulrich 1987: 22).

Im Unterschied zum klassisch-dezisionistischen Beratungsmodell einer (strikten) funktionalen Trennung von wissenschaftlicher Informationserstellung und politischer Auftragsvergabe und -bewertung wurde entsprechend dem »pragmatistischen« Modell davon ausgegangen, dass für TA-Prozesse politische Wert- und Zielsetzungen für die Erstellung von Informationen mit konstitutiv sind (Habermas 1970: 126 f.). »Der Vorschlag der Kommission strebt gerade durch die Verdichtung der Kommunikation zwischen Beratern und Beratenen an, die Chancen dafür zu erhöhen, dass wissenschaftlichen Problemwahrnehmungen und -definitionen in der Beratung Geltung verschafft werden kann« (Thienen 1986: 356 f.).

Die in der 11. Wahlperiode (1987) eingerichtete Enquete-Kommission Technikfolgen-Abschätzung und -bewertung sprach sich ebenfalls dafür aus, »zur Ergänzung und innovativen Weiterführung parlamentarischer Beratungsprozesse eine neue organisatorische Form von Technikfolgen-Abschätzung zu institutionalisieren« (BT-Drs. 11/4606: 17), konnte sich aber auf keinen Institutionalisierungs-Vorschlag einigen. Im Unterschied zur TA-Enquete der 10. Wahlperiode setzte sie sich mehrheitlich für ein ausschließlich aus Parlamentariern bestehendes Lenkungsgremium ein. Damit sollte der Primat der Politik und die Anbindung an den parlamentarischen Willensbildungsprozess gewährleistet und eine »institutionalisierte Vermischung der spezifischen Methodik, Zielsetzung und Verantwortlichkeit beider Bereiche« vermieden werden. Als »Überprivilegierung« ausdrücklich abgelehnt wurde der Vorschlag, dem Lenkungsgremium das Recht zu Beschlussempfehlungen an das Plenum zu selbstgewählten Themen einzuräumen (BT-Drs. 11/4606).

7.21.2 Institutionalisierung und Zielsetzung

Gegen die Stimmen der Opposition entschieden sich die Regierungsfraktionen CDU/CSU und FDP Ende 1989 für eine »kleine Lösung« (BT-Drs. 11/5489; PlPr 11/176/16.11.1989). Demnach sollte der bestehende Bundestagsausschuss für Forschung und Technologie die Initiierung und politische Steuerung von Technikfolgenanalysen im Rahmen der ihm als Ausschuss zustehenden Kompetenzen übernehmen. Er wurde in »Ausschuss für Forschung, Technologie und Technikfolgenabschätzung« umbenannt (seit der 14. WP »Ausschuss für Bildung, Forschung und Technikfolgenabschätzung« = BFTA). Gemäß dem neu in die GOBT aufgenommenen § 56a obliegt es ihm, »Technikfolgenanalysen zu veranlassen und für den Deutschen Bundestag aufzubereiten und auszuwerten. Er kann mit der wissenschaftlichen Durchführung von Technikfolgenanalysen Institutionen außerhalb des Deutschen Bundestages beauftragen,« was bisher die Regel ist. Den Beratungsauftrag erhielt seither das mit TA-Analysen vertraute »Institut für Technikfolgenabschätzung und Systemanalyse« (ITAS; bis 1995 Abteilung für Angewandte Systemanalyse) des Karlsruher Instituts für Technologie (KIT, bis 2009 Forschungszentrum Karlsruhe, bis 1995 Kernforschungszentrum Karlsruhe). Der Auftrag erfolgte zunächst für eine Probephase von drei Jahren, und danach 1993, 1998, 2003 (nun in Kooperation mit dem Frauenhofer Institut für System- und Innovationsforschung) und 2008 jeweils für weitere fünf Jahre (TAB-Brief Nr. 32, 2007). Das seit 1990 am Sitz des Bundestages, zunächst in Bonn, seit 1999 in Berlin eingerichtete »Büro für Technikfolgenabschätzung beim Deutschen Bundestag« (TAB) ist kein Gremium des Bundestages, sondern »eine besondere organisatorische Einheit« des ITAS, die keiner fachlichen Weisung des KIT unterliegt, bei der Durchführung seiner wissenschaftlichen Arbeit aber auch gegenüber dem Bundestag »autonom« ist (zur Arbeitsweise des TAB Petermann 2005). In ihm sind neben dem Leiter derzeit acht Wissenschaftler verschiedener Disziplinen beschäftigt (Stand: 2010). Aufgrund einer positiven Einschätzung des Modellversuchs hatte der Bundestag am 4. März 1993 einstimmig beschlossen, die Beratungskapazität in eine ständige Einrichtung zu überführen (PlPr 12/143). Der Bundestag – so die Begründung zum Antrag der Fraktionen – benötige eine geeignete Beratungskapazität, um seiner Verantwortung und Aufgabe als Gesetzgeber und Kontrollorgan gegenüber der Bundesregierung gerecht zu werden. Mit der Einrichtung einer TA-Beratungs- und Forschungskapazität habe der Bundestag seine Möglichkeiten erheblich verbessert, eigenständige Beiträge zur Diskussion über Bewertung und Gestaltung der politischen Rahmenbedingungen für technologierelevante Entwicklungen zu leisten (BT-Drs. 12/4193; TAB 1996).

Die Hauptziele politikberatender Technikfolgenabschätzung bestehen darin,

- »die Potentiale neuer wissenschaftlich-technischer Entwicklungen zu analysieren und die damit verbundenen gesellschaftlichen, wirtschaftlichen und ökologischen Chancen auszuloten,

- die rechtlichen, wirtschaftlichen und gesellschaftlichen Rahmenbedingungen der Realisierung und Umsetzung wissenschaftlich-technischer Entwicklungen zu untersuchen,

- die potentiellen Auswirkungen der zukünftigen Nutzung neuer wissenschaftlich-technischer Entwicklungen vorausschauend und umfassend zu analysieren und Möglichkeiten für eine strategische Nutzung der Chancen des Technikeinsatzes und die Vermeidung oder Abmilderung seiner Risiken aufzuzeigen und auf dieser Grundlage,

- alternative Handlungs- und Gestaltungsoptionen für politische Entscheidungsträger zu entwickeln.«

Das Konzept geht somit deutlich über die »Frühwarnung« von technikbedingten Risiken hinaus. Ausgehend von einem »konstruktiven Verständnis von Technikfolgenabschätzung«, das zur wachsenden Akzeptanz der Technikfolgenanalyse im Bundestag beigetragen haben soll (Paschen 1998: 608), geht es »um das vorausschauende Abwägen von Chancen und Risiken und um die Gestaltung neuer technischer Entwicklungen und ihrer Rahmenbedingungen« (TAB 1996: 6 f.).

Aufgaben des TAB sind

- die Konzeption und Durchführung von Projekten der Technikfolgenabschätzung im Auftrage des »Ausschusses für Bildung, Forschung und Technikfolgenabschätzung«,
- die Beobachtung und Analyse wichtiger wissenschaftlich-technischer Trends und damit zusammenhängender Entwicklungen sowie die Auswertung wichtiger TA-Projekte im In- und Ausland (Arbeitsbereich Monitoring),
- die Teilnahme an und die Förderung der Diskussion über konzeptionelle Fragen der Technikfolgenabschätzung (Arbeitsbereich Konzepte und Methoden) und jeweils die parlamentsorientierte Aufbereitung und Vermittlung der Untersuchungsergebnisse (TAB 1996: 8 f.).

Seit 2003 wurden diese Aufgaben um Beiträge zur langfristigen Technikvorausschau (Zukunftsreport), zur Analyse internationaler Politiken (Politik-Benchmarking) sowie zum Innovationsgeschehen (Innovationsreport) erweitert (vgl. § 3 Grundsätze der Technikfolgenabschätzung gemäß § 56a der GOBT; BT-Drs. 17/3010, S. 16 ff.). Ausdrücklich betont wird, »dass ein wesentliches Element der Berichterstattung durch das TAB die Herausarbeitung politischer Handlungsnotwendigkeiten und -optionen ist, die sich für den deutschen Bundestag im Hinblick sowohl auf die Ausschöpfung von Chancen als auch bei der Begrenzung von ökologischen, ökonomischen und sozialen Risiken ergeben« (BT-Drs. 17/3010, S. 19).

7.21.3 Praxis und Reformbedarf

Bis 2010 hat das TAB fast 150 Untersuchungen zu einer breiten Palette von Themen durchgeführt (vgl. BT-Drs. 17/3010; S. 69 ff.; www.tab-beim-bundestag.de). Durch das TAB erhalten die Ausschüsse die Möglichkeit, sich unabhängig von Interessengruppen, Parteien und Ministerialverwaltung über TA-Angelegenheiten beraten zu lassen (vgl. Burchardt 2006). Seine Aufgabe ist die »ausgewogene« Präsentation und Vermittlung der Ergebnisse von Technikfolgenabschätzung. »Die Vielfalt wissen-

schaftlicher und oftmals widersprüchlicher Konzepte und Resultate und die Plurali-
tät widerstreitender gesellschaftlicher Gruppierungen sollen ausgewogen dargestellt,
aber keine Prioritäten gesetzt und keine dezidierten Empfehlungen gegeben werden«
(Bulmahn 1998, Vorsitzende des BFTA-Ausschusses; vgl. Paschen 1998: 608). Vielmehr sollen unterschiedliche Bewertungen offengelegt und alternative Handlungsoptionen entwickelt und in einer für die parlamentarische Arbeit angemessenen Weise
präsentiert werden. Bei der Durchführung der TA-Projekte greift das TAB durch Vergabe von oft zahlreichen Unteraufträgen in erheblichem Umfang auf externen Sachverstand zurück, wobei auch die Möglichkeit von Parallel- und Kommentargutachten
genutzt wird (Meyer 1997: 355 ff.). Über die Vergabe von Gutachten an Dritte entscheidet der BFTA-Ausschuss auf Vorschlag des TAB (§ 8 Grundsätze der Technikfolgenabschätzung gem. § 56a GOBT).

Anträge zur Durchführung eines TA-Prozesses können von Fachausschüssen
und Fraktionen des Bundestages gestellt werden. Die Entscheidung liegt beim BFTA-
Ausschuss. Ein Antrag gilt als angenommen, wenn nicht mindestens ein Drittel der
Mitglieder des Ausschusses widerspricht (§ 7.1 Verfahrensregeln für Technikfolgenabschätzung). Der BFTA-Ausschuss entscheidet über die eingegangenen Themen-
wünsche auf Basis des Votums der Gruppe der parlamentarischen Berichterstatter für
TA. Diese sichten und diskutieren in einem längeren, oft kontroversen Prozess die
Wünsche der Fraktionen und Ausschüsse, einigen sich auf die Themen, die bearbeitet
werden sollten und legen dem BFTA-Ausschuss entsprechende Untersuchungskon-
zepte zur Entscheidung vor (BT-Drs. 17/3010, S. 14, 16). Sie werden dabei vielfältig
vom TAB unterstützt, der regelmäßig einbezogen ist (vgl. auch Petermann 2005: 26 f.).
Die TA-Projekte werden in aller Regel als Arbeitspakete beschlossen, »was den Ausgleich unterschiedlicher parlamentarischer Interessen und die Berücksichtigung
divergierender politischer Prioritäten ermöglicht« (Meyer 1997: 351; vgl. BT-Drs.
17/3010, S. 16; zur »eigenen Rationalität« des Selektions- und Strukturierungsprozes-
ses vgl. Petermann 2005: 26 f.). Im Vordergrund stehen Fragestellungen, die auf politische Entscheidungshilfen abzielen (vgl. Bulmahn 1998: 30).

Bei den Antragstellern dominierte der BFTA-Ausschuss, gefolgt vom Ausschuss
für Ernährung, Landwirtschaft und Verbraucherschutz sowie dem Ausschuss für
Umwelt, Naturschutz und Reaktorsicherheit (BT-Drs. 17/3010, S. 23). Thematische
Schwerpunkte waren bisher Energie, Ressourcen und Umwelt, ferner Ernährung,
Landwirtschaft und Grüne Gentechnik sowie die Themenbereiche Informationstech-
nik und Bio- und Medientechnologien (BT-Drs. 17/3010, S. 15).

Der Beratungsbedarf der Fraktionen und Ausschüsse ist ständig angewachsen –
mit der Folge, dass mit den vorhandenen Kapazitäten derzeit höchstens ein Drittel
der Projektanträge beim TAB in Auftrag gegeben werden kann (67 Projektanträge im
1. Quartal der 17. WP). Dies belastet auch die an der Auswahl der TA-Vorhaben beteiligten Akteure und erschwert den Konsens. Seit langem und verstärkt in der 17. Wahlperiode wird daher – nicht nur seitens der Berichterstatter – zu Recht gefordert, dass

der seit fast zwei Jahrzehnten unveränderte Haushaltsansatz für die parlamentarische TA erhöht wird (BT-Drs. 17/3010, S. 45; PlPr 17/62/30.9.2010, S. 6551).

Für die Abnahme der TA-Projekte und die Freigabe der TAB-Berichte ist ebenfalls der BFTA-Ausschuss zuständig. Die TAB-Berichte werden häufig als Bundestags-Drucksachen mit einer ergänzenden Stellungnahme des BFTA-Ausschusses veröffentlicht.

Der federführend zuständige BFTA-Ausschuss setzt in jeder Legislaturperiode eine ständige Berichterstattergruppe ein, in der jede Fraktion mit einem Ausschussmitglied vertreten ist. Sie bereitet alle die Technikfolgenabschätzung betreffenden Entscheidungen des Ausschusses vor – vom Beschluss über die Durchführung eines TA-Vorhabens bis zur Abnahme des Abschlussberichts – und ist für die Kommunikation mit dem TAB zuständig. All ihre Entscheidungen trifft die Berichterstattergruppe im Konsens (vgl. BT-Drs. 17/3010, S. 12, 14; PlPr 17/62, S. 6549). Zu mehreren TA-Projekten wurden daneben weitere spezifische Berichterstattergruppen auch aus interessierten Mitgliedern anderer betroffener Ausschüsse gebildet. Mit den Berichterstattergruppen finden im Verlauf der TA-Projekte wiederholt Diskussionen und Rückkoppelungen statt. Die vielfältigen und zeitaufwändigen Aufgaben, die von den TA-Berichterstattern des BFTA-Ausschusses neben ihren sonstigen parlamentarischen Tätigkeiten zu bewältigen sind, können auch bei hohem Engagement nicht intensiv genug wahrgenommen werden. Dies gilt insbesondere für die Aufgabe, als Multiplikatoren von Technikfolgenanalysen in die anderen Fachausschüsse sowie in die Fraktionsarbeitsgruppen und -kreise hinein zu wirken und den Dialog in und mit der Öffentlichkeit zu führen (BT-Drs. 17/3010; Petermann 2005: 21). Angestrebt wird eine bessere Beteiligung einer größeren Zahl von Parlamentariern. So sollten zum einen die Fachberichterstatter anderer betroffener Ausschüsse stärker beteiligt werden (vgl. Burchardt 2006: 11). Zum anderen wird angeregt, einzelne Projekte und Berichte der Begleitung und Betreuung durch weitere Mitglieder des BFTA-Ausschusses anzuvertrauen. »Dies trüge nicht nur zur Entlastung der Berichterstatter bei, sondern wäre auch ein Beitrag zu einer besseren Verankerung der TA-Analysen im Ausschuss« (BT-Drs. 17/3010, S. 14).

Die Arbeit des TAB gilt als nützlich und hat große Anerkennung bei allen Fraktionen gefunden (Meyer 1997: 363; PlPr 17/62, S. 6547 ff.). Eine unmittelbare parlamentarische Wirksamkeit der TA-Berichte ist nur vereinzelt nachweisbar, doch wird insgesamt ein zunehmender Einfluss von TA-Berichten auf die parlamentarischen Beschlussfassungen konstatiert (Bulmahn 1998: 30; Petermann 2005; Burchardt 2006; BT-Drs. 14/9919; PlPr 17/62; BT-Drs. 17/3010). So wird gerne auf die Studie zum Raumtransportsystem SÄNGER verwiesen, wobei sich der Bundestag in einem Beschluss mit großer Mehrheit einer Entscheidungsoption der TAB-Studie anschloss (1993), sowie auf einen Zwischenbericht zum »Multimedia«-Projekt, der zur Einsetzung der Enquete-Kommission »Zukunft der Medien in Wirtschaft und Gesellschaft« führte. Manche TAB-Berichte hatten nachweislich parlamentarische Initiativen zur

Folge oder waren Beratungsgrundlage für Plenardebatten, so die TAB-Berichte zu Geothermie, Nanotechnologie, Rüstung im All, Grüner Gentechnik und Gendoping (Nachweise in BT-Drs. 17/3010, S. 24 ff.). Die TAB-Berichte werden (inzwischen) in den Fachausschüssen und Arbeitsgruppen der Fraktionen in beachtlichem Umfang beraten und mitunter auch in anderen Parlamentsgremien (z. B. Enquete-Kommissionen, Beiräten) sowie zu einem späteren Zeitpunkt für parlamentarische Aktivitäten genutzt. Im Plenum des Bundestages werden sie hingegen nur in geringem Umfang behandelt. Nur gelegentlich legt der zuständige Fachausschuss auch einen Bericht und eine Beschlussempfehlung an das Plenum vor, wobei zumeist nur »Kenntnisnahme« beschlossen und damit der parlamentarische Beratungsprozess offiziell beendet wird (Paschen 1998: 611). Restriktiv wirkt sich aus, dass nur wenige Parlamentarier (als Berichterstatter) mit TA-Prozessen befasst sind, die sich zudem über einen langen Zeitraum erstrecken, dass in der Regel mit Querschnittsthemen befasste TA-Projekte »mit der Überweisung an einen federführenden Ausschuss tendenziell wieder in Einzelaspekte zerlegt werden« und dass bei Regierungs- und Oppositionsfraktionen bereits vollzogene Positionen zu einer selektiven Wahrnehmung von TA-Ergebnissen führen (Meyer 1997: 361).» Bislang gelang es nur, den Meinungsaustausch unter wissenschaftlichen und wenigen politischen Experten zu organisieren« (Bulmahn 1998: 30). Diese Restriktionen erschweren die parlamentarische Nutzung wie auch die öffentliche Wahrnehmung.

Die Anlage als Verfahren externer Politikberatung erschwert zwar Lernprozesse zwischen Parlamentariern und Wissenschaftlern verschiedener Disziplinen, wie sie in Enquete-Kommissionen begünstigt werden, und sie ist auch weniger geeignet und organisatorisch darauf angelegt, einen »Dialog mit der Öffentlichkeit« in Gang zu setzen. Es wird jedoch zunehmend versucht, diesen Restriktionen durch kreative Aktivitäten entgegenzuwirken, die es weiterzuentwickeln und zu verstetigen gilt. So gibt es Bemühungen, die Abgeordneten der fachlich zuständigen Ausschüsse und Fraktionsgremien bereits frühzeitig einzubeziehen. Dies geschieht auch häufiger durch Workshops und Fachgespräche unter Beteiligung wissenschaftlicher Experten sowie Vertreter gesellschaftlicher Gruppen (BT-Drs. 17/3010, S. 20). Die Endberichte zu den in Auftrag gegebenen Untersuchungen werden in der Regel als Bundestagsdrucksachen veröffentlicht und stehen der Öffentlichkeit auf der Internetseite des Bundestages zur Verfügung; einige werden auch in einer Buchreihe publiziert. Die Arbeitsergebnisse des TAB werden sowohl in zahlreichen Fachöffentlichkeiten genutzt und mitunter auch in der breiteren Öffentlichkeit wahrgenommen, doch finden sie insgesamt gesehen nicht im wünschenswerten Umfang Eingang in die öffentliche Diskussion (BT-Drs. 17/3063). Erst seit einigen Jahren wird auch stärker versucht, ausgewählte Ergebnisse der Technikfolgenabschätzung über den Bundestag hinaus einer erweiterten Öffentlichkeit zu vermitteln, so durch die Präsentation von Ergebnissen in öffentlichen Ausschusssitzungen (erstmals 2002), TAB-Workshops und Fachgesprächen. Bestrebungen, die parlamentarische Technikfolgenabschätzung verstärkt als öffentliches Diskussionsforum zu gestalten, finden die Unterstützung der Berichterstatter und des TAB (BT-Drs. 17/3010, S. 41). Dies setzt allerdings voraus, dass sowohl beim TAB wie bei den Ausschüssen die für zusätzliche professionelle Öffentlichkeitsarbeit, Aufbereitung der Informationen und Durchführung von Veranstaltungen erforderlichen Mittel bereitgestellt werden (Antrag der Fraktion Bündnis 90/Die Grünen, BT-Drs. 17/3063; BT-Drs. 17/3010, S. 45). Der Haushaltsansatz für die parlamentarische TA wurde bisher kaum erhöht, was eine angemessene Wahrnehmung der Öffentlichkeitsfunktion erschwerte (Stand: 2011). Im Unterschied zum Institutionalisierungs-Vorschlag von 1985 war beim schließlich durchgesetzten Verfahren zunächst zu wenig beachtet worden, dass der Erfolg parlamentarischer TA-Prozesse nicht nur an der direkten Umsetzung durch die politischen Institutionen zu messen ist, sondern dass es auch auf die indirekt und mittelfristig wirksamen (wechselseitigen) Lernprozesse ankommt, die im Dialog von Politikern und kritischer Öffentlichkeit (Massenmedien, Verbände, Nichtregierungsorganisationen, Fachöffentlichkeiten) in Gang gesetzt werden. Dabei ist die Intensität der Rückkoppelung zu jenen Kreisen einer aktiven Öffentlichkeit besonders bedeutsam, die nicht primär Partikularinteressen vertreten, sondern vor allem gemeinwohlorientiert wirken (Dierkes 1986: 144 ff.; Petermann 1994). Manche positiven Erfahrungen der letzten Jahre lassen erwarten, dass sich auch das seit 1989/90 institutionalisierte Verfahren in diesem Sinne fortentwickeln lässt und auch Lernprozesse zwischen einer größeren Zahl von Parlamentariern und Wissenschaftlern verschiedener Disziplinen begünstigt werden.

Seit der zweiten Hälfte der 1980er Jahre wurden auch in den Parlamenten zahlreicher anderer (west)europäischer Staaten sowie beim Europäischen Parlament Einrichtungen der Technikfolgenabschätzung institutionalisiert, die sich für sehr unterschiedliche Organisationsmodelle und Arbeitsformen entschieden haben (BT-Drs. 17/3010, S. 42 f.). Dem Informationsaustausch und der Kooperation dient seit 1990 das – relativ lose strukturierte – European Parliamentary Technology Assessment (EPTA) Network, dem inzwischen 14 Vollmitglieder und 5 assoziierte Mitglieder angehören (Stand: 2011; www.eptanetwork.org). Von besonderer Bedeutung sind die jährlichen Konferenzen dieses Netzwerks, die den Einrichtungen die Möglichkeit geben, im Rahmen eines Generalthemas ihre Arbeitsergebnisse zu präsentieren und zu diskutieren. In den letzten Jahren hat die Vernetzung auf TA-Ebene zugenommen. Mittlerweile werden auch gemeinsame Projekte konzipiert und durchgeführt. Angesichts der Internationalisierung der wissenschaftlich-technischen Entwicklung und der zunehmenden Europäisierung politischer Entscheidungen sollte – auch nach Auffassung des TAB und des BMFA-Ausschusses – das europäische TA-Netzwerk vitaler gestaltet und die Zusammenarbeit auf dem Gebiet der Technikfolgenabschätzung deutlich verstärkt werden (BT-Drs. 17/3010, S. 44 f.).

Rückblick und Ausblick $\qquad$ 8

Abschließend sollen noch einmal wichtige Strukturmerkmale parlamentarischer Willensbildung zusammengefasst werden. Zudem gilt es, Kriterien und Ziele bisheriger und intendierter Parlamentsreformen im Zusammenhang zu erörtern und aufzuzeigen, wie der Bundestag als Institution auf neue Herausforderungen reagiert hat.

8.1 Strukturen parlamentarischer Willensbildung

Die tatsächliche Stellung des Bundestages im Prozess politischer Willensbildung ist vor allem bestimmt:

- durch die Expansion der Staatstätigkeit und damit der Bürokratie,
- die Konkurrenzbedingungen im Parteien- und Verbändestaat,
- die auch stark parteipolitisch geprägte Mitwirkung der Länder an der Gesetzgebung des Bundes,
- die zunehmende Globalisierung und Europäisierung des Entscheidungsprozesses,
- den Wandel der Politikvermittlung in der Mediengesellschaft und die Verbreitung der Internetnutzung,
- sowie die veränderten Partizipationserwartungen der Bürger.

In der Realität ist der Bundestag ein fachlich und nach Partei- und Gruppeninteressen ausdifferenziertes und hierarchisch strukturiertes Arbeits- und Fraktionenparlament mit äußerst vielschichtigen formellen und informellen Kooperations- und Kommunikationsbeziehungen.

8.1.1 Arbeitsteilung und Koordination

Um der Vielfalt und Komplexität der Gesetzgebungs- und Kontrollaufgaben unter Bedingungen des demokratischen Rechts- und Sozialstaates gerecht zu werden, haben Bundestag und Fraktionen strikt arbeitsteilige Strukturen ausgebildet, wobei die Kompetenzverteilung der Fachausschüsse und der korrespondierenden Arbeitsgruppen der Fraktionen weitgehend der Ressortgliederung der Bundesregierung entspricht. Innerhalb der Ausschüsse und Arbeitsgruppen bzw. -kreise ist die fachliche Spezialisierung weit vorangeschritten. In ihrer Arbeitsgruppe oder im Arbeitskreis übernehmen die Abgeordneten meist für längere Zeit ein oder mehrere Sachgebiete, für die sie dann im entsprechenden Fachausschuss und in der Fraktion zuständig sind. Die meisten Abgeordneten fungieren somit in ihrer Fraktion als »Spezialisten« wobei die Anerkennung als »Experte« von Kompetenz, kontinuierlichem Engagement und der internen und öffentlichen Aufmerksamkeit für das jeweilige Fachgebiet abhängt. Hinzu kommt eine teilweise Verlagerung der spezialisierten Arbeit in kontinuierlich oder ad-hoc eingesetzte Sub-Gremien der Ausschüsse und Arbeitsgruppen bzw. -kreise. Die Auswirkungen dieser grundsätzlich (wenn auch nicht in all ihren konkreten Ausformungen) unverzichtbaren Arbeitsteilung sind ambivalent. Arbeitsteilige Strukturen dieser Art sind die Voraussetzung dafür, dass jedenfalls die fachlich »zuständigen« Abgeordneten jene Sachkenntnisse erwerben können, die erforderlich sind, um Regierungsvorlagen, die Begründungen der Ministerialbürokratie und Vorstöße von Interessengruppen kritisch zu prüfen und wirksam zu kontrollieren. Sie dienen der Entlastung des jeweils übergeordneten Gremiums und ermöglichen in günstigen Fällen eine stärkere Konzentration auf politisch wichtige Schwerpunkte. Andererseits hat diese Entwicklung auch negative Folgen: Die enge Kooperation von Fachleuten der Fraktion(en) bzw. der Koalition mit Beamten im direkten Kontakt und in kleinen Gruppen führt nicht selten dazu, dass sich die Ministerialperspektive oder jedenfalls eine fachlich oder interessenspezifisch verengte Sichtweise durchsetzt und zudem die Transparenz des Entscheidungsprozesses leidet. Auf Details und Interessen des eigenen Arbeitsbereichs fixiert, kann leicht der Blick für Alternativen und Zusammenhänge verlorengehen. Eine »Atomisierung« der Willensbildung wird vor allem dann gefördert, wenn unter permanentem Zeitdruck und mangelnder politischer Aufmerksamkeit für die anstehende Thematik entsprechende Informationsgespräche und Diskussionen über den Kreis der »zuständigen« Spezialisten hinaus weder in den Fraktionsgremien noch im Ausschuss geführt werden.

Bei ihren Bemühungen, über zahlreiche formelle und informelle Gremien auf Parlaments-, Fraktions- und Koalitionsebene und in Kooperation mit Partei-, Bundesrats- und Ländergremien sowie EU-Institutionen die vielfältig nebeneinander her laufenden Tätigkeiten zu koordinieren, sind die Fraktionen nur teilweise erfolgreich. Zum Teil erhebliche Mängel zeigen sich, wenn es darum geht, längerfristig konzeptionell zu arbeiten und die Einzelaktivitäten entsprechend abzustimmen. Neben Schwierigkeiten der Folgenabschätzung und praktischen Kooperationsproblemen unter Zeitdruck werden solche Bemühungen oft auch durch ein taktisch-strategisches Verhalten konterkariert, das sich vornehmlich am tagespolitischen Bedarf orientiert und primär auf Machterhalt und Stimmenmaximierung abzielt.

8.1.2 Abgeordnete im Fraktionenparlament

Der Ausbau arbeitsteilig organisierter Fraktionen ging einher mit der schrittweisen Erweiterung ihrer Kompetenzen gegenüber den einzelnen Abgeordneten, denen nach der Geschäftsordnung des Bundestages nur wenige Rechte geblieben sind, die zudem durch die Fraktionsgeschäftsordnungen und in der parlamentarischen Praxis weiter eingeschränkt werden (Kap. 2). Bedingt ist diese Entwicklung nicht nur durch die wachsende Aufgabenfülle, sondern auch durch die Wirkungsbedingungen im parlamentarisch-demokratischen Parteienkonkurrenzsystem, in dem eine erfolgreiche Bundestagskandidatur an den Parteien vorbei faktisch so gut wie ausgeschlossen ist. Infolgedessen hat sich in der Praxis der Anspruch eines möglichst »geschlossenen« Auftretens der Fraktionen »nach außen« weitgehend durchgesetzt. Inwieweit dieser Anspruch und die dargestellte Praxis demokratietheoretisch begründet und durch die Verfassung gedeckt sind (Art. 21, 38 und 20 GG), ist allerdings umstritten.

In der Tat können die Wähler erwarten, dass die Abgeordneten die von ihrer Partei bekundeten (grundlegenden) Zielvorstellungen auch in der parlamentarischen Praxis jedenfalls insoweit mittragen, als sie nicht bereits vor der Wahl öffentlich andere Positionen bezogen haben. Grundlegende Positionswechsel von Abgeordneten, Parteigliederungen und erst recht der Gesamtpartei (bzw. der Fraktion) bedürfen jedenfalls intensiver Diskurse mit der Partei- und Wählerbasis. Allerdings zeigt sich in der Praxis, dass die Festlegungen der Parteien in Wahlprogrammen und Erklärungen führender Politiker vor der Wahl meist sehr allgemein gehalten sind und bereits in den Koalitionsverhandlungen modifiziert, ggf. konkretisiert und auch grundlegend verändert werden (Kap. 5). Das auf dieser Grundlage meist auch noch recht allgemein formulierte Regierungsprogramm wird im Verlauf der Wahlperiode in einer Vielzahl von Sitzungen und Aktivitäten von Regierungs-, Koalitions- und Fraktionsgremien (unter einflussreicher Vor- und Mitarbeit von Ministerialbeamten und auch Fraktionsmitarbeitern) konkretisiert und fortentwickelt. Bei einer allerdings starken Verflechtung mit Parteifunktionen kommen der Regierung und den Fraktionen (besonders bei der Opposition) gegenüber den Beschlussorganen und dem »Apparat« der Partei eine oft dominierende Rolle bei der Politikformulierung und -durchsetzung zu. Dies gilt nicht nur für die gesetzgeberische Tätigkeit und die Umsetzung von Programmen. Auch die als Leitanträge vorgelegten programmatischen und konzeptionellen Parteitagsentwürfe werden zu einem beachtlichen Teil in den Ministerien und in den Arbeitskreisen der Fraktionen formuliert, die mit Mitarbeitern erheblich besser ausgestattet sind, als die Parteizentralen. Ob auf diesem Wege die vielfältigen politischen Positionen und Interessen der Bürger(gruppen) angemessen artikuliert und berücksichtigt werden, wurde – jedenfalls phasenweise begründet – immer wieder angezweifelt. Angesichts dieser Entwicklung soll nach den Vorstellungen vieler Abgeordneter vor allem gegenüber Regierung und Fraktion(sführungen) die Schutzfunktion des Art. 38 Abs. 1 GG zur Geltung gebracht werden. Dabei kann es freilich nicht in erster Linie um die Einlösung individueller Selbstverwirklichungsansprüche von Abgeordneten gehen, sondern um die Stärkung kommunikativer Rückbindung und demokratischer Verantwortlichkeit politischen Handelns (Abschn. 2.1). Praxis und Anspruch der »Geschlossenheit« werden auch damit gerechtfertigt, dass die Abgeordneten gleichberechtigt an der fraktionsinternen Willensbildung beteiligt seien. Die genauere Untersuchung des Willensbildungsprozesses zeigt jedoch, dass die Mitwirkungschancen in den hierarchisch strukturierten Fraktionen bis hin zur Fraktionsversammlung nach wie vor sehr unterschiedlich sind. Entspricht die grundsätzliche Anerkennung der Fraktionssolidarität durchaus dem Selbstverständnis der meisten Abgeordneten, wird doch von vielen Kritik an einem oft zu großen Anpassungsdruck und (mitunter) problematischen Methoden des Fraktionsmanagements zur Sicherung fraktionsinterner Geschlossenheit geübt.

Will ein Abgeordneter initiativ werden, muss er sich zunächst um Unterstützung in der eigenen Fraktion bemühen, wobei er sich auf die komplexen Willensbildungsstrukturen und mehrstufigen Arbeits- und Informationswege einzustellen hat. Wer in der Fraktion aufsteigen will, tut gut daran, die eingespielten Rituale von der Arbeit in der »Kleingruppe« bis hin zur Fraktionsversammlung und zum Plenum zu beachten. Die Mitwirkungs- und Einflussmöglichkeiten eines Abgeordneten hängen u. a. von seinem Status innerhalb der Fraktionshierarchie, seinem Rückhalt in Fraktions-, Partei- und Interessengruppierungen und nicht zuletzt davon ab, ob er für ein bestimmtes Thema zuständig und als Experte anerkannt ist. Nur wer auf seinem Arbeitsgebiet und durch solidarisches Handeln in der Arbeitsgruppe bzw. im Arbeitskreis oder auch in einer Landesgruppe oder Fraktionsgruppierung der Fraktion Anerkennung erworben hat und bereit ist, deren Vorhaben in der Regel mitzutragen, kann seinerseits mit Unterstützung rechnen. Die Erwartungshaltung der Kollegen in der »Kleingruppe« hat dabei ihre eigene Qualität und kann sich vom »Gruppendruck zur Anpassung« in der Gesamtfraktion« unterscheiden. Vor allem neue und (zunächst) »abweichende« Positionen haben in aller Regel nur dann eine Chance, im Vorstand und in der Fraktionsversammlung Gehör zu finden, wenn sie von einer Abgeordneten-Gruppierung der Fraktion vertreten werden (Abschn. 2.1).

Entgegen dem Anspruch gleicher Mitwirkungschancen in der Fraktion wird insbesondere in Regierungsfraktionen »Geschlossenheit« des Öfteren durch einen zwischen Regierung(smitgliedern) und Fraktionsführung (und ggf. auch der Parteispitze) abgestimmten appellativen Druck hergestellt. Zudem werden die regulären Arbeits- und Koordinationsmechanismen nicht selten durch Weichenstellungen des

Koalitionsausschusses außer Kraft gesetzt. Der oft eindringliche Appell, dort (erst kurz zuvor) zustande gekommene Kompromisslösungen nicht mehr in Frage zu stellen, um die eigene Führungsspitze nicht bloßzustellen, findet in den meisten Fällen Gehör. Allerdings wird immer wieder darüber Unmut zum Ausdruck gebracht, dass die Fraktionsführung die Abgeordneten zur Geschlossenheit und zum Verzicht auf abweichende Äußerungen in der Öffentlichkeit mahnt, während sich Spitzenpolitiker der Koalition mit kontroversen Stellungnahmen profilieren.

Da interne Voten und Stellungnahmen bekannt würden, solle – so die oft und nachdrücklich geäußerte Erwartung der Fraktions- und Regierungsspitze – nicht nur im Plenum, sondern bereits in der Fraktionssitzung möglichst geschlossen abgestimmt und bei fraktions- oder koalitionsintern nach wie vor umstrittenen Vorlagen in einer entscheidungsreifen Phase auf kontroverse Diskussionen am besten verzichtet werden. Durch diesen Druck zur internen Geschlossenheit auch im Argumentationsverhalten können erhebliche Kommunikations- und Beteiligungsdefizite entstehen, da nur die Fraktionssitzungen allen Abgeordneten die Gelegenheit bieten können, sich über ihre Spezialaufgaben hinaus über Richtung und Kontext der Regierungs- und Fraktionspolitik aus erster Hand zu informieren und auf diese im Diskurs einzuwirken.

8.1.3 Gestaltungs- und Kontrollchancen von Oppositions- und Regierungsfraktionen

Bei vielen strukturellen Gemeinsamkeiten der Fraktionen hängen die Informations- und Einflusschancen der Abgeordneten und damit auch ihr »Selbstverständnis« doch wesentlich davon ab, ob sie einer (großen oder kleinen) Regierungs- oder Oppositionsfraktion angehören. Regierungs- und Oppositionsfraktionen wirken bei der Gesetzgebung, Initiative und Kontrolle unterschiedlich mit, wie im Einzelnen gezeigt werden konnte. Dabei wird öffentlich-kritische Kontrolle der Regierung(smehrheit) und auch der Ministerialbürokratie vornehmlich durch die Opposition(sfraktionen) ausgeübt, während die über die Entscheidungsmöglichkeit verfügende Parlamentsmehrheit vor allem auf vornehmlich internen und informellen Wegen kontrolliert und dabei mit weitaus größeren Erfolgsaussichten als die Opposition auch auf die Entwicklung von Gesetzentwürfen und Programmen der Regierung/Verwaltung und auf deren eigentlich »vollziehende« Tätigkeit einzuwirken vermag.

8.1.3.1 Kontrollinitiativen

Die formellen Kontrollinstrumente werden ganz überwiegend von den Oppositionsfraktionen genutzt, wobei seit der Präsenz zweier auch untereinander konkurrierender Oppositionsfraktionen in der 10. Wahlperiode (1983) die Anzahl der Kontrollinitiativen erheblich angestiegen ist und diese auch vielfältiger eingesetzt werden. So haben die Oppositionsfraktionen in den drei letzten Wahlperioden (1998–2009) 97 % der Großen Anfragen und 99 % der Kleinen Anfragen eingereicht sowie vier von fünf Aktuellen Stunden verlangt; auch von den selbständigen Anträgen kommen etwa 75 % von den Oppositionsfraktionen.

Die Kontrollinitiativen erfüllen meist mehrere Funktionen, allerdings mit unterschiedlicher Gewichtung. Sie dienen dazu, Regierung und Verwaltung zu veranlassen, Sachinformationen zu unterbreiten, Defizite, Absichten und Prioritäten der Regierungspolitik offenzulegen, Regierungs- und Verwaltungshandeln im Detail konzeptionell zu überprüfen und (öffentlich) der Kritik auszusetzen und, nicht zuletzt, alternative Positionen zu präsentieren und zu begründen. Entscheidendes Kriterium ihrer Wirksamkeit ist die öffentliche Resonanz. Dies gilt auch für Gesetzentwürfe der Opposition, die nur selten angenommen werden, allerdings indirekte Wirkung entfalten können. Sie dienen fast ausschließlich als Mittel öffentlich-kritischer Alternativenbildung und werden ähnlich eingesetzt wie Sachanträge in Form von selbständigen Anträgen oder Entschließungsanträgen.

Von den Koalitionsfraktionen werden Kontrollmittel und Gesetzentwürfe mit dieser Intention kaum genutzt. Dies gilt selbst für die Fragestunden und Regierungsbefragungen. Überdies werden sie von den Mehrheitsfraktionen fast immer gemeinsam eingesetzt und dienen insofern kaum der Profilierung gegenüber dem Koalitionspartner. Können sich die Koalitionspartner auf eine Kontrollinitiative oder die Vorlage eines Gesetzentwurfes nicht einigen, wird eben darauf verzichtet. Unterschiedliche Akzentuierungen kommen allerdings gelegentlich in Plenardebatten und (öffentlichen) Ausschussverhandlungen zum Ausdruck (Untersuchungs- und Petitionsausschuss, Hearings). In der Regel geht es den Koalitionsfraktionen darum, der Regierung(sseite) Gelegenheit zu geben, ihre Politik in günstigem Lichte zu präsentieren und für Konzepte und Maßnahmen zu werben, oppositionellen Initiativen zuvorzukommen und Fehlentwicklungen und Schwächen der Oppositionsparteien sowie der von ihnen getragenen Landesregierungen zu kritisieren.

Als bedenkliche Kontrollrestriktion wird beklagt, dass Vorlagen und Anfragen bis hin zu Zusatzfragen in der Fragestunde und der Regierungsbefragung zwischen den Spezialisten bzw. Arbeitsgruppen der Regierungsfraktionen und den »zuständigen« Ministerialbeamten oft bis ins Detail abgesprochen werden. Wenn, von der jeweiligen Opposition kritisiert, allzu häufig ausweichende und auch herablassende Antworten auf sachlich berechtigte Fragen gegeben werden können, hat dies auch damit zu tun, dass Abgeordnete der Koalition es oft zu sehr an kritischer Distanz gegenüber »ihrem« Ministerium fehlen lassen und allzu selten gegenüber ihren Kollegen von der Opposition Solidarität in Verfahrens- und Stilfragen üben (Abschn. 7.5–7.9).

Bei den öffentlichen, nach »außen« gerichteten parlamentarischen Aktivitäten der Koalitionsabgeordneten dominiert »Blockdenken«, wird Geschlossenheit zwischen Regierungsfraktionen und Exekutive wie auch zwischen den Koalitionspartnern in einem Maße demonstriert, das der Dynamik der oft konfliktreichen Prozesse des Aushandelns und der Interessendurchsetzung nicht entspricht. Diese werden nicht nur »intern« in Fraktions-, Koalitions- und Parteigremien, sondern – vor allem zwischen Spitzenpolitikern der Koalition – häufig auch über die Massenmedien ausgetragen. Auch eine öffentliche Kritik an Handlungen der Ministerialbürokratie durch Abgeordnete der Regierungsfraktionen – so über den Rechnungsprüfungs- und Petitionsausschuss sowie in Untersuchungsausschüssen – ist eher die Ausnahme; stärker betroffen sind allerdings Vollzugsverwaltungen.

8.1.3.2 Interaktionen und Willensbildungskonstellationen im »Regierungslager«

Ein enges Zusammenwirken und wechselseitige Beeinflussung von Regierungsfraktionen und Regierung liegen gewiss in der Konsequenz des parlamentarischen Regierungssystems, das auch von den Abgeordneten als Faktum weitgehend anerkannt wird – bei normativ nach wie vor unterschiedlichen Parlamentarismus-Vorstellungen. Die Vielfalt und Eigenart dieser – vornehmlich internen und oft auch informellen Wege wechselseitiger Überprüfung, Einwirkung und Mitentscheidung im direkten Kontakt von Funktionsträgern der Fraktionen und der Ministerien aufzuzeigen, war ein Anliegen dieser Arbeit. Sie reichen von unterschiedlich erfolgreichen Versuchen der Berichterstatter und der Arbeitsgruppen- oder Arbeitskreisvorsitzenden gegenüber der politischen Führung des Ministeriums oder den zuständigen Ministerialbeamten, (Detail-)Änderungen eines Referenten(vor)entwurfs durchzusetzen oder Initiativen zu entwickeln über Einflussnahmen von Interessengruppierungen der Fraktion und Partei bis hin zur laufenden Mitwirkung der Fraktions- und Parteispitze im Koalitionsausschuss, dem (phasenweise) wichtigsten politischen Steuerungsorgan der Koalition. Andererseits wirken nicht nur die Regierungsmitglieder höchst einflussreich in den Fraktions- und Parlamentsgremien mit, sondern auch zahlreiche Ministerialbeamte.

Faktische Einschränkungen koalitionsinterner Mitgestaltung und Kontrolle ergeben sich aufgrund segmentierter Arbeitsstrukturen und vor allem eines hierarchischen Informations- und Einflussgefälles, das seinen deutlichsten Ausdruck in Abschottungsversuchen und ad-hoc getroffenen und gegenüber Fraktion und Kabinett durchgesetzten Kompromissen und Weichenstellungen großer Koalitionsrunden findet.

Generell lässt sich sagen, dass die Einflussnahme der Mehrheitsfraktionen auf Vorhaben der Regierung umso erfolgversprechender ist, je früher sie einsetzt. Ist ein Gesetzentwurf erst einmal eingebracht, sind über die von der Regierung selbst (z. B. in der Äußerung zur Stellungnahme des Bundesrates) zugestandenen Anpassungen und gegebenenfalls »nachgeschobene« Voten des Koalitionsausschusses hinaus grundlegende Änderungen durch die Mehrheitsfraktionen selten. Denn dies würde nach dem Selbstverständnis der Fraktionen bedeuten, die eigene Regierung und darüber hinaus an den großen Koalitionsgesprächen beteiligte Mitglieder der Fraktionsspitze zu desavouieren. Anpassungsänderungen werden häufig durch Ministerialbeamte in die Wege geleitet, die den Entwurf abgefasst haben und nun an den Beratungen der zuständigen Ausschüsse und Arbeitsgruppen und gegebenenfalls auch an Berichterstattergesprächen und »kleinen« Koalitionsgesprächen (intensiv) beteiligt waren.

Hat die Regierung (Verwaltung) den Entwurf – unter Zeitdruck – nicht gründlich genug beraten, sind neue Fakten zu berücksichtigen oder sind – gegebenenfalls unter dem Einfluss von Interessengruppen oder der Medienkritik nach der Einbringung eines Gesetzentwurfs – erneut Konflikte zwischen Fraktionsflügeln und Koalitionspartnern aufgebrochen, können im Regierungslager neue Prozesse des Aushandelns einsetzen. Die – gerade bei wichtigen Reformvorhaben – offenbar ausgeprägte Praxis, ad hoc im Koalitionsausschuss oder gar in Spitzengesprächen der Parteivorsitzenden an den zuständigen Fraktionsgremien vorbei folgenreiche Änderungen zu vereinbaren und die Koalitionsfraktionen in den beteiligten Ausschüssen faktisch weitgehend festzulegen, hat auch bei Abgeordneten der Regierungsparteien mitunter erheblichen Unmut erzeugt, bislang freilich ohne nachhaltige Auswirkungen.

8.1.3.3 Mitregierung der Opposition?

Die Oppositionsfraktionen haben nicht nur bei eigenen Initiativen kaum Chancen, von den Regierungsfraktionen unterstützt zu werden. Auch bei der Beratung von Gesetzentwürfen und anderen Vorlagen der Regierung(smehrheit) in den Ausschüssen kann von einer parlamentarischen Mitregierung der Oppositionsfraktionen kaum die Rede sein. Während bei den Oppositionsfraktionen ein differenziertes Abstimmungsverhalten zu beobachten ist, stimmen die Koalitionsfraktionen selbst bei relativ unbedeutenden Details in den Ausschüssen fast durchweg geschlossen ab, entsprechend ihren fraktions- und koalitionsinternen Absprachen. Der lange Zeit hohe, seit der Präsenz zweier Oppositionsfraktionen aber stark zurückgegangene Anteil einstimmig oder mit breiter Mehrheit beschlossener Gesetze ist daher kaum auf eine entsprechende Berücksichtigung oppositioneller Vorstellungen in den Ausschussberatungen zurückzuführen. Sind Leistungsverbesserungen auch für die eigene Klientel vorgesehen oder wird ein Vorhaben als »Schritt in die richtige Richtung« gesehen, stimmen Oppositionsfraktionen häufig auch von ihnen (partiell) kritisierten Regierungsentwürfen zu.

Die Einflussmöglichkeiten der Oppositionsparteien verbessern sich allerdings entscheidend, wenn sie auf »ihre« Mehrheit im Bundesrat setzen und bereits bei der Entwicklung zustimmungsbedürftiger Gesetze Einwände geltend machen und die Grenze ihrer Kompromissbereitschaft signalisieren können. Ist der Regierung an der Realisierung eines Vorhabens unbedingt gelegen, wird sie sich schon bei der Entwicklung eines Gesetzes veranlasst sehen, (mögliche) Einwände und Optionen der Opposition zu berücksichtigen. Änderungen an Gesetzentwürfen aufgrund »oppositioneller« Anträge im Ausschuss sind hingegen auch unter diesen Voraussetzungen eher bescheiden. Wenn entsprechende Aushandlungs- und Anpassungsprozesse – wie häufig – intern und wenig transparent und diskursiv ablaufen, wird das kritische Potential des Parteienwettbewerbs geschwächt. Die Zurechenbarkeit von Verantwortlichkeit wird erschwert, eine längerfristig angelegte, konzeptionelle Politik auf diesem Wege aber noch keineswegs begünstigt.

8.1.4 Bürokratisierung parlamentarischer Willensbildung?

Die dargestellten Beschränkungen der Informations- und Inspektionsrechte der Minderheiten (Fraktionen und Abgeordnete) und die noch immer nicht zufriedenstellende eigenständige Analyse- und Beratungskapazität von Ausschüssen und einzelnen Abgeordneten führen zu einer Verlagerung der Gestaltungskompetenz a) auf die Regierungsmitglieder und die Spitzen der Fraktion (und ggf. Partei) – verstärken also die Hierarchisierung und b) auf die Ministerialbürokratie, die sich zunehmend wissenschaftlicher Politikberatung bedient.

Wie durchgängig gezeigt werden konnte, prägt die mit der Ausweitung und Verdichtung der Staatstätigkeit einhergehende Expansion einer zunehmend spezialisierten Ministerialbürokratie die Arbeits- und Wirkungsweise des Bundestages in hohem Maße. Die Ministerialbürokratie nimmt nicht nur vollziehende Aufgaben wahr, sondern ist erheblich an der Politikformulierung beteiligt. Wirksam wird sie besonders bei der Entwicklung von Gesetzen und Verordnungen, wobei sie über einen beachtlichen Selektions- und Gestaltungsspielraum vor allem in jenen Bereichen verfügt, die sich erhöhter Aufmerksamkeit bei Politikern und Öffentlichkeit entziehen.

In der Hand der Ministerialbeamten liegt zudem die Darstellung von Regierungserfolgen und -positionen in den zahlreichen Berichten und Antworten auf Anfragen, durch die künftige »staatsleitende« Entscheidungen mitbestimmt werden. Schließlich sind sie regelmäßig auch in Bundestagsausschüssen und Enquete-Kommissionen sowie in Arbeitsgruppen und -kreisen der (Mehrheits-)Fraktionen und in Koalitionsgremien durch beratende Mitwirkung und Formulierungshilfe einflussreich beteiligt. Daneben wirken sie bei der Abfassung eines beachtlichen Teils von Redemanuskripten der Koalitionsabgeordneten für Bundestagsdebatten mit.

Bei der Entwurfsarbeit und Folgenabschätzung stehen die beteiligten Ministerialbeamten frühzeitig mit Länderbürokratien und Vertretern organisierter Interessen in Kontakt. Sie können sich außerdem auf die Zuarbeit zahlreicher nachgeordneter Behörden, eine umfangreiche interne und externe wissenschaftliche Beratungskapazität und zügig ausgebaute Datenbanken stützen. Der Ausbau wissenschaftlicher Politikberatung hat auch mit dem erhöhten und wohlbegründeten Interesse an einer fundierte(re)n Folgenabschätzung und Wirkungskontrolle bei der Gesetzgebung und anderen staatlichen Aktivitäten zu tun, die sich in zahlreichen Berichtsanforderungen des Bundestages, aber auch in Anfragen und Entschließungen manifestiert. Mit wachsenden Kontrollansprüchen, so die ambivalente Situation, wurden auch die Expertenposition und der Informationsvorsprung der Ministerialverwaltung gegenüber dem Parlament und der politischen Führung der Ministerien weiter gestärkt. Die oft beklagte Fragmentierung gouvernementaler Politik wurde durch diese Entwicklung jedenfalls nicht abgeschwächt, da auch wissenschaftliche Politikberatung weitgehend an die Ressorts angebunden ist und selektiv genutzt wird.

8.2   Kriterien und Zielsetzungen einer Parlaments- und Verfassungsreform

Auf neue Herausforderungen hat der Bundestag insbesondere seit Ende der 1960er Jahre durch zahlreiche kleinere Reformschritte reagiert, die teilweise durchaus innovativen Charakter haben und sich insgesamt gesehen als bedeutsame institutionelle Anpassungsleistung darstellen. Entscheidend ist, dass eine Reihe von Neuregelungen auch tatsächlich genutzt wurden, was freilich nicht für alle Verfahrensänderungen gilt.

Hervorzuheben sind die Parlamentsreform 1969/70, die erst längerfristig wirksame Arbeit der Enquete-Kommission Verfassungsreform (mit ihrem Schlussbericht 1976), Regelungen der neuen Geschäftsordnung 1980, die Aktivitäten der »Interfraktionellen Initiative Parlamentsreform« und der Ad-hoc-Kommission Parlamentsreform in den 1980er Jahren, die im September 1995 eingeführten Reformregelungen, die Reform des Untersuchungsverfahrens (2001) und des Petitionsverfahrens (2005) sowie die Reformen im Zuge der Europäisierung des Willensbildungsprozesses. Rückblickend besonders hervorzuheben ist die beachtliche Reform von 1969/70, die damals in Erwartung einer umfassenden Reform als »Kleine Parlamentsreform« bezeichnet wurde (Ismayr 1999a,b).

Die Gründe dafür, dass auch fast allseits erkannte Mängel nicht oder erst nach vielen Anläufen behoben wurden, sind offensichtlich: Erstens befürchten die engeren Fraktionsführungen und vor allem die Parlamentarischen Geschäftsführer, Regelungen zur Erweiterung des Spielraums einzelner Abgeordneter könnten zu unkalkulierbaren Abläufen führen und die notwendige Geschlossenheit und Unterstützung der Fraktions- bzw. Regierungsposition gefährden. Zweitens ist die Bereitschaft der meisten Abgeordneten des Regierungslagers und vor allem der engeren politischen Führung der Koalition offenbar wenig ausgeprägt, Rechte parlamentarischer Minderheiten zu stärken, weil mit der Gewöhnung an die Rolle des »Regierungsabgeordneten« das Verständnis für die Oppositionsrolle offenbar abnimmt und die Vorstellung erfolgreich verdrängt wird, man könne selbst eines Tages wieder auf Minderheitsrechte angewiesen sein. Drittens werden grundlegende Änderungen mit dem (nicht unberechtigten) Hinweis auf die Verfassungslage und auch manche »gouvernemental« orientierten Urteile des Bundesverfassungsgerichts abgeblockt. Wenn bisherige Parlamentsreformen hinter weitergesteckten Erwartungen zurückblieben, hat dies viertens auch damit zu tun, dass Parlamentarier und auch Wissenschaftler von unterschiedlichen Zielvorstellungen (Parlamentarismus-Modellen) ausgehen, wie auch Umfragen und Stellungnahmen belegen (Abschn. 1.1). Schon traditionell bestehen divergierende Ansichten darüber, ob der Bundestag in erster Linie Arbeits- oder Redeparlament oder ob er, so allerdings die vorherrschende und auch in dieser Arbeit grundsätzlich unterstützte Auffassung, beides sein und somit eine Optimierung von Effizienz, Transparenz und Partizipation angestrebt werden sollte.

Will man Klarheit über die wünschbaren Funktionen des Bundestages im politischen System und Ziele einer Parlamentsreform gewinnen, sind allerdings neben den verfassungsrechtlichen und politischen Rahmenbedingungen auch die strukturellen Wandlungsprozesse von Politik und Gesellschaft zu bedenken (vgl. Einleitung).

Welche Funktionen hat der Bundestag zu erfüllen, um angesichts veränderter Ansprüche an das Verantwortungsbewusstsein der politisch (und administrativ) Handelnden in der »Risikogesellschaft« und erhöhter Partizipationsinteressen der Bürger die demokratische Legitimation staatlicher Entscheidungen zu gewährleisten? Mit zunehmendem Bewusstsein der weitreichenden ökologischen und soziokulturellen Folgen und Wechselwirkungen technischer Entwicklungen, die teilweise irreversibel sind und auch die Lebenschancen zukünftiger Generationen in hohem Maße beeinträchtigen können, wachsen auch die Anforderungen an Gestaltungsfähigkeit und Verantwortungsbewusstsein der politischen Entscheidungsträger. Verantwortliche Politik kann sich weniger denn je »reaktiv« mit dem Kurieren unerwünschter Nebenfolgen begnügen. Eine vorausschauende, nachhaltige und konzeptionelle Politik, orientiert an den Überlebensinteressen der Menschheit ist dringlicher, angesichts vielfältiger Wirkungszusammenhänge aber auch schwieriger denn je. Zudem hat sich mit wachsendem Beteiligungsinteresse der Bürger die politische Aktions- und Resonanzfähigkeit einer nun vielfältiger organisierten »Basis« qualitativ verändert. Demokratische Repräsentation und Legitimation wird – demokratietheoretisch begründet – verstärkt als Prozess verstanden. Erwartet wird mehr Transparenz der staatlich-politischen Willensbildung und deren laufende kommunikative Rückbindung an die überwiegend durch intermediäre Organisationen vermittelte und artikulierte Meinungs- und Willensbildung der Bürger. Schließlich steht der Bundestag angesichts der umfangreichen Verlagerung von Kompetenzen auf die bislang stark gouvernemental geprägte Europäische Union vor der Aufgabe, sich im Interesse demokratischer Legitimation umfangreich und eingehend mit EU-Angelegenheiten zu befassen und hat zudem vielfältig mit den Folgen der Globalisierung zu tun.

Die genannten Entwicklungstendenzen sprechen dafür, die Stellung des Parlaments als oberstem politischem Willensbildungs- und Entscheidungsorgan gegenüber der »Exekutive« zu stärken, was entgegen manchen kurzschlüssigen Vorstößen allerdings in einer den Funktionsbedingungen des parlamentarischen Systems angemessenen Weise geschehen sollte. Schon heute stehen dem Bundestag nach dem Grundgesetz mit der (freilich durch den Bundesrat eingeschränkten) Entscheidungsbefugnis bei der Gesetzgebung die Gestaltungskompetenz und politische Führung zu, allerdings mit (zum Teil nachträglich ins Grundgesetz eingefügten) verfassungsrechtlichen Einschränkungen bei der Haushaltsbestimmung und bei außenpolitischen Entscheidungen. Legitimatorisch begründet ist diese rechtliche Stellung des Bundestages nicht nur durch die Direktwahl der Abgeordneten; immerhin waren Bundestagswahlen faktisch oft auch Kanzlerwahlen (Kap. 5). Hinzu kommt eine im Vergleich zur Regierung größere Vielfalt von Interessen und Positionen und ein höheres Maß an Öffentlichkeit in einem mehrstufigen Verfahren. Mit diesen demokratisch legitimierenden Vorzügen hat das Bundesverfassungsgericht die Verpflichtung des parlamentarischen Gesetzgebers begründet, alle grundlegenden politischen Entscheidungen selbst zu treffen und zu verantworten.

Gleichwohl gilt es, die Stellung des Bundestages als oberstem Organ politischer Willensbildung verfassungsrechtlich zu verdeutlichen und zu stärken, wie dies entsprechend den Vorschlägen einer Enquete-Kommission der Schleswig-Holsteinische Landtag (Landtagsdrucksache 12/180) – wegweisend auch für andere Landesverfassungen – beschlossen hat, um künftig dem Demokratiegebot widersprechenden, einschränkenden Interpretationen begegnen zu können (Art. 10, 26 LV SchlH). Denn nach wie vor wird eine dem parlamentarischen System gemäße Erweiterung von Offenlegungspflichten der Regierung und von Kontrollrechten der Abgeordneten und Fraktionen mit Verweis auf einen (auch vom Bundesverfassungsgericht betonten) »geschützten exekutiven Kernbereich« abgewehrt.

Freilich kann es hierbei nicht darum gehen, zu einem Dualismus von Parlament und Regierung im Sinne »klassischer« Gewaltenteilungsvorstellungen zurückzukehren und die für das parlamentarische System konstitutive enge Verbindung von Regierung und Koalitionsfraktionen in Frage zu stellen; Ziel ist es vielmehr, die parlamentarische Seite in diesem Verbund zu stärken. Es gilt, im Interesse einer intensiveren Rückbindung staatlich-politischer Entscheidungen die genannten Vorzüge des parlamentarischen Verfahrens besser zu nutzen, innerhalb des Regierungslagers die Mitgestaltungsmöglichkeiten jener Abgeordneten zu erweitern, die nicht der Regierung, dem Koalitionsausschuss und der engeren Fraktionsführung angehören, aber auch die Stellung der demokratisch legitimierten politischen Führung (Regierung/Parlamentsmehrheit) insgesamt gegenüber der Ministerialbürokratie zu stärken. Dementsprechend ist es nach Auffassung der Enquete-Kommission Verfassungs- und Parlamentsreform des Schleswig-Holsteinischen Landtages »Aufgabe der Parlamentsmehrheit, der Regierung einen parlamentarisch gebildeten politischen Willen vorzugeben« (LT-Drs. 12/180, S. 30). Diese Aufgabe stellt sich auch bei der europapolitischen Willensbildung.

Eine Stärkung des Bundestages und damit auch der Politik gegenüber der Administration, der Wirtschaft und einflussreichen Verbänden im Interesse verbesserter Gestaltungsfähigkeit, Transparenz und Rückbindung staatlich-politischer Willensbildung setzt die Bereitschaft voraus, 1. die Informations- und Inspektionsrechte parlamentarischer Minderheiten gegenüber Regierung und Verwaltung auszubauen, 2. den Wirkungsspielraum der Abgeordneten zu erweitern, 3. die eigenständige Analysekapazität von Parlamentariern, Ausschüssen und Fraktionen zu verbessern, 4. die parlamentarische (und gouvernementale) Arbeit transparenter und diskursfähiger zu gestalten und sich 5. stärker für Impulse und Mitarbeit der Bürger zu öffnen, insbesondere jener Kreise der (organisierten) Aktivbürgerschaft, die sich für »Überlebensinteressen« einsetzen und Nachhaltigkeit zum Maßstab ihres Handelns machen.

Über die bislang erfolgten, durchaus beachtlichen Reformschritte hinaus sind weitere Schritte einer Parlaments- und Verfassungsreform und Änderungen in der Praxis erforderlich. Neben weiteren Änderungen der Geschäftsordnung des Bundestages sind auch Änderungen und Ergänzungen des Grundgesetzes und entsprechender Ausführungsgesetze geboten, weil das Verhältnis der Verfassungsorgane zueinander berührt ist. Noch in konstitutioneller Tradition stehende Bestimmungen sollten durch Neuregelungen ersetzt werden, die auch den aufgezeigten Wandlungsprozessen gerecht werden. Änderungen der Verfassung und des Verfahrensrechts können auch einen Wandel der internen Willensbildung von Fraktionen und Parteien stimulieren. Beachtliche Vorstöße der Oppositionsparteien nach der deutschen Vereinigung fanden allerdings weder in der »Gemeinsamen Verfassungskommission« noch im Bundestag die erforderliche Zweidrittelmehrheit. Der Erfolg jeder Reformmaßnahme hängt freilich von der Fähigkeit und Bereitschaft der Abgeordneten ab, neue Informations- und Handlungsspielräume auch kreativ und couragiert zu nutzen.

8.3 Reformschritte und Reformerwartungen im Kontext

Abschließend soll nochmals zusammenfassend dargestellt werden, wie der Bundestag auf die aufgezeigten Wandlungsprozesse und Herausforderungen reagiert hat und wo weiterhin Reformbedarf und Reformmöglichkeiten bestehen.

8.3.1 Ausbau der Kontrollrechte

Seit den 1960er Jahren wurden die Minderheitsrechte zunehmend gestärkt. Damit wurde der Bedeutung einer funktionsfähigen Opposition im parlamentarisch-demokratischen System Rechnung getragen. Da sich die Stärkung der Opposition vor allem über einen Ausbau von Fraktionsrechten vollzog, war der Bundestag auf die Entwicklung zum Fünf- oder Sechsparteienparlament mit auch untereinander konkurrierenden Regierungs- und Oppositionsfraktionen gut vorbereitet. Durch Verfahrensreformen wurde im Unterschied zu einigen anderen EU-Staaten sichergestellt, dass Gesetzentwürfe und andere Vorlagen der Oppositionsfraktionen im parlamentarischen Verfahren grundsätzlich nicht anders behandelt werden als solche der Regierung(smehrheit) (zum Vergleich: Ismayr 2008a: 20 f.). So können Oppositionsfraktionen seit 1969 die Beratung eigener Vorlagen auch gegen den Willen der Mehrheit durchsetzen, seit der Geschäftsordnungsreform 1995 bereits nach drei Wochen. Auch kann eine Fraktion zehn Sitzungswochen nach Überweisung einer (Gesetzes-) Vorlage an einen Ausschuss verlangen, dass über den Stand der Beratungen Bericht erstattet und auch eine Plenardebatte angesetzt wird. Wie dargestellt, kommt diesen und anderen Minderheitsrechten in der parlamentarischen Praxis eine präventive Wirkung zu. Auf eine starke Inanspruchnahme dieser Minderheitsrechte verzichten die Oppositionsfraktionen zumeist, um von den Regierungsfraktionen in anderen Fällen Entgegenkommen zu erreichen.

Als bedeutsam haben sich zudem das 1969 eingeführte Selbstbefassungsrecht der Ausschüsse und vor allem die Regelung erwiesen, wonach bei überwiesenen Vorlagen eine Minderheit von einem Viertel der Ausschussmitglieder eine öffentliche Anhörung erzwingen kann – eine Besonderheit im (west)europäischen Vergleich (Abschn. 7.19). Zudem müssen die Oppositionsfraktionen bei der Auswahl der Sachverständigen und Interessenvertreter entsprechend berücksichtigt werden. Inzwischen werden zu fast allen bedeutenden Gesetzentwürfen und auch zu anderen Vorhaben öffentliche Anhörungen durchgeführt, vornehmlich auf Initiative der Opposition. Mit dem 1969/70 eingeführten Prinzip von »Rede und Gegenrede« und weiteren kleinen Reformmaßnahmen wurde die kommunikative Chancengleichheit der Oppositionsfraktionen verbessert. Als bedeutsam vor allem für die Opposition erwies sich die 1965 eingeführte und 1980 erheblich erweiterte Möglichkeit einer Fraktion, kurzfristig eine Aktuelle Stunde zu aktuellen Themen durchzusetzen. Zuvor war die Opposition insoweit gegenüber der Regierung(smehrheit) deutlich benachteiligt, die aufgrund ihres Redeprivilegs nach Art. 43 Abs. 2 GG jederzeit eine Regierungserklärung abgeben kann.

Als bedeutende Reformschritte erwiesen sich schließlich trotz der im Hauptteil beschriebenen Einschränkungen die Einführung von Enquete-Kommissionen, die Institutionalisierung der Technikfolgenabschätzung (1990), das im Jahr 2001 endlich zustande gekommene Untersuchungsausschussgesetz und nicht zuletzt deutliche Verbesserungen beim Petitionsverfahren (1975, seit 2005).

Allerdings erweist es sich als notwendig, Abgeordneten und parlamentarischen Minderheiten über die bisher bescheidenen Kompetenzen hinaus in der Verfassung selbst grundlegende Kontroll- und Informationsrechte konkret einzuräumen. Dies gilt insbesondere für das Fragerecht und die Antwortpflicht der Bundesregierung.

Ein zentrales Reformanliegen sind erheblich verstärkte Informations-, Auskunfts-, und Aktenvorlagepflichten der Regierung gegenüber dem Bundestag und vor allem gegenüber parlamentarischen Minderheiten, wie sie in den 1990er Jahren nach dem Vorbild Schleswig-Holsteins (1990) in mehrere Landesverfassungen aufgenommen wurden. Sie werden auch von den meisten Abgeordneten für vordringlich gehalten. Da es um das Verhältnis der Verfassungsorgane zueinander geht, müssen diese Rechte im Grundgesetz selbst klar verankert werden, während die Details in Ausführungsgesetzen geregelt werden können. Regelungen der Geschäftsordnung allein reichen nicht aus, da sie andere Verfassungsorgane rechtlich nicht binden können. Bisher sind die parlamentarischen Informations- und Kontrollrechte im Organisationsteil des Grundgesetzes nur unzulänglich abgesichert (mit der Folge eines erheblichen Interpretationsaufwands); an keiner Stelle der Verfassung werden sie den einzelnen Abgeordneten oder parlamentarischen Minderheiten ausdrücklich zugestanden (Abschn. 7.1).

So fehlt im Grundgesetz selbst eine ausdrückliche Normierung des Frage- und Interpellationsrechts der einzelnen Abgeordneten und parlamentarischen Minderheiten, das in der Lehre hilfsweise aus Art. 38 i. V. mit Art. 20 GG und – wenig überzeugend – aus dem Zitierrecht nach Art. 43 GG abgeleitet wird. Zwar wird fast einhellig die Auffassung vertreten, dass herbeigerufene Regierungsmitglieder auch persönlich Rede und Antwort stehen müssten und auch beim Fragerecht wird (angesichts der faktischen Informationsübermacht der »Exekutive«) vom Bundesverfassungsgericht deutlich(er) die verfassungsrechtliche Pflicht der Bundesregierung betont, auf Fragen Rede und Antwort zu stehen und den Bundestag und seine Abgeordneten unverzüglich und grundsätzlich erschöpfend und zutreffend zu unterrichten (BVerfGE 124, 161, 188). Jedoch wird von der Bundesregierung noch immer unter Berufung auf den Verfassungstext die Auffassung vertreten, dass es Sache der Bundesregierung sei, ob und vor allem wie sie Anfragen beantworte. So wurden immer wieder unter Berufung auf (selbst definierte) Geheimschutzinteressen und einen (oft weit ausgelegten) nicht ausforschbaren Kernbereich exekutiver Eigenverantwortung Informationen verweigert und Auskünfte nur selektiv, ausweichend, ungenau und auch mit reichlicher Verzögerung gegeben. Dies gilt auch für Auskünfte anwesender und gegebenenfalls zitierter Regierungsmitglieder und -beauftragter im Plenum sowie in den Ausschüssen. Daran hat auch das 2006 in Kraft getretene Informationsfreiheitsgesetz nichts geändert, das auch nach Darstellung des Bundesbeauftragten für den Datenschutz und die Informationsfreiheit über die umfangreichen, im Gesetz genannten Ausnahmetatbestände hinaus insbesondere hinsichtlich der Regierungstätigkeit »sehr restriktiv« angewandt wird (BT-Drs. 17/1350, S. 9 ff.).

Dringend geboten ist es daher, in die Verfassung die Bestimmung aufzunehmen, dass die Bundesregierung und ihre Mitglieder und Beauftragten im Bundestag und seinen Ausschüssen Fragen einzelner Abgeordneter und parlamentarische Anfragen nach bestem Wissen unverzüglich und vollständig zu beantworten haben. Nur in Verbindung mit einem Recht auf Akteneinsicht für Abgeordnete und parlamentarische Minderheiten, sowie eine entsprechende Verpflichtung auf Aktenvorlage

gegenüber Plenum und Ausschuss auf Verlangen einer Minderheit, wird eine Aus-
kunftspflicht nachhaltig wirksam werden. Vor allem ist die präventive Wirkung einer
möglichen Nachprüfung nicht zu unterschätzen (Abschn. 7.1).

Schließlich sollte in die Verfassung die Verpflichtung der Bundesregierung aufgenommen werden, den Bundestag über die Vorbereitung von Gesetzen sowie über
politisch bedeutsame Verordnungen und Planungskonzepte frühzeitig und vollständig zu unterrichten. Die Regierung sollte mit einer solchen Verfassungsbestimmung
ausdrücklich verpflichtet werden, von sich aus zu informieren, ohne dass es eines
Anstoßes von parlamentarischer Seite bedarf (vgl. Art. 22, 23 LV SchlH). Bislang ist
nur in der Gemeinsamen Geschäftsordnung der Bundesministerien geregelt, dass ein
Gesetzentwurf vor der Beschlussfassung im Kabinett den Geschäftsstellen der Bundestagsfraktionen und auf Wunsch den Abgeordneten dann zur Kenntnis zu geben
ist, wenn er den Ländern oder den beteiligten Fachkreisen oder Verbänden zugeleitet
wird. Zeitpunkt, Umfang und Auswahl bleiben aber weitgehend dem federführenden
Bundesministerium überlassen (Abschn. 6.2.2). Im Falle von EU-Vorlagen wird eine
Informationspflicht seit 1993 durch Art. 23 GG n. F. festgelegt. Wie dargestellt, ist bei
Gesetzentwürfen und auch bei anderen Regierungsvorhaben eine wirksame Mitgestaltung und Entfaltung von Kontrollaktivitäten durch die Abgeordneten *(auch)* der
Mehrheitsfraktionen um so schwieriger, je später sie einsetzt.

Zudem sollten Sachverständigengutachten, Anhörungsprotokolle, Kommissions-
berichte u. ä. rasch zugänglich gemacht werden, alle anderen bei der Vorbereitung
eines Gesetzentwurfes verwendeten Materialien und Daten einschließlich erarbeiteter Alternativkonzepte spätestens zum Zeitpunkt der Einbringung eines Gesetzentwurfes. Schließlich sollten auch die verfassungsmäßigen Voraussetzungen für einen
unmittelbaren Zugriff der Abgeordneten auf die Datenbanken der Bundesregierung
gesichert werden, die den Parlamentariern formell noch immer weitgehend versperrt
sind, um den wachsenden Vorsprung der »Exekutive« bei der Informationsgewinnung und -verarbeitung wenigstens partiell auszugleichen. Unter Berufung auf die
Verfassungslage haben die Bundesregierungen parlamentarische Ansprüche bisher
erfolgreich abgewehrt.

Bereits seit 1949 ist im Grundgesetz geregelt, dass auf Antrag des Bundestages
oder eines Viertels seiner Mitglieder ein Untersuchungsausschuss einzusetzen ist
(Art. 44). Damit gehört der Bundestag zu den wenigen westeuropäischen Parlamenten, in denen ein Untersuchungsausschuss förmlich von einer qualifizierten Minderheit durchgesetzt werden kann. Hingegen steht dieses Recht in den meisten osteuropäischen Ländern einer parlamentarischen Minderheit zu, wobei nicht zuletzt die
deutsche Regelung als Vorbild diente (Ismayr 2009b: 39; Ismayr 2010b: 43).

Im Grundgesetz sind allerdings bisher (im Unterschied zur Weimarer Reichsverfassung) die Befugnisse von Untersuchungsausschüssen bei der Beweiserhebung
nicht als Minderheitsrecht normiert. Immerhin ist nach 50 Jahren im April 2001
ein immer wieder gefordertes Untersuchungsausschussgesetz einstimmig beschlos-

sen worden. Das von den seit 1969 zugrundegelegten IPA-Regeln eingeräumte Recht qualifizierter Minderheiten, Beweisanträge zu stellen und sich mit Sondervoten im Ausschussbericht an die Öffentlichkeit zu wenden, wurde nun endlich auch gesetzlich festgelegt. Die Rechte der qualifizierten Minderheit wurden insoweit gestärkt, als der im Einsetzungsantrag bezeichnete Untersuchungsgegenstand ohne Zustimmung der Antragsteller nicht geändert werden darf und für die (oft umstrittene) Festlegung der Reihenfolge bei der Vernehmung von Zeugen und Sachverständigen eine angemessenere Regelung gefunden wurde – eine Reaktion auf negative Erfahrungen der jeweiligen Oppositionsparteien (vgl. Abschn. 7.13 und die 1. Aufl. dieses Buches, Opladen 2000, S. 367 ff. und 458 f.). Eine bemerkenswerte Innovation stellt die mögliche Berufung eines »neutralen« Ermittlungsbeauftragten dar. Sie ist inzwischen wiederholt erfolgt und wurde fraktionsübergreifend als »hilfreich« eingeschätzt, doch ist nach internen Kontroversen seine Rolle in der Öffentlichkeit zu klären.

Durch ein einfaches Gesetz nicht wesentlich gestärkt werden konnten die Rechte zur Einholung von Auskünften und der Beziehung von Akten, da das Verhältnis von Parlament und Regierung berührt ist. Zwar hat das Bundesverfassungsgericht bestätigt, dass die Aktenvorlage Bestandteil des Beweiserhebungsrechts sei und zum »Wesenskern« des Untersuchungsrechts gehöre, doch bestätigte es diese Kontrollkompetenz des Bundestages in praxisferner Verkürzung parlamentarischer Prozesse »grundsätzlich nur auf bereits abgeschlossene Vorgänge« und ging zudem auf die Kompetenzen parlamentarischer Minderheiten nicht ein. In seinem jüngsten Urteil zum BND-Untersuchungsausschuss stellte das Bundesverfassungsgericht immerhin fest, dass bei abgeschlossenen Vorgängen auch Informationen aus dem Bereich der regierungsinternen Willensbildung dem parlamentarischen Zugriff unterliegen könnten, wobei dem parlamentarischen Informationsinteresse besonders hohes Gewicht zukomme, soweit es um die Aufdeckung möglicher Rechtsverstöße und vergleichbarer Missstände innerhalb der Regierung gehe (BVerfGE 124, 78, 127).

Um das Informationsrecht des Parlaments zu stärken, sollte in der Verfassung selbst festgelegt werden, dass auf Verlangen von einem Viertel (oder Fünftel) der Mitglieder des Untersuchungsausschusses Beweise zu erheben und Bundesregierung und Bundesbehörden verpflichtet sind, Akten vorzulegen, Überprüfungen in öffentlichen Einrichtungen »vor Ort« zu ermöglichen und ihren Bediensteten die erforderlichen Aussagegenehmigungen zu erteilen. Schließlich sollten Regierungsmitglieder und ihre Beauftragten aus den nicht-öffentlichen Beratungssitzungen grundsätzlich ausgeschlossen und nur durch Beschluss mit Zweidrittelmehrheit zugelassen werden.

Nach wie vor ungesichert und umstritten sind auch Status und Befugnisse von Enquete-Kommissionen, deren Einsetzung und Verfahren bisher allein in der Geschäftsordnung des Bundestages geregelt ist. In der Verfassung sowie in einem Ausführungsgesetz sollten den Enquete-Kommissionen gegenüber Regierung, Behörden und privaten Einrichtungen ähnliche Ansprüche auf Aktenvorlage, Auskünfte (auch bestimmter Bediensteter) und Erkundungen vor Ort zugestanden werden wie Untersuchungsausschüssen und zwar (im Unterschied zur Empfehlung der Enquete-Kommission Verfassungsreform 1976) bereits einer Minderheit von einem Viertel (oder Fünftel) der Kommissionsmitglieder. Bisher liegt die »Verfahrensherrschaft« bei der Mehrheit. Konsensprozesse können durch Stärkung der Minderheitsrechte sogar erleichtert werden, weil andernfalls auch ergebnisorientiert arbeitende Abgeordnete der Regierungsfraktionen leichter unter Druck geraten können, mit Rücksicht auf Koalitionsinteressen auf die Nutzung von Befugnissen zu verzichten. Enquete-Kommissionen sollten auch das Recht erhalten, über Anwesenheit und Rederecht von Ministerialbeamten mit Zweidrittelmehrheit selbst zu entscheiden.

Die dem Petitionsausschuss durch das Gesetz nach Art. 45 c GG eingeräumten weitreichenden (aber zum Teil nur spärlich genutzten) Auskunfts- und Kontrollbefugnisse bei Beschwerden sollten auch auf »Bitten« ausgedehnt und zudem bereits auf Verlangen einer Ausschussminderheit von einem Viertel (oder Fünftel) der Mitglieder genutzt werden können.

8.3.2 Ausbau außen- und europapolitischer Mitwirkungsrechte und Einflusschancen

Während der Bundestag seine öffentlichkeitswirksamen Kontrollinstrumente in außen- und sicherheitspolitischen Fragen ähnlich einsetzen kann wie bei innenpolitischen Themen, ist er bei der Ratifikation völkerrechtlicher Verträge über die Bestimmungen des Grundgesetzes hinaus deutlich eingeschränkt. Dies gilt für die (mitunter) restriktive Interpretation »politischer Verträge« (gem. Art. 59 Abs. 2 GG) durch Regierungen und Bundesverfassungsgericht, aber auch für die Unzulässigkeit von Änderungsanträgen bei Vertragsgesetzen – eine vom Bundestag selbst in der Geschäftsordnung vorgenommene Selbstbeschränkung (§ 82 GOBT). Tatsächlich wird die traditionelle Bestimmung einer vornehmlich der Exekutive zuzuordnenden »auswärtigen Gewalt«, an der das Bundesverfassungsgericht bislang festhält, immer fragwürdiger. Sie wird weder den Funktionsbedingungen des parlamentarisch-demokratischen Regierungssystems noch dem Wandel außenpolitischer Entscheidungsprozesse und insbesondere der zunehmenden Verflechtung von Außen- und Innenpolitik gerecht. So sind den Aktivitäten auf Regierungsebene entsprechend fast alle Fachausschüsse des Bundestages mit Vertragsgesetzen und anderen »außenpolitischen« Themen befasst (vgl. Abschn. 6.5).

Gestärkt hat das Bundesverfassungsgericht die Rolle des Bundestages in seinen europapolitischen Kompetenzen und durch ein viel beachtetes Urteil (1994), wonach für jeden Einsatz bewaffneter Streitkräfte die konstitutive Zustimmung des Bundestages einzuholen ist. Während auf eine entsprechende Grundgesetzänderung verzichtet wurde, beschloss der Bundestag nach zehnjähriger Praxis ohne gesetzliche Grundlage 2004 das sog. »Parlamentsbeteiligungsgesetz« Seit 1994 hat es etwa einhundert

Beschlüsse und zahlreiche – auch fraktionsinterne – Debatten zum Einsatz bewaffneter Streitkräfte gegeben, die oft eine besondere Herausforderung für Abgeordnete
und Fraktionen darstellten (vgl. Abschn. 6.5).

Die umfangreiche Verlagerung von Kompetenzen auf die Europäische Union bis
hin zum Vertrag von Lissabon haben die Rolle des Bundestages im politischen System und die Wahrnehmung seiner Funktionen erheblich verändert. Zunehmendes
Interesse gilt der Frage nach dem Grad der Europäisierung des politischen Systems,
seiner Institutionen, Entscheidungsprozesse und Politikfelder (Sturm/Pehle 2012;
Beichelt 2009; Demuth 2009) und der Entwicklung eines »Mehrebenenparlamentarismus« (Abels/Eppler 2011). Insbesondere stellt sich für den Bundestag die Frage
einer wirkungsvollen Einflussnahme auf die Gesetzgebung der Europäischen Union,
die trotz beachtlicher Kompetenzzuwächse des Europäischen Parlaments noch immer stark gouvernemental geprägt ist.

Mit den Bestimmungen des 1992 zeitgleich mit der Ratifizierung des Maastrichter Vertrages beschlossenen Art. 23 GG und 45 GG wurde neben dem Bundesrat auch
die Stellung des Bundestages gegenüber der Bundesregierung im europapolitischen
Willensbildungsprozess deutlich gestärkt. Zudem wurde ein Europa-Ausschuss eingerichtet, der sich insbesondere mit dem Primärrecht der EU befasst. Für die Übertragung von Hoheitskompetenzen an Institutionen der Europäischen Union ist seither eine Zweidrittelmehrheit von Bundestag und Bundesrat erforderlich. Nach dem
viel beachteten Urteil des Bundesverfassungsgerichts vom 19. Juni 2012 handelt es
sich auch bei völkerrechtlichen Verträgen um eine Angelegenheit der Europäischen
Union im Sinne von Art. 23 GG, »wenn sie in einem Ergänzungs- oder sonstigen besonderen Näheverhältnis zum Recht der Europäische Union« stehen (2 BvE 4/11). Somit bedarf es bei umfangreichen Übertragungen von Kompetenzen wie im Falle des
Europäischen Stabilitätsmechanismus (ESM) und des Fiskalpakts ebenfalls einer verfassungsändernden Mehrheit (Abschn. 6.4 und 7.11.2). Zudem hat die Bundesregierung den Bundestag »umfassend und zum frühestmöglichen Zeitpunkt« zu unterrichten und ihm vor ihrer Mitwirkung an Rechtsetzungsakten der EU Gelegenheit
zur Stellungnahme zu geben und diese bei den Verhandlungen zu »berücksichtigen«
(Art. 23 GG). Infolge des Urteils des Bundesverfassungsgerichts vom 30. Juni 2009
wurden die Rechte des Bundestages in den Begleitgesetzen zum Vertrag von Lissabon deutlich gestärkt (Abschn. 6.9). Eine zwischen Bundestag und Bundesregierung
2006 getroffene detaillierte Vereinbarung wurde in das Gesetz über die Zusammenarbeit von Bundestag und Bundesregierung in Angelegenheiten der EU (EUZBBG)
überführt. Um die enorm angewachsene Fülle von etwa 25 000 EU-Dokumenten
jährlich bewältigen und kompetent nutzen zu können, hat der Bundestag ein derzeit etwa 30-köpfiges Europa-Referat (mit Standort in Berlin und Brüssel) eingerichtet und 2007/2008 ein »Priorisierungsverfahren« mit der Konzentration auf politisch
bedeutsame Vorhaben geschaffen (Abschn. 6.9). Insgesamt hat somit die »Europatauglichkeit« des Bundestages zugenommen. Allerdings bleiben in der Praxis noch

deutliche Defizite, die nicht zuletzt durch die noch immer eingeschränkte Kapazität
des Bundestages und ein noch allzu oft restriktives Verhalten der Bundesregierung
und Ministerialverwaltung bedingt sind. Erst mit dem Urteil des Bundesverfassungsgerichts vom 19. Juni 2012 wurde klargestellt, dass der Bundestag auch bei EU-nahen
völkerrechtlichen Verträgen umfassend und so frühzeitig informiert werden müsse,
dass er sich fundiert mit dem Vorgang befassen und eine wirksame (ggf. bindende)
Erklärung abgeben könne. Nach einem fraktionsübergreifenden Beschluss soll das
»Gesetz über die Zusammenarbeit von Bundestag und Bundesregierung in Angelegenheiten der Europäischen Union« (EUZBBG) entsprechend überarbeitet werden
(Abschn. 6.9).

Durch die jüngsten Urteile des Bundesverfassungsgerichts sieht sich der Bundestag bei EU-Angelegenheiten und völkerrechtlichen Verträgen in seinen haushaltspolitischen Kompetenzen gestärkt. So dürfe der Bundestag seine Budgetverantwortung nicht durch unbestimmte haushaltspolitische Ermächtigungen auf andere
Akteure übertragen. Demnach muss jede ausgabenwirksame solidarische Hilfsmaßnahme des Bundes größeren Umfangs im internationalen oder unionalen Bereich
vom Bundestag im Einzelnen bewilligt werden (2 BvR 987/10 vom 7.9.2011). Im Fall
des vorläufigen und permanenten Euro-Rettungsschirms (EFSF, ESM) wurden danach entsprechende gesetzliche Regelungen beschlossen, wobei die Übertragung der
Kompetenzen auf ein kleines Sondergremium nach dem Urteil des Bundesverfassungsgerichts vom 28. Februar 2012 nur in einem eng begrenzten Umfang zulässig
ist (vgl. Abschn. 7.11.1).

Insgesamt problematisch erscheint, dass der Bundestag die ihm vom Bundesverfassungsgericht in mehreren Urteilen seit dem Lissabon-Vertrag zugesprochenen
und (jedenfalls danach) auch in allen Fraktionen gewürdigten Kompetenzen nicht
schon jeweils zuvor selbst in Anspruch genommen hat – im Konfliktfall auch durch
verfassungsändernde Gesetzgebung.

Insgesamt wurden wichtige rechtliche und strukturelle Voraussetzungen für frühzeitige und vertiefte Information und Einflussnahme des Bundestages in Angelegenheiten der EU geschaffen. Ob dies zu einer dauerhaften und legitimationsfördernden
Rolle des Bundestages im europapolitischen Willensbildungs- und Entscheidungsprozess führen wird, hängt vom Verhalten der Bundesregierung, aber auch der Bereitschaft der Abgeordneten und Fraktionen ab, sich mit europapolitischen Fragen im
parlamentarischen Alltag der Fachausschüsse und korrespondierenden Fraktionsgremien sowie im Plenum angemessen zu befassen.

8.3.3 Innovativer Ausbau einer eigenständigen Analyse- und Beratungskapazität

Wie dargestellt, steht der Bundestag (wie auch die Bundesregierung) angesichts der Vielfalt und Komplexität der Staatsaufgaben unter Bedingungen der Globalisierung und Europäisierung und angesichts anspruchsvoller technologischer Entwicklungen immer wieder vor neuen Herausforderungen, die eine konzeptionelle Politik erfordern. In jüngster Zeit wurde zudem »Nachhaltigkeit« in ökologischer, ökonomischer und sozialer Hinsicht als Leitprinzip nationaler und europäischer Politik formuliert – und es kommt nun darauf an, diesem Grundsatz auch in der Praxis der Gesetzgebung Geltung zu verschaffen (vgl. BT-Drs. 17/5295).

Eine Stärkung der Informationsbefugnisse reicht somit nicht aus, wenn der Bundestag diese Aufgaben angemessen bewältigen und Vertrauen bei der Bevölkerung (zurück)gewinnen will. Ohne den Ausbau einer eigenen Analysekapazität wäre der Bundestag zunehmend auf das selektive Informationsangebot von Ministerien, Wirtschaft und Verbänden angewiesen. Seit der Parlamentsreform 1969/70 wurde die Ausstattung des Bundestages, der Fraktionen und der Abgeordneten auch in einem im internationalen Vergleich sehr beachtlichen Umfang schrittweise ausgebaut (vgl. Abschn. 2.2.7). Eine angemessene Ausstattung ist erforderlich, damit die Abgeordneten die Flut an Unterlagen und Zuschriften bewältigen, Regierungsinformationen (z. B. Berichte) rascher und intensiver überprüfen und auswerten können und – vor allem – sich auch unabhängig von gouvernemental und administrativ geprägten Vorlagen und Informationen sachkundig machen können. Auch weiterhin ist nicht zuletzt angesichts der Vielfalt europäischer Vorlagen und komplexer Technologien eine verbesserte Ausstattung insbesondere mit Mitarbeitern aber auch mit Finanzmitteln zur Nutzung externer Expertise erforderlich. Eine verbesserte Ausstattung kann dazu beitragen, den Spielraum der einzelnen Abgeordneten derart zu erweitern, dass sie (gelegentlich) auch über ihr engeres Fachgebiet hinaus Impulse vermitteln und Aktivitäten entfalten können. Besonders auf Ausschussebene sind entsprechende Verbesserungen erforderlich, so bei der Vorbereitung und Nacharbeit von öffentlichen Anhörungen, der Auswertung von Regierungsberichten, der Einholung und Aufbereitung von (alternativen) Gutachten – auch mit dem Ziel verbesserter Gesetzesfolgenabschätzung und der Durchführung entsprechend vorbereiteter Vollzugshearings.

Zudem sollte die gegenwartsnahe Beratung der Abgeordneten und Ausschüsse durch den Bundesrechnungshof stärkeres Gewicht erhalten. Die Verpflichtung zur gutachtlichen Stellungnahme auf Antrag einer Fraktion oder eines Viertels der Mitglieder des Haushaltsausschusses sollte (verfassungs)rechtlich festgeschrieben werden, gegebenenfalls begrenzt durch eine jährliche Kontingentierung, um eine Überlastung zu vermeiden. Auch für die Anforderung von Gutachten und Berichten des »Bundesbeauftragten für den Datenschutz und die Informationsfreiheit« wäre eine

Minderheitsregelung angemessen. Schließlich wäre auch an die Einrichtung eines Kinder- und Jugendbeauftragten oder an eine angemessene Weiterentwicklung der Kinderkommission und, mit zunehmender Dringlichkeit, eines Beauftragten für Rüstungskontrolle und Rüstungsexport zu denken, die mit entsprechenden Informations- und Inspektionsbefugnissen ausgestattet sein müssten; auch ihnen sollten parlamentarische Minderheiten Prüfaufträge erteilen können. Häufiger genutzt und ausgebaut werden könnten die gesetzlichen Möglichkeiten zur Einsetzung unabhängiger Kommissionen.

Erheblich ausgebaut wurde die informations- und kommunikationstechnische Ausstattung des Bundestages, der Fraktionen und der Abgeordneten. Wie dargestellt hat sich mit den durch das Internet und insbesondere das Intranet des Bundestages und der Fraktionen verfügbaren Informationen und Interaktionsmöglichkeiten die Arbeitsweise der Abgeordneten nicht unerheblich verändert (Abschn. 1.4, 2.3.4, 3.2.1, 7.1.3, 7.2.5). Zur angemessenen Nutzung und Vermeidung neuer technikbedingter Abhängigkeiten können auch laufende Diskurse zwischen Abgeordneten, Wissenschaftlern und (sachkundigen) Bürgern beitragen, denen bei der Erarbeitung und Vermittlung konzeptioneller Politikentwürfe und Alternativen über die bisherige Praxis hinaus wachsende Bedeutung zukommen dürfte. Schon vielfach genutzt und weiter ausbaufähig sind auf Fraktions- und Koalitionsebene Klausurtagungen und Anhörungen von Arbeitskreisen und -gruppen mit Sachverständigen sowie längerfristige Beratungen über Werkverträge mit wissenschaftlichen Einrichtungen.

Der Bundestag hat schrittweise institutionelle Voraussetzungen geschaffen, die einer entsprechend informierten und konzeptionell angelegten Politik unter neuen technologischen Bedingungen förderlich sind und teilweise innovativen Charakter haben.

Hierzu gehören trotz beschriebener Defizite in der Praxis auch die (häufig durchgeführten) öffentlichen Anhörungen von Sachverständigen. Zwar bewirken öffentliche Anhörungen selten wesentliche Änderungen an vorliegenden Gesetzentwürfen, doch dokumentieren sie ein wachsendes Interesse vor allem der Opposition an regierungsunabhängigem Erfahrungs- und Expertenwissen über Wirkungsweise und Auswirkungen geltender Rechtsnormen, die Folgenabschätzung geplanter Vorhaben und alternative Lösungsmöglichkeiten (Abschn. 7.18). Wachsende Bedeutung kommt auch der Anforderung von Berichten der Bundesregierung zu, die einmalig oder periodisch dem Bundestag vorzulegen sind (Abschn. 7.16).

Seit ihrer Einführung 1969 insgesamt bewährt haben sich die grundsätzlich diskurs- und problemlösungsorientiert angelegten Enquete-Kommissionen, in denen Wissenschaftler und andere Sachverständige mit Abgeordneten gleichberechtigt beraten und Berichte an das Plenum beschließen (§ 56 GOBT). Sie stellen eine wichtige Innovation dar, die nicht zuletzt als institutionelle Antwort auf neue technologische und gesellschaftliche Herausforderungen gesehen werden kann. Thematische Schwerpunkte waren neue Technologien und ihre ökologischen, ökonomischen und sozialen Folgen. Enquete-Kommissionen sind als die wohl intensivste Form direkter Politikberatung angelegt, die es auf Bundesebene gibt. Ein unmittelbarer Informations- und Gedankenaustausch wird ermöglicht, wechselseitige kommunikative Lernprozesse können über einen längeren Zeitraum in Gang gesetzt werden. Eine wichtige Voraussetzung für den Erfolg ist, dass Parteien und Regierung bei deren Einsetzung noch nicht eindeutig Position bezogen haben. Inwieweit die Berichte der Enquete-Kommissionen im parlamentarischen Entscheidungsprozess wirksam werden, hängt auch davon ab, ob es gelingt, die Fraktionsgremien und die Fachausschüsse zu sensibilisieren und die öffentliche Diskussion anzuregen (Abschn. 7.20).

Enquete-Kommissionen werden allerdings nur befristet eingerichtet. So wurde bereits seit den 1970er Jahren die Diskussion über die Einrichtung einer ständigen Beratungskapazität für Technikfolgenabschätzung (TA) beim Bundestag geführt und schließlich 1990 eine »kleine Lösung« beschlossen. Aufgabe ist das vorausschauende Abwägen von Risiken und Chancen und die Gestaltung neuer technischer Entwicklungen und ihrer Rahmenbedingungen. Einem Bundestagsausschuss obliegt es seither gem. § 56a GOBT, Technikfolgenanalysen zu veranlassen und für den Bundestag aufzubereiten und auszuwerten (seit der 14. WP der »Ausschuss für Bildung, Forschung und Technikfolgeabschätzung«) sowie Institutionen außerhalb des Bundestages mit der wissenschaftlichen Durchführung von Technikfolgenanalysen zu beauftragen. Seit 1990 ist dies das »Büro für Technikfolgenabschätzung beim Deutschen Bundestag« (TAB), das unterschiedliche Bewertungen offen legen und alternative Handlungsoptionen präsentieren soll. Durch das TAB erhalten die Ausschüsse und Fraktionen, die Anträge zur Durchführung von TA-Prozessen stellen können, die Möglichkeit, sich unabhängig von Interessengruppen und Ministerialverwaltungen beraten zu lassen. Insgesamt gilt die Arbeit des TAB als nützlich und hat große Anerkennung bei allen Fraktionen gefunden. Auch wird insgesamt ein zunehmender Einfluss von TA-Berichten auf parlamentarische Beschlussfassungen konstatiert. Gleichwohl bestehen erheblicher Reformbedarf aber auch Entwicklungschancen. Angesichts des ständig angewachsenen Beratungsbedarfs der Fraktionen und Ausschüsse müssten die Kapazitäten des TAB deutlich erhöht werden, kann derzeit doch höchstens ein Drittel der Projektanträge beim TAB in Auftrag gegeben werden (Abschn. 7.21). Zudem finden die Arbeitsergebnisse zu wenig Eingang in die öffentliche Diskussion. Technikfolgenabschätzung müsste verstärkt als öffentliches Diskussionsforum gestaltet werden, wobei auch hierfür die erforderlichen Mittel bereitgestellt werden müssten (Abschn. 7.21).

Eine weitere Innovation stellt der »Parlamentarische Beirat für nachhaltige Entwicklung« dar, den der Bundestag seit der 15. Wahlperiode für diese wichtige Querschnittsaufgabe jeweils eingerichtet hat. Der aus Abgeordneten der verschiedenen Ausschüsse bestehende Beirat prüft insbesondere, ob die auf seine Initiative hin in die Gemeinsame Geschäftsordnung der Bundesministerien aufgenommene Nachhaltigkeitsprüfung bei der Gesetzesfolgenabschätzung angemessen erfolgt ist, gibt

Stellungnahmen an die Fachausschüsse ab und legt dem Bundestag Berichte vor (Abschn. 6.7.3). Allerdings fanden seine ohnehin nur bei gravierenden Mängeln erfolgten Stellungnahmen in den meisten Fachausschüssen (und korrespondierenden Fraktionsgremien) keine ausreichende Beachtung. Eine angemessene Behandlung bei den Ausschussberatungen sollte daher in der Geschäftsordnung des Bundestages geregelt werden. Allerdings hängt die Praxis letztlich davon ab, welchen Stellenwert die Abgeordneten der Generationengerechtigkeit und Nachhaltigkeit in der Praxis der Fachausschüsse und korrespondierenden Fraktionsgremien einzuräumen bereit sind.

8.3.4 Verbesserung der Kommunikationsfähigkeit und Transparenz

Die Kommunikations- und Resonanzfähigkeit des Bundestages gilt seit langem als verbesserungsbedürftig. Dabei sind die Erwartungen der Bürger seit den 1990er Jahren gestiegen. Kommunikationsfördernde Vorschläge zur Vitalisierung und diskursiven Fundierung parlamentarischer Debatten und zur Öffnung parlamentarischer (und gouvernementaler) Willensbildungsprozesse standen immer wider auf der Tagesordnung und wurden zum Dauerthema von Parlamentsreformbemühungen. Gefördert wird die Kommunikations- und Resonanzfähigkeit im Interesse möglichst optimaler demokratischer Legitimation, indem die vielfältigen politischen Positionen und Interessen der Bürger(gruppen) in parlamentarischen Debatten und Vorlagen artikuliert werden und indem auf dieser Grundlage konzeptionelle Alternativen problemorientiert entwickelt und so begründet und öffentlich vermittelt werden, dass kritisches Mitdenken und Mitwirken der Bürger ermöglicht und angeregt werden. Dies setzt die kommunikative Chancengleichheit der Opposition(sfraktionen) voraus, deren Kompetenzen nach der Geschäftsordnung und durch interfraktionelle Vereinbarungen auch verbessert wurden (vgl. Abschn. 7.2.2). Allerdings begünstigt das Redeprivileg des Art. 43 Abs. 2 GG die Regierung(sseite) nach wie vor und sollte (auch für Bundesratsmitglieder) verfassungsrechtlich jedenfalls soweit eingeschränkt werden, dass es nicht mehr jederzeit genutzt werden kann. Denn nach wie vor dient diese Regelung Regierungsmitgliedern (und phasenweise auch Mitgliedern des Bundesrates) dazu, zur besten (Fernseh-)Zeit zu sprechen – zum Nachteil der Opposition, aber auch jener Parlamentarier der Koalition, die nicht zur »Spitze« gehören. Zudem kann die Regierung oppositionelle Initiativen durch geschickt terminierte Regierungserklärungen »abfangen« oder in ihrer Wirkung abschwächen. Ohnehin verfügt die Regierung über beachtliche »eigene« Kapazitäten zur Öffentlichkeitsarbeit und wird zudem durch die Eigengesetzlichkeiten und Praktiken der Medien, insbesondere des Fernsehens sehr begünstigt. Diesem Trend kann die von Fraktionen und Abgeordneten inzwischen vielfach genutzte Möglichkeit der Informationsvermittlung und Vernetzung über das Internet allenfalls partiell entgegenwirken (Abschn. 7.2.5).

Darüber hinaus kommt es darauf an, die Diskursfähigkeit und Transparenz des Bundestages zu erhöhen. An dem in Reformvorstößen immer wieder formulierten Anspruch festzuhalten, dass Debatten insgesamt gesehen vital(er), argumentativ(er) und weniger deklaratorisch und »positionell« geführt werden sollten, ist auch unter der Voraussetzung geboten, dass Debatten anlässlich eines Gesetzentwurfes in 2. und 3. Beratung kaum mit der Intention geführt werden (können), das Abstimmungsverhalten des politischen Kontrahenten zu beeinflussen. Leichter möglich wäre dies aber bei Aussprachen über Berichte der Bundesregierung, von Enquete-Kommissionen u. ä. und bei häufiger durchzuführenden zeitoffenen, weniger vorstrukturierten Grundsatzdebatten ohne Vorlagen, wie sie nach einer Vereinbarung des Ältestenrates seit den 1980er Jahren möglich sind. Auch wurde nach jahrelangen Bemühungen endlich eine diskussionsfreundliche Regelung für Zwischenfragen und Kurzinterventionen in die Geschäftsordnung des Bundestages aufgenommen. Schließlich bietet die 1990 in der Geschäftsordnung des Bundestages verankerte und seither regelmäßig durchgeführte »Befragung der Bundesregierung« neue und auch entwicklungsfähige Möglichkeiten öffentlichkeitswirksamer Kontrolle, die bislang allerdings zu wenig genutzt wurden (Abschn. 7.10). Inwieweit solche Regelungen wirksam werden, hängt nicht zuletzt davon ab, ob die einzelnen Abgeordneten ihren argumentativen Spielraum gegenüber der »Fraktionsregie« auch fraktionsintern im dargestellten Sinne erweitern können und wollen (Abschn. 2.1, 7.2).

Um das öffentliche Interesse an vertieften Plenardebatten über wichtige Themen zu erhöhen und die Glaubwürdigkeit des Bundestages zu verbessern, wurde im Rahmen einer Geschäftsordnungsreform 1995 eine seit langem geforderte »Plenar-Kernzeit« eingeführt (Donnerstagvormittag), in der wichtige Themen bei möglichst starker Präsenz der Abgeordneten behandelt werden und damit erhöhtes öffentliches Interesse finden sollen. Die Debatten werden regelmäßig vom Spartenkanal Phoenix des öffentlich-rechtlichen Fernsehens übertragen. Hinsichtlich der thematischen Schwerpunktbildung, der Präsenz und der Wahrnehmung in den Medien sind Verbesserungen wünschenswert, doch hat sich die Einführung von Kernzeitdebatten grundsätzlich als sinnvoll erwiesen.

Auf das Plenum beschränkte Reformen reichen allerdings nicht aus, um erhöhten Responsivitätserwartungen gerecht zu werden. Mehr Transparenz bisher nicht- oder allenfalls halb-öffentlicher Prozesse wird daher seit langem gefordert. Die Öffentlichkeit nicht nur über die Entscheidungen zu informieren, sondern die Willensbildungsprozesse selbst zu öffnen und die Bürger laufend Einblick nehmen zu lassen in das als »Werkstatt der Demokratie« wie als »zentraler Ort des politischen Diskurses« verstandene Parlament, ist eine selbstverständliche Konsequenz gewachsener Repräsentations- und Legitimationsansprüche in der parlamentarischen Demokratie. Seit langem von Politikwissenschaftlern gefordert und vermehrt auch von Abgeordneten befürwortet wird daher die reguläre Öffentlichkeit der Ausschüsse, wie sie in den meisten EU-Staaten gilt. Angesichts bestehender Vorbehalte gegen eine reguläre

Öffnung sollte die Öffentlichkeit zumindest häufiger zugelassen und/oder die Präsenz von Vertretern der Printmedien erlaubt sein (vgl. Abschn. 7.2.3; Ismayr 2009b; Ismayr 2010b).

Für die seit langem geforderte Neugestaltung der parlamentarischen Beratungen durch Einführung einer »Erweiterten öffentlichen Ausschussberatung« wurden 1995 durch Ergänzung der GOBT Voraussetzungen geschaffen. Wie dargestellt ist anstelle einer spezialisierten Fachdebatte in zweiter Lesung als Schlussberatung eine gemeinsame öffentliche Aussprache der Mitglieder des federführenden und der mitberatenden Ausschüsse vorgesehen, während im Plenum nurmehr die Schlussabstimmung erfolgen soll (Abschn. 7.2). Grundsätzlich ist dieses Konzept geeignet, Kommunikationsfähigkeit, Transparenz und Effizienz sowie die Beteiligungschancen der Abgeordneten gleichermaßen zu erhöhen (Abschn. 7.2). Bisher wurde dieses Verfahren jedoch kaum genutzt, obwohl in Berlin inzwischen geeignete Räume zur Verfügung stehen. Neben Koordinierungs- und Terminfragen dürfte auch das Interesse der Abgeordneten eine Rolle spielen, zumindest im Wahlkreis als »Plenarredner« wahrgenommen zu werden.

Um der Gouvernementalisierung und Hierarchisierung der Politikvermittlung entgegenzuwirken, wurde seit langem die Einrichtung eines »Parlamentskanals« gefordert, auf dem alle Plenardebatten und gegebenenfalls sonstige öffentliche Sitzungen (Anhörungen) sowie Erläuterungen und Zusammenfassungen übertragen werden sollten. Entsprechend angelegt ist das Programm des seit 1997 gemeinsam von ARD und ZDF betriebenen Ereignis- und Dokumentationskanals »Phoenix«, der einen Großteil der Plenardebatten aus dem Bundestag überträgt, dessen Angebot jedoch über das eines reinen Parlamentskanals weit hinausreicht. Es wird allerdings nur von einem sehr kleinen Teil der Fernsehzuschauer genutzt. Zudem können alle Plenardebatten live und unkommentiert über das Parlamentsfernsehen (seit 1998 bestehende) Web TV des Bundestages angesehen oder nachträglich im Videoarchiv aufgefunden werden (Abschn. 7.2.4). Als Nachteil erweist sich, dass anstelle der nur noch seltenen Übertragung von Plenardebatten oder zusammenfassender Berichte im Hauptprogramm des öffentlich-rechtlichen Fernsehens in beachtlichem Umfang Politik über Talkshows vermittelt wird, während die Parlamentsberichterstattung der kommerziellen Sender ohnehin marginal ist.

Insgesamt stehen Reformbemühungen zur Verbesserung der Kommunikationsfähigkeit und Transparenz insbesondere seit der Vervielfältigung und Kommerzialisierung des Fernsehangebots seit den 1980er Jahren Entwicklungen des Mediensystems gegenüber, die eine angemessene Wahrnehmung der Plenardebatten und der parlamentarischen Willensbildung erschweren. Von der Vermittlungsleistung der Massenmedien hängen jedoch das Parlament und das demokratische politische System insgesamt in hohem Maße ab. Dies gilt ungeachtet der wachsenden Möglichkeiten der Informationsvermittlung und Vernetzung mittels Internet (Abschn. 7.2.5). Als verfassungsrechtlich höchste Legitimationsinstanz und dem Anspruch nach zentrales Forum des politischen Diskurses konkurriert das Parlament mit anderen politisch agierenden Institutionen um die Aufmerksamkeit der Massenmedien. Der Trend erscheint bedenklich: Während einerseits unter den Bedingungen der Globalisierung und Europäisierung politische Aufgaben komplexer und die Verfahren der Problembewältigung komplizierter werden und immer mehr Kompetenz verlangen, wird Politik von einem offenbar zunehmenden Teil der Bevölkerung primär in personalisierter, ritualisierter und verkürzter Form wahrgenommen. Bemühungen zur verbesserten öffentlichen Wahrnehmung der parlamentarischen Willensbildung sind somit eine schwierige Daueraufgabe des Bundestages. Neben Verfahrensfragen geht es dabei vor allem um die angemessene Auseinandersetzung mit politischen Themen (Abschn. 7.2).

8.3.5 Neue Formen und Foren der Bürgermitwirkung und des öffentlichen Diskurses

Neue Formen und Foren der Bürgermitwirkung und des öffentlichen Diskurses könnten der produktiven Verknüpfung von Bürgeraktivitäten und parlamentarischen Verfahren dienen.

So wird vorgeschlagen, bei öffentlichen Anhörungen der Ausschüsse und Enquete-Kommissionen die Zahl der oft zahlreich präsenten Vertreter von Fachverbänden zu reduzieren und statt dessen mehr »unabhängige« Wissenschaftler und Vertreter von Bürgerinitiativen, Selbsthilfegruppen, gemeinwohlorientiert wirkenden Umweltverbänden und anderen Nichtregierungsorganisationen einzuladen. Die Anhörung sachkundiger Bürger(gruppen) ist auch als eigener Teil öffentlicher Anhörungen denkbar.

Auch wären je nach Thematik neue Frage- und Diskussionsformen zu erproben, wobei die bei den zahlreichen Anhörungen, Foren und Kongressen der (Oppositions-)Fraktionen gemachten Erfahrungen genutzt und (auch auf Fraktionsebene) weiterentwickelt werden können. Auch auf parlamentarischer Ebene kann es nach zum Teil durchaus ermutigenden Erfahrungen aus anderen Wirkungsbereichen sinnvoll sein, von im Zufallsverfahren ausgewählten Bürgergruppen (»Planungszellen«) Bürgergutachten erarbeiten zu lassen – etwa parallel zu Expertengutachten (Dienel 2002). Zudem wären die Voraussetzungen zu schaffen, dass Enquete-Kommissionen, der Petitionsausschuss und auch andere Ausschüsse häufiger »vor Ort« das Gespräch mit sachkundigen Bürger(gruppen) und Betroffenen führen können. In diesem Zusammenhang gehören auch Vorschläge, die Technikfolgenabschätzung verstärkt als öffentliches Diskussionsforum zu gestalten. Sie sollte so organisiert sein, dass diskursive Lernprozesse nicht nur intern zwischen Parlamentariern und Wissenschaftlern ablaufen, sondern im Dialog mit einer kritischen Öffentlichkeit geführt werden und mit außerparlamentarischen Diskussionsprozessen vernetzt werden (Abschn. 7.21).

Besonders kommt es dabei auf die kommunikative Rückbindung zu jenen Kreisen einer aktiven Öffentlichkeit an, die nicht primär Partikularinteressen vertreten, sondern gemeinwohlorientiert wirken.

Innovativ weiterentwickelt wurde seit 2005 das Petitionsverfahren. So ist es seither möglich, Petitionen auch mit Hilfe eines Web-Formulars des Bundestages einzureichen. Zudem wird verstärkt der Tatsache Rechnung getragen, dass Massen- und Sammelpetitionen mit Anliegen von öffentlichem Interesse zur Vitalisierung der Demokratie beitragen können. So können seither auf elektronischem Wege über ein bereitgestelltes Formular »Öffentliche Petitionen« eingereicht, mitgezeichnet und diskutiert werden, wovon reger Gebrauch gemacht wird. Zudem wurde in den »Verfahrensgrundsätzen« des Petitionsausschusses festgelegt, dass Petenten in öffentlicher Ausschusssitzung angehört werden, wenn eine Sammel- oder Massenpetition das Quorum von 50 000 Unterstützern erreicht – ein inzwischen mehrmals praktiziertes Verfahren. Eine entsprechende verfassungsrechtliche Regelung war schon in der »Gemeinamen Verfassungskommission von Bundestag und Bundesrat« (1993) vorgeschlagen, jedoch abgelehnt worden. Öffentliche Anhörungen finden bei Petenten und Nutzern der Petitionsplattform breite Zustimmung und sollten auch unabhängig vom Erreichen des hoch angesetzten Quorums häufiger durchgeführt werden.

Der Belebung der parlamentarischen Demokratie können auch als Ergänzung verstandene direktdemokratische Verfahren dienen, wenn sie so angelegt sind, dass sie die parlamentarische Ebene mit jener der Aktivbürger und Initiatoren produktiv und öffentlichkeitswirksam verknüpfen. Dies gilt insbesondere für das dreistufige Verfahren der Volksgesetzgebung, das nach dem Vorbild Schleswig-Holsteins seit 1990 in mehreren Landesverfassungen eingeführt und auch immer wieder für die Bundesebene vorgeschlagen wurde, aber weder in der »Gemeinsamen Verfassungskommission« (1993) noch im Bundestag (2002) die für Verfassungsänderungen erforderliche Zweidrittelmehrheit fand. Auf Verlangen einer bestimmten Anzahl von Bürgern sollte der Bundestag verpflichtet sein, sich mit dem Gesetzentwurf zu befassen und – was höchst bedeutsam ist – Vertreter der Initiativen anzuhören, wenn diese es wünschen. In der Konsequenz dieses Ansatzes liegt es, dass die Vertreter der Initiative berechtigt sein sollen, ein Volksbegehren zu beantragen, wenn das Parlament einem Gesetzentwurf nicht zustimmt, und dass bei Annahme des Volksbegehrens ein Volksentscheid durchgeführt werden muss. Auch in dieser Phase sollte mit der Möglichkeit eines Gegenentwurfs das Parlament weiter beteiligt werden können, ein in Bundesländern vorgesehenes und in der Praxis bewährtes Verfahren. Ein wesentlicher Vorzug dieses dreistufigen Verfahrens ist es, dass kurzschlüssige Ad-hoc-Entscheidungen ausgeschlossen sind und informierte Meinungs- und Willensbildungsprozesse begünstigt werden. Gegenüber einflussreichen Verbänden würden die Initiativmöglichkeiten von Bürgerinitiativen und Nichtregierungsorganisationen deutlich gestärkt.

Eine den genannten Kriterien und Zielvorstellungen angemessene Reform ist allerdings nur erreichbar, wenn die einzelnen Reformschritte den dargestellten Funktionszusammenhängen entsprechend aufeinander abgestimmt sind und kumulativ wirksam werden können. Zudem werden Parlamentarier auch in Zukunft vor schwierigen Herausforderungen stehen. Denn eine konzeptionelle, längerfristige und zukunftsorientierte Politik ist umso dringlicher in einer Zeit, in der gesellschaftliche, ökologische und politische Wirkungs- und Problemzusammenhänge immer vielfältiger, weitreichender und komplexer werden.

Literaturverzeichnis

Neben der nachfolgenden Literatur wird im Text auf folgende Quellen verwiesen:

BVerfGE   Entscheidungen des Bundesverfassungsgerichts
PlPr   Plenarprotokolle/Stenographische Berichte des Deutschen Bundestages
BT-Drs.   Drucksachen des Deutschen Bundestages
LT-Drs.   Landtagsdrucksachen

Abromeit, Heidrun, 1982: Die Funktion des Bundesrates und der Streit um seine Politisierung, in: Zeitschrift für Parlamentsfragen 13, S. 462–472.

Achterberg, Norbert, 1984: Parlamentsrecht, Tübingen.

Alemann, Ulrich von, 1985: Der Wandel der organisierten Interessen in der Bundesrepublik. Erosion oder Transformation?, in: Aus Politik und Zeitgeschichte B 49, S. 3–21.

Alemann, Ulrich/Heinze, Rolf G./Schmid, Josef, 1998: Parteien im Modernisierungsprozess, in: Aus Politik und Zeitgeschichte B 1-2, S. 29–36.

Altenhof, Ralf, 2002: Die Enquete-Kommissionen des Deutschen Bundestages, Wiesbaden.

Altner, Günter, [3]1997: Ethik und Technologieentwicklung heute, in: Westphalen, Raban Graf von (Hrsg.), Technikfolgenabschätzung als politische Aufgabe, München/Wien, S. 15–30.

Amtliches Handbuch des Deutschen Bundestages. Hrsg. Deutscher Bundestag, Bonn 1957 ff.

Andersen, Uwe/Woyke, Wichard (Hrsg.), [7]2012: Handwörterbuch des politischen Systems der Bundesrepublik Deutschland, Opladen.

Andersen, Uwe (Hrsg), 2008: Der Deutsche Bundestag, Schwalbach/Ts.

Apel, Hans, 1968: Der deutsche Parlamentarismus, Reinbek.

Appel, Reinhard, 1985: Das Parlament und die alten Medien – eine Bilanz. Vortrag im Rahmen der Tagung Neue Medien – neue Chancen für Parlament und Abgeordnete (DVParl und Akad. f. polit. Bildung, Tutzing, 1.5.1985), vervielf. Manuskript.

ARD/ZDF-Onlinestudie, 2012: 76 Prozent der Deutschen online – neue Nutzungssituation durch mobile Endgeräte, in: Media Perspektiven 7-8, S. 362–379.

Arndt, Claus, 1989: Fraktion und Abgeordneter, in: Schneider, Hans-Peter/Zeh, Wolfgang (Hrsg.), Parlamentsrecht und Parlamentspraxis in der Bundesrepublik Deutschland, Berlin/New York, S. 643–672.

Arndt, Claus, 1993: 25 Jahre Post- und Telefonkontrolle. Die G 10-Kommission des Deutschen Bundestages, in: Zeitschrift für Parlamentsfragen 24, S. 621–634.

Arndt, Claus, 1994: Öffentlichkeit der Parlamentsausschüsse? Unter besonderer Berücksichtigung des Deutschen Bundestages, in: Jahrbuch für Politik, Halbband 2, S. 9–33.

Bachmaier, Hermann, 2002: Der Ermittlungsbeauftragte im Spannungsfeld zwischen gerichtsähnlicher Aufklärungsarbeit und parlamentarischer Auseinandersetzung – ein gesetzgeberisches Experiment mit Zukunft, in: Neue juristische Wochenschrift, 55. Jg., H. 5, S. 348 f.

Badura, Peter, ³2003: Staatsrecht, München.

Bagehot, Walter, 1867: The English constitution (deutsche Ausgabe: Die englische Verfassung, Neuwied/Berlin 1971).

Baier, Maximilian, 2009: Die parlamentarische Kontrolle der Nachrichtendienste und deren Reform, Hamburg.

Bajohr, Stefan, ²2007: Grundriss staatliche Finanzpolitik, Wiesbaden.

Bandemer, Stephan von/Hilbert, Josef, 1998: Vom expandierenden zum aktivierenden Staat, in: Bandemer, Stephan von u.a. (Hrsg.), Handbuch zur Verwaltungsreform, Opladen, S. 25–32.

Baring, Arnulf, 1982: Der Machtwechsel. Die Ära Brandt-Scheel, Stuttgart u.a.

Barnickel, Christiane, 2012: Der Bundestag in der Europäischen Union – (Ein)Blick von innen, in: Zeitschrift für Parlamentsfragen 43, S. 324–340.

Bartels, Hans-Peter, 2011: Zehn Jahre Zentrismus – und wie weiter?, in: Netzwerk Berlin 2009–2013, Berlin, S. 31–35.

Barth, Falk, 1998: Wahlkreisarbeiter von Abgeordneten. Rollenverständnis, Funktionen und Interaktionsmuster, Dresden (Magisterarbeit).

Batt, Helge-Lothar, 1996: Die Grundgesetzreform nach der deutschen Einheit: Akteure, politischer Prozess und Ergebnisse, Opladen.

Batt, Helge-Lothar, 2003: Verfassungsrecht und Verfassungswirklichkeit im vereinigten Deutschland, Opladen.

Batt, Helge-Lothar, 2004: Bundesverfassungsgericht und Föderalismusreform, in: Zeitschrift für Parlamentsfragen 35, S. 753–760.

Bäumlin, Richard, 1966: Die Kontrolle des Parlaments über Regierung und Verwaltung, in: Zeitschrift für Schweizerisches Recht, Bd. 85, S. 165–319.

Bauer, Michael W./Knill, Christoph/Ziegler, Maria, 2007: Wie kann die Koordination deutscher Europapolitik verbessert werden? Folgerungen aus einem Leistungsvergleich institutioneller Arrangements in Deutschland, Finnland und Großbritannien, in: Zeitschrift für Parlamentsfragen 38, S. 734–750.

Beck, Ulrich, 1988: Gegengifte. Die organisierte Unverantwortlichkeit, Frankfurt/M.

Beck, Ulrich (Hrsg.), 1991: Politik in der Risikogesellschaft, Frankfurt.

Beck, Ulrich (Hrsg.), 1998: Politik der Globalisierung, Frankfurt/M.

Becker, Bernd, 1996: Die unzulässigen Sonderzahlungen der Abgeordneten an Fraktion und Partei: Reformvorschläge, in: Zeitschrift für Parlamentsfragen 27, S. 377–382.

Beichelt, Timm, 2007: Die europapolitische Koordinierung der Bundesrepublik: besser als ihr Ruf, in: Zeitschrift für Parlamentsfragen 38, S. 751–763.

Beichelt, Timm, 2009: Deutschland und Europa. Die Europäisierung des politischen Systems, Wiesbaden.

Benz, Arthur, 2001: Der moderne Staat. Grundlagen der politologischen Analyse, München/Wien.

Berg, Hans-Joachim, 1982: Der Verteidigungsausschuss des Deutschen Bundestages. Kontrollorgan zwischen Macht und Ohnmacht, München.

Bergmann, Kirstin, 1999: Regierungsbildung 1998: Dokumentation der Koalitionsverhandlungen, in: Zeitschrift für Parlamentsfragen 30, S. 316–325.

Berkhan, Karl-Wilhelm, 1986: Der Wehrbeauftragte des Deutschen Bundestages, in: Kempf, Udo/Uppendahl, Herbert (Hrsg.), Ein deutscher Ombudsmann, Opladen, S. 76–89.

Bermbach, Udo, 1981: Stationen der Regierungs- und Oppositionsbildung 1980, in: Zeitschrift für Parlamentsfragen 12, S. 58–63.

Bernzen, Uwe, 1977: Rechtliche Stellung eines parlamentarischen Ausschusses, in: Zeitschrift für Parlamentsfragen 8, S. 36–41.

Best, Heinrich/Edinger, Michael/Schmitt, Karl/Vogel, Lars, 2007: Zweite Deutsche Abgeordnetenbefragung 2007 (ausg. Beispiele), Jena.

Best, Heinrich/Jahr, Stefan/Vogel, Lars, 2011: Karrieremuster und Karrierekalküle deutscher Parlamentarier, in: Edinger, Michael/Patzelt, Werner (Hrsg.), Politik als Beruf, PVS-Sonderheft 44, Wiesbaden, S. 168–191.

Beyme, Klaus von, 1979: Funktionen der Regierungserklärung im Parlamentarismus der Bundesrepublik (Einleitung), in: Die großen Regierungserklärungen der deutschen Bundeskanzler von Adenauer bis Schmidt, München.

Beyme, Klaus von, 1997: Der Gesetzgeber. Der Bundestag als Entscheidungszentrum, Opladen.

Beyme, Klaus von (Hrsg.), 1999: Die parlamentarische Demokratie. Entstehung und Funktionsweise 1789–1989, Opladen/Wiesbaden.

Beyme, Klaus von, [2]2002: Funktionenwandel der Parteien in der Entwicklung von der Massenmitgliederpartei zur Partei der Berufspolitiker, in: Gabriel, Oscar W./Niedermayer, Oskar/Stöss, Richard (Hrsg.), Parteiendemokratie in Deutschland, Wiesbaden, S. 315–339.

Beyme, Klaus von, [11]2010: Das politische System der Bundesrepublik Deutschland, München.

Biermann, Rafael, 2004: Der Deutsche Bundestag und die Auslandseinsätze der Bundeswehr. Zur Gratwanderung zwischen exekutiver Prärogative und legislativer Mitwirkung, in: Zeitschrift für Parlamentsfragen 35, S. 607–626.

Billing, Werner, 2001: Der Bundespräsident, in: Westphalen, Raban Graf von (Hrsg.), Deutsches Regierungssystem, München, S. 313–337.

Bimber, Bruce, 1996: The Politics of Expertise in Congress: The Rise and Fall of the Office of Technology Assessment, Albany.

Blanke, Bernhard/Schridde, Henning, 1999: Bürgerengagement und aktivierender Staat, in: Aus Politik und Zeitgeschichte B 24-25, S. 3–12.

Bleckmann, Albert, [6]1997: Europa-Recht, Köln u. a.

Blischke, Werner, 1973: Verfahrensfragen des Bundestages im Jahr 1972, in: Der Staat 12, S. 65–84.

Blumenthal, Julia von, 2003: Auswanderung aus den Verfassungsinstitutionen. Kommissionen und Konsensrunden, in: Aus Politik und Zeitgeschichte B 43, S. 9–15.

Blumenthal, Julia von, 2008: Zwischen Unitarisierung und föderaler Vielfalt, in: Jesse, Eckart/ Sandschneider, Eberhard (Hrsg.), Neues Deutschland, Baden-Baden, S. 83–105.

Blumenthal, Julia von, 2010: Governance im Bundesstaat: Föderale und unitarische Tendenzen in der Landespolitik am Beispiel der Kopftuchfrage, in: Schrenk, Klemens H./Soldner, Markus (Hrsg.), Analyse demokratischer Regierungssysteme, Wiesbaden, S. 375–388.

Bockhofer, Reinhard (Hrsg.), 1999: Mit Petitionen Politik verändern, Baden-Baden.

Bockhofer, Reinhard (Hrsg.), 2004: Demokratie wagen – Petitionsrecht ändern! Bremen.

Bodenheim, Dieter G., 1980: Das parlamentarische Fragerecht unter dem Grundgesetz, in: Zeitschrift für Parlamentsfragen 11, S. 38–53.

Boehme-Neßler, Volker, 2001: Das Bundesverfassungsgericht, in: Westphalen, Raban von, Deutsches Regierungssystem, München, S. 363–384.

Bohnefeld, Jörg, 2007: Die Rolle der Parlamentarischen Staatssekretäre im Deutschen Bundestag. Unveröffentlichte Magisterarbeit, Technische Universität Dresden.

Bohnsack, Klaus, 1983: Die Koalitionskrise 1981/82 und der Regierungswechsel 1982, in: Zeitschrift für Parlamentsfragen 14, S. 5–32.

Böhr, Christoph/Busch, Eckart, 1984: Politischer Protest und parlamentarische Bewältigung: zu den Beratungen und Ergebnissen der Enquete-Kommission ›Jugendprotest im demokratischen Staat‹, Baden-Baden.

Böhret, Carl, 1983a: Politik und Verwaltung, Beiträge zur Verwaltungspolitologie, Opladen.

Böhret, Carl, 1983b: Politische Vorgaben für ziel- und ergebnisorientiertes Verwaltungshandeln aus Regierungserklärungen?, in: Böhret, Carl, Politik und Verwaltung, S. 45–57.

Böhret, Carl/Franz, Peter, 1986: Die parlamentarische Technologiefolgenabschätzung. Funktionen, Probleme und Organisationsmodelle, in: Hartwich, Hans-Hermann (Hrsg.), Politik und die Macht der Technik, Opladen, S. 169–182.

Böhret, Carl/Franz, Peter, 1988: Die Institutionalisierung der Technologiefolgenabschätzung im politischen System der Bundesrepublik Deutschland, in: Lompe, Klaus (Hrsg.), Techniktheorie, Technikforschung und Technikgestaltung, Göttingen, S. 268–288.

Böhret, Carl/Konzendorf, Götz, 2000: Moderner Staat – Moderne Verwaltung. Leitfaden zur Gesetzesfolgenabschätzung, Hrsg. Bundesministerium des Innern, Berlin.

Boldt, Hans, 1973: Zum Verhältnis von Parlament, Regierung und Haushaltsausschuss, in: Zeitschrift für Parlamentsfragen 4, S. 534–537.

Bomhoff, Marc, 2006: Aufgaben, Organisation und Ausstattung der Unterabteilungen Wissenschaftliche Dienste und Petitionen und Eingaben in der Verwaltung des Deutschen Bundestages, Ausarbeitung WD 1–134/06 des Deutschen Bundestages, Berlin.

Bonner Kommentar zum Grundgesetz, Loseblattsammlung (1950 ff.), Hamburg.

Borchert, Jens/Golsch, Lutz, 1999: Deutschland: Von der »Honoratiorenzunft« zur politischen Klasse, in: Borchert, Jens (Hrsg.), Politik als Beruf. Die politische Klasse in westlichen Demokratien, Opladen, S. 114–140.

Bräcklein, Susanne, 2003: Öffentlichkeit im parlamentarischen Untersuchungsverfahren, in: Zeitschrift für Rechtspolitik 36, S. 348–353.

Bräcklein, Susanne, 2006: Investigativer Parlamentarismus: parlamentarische Untersuchungen in der Bundesrepublik Deutschland und den Vereinigten Staaten von Amerika, Berlin.

Brandt, Edmund, 1981: Die Bedeutung parlamentarischer Vertrauensregelungen. Dargestellt am Beispiel von Art. 54 WRV und Art. 67, 68 GG, Berlin.

Braß, Heiko, 1990: Enquete-Kommissionen im Spannungsfeld von Politik, Wissenschaft und Öffentlichkeit, in: Petermann, Thomas (Hrsg.), Das wohlberatene Parlament. Orte und Prozesse der Politikberatung beim Deutschen Bundestag, Berlin, S. 65–95.

Bräunlein, Thomas, 2004: Integration der Gesetzesfolgenabschätzung ins politisch-administrative System der Bundesrepublik Deutschland, Frankfurt a. M.

Brausewetter, Hartmut H., 1976: Kanzlerprinzip, Ressortprinzip und Kabinettsprinzip der ersten Regierung Brandt 1969–72, Bonn.

Brettschneider, Frank, 1995: Öffentliche Meinung und Politik. Eine empirische Studie zur Responsivität des Deutschen Bundestages zwischen 1949 und 1990, Opladen.

Brettschneider, Frank, 1996: Parlamentarisches Handeln und öffentliche Meinung. Zur Responsivität des Deutschen Bundestages bei politischen Sachfragen zwischen 1949 und 1990, in: Zeitschrift für Parlamentsfragen 27, S. 108–126.

Brosius-Linke, André, 2009: Der Europaausschuss der 16. Wahlperiode: starke Struktur, aber unambitioniert in eigenen Rechten, in: Zeitschrift für Parlamentsfragen 40, S. 731–746.

Bücker, Joseph, 1986: Das Parlamentsrecht in der Hierarchie der Rechtsnormen, in: Zeitschrift für Parlamentsfragen 17, S. 324–333.

Budrich, Edmund (Hrsg.)/Publication of the German Bundestag, [5]2009: The German Parliament, Opladen/Farmington Hills.

Bukow, Sebastian/Seemann, Wenke (Hrsg.), 2010: Die Große Koalition. Regierung – Politik – Parteien 2005–2009, Wiesbaden.

Büllingen, Franz, 1987: Technikfolgen-Abschätzung und -Bewertung beim amerikanischen Kongress. Das Office of Technology Assessment, in: Aus Politik und Zeitgeschichte B 19-20, S. 26–39.

Bulmahn, Edelgard, 1998: Möglichkeiten der Politik in der Technikfolgenabschätzung, in: Pius, Markus (Hrsg.), Möglichkeiten, Risiken und Grenzen der Technik auf dem Wege in die Zukunft, Bonn, S. 21–31.

Bülow, Marco, 2010: Wir Abnicker. Über Macht und Ohnmacht der Volksvertreter, Berlin.

Bund transparent, 2011, Bad Honnef.

Bundesgremienbesetzungsbericht, 2007: Bericht der Bundesregierung über den Anteil von Frauen in wesentlichen Gremien im Einflussbereich des Bundes, BT-Drs. 16/4385.

Bundesministerium des Innern (Hrsg.), 1999: Bewährung und Herausforderung. Die Verfassung vor der Zukunft, Opladen.

Bundesnetzagentur, 2011: Monitoringbericht 2011 (www.bundesnetzagentur.de).

Bundesrechnungshof, 2011: Bemerkungen 2011 zur Haushalts- und Wirtschaftsführung des Bundes, Bonn.

Buntenbach, Annelie, 2003: Von Bratwurst und Bundestag: Die Crux der Politikberatung am Beispiel der Enquete-Kommission »Globalisierung«, in: Fues, Thomas/Hippler, Jochen (Hrsg.), Globale Politik. Entwicklung und Frieden in der Weltgesellschaft. Festschrift für Franz Nuscheler, Bonn, S. 31–36.

Burchardt, Ulla, 2006: Die Parlamentarische TA hat sich bewährt (Interview), in: TAB-Brief, Nr. 29, S. 8–12.

Burkhart, Simone/Manow, Philip, 2006: Kompromiss und Konflikt im parteipolitisierten Föderalismus der Bundesrepublik Deutschland, in: Zeitschrift für Politikwissenschaft 16, S. 807–824.

Busch, Eckart, ⁴1983: Parlamentarische Kontrolle, Heidelberg.

Busch, Eckart, ⁵1999: Der Wehrbeauftragte – Organ der parlamentarischen Kontrolle, Heidelberg.

Busse, Volker, 2010: Regierungsinternes Gesetzgebungsvorbereitungsverfahren, in: Schrenk, Klemens H./Soldner, Markus (Hrsg.), Analyse demokratischer Regierungssysteme, Wiesbaden, S. 221–236.

Busse, Volker/Hofmann, Hans, ⁵2010: Bundeskanzleramt und Bundesregierung. Aufgaben, Organisation, Arbeitsweise, Heidelberg.

Butterwegge, Christoph, 2005: Krise und Zukunft des Sozialstaates, Wiesbaden.

Buzogány, Aron/Stuchlik, Andrej, 2012: Subsidiarität und Mitsprache. Natioanle Parlamente nach Lissabon, in: Zeitschrift für Parlamentsfragen 43, S. 340–361.

Caspar, Johannes, 2004: Zur Einsetzung parlamentarischer Untersuchungsausschüsse: Voraussetzungen, Minderheitsbefugnisse und Folgen rechtswidriger Einsetzungsbeschlüsse, in: Deutsches Verwaltungsblatt 114, H. 14, S. 845–853.

Cecere, Vito, 2011: Der Bund und die Länder: Bund-Länder-Koordinierung in der Regierungspraxis der Großen Koalition, in: Jun, Uwe/Leunig, Sven (Hrsg.), 60 Jahre Bundesrat, Baden-Baden, S. 53–67.

Christopeit, Vera/Wolff, Heinrich Amadeus, 2010: Die Reformgesetze zur parlamentarischen Kontrolle der Nachrichtendienste, in: Zeitschrift für Gesetzgebung 25, S. 77–96.

Coleman, Stephen/Blumler, Jay, 2009: The Internet and Democratic Citizenship. Theory, Practice and Policy, Cambridge.

Cullen, Michael, [6]2010: Kurze Geschichte des Reichstagsgebäudes in Berlin, in: Budrich, Edmund/Eine Veröffentlichung des Deutschen Bundestages, Das deutsche Parlament, Opladen/Farmington Hills, S. 191–228.

Czada, Roland/Lütz, Susanne, 2003: Einleitung – Probleme, Institutionen und Relevanz regulativer Politik, in: Czada, Roland/Lütz, Susanne/Mette, Stefan, Regulative Politik. Zähmungen von Markt und Technik, Opladen, S. 13–34.

Czerwick, Edwin, 1998: Parlamentarische Politikvermittlung – zwischen »Basisbezug« und »Systembezug«, in: Sarcinelli, Ulrich (Hrsg.), Politikvermittlung und Demokratie in der Mediengesellschaft, Opladen, S. 253–296.

Dach, Peter R., 1989: Das Ausschussverfahren nach der Geschäftsordnung und in der Praxis, in: Schneider, Hans-Peter/Zeh, Wolfgang (Hrsg.), Parlamentsrecht und Parlamentspraxis, Berlin/New York, S. 1103–1130.

Daiber, Birgit, 2012: Das Integrationsverantwortungsgesetz in der Praxis des Deutschen Bundestages, in: Zeitschrift für Parlamentsfragen 43, S. 293–312.

Damkowski, Wulf (Hrsg.), 1987: Der parlamentarische Untersuchungsausschuss, Frankfurt/New York.

Decker, Frank, 2004: Föderalismus an der Wegscheide? Optionen und Perspektiven einer Reform der bundesstaatlichen Ordnung, Wiesbaden.

Decker, Frank, 2009: Koalitionsaussagen und Koalitionsbildung, in: Aus Politik und Zeitgeschichte B 51, S. 20–26.

Demmler, Wolfgang, 1994: Der Abgeordnete im Parlament der Fraktionen, Berlin.

Demuth, Christian, 2009: Der Bundestag als lernende Institution. Eine evolutionstheoretische Analyse der Lern- und Anpassungsprozesse des Bundestages, insbesondere an die Europäische Union, Baden-Baden.

Denninger, Eduard, 1973: Staatsrecht, Bd. 1, Reinbek.

Derlien, Hans-Ulrich, 1975: Das Berichtswesen der Bundesregierung – Ein Mittel der Kontrolle und Planung, in: Zeitschrift für Parlamentsfragen 6, S. 42–47.

Derlien, Hans-Ulrich, 2001: Personalpolitik nach Regierungswechseln, in: Derlien, Hans-Ulrich/Murswieck, Axel (Hrsg.), Regieren nach Wahlen, Opladen, S. 39–57.

Derlien, Hans-Ulrich/Mayntz, Renate/Fälker, Margot/Groß, Hermann/Klaas, Dirk Olaf, 1988: Comparative Elite Study II – Einstellungen der politisch-administrativen Elite des Bundes 1987, Bamberg.

Deutsch, Franziska/Schüttemeyer, Suzanne S., 2003: Die Berufsstruktur des Deutschen Bundestages – 14. und 15. Wahlperiode, in: Zeitschrift für Parlamentsfragen 34, S. 21–32.

Deutsche Vereinigung für Parlamentsfragen, 2007: »Der Bundestag verhandelt öffentlich« (Art. 42 GG). Zur Notwendigkeit eines Parlamentskanals (Tagungsprotokoll), Berlin.

Deutscher Bundestag (Hrsg.), 1986: Die Geschäftsordnungen deutscher Parlamente seit 1848, Bonn.

Deutscher Bundestag (Hrsg.), 1991: Parlamentsrecht in der Entwicklung. Änderungen der Geschäftsordnung des Deutschen Bundestages in der 10. und 11. Wahlperiode, 2 Bände, Bonn.

Deutscher Bundestag, 2011: Jahresbericht des Petitionsausschusses 2011, (http://www.bundestag. de/bundestag/ausschuesse17/a02/Docs/PetJahresbericht2011.pdf [Stand: 01.06.2012]).

Dexheimer, Wolfgang, 1982: Die Mitwirkung der Bundestagsfraktionen bei der Besetzung der Ausschüsse, in: Roll, Hans-Achim (Hrsg.), Plenarsitzungen des Deutschen Bundestages, Berlin, S. 259–277.

Diederich, Nils/Cadel, Georg/Dettmar, Heidrun/Haag, Ingeborg, 1990: Die diskreten Kontrolleure. Eine Wirkungsanalyse des Bundesrechnungshofs, Opladen.

Dienel, Peter C., [5]2002: Die Planungszelle. Der Bürger als Chance, Wiesbaden.

Dierkes, Manfred, 1986: Technikfolgenabschätzung als Interaktion von Sozialwissenschaften und Politik, in: Hartwich, Hans-Hermann (Hrsg.), Politik und die Macht der Technik, Opladen, S. 144–161.

Dittberner, Jürgen, 2003: Freies Mandat und politische Geschlossenheit. Widerspruch oder Ergänzung zweier Prinzipien des Parlamentarismus?, in: Zeitschrift für Parlamentsfragen 34, S. 550–564.

Dobiey, Burkhard, 1974: Zur Frage eines unmittelbaren Zugangs des Parlaments zu Datenbanken der Regierung, in: Zeitschrift für Parlamentsfragen 5, S. 316–325.

Döhler, Marian, 2012: Gesetzgebung auf Honorarbasis – Politik, Ministerialverwaltung und das Problem externer Beteiligung an Rechtsetzungsprozessen, in: Politische Vierteljahresschrift 53, S. 181–120.

Döring, Herbert (Hrsg.), 1995: Parliaments and Majority Rule in Western Europe, Frankfurt/New York.

Döring, Herbert, 1996: Parlamentarische Kontrolle in Westeuropa, in: Aus Politik und Zeitgeschichte B 27, S. 42–54.

Dörner, Andreas, 2000: Der Bundestag im Reichstag. Zur Inszenierung einer politischen Institution in der »Berliner Republik«, in: Zeitschrift für Parlamentsfragen 31, S. 237–247.

Dörner, Andreas/Vogt, Ludgera (Hrsg.), 1995: Sprache des Parlaments und Semiotik der Demokratie. Studien zur politischen Kommunikation in der Moderne, Berlin/New York.

Dümig, Kathrin/Trefs, Matthias/Zohlnhöfer, Reimut, 2006: Die Faktionen der CDU: Bändigung durch institutionalisierte Einbindung, in: Köllner, Patrick/Basedau, Matthias/Erdmann, Gero (Hrsg.), Innerparteiliche Machtgruppen. Faktionalismus im internationalen Vergleich, Frankfurt/New York, S. 99–123.

Dülz, Sigurd, 1989: Als Landesbeauftragter im Bundesratsausschuss, in: Hrbek, Rudolf (Hrsg.), Miterlebt – mitgestaltet. Der Bundesrat im Rückblick, Stuttgart, S. 374–385.

Ebbighausen Rolf, 1996: Die Kosten der Parteiendemokratie. Studien und Materialien zu einer Bilanz staatlicher Parteienfinanzierung in der Bundesrepublik Deutschland, Opladen.

Ebinger, Falk/Jochheim, Linda, 2009: Wessen loyale Diener? Wie die Große Koalition die deutsche Ministerialbürokratie veränderte, in: Der moderne Staat 2, S. 327–345.

Edinger, Florian, 2006: Wer misstraut wem? Die Entscheidung des Bundesverfassungsgerichts über die Vertrauensfrage des Bundeskanzlers und die Bundestagsauflösung 2005 – 2 BvE 4/05 und 7/05, in: Zeitschrift für Parlamentsfragen 37, S. 28–39.

Edinger, Franz, 1992: Wahl und Besetzung parlamentarischer Gremien. Präsidium, Ältestenrat, Ausschüsse, Berlin.

Edinger, Michael, 2009: Profil eines Berufstandes: Professionalisierung und Karrierelogiken von Abgeordneten im vereinten Deutschland, in: Schöne, Helmar/Blumenthal, Julia von (Hrsg.), Parlamentarismusforschung in Deutschland, Baden-Baden, S. 177–215.

Egle, Christoph/Zohlnhöfer, Reimut (Hrsg.), 2010: Die Große Koalition 2005–2009. Eine Bilanz der Regierung Merkel, Wiesbaden.

Ehmke, Horst, 1994: Mittendrin. Von der Großen Koalition zur Deutschen Einheit, Berlin.

Ehrenzeller, Bernhard, 1993: Legislative Gewalt und Außenpolitik: eine rechtsvergleichende Studie zu den parlamentarischen Entscheidungskompetenzen des deutschen Bundestages, des amerikanischen Kongresses und der schweizerischen Bundesversammlung im auswärtigen Bereich, Basel/Frankfurt.

Ellwein, Thomas/Holtmann, Everhard (Hrsg.), 1999: 50 Jahre Bundesrepublik Deutschland, Opladen.

Engels, Dieter, [2]1991: Parlamentarische Untersuchungsausschüsse. Grundlagen und Praxis im Deutschen Bundestag, Heidelberg.

Enquete-Kommission »Zukunft des Bürgerschaftlichen Engagements« Deutscher Bundestag (Hrsg.), 2002: Bürgerschaftliches Engagement und Zivilgesellschaft, Opladen.

Enquete-Kommission Verfassungsreform, 1976: Schlussbericht, Bd. 1 (Zur Sache 3), Bonn.

Entwurf eines Begleitgesetzes zur zweiten Föderalismusreform, BT-Drs. 16/12400/24. 3. 2009.

Entwurf eines Gesetzes Zur Änderung des Grundgesetzes (Artikel 91c, 91d, 104b, 109, 109a, 115, 143d), BT-Drs. 16/12410/24. 3. 2009.

Eppler, Erhard, 1975: Ende oder Wende?, Stuttgart.

Eppler, Erhard, 1998: Die Wiederkehr der Politik, Frankfurt/Leipzig.

Eppler, Erhard, 2011: Eine solidarische Gesellschaft. Epochenwechsel nach der Blamage der Marktradikalen, Bonn.

Escher, Tobias, 2010: Wi(e)der die üblichen Verdächtigen? Politische Beteiligung via Internet, in: Wolling, Jens/Seifert, Markus/Emmer, Martin (Hrsg.), Politik 2.0? Die Wirkung computervermittelter Kommunikation auf den politischen Prozess, Baden-Baden, S. 131–150.

EU-Ausschuss (Hrsg.), ²1998: Der Ausschuss für die Angelegenheiten der Europäischen Union des Deutschen Bundestages, Bonn.

EU-Vertrag, ⁴1998 (EG-Vertrag in den Fassungen von Maastricht und Amsterdam mit Protokollen, Schlussakten und Erklärungen), München.

Evangelische Kirche in Deutschland (Kammer für Soziale Ordnung), 1986: Evangelische Kirche und freiheitliche Demokratie. Der Staat des Grundgesetzes als Angebot und Aufgabe, Gütersloh.

Fallsammlungen über die Anwendung der Geschäftsordnung in den Verhandlungen des Deutschen Bundestages für die 8. bis 16. Wahlperiode. Verwaltung des Deutschen Bundestages, Bonn/Berlin.

FDP-Bundestagsfraktion, 2011: Bürgerbeteiligung ausweiten, Petitionsverfahren weiterentwickeln, Bürgerplenarverfahren einführen. Positionspapier, 28. 3. 2011, Berlin.

Feist, Ursula/Hoffmann, Hans-Jürgen, 1999: Die Bundestagswahlanalyse 1998. Wahl des Wechsels, in: Zeitschrift für Parlamentsfragen 30, S. 215–251.

Feldkamp, Michael F., 2005: Datenhandbuch zur Geschichte des Deutschen Bundestages 1994 bis 2003, Baden-Baden.

Feldkamp, Michael F. (Hrsg.), 2007: Der Bundestagspräsident. Amt – Funktion – Person. 16. Wahlperiode, München.

Feldkamp, Michael F., 2010: Der Deutsche Bundestag – 100 Fragen und Antworten, Baden-Baden.

Feldkamp, Michael F., 2011: Datenhandbuch zur Geschichte des Deutschen Bundestages 1990 bis 2010, Baden-Baden.

Fetscher, Iring, 1989: Aufklärung über Aufklärung, in: Honneth, Axel (Hrsg.), Zwischenbetrachtungen. Jürgen Habermas zum 60. Geburtstag, München, S. 657–689.

Forkmann, Daniela, 2011: Das »Netzwerk junger Abgeordneter Berlin«, Wiesbaden.

Franke, Harald, 1987: Vom Seniorenkonvent des Reichstages zum Ältestenrat des Bundestages, Berlin.

Fuchs, Michael, 2004: Der Ausschuss für die Angelegenheiten der Europäischen Union, in: Zeitschrift für Parlamentsfragen 35, S. 3–24.

Fuchs, Michael/Fuchs, Anke/Fuchs, Kerstin, 2009: Verfassungs- und parlamentsrechtliche Probleme beim Wechsel der Wahlperiode, in: Die Öffentliche Verwaltung 62, H. 6, S. 232–238.

Gabriel, Oscar W., ³2005: Politische Einstellungen und politische Kultur, in: Gabriel, Oscar W./Holtmann, Everhard (Hrsg.), Handbuch Politisches System der Bundesrepublik Deutschland, München/Wien, S. 459–522.

Gabriel, Oscar W., 2010: Zwischen Markt und Staat: Sozialkapital und die Zukunft der Demokratie, in: Schrenk, Klemens H./Soldner, Markus (Hrsg.), Analyse demokratischer Regierungssysteme, Wiesbaden, S. 129–150.

Gabriel, Oscar W./Holtmann, Everhard (Hrsg.), ³2005: Handbuch Politisches System der Bundesrepublik Deutschland, München/Wien.

Gabriel, Oscar W./Holtmann, Everhard, 2010: Der Parteienstaat – ein immerwährendes demokratisches Ärgernis? Ideologiekritische und empirische Anmerkungen zu einer aktuellen Debatte, in: Zeitschrift für Politik 57, S. 307–328.

Gabriel, Oscar W./Neller, Katja, 2010: Bürger und Politik in Deutschland, in: Gabriel, Oscar W./Plasser, Fritz (Hrsg.), Deutschland, Österreich und die Schweiz im neuen Europa, Baden-Baden, S. 37–146.

Gabriel, Oscar W./Niedermayer, Oskar, ²2002: Parteimitgliedschaften: Entwicklung und Sozialstruktur, in: Gabriel, Oscar W./Niedermayer, Oskar/Stöss, Richard (Hrsg.), Parteiendemokratie in Deutschland, Opladen, S. 274–296.

Gabriel, Oscar W./Völkl, Kerstin, ³2005: Politische und soziale Partizipation, in: Gabriel, Oscar W./Holtmann, Everhard (Hrsg.), Handbuch Politisches System der Bundesrepublik Deutschland, München/Wien, S. 523–573.

Gabriel. Oscar W./Niedermayer, Oskar/Stöss, Richard (Hrsg.), ²2002: Parteiendemokratie in Deutschland, Wiesbaden.

Gast, Henrik/Kranenpohl, Uwe, 2008: Große Koalition – schwacher Bundestag?, in: Aus Politik und Zeitgeschichte B 16, S. 18–23.

Gardiner, Angelika, 2007: Per Mausklick zum Abgeordneten, in: Stiftung Mitarbeit (Hrsg.), E-Partizipation. Beteiligungsprojekte im Internet. Beiträge zur Demokratieentwicklung von unten Nr. 21. Bonn, S. 179–193.

Gebauer, Annekatrin, 2005: Der Richtungsstreit in der SPD. Seeheimer Kreis und Neue Linke im innerparteilichen Machtkampf, Wiesbaden.

Gehring, Kai, 2008: Der »Praxisschock« – Erfahrungen eines neu gewählten jungen Bundestagsabgeordneten, in: Andersen, Uwe (Hrsg.), Der Deutsche Bundestag. Eine Einführung, Schwalbach/Ts., S. 133–152.

Geiger, Rudolf, 1995: Kommentar zu dem Vertrag zur Gründung der Europäischen Gemeinschaft, München.

Genschel, Philipp/Zangl, Bernhard, 2007: Die Zerfaserung von Staatlichkeit und die Zentralität des Staates, in: Aus Politik und Zeitgeschichte B 20-21, S. 10–16.

Georgii, Harald/Borhanian, Sarah, 2006: Zustimmungsgesetze nach der Föderalismusreform. Wie hätte sich der Anteil der Zustimmungsgesetze verändert, wenn die vorgeschlagene Reform bereits 1998 in Kraft gewesen wäre? Ausarbeitung des wissenschaftlichen Dienstes des Deutschen Bundestages, Berlin.

Gerster, Johannes, 1984: Der Berichterstatter im parlamentarischen Haushaltsverfahren, Regensburg.

GESTA, Stand der Gesetzgebung des Bundes, Abschlussbände und über www.bundestag.de

Gleumes, Karl, 2008: Der Wehrbeauftragte. Hilfsorgan des Bundestages bei der Ausübung der parlamentarischen Kontrolle, Berlin.

Golsch, Lutz, 1998: Die politische Klasse im Parlament. Politische Professionalisierung von Hinterbänklern im Deutschen Bundestag, Baden-Baden.

Görlitz, Niklas, 2009: Voraussetzungen und Grenzen des Rechts auf Fraktionsbildung im Deutschen Bundestag, in: Die Öffentliche Verwaltung 62, H. 7, S. 261–268.

Görtemaker, Manfred, ⁶2010: Parlamentarischer Gedanke und Parlamentarismus in Deutschland 1800–1945, in: Budrich, Edmund (Hrsg.)/Veröffentlichung des Deutschen Bundestages, Das deutsche Parlament, Opladen/Farmington Hills, S. 7–54.

Grande, Edgar/Eberlein, Burkhard, 1999: Der Aufstieg des Regulierungsstaates im Infrastrukturbereich, in: Czada, Roland/Wollmann, Hellmuth (Hrsg.), Von der Bonner zur Berliner Republik. Leviathan-Sonderheft 19, Wiesbaden, S. 631–651.

Grande, Edgar/Pauly, Louis W. (Hrsg.), 2005: Complex Sovereignty, Toronto.

Greiffenhagen, Martin (Hrsg.), 1973: Demokratisierung in Staat und Gesellschaft, München.

Grimm, Dieter, ²1994: Politische Parteien, in: Benda, Ernst/Maihofer, Werner/Vogel, Hans-
Jochen (Hrsg.), Handbuch des Verfassungsrechts der Bundesrepublik Deutschland,
Berlin, S. 599–656.

Groß, Hermann/Bohnefeld, Jörg, 2010: Regieren aus der zweiten Reihe: Der Parlamentarische
Staatssekretär im Bund, in: Schrenk, Klemens H./Soldner, Markus (Hrsg.), Analyse demokratischer Regierungssysteme, Wiesbaden, S. 237–256.

Gros, Jürgen, 1998: Politikgestaltung im Machtdreieck Partei, Fraktion, Regierung, Berlin.

Grotz, Florian/Weber, Till, 2010: Koalitionsstrukturen und Koalitionsstabilität in Mittel- und
Osteuropa: Ein internationaler Vergleich, in: Schrenk, Klemens H./Soldner, Markus
(Hrsg.), Analyse demokratischer Regierungssysteme, Wiesbaden, S. 525–543.

Gruber, Andreas K., 2008: Der Weg nach ganz oben. Karriereverläufe deutscher Spitzenpolitiker, Wiesbaden.

Grunwald, Armin, 2010: Technikfolgenabschätzung – Eine Einführung, Berlin.

Grunwald, Armin/Banse, Gerhard/Coenen, Christopher/Hennen, Leonhard 2006: Netzöffent-
lichkeit und digitale Demokratie. Tendenzen politischer Kommunikation im Internet,
Berlin.

Guckelberger, Anette, 2008: Neue Erscheinungen des Petitionsrechts: E-Petitionen und öffentliche Petitionen, in: Die Öffentliche Verwaltung 61, H. 3, S. 85–94.

Gusy, Christoph, 2008: Parlamentarische Kontrolle der Geheimdienste im demokratischen
Rechtsstaat, in: Röttgen, Norbert/Wolff, Heinrich Amadeus (Hrsg.), Parlamentarische
Kontrolle. Die Nachrichtendienste im demokratischen Rechtsstaat, St. Augustin/Ber-
lin, S. 13–29.

Habermas, Jürgen, ⁴1970: Verwissenschaftlichte Politik und öffentliche Meinung (1963), in: Habermas, Jürgen, Technik und Wissenschaft als ›Ideologie‹, Frankfurt/M., S. 120–145.

Habermas, Jürgen, 1981: Die Theorie des kommunikativen Handelns, Bd. 2, Frankfurt/M.

Hamm-Brücher, Hildegard, 1990: Der freie Volksvertreter – eine Legende? Erfahrungen mit
parlamentarischer Macht und Ohnmacht, München.

Hänsch, Klaus, 1986: Europäische Integration und parlamentarische Demokratie, in: Europa-
Archiv, H.7.

Hansalek, Erik, 2006: Die parlamentarische Kontrolle der Bundesregierung im Bereich der
Nachrichtendienste, Frankfurt/M.

Harle, Isabella/Stecker, Christian, 2011: Die Initiativtätigkeit des Bundesrates im Lichte der Par-
teipolitisierungsthese, in: Zeitschrift für Parlamentsfragen 42, S. 325–334.

Harnisch, Sebastian, 2006: Internationale Politik und Verfassung. Die Domestizierung der
deutschen Sicherheits- und Europapolitik, Baden-Baden.

Härth, Wolfgang, 1985: Abwählbar oder nicht? Der Parlamentspräsident und sein Amt, in: Zeitschrift für Parlamentsfragen 14, S. 490–495.

Hartmann, Jürgen, 2004: Das politische System der Bundesrepublik Deutschland im Kontext,
Wiesbaden.

Hartmann, Jürgen, 2010: Much Ado about Nothing? Zur Verpackungsehrlichkeit des europäischen Verfassungsprojekts, in: Schrenk, Klemens H./Soldner, Markus (Hrsg.), Analyse
demokratischer Regierungssysteme, Wiesbaden, S. 463–478.

Hartmann, Jürgen/Kempf, Udo, 2011: Staatsoberhäupter in der Demokratie, Wiesbaden.

Hartmann, Jürgen/Thaysen, Uwe (Hrsg.), 1992: Pluralismus und Parlamentarismus in Theorie und Praxis, Opladen.

Hassel, Anke, 2012: Primat demokratischer Politik im Spannungsfeld von Globalisierung und Entstaatlichung, in: Mörschel, Tobias/Krell, Christian (Hrsg.), Demokratie in Deutschland, Wiesbaden, S. 217–235.

Hauck, Felix, 1999: Mitwirkungsrechte des Bundestages in Angelegenheiten der Europäischen Union, Berlin.

Haungs, Peter, 1989: Kanzlerprinzip und Regierungstechnik im Vergleich: Adenauers Nachfolger, in: Aus Politik und Zeitgeschichte B 1-2, S. 28–39.

Hederich, Matthias, 1999: Zur Kompetenz des Bundespräsidenten, die Gesetzesausfertigung zu verweigern, in: Zeitschrift für Gesetzgebung 14, S. 123–142.

Hefty, Julia 2005: Die Parlamentarischen Staatssekretäre im Bund. Eine Entwicklungsgeschichte seit 1967, Düsseldorf.

Heid, Tatjana, 2011: Note: Mit Auszeichnung, in: Das Parlament Nr. 07/08 vom 14.02.2011.

Heinrich, Gudrun, 1995: Koalitionsverhandlungen und Regierungsbildung auf Bundesebene 1994 im Spiegel der Presse, in: Zeitschrift für Parlamentsfragen 26, S. 193–204.

Hellstern, Gerd-Michael/Wollmann, Hellmuth (Hrsg.), 1980: Wirksame Gesetzesevaluierung, in: Zeitschrift für Parlamentsfragen 11, S. 547–567.

Hellstern, Gerd-Michael/Wollmann, Hellmuth (Hrsg.), 1984: Handbuch zur Evaluierungsforschung, Opladen.

Helms, Ludger, 1997: Wettbewerb und Kooperation. Zum Verhältnis von Regierungsmehrheit und Opposition im parlamentarischen Gesetzgebungsverfahren in der Bundesrepublik Deutschland, Großbritannien und Österreich, Opladen.

Helms, Ludger (Hrsg.), 1999a: Parteien und Fraktionen. Ein internationaler Vergleich, Opladen.

Helms, Ludger, 1999b: Entwicklungslinien der Verfassungsgerichtsbarkeit in der parlamentarischen Demokratie der Bundesrepublik Deutschland, in: Jesse, Eckhard/Löw, Konrad (Hrsg.), 50 Jahre Bundesrepublik Deutschland, Berlin, S. 141–164.

Helms, Ludger, 2002: Politische Opposition, Theorie und Praxis in westlichen Demokratien, Opladen.

Helms, Ludger, 2005a: Der Wandel politischer Kontrolle in den parlamentarischen Demokratien Westeuropas, in: Zeitschrift für Parlamentsfragen 36, S. 390–410.

Helms, Ludger, 2005b: Regierungsorganisation und politische Führung in Deutschland, Wiesbaden.

Herrmann, Dietrich, 2006: Akte der Selbstautorisierung als Grundstock institutioneller Macht von Verfassungsgerichten, in: Vorländer, Hans (Hrsg.), Die Deutungsmacht der Verfassungsgerichtsbarkeit, Wiesbaden, S. 141–173.

Herrmann, Dietrich, 2010: Politikwissenschaftliche Forschung zum Bundesverfassungsgericht, in: Schrenk, Klemens H./Soldner, Markus (Hrsg.), Die Analyse demokratischer Regierungssysteme, Wiesbaden, S. 401–425.

Herzog, Dietrich, 1979: Karrieremuster von Abgeordneten in Deutschland – früher und heute, in: Politik als Beruf? Das Abgeordnetenbild im historischen Wandel (= Zur Sache 1), Bonn, S. 63–74.

Herzog, Dietrich, 1989: Was heißt und zu welchem Ende studiert man Repräsentation?, in: Herzog, Dietrich/Wessels, Bernhard (Hrsg.), Konfliktpotentiale und Konsensstrategien, S. 307–335.

Herzog, Dietrich, 1990: Der moderne Berufspolitiker. Karrierebedingungen und Funktion in westlichen Demokratien, in: Der Bürger im Staat, H. 1, S. 9–16.

Herzog, Dietrich u.a., 1990: Abgeordnete und Bürger. Ergebnisse einer Befragung der Mitglieder des 11. Deutschen Bundestages und der Bevölkerung, Opladen.

Herzog, Dietrich/Rebenstorf, Hilke/Weßels, Bernhard (Hrsg.), 1993: Parlament und Gesellschaft. Eine Funktionsanalyse der repräsentativen Demokratie, Opladen.

Hess, Adalbert, 1995: Sozialstruktur des 13. Deutschen Bundestages. Berufliche und fachliche Entwicklungslinien, in: Zeitschrift für Parlamentsfragen 26, S. 567–585.

Hesse, Jens Joachim, 1995: Staat, Politik und Bürokratie, Opladen..

Hesse, Joachim Jens/Ellwein, Thomas, [9]2004: Das Regierungssystem der Bundesrepublik Deutschland, Bd. 1, Berlin.

Hesse, Joachim Jens/Ellwein, Thomas, [10]2012: Das Regierungssystem der Bundesrepublik Deutschland, Baden-Baden.

Hesse, Konrad, [20]1995: Grundzüge des Verfassungsrechts der Bundesrepublik Deutschland, Heidelberg.

Heußner, Hermann K./Jung, Otmar (Hrsg.), [3]2011: Mehr direkte Demokratie wagen. Volksentscheid und Bürgerentscheid. Geschichte, Praxis, Vorschläge, München.

Heyer, Christian/Liening, Stephan, 2004: Enquete-Kommissionen des Deutschen Bundestages. Schnittstellen zwischen Politik und Wissenschaft, Berlin.

Hill, Hermann, 1982: Einführung in die Gesetzgebungslehre, Heidelberg.

Hill, Hermann, 1998: Abbau der Regelungsdichte – Neue Ansätze für die Rechtsetzung, in: Jann, Werner u. a. (Hrsg.), Politik und Verwaltung auf dem Wege in die transnationale Gesellschaft, Baden-Baden, S. 357–364.

Hirner, Manfred, 1993: Der Deutsche Bundestag im Netzwerk organisierter Interessen, in: Herzog, Dietrich/Rebenstorf, Hilke/Weßels, Bernhard (Hrsg.), Parlament und Gesellschaft, Opladen, S. 138–183.

Hirsch, Joachim, 1968: Parlament und Verwaltung, Teil 2: Haushaltsplanung und Haushaltskontrolle, Stuttgart u. a.

Hirscher, Gerhard/Korte, Karl-Rudolf (Hrsg.), 2004: Information und Entscheidung. Kommunikationsmanagement der politischen Führung, Wiesbaden.

Hitzel-Cassagnes, Tanja, 2000: Rechtsstaatliche Domestizierung der Außenpolitik, in: Kritische Justiz 1/2000, S. 63–85.

Hoecker, Beate, 1987: Frauen in der Politik: eine soziologische Studie, Opladen.

Hoecker, Beate, 1998: Zwischen Macht und Ohnmacht: Politische Partizipation von Frauen in Deutschland, in: Hoecker, Beate (Hrsg.), Handbuch Politische Partizipation von Frauen in Europa, Opladen, S. 65–90.

Hoff, Gerung von, 2007: Das Recht der parlamentarischen Untersuchungsausschüsse des Deutschen Bundestages und des Amerikanischen Kongresses: Ein Rechtsvergleich, Dresden.

Hoffmann, Jürgen, 1999: Ambivalenzen des Globalisierungsprozesses: Chancen und Risiken der Globalisierung, in: Aus Politik und Zeitgeschichte B 23, S. 3–16.

Hoffmann-Riem, Wolfgang, 1988: Schleichwege zur Nicht-Entscheidung. Fallanalyse zum Scheitern der Enquete-Kommission »Neue Informations- und Kommunikationstechniken«, in: Politische Vierteljahresschrift 29, S. 58–84.

Hoffmann-Riem, Wolfgang/Ramcke, Udo, 1989: Enquete-Kommissionen, in: Schneider, Hans-Peter/Zeh, Wolfgang (Hrsg.), Parlamentsrecht und Parlamentspraxis, Berlin, S. 1261–1292.

Höfling, Wolfram, 1980: Die Vereinigungen der CDU, in: Kaack, Heino/Roth, Reinhold (Hrsg.), Handbuch des deutschen Parteiensystems, Bd. 1, Opladen, S. 125–152.

Hofmeier, Klaus, 1997: Eine wirksame Finanzkontrolle ist nicht gewährleistet, in: Das Parlament, Nr. 38, S. 9.

Hofrichter, Jürgen/Schmitt, Hermann, 1991: Eher mit als gegeneinander! Zum Verhältnis von neuen sozialen Bewegungen und politischen Parteien in den achtziger Jahren, in:

Roth, Roland/Rucht, Dieter (Hrsg.), Neue soziale Bewegungen in der Bundesrepublik Deutschland, Bonn, S. 469–488.

Hölscheidt, Sven, 2000: Mitwirkungsrechte des Deutschen Bundestages in Angelegenheiten der EU, in: Aus Politik und Zeitgeschichte B 28, S. 31–38.

Hölscheidt, Sven, 2010: Die Wissenschaftlichen Dienste des Deutschen Bundestages, in: Deutsches Verwaltungsblatt, S. 78–83.

Hölscheidt, Sven/Hoppe, Tilman, 2010: Der Mythos vom »europäischen Impuls« in der deutschen Gesetzgebungsstatistik, in: Zeitschrift für Parlamentsfragen 41, S. 543 – 551.

Hölscheidt, Sven/Menzenbach, Steffi/Schröder, Birgit, 2009: Das Integrationsverantwortungsgesetz – ein Kurzkommentar, in: Zeitschrift für Parlamentsfragen 40, S. 758–773.

Holtmann, Everhard, 2003: Rechtliche Ordnung, in: Jesse, Eckhard/Sturm, Roland (Hrsg.), Demokratien des 21. Jahrhunderts im Vergleich, Opladen, S. 89–112.

Holtmann, Everhard/Patzelt, Werner J. (Hrsg.), 2004: Kampf der Gewalten. Parlamentarische Regierungskontrolle – gouvernementale Parlamentskontrolle. Theorie und Empirie, Wiesbaden.

Holtmann, Everhard/Patzelt, Werner J (Hrsg.), 2008: Führen Regierungen tatsächlich? Zur Praxis gouvernementalen Handelns, Wiesbaden.

Holtmann, Everhard, [5]2009: Germany since 1945: Reconstruction of democracy and German reunification, in: Budrich, Edmund (Hrsg.)/Publication of the German Bundestag, The German Parliament, Opladen/Farmington Hills, S. 55 132.

Holtmann, Everhard, [6]2010: Deutschland 1945 bis zur Gegenwart: Der Neuaufbau der Demokratie und die deutsche Einheit, in: Budrich, Edmund (Hrsg.)/Veröffentlichung des Deutschen Bundestages, Das deutsche Parlament, Opladen/Farmington Hills, S. 55–132.

Holtz, Uwe (Hrsg.), 1984: Entwicklung und Rüstung. Öffentliche Anhörung des Ausschusses für wirtschaftliche Zusammenarbeit des Deutschen Bundestages, Baden-Baden.

Hoppe, Tilmann, 2008: Ein Fall für Zwei: Untersuchungsausschuss und Ermittlungsbeauftragter, in: Zeitschrift für Parlamentsfragen 39, S. 477–487.

Hoppe, Tilmann/Thomas, Arne, 2008: Lobbyisten-Register im internationalen Vergleich: Reihe »Aktueller Begriff«, Wissenschaftlicher Dienst des Deutschen Bundestages, Berlin.

Horst, Patrick, 1995: Haushaltspolitik und Regierungspraxis in den USA und der Bundesrepublik Deutschland. Ein Vergleich des haushaltspolitischen Entscheidungsprozesses beider Bundesrepubliken zu Zeiten der konservativen Regierungen Reagan/Busch (1981–92) und Kohl (1982–93), Frankfurt/M.

Hübner, Emil, 1980: Die Beziehungen zwischen Bundestag und Bundesregierung im Selbstverständnis der Abgeordneten des V. Deutschen Bundestages, München.

Hübner, Emil, [2]2000: Parlament und Regierung in der Bundesrepublik Deutschland, München.

Hübner, Emil/Oberreuter, Heinrich, 1977: Parlament und Regierung. Ein Vergleich dreier Regierungssysteme, München.

Hübner, Kurt, 1998: Der Globalisierungskomplex. Grenzenlose Ökonomie – grenzenlose Politik?, Berlin.

Hucko, Elmar, 1979: Der parlamentarische Untersuchungsausschuss auf dem Gebiet der Verteidigung, in: Zeitschrift für Parlamentsfragen 10, S. 304–311.

Huster, Stefan/Zintl, Reinhard (Hrsg.), 2009: Verfassungsrecht nach 60 Jahren, Das Grundgesetz von A bis Z, Baden-Baden.

Immerfall, Stefan, 1998: Strukturwandel und Strukturschwächen der deutschen Mitgliederparteien, in: Aus Politik und Zeitgeschichte B 1-2, S. 3–12.

Inglehart, Ronald, 1989: Kultureller Umbruch. Wertewandel in der westlichen Welt, Frankfurt/New York.

Interfraktionelle Initiative Parlamentsreform, Antrag, BT-Drs. 11/2206/27. 4. 1988.

Isensee, Josef/Kirchhof, Paul (Hrsg.), ³2005: Handbuch des Staatsrechts der Bundesrepublik Deutschland, Bd. III, Heidelberg.

Isensee, Josef/Kirchhof, Paul (Hrsg.), ³2007: Handbuch des Staatsrechts der Bundesrepublik Deutschland, Band VI, Heidelberg.

Ismayr, Wolfgang, 1982a: Parlamentarische Kommunikation und Abgeordnetenfreiheit, Frankfurt/M.

Ismayr, Wolfgang, 1982b: Parlamentarische Debatte und Abgeordnetenfreiheit, in: Zeitschrift für Parlamentsfragen 13, S. 287–304.

Ismayr, Wolfgang, 1985a: Ansätze und Perspektiven einer Parlamentsreform, in: Aus Politik und Zeitgeschichte B 24-25, S. 32–44.

Ismayr, Wolfgang, 1985b: Die GRÜNEN im Bundestag: Parlamentarisierung und Basisanbindung, in: Zeitschrift für Parlamentsfragen 16, S. 299–321.

Ismayr, Wolfgang, 1990: Berichte der Bundesregierung im Prozess parlamentarischer Willensbildung, in: Zeitschrift für Parlamentsfragen 21, S. 553–559.

Ismayr, Wolfgang, 1991a: Der Deutsche Bundestag. Strukturprobleme und Reformperspektiven einer politischen Institution, in: Aus Politik und Zeitgeschichte B 50, S. 25–40

Ismayr, Wolfgang, 1991b: Selbständige Anträge und Entschließungsanträge. Vielfältig genutzte Mittel öffentlicher Kontrolle und Initiative, in: Zeitschrift für Parlamentsfragen 22, S. 197–204.

Ismayr, Wolfgang, 1992: Der Deutsche Bundestag. Funktionen, Willensbildung, Reformansätze, Opladen.

Ismayr, Wolfgang, 1996a: Enquete-Kommissionen des Deutschen Bundestages, in: Aus Politik und Zeitgeschichte B 27, S. 29–41.

Ismayr, Wolfgang, 1996b: Das Parlament – ein zentrales Forum des politischen Diskurses?, in: Fabricius-Brand, Margarete/Börner, Bertram (Hrsg.), 4. Alternativer Juristinnen- und Juristentag, Baden-Baden, S. 73–88.

Ismayr, Wolfgang, 1999a: 50 Jahre Parlamentarismus in der Bundesrepublik Deutschland, in: Aus Politik und Zeitgeschichte B 20, S. 14–26.

Ismayr, Wolfgang, 1999b: Reform des Deutschen Bundestages, in: 50 Jahre Deutscher Bundestag, Sonderheft »Blickpunkt Bundestag«, Bonn, S. 44–47.

Ismayr, Wolfgang, ²2001: Der Deutsche Bundestag im politischen System der Bundesrepublik Deutschland, Opladen.

Ismayr, Wolfgang, ²2002: Parteien in Bundestag und Bundesregierung, in: Gabriel, Oscar W./Niedermayer, Oskar/Stöss, Richard (Hrsg.), Parteiendemokratie in Deutschland, Opladen, S. 360–384.

Ismayr, Wolfgang, ³2004a: Bundestagspräsident und Präsidium (Stichwort-Reihe Deutscher Bundestag), Berlin.

Ismayr, Wolfgang, 2004b: Vitalisierung der Demokratie durch Petitionen?, in: Bockhofer, Reinhard (Hrsg.), Demokratie wagen – Petitionsrecht ändern! Bremen, S. 60–73.

Ismayr, Wolfgang, ²2004c: Ausschüsse, Berlin (Stichwort-Reihe Deutscher Bundestag).

Ismayr, Wolfgang, 2007a: Bundestag, in: Schmidt, Siegmar/Hellmann, Gunther/Wolf, Reinhard (Hrsg.), Handbuch zur deutschen Außenpolitik, Wiesbaden, S. 175–191.

Ismayr, Wolfgang, 2007b: Gesetze/Gesetzgebung, in: Fuchs, Dieter/Roller, Edeltraud (Hrsg.), Lexikon Politik, Stuttgart, S. 86–90.

Ismayr, Wolfgang (Hrsg.), 2008a: Gesetzgebung in Westeuropa. EU-Staaten und Europäische Union, Wiesbaden.

Ismayr, Wolfgang, 2008b: Gesetzgebung im politischen System Deutschlands, in: Ismayr, Wolfgang (Hrsg.), Gesetzgebung in Westeuropa, Wiesbaden, S. 383–429.

Ismayr, Wolfgang, 2008c: Gesetzgebung in den Staaten der Europäischen Union im Vergleich, in: Ismayr, Wolfgang (Hrsg.), Gesetzgebung in Westeuropa, Wiesbaden, S. 9–64.

Ismayr, Wolfgang, 2008d: Der Deutsche Bundestag im politischen System der Bundesrepublik Deutschland, in: Andersen, Uwe (Hrsg.), Der Deutsche Bundestag, Schwalbach/ Ts., S. 9–48.

Ismayr, Wolfgang (Hrsg.), ⁴2009a: Die politischen Systeme Westeuropas, Wiesbaden.

Ismayr, Wolfgang, ⁴2009b: Die politischen Systeme Westeuropas im Vergleich, in: Ismayr, Wolfgang (Hrsg.), Die politischen Systeme Westeuropas, Wiesbaden, S. 9–64.

Ismayr, Wolfgang, ⁴2009c: Das politische System Deutschlands, in: Ismayr, Wolfgang (Hrsg.), Die politischen Systeme Westeuropas, Opladen, S. 515–565.

Ismayr, Wolfgang, ⁵2009d: Functions, organisation and decision-making processes of the German Bundestag, in: Budrich, Edmund (Hrsg.)/Publication of the German Bundestag, The German Parliament, Opladen/Farmington Hills, S. 133–190.

Ismayr, Wolfgang, 2009e: Funktionen und Willensbildung des Deutschen Bundestages im Wandel, in: Schöne, Helmar/Blumenthal, Julia von (Hrsg.), Parlamentarismusforschung in Deutschland, S. 95–127.

Ismayr, Wolfgang, 2009 f: Der Deutsche Bundestag seit 1990, in: Aus Politik und Zeitgeschichte 28, S. 28–34.

Ismayr, Wolfgang (Hrsg.), ³2010a: Die politischen Systeme Osteuropas, Wiesbaden.

Ismayr, Wolfgang, ³2010b: Die politischen Systeme Osteuropas im Vergleich, in: Ismayr, Wolfgang (Hrsg.), Die politischen Systeme Osteuropas, Wiesbaden, S. 9–78.

Ismayr, Wolfgang, ⁶2010c: Funktionen, Organisation und Willensbildung des Deutschen Bundestages, in: Budrich, Edmund (Hrsg.)/Veröffentlichung des Deutschen Bundestages, Das deutsche Parlament, Opladen/Farmington Hills, S. 133–190.

Ismayr, Wolfgang, 2010d: Der Deutsche Bundestag im Wandel, in: Gloe, Markus/Reinhardt, Volker (Hrsg.), Politikwissenschaft und Politische Bildung. Festschrift für Udo Kempf, Wiesbaden, S. 69–84.

Ismayr, Wolfgang, 2011: Bundestag, in: Nohlen, Dieter/Grotz, Florian (Hrsg.), Kleines Lexikon der Politik, München, S. 60–63.

IT-Rahmenkonzept 2011: IT-Struktur und Rahmenbedingungen, IT-Einsatz beim Deutschen Bundestag, Bonn.

Jäger, Wolfgang, 1988: Von der Kanzlerdemokratie zur Koordinationsdemokratie, in: Zeitschrift für Politik 35, S. 15–32.

Jäger, Wolfgang/Link, Werner, 1985: Republik im Wandel 1974–1982. Die Ära Schmidt, Stuttgart/Mannheim.

Jahn, Detlef, ⁴2009: Das politische System Schwedens, in: Ismayr, Wolfgang (Hrsg.), Die politischen Systeme Westeuropas, Wiesbaden, S. 107–149.

Jann, Werner, 1996: Regieren ohne Wirkung? Was Regierungen können und was sie nicht können, in: Gegenwartskunde 45, S. 301–308.

Jann, Werner/Tiessen, Jan, 2008: Gesetzgebung im politischen System Schwedens, in: Ismayr, Wolfgang (Hrsg.), Gesetzgebung in Westeuropa. EU-Staaten und Europäischen Union, Wiesbaden, S. 99–131.

Jekewitz, Jürgen, 1977: Die Wahl des Parlamentspräsidenten, in: Recht und Politik, Bd. 13, S. 98–102.

Jekewitz, Jürgen, 1989: Politische Bedeutung, Rechtsstellung und Verfahren der Bundestagsfraktionen, in: Schneider, Hans-Peter/Zeh, Wolfgang (Hrsg.), Parlamentsrecht und Parlamentspraxis, Berlin, S. 1020–1053.

Jenninger, Philipp, 1988: Vorschläge und Überlegungen zur Verbesserung der parlamentarischen Arbeit, Bonn.

Jonas, Hans, 1986: Prinzip Verantwortung – Zur Grundlegung einer Zukunftsethik, in: Meyer, Thomas/Miller, Susanne (Hrsg.), Zukunftsethik und Industriegesellschaft, S. 3–15.

Jun, Uwe, 1994: Koalitionsbildung in den deutschen Bundesländern, Opladen.

Jun, Uwe, 2009: Organisationsreformen der Mitgliederparteien ohne durchschlagenden Erfolg: Die innerparteilichen Veränderungen von CDU und SPD seit den 1990er Jahren, in: Jun, Uwe/Niedermeyer, Oskar/Wiesendahl, Elmar (Hrsg.), Zukunft der Mitgliederpartei, Opladen/Farmington Hills, S. 187–210.

Jun, Uwe, 2010: Der Bundesrat im föderativen System Deutschlands: Vor und nach der Reform 2006, in: Schrenk, Klemens H./Soldner, Markus (Hrsg.), Analyse demokratischer Regierungssysteme, Wiesbaden, S. 335–358.

Jun, Uwe, 2011: Der Bundesrat und die politischen Parteien: Mitwirkungs- oder Blockadeinstrument?, in: Jun, Uwe/Leunig, Sven (Hrsg.), 60 Jahre Bundesrat, Baden-Baden, S. 106–133.

Jun, Uwe/Leunig, Sven (Hrsg.), 2011: 60 Jahre Bundesrat, Baden-Baden.

Jung, Otmar, 1999: Siegeszug direktdemokratischer Institutionen als Ergänzung des repräsentativen Systems?, in: Arnim, Herbert von (Hrsg.), Demokratie vor neuen Herausforderungen, Berlin, S. 103–137.

Jung, Otmar, 2010: Volksgesetze und parlamentarische Konterlegislatur, in: Schrenk, Klemens H./Soldner, Markus (Hrsg.), Analyse demokratischer Regierungssysteme, Wiesbaden, S. 427–442.

Jungherr, Andreas/Jürgens, Pascal, 2011: E-Petitionen in Deutschland: Zwischen niedrigschwelligem Partizipationsangebot und quasi-plebiszitärer Nutzung, in: Zeitschrift für Parlamentsfragen 42, S. 523–537.

Kaack, Heino, 1988: Die soziale Zusammensetzung des Deutschen Bundestages, in: Thaysen, Uwe u. a. (Hrsg.), US-Kongress und Deutscher Bundestag, Opladen, S. 128–151.

Kaase, Max, 1982: Partizipatorische Revolution – Ende der Parteien?, in: Raschke, Joachim (Hrsg.), Bürger und Parteien, Opladen, S. 173–189.

Kabel, Rudolf, 1982: Die Entstehung der Tagesordnung durch interfraktionelle Vereinbarung, in: Roll, Hans-Achim (Hrsg.), Plenarsitzungen des Deutschen Bundestages, Berlin, S. 29–43.

Kabel, Rudolf, 1989: Die Behandlung der Anträge im Bundestag: Rechte, Formen und Verfahren, in: Schneider, Hans-Peter/Zeh, Wolfgang (Hrsg.), Parlamentsrecht und Parlamentspraxis, Berlin, S. 883–916.

Kahrs, Johannes/Viehbeck, Sandra, 2005: In der Mitte der Partei. Gründung, Geschichte und Wirken des Seeheimer Kreises, Berlin.

Kaiser, Carl-Christian, 1999: Der Bundestag im Reichstagsgebäude, in: Blickpunkt Bundestag, Sonderheft »Der Deutsche Bundestag in Berlin«, Bonn.

Kaiser, Carl-Christian/Kessel, Wolfgang, 1999: Deutscher Bundestag 1949–1999. Debatte und Entscheidung, Konsens und Konflikt. Hrsg. Deutscher Bundestag, Bonn.

Kamm, Volker, 1993: Von Hans-Jochen Vogel zu Hans-Ulrich Klose. Die aktuelle Strukturreform der SPD-Fraktion im Deutschen Bundestag, in: Zeitschrift für Parlamentsfragen 24, S. 553–565.

Kassing, Reinhold, 1988: Das Recht der Abgeordnetengruppe, Berlin.

Kasten, Hans-Hermann, 1984: Ausschussorganisation und Ausschussrückruf. Ein Beitrag zum freien Mandat in den Parlamenten und kommunalen Vertretungskörperschaften der Bundesrepublik Deutschland, Berlin.

Kaufmann, Clemens, 2008: Realitätsdefizite in der Biopolitik, in: Politische Vierteljahresschrift 49, H. 1, S. 1–19.

Kaufmann, Tobias, 2003: 600 Kilometer zum Kollegen. Bonn – Berlin und die Ministerien, in: Das Parlament 53, Nr. 1-2, S. 8.

Knaut, Annette, 2011: Abgeordnete als Politikvermittler. Zum Wandel von Repräsentation in modernen Demokratien, Baden-Baden.

Kemmler, Iris, 2009: Föderalismusreform II: Ergebnisse der Kommission zur Modernisierung der Bund-Länder-Finanzbeziehungen im März 2009, in: Europäisches Zentrum für Föderalismus-Forschung Tübingen, Jahrbuch des Föderalismus 2009, Baden-Baden, S. 208–223.

Kempf, Udo, 2001: Die Regierungsmitglieder als soziale Gruppe, in: Kempf, Udo/Merz, Hans-Georg (Hrsg.), Kanzler und Minister 1949–1998, Opladen, S. 7–35.

Kempf, Udo/Merz, Hans-Georg (Hrsg.), 2001: Kanzler und Minister 1949–1998. Biografisches Lexikon der deutschen Bundesregierung, Opladen.

Kempf, Udo/Mille, Marco 1992: Rolle und Funktion des Ombudsmannes – zur personalisierten parlamentarischen Verwaltungskontrolle in 48 Staaten, in: Zeitschrift für Parlamentsfragen 23, S. 29–47.

Kese, Volkmar, 1993: Das Zugriffsverfahren bei der Bestimmung parlamentarischer Ausschussvorsitzender, in: Zeitschrift für Parlamentsfragen 24, S. 613–621.

Kilper, Heiderose/Lhotta, Roland, 1996: Föderalismus in der Bundesrepublik Deutschland, Opladen.

Kim, Gong-Hun/Loewenberg, Gerhard (Hrsg.), 2005: The Role of Parliamentary Committees in Coalition Governments – Keeping Tabs on Coalition Partners in the German Bundestag, in: Comparative Political Studies 38, S. 1104–1129.

Kimmel, Adolf, 2008: Gesetzgebung im politischen System Frankreichs, in: Ismayr, Wolfgang (Hrsg.), Gesetzgebung in Westeuropa, Wiesbaden, S. 229–270.

Kintz, Melanie, 2006: Daten zur Berufsstruktur des 16. Deutschen Bundestages, in: Zeitschrift für Parlamentsfragen 37, S. 461–470.

Kintz, Melanie, 2010: Die Berufsstruktur der Abgeordneten des 17. Deutschen Bundestages, in: Zeitschrift für Parlamentsfragen 41, S. 491–503.

Kipke, Rüdiger, 1985: Die Untersuchungsausschüsse des Deutschen Bundestages. Praxis und Reform der parlamentarischen Enquete, Berlin.

Kißler, Leo, 1976: Die Öffentlichkeitsfunktion des Bundestages, Berlin.

Kirchner, Patrick, 2012: Auskunftsverweigerung der Bundesregierung über Panzerlieferungen nach Saudi-Arabien: Bewusster Verfassungsverstoß, in: Zeitschrift für Parlamentsfragen 43, S. 362–372.

Klatt, Hartmut, 1986: Aspekte der politischen Verwaltungskontrolle, in: Zeitschrift für Beamtenrecht, S. 65–72.

Kleinsteuber, Hans J., 2006: Die Enquetekommission des Deutschen Bundestags zu »Zukunft der Medien« 1996–1998. Ein Bericht aus der Sachverständigen-Perspektive, in: Falk, Sven u. a. (Hrsg.), Handbuch Politikberatung, Wiesbaden, S. 400–413.

Klink, Dieter, 1981: Bemerkungen zur Rolle des Bundestagspräsidenten in Politik und Gesellschaft, in: Zeitschrift für Parlamentsfragen 12, S. 436 f.

Klug, Astrid, 2012: Die Organisationsreform der SPD 2010/2011, in: Mörschel, Tobias/Krell, Christian (Hrsg.), Demokratie in Deutschland, Wiesbaden, S. 159–174.

Knaut, Annette, 2011: Abgeordnete als Politikvermittler. Zum Wandel von Repräsentation in modernen Demokratien, Baden-Baden.

Knoll, Thomas, 2004: Das Bonner Bundeskanzleramt. Organisation und Funktionen von 1949–1999, Wiesbaden.

Knoll, Thomas, 2010: Das Bundeskanzleramt – Funktionen und Organisation, in: Schrenk, Klemens H./Soldner, Markus (Hrsg.), Analyse demokratischer Regierungssysteme, Wiesbaden, S. 201–220.

Knorr, Heribert, 1975: Der parlamentarische Entscheidungsprozess während der Großen Koalition 1966 bis 1969. Struktur und Einfluss der Koalitionsfraktionen und ihr Verhältnis zur Regierung der Großen Koalition, Meisenheim a. Gl.

Kohler-Koch, Beate/Conzelmann, Thomas/Knoth, Michèle, 2004: Europäische Integration – Europäisches Regieren, Wiesbaden.

König, Klaus/Benz, Angelika (Hrsg.), 1997: Privatisierung und staatliche Regulierung. Bahn, Post und Telekommunikation, Rundfunk, Baden-Baden.

König, Klaus/Siedentopf, Heinrich (Hrsg.), ³2001: Öffentliche Verwaltung in Deutschland, Baden-Baden.

König, Thomas/Bräuninger, Thomas, 2005: Gesetzgebung im Föderalismus, Speyerer Forschungsberichte 237, Speyer.

Korff, Hans Clausen, 1975: Haushaltspolitik. Instrument öffentlicher Macht, Stuttgart u. a.

Korff, Hans Clausen, 1981: Wege zur Verbesserung der Finanzkontrolle, in: Zeitschrift für Parlamentsfragen 12, S. 399–413.

Korte, Karl-Rudolf (Hrsg.), 2002a: »Das Wort hat der Herr Bundeskanzler«. Eine Analyse der Großen Regierungserklärungen von Adenauer bis Schröder, Wiesbaden.

Korte, Karl-Rudolf (Hrsg.), 2002b: Die Regierungserklärung als Führungsinstrument der Bundeskanzler, in: Zeitschrift für Parlamentsfragen 33, S. 452–462.

Kranenpohl, Uwe, 1998: Zwischen politischer Nische und programmatischer Öffnung: kleine Parteien und ihre Bundestagsfraktionen 1949 bis 1994, in: Zeitschrift für Parlamentsfragen 29, S. 244–263.

Kranenpohl, Uwe, 1999: Mächtig oder Machtlos? Kleine Fraktionen im Deutschen Bundestag 1949–1994, Opladen.

Kranenpohl, Uwe, 2004: Funktionen des Bundesverfassungsgerichts, in: Aus Politik und Zeitgeschichte B 50-51, S. 39–46.

Krause, Joachim, 1998: Die Rolle des Bundestags in der Außenpolitik, in: Eberwein, Wolf-Dieter/Kaiser, Karl (Hrsg.), Deutschlands Neue Außenpolitik – Band IV: Institutionen und Ressourcen, München, S. 137–152.

Krebs, Walter, 1984: Kontrolle in staatlichen Entscheidungsprozessen, Heidelberg.

Kretschmer, Gerald, 1983: Enquete-Kommissionen – ein Mittel politischer Problemlösung?, in: Hartwich, Hans-Hermann (Hrsg.), Gesellschaftliche Probleme als Anstoß und Folge von Politik, Opladen, S. 261–274.

Kretschmer, Gerald, 1986a: Zur Organisationsgewalt des Deutschen Bundestages im parlamentarischen Bereich, in: Zeitschrift für Parlamentsfragen 17, S. 334–346.

Kretschmer, Gerald, 1986b: Zum Recht und Verfahren von Enquete-Kommissionen des Deutschen Bundestages, in: Deutsches Verordnungsblatt vom 15.9. 1986, S. 923–929.

Kretschmer, Gerald, 1989: Geschäftsordnungen deutscher Volksvertretungen, in: Schneider, Hans-Peter/Zeh, Wolfgang (Hrsg.), Parlamentsrecht und Parlamentspraxis, S. 290–331.

Kretschmer, Gerald, ²1992: Fraktionen. Parteien im Parlament, Heidelberg.

Kretschmer, Gerald, 2011: Der Bundestag, in: Schmidt-Bleibtreu, Bruno/Klein, Franz/Hofmann, Hans/Hopfauf, Axel (Hrsg.), Kommentar zum Grundgesetz (GG), Köln, S. 938–1124.

Kropp, Sabine, 2002: Exekutive Steuerung und informale Parlamentsbeteiligung in der Wohnungspolitik, in: Zeitschrift für Parlamentsfragen 33, S. 436–452.

Kropp, Sabine, 2003: Regieren als informaler Prozess. Das Koalitionsmanagement der rot-grünen Bundesregierung, in: Aus Politik und Zeitgeschichte B 43, S. 23–31.

Kropp, Sabine/Sturm, Roland, 1998: Koalitionen und Koalitionsvereinbarungen. Theorie, Analyse und Dokumentation, Opladen.

Krüger, Udo Michael, 2012: Profile deutscher Fernsehprogramme – Tendenzen der Angebotsentwicklung, in: Media Perspektiven 4/2012, S. 215–236.

Kucsko-Stadlmayer, Gabriele (Hrsg.), 2008: Europäische Ombudsmann-Institutionen. Eine rechtsvergleichende Untersuchung zur vielfältigen Umsetzung einer Idee, Wien.

Kürschners Handbuch, 2011: Gesetzliche Grundlagen, Geschäftsordnungen. Bundestag, Bundesrat, Bundesregierung, Rheinbreitbach.

Lammert, Norbert, 2008: Reputation und Relevanz des Parlaments: Der Bundestag, in: Andersen, Uwe (Hrsg.), Der Deutsche Bundestag, Schwalbach/Ts., S. 49–57.

Lammert, Norbert, 2010: Relevanz und Reputation des Parlaments: Der Bundestag, in: Schrenk, Klemens H./Soldner, Markus (Hrsg.), Analyse demokratischer Regierungssysteme,. Wiesbaden, S. 257–262.

Lammert, Norbert, 2011: Parlament und Partizipation in der Massendemokratie, in: Die politische Meinung 55, S. 7–13.

Lammert, Norbert, 2012: Zukunft der Demokratie – Demokratie der Zukunft, in: Die politische Meinung 56, S. 4–9.

Lamping, Wolfram/Schridde, Henning (Hrsg.), 2011: Der konsultative Staat. Reformpolitik und Politikberatung, Opladen/Farmington Hills.

Landfried, Christine, 1984: Bundesverfassungsgericht und Gesetzgeber, Baden-Baden.

Lange, Hans-Jürgen, 1988: Bonn am Draht. Politische Herrschaft in der technisierten Demokratie, Marburg.

Lange, Reinhard/Richter, Gerhard, 1973: Erste vorzeitige Auflösung des Bundestages. Stationen vom konstruktiven Misstrauensvotum bis zur Verteidigung der zweiten Regierung Brandt/Scheel, in: Zeitschrift für Parlamentsfragen 4, S. 38–75.

Lattmann, Dieter, 1981: Die lieblose Republik, München.

Laufer, Heinz, 1969: Der parlamentarische Staatssekretär. Eine Studie über ein neues Amt in der Bundesregierung, München.

Laufer, Heinz/Münch, Ursula, [8]2010: Das föderale System der Bundesrepublik Deutschland, München.

Lauth, Hans-Joachim, 2010: Demokratietypen auf dem Prüfstand, in: Schrenk, Klemens H./Soldner, Markus (Hrsg.), Analyse demokratischer Regierungssysteme, Wiesbaden, S. 47–60.

Lehmbruch, Gerhard, [3]2000: Parteienwettbewerb im Bundesstaat, Stuttgart.

Leibholz, Gerhard, 1968: Parteienstaat und repräsentative Demokratie, in: Rausch, Heinz (Hrsg.), Zur Theorie und Geschichte der Repräsentation und der Repräsentativverfassung, Darmstadt, S. 222–259.

Leif, Thomas/Speth, Rudolf, 2003: Anatomie des Lobbyismus, in: Leif, Thomas/Speth, Rudolf (Hrsg.), Die stille Macht. Lobbyismus in Deutschland, Wiesbaden, S. 7–32.

Leif, Thomas/Speth, Rudolf (Hrsg.), 2006: Die fünfte Macht. Lobbyismus in Deutschland, Wiesbaden.

Lemke-Müller, Sabine, 1996: Zur Parlamentsreform im Deutschen Bundestag, in: Aus Politik und Zeitgeschichte B 27, S. 3–19.

Lemke-Müller, Sabine, 1999: Abgeordnete im Parlament. Zur Parlamentskultur des Deutschen Bundestages in den neunziger Jahren, Rheinbreitbach.

Lemke-Müller, Sabine/Matthäi, Ingrid, 1993: Emanzipatorisches Modell oder strukturiertes Chaos? Meinungsbilder zur Organisationsreform der SPD-Bundestagsfraktion, in: Zeitschrift für Parlamentsfragen 24, S. 566–587.

Leonardy, Uwe, 2002: Parteien im Föderalismus der Bundesrepublik Deutschland, in: Zeitschrift für Parlamentsfragen 33, S. 180–195.

Leonhardt, Klaus, 1984: Vom Gesetzgebungsauftrag bis zur Gesetzesverabschiedung, in: Bundesakademie für öffentliche Verwaltung (Hrsg.), Praxis der Gesetzgebung, S. 47–61.

Leunig, Sven, 2003: »Öl« oder »Sand« im Getriebe? Der Einfluss der Parteipolitik auf den Bundesrat als Veto-Spieler im Gesetzgebungsprozess, in: Zeitschrift für Parlamentsfragen 34, S. 778–791.

Leunig, Sven, 2004: Länder- versus Parteiinteressen im Bundesrat, realer Dualismus oder fiktive Differenzierung?, in: Aus Poltik und Zeitgeschichte, B 50-51, S. 33–38.

Levy, Jonah D., 2006: The State After Statism, New State Activities in the Age of Liberalization, Cambridge.

Lichtenberg, Peter, 1986: Die Aktuelle Stunde im Deutschen Bundestag 1965 – 1985. Versuch einer bildungspolitischen Analyse und Bewertung, Frankfurt/M.

Lijphart, Arend, 1984: Democracies. Patterns of Majoritarian and Consensus Government in Twenty-One Countries, New Haven/London.

Linder, Wolf, [4]2009: Das politische System der Schweiz, in: Ismayr, Wolfgang (Hrsg.), Die politischen Systeme Westeuropas, Wiesbaden, S. 567–605.

Linder, Wolf, 2010: Gesellschaftliche Spaltung und direkte Demokratie am Beispiel der Schweiz, in: Schrenk, Klemens H./Soldner, Markus (Hrsg.), Analyse demokratischer Regierungssysteme, Wiesbaden, S. 599–610.

Linder, Wolf/Z'Graggen, Heidi, 2004: Professionalisierung des Parlaments im internationalen Vergleich, Institut für Politikwissenschaft, Univ. Bern (www.parlament.ch/ed-pa-prof-parl-int.pdf).

Lindner, Ralf/Riehm, Ulrich, 2009: Modernisierung des Petitionswesens und der Einsatz neuer Medien, in: Zeitschrift für Parlamentsfragen 40, S. 495–512.

Linn, Susanne/Sobolewski, Frank, 2011: So arbeitet der Deutsche Bundestag. Organisation und Arbeitsweise. Die Gesetzgebung des Bundes, Rheinbreitbach.

Loewenberg, Gerhard, [2]1971: Parlamentarismus im politischen System der Bundesrepublik Deutschland, Tübingen.

Loewenberg, Gerhard, 2007: Paradoxien des Parlamentarismus. Historische und aktuelle Gründe für Fehlverständnisse in Wissenschaft und Öffentlichkeit, in: Zeitschrift für Parlamentsfragen 38, S. 816–827.

Lohmar, Ulrich, 1975: Das Hohe Haus. Der Bundestag und die Verfassungswirklichkeit, Stuttgart.

Lösche, Peter, 2000: Der Bundestag – kein »trauriges«, kein »ohnmächtiges« Parlament, in: Zeitschrift für Parlamentsfragen 31, S. 926–936.

Lösche, Peter, 2007: Verbände und Lobbyismus in Deutschland, Stuttgart

Maier, Hans u. a. (Hrsg.), [2]1979: Parlament und Parlamentsreform, München.

Maier, Juri, 2007: Web 2.0 – Moderatorenrechte für alle? Gibt es eine E-Partizipation 2.0 im Web 2.0?, in: Stiftung Mitarbeit (Hrsg.), E-Partizipation. Beteiligungsprojekte im Internet. Beiträge zur Demokratieentwicklung von unten Nr. 21, Bonn, S. 282–296.

Mandelartz, Herbert, 1982: Zur sogenannten »mitwirkenden« Kontrolle, insbesondere des Haushaltsvollzugs, in: Zeitschrift für Parlamentsfragen 13, S. 7–20.

Manow, Philip/Burkhart, Simone, 2006: Kompromiss und Konflikt im parteipolitisierten Föderalismus der Bundesrepublik Deutschland, in: Zeitschrift für Politikwissenschaft 16, S. 807–824.

Marcinkowski, Frank, 1998: Politikvermittlung durch Fernsehen und Hörfunk, in: Sarcinelli, Ulrich (Hrsg.), Politikvermittlung und Demokratie in der Mediengesellschaft, Opladen. S. 165–183.

Marcinkowski, Frank/Pfetsch, Barbara (Hrsg.), 2009: Politik in der Mediendemokratie, Wiesbaden.

Marschall, Stefan, 1996: Die Reform des Bundestages 1995: Inhalte, Hintergründe, Konsequenzen, in: Zeitschrift für Parlamentsfragen 27, S. 365–376.

Marschall, Stefan, 1997: TV-Berichterstattung aus dem Parlament: in neuer Form, auch mit neuem Format?, in: Zeitschrift für Parlamentsfragen 28, S. 279–293.

Marschall, Stefan, 1999a: Öffentlichkeit und Volksvertretung. Theorie und Praxis der Public Relations von Parlamenten, Opladen.

Marschall, Stefan, 1999b: Parlamentsreform. Ziele, Akteure, Prozesse, Opladen.

Marschall, Stefan, 2002: Parlamentarische Öffentlichkeit – eine Feldskizze, in: Oberreuter, Heinrich/Kranenpohl, Uwe/Sebaldt, Martin (Hrsg.), Der Deutsche Bundestag im Wandel, Wiesbaden, S. 168–186.

Marschall, Stefan, 2005: Parlamentarismus. Eine Einführung, Baden-Baden.

Martenson, Sten, 1989: Parlament, Öffentlichkeit und Medien, in: Schneider, Hans-Peter/Zeh, Wolfgang (Hrsg.), Parlamentsrecht und Parlamentspraxis, Berlin, S. 261–288.

Maurer, Andreas, 2011: Mehrebenenparlamentarismus – Konzeptionelle und empirische Fragen zu den Funktionen von Parlamenten nach dem Vertrag von Lissabon, in: Abels, Gabriele/Eppler, Annegret (Hrsg.), Auf dem Weg zum Mehrebenenparlamentarismus?, Baden-Baden, S. 43–63.

Mayntz, Gregor, 1992: Zwischen Volk und Volksvertretung. Entwicklung, Probleme und Perspektiven der Parlamentsberichterstattung unter besonderer Berücksichtigung von Fernsehen und Deutschem Bundestag, Diss. phil., Universität Bonn.

Mayntz, Gregor, 1993: Die Fernsehberichterstattung über den Deutschen Bundestag. Eine Bilanz, in: Zeitschrift für Parlamentsfragen 24, S. 351–366.

Mayntz, Gregor, [2]2004: Die parlamentarische Kontrolle der Nachrichtendienste

Mayntz, Gregor, 2008a: Der Haushalt des Bundes. Das Königsrecht des Parlaments, in: Der Haushalt des Bundes, Sonderthema »Blickpunkt Bundestag«, S. 2–7.

Mayntz, Gregor, 2008b: So arbeitet der Haushaltsausschuss. Skeptiker mit spitzem Bleistift, in: Der Haushalt des Bundes, Sonderthema »Blickpunkt Bundestag«, S. 14–16.

Mayntz, Gregor, 2011: Der Haushaltsausschuss des Deutschen Bundestages. Skeptiker mit spitzem Bleistift, in: Der Haushalt des Bundes, »Blickpunkt Bundestag spezial«, S. 16–18.

Mayntz, Renate, 1979: Regulative Politik in der Krise, in: Matthes, Jens (Hrsg.), Sozialer Wandel in Westeuropa, Frankfurt/New York, S. 55–81.

Mayntz, Renate, 1983: Implementation von regulativer Politik, in: Mayntz, Renate (Hrsg.), Implementation politischer Programme II, Opladen, S. 50–74.

Mayntz, Renate, [3]1985: Soziologie der öffentlichen Verwaltung, Heidelberg/Karlsruhe.

Mayntz, Renate, 2004: Governance im modernen Staat, in: Benz, Arthur (Hrsg.), Governance – Regieren in komplexen Regelsystemen, Wiesbaden, S. 65–76.

Mayntz, Renate/Neidhardt, Friedhelm, 1989: Parlamentskultur: Handlungsorientierungen von Bundestagsabgeordneten – eine empirisch explorative Studie, in: Zeitschrift für Parlamentsfragen 20, S. 370–387.

Merkel, Wolfgang/Egle, Christoph/Henkes, Christian/Ostheim, Tobias/Petring, Alexander, 2006: Die Reformfähigkeit der Sozialdemokratie. Herausforderungen und Bilanz der Regierungspolitik in Westeuropa, Wiesbaden.

Merkel, Wolfgang/Petring, Alexander, 2012: Politische Partizipation und demokratische Exklusion, in: Mörschel, Tobias/Krell, Christian (Hrsg.), Demokratie in Deutschland, Wiesbaden, S. 93–119.

Metz, Johanna, 2010: Am Puls der Zeit, in: Das Parlament Nr. 38 vom 20. 09. 2010.

Meyer, Berthold, 2004: Von der Entscheidungsmündigkeit zur Entscheidungsmüdigkeit? Nach zehn Jahren Parlamentsvorbehalt für Bundeswehreinsätze naht ein Beteiligungsgesetz, HSFK-Report 4/2004, Frankfurt.

Meyer, Hans, 1975: Das parlamentarische Regierungssystem des Grundgesetzes, VVDStRL 33, Berlin u. a.

Meyer, Hans, 1989: Die Stellung der Parlamente in der Verfassungsordnung des Grundgesetzes, in: Schneider, Hans-Peter/Zeh, Wolfgang (Hrsg.), Parlamentsrecht und Parlamentspraxis, Berlin, S. 117–163.

Meyer, Rolf, ³1997: Das Büro für Technikfolgen-Abschätzung beim Deutschen Bundestag, in: Westphalen, Raban Graf von (Hrsg.), Technikfolgenabschätzung als politische Aufgabe, München, S. 340–365.

Meyer, Thomas, 2001: Mediokratie. Die Kolonialisierung der Politik durch die Medien, Frankfurt/M.

Meyer, Thomas, 2006: Praxis der Sozialen Demokratie, Wiesbaden.

Meyer, Thomas, ³2010: Was ist Politik?, Wiesbaden.

Meyn, Karl-Ulrich, 1982: Kontrolle als Verfassungsprinzip, Baden-Baden.

Mielke, Siegfried/Reutter, Werner (Hrsg.), ²2012: Landesparlamentarismus in Deutschland. Geschichte – Struktur – Funktionen, Wiesbaden.

Miller, Bernhard, 2009: Informelle Einflussnahme? Parlamentarier im Koalitionsausschuss, in: Schöne, Helmar/Blumenthal, Julia von (Hrsg.), Parlamentarismusforschung in Deutschland, S. 129–154.

Miller, Bernhard, 2011: Der Koalitionsausschuss. Existenz, Einsatz und Effekte einer informellen Arena des Koalitionsmanagements, Baden-Baden.

Mintzel, Alf, 1977: Geschichte der CSU, Opladen.

Mintzel, Alf, 1984: Die Volkspartei. Opladen.

Mintzel, Alf, 1989: Großparteien im Parteienstaat der Bundesrepublik, in: Aus Politik und Zeitgeschichte B 11, S. 3–14.

Mohr, Jörg, 2004: Dogmatik und prozessuale Geltendmachung des verfassungsrechtlichen Minderheitsrechts bei parlamentarischen Untersuchungen des Bundestages: zum Urteil des BVerfG vom 8. April 2002, in: Zeitschrift für Parlamentsfragen 35, S. 468–486.

Mörschel, Tobias/Krell, Christian (Hrsg.), 2012: Demokratie in Deutschland, Wiesbaden.

Mössle, Wilhelm, 1986: Regierungsfunktionen des Parlaments, München.

Müller, Edda, 1986: Organisationsstruktur und Aufgabenerfüllung. Bemerkungen zur ministeriellen Organisation, in: Die Öffentliche Verwaltung 37, H. 1, S. 10–15.

Müller, Emil-Peter, 1988: Interessen der Sozialpartner im XI. Deutschen Bundestag, in: Zeitschrift für Parlamentsfragen 19, S. 187–199.

Müller, Erika/Nuding, Wolfgang, 1984: Gesetzgebung – »Flut« oder »Ebbe«?, in: Politische Vierteljahresschrift 25, S. 74–96.

Müller, Martin, 1972: Das konstruktive Misstrauensvotum. Chronik und Anmerkungen zum ersten Anwendungsfall des Art. 67 GG, in: Zeitschrift für Parlamentsfragen 3, S. 275–291.

Müller-Rommel, Ferdinand, 1982: Innerparteiliche Gruppierungen in der SPD. Eine empirische Studie über informell-organisierte Gruppierungen von 1969 – 1980. Opladen.

Müller-Rommel, Ferdinand, 1988: Interessenvertretung im Deutschen Bundestag, in: Thaysen, Uwe u. a. (Hrsg.), US-Kongress und Deutscher Bundestag, Opladen, S. 300–323.

Müller-Russell, Dominik, 2002: Kommissionen, Räte, Runde Tische: Kompetenzauszehrung des Deutschen Bundestages? Eine Analyse der vorparlamentarischen Konsensrunden im Gesetzgebungsprozess, München.

Münch, Ursula, 2011: Die Initiativtätigkeit des Bundesrates im Wandel der Zeit, in: Jun, Uwe/ Leunig, Sven (Hrsg.), 60 Jahre Bundesrat, Baden-Baden, S. 88–105.

Münkler, Herfried, 1996: Gute Politik in der modernen Gesellschaft, in: Fabricius-Brand, Margarete/Börner, Bertram (Hrsg.), 4. Alternativer Juristinnen- und Juristentag, Baden-Baden, S. 15–30.

Münzing, Ekkehard/Pilz, Volker, 2004: Auswärtiger Ausschuss, Berlin: Deutscher Bundestag (Stichwort-Reihe).

Murswieck, Axel (Hrsg.), 1994a: Regieren und Politikberatung, Opladen.

Murswieck, Axel, 1994b: Wissenschaftliche Politikberatung im Regierungsprozess, in: Murswieck, Axel (Hrsg.), Regieren und Politikberatung, Opladen, S. 103–119.

Murswieck, Axel, 2003: Des Kanzlers Macht: Zum Regierungsstil Gerhard Schröders, in: Egle, Christoph/Ostheim, Tobias/Zohlnhöfer, Reimut (Hrsg.), Das rot-grüne Projekt. Eine Bilanz der Regierung Gerhard Schröder 1998–2002, Wiesbaden, S. 117–135.

Mutius, Albert von, 1984: Die Steuerung des Verwaltungshandelns durch Haushaltsrecht und Haushaltskontrolle, VVDStRL 42, S. 147–215.

Nagel, André, 2011: Die Einflussnahme der Ministerpräsidentenkonferenz auf Entscheidungen des Bundesrates, in: Jun, Uwe/Leunig, Sven (Hrsg.), 60 Jahre Bundesrat, Baden-Baden, S. 71–87.

Netzwerk Berlin 2009–2013. 17. Legislaturperiode, 2011: Berlin.

Nickels, Christa, 1997: Plädoyer für eine umfassende Reform des Petitionsrechts, in: Das Parlament vom 12. September, S. 6.

Niclauß, Karlheinz, 1988: Kanzlerdemokratie – Bonner Regierungspraxis von Konrad Adenauer bis Helmut Kohl, Stuttgart.

Niclauß, Karlheinz, 2008: Kiesinger und Merkel in der Großen Koalition, in Aus Politik und Zeitgeschichte B 16, S. 3–10.

Niedermayer, Oskar, ^{2}2002: Nach der Vereinigung: Der Trend zum fluiden Fünfparteiensystem, in: Gabriel, Oscar W./Niedermayer, Oskar/Stöss, Richard (Hrsg.), Parteiendemokratie in Deutschland, Opladen, S. 107–127.

Niedermayer, Oskar, 2007: Die Entwicklung des bundesdeutschen Parteiensystems, in: Decker, Frank/Neu, Viola (Hrsg.), Handbuch der deutschen Parteien, Wiesbaden, S. 114–135.

Niedermayer, Oskar, 2012: Parteimitgliedschaften im Jahr 2011, in: Zeitschrift für Parlamentsfragen 43, S. 389–407.

Noetzel, Timo/Schreer, Benjamin, 2007: Parlamentsvorbehalt auf dem Prüfstand, SWP-Aktuell 10.

Oberreuter, Heinrich, 1975: Scheinpublizität oder Transparenz? Zur Öffentlichkeit von Parlamentsausschüssen, in: Zeitschrift für Parlamentsfragen 6, S. 77–90.

Oberreuter, Heinrich, ^{2}1978: Kann der Parlamentarismus überleben?, Osnabrück.

Oberreuter, Heinrich (Hrsg.), 1981: Parlamentsreform : Probleme und Perspektiven in westlichen Demokratien, Passau.

Oberreuter, Heinrich, 1982: Parlamentarismusforschung in der Bundesrepublik Deutschland, in: Bracher, Karl Dietrich (Hrsg.), Entwicklungslinien der Politikwissenschaft in der Bundesrepublik Deutschland, S. 100–138.

Oberreuter, Heinrich, 1989: Zwischen traditionellem und aufgeklärtem Parlamentsverständnis. Der Bundestag in einer gespaltenen politischen Kultur, in: Aus Politik und Zeitgeschichte B 37-38, S. 28–39.

Oberreuter, Heinrich, 2005: Parlamentarismus in der Talkshow-Gesellschaft: Wichtigtuer und Wichtiges tun, in: Zeitschrift für Parlamentsfragen 36, S. 508–516.

Oberreuter, Heinrich, 2010: Institutionen: Ideen im Wandel, in: Schrenk, Klemens H./Soldner, Markus (Hrsg.), Analyse demokratischer Regierungssysteme, Wiesbaden, S. 263–272.

Oberreuter, Heinrich/Kranenpohl, Uwe/Sebaldt, Martin (Hrsg.), ^{2}2002: Der Deutsche Bundestag im Wandel. Ergebnisse neuerer Parlamentarismusforschung, Wiesbaden.

Oberthür, Karl, 1989: Ausschussarbeit aus Sicht des Sekretariats, in: Hrbek, Rudolf (Hrsg.), Miterlebt – Mitgestaltet, Stuttgart, S. 386–404.

Oertzen, Jürgen von, 2000: Gruppenanträge im Deutschen Bundestag: ein Reservat des einzelnen Abgeordneten, in: Zeitschrift für Parlamentsfragen 31, S. 804–820.

Oertzen, Jürgen von, 2006: Das Expertenparlament. Abgeordnetenrollen in den Fachstrukturen bundesdeutscher Parlamente, Baden-Baden.

Oertzen, Jürgen von, 2010: Die Macht der Fraktionsarbeitskreise, in: Schrenk, Klemens H./ Soldner, Markus (Hrsg.), Analyse demokratischer Regierungssysteme, Wiesbaden, S. 303–320.

Olk, Thomas/Klein, Ansgar/Hartnuß, Birger (Hrsg.), 2010: Engagementpolitik, Die Entwicklung der Zivilgesellschaft als politische Aufgabe, Wiesbaden.

Ossenbühl, Fritz, 2007: Verfahren der Gesetzgebung, in: Isensee, Josef/Kirchhof, Paul (Hrsg.), Handbuch des Staatsrechts der Bundesrepublik Deutschland, Band VI, Heidelberg, S. 223–259.

Pappi, Franz Urban, 1989: Die Anhänger der neuen sozialen Bewegungen im Parteiensystem der Bundesrepublik Deutschland, in: Aus Politik und Zeitgeschichte B 26, S. 7–27.

PARLAKOM-Studie »Möglichkeiten zur Unterstützung der Tätigkeiten der Abgeordneten durch neue Informations- und Kommunikationstechniken und -medien« der Arbeitsgemeinschaft GMD-ADV/ORGA (PARLAKOM-Projektgruppe), Sankt Augustin 1985, in 5 Teilberichten (Bedarfsanalyse I, Technikbewertung II, Zielkonzept III, Folgenabschätzung IV, Modellversuch V) und einem zusammenfassenden Endbericht (27.3.1986).

Paschen, Herbert, 1998: Technikfolgenabschätzung im parlamentarischen Prozess: das Büro für Technikfolgenabschätzung beim Deutschen Bundestag, in: Jann, Werner u.a. (Hrsg.), Politik und Verwaltung auf dem Weg in die transindustrielle Gesellschaft, Baden-Baden, S. 603–614.

Paschen, Herbert/Petermann, Thomas, 2005: Die Institutionalisierung der Technikfolgen-Abschätzung beim Deutschen Bundestag – ein Blick zurück, in: Petermann, Thomas/ Grunwald, Armin (Hrsg.), Technikfolgen-Abschätzung für den Deutschen Bundestag. Das TAB – Erfahrungen und Perspektiven wissenschaftlicher Politikberatung, Berlin, S. 11–18.

Patzelt, Werner J., 1993: Abgeordnete und Repräsentation. Amtsverständnis und Wahlkreisarbeit, Passau.

Patzelt, Werner J., 1996a: Das Wissen der Deutschen über Parlament und Abgeordnete: Indizien für Aufgaben politischer Bildung, in: Gegenwartskunde 45, S. 309–322.

Patzelt, Werner J., 1996b: Deutschlands Abgeordnete: Profil eines Berufsstandes, der weit besser ist als sein Ruf, in: Zeitschrift für Parlamentsfragen 27, S. 462–502.

Patzelt, Werner J., 1998: Wider das Gerede vom ›Fraktionszwang‹! Funktionslogische Zusammenhänge, populäre Vermutungen und die Sicht der Abgeordneten, in: Zeitschrift für Parlamentsfragen 29, S. 323–347.

Patzelt, Werner J. (Hrsg.), 2001: Parlamente und ihre Symbolik. Programm und Beispiele institutioneller Analyse, Wiesbaden.

Patzelt, Werner J./Algasinger, Karin, 2001: Abgehobene Abgeordnete? Die gesellschaftliche Vernetzung der deutschen Volksvertreter, in: Zeitschrift für Parlamentsfragen 32, S. 503–527.

Pelinka, Anton, 2010: Die Europäische Union – eine Konkordanzdemokratie? Zur typologischen Verortung, in: Schrenk, Klemens H./Soldner, Markus (Hrsg.), Analyse demokratischer Regierungssysteme, Wiesbaden, S. 83–92.

Petermann, Thomas, 1994: Das Büro für Technikfolgen-Abschätzung beim Deutschen Bundestag: Innovation oder Störfaktor?, in: Murswieck, Axel (Hrsg.), Regieren und Politikberatung, Opladen, S. 79–99.

Petermann, Thomas, 2005: Das TAB – Eine Denkwerkstatt für das Parlament, in: Petermann, Thomas/Grunwald, Armin (Hrsg.), Technikfolgen-Abschätzung für den Deutschen

Bundestag. Das TAB – Erfahrungen und Perspektiven wissenschaftlicher Politikberatung, Berlin, S. 19–62.

Petermann, Thomas/Grunwald, Armin (Hrsg.), 2005: Technikfolgen-Abschätzung für den Deutschen Bundestag. Das TAB – Erfahrungen und Perspektiven wissenschaftlicher Politikberatung. Berlin.

Petersen, Anne Sophie/Kaina, Viktoria, 2007: »Die Fäden habe ich in der Hand« Arbeitsgruppenvorsitzende der SPD- und CDU/CSU-Bundestagsfraktion, in: Zeitschrift für Parlamentsfragen 28, S. 243–260.

Petersen, Sönke, 2000: Manager des Parlaments. Parlamentarische Geschäftsführer im Deutschen Bundestag. Status, Funktionen, Arbeitsweise, Opladen.

Petersen, Sönke, 2010: Parlamentarische Geschäftsführer im Deutschen Bundestag, in: Schrenk, Klemens H./Soldner, Markus (Hrsg.), Analyse demokratischer Regierungssysteme, Wiesbaden, S. 287–302.

Petersen, Sönke, 2011: Das Präsidium des Deutschen Bundestages (= Blickpunkt – Spezial), Berlin.

Pfitzer, Albert, 1984: Position und Verantwortung des Bundestagsdirektors, in: Busch, Eckhard (Hrsg.), Parlamentarische Demokratie, S. 77–83.

Pickel, Gert/Pickel, Susanne, 2006: Demokratisierung im internationalen Vergleich, Wiesbaden.

Pitkin, Hanna F., 1967: The Concept of Representation, Berkeley.

Plagemann, Hermann, 1977: Mehr parlamentarische Kontrolle durch Untersuchungsausschüsse. Zu den Empfehlungen der Enquete-Kommission Verfassungsreform, in: Zeitschrift für Parlamentsfragen 8, S. 242–251.

Plöhn, Jürgen, 1985: Enquete-Kommissionen: Grenzen und Leistungsvermögen am Beispiel der Kommissionen zum Jugendprotest, in: Zeitschrift für Parlamentsfragen 16, S. 7–25.

Pöhle, Klaus, 1998: Das Demokratiedefizit der Europäischen Union und die nationalen Parlamente. Bietet COSAC einen Ausweg?, in: Zeitschrift für Parlamentsfragen 29, S. 7–25.

Posser, Dieter, [2]1994: Der Bundesrat und seine Bedeutung, in: Benda, Ernst u. a. (Hrsg.), Handbuch des Verfassungsrechts der Bundesrepublik Deutschland, Berlin/New York, S. 1145–1198.

Prantl, Heribert, 2011: Wir sind viele. Eine Anklage gegen den Finanzkapitalismus, München.

Prantl, Heribert, 2012a: Wer schützt die Verfassung vor dem Verfassungsschutz? München.

Prantl, Heribert, 2012b: Verfassungsschutz: Die Verschwörung des Fiaskos, in: Süddeutsche Zeitung vom 29. 8. 2012.

Puhe, Henry/Würzberg, Gerd, 1989: Lust & Frust. Das Informationsverhalten der Deutschen Abgeordneten, Köln.

Raschke, Joachim, 1985: Soziale Bewegungen. Ein historisch-systematischer Grundriss, Frankfurt/New York.

Raschke, Joachim, 1993: Die Grünen, Köln.

Rau, Johannes, 2002: Begleitbrief an den Bundeskanzler und die Präsidenten von Bundestag und Bundesrat bezüglich der Unterzeichnung des Zuwanderungsgesetzes vom 20. 6. 2002.

Rausch, Heinz, [6]1981: Parlament und Regierung, München.

Rebenstorf, Hilke/Weßels, Bernhard, 1989: Wie wünschen sich die Wähler ihre Abgeordneten? Ergebnisse einer repräsentativen Bevölkerungsumfrage zum Problem der sozialen Repräsentativität des Deutschen Bundestages, in: Zeitschrift für Parlamentsfragen 20, S. 408–424.

Rehberg, Karl-Siegbert, 2010: Parlament und Kunst – Bernhard Heisig in der Volkskammer und im Deutschen Bundestag, in: Schrenk, Klemens H./Soldner, Markus (Hrsg.), Analyse demokratischer Regierungssysteme, Wiesbaden, S. 273–286.

Rehfeld, Dieter, 1981: Enquete-Kommissionen in der Bundesrepublik Deutschland, in: Lompe, Klaus u. a. (Hrsg.), Enquete-Kommissionen und Royal Commissions, Göttingen, S. 181–290.

Renn, Otfried, 1985: Wissenschaftliche Politikberatung im Spannungsfeld von Wertewandel und Legitimationskrise, in: Klages, Helmut (Hrsg.), Arbeitsperspektiven angewandter Sozialwissenschaft, Frankfurt/M., S. 112–154.

Renzsch, Wolfgang, 1994: Föderative Problembewältigung, in: Zeitschrift für Parlamentsfragen 25, S. 116–138.

Reuter, Konrad, 1991: Praxishandbuch Bundesrat, Heidelberg.

Reuter, Konrad, [14]2009: Bundesrat und Bundesstaat. Der Bundesrat der Bundesrepublik Deutschland (Hrsg.: Direktor des Bundesrates), Berlin.

Reutter, Werner, 2001: Korporatismus, Pluralismus und Demokratie, in: Reutter, Werner/Rütters, Peter (Hrsg.), Verbände und Verbandssysteme in Westeuropa, Opladen, S. 9–30.

Reutter, Werner, 2006: Föderalismusreform und Gesetzgebung, in: Zeitschrift für Politikwissenschaft 16, S. 1249–1274.

Reutter, Werner, 2007: Struktur und Dauer der Gesetzgebungsverfahren des Bundes, in: Zeitschrift für Parlamentsfragen 38, S. 299–315.

Reutter, Werner, 2008: Föderalismus, Parlamentarismus und Demokratie. Landesparlamente im Bundesstaat, Opladen.

Riedel, Norbert K., 1995: Die Entscheidung des Bundesverfassungsgerichts zum Bundeswehreinsatz im Rahmen von NATO-, WEU- bzw. UN-Militäraktionen, in: Die Öffentliche Verwaltung 46, H. 4, S. 135–141.

Riehm, Ulrich/Trénel, Matthias, 2009: Öffentliche Petitionen beim Deutschen Bundestag. Ergebnisse einer Petentenbefragung, in: Zeitschrift für Parlamentsfragen 40, S. 512–528.

Riehm, Ulrich/Böhle, Knud/Lindner, Ralf, 2011: Elektronische Petitionen und Modernisierung des Petitionswesens in Europa, Berlin.

Riehm, Ulrich/Coenen, Christopher/Lindner, Ralf, 2009: Zur Öffentlichkeit des Petitionsverfahrens beim Deutschen Bundestag und beim Schottischen Parlament, in: Zeitschrift für Parlamentsfragen 40, S. 529–543.

Riehm, Ulrich/Coenen, Christopher/Lindner, Ralf/Blümel, Clemens 2009: Bürgerbeteiligung durch E-Petitionen: Analysen von Kontinuität und Wandel im Petitionswesen. Studien des Büros für Technikfolgen-Abschätzung beim Deutschen Bundestag, Band 29, Berlin.

Ritzel, Heinrich G./Bücker, Joseph/Schreiner, Hermann J., 1981 ff.: Handbuch für die Parlamentarische Praxis (Loseblatts.), Neuwied.

Rogg, Arne, 2003: Demokratie und Internet. Der Einfluss von computervermittelter Kommunikation auf Macht, Repräsentation, Legitimation und Öffentlichkeit, Opladen.

Roll, Hans-Achim, 1989: Der Ältestenrat, in: Schneider, Hans-Peter/Zeh, Wolfgang (Hrsg.), Parlamentsrecht und Parlamentspraxis, Berlin, S. 809–828.

Röper, Erich, 2010: Die Verantwortung des Bundesverfassungsgerichts für die europäische Integration, in: Zeitschrift für Parlamentsfragen 41, S. 909–918.

Rosenow, Dörthe, 2008: Der Wehrbeauftragte im Transformationsprozess. Vom Kontrolleur zum Ombudsmann, Baden-Baden.

Roth, Roland/Rucht, Dieter (Hrsg.), [2]1991: Neue soziale Bewegungen in der Bundesrepublik Deutschland, Bonn.

Rotter, Frank, 1979: Parlamentarische Untersuchungsausschüsse und Öffentlichkeit. Eine verfahrenstheoretische Interpretation und ihre Konsequenz für die Reformdiskussion, in: Politische Vierteljahresschrift 20, S. 111–134.

Rucht, Dieter/Blattert, Barbara/Rink, Dieter, 1997: Von der Bewegung zur Institution? Alternative Gruppen in beiden Teilen Deutschlands, Frankfurt/M.

Rudzio, Wolfgang, 1991: Informelle Entscheidungsmuster in Bonner Koalitionsregierungen, in: Hartwich, Hans-Hermann/Wewer, Göttrik (Hrsg.), Regieren in der Bundesrepublik 2, Opladen, S. 125–142.

Rudzio, Wolfgang, 2005: Informelles Regieren. Zum Koalitionsmanagement in deutschen und österreichischen Regierungen, Wiesbaden.

Rudzio, Wolfgang, 2008: Informelles Regieren – Koalitionsmanagement der Regierung Merkel, in: Aus Politik und Zeitgeschichte B 16, S. 11–17.

Rudzio, Wolfgang, [8]2011: Das politische System der Bundesrepublik Deutschland, Wiesbaden.

Rupart, Frauke, 1988: Partizipation von Frauen in neuen sozialen Bewegungen, in: Aus Politik und Zeitgeschichte B 42, S. 30–42.

Rüttger, Annemarie, 1982: Der zeitliche Ablauf der Haushaltsberatungen 1949 – 1982, in: Roll, Hans-Achim (Hrsg.), Plenarsitzungen des Deutschen Bundestages, Berlin, S. 165–192.

Ryjacek, Jan, 2008: Der Entscheidungsprozess über den Bundeswehreinsatz zum Schutz der Wahlen im Kongo, in: Zeitschrift für Parlamentsfragen 39, S. 219–232.

Saalfeld, Thomas, 1995: Parteisoldaten und Rebellen. Fraktionen im Deutschen Bundestag 1949–1990, Opladen.

Saalfeld, Thomas, 2000: Coalitions in Germany: Stable Parties, Chancellor Democracy and the Art of Informal Settlement, in: Müller, Wolfgang C./Strøm, Kaare (Hrsg.), Coalition Government in Western Europe, Oxford, S. 32–85.

Saalfeld, Thomas, 2008: Gesetzgebung im politischen System Großbritanniens, in: Ismayr, Wolfgang (Hrsg.), Gesetzgebung in Westeuropa, Wiesbaden, S. 159–199.

Saalfeld, Thomas, 2010a: Die Stabilität von Koalitionsregierungen im europäischen Vergleich: Empirische Befunde und institutionelle Erklärungsansätze, in: Schrenk, Klemens H./ Soldner, Markus (Hrsg.), Analyse demokratischer Regierungssysteme, Wiesbaden, S. 499–523.

Saalfeld, Thomas, 2010b: Regierungsbildung 2009: Merkel II und ein höchst unvollständiger Koalitionsvertrag, in: Zeitschrift für Parlamentsfragen 41, S. 181–206.

Sach, Anette, 2010: Die Europa-Sensoren, in: Das Parlament, Nr. 18, 03. 05. 2010.

Sandschneider, Eberhard, 1987: Regierungsbildung 1987: Koalitionsverhandlungen und Personalentscheidungen, in: Zeitschrift für Parlamentsfragen 18, S. 203–221.

Sarcinelli, Ulrich, 1989: Parlamentarische Sozialisation in der Bundesrepublik Deutschland: zwischen politischer »Sonderkultur« und »Basislegitimation«, in: Zeitschrift für Parlamentsfragen 20, S. 388–407.

Sarcinelli, Ulrich (Hrsg.), 1998: Politikvermittlung und Demokratie in der Mediengesellschaft, Wiesbaden.

Sarcinelli, Ulrich, 2005: Politische Kommunikation in Deutschland, Wiesbaden.

Sarcinelli, Ulrich, 2012: Medien und Demokratie, in: Mörschel, Tobias/Krell, Christian (Hrsg.), Demokratie in Deutschland, Wiesbaden, S. 271–318.

Saxer, Ulrich, 1988: Zur Theorie der wachsenden Wissenskluft und ihrer Tragweite aus politischer und sozialer Sicht, in: Media Perspektiven, H. 5, S. 279–286.

Saxer, Ulrich, 2007: Politik als Unterhaltung. Zum Wandel politischer Öffentlichkeit in der Mediengesellschaft, Konstanz.

Schäfer, Axel/Roth, Michael/Thum, Christoph, 2007: Stärkung der Europatauglichkeit des Bundestages, in: integration, H. 1, S. 44–49.

Schäfer, Friedrich, [4]1982: Der Bundestag, Opladen.

Schäfer, Friedrich, 1985: Wir haben noch keine Parlamentarismuskrise, in: Aus Politik und Zeitgeschichte B 6, S. 25–30.

Scharpf, Fritz W., 1970: Demokratietheorie zwischen Utopie und Anpassung, Konstanz.

Scharpf, Fritz W., 1973: Planung als politischer Prozess. Aufsätze zur Theorie der planenden Demokratie, Frankfurt/M.

Scharpf, Fritz W., 1993a: Positive und negative Koordination in Verhandlungssystemen, in: Héritier, Adrienne (Hrsg.), Policy-Analyse (PVS-Sonderheft 12), Opladen, S. 57–83.

Scharpf, Fritz W., 1993b: Versuch über Demokratie im verhandelnden Staat, Czada, Roland/ Schmidt, Manfred G. (Hrsg.), Verhandlungsdemokratie, Interessenvermittlung, Regierbarkeit, Opladen, S. 25–50.

Scharpf, Fritz W., 2000: Interaktionsformen. Akteurszentrierter Institutionalismus in der Politikforschung, Opladen.

Scharpf, Fritz W., 2006: Föderalismusreform: Weshalb wurde so wenig erreicht?, in: Aus Politik und Zeitgeschichte B 51, S. 6–11.

Scharpf, Fritz W., 2007: Nicht genutzte Chancen der Föderalismusreform, in: Egle, Christoph/ Zohlnhöfer, Reimut (Hrsg.), Ende des rot-grünen Projektes. Eine Bilanz der Regierung Schröder 2002–2007, Wiesbaden.

Scharpf, Fritz W., 2009: Föderalismusreform. Kein Ausweg aus der Politikverflechtungsfalle?, Frankfurt/New York.

Scharpf, Fritz W./Reissert, Bernd/Schnabel, Fritz, 1976: Politikverflechtung. Theorie und Empirie des kooperativen Föderalismus in der Bundesrepublik, Kronberg/Ts.

Schatz, Heribert 1970: Der parlamentarische Entscheidungsprozess, Meisenheim/Glan.

Scheer, Hermann, 2003: Die Politiker, München.

Schenke, Wolf-Rüdiger, 1989: Die Gesetzgebung zwischen Parlamentarismus und Föderalismus, in: Schneider, Hans Peter/Zeh, Wolfgang (Hrsg.), Parlamentsrecht und Parlamentspraxis in der Bundesrepublik Deutschland, Berlin 1989, S. 1485 – 1521.

Schindler, Peter, [3]1984: Datenhandbuch zur Geschichte des Deutschen Bundestages 1949–1982, Baden-Baden.

Schindler, Peter, 1988: Datenhandbuch zur Geschichte des Deutschen Bundestages 1980 bis 1987, Baden-Baden.

Schindler, Peter, 1994: Datenhandbuch zur Geschichte des Deutschen Bundestages 1983 bis 1991, Baden-Baden.

Schindler, Peter, 1999: Datenhandbuch zur Geschichte des Deutschen Bundestages 1949–1999, Baden-Baden.

Schlaich, Klaus/Korioth, Stefan, [6]2004: Das Bundesverfassungsgericht, München.

Schlieben, Michael, 2007: Politische Führung in der Opposition. Die CDU nach dem Machtverlust 1998, Wiesbaden.

Schmidt, Manfred G., 1999: Die Europäisierung der öffentlichen Aufgaben, in: Ellwein, Thomas/Holtmann, Everhard (Hrsg.), 50 Jahre Bundesrepublik Deutschland, Opladen, S. 385–394.

Schmidt, Manfred G./Zohlnhöfer, Reimut (Hrsg.), 2006: Regieren in der Bundesrepublik Deutschland, Innen- und Außenpolitik seit 1949, Wiesbaden.

Schmidt, Manfred G., 2007: Das politische System Deutschlands, München.

Schmidt, Manfred G., 2008: Germany. The Grand Coalition state, in: Colomer, Josep M. (Hrsg.), Comparative European Politics, New York, S. 58–93.

Schmidt-Radefeldt, Roman, 2005: Parlamentarische Kontrolle der internationalen Streitkräfteintegration, Berlin.

Schmucker, Rolf, 2003: Europäische Integration und Gesundheitspolitik, Frankfurt/M.

Schneider, Franz, 1969: Große Koalition, Ende oder Neubeginn?, München.

Schneider, Hans, [3]2002: Gesetzgebung. Ein Lehrbuch, Heidelberg.

Schneider, Hans-Peter, [3]2001a, in: Kommentar zum Grundgesetz für die Bundesrepublik Deutschland (Reihe Alternativkommentare), Neuwied.

Schneider, Hans-Peter, 2001b: Die hilflosen Aufklärer. Macht und Ohnmacht der Untersuchungsausschüsse, in: Neue juristische Wochenschrift 53, H. 45, S. 3332–3334.

Schneider, Hans-Peter/Zeh, Wolfgang (Hrsg.), 1989: Parlamentsrecht und Parlamentspraxis, Berlin.

Schneider, Herbert, 1989: Zum Abgeordnetenbild in den Landtagen, in: Aus Politik und Zeitgeschichte B 5, S. 3–16.

Schneider, Jan/Tuchan, Volker, 2005: Zuwanderungsgesetzgebung und Migrationspolitik, in: Schrenk, Klemens H. (Hrsg.), Zuwanderung und Integration, Rothenburg OL, S. 49–84.

Schöler, Uli/Winter, Thomas von, 2008: Die Wissenschaftlichen Dienste des Deutschen Bundestages, in: Andersen, Uwe (Hrsg.), Der Deutsche Bundestag. Eine Einführung, Schwalbach/Ts., S. 99–132.

Schönbohm, Wulf E., 1985: Die CDU wird moderne Volkspartei. Selbstverständnis, Mitglieder, Organisation und Apparat 1950–1980, Stuttgart.

Schöne, Helmar, 2010a: Alltag im Parlament. Parlamentskultur in Theorie und Empirie, Baden-Baden.

Schöne, Helmar, 2010b: Ungewählte Repräsentanten? Aufgaben, Selbstverständnis und Karrieren von Fraktionsmitarbeitern des Deutschen Bundestages, in: Schrenk, Klemens H./ Soldner, Markus (Hrsg.), Analyse demokratischer Regierungssysteme, Wiesbaden, S. 321–334.

Schreckenberger, Waldemar, 1994: Informelle Verfahren der Entscheidungsvorbereitung zwischen der Bundesregierung und den Mehrheitsfraktionen: Koalitionsgespräche und Koalitionsrunden, in: Zeitschrift für Parlamentsfragen 25, S. 329–346.

Schreiner, Hermann J., 2005: Die Berliner Stunde – Funktionsweise und Erfahrungen: Zur Redeordnung des Deutschen Bundestages, in: Zeitschrift für Parlamentsfragen 36, S. 573–588.

Schrenk, Klemens H., 2010: Die Vertretungen der Länder beim Bund, in: Schrenk, Klemens H./Soldner, Markus (Hrsg.), Analyse demokratischer Regierungssysteme, Wiesbaden, S. 359–374.

Schrenk, Klemens H./Soldner, Markus (Hrsg.), 2010: Analyse demokratischer Regierungssysteme, Wiesbaden.

Schroeder, Wolfgang, 2001: »Konzertierte Aktion« und »Bündnis für Arbeit«: Zwei Varianten des deutschen Korporatismus, in: Zimmer, Annette/Wessels, Bernhard (Hrsg.), Verbände und Demokratie in Deutschland, Opladen, S. 29–54.

Schroeder, Wolfgang/Weßels, Bernhard, 2003: Die Gewerkschaften in Politik und Gesellschaft der Bundesrepublik Deutschland, Wiesbaden.

Schroeder, Hinrich, 2012: Die Mitwirkung des Bundestages in EU-Angelegenheiten nach dem EUZBBG in der Praxis – ein Kurzkommentar, in: Zeitschrift für Parlamentsfragen 43, S. 250–277.

Schulz, Winfried, ²2008: Politische Kommunikation. Theoretische Ansätze und Ergebnisse empirischer Forschung, Wiesbaden.

Schulze-Fielitz, Helmuth, 1988: Theorie und Praxis parlamentarischer Gesetzgebung, Berlin.

Schulze-Fielitz, Helmuth, 1997: Das Bundesverfassungsgericht in der Krise des Zeitgeists, in: Archiv des öffentlichen Rechts 122, S. 2–31.

Schulze-Fielitz, Helmuth/Gößwein, Christoph, 1997: Bundesgesetzgebung als Prozess, in: Aus Politik und Zeitgeschichte B 36-37, S. 18–26.

Schumpeter, Joseph A., ²1950: Kapitalismus, Sozialismus und Demokratie, Bern.

Schuppert, Gunnar Folke, 1980: Funktionell-rechtliche Grenzen der Verfassungsinterpretation, Königstein/Ts.

Schuppert, Gunnar Folke, 1984: Die Steuerung des Verwaltungshandelns durch Haushaltsrecht und Haushaltskontrolle, Mitbericht, VVDStRL H. 42, S. 216 ff.

Schuppert, Gunnar Folke, 1997: Vom produzierenden zum gewährleistenden Staat: Privatisierung als Gewährleistung staatlicher Handlungsformen, in: König, Klaus/Benz, Angelika (Hrsg.), Privatisierung und staatliche Regulierung, Baden-Baden, S. 539–575.

Schuppert, Gunnar Folke, 1998: Das Gesetz als zentrales Steuerungsinstrument des Rechtsstaates, Baden-Baden.

Schuppert, Gunnar Folke, 2005: Der Gewährleistungsstaat. Ein Leitbild auf dem Prüfstand, Baden-Baden.

Schüttemeyer, Suzanne S., 1986: Bundestag und Bürger im Spiegel der Demoskopie, Opladen.

Schüttemeyer, Suzanne S., 1989: Öffentliche Anhörungen, in: Schneider, Hans-Peter/Zeh, Wolfgang (Hrsg.), Parlamentsrecht und Parlamentspraxis, Berlin, S. 1145–1159.

Schüttemeyer, Suzanne S., 1997: Manager des Parlaments zwischen Effizienz und Offenheit. Parlamentarische Geschäftsführer im Bundestag, in: Aus Politik und Zeitgeschichte B 36-37, S. 8–17.

Schüttemeyer, Suzanne S., 1998: Fraktionen im Deutschen Bundestag 1949–1997, Opladen.

Schüttemeyer, Suzanne S./Sturm, Roland, 2005: Der Kandidat – das (fast) unbekannte Wesen: Befunde und Überlegungen zur Aufstellung der Bewerber zum Deutschen Bundestag, in: Zeitschrift für Parlamentsfragen 36, S. 539–553.

Schütt-Wetschky, Eberhard, 1984: Grundtypen parlamentarischer Demokratie. Klassisch-altliberaler Typ und Gruppentyp, Freiburg/München.

Schütt-Wetschky, Eberhard, 1987: Parlamentsreform: Meilenstein oder Sackgasse? Zur Interpretation der Artikel 38 und 20 des Grundgesetzes, in: Aus Politik und Zeitgeschichte B 48, S. 3–16.

Schwarz, Hans-Peter, 1989: Adenauers Kanzlerdemokratie und Regierungstechnik, in: Politik und Zeitgeschichte B 1-2, S. 15–27.

Schwarz, Hans-Peter (Hrsg.), 2009: Die Fraktion als Machtfaktor. CDU/CSU im Deutschen Bundestag 1949 bis heute, München.

Schwarzmeier, Manfred, 2001: Parlamentarische Mitsteuerung. Strukturen und Prozesse informalen Einflusses im Deutschen Bundestag, Opladen 2001.

Schweisfurth, Theodor, 1984: Die Zustimmung der Bundesregierung zur Stationierung amerikanischer Mittelstreckenraketen in der BRD, in: Archiv des öffentlichen Rechts 22, S. 195–215.

Schwencke, Olaf, 1985: Hoffen lernen. Zwölf Jahre Politik als Beruf. Eine Zwischenbilanz, Stuttgart.

Sebaldt, Martin, 1992a: Die Thematisierungsfunktion der Opposition. Die parlamentarische Minderheit des Deutschen Bundestages als innovative Kraft im politischen System der Bundesrepublik Deutschland, Frankfurt/M.

Sebaldt, Martin, 1992b: Innovation durch Opposition. Das Beispiel des Deutschen Bundestages 1949–1987, in: Zeitschrift für Parlamentsfragen 23, S. 238–265.

Sebaldt, Martin, 1996: Interessengruppen und ihre bundespolitische Präsenz in Deutschland: Verbandsarbeit vor Ort, in: Zeitschrift für Parlamentsfragen 27, S. 658–696.

Sebaldt, Martin, 1997: Organisierter Pluralismus. Kräftefeld, Selbstverständnis und politische Arbeit deutscher Interessengruppen, Opladen.

Sebaldt, Martin, 2004: Auf dem Weg zur »Räterepublik«? Expertengremien und ihr Einfluss auf die deutsche Bundesgesetzgebung, in: Zeitschrift für Gesetzgebung 19, S. 187–200.

Sebaldt, Martin/Straßner, Alexander, 2004: Verbände in der Bundesrepublik Deutschland. Eine Einführung, Wiesbaden.

Seiler, Martin, 1981: Planung in Bundesregierung und Bundesverwaltung, in: König, Klaus u. a. (Hrsg.), Öffentliche Verwaltung in der Bundesrepublik Deutschland, Baden-Baden, S. 239–245.

Sendler, Horst, 1985: Abhängigkeiten der unabhängigen Abgeordneten, in: Neue Juristische Wochenschrift 38, H. 25, S. 1435–1443.

Siefken, Sven T., 2003: Expertengremien der Bundesregierung – Fakten, Fiktionen, Forschungsbedarf, in: Zeitschrift für Parlamentsfragen 34, S. 483–504.

Siefken, Sven T., 2006: Regierten die Kommissionen? Eine Bilanz der rot-grünen Bundesregierungen 1998 bis 2005, in: Zeitschrift für Parlamentsfragen 37, S. 559–581.

Siefken, Sven T., 2007: Expertenkommissionen im politischen Prozess. Eine Bilanz zur rot-grünen Bundesregierung 1998–2005, Wiesbaden.

Siefken, Sven T. 2010: Parlamentarische Frageverfahren – Symbolpolitik oder wirksames Kontrollinstrument?, in: Zeitschrift für Parlamentsfragen 41, S. 18–36.

Simon, Helmut, 1994: Die Verfassungsgerichtsbarkeit, in: Benda, Ernst/Maihofer, Werner/Vogel, Hans-Jochen (Hrsg.), Handbuch des Verfassungsrechts der Bundesrepublik Deutschland, Berlin, S. 1637–1680.

Sinner, Stefan, 2012: Der Deutsche Bundestag als zentrales Verfassungsorgan nach der neueren Rechtsprechung des Bundesverfassungsgerichts, in: Zeitschrift für Parlamentsfragen 43, S. 313–323.

Smeddinck, Ulrich, 2006: Integrierte Gesetzesproduktion. Der Beitrag der Rechtswissenschaft zur Gesetzgebung in interdisziplinärer Perspektive, Berlin.

Smeddinck, Ulrich/Tils, Ralf, 2002: Normgenese und Handlungslogiken in der Ministerialverwaltung. Die Entstehung des Bundes-Bodenschutzgesetzes: eine politik- und rechtswissenschaftliche Analyse, Baden-Baden.

Spier, Tim, 2011: Wie aktiv sind die Mitglieder der Parteien?, in: Spier, Tim/Klein, Markus/Alemann, Ulrich/Hoffmann, Hanna/Laux, Annika/Nonnenmacher, Alexandra/Rohrbach, Katharina (Hrsg.), Parteimitglieder in Deutschland, Wiesbaden, S. 97–119.

Stadler, Peter M.,1984: Die parlamentarische Kontrolle der Bundesregierung, Opladen.

Starck, Christian, 1970: Der Gesetzesbegriff des Grundgesetzes, Baden-Baden.

Statistisches Jahrbuch für die Bundesrepublik Deutschland 2011, Statistisches Bundesamt (Hrsg.), Wiesbaden.

Steffani, Winfried, 1971: Das öffentliche Parlament, in: Lenz, W. (Hrsg.), Mensch und Staat in NRW, Köln/Berlin, S. 259–279.

Steffani, Winfried, 1979a: Parlamentarische und präsidentielle Demokratie. Strukturelle Aspekte westlicher Demokratien, Opladen.

Steffani, Winfried, 1979b: Parlamentarische Untersuchungsausschüsse, in: Steffani, Winfried, Parlamentarische und präsidentielle Demokratie , Opladen, S. 182–206.

Steffani, Winfried, 1982: Vertrauensfrage zwecks Neuwahl?, in: Zeitschrift für Parlamentsfragen 13, S. 573–576.

Steffani, Winfried, 1985: Der parlamentarische Bundesstaat in Deutschland heute, in: Zeitschrift für Parlamentsfragen 16, S. 219–229.

Steffani, Winfried, 1989: Formen, Verfahren und Wirkungen parlamentarischer Kontrolle, in: Schneider, Hans-Peter/Zeh, Wolfgang (Hrsg.), Parlamentsrecht und Parlamentspraxis, Berlin, S. 1325–1367.

Steffani, Winfried, 1991: Demokratische Offenheit bei der Wahl des Regierungschefs?, in: Jahrbuch für Politik, Halbband 1, S. 25–40.

Steinhausen, Jörg, 1984: Ansätze einer Evaluierungsforschung im Bundeskanzleramt, in: Hellstern, Gerd-Michael/Wollmann, Hellmuth (Hrsg.), Handbuch zur Evaluierungsforschung, Opladen, S. 389–395.

Steinmeier, Frank Walter, 2001: Konsens und Führung, in: Müntefering, Franz/Machnig, Matthias (Hrsg.), Sicherheit im Wandel, Berlin, S. 263–272.

Steinsdorff, Silvia von, 2010: Verfassungsgerichte als Demokratie-Versicherung? Ursachen und Grenzen der wachsenden Bedeutung juristischer Politikkontrolle, in: Schrenk, Klemens H./Soldner, Markus (Hrsg.), Analyse demokratischer Regierungssysteme, Wiesbaden, S. 479–498.

Stern, Klaus, 1980: Das Staatsrecht der Bundesrepublik Deutschland, München.

Stoltenberg, Helmut, 2012: Lammert gegen Rederechtsvorstoß, in: Das Parlament vom 2. 4. 2012.

Stöss, Richard, ^{2}2002: Parteienstaat oder Parteiendemokratie?, in: Gabriel, Oscar W./Niedermayer, Oskar/Stöss, Richard (Hrsg.), Parteiendemokratie in Deutschland, Opladen, S. 13–35.

Sträter, Carl Ludwig, 1977: Arbeitsgruppen des Innenausschusses des Deutschen Bundestages – Ein Beitrag zur parlamentarischen Praxis, in: Zeitschrift für Parlamentsfragen 8, S. 27–36.

Strohmeier, Gerd, 2009: Minderheitsregierungen in Deutschland auf Bundesebene – Krise oder Chance? Ergebnisse eines internationalen Vergleichs, in: Zeitschrift für Politik 56, S. 260–283.

Sturm, Roland, 1985: Entscheidungsstrukturen und Entscheidungsprozesse in der Haushaltspolitik – Zum Selbstverständnis des Haushaltsausschusses des Deutschen Bundestages, in: Politische Vierteljahresschrift 26, S. 247–269.

Sturm, Roland, 1988: Der Haushaltsausschuss des Deutschen Bundestages. Struktur und Entscheidungsprozess, Opladen.

Sturm, Roland, 2003: Föderalismus in Deutschland, München.

Sturm, Roland, ^{4}2009: Das politische System Großbritanniens. in: Ismayr, Wolfgang (Hrsg.), Die politischen Systeme Westeuropas, Wiesbaden, S. 265–306.

Sturm, Roland, 2010: Das europäisierte deutsche Regierungssystem, in: Schrenk, Klemens H./Soldner, Markus (Hrsg.), Analyse demokratischer Regierungssysteme, Wiesbaden, S. 185–200.

Sturm, Roland/Zimmermann-Steinhart, Petra, 2005: Föderalismus. Eine Einführung, Baden-Baden.

Sturm, Roland/Pehle, Heinrich, ^{3}2012: Das neue deutsche Regierungssystem. Die Europäisierung von Institutionen, Entscheidungsprozessen und Politikfeldern in der Bundesrepublik Deutschland, Wiesbaden.

Stüwe, Klaus, 1997a: Die Opposition im Bundestag und das Bundesverfassungsgericht, Baden-Baden.

Stüwe, Klaus, 1997b: »Der Gang nach Karlsruhe«. Die Opposition im Bundestag als Antragstellerin vor dem Bundesverfassungsgericht, in: Zeitschrift für Parlamentsfragen 28, S. 545–557.

Stüwe, Klaus, 2002a: Das Bundesverfassungsgericht als Vetospieler, in: Oberreuter, Heinrich/Kranenpohl, Uwe/Sebaldt, Martin (Hrsg.), Der Deutsche Bundestag im Wandel, Wiesbaden, S. 145–167.

Stüwe, Klaus (Hrsg.), 2002b: Die großen Regierungserklärungen der deutschen Bundeskanzler von Adenauer bis Schröder, Opladen.

Stüwe, Klaus, 2006: Informales Regieren. Die Kanzlerschaften Kohl und Schröder im Vergleich, in: Zeitschrift für Parlamentsfragen 37, S. 544–559.

Süß, Werner, 1986: Wahl und Führungswechsel. Politik zwischen Legitimation und Elitekonsens. Zum Bonner Machtwechsel 1982/83, in: Klingemann, Hans-Dieter/Kaase, Max (Hrsg.), Wahlen als politischer Prozess. Analysen aus Anlass der Bundestagswahl 1983, Opladen , S. 39–83.

Süssmuth, Rita, 1989: Der Deutsche Bundestag. Bewährung und Herausforderung nach 40 Jahren, in: Aus Politik und Zeitgeschichte B 37-38, S. 3–6.

TAB, 1996: TAB. Ziele, Themen, Organisation, hrsg. vom Büro für Technikfolgen-Abschätzung beim Deutschen Bundestag, Bonn.

Thaysen, Uwe, 1970: Änderung der Befugnisse des Bundespräsidenten, in: Zeitschrift für Parlamentsfragen 1, S. 41–43.

Thaysen, Uwe, 1972: Parlamentsreform in Theorie und Praxis. Eine empirische Analyse der Parlamentsreform im 5. Deutschen Bundestag, Opladen.

Thaysen, Uwe, 1974: Zur Praxis eines grundlegenden parlamentarischen Kontrollrechts: Die Herbeirufung von Regierungsmitgliedern durch das Parlament, in: Zeitschrift für Parlamentsfragen 5, S. 457–469.

Thaysen, Uwe, [2]1976: Parlamentarisches Regierungssystem in der Bundesrepublik Deutschland, Opladen.

Thaysen, Uwe, 2006a: Regierungsbildung in der Bundesrepublik Deutschland: Daten zum Start der Regierung Merkel 2005/2006, in: Zeitschrift für Parlamentsfragen 37, S. 470–480.

Thaysen, Uwe, 2006b: Regierungsbildung 2005: Merkel, Merkel I, Merkel II?, in: Zeitschrift für Parlamentsfragen 37, S. 562–610.

Thaysen, Uwe u. a. (Hrsg.), 1988: US-Kongress und Deutscher Bundestag, Opladen.

Thaysen, Uwe/Schüttemeyer, Suzanne S. (Hrsg.), 1988: Bedarf das Recht der parlamentarischen Untersuchungsausschüsse einer Reform?, Baden-Baden.

Thienen, Volker von, 1986: Technology Assessment: Das randständige Thema. Die parlamentarische TA-Diskussion und der erste Bericht der Enquete-Kommission »Technologiefolgenabschätzung«, in: Dierkes, Manfred u. a. (Hrsg.), Technik und Parlament, S. 297–364.

Thienen, Volker von, 1987: Technischer Wandel und parlamentarische Gestaltungskompetenz – das Beispiel der Enquete-Kommissionen, in: Technik und Gesellschaft, Jb. 4, Frankfurt/M., S. 84–106.

Thierse, Wolfgang, 2006: »Demokratie braucht Gerechtigkeit«, Vortrag auf dem Katholikentag in Saarbrücken (27. 5. 2006).

Töller, Annette E., 1995: Europapolitik im Bundestag. Eine empirische Untersuchung zur europapolitischen Willensbildung im EG-Ausschuss des 12. Deutschen Bundestages, Frankfurt/M. u. a.

Töller, Annette E., 2004: Dimensionen der Europäisierung – am Beispiel des Deutschen Bundestages, in: Zeitschrift für Parlamentsfragen 35, S. 1–28.

Töller, Anette E., 2008: Mythen und Methoden. Zur Messung der Europäisierung der Gesetzgebung des Deutschen Bundestages jenseits des 80-Prozent-Mythos, in: Zeitschrift für Parlamentsfragen 39, S. 3–18.

Tomuschat, Christian, 1980: Die parlamentarische Haushalts- und Finanzkontrolle in der Bundesrepublik Deutschland, in: Der Staat 19, S. 1–28.

Toncar, Florian 2007: Der Petitionsausschuss des Deutschen Bundestages und die E-Demokratie, in: Stiftung Mitarbeit (Hrsg.), E-Partizipation. Beteiligungsprojekte im Internet. Beiträge zur Demokratieentwicklung von unten Nr. 21, Bonn. S. 230–233.

Trautmann, Günter, 1976: Parteienstaatliche Verfassung und freies Mandat, in: Guggenberger, Bernd u. a. (Hrsg.), Parteienstaat und Abgeordnetenfreiheit, München, S. 127–148.

Trefs, Matthias, 2007: Faktionen in westeuropäischen Parteien. Italien, Großbritannien und Deutschland im Vergleich, Baden-Baden.

Troltsch, Klaus, 1985: Der Verhaltenskodex von Abgeordneten in westlichen Demokratien, in: Aus Politik und Zeitgeschichte B 24-25, S. 3–16.

Troßmann, Hans, 1977: Parlamentsrecht des Deutschen Bundestages. Kommentar zur Geschäftsordnung des Deutschen Bundestages unter besonderer Berücksichtigung des Verwaltungsrechts, München.

Troßmann, Hans, 1979: Der Bundestag: Verfassungsrecht und Verfassungswirklichkeit, in: Jahrbuch des öffentlichen Rechts, Bd. 28, N. F., S. 1–304.

Troßmann, Hans, ²1984: Reichstag und Bundestag – Organisation und Arbeitsweise, in: Deuerlein, Ernst (Hrsg.), Der Reichstag, Bonn, S. 125–143.

Troßmann, Hans/Roll, Hans-Achim, 1981: Parlamentsrecht des Deutschen Bundestages. Ergänzungsband, München.

Tsatsos, Dimitris Th., ²2002: Die politischen Parteien in der Grundgesetzordnung, in: Gabriel, Oscar W./Niedermayer, Oskar/Stöss, Richard (Hrsg.), Parteiendemokratie in Deutschland, S. 131–158.

Ueberhorst, Reinhard, 1985: Positionelle und diskursive Politik – Die Bewährung einer demokratischen Technologiepolitik an den Chancen kritischer Argumente zur Brütertechnik, in: Meyer-Abich, Klaus Michael/Ueberhorst, Reinhard (Hrsg.), Ausgebrütet – Argumente zur Brutreaktorpolitik, S. 356–395.

Uehlinger, Hans M., 1988: Politische Partizipation in der Bundesrepublik, Opladen.

Ulrich, Otto, 1987: Technikfolgen und Parlamentsreform. Plädoyer für mehr parlamentarische Kompetenz bei der Technikgestaltung, in: Aus Politik und Zeitgeschichte B 19-20, S. 15–25.

Unkelbach, Alexandra, 2001: Vorbereitung und Übernahme staatlicher Entscheidungen durch plural zusammengesetzte Gremien (Speyerer Forschungsberichte 216), Speyer.

Uppendahl, Herbert, 1981: Repräsentation und Responsibilität, in: Zeitschrift für Parlamentsfragen 12, S. 123–134.

Vetter, Joachim, 1986: Die Parlamentsausschüsse im Verfassungssystem der Bundesrepublik Deutschland, Frankfurt/M.

Vierecke, Andreas, 1994: Die Beratung der Technologie- und Umweltpolitik durch Enquete-Kommissionen beim Deutschen Bundestag, München.

Vitzthum, Wolfgang Graf, 1978: Parlament und Planung, Baden-Baden.

Vitzthum, Wolfgang Graf, 1985: Petitionsrecht und Volksvertretung. Zu Inhalt und Schranken parlamentarischen Petitionsbehandlungsrechts, Darmstadt.

Vogel, Hans-Jochen, 1996: Nachsichten. Meine Bonner und Berliner Jahre, München.

Voigt, Rüdiger, 1980: Verrechtlichung, Königstein.

Voigt, Rüdiger (Hrsg.), 1995: Der kooperative Staat, Baden-Baden.

Vollrath, Sven, 2011: Herausforderungen bei der Umsetzung der neuen Rechte nach dem Vertrag von Lissabon durch den Deutschen Bundestag und die Begleitgesetzgebung, in: Abels, Gabriele/Eppler, Annegret (Hrsg.), Auf dem Weg zum Mehrebenenparlamentarismus?, Baden-Baden, S. 177–193.

Vonderbeck, Hans-Josef, 1975: Zur Entwicklung des parlamentarischen Petitionsrechts von den Anfängen bis zur jüngsten Neuregelung für den Deutschen Bundestag, in: Zeitschrift für Parlamentsfragen 6, S. 178–187.

Vorbeck, Antje, 1991: Regierungsbildung 1990/91: Koalitions- und Personalentscheidungen im Spiegel der Presse, in: Zeitschrift für Parlamentsfragen 22, S. 377–389.

Vorländer, Hans (Hrsg.), 2006: Die Deutungsmacht der Verfassungsgerichtsbarkeit, Wiesbaden.

Vorländer, Hans, 2011: Regiert Karlsruhe mit? Das Bundesverfassungsgericht zwischen Recht und Politik, in: Aus Politik und Zeitgeschichte B 35-36, S. 15–23.

Vorschläge der Ad-hoc-Kommission Parlamentsreform, BT-Drs. 3600/1. 7. 1983.

Voss, Everhard A., 1983: Parlamentarische Dienste, Heidelberg/Hamburg.

Wagner, Volker/Rauer, Georgia, ⁶2010: Streifzüge durchs Berliner Parlamentsviertel, in: Budrich, Edmund (Hrsg.)/Eine Veröffentlichung des Deutschen Bundestages, Das deutsche Parlament, Opladen/Farmington Hills, S. 229–266.

Walter-Rogg, Melanie/Kunz, Volker/Gabriel, Oscar W., [3]2005: Kommunale Selbstverwaltung in Deutschland, in: Gabriel, Oscar W./Holtmann, Everhard (Hrsg.), Handbuch politisches System der Bundesrepublik Deutschland, München/Wien, S. 411–455.

Wasmuth, Ulrike C. (Hrsg.), 1989: Alternativen zur alten Politik? Neue soziale Bewegungen in der Diskussion, Darmstadt.

Weber, Jürgen, [2]1981: Die Interessengruppen im politischen System der Bundesrepublik Deutschland, München.

Weber, Max, [4]1918: Parlament und Regierung im neugeordneten Deutschland, in: Weber, Max, Gesammelte politische Schriften, Tübingen.

Wedel, Hedda von, 1997: Neutraler Sachverstand bürgt für Effizienz (Interview), in: Das Parlament, Nr. 38, S. 9.

Weimar, Anne-Marie, 2004: Die Arbeit und die Entscheidungsprozesse der Hartz-Kommission, Wiesbaden.

Weisgerber, Anja, 2003: Das Beweiserhebungsverfahren parlamentarischer Untersuchungsausschüsse des Deutschen Bundestages, Frankfurt/M.

Wendler, Frank, 2011: Die Politisierung der europäischen Integration. Nationale Parlamentsdebatten zur Europäischen Union im Bundestag und House of Commons, in: Zeitschrift für Parlamentsfragen 42, S. 307–325.

Wengst, Udo, 1984: Ministerverantwortlichkeit in der parlamentarischen Praxis der Bundesrepublik Deutschland. Eine historische Bestandsaufnahme, in: Zeitschrift für Parlamentsfragen 15, S. 539–551.

Wengst, Udo, 1985: Adenauers erste Koalitions- und Regierungsbildung im Spätsommer 1949, in: Aus Politik und Zeitgeschichte B 16, S. 3–14.

Wermser, Jürgen, 1984: Der Bundestagspräsident. Funktion und reale Ausformung eines Amtes im Deutschen Bundestag, Opladen.

Werner, Camilla, 1990: Wer sind die Rebellen im Parlament? Die interfraktionelle Initiative Parlamentsreform im 11. Deutschen Bundestag, in: Zeitschrift für Parlamentsfragen 21, S. 404–413.

Weßels, Bernhard, 1987: Kommunikationspotentiale zwischen Bundestag und Gesellschaft: Öffentliche Anhörungen, informelle Kontakte und innere Lobby in wirtschafts- und sozialpolitischen Parlamentsausschüssen, in: Zeitschrift für Parlamentsfragen 18, S. 324–329.

Wessels, Wolfgang, 2008: Gesetzgebung in der Europäischen Union, in: Ismayr, Wolfgang. (Hrsg.), Gesetzgebung in Westeuropa, Wiesbaden, S. 653–683.

Wessels, Wolfgang, [4]2009: Das politische System der Europäischen Union, in: Ismayr, Wolfgang (Hrsg.), Die politischen Systeme Westeuropas, Wiesbaden, S. 957–992.

Westphalen, Raban Graf von (Hrsg.), [3]1997: Technikfolgenabschätzung als politische Aufgabe, München/Wien.

Westphalen, Raban Graf von, 2001: Deutsches Regierungssystem, München.

Wiefelspütz, Dieter, 2002: Das Untersuchungsausschussgesetz des Bundes, in: Zeitschrift für Parlamentsfragen 33, S. 551–572.

Wiefelspütz, Dieter, 2003: Das Untersuchungsausschussgesetz, Baden-Baden.

Wiefelspütz, Dieter, 2005: Das Parlamentsheer. Der Einsatz bewaffneter deutscher Streitkräfte im Ausland, der konstitutive Parlamentsvorbehalt und das Parlamentsbeteiligungsgesetz, Berlin.

Wiefelspütz, Dieter, 2008: Auslandseinsätze deutscher Streitkräfte und der Bundestag: Ist eine Reform geboten?, in: Zeitschrift für Parlamentsfragen 39, S. 203–219.

Wiefelspütz, Dieter, 2012: Das Primat des Parlaments. Zum Danckert/Schulz-Urteil des Bundesverfassungsgerichts zur Europäischen Finanzstabilisierungsfazilität, in: Zeitschrift für Parlamentsfragen 43, S. 227–250.

Wiesendahl, Elmar, 1989: Etablierte Parteien im Abseits? Das Volksparteiensystem der Bundesrepublik vor den Herausforderungen der neuen sozialen Bewegungen, in: Wasmuth, Ulrike C. (Hrsg.), Alternativen zur alten Politik? Darmstadt, S. 82–108.

Wiesendahl, Elmar, 2012: Partizipation und Engagementbereitschaft in Parteien, in: Mörschel, Tobias/Krell, Christian (Hrsg.), Demokratie in Deutschland, Wiesbaden, S. 121–157.

Wilrich, Thomas, 2002: Der Bundestagspräsident, in: Die Öffentliche Verwaltung 55. Jg., H. 4, S. 152–158.

Wimmel, Andreas, 2009: Neue (alte) Konfliktlinien in der Europapolitik: Die Parlamentsdebatte zum Vertrag von Lissabon im Deutschen Bundestag, in: Zeitschrift für Parlamentsfragen 40, S. 746–758.

Winter, Thomas von, 2004: Vom Korporatismus zum Lobbyismus: Paradigmenwechsel in Theorie und Analyse der Interessenvermittlung, in: Zeitschrift für Parlamentsfragen 35, S. 761–777.

Winter, Thomas von, 2006: Die Wissenschaftlichen Dienste des Deutschen Bundestages, in: Falk, Svenja u. a. (Hrsg.), Handbuch Politikberatung, Wiesbaden, S. 189–214.

Winter, Thomas von, 2010: Interessengruppen und Demokratie im Wandel verbändetheoretischer Paradigmen, in: Schrenk, Klemens H./Soldner, Markus (Hrsg.), Analyse demokratischer Regierungssysteme, Wiesbaden, S. 115–127.

Winter, Thomas von/Willems, Ulrich (Hrsg.), 2007: Interessenverbände in Deutschland, Wiesbaden.

With, Hans de, 1985: Haben wir eine Parlamentskrise?, in: Aus Politik und Zeitgeschichte B 6, S. 41–44.

Witte-Wegmann, Gertrud, 1972: Recht und Kontrollfunktion der Großen, Kleinen und Mündlichen Anfragen im Deutschen Bundestag, Berlin.

Wittrock, Karl, 1982: Möglichkeiten und Grenzen der Finanzkontrolle. Das Verhältnis des Bundesrechnungshofes zum Bundestag, in: Zeitschrift für Parlamentsfragen 13, S. 209–219.

Wittrock, Karl, 1985: Nachdenkenswertes über den Bundesrechnungshof, in: Zeitschrift für Parlamentsfragen 16, S. 261–266.

Wittrock, Karl, 1986: Haushaltsgestaltung und Finanzkontrolle, in: Die Verwaltung, S. 1–8.

Wolf, George Alexander, 2005a: Die Optimierung von Auskunftspflichten im parlamentarischen Untersuchungsverfahren, in: Zeitschrift für Parlamentsfragen 36, S. 876–887.

Wolf, George Alexander, 2005b: Parlamentarischer Untersuchungsausschuss und Strafjustiz. Auskunftspflichtige im Verhältnis zweier Sanktionsinstrumente, Berlin.

Wolf, Rainer, 1986: Der Stand der Technik. Geschichte, Strukturelemente und Funktionen der Verrechtlichung technischer Risiken am Beispiel des Immissionsschutzgesetzes, Opladen.

Wolf, Rainer, 1991: Zur Antiquiertheit des Rechts in der Risikogesellschaft, in: Beck, Ulrich (Hrsg.), Politik in der Risikogesellschaft, Frankfurt/M., S. 378–423.

Wolf, Stefan, 2010: Philosophie des »nächsten Schritts«: Politikberatung in der Wissensgesellschaft, in: Schrenk, Klemens H./Soldner, Markus (Hrsg.), Analyse demokratischer Regierungssysteme, Wiesbaden, S. 165–184.

Zebralog, 2011: Follow-up-Studie zu den Öffentlichen Petitionen des Deutschen Bundestages. Teilstudie 5: Auswertung der Diskussionsforen (Autoren: Trénel, M., Jonas, N., Schank, J.), Berlin.

Zeh, Wolfgang, 1984: Wille und Wirkung der Gesetze, Heidelberg.

Zeh, Wolfgang 1993: Parlamentsreform als Gesetzgebungsreform, in: Zeitschrift für Gesetzgebung 8, S. 358–368.

Zeh, Wolfgang, 1998: Gesetzesfolgenabschätzung – Politikgestaltung durch Gesetze?, in: Jann, Werner u. a. (Hrsg.), Politik und Verwaltung auf dem Weg in die transnationale Gesellschaft, Baden-Baden, S. 365–374.

Zeh, Wolfgang, 2005a: Gliederung und Organe des Bundestages, in: Isensee, Josef/Kirchhof, Paul (Hrsg.), Handbuch des Staatsrechts der Bundesrepublik Deutschland, Bd. III, Heidelberg, S. 769–806.

Zeh, Wolfgang, 2005b: Parlamentarische Verfahren, in: Isensee, Josef/Kirchhof, Paul (Hrsg.), Handbuch des Staatsrechts der Bundesrepublik Deutschland, Bd. III, Heidelberg, S. 807–850.

Zeh, Wolfgang, 2008: Verfassungsrechtliche und politische Organisation des Deutschen Bundestages, in: Andersen, Uwe (Hrsg.), Der Deutsche Bundestag, Schwalbach/Rh., S. 59–97.

Zeh, Wolfgang, 2009: Parlamentarische Strukturen als Exportartikel. Ein Essay über Chancen und Grenzen der Beratung in Demokratisierungsprozessen, in: Schöne, Helmar/ Blumenthal, Julia von (Hrsg.), Parlamentarismusforschung in Deutschland, Baden-Baden, S. 77–92.

Zeh, Wolfgang, 2010: Legitimationsprobleme im frühen Medienabsolutismus, in: Schrenk, Klemens H./Soldner, Markus (Hrsg.), Analyse demokratischer Regierungssysteme, Wiesbaden, S. 151–164.

Zeschmann, Philip, 1997: Mitgliederbefragungen, Mitgliederbegehren und Mitgliederentscheide: Mittel gegen Politiker- und Parteienverdrossenheit, in: Zeitschrift für Parlamentsfragen 28, S. 698–712.

Ziller, Gerhard/Oschatz, Georg-Berndt, 1998: Der Bundesrat, Düsseldorf.

Zilleßen, Horst/Dienel, Peter C./Strubelt, Wendelin (Hrsg.), 1993: Die Modernisierung der Demokratie, Opladen.

Zimmer, Annette, 1999: Staatsfunktionen und öffentliche Aufgaben, in: Ellwein, Thomas/Holtmann, Everhard (Hrsg.), 50 Jahre Bundesrepublik Deutschland, Opladen, S. 211–228.

Zittel, Thomas, 2004: Digital Parliaments and Electronic Democracy: A comparison between the US House, the Swedish Riksdag, and the German Bundestag, in: Gibson, Rachel/ Römmele, Andrea/Ward, Stephen (Hrsg.), Electronic Democracy. Mobilisation, Participation and Organisation via new ICTs, London, S. 70–95.

Zittel, Thomas, 2010: Mehr Responsivität durch neue digitale Medien?: die elektronische Wählerkommunikation von Abgeordneten in Deutschland, Schweden und den USA, Mannheim.

Zohlnhöfer, Reimut, 2008: Föderalismusreform und die Entwicklung der Zustimmungsbedürftigkeit von Bundesgesetzen. Versuch einer Erklärung, in: Zeitschrift für Parlamentsfragen 39, S. 415–419.

Zohlnhöfer, Reimut, 2009: Der Politikverflechtungsfalle entwischt? Die Effekte der Föderalismusreform I auf die Gesetzgebung, in: Zeitschrift für Politikwissenschaft 19, S. 39–76.

Zohlnhöfer, Reimut, 2010: Wirtschaftspolitische Gesetzgebung nach der Föderalismusreform I: Schluss mit dem Reformstau?, in: Schrenk, Klemens H./Soldner, Markus (Hrsg.), Analyse demokratischer Regierungssysteme, Wiesbaden, S. 389–400.

Zohlnhöfer, Reimut, 2011: Die Auswirkungen der Föderalismusreform I auf die Arbeit des Bundesrates, in: Uwe Jun/Sven Leunig (Hrsg.), 60 Jahre Bundesrat, Baden-Baden, S. 149–163.

Zunker, Albrecht, 1977: Haushalt/Haushaltsplan, in: Röhring, Hans-Helmut/Sontheimer, Kurt (Hrsg.), Handbuch des politischen Systems der Bundesrepublik Deutschland, München, S. 270–278.

Sachregister